徳川日本の家族と地域性

歴史人口学との対話

落合恵美子
［編著］

ミネルヴァ書房

徳川日本の家族と地域性——歴史人口学との対話

目次

第Ⅲ部　ひとつではない日本

第Ⅳ部　史料とデータベース

序章　徳川日本の家族と地域性研究の新展開

落合恵美子

一　本書の課題

歴史人口学が日本に定着してから半世紀が経過した。日本における歴史人口学の始祖であり先導者であり続けてきた速水融慶應義塾大学・国際日本文化研究センター名誉教授が二〇〇九年に文化勲章を受章されたことは、この分野の達成が公的に認知されたことを示す象徴的な出来事であった。

本書は、速水を中心として日本国内の正式メンバーだけでも三七名が参加し、スウェーデン、ベルギー、イタリア、中国の研究者との共同により実施してきた「ユーラシア人口・家族史プロジェクト（EAP＝EurAsian Project on Population and Family History）」（一九九五〜二〇〇〇年、通称は「ユーラシアプロジェクト」「EAP」）[1]、同分野の研究者たちがこの二〇年間に積み重ねてきた研究成果から、日本社会の地域性という古くて新しい問いにどのような答えを出すことができるのかを包括的に示すために編まれた。

日本社会の地域性は、歴史人口学にとって、最初期から連綿と追究されてきた課題であった。半世紀間に発表された速水の論文の集成である『歴史人口学研究――新しい近世日本像』（二〇〇九）では、一九五〇年代の紀州の海村研究に始まり、南は屋久島から北はカラフトまでをカヴァーし、京、大坂や奈良などの都市研究も含めて、実に多様で個性溢れる日本の諸地域の姿が次々と繰り広げられ、六〇〇ページを超える大著であるにもかかわらず読み手を飽きさせることがない。どれほど知られているかわからないが、速水はその研究生活を常民文化研究所の研究員として始めた。同僚には民俗学者の宮本常一がおり、日本各地を訪ね歩いた経験を共に語り合ったという。戦後の日本では大間知篤三、内藤莞爾、福武直、蒲生正男などの民俗学者や社会学者に牽引されるかたちで、日本の地域的多様性についての諸説が華々しく展開されたが、その問題意識は初期の歴史人口学にも埋め込まれていた。

しかし、民俗学と異なり、歴史人口学は徳川時代の資料が残存していなければ分析ができないという制約がある。アンソニー・コールに率いられたプリンストン大学のプロジェクトのように、ヨーロッパ大陸を郡程度の単位に分け、各地区の人口学的指標の時代的変遷を地図上に示すような研究方法を、速水は地域性研究の一つの理想としてきたようだ。そのために徳川幕府による全国国別人口調査や、国勢調査以前の時期に実施された、いわゆる「明治統計」を用いて、人口、世帯、婚姻、出生等々について、多数の全国地図を作成している（速水 二〇〇九：終章）。(2)

しかし、日本の歴史人口学の第一の基礎資料は、宗門改帳、人別改帳、宗門人別改帳等と呼ばれる記名式の個人と世帯（正確な意味で「世帯」と言えるかどうかは研究課題であるが）の登録簿である。それが残存しているか否かは歴史的偶然によるところが大きく、残存していても発見されていない場合もある。速水は何度か全国の資料館などを対象として所蔵調査を試み、予算の許すかぎり撮影を行い、資料収集を進めた。その結果、一〇〇年以上続く同資料が数か村分存在し「最低五〇万人年（person year）」の情報が得られる会津・二本松藩領、濃尾平野、東シナ海沿海部をそれぞれ東北日本、中央日本、西南日本のサンプルとして、本格的な地域性の分析に着手する条件が作られた（速水 二〇〇九：終章）。(3) 当時急速に発達しつつあったコンピュータを利用してこれらの情報を入力し、データベース化し、分析を開始したのが前述の「ユーラシア人口・家族史プロジェクト（ＥＡＰ）」であった。ただし同プロジェクトの実施期間中にデータベース化が完成して分析にまで至ったのは東北日本と濃尾地方の一部の村のみであり、他の地域についての分析はその後も延々と続けられることとなった。

本書では、この三地域のうち、ユーラシアプロジェクト開始以前にまとめられた速水の著書『近世農村の歴史人口学的研究』（一九七三）および『近世濃尾地方の人口・経済・社会』（一九九二）により概要の知られている中央日本以外の、日本列島の両端に位置する二つの地域、すなわち東北日本と西南日本についての成果を中心に紹介し、併せて歴史人口学の資料とデータベースという方法的側面の紹介も行ないたい。

本書はユーラシアプロジェクトの成果のうち、純粋な人口学に収まりきらない家族史・社会史との接合部分を編纂した二巻本の一巻である。地域性に関する知見は姉妹篇である『徳川日本のライフコース』（二〇〇六）にも多く含まれるので、共に参照していただきたい。

二　歴史人口学の方法

歴史人口学の発展

歴史人口学はすでに日本でも十分に定着したとはいうものの、この学問の成り立ちについて若干の解説を加えておこう。歴史人口学は経済史学界と人口学界を主な舞台としてきたため、それらの分野の外には十分に知られていないのではないかという懸念もある。

歴史人口学は、社会科学的歴史研究の一分野であり、人口学の方法や理論を歴史資料に適用するものである。第二次世界大戦後のフランスにおいて、歴史家のピエール・グベールと、フランス国立人口学研究所（ＩＮＥＤ）の人口学者ルイ・アンリにより創始された。ヨーロッパの歴史人口学が用いる基本資料は教区簿冊、すなわちキリスト教圏で教区ごとに作成してきた洗礼・婚姻・埋葬の記録である。これを出生・婚姻・死亡の記録と読み替え、個人についての記録をつなぎ合わせてライフコースを再現し、さらに夫婦とそこから生まれた子どもたちをつないで「家族」を再構成する。この「家族復元法」と呼ばれる方法の開発が、歴史人口学を可能にしたと言ってよい。

フランスで誕生した歴史人口学はほどなくイギリスに導入された。ケンブリッジ大学のピーター・ラスレットと、その指導を受けたトニー・リグリィは一九六四年、「人口史と社会構造史研究のためのケンブリッジ・グループ」を結成した。ケンブリッジ・グループの歴史人口学の特徴は、教区簿冊ばかりでなく、住民台帳を用いることにした点である。教区簿冊は親子関係と夫婦関係についての情報は与えてくれるが、どの範囲の人々が生活を共にしているかという世帯についての情報は含まない。そこで、そもそも人口学より家族史に関心のあったラスレットは、世帯の記録である住民台帳を資料に加えることにより、家族史分析への道を拓いたのである。

その後、歴史人口学はヨーロッパの他地域やアメリカに広がって、今では欧米における家族史研究は歴史人口学抜きには考えられないところまで定着してきている。

では、歴史人口学は日本ではどのように発展してきたのだろうか。日本に歴史人口学を最初に導入したのは経済史家の速水融である。速水は一九六三年から一九六四年のヨーロッパ留学中にアンリの著書に出会い、その革新性を痛感したという（速水 一九九七：四一～四二頁）。

教区簿冊に代わる日本の人口資料として速水が注目したのが、村落研究や家族史研究でも伝統的に用いられてきた「宗門改帳」「人別改帳」「宗門人別改帳」等と呼ばれる近世資料である。宗門人別改帳（と総称することとする）の記載法や記載内容は領主により異なり、決して全国斉一の形式があるわけではないが、ほとんどの場合、「一打ち」の単位ごとに成員を列挙し、前年の帳面と比較すれば出生・死亡・婚姻・養子・奉公等による異動がほぼわかる。詳しい資料では、村役人のもとに控えとして残された前年の帳面に、次の年までの異動が書き込まれていることもある（詳細は本書第Ⅳ部参照）。

ヨーロッパの資料と比較すると、日本の宗門人別改帳は教区簿冊と住民台帳を兼ね備えたような、きわめて豊かな情報を含んだ資料だということがわかる。すなわち、宗門人別改帳からは、（教区簿冊に含まれる）出生・死亡・婚姻その他の人口動態情報と、（住民台帳に含まれる）成員の静態情報との、両方が得られるのである。国勢調査を毎年実施し、かつ人口動態情報も共に記録したようなものだという人もいるくらい、現在でも得られないような素晴らしい資料である。

宗門人別改帳の研究資料としての価値については、日本の歴史学界では慎重論があった。しかし、国際比較の観点に立てば、世界の同時代の人口史・家族史資料のなかで、宗門・人別改帳の情報の豊かさと記載の信頼性は卓越している。十分な資料検討を踏まえるのは当然であるが、そのうえでこの資料のもつ豊かな情報の十全な活用をめざすべきであろう。ユーラシアプロジェクトは資料の収集と入力と並行して、「史料検討班」を組織し、資料の性質について徹底した検討を加えてきた。本書の第Ⅳ部にその成果の一端を収録している。

歴史人口学の方法的特徴

教区簿冊や宗門人別改帳は研究資料として目新しいものではない。では、歴史人口学という方法の、何が画期的なのだろうか。大量データの組織的収集、コンピュータを用いたデータベース構築、それを用いたミクロおよびマクロの数量分析、および絶えざる国際比較と国際的共同研究の四点を、歴史人口学の方法的特徴としてあげたい。

（1）　大量データの組織的収集

フランスでは国立人口学研究所やアナール学派、イギリスではケンブリッジ・グループと名前があがるように、歴史人口学は個人の研究者より、ある程度の規模の研究組織によって担われることが多い。文書の収集・解読・整理からコンピュータ入力や統計分析までを行なうには、学際的知識の結集と、人力および資金が必要だからである。その組織力により、全国規模で資料の所在調査を行ない、長期間にわたって良質の資料が残存している村を選び出し、撮影などの方法で資料収集を行なう。収集した資料は整理シート（教区簿冊の場合はＦＲＦ＝Family Reconstitution Form、宗門人別改帳の場合はＢＤＳ＝Basic Data Sheet と呼ばれるシート）に転記する。この収集・整理の過程で、イギリスでは民間の郷土史研究者の参加が大いに役立っている。

日本では前述のように速水融が率いた慶應義塾大学のグループ、および「ユーラシア人口・家族史プロジェクト（略称として用いる）（ＥＡＰ）」が中心となって史料収集と整理を進めてきた。科学研究費によるユーラシアプロジェクト（略称として用いる）が一応の終結をみた二〇〇〇年までに収集した資料は、全国三七カ国八六四カ村のもので、そのうち資料残存期間が二〇〇年の村が一カ村、一〇〇年以上の村が一三カ村、五〇年以上の村が二八カ村、同時期の多数の村の資料が得られる地域が九地域に及んでいる（最終報告書より）。本書第16章では、そのうち整理がある程度進んだものについて紹介する。

（2）　コンピュータを用いたデータベース構築

歴史人口学の研究方法はコンピュータの導入により大きく変わった。初期にはＦＲＦなどの整理シートから手計算していた人口学的変数を、現在ではコンピュータを用いてデータベースを作成し、そこから指標を算出するのが当然となっている。

日本の場合を例にとると、宗門人別改帳から得られる情報のコンピュータ入力のためには、ハードとソフト両面の発達に対応して、何種類かのプログラムが開発されてきた。ＢＤＳから取り出した個人のイベントをすべてコード化し数値として入力するＸＡＶＩＥＲ、ＢＤＳを画面上に再現し論理的に推定できる限りで入力を半自動化した

VBDS（小野 一九九三）、BDS画面と単年一世帯に対応した宗門帳画面とに切り替えられ、どちらの画面からでも入力・訂正が行なえるSHUMONなどである（森本 一九九八）。また、原史料をみながら直接に入力し、簡単な分析までできるDANJUROも用いられている（本書第15章参照）。

VBDSあるいはSHUMONを用いて入力されたデータは、抽出され、数値・文字情報ファイル（CSVファイル）に作成される。基礎テーブルは、時間不変個人情報（生年、資料登場年、資料最終年、実父、実母など）、時間可変個人情報（当該年における所属世帯番号、続柄など）、変化の少ない時間可変個人情報（名前、旦那寺など）、イベント情報（出生、死亡、嫁入、婿入、養子、奉公、出稼、引越などとその発生年、移動元あるいは移動先、婚姻の場合は相手など）、時間不変世帯情報（資料登場年、資料最終年など）、時間可変世帯情報（当該年における村役、持高など）などに分けて作成する。

CSVファイルは、そのまま統計プログラムを用いた分析に用いることもできるが、リレーショナル・データベース（RDB）にすれば、さまざまな分析目的に合ったデータの加工に便利である。たとえば婚姻情報と双方の所属世帯、その持高を組み合わせれば、婚姻を通じての経済階層移動を分析するための情報が整う、というように。ユーラシアプロジェクトによるデータベース構築の主要な方法については、本書第16章で詳論している。

（3）　ミクロおよびマクロの数量分析

データベース化した情報については、現代社会の分析に用いるのと同じ統計手法を用いることができる。サンプルサイズさえ許せば、多変量解析や各種の高度な統計分析を行なうことも可能である。

大量データのデータベース化は、以下の三つのタイプの分析を技術的に可能にする。

①個人を分析単位とするミクロ分析

②長期的な歴史的変化を扱うマクロ分析

③国内の地域間比較を行うマクロ分析

教区簿冊や宗門人別改帳は、個人の特定できる記名式の資料である。この情報を数十年分つなげることで、村に生きた個人ひとりひとりのライフコースを再現するのが①である。いつ生まれ、何回奉公に出て、何回結婚し、何人の子どもを産んで、その子どもたちのうち何人が死亡し、夫といつ死別して、自分はいつ亡くなった、それぞれの時期に誰と一緒に暮らしていた、というように。このような再現は今日の諸統計を用いてもできることではない。この方法を用いて、世帯などを分析単位としたのでは隠されてしまう個人による経験の違いを浮かび上がらせることで、性別、年齢、出生順、経済階層などの違いによる経験の多様性を明るみに出すことができる。ユーラシアプロジェクトの成果をこの観点からまとめたのが、本書の姉妹篇の『徳川日本のライフコース』である。黒須（二〇一二）に所収されたいくつかの論文もライフコース分析を主要な方法として徳川時代の結婚を分析している。

②については、一〇〇年以上にわたる時系列的分析が可能な村がすでに数カ村ある。③については、そのような長期の時系列的分析が可能な村が複数存在する地域で、三地域がデータベース化されている。三地域とは、前述のように会津・二本松藩領、濃尾平野、東シナ海沿海部であり、それぞれ東北日本、中央日本、西南日本に位置し、日本国内の多様性を反映するのに比較的ふさわしい配置にある。本書では歴史人口学のデータベースのこうした利点を活かして、日本の地域性という課題に時間的変化も視野に入れながらアプローチする。

さらに、②や③のマクロ分析と、①のミクロ分析とを、結合することもできる。異なる地域に生きた人々の人生はどのように違ったのか、それは時代によっていかに変化したのかと、地域や時代による相違を、個人のレベルから照射することができる。『徳川日本のライフコース』と本書との両方にそうしたタイプの分析を含む章が収録されている。序章の後半ではこれらの章にも触れながら、徳川日本の地域性という課題にマクロとミクロの両面から迫っていきたい。

（4）　国際比較と国際共同研究

最後の点は、方法に内在的なわけではないが、やはり歴史人口学の際だった特徴といえよう。戦後に始まった新しい学問であること、フランスに始まりイギリスがそれを受け継いだという発展史、普遍性の高い社会科学の方法を用いていること、などの理由によるのであろうが、国際学会が充実し、各国の研究も国際的なコンテクストのなかで行なわれている。国内学会で自足する傾向の強い日本の人文社会科学系の学問のなかで、歴史人口学は理系並みのグローバル化の先行事例となった。アメリカとヨーロッパの社会科学史学会、国際人口学連合、国際経済史学会、国際歴史科学会議などにおいて、異なる地域の研究者が国際比較のセッションを共同で組織することも多い。

なかでも「ユーラシア人口・家族史プロジェクト（ＥＡＰ）」は大規模な東西比較プロジェクトとして国際的にも注目を浴びた。人口と世帯の両方の分析が可能な記名式の資料が存在すること、およびその資料が数十年から一〇〇年以上にわたって利用可能であることが参加の条件であり、日本の宗門人別改帳と比較可能なほど精度の高い資料をもつアジアとヨーロッパの五カ国（日本、中国、スウェーデン、ベルギー、イタリア）が参加している。個人に注目するミクロ分析と、時系列的分析を可能にする資料的利点を活かし、ミクロな時系列分析であるイベントヒストリー分析を主要な分析方法として、五カ国のチームが原則的に同一のモデルを用いて分析を行ない結果を比較するという、厳密な国際比較を試みてきた。その成果はMIT Press より Eurasian Population and Family History シリーズとして、これまでに三冊が刊行されている（Bengtsson et al. 2004, Tsuya et al. 2010, Lundh and Kurosu 2014）。それ以外に、父の死（Derosas and Oris 2002）、離家（Poppel, Lee and Oris 2004）、直系家族（Fauve-Chamoux and Ochiai 2009）などの個別のテーマについてのユーラシアプロジェクトの国際共同研究の成果も刊行されている。

三　歴史人口学と地域性

ヨーロッパの地域性

では、歴史人口学は地域性という課題をどのように扱ってきただろうか。

すでにみたように、ヨーロッパの歴史人口学はフランスで発祥し、ケンブリッジで発達した。ケンブリッジ・グループの創始者ピーター・ラスレットは、元来はジョン・ロック研究で知られる社会哲学者であり、ロックとその論敵フィルマーが共に過去には家父長的大家族が存在していたとして議論しているのに疑問を抱き、それを検証しようとしたのである。その結果、「工業化以前の社会では一般的に規模の大きい拡大家族が普通に存在したと信じられてきたが、それはイデオロギーにすぎなかった」と結論し（Laslett 1972）、世界に衝撃を与えた。しかし、ラスレットの「発見」はほどなく批判に曝された。たとえばオーストリーや南仏の家族が反証としてあげられた。ラスレット仮説はヨーロッパのすべての地域に妥当するわけではないのではないかという疑念が生まれた。

ラスレットの著書よりも早く、人口学者のジョン・ヘイナルはヨーロッパ各地の過去の婚姻年齢を調べて、「トリエステとサンクトペテルブルグを結ぶ線」よりも西側では、男女とも晩婚で生涯独身率も高い「ヨーロッパ的婚姻パターン」が存在したことを発見していた（Hajnal 1965＝二〇〇三）。大家族と共に過去の家族の特徴と信じられてきた早婚もまた否定されたのである。ただし地理的な限定をつけて。この記念碑的な論文から一八年後、ヘイナルは再びこの問題を取り上げ、婚姻パターンはそれだけで存在するのではなく、結婚後の居住形態、および奉公人制度などの労働の制度とセットになっていたことを指摘し、このセットを「世帯形成システム」と名づけた。トリエステとサンクトペテルブルグを結ぶ線よりも西側の「ヨーロッパ的婚姻パターン」は、結婚した夫婦が親とは独立の核家族を作る新居制、若者たちが結婚前の一時期を他人の世帯で奉公人として働く「ライフサイクル奉公人制度」とセットであったとして、これを「単純世帯システム」もしくは「北西ヨーロッパ世帯形成システム」と呼んだ。他方、その線よりも東側の早婚は、結婚した夫婦が親夫婦と同居する慣習とセットで、「合同世帯システム」を作っていたとする（Hajnal 1982＝二〇〇三）[4]。

「北西ヨーロッパ世帯形成システム」では、若者は結婚費用を貯めるまで結婚できないので、経済状態のよい時期には結婚年齢が下がって出生率が上がり、経済状態の悪い時期には結婚年齢が上がって出生率が下がるという人口調節機能が働いたという。このようなメカニズムが実際に働いていたことが実証され（Wrigley et al. 1997）、北西ヨーロッパの近代化は富の浪費を防ぐ世帯形成システムが存在したから可能になったという説も唱えられた。

自らに向けられた批判に対応して、またヘイナルの影響もあり、ラスレットもヨーロッパの地域的多様性に関心を向けるようになった。ヘイナルが世帯形成システム論を提案した翌年には、ラスレットはヨーロッパを西欧、中欧、南欧、東欧という四地域に分けて、家族と世帯の特徴を整理する四地域仮説を発表した（Laslett 1983）[5]。工業化以前の拡大家族を否定した最初のラスレット仮説は、この分類では西欧の特質を述べたものと限定されることになった。この論文の Table 17.5 でラスレットは家族・世帯は親族集団であり労働集団であるものと捉えてそれぞれの観点からの評価基準を列挙している（表序-1）。この四地域仮説は南欧、中欧、東欧などの研究者にも頻繁に引用され、部分的に修正されたりしたが、ヘイナルの世帯形成システム論と共に、その後のヨーロッパの地域性研究の共通の参照枠組となったのは間違いない。日本でもよく知られているエマニュエル・トッドのヨーロッパ家族の四類型は、これらとは異なる着眼点からの分類だが、ケンブリッジ大学でラスレットらに学んだトッドがヨーロッパの地域性についての歴史人口学の議論から影響を受けたことは明らかである（Todd 1990＝一九九二）。

なお、この表の「集団の親族構成の指標」のＣ4からＣ12は「ハメル-ラスレット分類」と呼ばれる分類法によ

表序－1　伝統的ヨーロッパにおける家内集団構成の傾向

総合的指標	傾向１および２ 北部および西部		傾向３および４ 南部および東部	
	１ 西部	２ 西央部あるいは中部	３ 地中海	４ 東部
家内集団形成の機会と方法				
a１世帯主の結婚による形成	つねに	ほとんどつねに	まれに	まったくなし
a２既存世帯の分割あるいは合同による形成	まったくなし	ごくたまに	頻繁に	一般的
a３結婚が世帯形成にとって重要	つねに	一般的	（まれに）	まったくなし
a４新たな世帯主による既存世帯の継承	つねに	きわめて頻繁に	頻繁に	一般的
出産および人口学的指標				
b１結婚年齢，女	高い	高い	低い	低い
b２結婚年齢，男	高い	高い	高い	低い
b３有配偶率	低い	低い	高い	高い
b４初婚時の配偶者間の年齢差	小さい	小さい	大きい	大きい
b５妻が夫より年上である割合	高い	きわめて高い	低い	高い
b６寡婦の再婚率	高い	きわめて高い	きわめて低い	きわめて低い
b７母乳でなく他人の乳で，あるいは人乳以外で育てられた乳児	ごくまれに	たまに	たまに	？
b８施設に捨てられた子供	ごくまれに	頻繁に	頻繁に	頻繁に
b９都市あるいは農村のうち非嫡出子の割合が高いところ	農村	都市	都市	？
集団の親族構成の指標				
c１同居親族の割合	きわめて低い	低い	高い	高い
c２多世代世帯の割合	低い	低い	高い	きわめて高い
c３未婚女性が世帯主である世帯の割合	高い	高い	（低い）	低い
c４独居世帯の割合	きわめて高い	高い	低い	なし
c５非家族世帯の割合	高い	高い	低い	なし
c６単純家族世帯の割合	高い	高い	低い	きわめて低い
c７拡大家族世帯の割合	高い	高い	高い	低い
c８多核家族世帯の割合	きわめて低い	低い	高い	きわめて高い
c９複雑な世帯の割合(C7＋C8)	きわめて低い	低い	高い	きわめて高い
c10キョウダイ世帯の割合	なし	低い	高い	きわめて高い
c11直系家族世帯の割合	きわめて低い	高い	低い	低い
c12合同家族世帯の割合	なし	低い	きわめて高い	きわめて高い
労働および福祉の組織の指標				
d１労働者としての親族の世帯への付加	まれに	一般的	きわめて一般的	普遍的
d２奉公人とよばれる付加された労働親族	まれに	一般的	？	該当するものなし
d３ライフ・サイクル奉公人の世帯への付加	きわめて一般的	一般的	やや一般的	該当するものなし
d４既婚の奉公人	一般的でない	一般的	？	該当するものなし
d５労働者として同居人を世帯へ付加すること	ごくまれに	一般的	？	たまに
d６一世帯当り成人数の平均値	低い	高い	きわめて高い	最高
d７構成員３人以下の世帯数の平均値	きわめて高い	高い	きわめて低い	きわめて低い
d８一世帯当り労働年齢(15～65歳)にある人数の平均値	低い	中くらい	きわめて高い	きわめて高い
d９労働者，雇職人，通いの奉公人，小屋住み農とされる世帯主	頻繁に	きわめてしばしば	たまに	まったくなし
d10貧民とされる世帯主	しばしば	時々	？	？
d11副次世帯の共住集団への付加	なし	一般的	なし	なし

出所：ラスレット『ヨーロッパの伝統的家族と世帯』50-51頁。（ただし c4，c9，c10，c12 のみ変更した）

る世帯構造の類型であり、歴史人口学では極めて一般的に使われている。マードックの核家族普遍説（Murdock 1949＝一九七八）にもとづく発想で作られており、世帯の構成要素である核家族（英語で family と言えば第一義的には核家族のこと）すなわち夫婦家族単位（CFU＝conjugal family unit）の数と連結のしかたにより類型を区別している。ハメル－ラスレット分類の類型の日本語訳にはさまざまなバリエーションがあるが、本書では、独居世帯（Solitaries）、非家族世帯（No family）、単純家族世帯（Simple family households）、拡大家族世帯（Extended family households）、多核家族世帯（Multiple family households）という訳語を用いることとする。多核家族世帯は「直系家族（stem families）」と「合同家族（joint families）」に分けられる（Hammel and Laslett 1974＝二〇〇三）[6]。多核家族世帯は「複合家族世帯」と訳されることもあるが、本書では「ハメル－ラスレット分類」の第五類型の訳語は「多核家族世帯」に統一する。表序－1の訳は原則的に Laslett（1983）の加筆改稿版の翻訳であるラスレット（一九九二）の表2－5によっているが、C4、C9、C10、C12のみ変更した。

日本の地域性

ヘイナルの婚姻パターンに関する研究の日本版は、速水融のフォッサマグナ仮説であろう。本州の中央部を南北に分断する大地溝帯をフォッサマグナと呼ぶが、徳川時代の婚姻年齢はこの線で断層があるように東は早婚・西は晩婚に分かれていたという発見である（Hayami 1987）。日本を東西の二つの地域に分ける説は広く受け入れられた説であるので、速水の発見はそれが歴史人口学からも裏付けられることを示したものといえよう。ただし二つの地域の間が段階的に緩やかに変化するのではなく截然と区切れ、しかもヨーロッパの東西に匹敵するほどの大きな差があったということは、人々を驚かせた。

その後、ユーラシアプロジェクトが始まると、とりわけ現在の長崎県に位置する野母村の一部抽出データを用い

表序－2　東北日本・中央日本・西南日本（東シナ海沿岸部）の家族・世帯構造の特徴

項　目	東北日本	中央日本	西南日本（東シナ海沿岸部）
主な家族形態	直系家族	直系または核家族	直系，核，合同家族
相続パターン	単独相続	単独／不平等相続	単独／平等相続
継承パターン	長男子／長子継承	長男子継承	長男子／末男子相続
世帯規模	大	小	大
初婚年齢	低	高	高
第一子出産年齢	低	高	中
出産数	少	多	多
最終出産年齢	低	高	高
婚外子	少	少	多
女子の社会的地位	低	高	高
奉公経験	少	多	少
奉公開始の時期	結婚後	結婚前	結婚前
都市化	低	高	低
出生制限	高	低	低
人口趨勢	減少	停滞	増大

出所：速水『歴史人口学研究——新しい近世日本像』567頁。

た分析結果が出はじめると（津谷 二〇〇二）、速水は日本を東北日本、中央日本、西南日本に分ける三地域仮説を唱えるようになった（速水 二〇〇一、二〇〇二、二〇〇九）。表序－2にあるように、人口趨勢、初婚年齢、出産数などの人口学的指標、家族形態、相続・継承パターンなどの家族史的指標、奉公経験、都市化など労働・経済史的指標にもとづいており、総合的な「人口・家族パターン」の地域類型についての仮説となっている。やはり総合的な性質をもつヘイナルやラスレットによるヨーロッパの地域類型論を念頭に置いた分類であることがわかる。「家族構造と経済発展の間には、明らかに関係がある」（速水 二〇〇九：五六〇頁）という問題意識にもヨーロッパの研究との共通性がみられる。

では、速水は「人口・家族パターン」の三地域仮説をどのように説明しているだろうか。まず、三地域とは、①東北日本（旧二本松藩領、および会津山間部）、②中央日本（濃尾平野）、③西南日本（東シナ海沿海部）、である。「いずれの地域も、年代上では一七三〇年から一八六〇年を期間とし、それぞれ最低五〇万人年（person year）

を対象としている」(速水 二〇〇九：五六五頁)。ただし、「筆者は、決して日本にはこの三パターンしかなかった、と考えているわけではない。……わずか数カ村の例をもって「地域」を代表させることは問題であり、この報告は、あくまで現時点における資料収集の状況の上に立った仮説と言ってよい。」(速水 二〇〇九：五六五頁) と留保をつけている。

三地域の特徴をごく簡単に述べると、「東北日本では、大部分の世帯は直系家族世帯であり、多くは多世代家族である。一世帯あたりの人数は多く、女子の結婚年齢は低い。しかし、出産数は少なく、地域の人口は増大しなかった。」「中央日本の事例は、女子の結婚年齢は高いが、出生率は、その年齢から想定されるようには低くなく、むしろ高い。」「西南日本の事例で、進行中の研究によれば、……女子の結婚年齢は高いとはいえ、出生率は婚外子が多いため高く、人口は増大している。」となる (速水 二〇〇九：五六五～五六六頁)。

このようなパターンの違いが生まれる理由を、速水は「世帯内生産年齢人口比率」から説明しようとしている。自然環境が過酷な東北日本ではこの比率を安定させるために世代間隔を短くする必要があるのに対し、他の地域ではこの比率が大きく変動しても許容できるというのである (速水 二〇〇九、五八三～五八六頁)。また、都市化の程度との関連も重要であり、近くに名古屋、京、大坂という大都市が存在する濃尾平野では、奉公による人口の流出が農村における高い出生率と小さい世帯規模および核家族が多い世帯構造に直接・間接の影響を及ぼしていたのに対し、大都市から遠かった東北日本では出生率の制限が必須であり、西南日本では人口が増大したというように (速水 二〇〇九：五七五～五七八頁)。経済史的観点から三地域の「人口・家族パターン」を説明しようとする速水の試みは示唆に富んでいるが、本人も述べているようにあくまで執筆時点における仮説であり、とくに西南日本の分析が不十分な段階のものだという限界があるのはやむをえない。

四　地域性研究の新展開

東北の変容

では、ユーラシアプロジェクトとその後の研究の営々とした蓄積は、三地域仮説に何を付け加え、日本の地域性研究にどのような新しい視角を開くことができたのだろうか。

まず東北日本については、一九世紀に入ってから、とくに天保の飢饉の後、幕末に向けて、かなり根本的な社会変容が起きたらしいことがさまざまな角度から明らかにされた。ユーラシアプロジェクトで東北日本のサンプルとして分析されてきた旧二本松藩領では一八世紀後半から人口減少がみられ、天明・天保の飢饉により東北日本がいかに大きなダメージを受けたかがうかがわれるが、天保飢饉の前後を境に一転して人口増加が始まった。同時期には世帯規模の拡大や、女性の初婚年齢の上昇もみられる。一八世紀には存在しなかった未婚の女性奉公人も増加した（Ochiai 2009　本書第9章）。

一九世紀の東北で何が起きたのかという問いに、旧二本松藩領の仁井田村のデータを分析した平井晶子は、「家の確立」と「ライフコースの均質化」というマクロとミクロの両面から答えた（平井 二〇〇八）。本書第1章は「家」の特質の一つである家産の維持に焦点をあて、一八世紀には分割相続が多く持高の変動も激しかったのに対して、一九世紀になると単独相続が増加して持高の変化も少なくなったという変化を描き出す。「家」は永続性、単独相続、家産の維持、直系家族的世帯構造などに特徴づけられるとされるが、これらの特質をもつ「家らしい家」は東北日本では一九世紀初頭に確立したという（平井 二〇〇八：一一五頁）。他方、個人の人生からみると、一八世紀には「ライフコースのさまざまな段階で離婚・再婚が繰り返されていた」のに、一九世紀には離婚は結婚後五年以内に集中するようになるなど、均質的なライフコースが成立する。これは相続人とその配偶者を早く確定して、家を安定させるための戦略であったと平井は考える（平井 二〇〇六：一〇三頁）。

姉妹篇『徳川日本のライフコース』第11章を執筆した永田メアリーによれば、二本松藩の下守屋村の命名パターンは一八世紀末に大きく変化し、家固有の命名パターンが生まれ、一八〇〇年までにすべての男性名に通字名を使うようになったという（永田 二〇〇六）。家意識の強まりは、さまざまな角度から見出される。

家を安定させるための戦略は、「姉家督」と呼ばれる珍しい慣習も生み出したのかもしれない。「姉家督」とは男女を問わず最年長の子どもが跡取りとなる相続慣習である。明治時代には東北地方から北関東にかけて広く分布していたことから、西南日本の末子相続や隠居分家と対比して、東北日本の地域的特徴とされることもある。姉妹篇第9章において山本準は、常陸国の一つの村において一八五〇年代以降の姉家督の事例が増加することに着目し、「人口減少、世帯の崩壊・消滅に危機感を募らせた農民たちが、家をより確実に継承していく戦略として初生女子に婿を迎えるという方法（姉家督）を採用しはじめたのかもしれない」と示唆している（山本 二〇〇六：二八一頁）。

平井も山本も飢饉による人口減少という東北日本の危機が、それに打ち克つために強い「家」を生み出したという見方をここでは示している。では飢饉の人口ダメージはどれほどの大きさだったのかを精確に測定しようとしたのが、高木正朗・新屋均による本書第3章である。天明飢饉と天保飢饉のダメージの相対的な大きさも比較される。

川口洋による本書第4章は、越後国からの移住者引き入れ政策が一九世紀前半の奥会津地方においていかにして実施されたのかを詳細に検討している。越後国からの移住者引き入れは東北地方や北関東でしばしば行なわれており（高橋 二〇〇五：一六二頁）、一説には越後者は浄土真宗の信仰のため間引きをしないのでよく殖えるといわれたという。しかし、川口が疑念を抱くのはその目的である。当時の「引入任役」は「天明飢饉により人口が減少したために増加した鰥寡孤独の窮民が百姓を続けられるよう」との目的をあげているが、天明飢饉後も性比が不均衡になった事実は無く、後継者に恵まれた家や高額の縁組祝金を越後国の親元に支払える豊かな家でも他国から女性を受入れていた。引き入れの実態は養子や縁組という名目での労働移動であったろうと川口は推測する。(7)「大麻、麻織物などの生産活動の活性化」が女性労働力の需要の急激に上昇させたのだろうという。

旧二本松藩領の郡山上町でも、一七五〇年頃から越後国からの流入者が漸増し、一八〇〇年代になると周辺農村からの流入を上回るようになる。その背景には、近隣農村の経済状態が向上し、郡山に奉公に出なくとも十分に生活が営めるようになったという事情があるようだ（高橋 二〇〇五：一五八頁）。一九世紀に入ってからは郡山上町の奉公人の六割を越後出身者が占めていた。成松佐恵子はこれを生糸需要の伸びによる養蚕の普及と関係づけている（成松 一九八五：五二〜五四頁）。二本松藩は換金作物やプロト工業を抑制する政策をとっていたが、一七八〇年頃には政策を変更し、成長を促進する方向に転じた（庄司他 一九八二：七九〜八一頁）。養蚕と織物業の発達による女性労働需要の急上昇は、本書第9章が示しているような旧二本松藩領での女性の初婚年齢の上昇と未婚の女性奉公人の増加も説明する。女性労働の価値が高まったため、親たちは娘を早く嫁がせるよりも長く家に留め、あるいは奉公に出させることにより、家庭経済に貢献させようとしたのであろう（落合 二〇〇二）。同じ頃、不均衡だった出生性比も改善する。東北の変容を惹き起こしたのは、飢饉や危機ばかりではない。商工業の発達と市場経済の進展、それによる労働形態の変化というポジティブな要因があった。

ここまで、旧二本松藩領など太平洋側の地域についての研究成果にもとづいて東北日本の地域性を論じてきたが、同じ東北でも日本海側ではこれとは異なる姿がみられるという事実に光をあてたのが本書第2章の木下太志である。木下は出羽国村山郡山家村（現在の天童市内）の人口は一七六〇年以降増加を続けたこと、合計出生率はこの時期から幕末までに四・六一から五・五一へ上昇したことを示した。全期間を平均した合計有配偶出生率は六・〇五であり、日本全国では中位の水準であった（木下 二〇〇二：七八頁）。最低水準の出生率と人口減少に特徴づけられる太平洋側とは対照的である。

では、三地域仮説の一画を形作る「東北日本」は太平洋側と日本海側に二分されるべきなのだろうか。速水の表序-2と照らし合わせると、初婚年齢が低く、世帯規模が大きく、結婚後の奉公が多い（後述）といった社会構造に関する側面では、山家村は東北日本型にあてはまる。山家村と旧二本松藩領との違いは気候や経済状況などの外在的な条件により生み出されているのではないだろうか。まず気候に関しては、冷害は親潮の流れる太平洋側の方が深刻だったといわれるが、たしかに山家村では天明・天保飢饉も他の頻繁な死亡クライシスと異ならない（木下二〇〇二：一三〇頁）。また山家村を含む村山地方は中世末期から紅花を特産としており、寛政期には中層・下層農民にまでその経済的恩恵は広まっていた（木下 二〇〇二：二五頁）。第2章で詳細に分析されている「貧農」層と中農層の世帯規模拡大と多核家族世帯の増加はその結果であったとされる。持高からみれば「貧農」に分類される者たちにも、奉公人や日雇いとして収入を得る機会があり、しかもその賃金は上昇していった（木下 二〇〇二：二八頁）。太平洋側の変容の動因となった商工業の発達と市場経済の進展が、村山地方では早く起きたということではないだろうか。

平井晶子は山家村の近くの中山口村と旧二本松藩領の仁井田村を比較して、人口変動の経路は異なるものの、一九世紀中葉に人口増加期を迎えるのは共通しており、幕末へ向けての平均世帯規模の拡大と中規模世帯への均質化、絶家率の低下、家の継続性の高まりが両方でみられることを指摘している（平井 二〇一一）。東北日本を二つに分ける必要はおそらく無く、条件の違いによる差がみられるだけであり、幕末に向けて共通の社会変容を経験したといえそうだ。

西南日本は末子相続（内藤 一九七三）、隠居分家（大間知 一九七五）などの慣行で知られ、日本の地域性についての議論のなかで独特の光彩を放っている。しかしこの地域の歴史人口学的分析は他地域よりも遅れた。ユーラシアプロジェクトでは国際比較に用いることとなった東北日本のデータベースの整備を優先し、その後にその他の地域の入力を開始した。西南日本からは肥前国彼杵郡野母村と肥後国天草郡高浜村が入力されたが、いずれも一カ村の人口規模が三〇〇〇人程度という巨大な村落であったため、プロジェクト実施期間中に分析を開始することはできなかった。野母村についてのプロジェクト実施期間中の研究成果は、一部のコーホートのデータを抽出して行なったものである（津谷 二〇〇二）。

そのような困難な状況のなか、溝口常俊は独自に屋久島の分析を実施した。本書第5章は一七二六年という早い時期の「御検地名寄帳」を資料として屋久島諸村の世帯構成と婚姻について分析したものである。この資料は検地帳であると同時に人別改帳を兼ねており、速水融も一九六八年に発表した論文で使用している。男女ともに低い有配偶率（ピークの年齢層でも七割を少し超える程度）と、女子の有配偶率と比例しない子ども数が、速水を困惑させた（速水 二〇〇九：第一六章）。この謎をめぐって溝口は資料を詳細に検討し、妻がいない「夫＋子ども」の組合せが多数発見されたことから、資料上では独身にみえる男女が生家に住んだまま事実上の婚姻関係にあった「夫問い（ツマドイ）婚」とも呼ぶべき慣習が存在したと推定する。飛騨白川郷で報告されている妻問い婚（江馬 一九七四）では女性が子どもを育てたが、その逆である。平均世帯員数は八・六人と大きく、夫婦家族単位（CFU＝conjugal family unit）を複数含む多核家族世帯が四二パーセントを占め、しかも弟、従兄弟、甥などのCFUを副次核として含む水平方向に拡大した構造をもつ世帯が多い。兄弟姉妹や従兄弟・従姉妹が同居し続け、そのうちに未婚で子どものいる者もあり、その子どもたちを大家族で養育するという暮らし方であったと推測される。ただし土地所有をみると、「世帯内の多核が実質的には財産分与を終えており、分裂直前の様相を呈していた」という。多核家族世帯の核家族への分裂は本州では一八世紀初頭に起きたという事例を溝口自身が報告しているが（溝口 二〇〇二）、屋久島ではそれより遅く起きたようだ。

中島満大による第6章は、ユーラシアプロジェクトにより作成された野母村のデータベースを用いた初の全面的数量分析の成果である。本章でも特徴的な婚姻慣習がこの地域の特性を形作る源として浮かび上がってくる。一八世紀後半以降の資料を用いた分析なので、第5章の屋久島の事例とは半世紀ほどの時間的隔たりがある。未婚のまま子どもをもつ男女はそれほど多くないが、一七六〇から一七七〇年代には第一子出産と同年に結婚を登録するケースが四分の三を占める。結婚前の男女が性交渉をもつヨバイや足入れ婚と呼ばれる慣習があった証拠である。速水による三地域仮説にもあるように西南日本は男女とも晩婚だが、実質的な結婚よりも届出が遅れる慣習がその一因であった。では、屋久島のように未婚のまま子どもをもつ事例は野母村ではどのくらいあったのだろうか。表序－2にあるように、これまでの研究では野母村では婚外出生が多いといわれてきたが（津谷 二〇〇二）、全期間を通して見れば本州の村々と比較して突出して多いわけではないことを本章は明らかにする。有配偶率上昇と総出生力上昇が関連しているという分析結果は、無配偶出生は抑制されていたことを示している。しかし、婚外子のライフコースを追ってみると、少なくとも母親の特定できる婚外子はとりたてて差別的な扱いを受けたわけではないらしい。野母村の世帯も水平に拡大した多核家族世帯が多いが、そうした緩やかな紐帯で結ばれた社会は、婚外子の多くが比較的居場所を得やすい社会だったのではないだろうか。

水平方向に拡大した多核家族世帯の存在、その核家族への分裂、有配偶率の上昇、出生率の上昇というと、いわゆる「単婚小家族」の自立と「婚姻革命」という、一七世紀に起きたとされる全国的な社会変動についての学説を思い出す。「単婚小家族」とは核家族のみでなく直系家族も含む概念である。多核家族世帯（というより正確にいうと複数の世帯が一つの屋敷地に住む「屋敷地共住集団（compound group）」（Hammel and Laslett 1974＝二〇〇三：三一一頁参照）に含まれていた傍系親族や名子など隷属民の家族が自立し、直系的継承を軸とする家が確立していく変化が一七世紀に起きたと考える。(8) それに伴い有配偶率の低かった傍系親族や隷属民などの有配偶率が上昇し、一七世紀の人口増加につながったというのが速水の提唱した「婚姻革命」説である（速水 一九七三）。

西南日本の家族の独特の地域性は、文化的違いによるのではなく、他の地域では一七世紀に消失した婚姻慣習や屋敷地共住集団の構造が後の時代まで残り続けたということかもしれない。そして本書第5章と第6章の扱っている一八世紀に「婚姻革命」が起きたということだろうか。しかしそれは単なる文化遅滞だったわけではなく、土地に拘束されない海の民であったという経済的条件がこうした家族の維持に適合的だったと考えられよう。「屋敷地共住集団」はタイなど東南アジア地域でしばしば見られるので（水野 一九八一）、西南日本の、そして一七世紀以前まで遡るなら本州も含めた日本社会の東南アジアとの連続性をうかがわせる。経済的条件等の違いにより、本州は東南アジア的な特徴を一七世紀に失ったが、西南日本は少なくとも一八世紀まで保ち続けたという仮説である。更なる検討に値する仮説だと思うが、本書では仮説を提示するにとどめておこう。

西南日本の家族の特性は、幕末に向けて変容を見せる。第6章が明らかにした結婚慣習も変化し、結婚届出のタイミングが次第に早まり、幕末には結婚の翌年以降に第一子出産がみられるケースが六割を超え、初婚年齢も男性は五歳、女性は二歳低下している。「近代に入る前に着々と「標準的な結婚」が準備されていた可能性がある」と中島は言う。しかし、いったい何がそのような変化をもたらしたのだろうか。

第7章の村山聡は、一九世紀の初めに起きた天草の「隠れキリシタン」発覚事件を扱い、別帳扱いにされた隠れキリシタンのライフコースを宗門帳に記された家族の状況と突き合わせて丹念に再現している。彼らが家族と切り離されて記載されたように、「隠れ」は「家の宗教」ではなかった。信仰は双系的な親族ネットワークのなかで、とくに女性親族に影響されて個人が得るものであったようだ。しかし、「一八〇五（文化二）年の種々の取り調べは、結果として、単婚小家族の家の代表者である家頭が、いろいろな社会問題を管理しなければならないことを明確にした」。「旧来、兄弟姉妹の家族への横の広がりなど、ゆるやかな離合集散が繰り返された家単位が、さまざまな管理統制上、単純世帯もしくは単婚小家族を基本単位とするように大きく転換した」という。「標準化」は一つには「公儀の管理の論理」によりもたらされた。

もう一つ、第8章の東昇が再現したような、海上交通の要衝ゆえの頻繁な旅人の往来からも影響を受けたろう。一九世紀初期には大坂や瀬戸内地域との往来もみられた。天草高浜村は上質な陶石の産地であり、庄屋の上田家は陶石採掘のみならず焼物業も振興し、オランダ東インド会社を通じて磁器を輸出するまでになった。上田家は「隠れキリシタン」の処分についても、疱瘡の流行に対する隔離病舎の設置についても、優れた行政手腕を発揮した。上田家の資料館に展示された文書を見ると、上田家は遠方の国学者とも交流している。「標準化」をもたらすミッシングリンクはまだ埋まらないが、いくつかのヒントを見出すことができる。

ひとつではない日本

日本国内の複数の地域を実証的に比較する試みもなされてきた。ラスレットの表序‐1や速水の表序‐2のようにいくつかの指標を用いた対比もあれば、ヘイナルの世帯形成システムのようにそれぞれの地域の諸特徴がいかなる有機的なシステムを構成しているのかを考察したものもある。多くは研究の進んだ中央日本と東北日本の比較であり、西南日本を含める場合は抽出データによる分析結果を用いてきた。

本書第9章は東北日本の旧二本松藩領と中央日本の濃尾地方のデータを用いて、世帯、婚姻、出生、奉公、相続に関する多面的な比較を行ない、二つの地域の世帯形成システムを描き出そうとしたものである。高齢者の居住形態に注目するといずれの地域も直系家族制のパターンを示すこと、奉公人の多くは中央日本ではヨーロッパの「ライフサイクル奉公人」と同様に未婚だが東北日本では既婚であること、無隠居地帯とされる東北日本では例外的に旧二本松藩領では隠居慣行が広く見られ、反対に中央日本の濃尾地方は無隠居地帯に近いこと、などが発見された。いずれの地域も「直系家族システム」ではあるが、濃尾地方では未婚者の奉公、晩婚、死亡相続、短期間での高出生率の組合せであるのに対し、旧二本松藩領では早婚、既婚者の奉公、隠居相続、出生間隔の広い低出生率が組み合わさっている。同じ世帯形成システムであるとは言い難く、「直系家族システム」の二つの変種と考えるべきだろう。

永田メアリーは、姉妹篇第5章において、労働移動についてさらに掘り下げた両地域の比較を行なっている。高い出生力をもつ濃尾地方では未婚の次三男と娘たちが都市などに奉公に出て帰村せず、直系家族システムにおける余剰の子どもたちの「離家」の機会となったのに対し、出生力が低く人口再生産の危機に瀕していた二本松藩では、既婚の家長や跡取りが奉公に出て、その九〇パーセントが帰村した。一九世紀はじめまでの東北日本で一般的だった既婚の奉公人は、帰村を保障するための仕組みだったと永田は考える。類似した家族システムをもっていても、政治経済および人口学的な状況に依存して、異なる移動パターンが発達することを永田は強調する（永田 二〇〇六a）。既婚奉公人の帰還型移動は同じ東北地方の日本海側の山家村でも見られる。木下はこのタイプの移動をゼリンスキーの言葉を借りて circulation と呼んでいる（木下 二〇〇二：一四六頁）。

黒須・津谷・浜野（二〇一二）は、結婚パターンについてのみであるが、西南日本も含めた三地域の比較を行なっている。東北日本は早婚、皆婚ではあるが、初婚継続年数が短く、離別が多い。また再婚率も高く、再婚までの期間も短い。他方、中央日本や西南日本では、晩婚だが、初婚継続年数が長く、離別は比較的少ない。再婚率は中央日本では低く、西南日本では高い。再婚までの期間は中央日本では長く、西南日本では短い。著者らは東北日本の結婚制度の柔軟性を強調している。

地域性の多様な側面を捉えるために、ラスレットの表序－1と速水の表序－2も参考にしながら、世帯、継承、婚姻、出生、死亡、労働、人口について、それぞれいくつかの指標を選び、三地域について得られるかぎりの情報を揃えてみたのが表序－3である。各指標の定義は地域によって全く同一ではない場合もあるので、その点は注意していただきたい。しかしそれでも、いくつかの発見や確認ができるだろう。野母村の生涯独身率の高さは、屋久島との地域としての連続性を示唆しており、日本は皆婚社会という定説を打ち崩す。婚外出生割合の三地域比較が可能な指標は出せていないが、第6章で別の指標により中央日本（西条村）は西南日本（野母村）と同等以上であることが示されているので、表序－2は修正されねばならない。奉公人割合は村の総人口に占める奉公人の割合、奉公経験率は生涯に奉公経験をした人の割合を示す。前者は東北日本の方が高く、速水の表序－2に疑問を抱かせるが、奉公経験率はたしかに中央日本の方が高い。中央日本の奉公経験者の多くは村外に移動してしまうからである。世帯とはいえ、四割近い人々が奉公を経験する東北日本を「少」とするのはやはり過小評価と言わざるをえない。世帯構造については、核家族世帯(3)の多い中央日本、直系家族世帯(5s)の多い東北日本、一割近い合同家族世帯(5j)がある西南日本など、表序－2の記述が確認された。婚姻、出生についても、前記の点を除いて、ほぼ定説が確認された。

以上の比較の成果を踏まえ、あくまで試論ではあるが、東北日本、中央日本（濃尾地方）、西南日本の世帯形成システムを次のようにまとめておこう。ヘイナルの世帯形成システムと同じく、結婚（および再生産）、世帯形成、労働に関するルールの組合せとして世帯形成システムを考える。労働は人間の再分配でもあるので、養子や子どもの移動も(3)に含めることとする。

東北日本型直系世帯形成システム

(1)男女ともに早婚だが、離別も再婚も多い。出生間隔が広く出生率は低い（経済停滞期）、あるいは中程度（経済成長期）。

(2)一人の既婚子が親の世帯に留まって直系家族世帯をつくる。

(3)既婚の男女が奉公人となり、移動したのち家に戻る帰還型移動を行なう。跡取りでない男子は他の世帯の養子となり跡取りとなる（経済停滞期）、あるいは分家する（経済成長期）。

中央日本型直系世帯形成システム

(1)男性は晩婚、女性はやや晩婚だが、離別も再婚も少ない。出生間隔が短く出生率は高い。

(2)一人の既婚子が親の世帯に留まって直系家族世帯をつくる。

(3)跡取りでない未婚の男女がライフサイクル奉公人となり、離家する。

西南日本型直系世帯形成システム

(1)男女ともに晩婚であり生涯独身率が高い。結婚前の性交渉、妊娠が多い。離別は比較的少なく、再婚は多い。

(2)しばしば複数の既婚子および未婚子が親の世帯（もしくは屋敷地共住集団）に留まって合同家族世帯をつくる。

(3)子どもが世帯間を移動する。婚外子は特に移動性が高い。

地域性について検討すべきことはこれに尽きない。本書第10章で、廣嶋清志は地域内での地域性について、山間地域、中間地域、沿岸地域に分けて検討している。日本の地方差をみる場合、こうした地域的条件を同じにしたう

表序－3　東北日本，中央日本，西南日本の人口・家族パターン

	地域	東北日本		中央日本	西南日本
	村名	下守屋村 仁井田村	山家村	西条村	野母村
	時期	1716-1870	1760-1870	1773-1868	1766-1871
世帯	世帯構造　ハメル-ラスレット1	12%*1	5%*4	11%*3	2%*3
	世帯構造　ハメル-ラスレット2	3%*1	1%*4	0%*3	4%*3
	世帯構造　ハメル-ラスレット3	32%*1	35%*4	41%*3	36%*3
	世帯構造　ハメル-ラスレット4	18%*1	20%*4	36%*3	27%*3
	世帯構造　ハメル-ラスレット5	35%*1	39%*4	11%*3	31%*3
	世帯構造　ハメル-ラスレット5s	33%*1		10%*3	22%*3
	世帯構造　ハメル-ラスレット5j	2%*1		1%*3	9%*3
	世帯規模	4.5〜5.3*8	5.35*4	4.1〜4.8*8	5.7*8
継承	死亡譲渡	32.2%*5		70.0%*7	54.4%*9
	生前譲渡（隠居等）	43.5%*5		30.0%*7	29.4%*9
	新世帯創出	24.3%*5			16.1%*9
	女性戸主割合	11.0%*5		35.5%*7	20.8%*9
	家の連続性（90年以上連続する家）	26%*8		33%*8	32%*8
婚姻	初婚年齢（男）	20.8*2	22.9*4	28.8*2	31.1*9
	初婚年齢（女）	16.7*2	19*4	22.5*2	25.3*9
	初婚夫婦の年齢差	4.7*2		8.0*2	6.4*2
	離婚割合（初婚）	33.6%*2		9.7%*2	11.3%*2
	再婚割合（離死別女性，50歳まで）	69.6%*2		25.0%*2	55.4%*2
	生涯独身率（男）	2.2%*11	7.7%*4	10%*12	12.1%*9
	生涯独身率（女）	0.1%*11	3.8%*4	13%*12	20.6%*9
	村内婚率	32%*6		21%*8	92%*8
出生	初産年齢				24.5*9
	合計出生率（TFR）	2.99*10	5.09*4		3.56*9
	合計有配偶出生率（TMFR）	2.77*10	6.05*4	5.9*13	6.50*14
	出生性比	115.3*1			104.0*9
	婚外出生割合				11.7%*9
死亡	平均寿命(男)	37.7*6	36.8*4	38.6*7	33.4*9
	平均寿命(女)	36.4*6	37.5*4	39.1*7	36.0*9
労働	奉公人割合（男）	5.4%*3		3.1%*3	非該当
	奉公人割合（女）	5.1%*3		1.7%*3	非該当
	奉公経験率（男）	34.5%*6		50.3%*7	非該当
	奉公経験率（女）	34.5%*6		62.0%*7	非該当
	既婚奉公人割合（男）	62.5%*3		6.5%*3	非該当
	既婚奉公人割合（女）	74.1%*3		1.6%*3	非該当
人口	粗出生率	22.3‰*13	37.1‰*4	31.9‰*13	28.8‰*14
	粗死亡率	23.9‰*13	26.4‰*4	23.2‰*13	23.3‰*14
	自然増加率	−1.6‰*13	10.7‰*4	8.6‰*13	5.5‰*14

注：1)　世帯構造：西条は1800年，野母は1871年の単年度データによる。
　　2)　下守屋・仁井田の指標は両方もしくは一方の村についての分析結果。
出所：＊1　平井（2008），仁井田，＊2　黒須他（2012），＊3　落合本書第9章，＊4　木下（2002），＊5　Okada and Kurosu（1998），＊6　成松（1992），仁井田，＊7　速水（1992），＊8　落合（2004），＊9　中島（2014），＊10　津谷（2001），＊11　Tsuya and Kurosu（1999），＊12　浜野・黒須・森本（1998），＊13　Nagata, Hayami and Kurosu（1998），＊14　津谷（2002）

えで比較する必要があるという指摘は示唆的である。第11章では高木侃が自ら収集した一〇〇〇通の離縁状を用いて、資料の地域性という問題を論じている。離縁状の授受が義務づけられたのは幕府法によるので、幕府直轄領での厳守とそれ以外とが対比される。また特徴のある様式はひとまとまりになっているとは限らず、海上交通により移入されたりしているという。

日本国内の地域性を、国際比較の文脈に置き直してみることもできる。ヘイナルの二類型と比較し、どちらと近いかという議論に対し、斎藤修は第三の類型である直系家族型を立てることを提案する（斎藤 二〇一二）。ヘイナルの二類型は理論的な構築物ではなく、ヨーロッパの現実に対応して作られたものなので、世界各地の世帯形成システムがそのどちらとも同じでないのは当然である。しかし斎藤が中欧から北欧にかけて存在する隠居家族型の直系家族をヨーロッパの直系家族の代表と捉え、日本のものはそれとは違うとしているのはいかがなものだろうか。伝統的に隠居が稀だったピレネーの直系家族についての研究が日本でも紹介されている（フォーヴ－シャムー 二〇〇九）。世帯形成システムという概念は労働に関するルールを含み、家族システムよりも広い概念なので、永田が姉妹篇第5章で述べているように政治経済および人口学的な状況に依存してヨーロッパでも日本国内でも多様な変異があると言えよう。

ひとつになる日本？——近代への離陸

日本の地域性研究への本書のひとつの貢献は、明治維新に先立ち、一八世紀末ないしは一九世紀前半から、標準化へと向かう変化が東北日本でも西南日本でも始まっていたという事実に光をあてたことだろう。徳川時代に存在していた個性豊かな地域性が、近代国家によって制度というタガをはめられ、次第に薄められていったという認識は多くの人がもっていよう。たとえば家族史研究では、明治民法が強い戸主権を備えた家制度を作り、離婚件数を劇的に減らしたことは常識である。しかし、明治国家の成立以前に、日本列島の両端で、日本を一つにするような動きが起きていたとは、あまり知られていることではない。速水でさえ「伝統日本」とは「主として江戸時代をさすが、……明治前期を含んだ時代である」（速水 二〇〇九：五六〇頁）と捉えている。「伝統」を振り払って生み出されつつあった「日本」とは、家らしい家を単位とし、結婚してから子どもをもうけるという順序をきちんと踏む「標準化した結婚」を実践する社会であった。明治民法が制度化したような「家社会」が、自生的に形をなしてきた。

東北日本と西南日本ばかりではない。中央日本の濃尾地方でも同様の変化がみられる。構造の単純な小家族を特徴としていたこの地域で、幕末に向かって直系家族世帯が増加するのである。日本の均質化を数量的にも可視化するため、表序－3には各地域の全期間の平均値と共に、一九世紀中葉の時期に限った数値も示してある。筆者はかつて、幕末に始まる人口増加の第四の波と共に、「徳川体制からの人口学的離陸」が起きたと論じた。出産へのまなざしが変化し、堕胎・間引きを良しとしない心性が広がっていったことを示した（落合 一九九四）。近代の始期が明治維新から前倒しされたということだが、それは地域性という観点からみると、日本の均質化という動きを伴っていた。

では、全国にこのような共通の変化を生じさせたものは何なのだろうか。姉妹篇では、森本一彦による第10章が同様の現象を扱っている。柳田國男などが日本の家の精神的支柱であるとした先祖祭祀は近世後期に創られたことを資料の緻密な分析により立証した。近世前期には半檀家といって嫁や婿などの入家者が生家の檀那寺を持ち込むという双系的な慣習が各地でみられたが、次第に減少していった。一家一寺制を進める徳川幕府による法令の影響が大きかったが、その法令は予想に反して儒教イデオロギーの浸透を目的としたものではなく、宗門改制度の簡素化を狙ったものであったという。檀家獲得をめぐる寺どうしの争論も背景にあった。極めて世俗的な理由から家の先祖祭祀が作られたというのが興味深い（森本 二〇〇六a、二〇〇六b）。

いささかトートロジカルだが、歴史人口学の基礎資料である宗門改帳それ自体が、日本を均質化させる作用をしたという面もあるだろう。史料検討班の成果である松浦昭の第**13**章は、宗門改帳の記載内容、方法を規定した大きな要素は支配形態であったという。イデオロギー的であったかどうかはともかく、「上から」の力が日本の均質化を推し進めたのだろうか。

全国から集めた一三八冊の宗門人別改帳の記載形式を検討した第**14**章の平井晶子は、「一八世紀末を境として、二者関係の集合体としての家族から筆頭者中心の家族へ、単純な記載から精緻な記載へ、「記載された家族」が変化した」ことを発見した。「二者関係の集合体」とは、筆頭者の息子の妻の続柄を「嫁」と書かずに「誰々女房」と書くということである。言い換えれば世帯を構成する核家族ごとに親子関係や夫婦関係を書く方法である。それが、ある時期から近代の戸籍のように個々の家族員の筆頭者に対する続柄が書かれるようになる。平井はこの変化が「上から」の力により起きたという見方をとらない。一七九六年の町触で示された人別改帳の「雛型」は単純な構成の核家族世帯を例にとっており、筆頭者中心の続柄への変更を指示するようなものではない。第**1**章で平井が示したように実態としての「家」が確立し、森本が証明したように祖先祭祀が双系的なものから単系的なものに変化し、庶民の家族観そのものが変化したと平井は考える。

では、地域性は失われていったのだろうか。明治維新を越えて、近代が始まり、近代国家による制度化が進むなかで。第**12**章の木下太志は、二〇世紀を通じて出生率の地域差が消失し均質化していったことを「驚異的」と表現する。一九二〇年代の人口指標を計算すると、東日本・西日本の対立軸はまだ明らかに存在した。しかし同時に都市・農村地域の対立軸も存在している。後者の軸が前者を次第に圧倒していくのが近代だろうか。他方、第**6**章の最後に中島は一九四〇年の国勢調査を用いて、婚姻の届け出をしていない有配偶者の割合は近畿以西で高いことを図示している。本書は、地域性は変化すること、近代に先立って均質化も進んだことをみてきたが、地域性が一切消失するということはできない。地域性はこれからも我々のテーマであり続けるだろう。

注

（1）資金面では文部省科学研究費創成的基礎研究（「ユーラシア社会の人口・家族構造比較史研究」一九九五―一九九九年度、研究代表者速水融）の助成をいただいた。記して感謝申し上げたい。成果の概要については、落合・小島・八木編（二〇〇九）の序論を参照。
（2）速水は『国勢調査以前日本人口統計集成』を解題付で復刻した。
（3）同様の資料的条件を備えた地域としては、この三地域の他に速水の最初のモノグラフ『近世農村の歴史人口学的研究――信州諏訪地方の宗門改帳分析』（一九七三）が扱った諏訪地方があるが、資料のデータベース化はされていない。
（4）ヘイナルの二本の論文の日本語訳を収めた『歴史人口学と家族史』（二〇〇三）の木下太志・浜野潔による訳者解説を併せて参照してほしい。
（5）ラスレットは本論文の日本語訳に際して、独立した本となるほどの大幅な加筆改稿を行なったので、日本の読者は改稿版を読むことができる（ラスレット　一九九二）。
（6）『歴史人口学と家族史』（速水編　二〇〇三）の落合による解題を参照。
（7）国際労働移動を厳しく制限している現在の日本で、国際結婚がアジア女性の受入れの主要な手段になっていることを思い起こさせる。
（8）このあたりの議論の詳細については、落合（一九九九）の解説を参照。

参考文献

Bengtsson, Tommy, Cameron Campbell and James Z. Lee. 2004. *Life under pressure: mortality and living standards in Europe and Asia, 1700–1900.* Cambridge, Mass.; London: MIT.

Derosas, Renzo and Michel Oris eds., 2002. *When Dad Died*. Bern: Peter Lang.

江馬美枝子『飛騨白川郷』未來社、一九七四年。

Fauve-Chamoux, Antoinette and Emiko Ochiai eds., 2009. *The Stem Family in Eurasian Perspective: Revisiting House Societies, 17th–20th Centuries*, Bern: Peter Lang.

フォーヴ－シャムー、アントワネット「家の継承——フランス中央ピレネー地方と東北日本の継承システム」落合恵美子・小島宏・八木透編『歴史人口学と比較家族史』早稲田大学出版部、二〇〇九年。

Hajnal, John., 1965, "European mariage patterns in perspective", Glass D. V., and Eversley D. E. C. eds, *Population in history*, London, Arnold. 木下太志訳「ヨーロッパ型結婚形態の展望」速水融編『歴史人口学と家族史』藤原書店、二〇〇三年。

Hajnal, John., "Two kinds of pre-industrial household formation system", Richard Wall, Jean Robin, and Peter Laslett eds., *Family forms in historic Europe*, Cambridge: Cambridge University Press, 1983, pp. 65–104. 浜野潔訳「前工業化期における二つの世帯形成システム」速水融編『歴史人口学と家族史』藤原書店、二〇〇三年。

浜野潔・黒須里美・森本修馬「徳川農村は『皆婚社会』か？——濃州西条村・生涯未婚率の推計」EAP Working Paper Series, No. 6（International Research Center for Japanese Studies）、一九九八年。

Hammel, Eugene A., and Peter Laslett, "Comparing Household Structure Over Time Between Cultures." *Comparative Studies in Society and History*, 16–1, 1974, pp. 73–109. 落合恵美子訳「世帯構造とは何か」速水融編『歴史人口学と家族史』藤原書店、二〇〇三年。

Hayami, Akira, "Another Fossa Magna: proportion marrying and age at marriage in late nineteenth-century Japan," *Journal of Family History*, 12–1–3, 1987, pp. 57–72.

速水融『近世農村の歴史人口学的研究——信州諏訪地方の宗門改帳分析』東洋経済新報社、一九七三年。

速水融『近世濃尾地方の人口・経済・社会』創文社、一九九二年。

速水融『歴史人口学の世界』岩波書店、一九九七年。

速水融『歴史人口学でみた日本』文藝春秋、二〇〇一年。

速水融編『近代移行期の家族と歴史』ミネルヴァ書房、二〇〇二年。

速水融『歴史人口学研究――新しい近世日本像』藤原書店、二〇〇九年。

平井晶子「結婚の均質化と「家」の確立」落合恵美子編『徳川日本のライフコース――歴史人口学との対話』ミネルヴァ書房、二〇〇六年。

平井晶子『日本の家族とライフコース』ミネルヴァ書房、二〇〇八年。

平井晶子「東北日本における家の歴史人口学的分析――一八・一九世紀の人口変動に着目して」笠谷和比古編『一八世紀日本の文化状況と国際環境』思文閣出版、二〇一一年。

木下太志『近代化以前の日本の人口と家族』ミネルヴァ書房、二〇〇二年。

黒須里美編『歴史人口学から見た結婚・離婚・再婚』麗澤大学出版会、二〇一二年。

Laslett, Peter and Richard Wall, eds., 1972, *Household and Family in Past Time*, Cambridge University Press.

Laslett, Peter, "Family and Household as Work Group and Kin Group," Richard Wall et al. eds., *Family Forms in Historic Europe*, Cambridge University Press, 1983.

ラスレット、ピーター（酒田利夫・奥田伸子訳）『ヨーロッパの伝統的家族と世帯』リブロポート、一九九二年。

Lundh, Christer and Satomi Kurosu. 2014. *Similarity in Difference : Marriage in Europe and Asia, 1700–1900*. Cambridge, Mass. : London : MIT.

溝口常俊『日本近世・近代の畑作地域史研究』名古屋大学出版会、二〇〇二年。

水野浩一『タイ農村の社会組織』創文社、一九八一年。

森本一彦「先祖祭祀と女性――半檀家から一家一寺へ」落合恵美子編『徳川日本のライフコース――歴史人口学との対話』ミネルヴァ書房、二〇〇六年。

森本一彦『先祖祭祀と家の確立――「半檀家」から一家一寺へ』ミネルヴァ書房、二〇〇六年。

森本修馬「統計分析を目的として近世史料のデータベース化――入力・データ利用インターフェイス」『日本研究』第一九集国際日本文化研究センター、一九九八年。

Murdock, George Peter, *Social Structure*, Macmillan, 1949. 内藤莞爾訳『社会構造――核家族の社会人類学』新泉社、一九七八年。

永田メアリー「直系家族システムにおける労働移動——濃尾と東北の比較」落合恵美子編『徳川日本のライフコース——歴史人口学との対話』ミネルヴァ書房、二〇〇六年。

永田メアリー「改名に見る家の戦略と個人の選択——濃尾と東北の比較」落合恵美子編『徳川日本のライフコース——歴史人口学との対話』ミネルヴァ書房、二〇〇六年。

Nagata, Mary, Akira Hayami and Satomi Kurosu, 1998, "Niita and Shimonomiya of the Nihonmatsu Domain in the Northeastern Region of Tokugakwa Japan." EAP Working Paper Series, No. 20 (International Research Center for Japanese Studies).

内藤莞爾『末子相続の研究』弘文堂、一九七三年。

中島満大「西南海村の人口・家族・村落社会——歴史人口学と歴史社会学との架橋」（京都大学大学院文学研究科博士論文）、二〇一四年。

成松佐恵子『近世東北農村の人々』ミネルヴァ書房、一九八五年。

成松佐恵子『江戸時代の東北農村——二本松藩仁井田村』同文館出版、一九九二年。

大間知篤三「足入れ婚とその周辺」『大間知篤三著作集　第二巻　婚姻の民俗』未來社、一九五〇＝一九七五年。

落合恵美子「近世末における間引きと出産」脇田晴子・スーザン・ハンレー編『ジェンダーの日本史』上巻、東京大学出版会、一九九四年、四二五〜四五九頁。

落合恵美子訳「時代と文化をこえて世帯構造を比較する」速水融編『歴史人口学と家族史』藤原書店、二〇〇三年。

落合恵美子「速水融『近世農村の歴史人口学的研究』」筒井清忠編『日本の歴史社会学』岩波書店、一九九九年、二四九〜二六頁。

落合恵美子「近世女性奉公人にとっての婚姻と出産——陸奥国安積郡下守屋村人別改帳の数量分析」『女性歴史文化研究所紀要』第一〇号、京都橘女子大学女性歴史文化研究所、二〇〇二年、一〜一四頁。

落合恵美子「歴史的に見た日本の結婚——原型か異文化か」『家族社会学研究』第一五巻第二号、二〇〇四年。

落合恵美子編『徳川日本のライフコース——歴史人口学との対話』ミネルヴァ書房、二〇〇六年。

落合恵美子・小島宏・八木透編『歴史人口学と比較家族史』早稲田大学出版部、二〇〇九年。

Ochiai, Emiko. "Two types of Stem Household System in Japan: the Ie in Global Perspective" in Antoinette Fauve-Chamoux

and Emiko Ochiai eds., *The Stem Family in EurAsian Perspective*, Bern: Peter Lang, 2009.
Okada, Aoki and Satomi Kurosu, 1998, "Succession and the Death of the Household Head in Early Modern Japan: A Case Study of a Northeastern Village, 1720–1870." *Continuity and Change*, 13–1.
小野芳彦「文科系の計算機利用Ⅱ――データ入力のユーザーインターフェイス（歴史人口学の場合）」『日本研究』第八号、国際日本文化研究センター、一九九三年。
Poppel, Frans Van, James Z. Lee and Michel Oris eds., *The Road to Independence: Leavers and Stayers in the Household in Europe*. Bern: Peter Lang, 2004.
斎藤修「日本型家族世帯形成システムにおける結婚と再婚」黒須里美編『歴史人口学から見た結婚・離婚・再婚』麗澤大学出版会、二〇一二年。
庄司吉之助他『二本松市史四　近世Ⅰ』二本松市、一九八二年。
高橋美由紀『在郷町の歴史人口学』ミネルヴァ書房、二〇〇五年。
Todd, Emmanuel, *L'Invention de L'Europe*, Paris: Seuil, 1990. 石崎晴己訳『新ヨーロッパ大全』藤原書店、一九九二年。
津谷典子「近世日本の出生レジーム――奥州二本松藩農村の人別改帳データのイベント・ヒストリー分析」速水融・鬼頭宏・友部謙一編『歴史人口学のフロンティア』東洋経済新報社、二〇〇一年。
津谷典子「近世後期漁村における人口増加と出生力の分析」速水融編著『近代移行期の人口と歴史』ミネルヴァ書房、二〇〇二年。
Tsuya, Noriko O., Feng Wang, George Alter and James Z. Lee. 2010. *Prudence and pressure: reproduction and human agency in Europe and Asia, 1700–1900*. Cambridge, Mass.; London: MIT.
Tsuya, Noriko and Satomi Kurosu, 1999, "Reproduction and Family Building Strategies in 18th and 19th Century Rural Japan: Evidence from Two Northeastern Villages," presented at the Annual Meeting of the Population Association of America, New York, March 25–27.
Wrigley, Tony et al., 1997, *English Population History from Family Reconstitution*, 1580–1837, Cambridge University Press.

山本準「人口学的側面からみた姉家督」落合恵美子編『徳川日本のライフコース——歴史人口学との対話』ミネルヴァ書房、二〇〇六年。

第Ⅰ部　東北の変容

第1章　「家」の確立と家産の継承(1)

——陸奥国安達郡仁井田村の事例——

平井晶子

一　家論再考

「家」の確立

「家」とは、世代をこえて永続し、直系親族により単独相続され、家業や家産が維持され、構造的には直系家族世帯を形成するものと定義される(2)。このような「家」が、日本の伝統家族であると考えられてきた。では、この伝統はいつ誕生したのか、とりわけ庶民の家が「家」的特徴を有するようになったのはいつからなのか。

家についての研究は、社会学や法制史、経済史、歴史学、歴史人口学などさまざまな分野で進められ膨大な蓄積がある。しかし、必ずしも変化のプロセスに焦点があてられているわけではなく、「家」の確立時期をめぐっては、(昔から不変的に存在するとみなす)不変説から、一八世紀説、近代説まで諸説が併存している。

なかでももっとも変動論的視点が弱く不変説に陥っているのが社会学的研究である。そこでは構造分析や機能分析が中心的に行なわれ、そのうえ、主な分析対象が近代以降の家であるにもかかわらず、その特徴を日本的伝統と位置づけたため、おおむね家不変説となっている。とりわけ家の本質を問題とした有賀喜左衛門（[一九六〇]一九七〇）や鈴木榮太郎（[一九四〇]一九六八）にその傾向は強く、時代による変化はほとんど考慮されていない。戸田貞三（[一九三七]一九七〇）や喜多野清一（[一九六五]一九七六）は「家」を不変的存在とはみなさず実証分析にもとづく立論を試みるが、幕末の分析をもって近世以降の伝統と位置づけており、消極的ながら家不変説になっているといわざるをえない。

それに対して歴史学や経済史、歴史人口学、法制史では、主に変動論的視点から家が分析され、一七世紀後半に中世的大家族から単婚小家族的な小農が自立し（「小農自立」）、その後一八世紀になって小農世帯が「家」的特質を備えるようになったとの議論が展開されてきた（一八世紀説）。

一六・一七世紀は大規模な新田開発、市場経済の進展、さらには幕藩体制の確立、石高原理にもとづいた家・村支配が開始されるなど、さまざまな経済的、社会的、政治的大変革期であり、それらの複合的な影響を受け一七世紀後半の世帯に変化があらわれた。従属農民や傍系親族を包摂する中世的大家族から、従属農民や傍系親族が独立し、世帯規模が比較的小さく、均質化し、単婚小家族的な世帯が広がったと考えられている（速水 一九七三、大竹 一九八二）。ただし、この時登場した小農は、子どもの内、一人が生家に留まり親と同居するというルールはあったが、大規模な新田開発が進んでいる時期であり、財産は子どものあいだで均分相続されることが一般的で、まだ「家」的特徴を確立するには至らなかった（大竹 一九八二）。

しかし、いつまでも新田開発が続くわけではなく、一七世紀の末には大開墾時代も終わりを迎える。そして、それと連動して分割相続が困難になる。分割相続から単独相続への移行には、分地制限令など法による「上からの統制」もあったが、その影響というよりはむしろ、経営体として世帯を維持する必要から相続形態に変化があらわれた。また、この時期の村では家格制が定着してくる。そのため家名の維持が意味をもつことになる。すなわち、経済状況（新田開発の終焉）が分割相続の可能性を希薄ならしめただけでなく、村落構造が変化し、家のステイタスを維持することが重要になる。そこから「家産観念」が発達し、単独相続が普及したと考えられている（大竹 一九八二）。

法制史や社会学には、近代に入ってから、主に明治民法の影響を受け、庶民（農民）に「家」が一般化したとの説もある（川島 一九五〇、上野 一九九四）。この近代説はイデオロギーに焦点があてられており実証性に欠けるが、長らく影響力をもっていた。これが受け入れられた背景には、近世中期に確立した独立自営農民の「家」が幕末に崩壊し、一部の大地主と大部分の貧農層に分解したとみなす「農民層分解論」（古島 一九四七、大竹 一九八二）が影響しているのではないだろうか。幕藩体制の崩壊と「家」の揺らぎが重ね合わされ、近世末に「家」が一度弱体化（崩壊）し、その後、近代以降に再構成されるイメージが広範に受け入れられてきたからであろう。

単線的家変動論の限界

このように「家」の確立には諸説があるが、実証性という観点からみると、小農自立の後、（それを前提として）一八世紀初頭に「家」が確立したとみなす一八世紀説がもっとも説得的である。それでは、もっとも説得的と考えられる一八世紀説で、地域的多様性が大きい近世農村のすべてが説明できるだろうか。

前述の家変動論は、経済的・文化的な先進地域である近畿農村の実証研究をもとに組み立てられた仮説であり、経済的・文化的な後進地域では小農自立も遅れており、当然「家」の確立も遅れると考えられてきた。もともと「家」的特質は公家社会で誕生し、やがて武家社会に広がり、それが上層農民へ、さらに経済的・文化的先進地域（近畿地方）で農村に一般化し、最後に後進地域（東北地方など）にまで広がったと理解されてきた。知らず知らずのうちに単線的発展論にのっとり、「上から下へ」、「中央から周辺へ」と「家」が広がったと考えられてきた。

しかし、近畿農村と東北農村で同じプロセスで「家」が確立したと考えてよいのだろうか。

従来、「家」が確立するための前提条件として市場経済の進展と小農自立の二点が重視され、それらがおよそ半世紀のタイムラグはあるものの全国的に生じていたことから、「家」も同じメカニズムで確立したと考えられてきた。だが、「家」の確立過程を考えると、新田開発と人口変動も無視できない要素である。新田開発が完了しなければ分割相続の可能性は続くわけであり、たとえ新田開発が終了したとしても人口が減少する限り単独相続というルールを確立する必要はないからである。

そこであらためて近世の人口変動をみてみると、一七世紀と幕末については地域差がなく、全国的に人口が増加しているが、一八世紀（一七二〇年ごろから一八四〇年ごろ）は地域差が大きく、西南日本で増加し、中央日本で停滞し、東北日本で減少している（速水 一九九七：八一〜九四頁、鬼頭 二〇〇〇：九六〜一〇一頁）。つまり、人口と新田開発のバランスが崩れたことから単独相続が広がり「家」が確立したとする議論は、中央日本以西には適応できても、人口変動パターンが違う東北地方にはあてはまらないことになる。そこで、本章では単線的にではなく、複線的な変動論を念頭に、従来提出されてきた家変動論では説明できない人口減少地域、つまり東北地方を取り上げ、もう一つの家変動論の可能性を探ってみたい。

本章の課題と特徴

具体的には、東北地方の一農村の戸口資料をもとに世帯の変容過程を長期間観察し、世帯に家産を維持するという「家」的特徴がいつ、どのように獲得されていったのかを分析する。本来なら、「家」を構成する四つの要素（永続性、家産の維持、単独相続、世帯構造）のすべてについて分析し、総合的に世帯の変容を扱うべきであるが、紙幅の都合上、ここでは家産の維持に焦点を絞る。(3)

従来、家産の継承に関しては、だれが、いつ、なにを、どのように相続するのかが議論され、(1)一子相続か分割相続か、(2)長子相続か末子相続か、または選定相続か、(3)隠居があるのかないのかが主に議論されてきた（速水 一九九二、竹田 一九七〇、内藤 一九七三、Cornell 1981、及川 一九六七）。そして、日本の農村では、長男単独相続だけでなく、多様な相続パターンが存在することが指摘されてきた。

ところが、「家産を維持する」という特徴がいつから一般化したのか、という問題が中心テーマとして議論されることはなかった。もちろん、個別の事例として家産の変化を扱った研究はあるが、村全体を定量的に分析したものを筆者は知らない。おそらく資料的制約がその原因であると思われる。村全体の変化を明らかにするためには長期間にわたって家産を観察しなければならない。しかし、それが可能な資料はきわめて少ない。しかも、仮に資料があったとしても、数百世帯の一〇〇年以上の家産を観察し続けることは想像を超えた作業であり、とうてい一人の研究者が扱える問題ではない。幸い、筆者は「ユーラシア社会の人口・家族構造比較史研究」（代表：速水融国際日本文化研究センター名誉教授）に参加し、資料の収集からデータベースの作成までを共同で集約的に行なう機会を得ることができた[4]。以下では、このデータベースをもとに、家産である持高の変化を観察し、いつから家産が維持されるようになったのかを検討する。

二 資料と地域

地域：二本松藩仁井田村[5]

本章が分析の対象とする陸奥国安達郡仁井田村は、現在の福島県本宮市にあたり、商都郡山と城下町二本松のほぼ中間に位置する。また、ここは仙台松前道と呼ばれる街道沿いの地域でもある。福島県は阿武隈山地を挟んで、太平洋側は浜通り、反対側は中通り、内陸部が会津地方と大別されるが、仁井田村は阿武隈川流域にあり中通りにあたる（成松 一九九二：第一章）。

仁井田村は、東北地方のなかでは比較的土地の肥沃度が高い村といわれている（成松 一九九二：四頁）が、それでも一八世紀の自然環境の悪化は大きな被害をもたらした。江戸時代の飢饉といえば、天明（一七八二）年や天保（一八三二、一八三三）年の飢饉がとりわけ有名であるが、仁井田村が属していた二本松藩では、少なくとも二年に一度の割合で何らかの被害記録が残されており、凶作は決して二度の大飢饉だけではなかった（本宮町史編纂委員会二〇〇〇：三〇一〜三〇四、四五八〜四六五、五四七〜五五二、五六四〜五七五頁、福島県 一九七一：八三一〜八三六頁）。なかでもとくに厳しかったのは一八世紀後半であり、人口が大幅に減少した。同藩の為政者たちは、人口減少を大きな問題と認識しており、人口増加策として子どもの扶養手当を出すなどさまざまな施策を試みたが、成果をあげるには至らなかった（高橋 一九九八）。

仁井田村の村高は一一九七石一斗八升（うち、三二七石八斗六升が新田畑分）であり、面積は田方がおよそ七三町、畑方が六〇町である（成松 一九九二：一二頁）。新田開発は本章が観察を開始する一七二〇年にはほぼ終了しており、その後新田が増えることはほとんどなかった。

資料：仁井田村の人別改帳

一四六冊におよぶ仁井田村の人別改帳、これが本研究の資料である。この資料は、記載内容が非常に豊富で、しかも長期間連続的（一七二〇年から一八七〇年までの一五一年間で欠年が五年のみ）に存在することから、現存する最良の戸口資料の一つと考えられている（資料1-1）。

この資料の内容を示すため、一八〇〇（寛政一二）年に作成された「安達郡仁井田村人別御改帳（村控）」から一世帯分（「一打ち」の単位）を取り出してみた（資料1－1）。そこには平次郎一家の一八〇〇年の状況が記録されており、持高が一一石九斗七升七石の五人家族であることがわかる。また、嫡男はわずか八歳で死亡してしまうこと、三四歳の筆頭者（家主）平次郎は、遠藤新十郎の所へ奉公に出ており不在で、残っているのは女房と、親夫婦の三人ということがわかる。(6)

このように仁井田村の人別改帳には石高、世帯員、世帯の人数が書き上げられており、個々の世帯の細部に至るまでその実態を知ることができる。とくに家産である石高についての情報は豊富で、「持高」のみならず実際に耕作の責任を負っている「作高」が「合」の単位まで、しかも新田と本田が区別して記録されている。さらに耕地の貸し借りについては「借高」に加えて、「だれから」「だれへ」といった内容まで含まれる。また、個人については、続柄、年齢、ライフイベント（結婚や死亡、奉公先など）の記録があり、その記録を時系列的につなぐことで、それぞれの人がいつ、どのような世帯に生まれ、だれと結婚し（また離婚し、再婚し）、何人の子どもを産み、いつ亡くなったのかというライフコースの再現が可能となる。しかも個々人がその世帯にいるのかどうかが区別して記載されているので、だれが実際にその世帯に暮らしていたのかを特定することができる（資料に示したのは一例であるが、仁井田村の人別改帳の記載内容は一五一年間ほとんど変化していないので、およそ一万六〇〇〇戸分についてこれと同様の情報

資料1－1　「寛政一二年申年三月　安達郡仁井田村人別御改帳（村控）」より

持高本田九石八斗四升八合
　新田弐石壱斗弐升九合
借高新田九升三合　寛政八辰年より五年来庄吉へかり地
作高本新〆拾弐石七升
一、平次郎女房　いそ　年廿九　身請引込申候
一、嫡男　平蔵　年八ツ　（後筆）「帳面仕立後死失」
一、親　平兵衛　同五拾九
一、女房　りつ　同五拾六
　〆四人内　二人
　　二人女
一、家主　平次郎　年三十四　当村遠藤新十郎方給取

（遠藤氏所蔵）

が得られる）。

以下では、この資料をもとに、そこに記録された持高を家産の指標とし、「一打ち」の単位を世帯と捉え、世帯の変化を観察する。「一打ち」の単位が何を表しているかについては、村ごとに検討する必要があるが、公文書である人別改帳に記録された単位であり、「少なくとも当時の社会にあって意味があると思われた社会的単位」（落合一九九九：一二一〜一二二頁）であると考えられる。それに加えて、仁井田村の場合、家数が固定されておらず「一打ち」の数が毎年変化していること（よって世帯規模が不自然に大きすぎることもない）や、家成員のなかでも他家に奉公に行っている人は不在であることが明記される「現住地主義」（速水一九九七：五六〜五九頁）で書かれていることから、おおむね世帯と捉えて問題がないと思われる。

仁井田村の人口と世帯

仁井田村の人口は、一七二〇年に五四〇人だったが、一七七〇年以降減少しはじめ、一八二〇年には三六六人にまで落ち込む（図1-1）。その後徐々に回復に向かい最終的には観察初年（一七二〇年）の水準まで回復する。仁井田村の〈安定―減少―増加〉という人口変動パターンは、おおむね東北地方全体のパターンと符合しており、一八世紀後半に人口が減少するのは東北の人口学的特徴である（速水一九八二、川口一九九八）。この人口減少は直接には低い出生率によりもたらされるものであり、当該地域の出生率、とりわけ人口減少期のそれは（一七六〇年から一七九九年の合計特殊出生率は二・六二）きわめて低い（津谷二〇〇〇）。

次に世帯に目を向けると、観察をはじめた年（一七二〇年）の世帯数は一三二戸であり、その後しばらく安定しているが、一七八〇年以降漸減しはじめる（図1-2）。減り方は決して極端ではないが、回復することなくひたすら減少を続け、一八七〇年には九〇戸を下回る。それに対して平均世帯規模は前半（一七二〇年から一八二〇年代ま

図1-1 人口の推移

図1-2 世帯数と平均世帯規模の推移

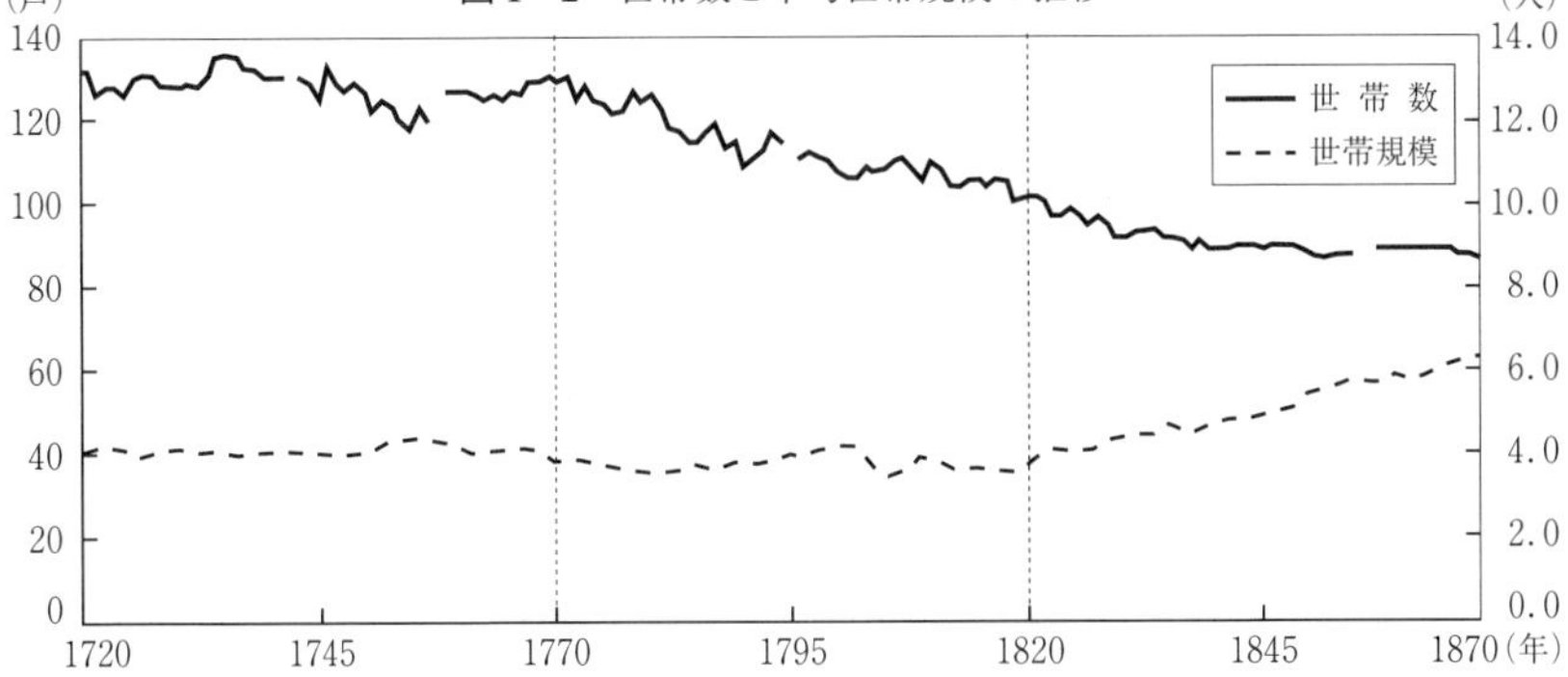

で）はほぼ四人と安定しているが、一八三〇年以降右上がりに拡大し、わずか四〇年で一・五倍（六・〇人）になっている。

これらの人口と世帯の変化を合わせて考えると、観察期間は三つの時代に分けることができる。一七二〇年から一七七〇年までが人口も世帯数も平均世帯規模も安定している安定期、一七七〇年から一八二〇年までが平均世帯規模は維持されるが人口、世帯数が減少する減少期、一八二〇年から一八七〇年までが世帯数は安定しているが人口が増え、世帯規模が拡大した増加・拡大期である。

世帯を構造的側面からみると、仁井田村は終始一貫して直系家族的特徴を示している。修正ハメル-ラスレット(Hammel-Laslett)[7]分類を用いて分類すると、(全期間の平均で) 直系家族世帯 (三二・一パーセント) と夫婦家族世帯 (三二・六パーセント) がそれぞれ三分の一ずつを占めており、それに拡大家族世帯 (一七・六パーセント) と独居世帯 (一二・四パーセント) が続き、非家族世帯 (二・六パーセント) や合同家族世帯 (二・三パーセント) はきわめて少ない。(8)

三　家産継承の定量的分析

減少する世帯・維持する世帯

はたして持高は家産と認識され、維持されたのか。さっそく各世帯の持高の変化をみてみることにする。

仁井田村では一五一年間に三四九戸の世帯が登場する。単純にみるとその六割 (二一五戸) が持高を維持し (増加により持高が変化した世帯も含む)、残りの四割 (一三四戸) で減少する。(9) ただし、この「維持する」六割には、短期間で消滅する世帯や、そもそも持高がないために減らすことができない世帯が含まれており、実質的に維持できた世帯はもっと少ない。そこで、もう少し詳細に観察し、ほんとうに維持できた世帯がどの程度なのか検討してみる。

表1-1　世帯の存続期間と持高減少世帯率

世帯の存続期間	総戸数	持高減少世帯数	減少率(%)
10年未満	88	0	0.0
10年以上	69	15	21.7
25年以上	56	21	37.5
50年以上	137	98	71.5
合計	349	134	38.4

表1-1は世帯の存続期間別に持高が減少した世帯の割合 (減少率) を示したものである。存続期間が短く一〇年未満で消滅する場合、持高が減ることはない。それが一〇年を過ぎると存続期間に比例して減少する世帯が増える。たとえば、世帯の存続期間が (一〇年以上) 二五年未満では持高の減少世帯は二割に留まるが、五〇年以上存続し、三代にわたって世帯が継承された場合 (二五年を一世代と考えると五一年で三代目に入る)、減少率は七割にはね上

表1－2　階層別持高減少世帯率

		18世紀			19世紀			合　計		
		総戸数	減少数	減少率（%）	総戸数	減少数	減少率（%）	総戸数	減少数	減少率（%）
下層	無高	2,253	0	0	929	0	0	3,182	0	0.0
	5石未満	816	9	1.1	248	1	0.4	1,064	10	0.9
中層	10石未満	2,330	45	1.9	1,192	5	0.4	3,522	50	1.4
	15石未満	1,884	47	2.5	2,783	12	0.4	4,667	59	1.3
上層	20石未満	731	34	4.7	1,163	14	1.2	1,894	48	2.5
	20石以上	688	52	7.6	571	13	2.3	1,259	65	5.2
合　計		8,702	187	2.1	6,886	45	0.7	15,588	232	1.5

注：1）総戸数とは，各期間の延べ世帯数，減少数とは，持高が減少した世帯数，減少率＝減少数÷総戸数×100。
2）階層は減少直前の持高を基準とする。

がる（表1－1）。

しかも、この傾向はもっとも長く存続した世帯にもあてはまる。観察のはじめから終わりまで一五一年間存続した世帯だけを取り出してその変化をみると、名主を除くすべて（三六戸）が持高の減少を経験していたからである（実際には減少だけではなく増加することも多く、持高は頻繁に増減していた）。

一般に、短命で終わる世帯は水呑や貧農といった階層の低い世帯で、何十年も続く世帯は「家持」と呼ばれる中層以上の世帯と考えられる。後者は前者よりも早くから「家」を形成しており、その分持高を維持する確率も高くなると想像しがちである。ところが、観察の結果は逆の実態を示しており、世帯が長く続けば続くほど、持高を維持する割合は低かったのである。

減少する世帯の階層

では、持高はやむにやまれず手放したのか、それとも選択的に手放したのか。持高を減少させた階層に注目し、そこから持高の減少が意味するところを考えてみる。

表1－2は階層別に持高が減少する世帯の割合を示したものである[10]。ここでも階層と持高の減少率は比例しており、階層が高ければ

高いほど持高が減少する割合が高くなっている。二〇石以上を有する裕福な層では年間五・二パーセントの世帯で持高が減るが、一五石以上（二〇石未満）になると二・五パーセントに半減し、さらに五石から一五石までの中層になるとその半分の一・三、四パーセントになる。分析単位が延べ数のため減少率自体は小さな数字になっているが、一年で五・二パーセントということは、一〇年でおよそ半数の世帯が持高を減らすことを意味しており、上層でいかに頻繁に持高が減少していたかがわかる。

このように上層になるほど持高の減少が頻繁にみられたということは、困窮のためにやむにやまれず手放したとは考えにくい。何をさしおいても守らなければならない家産として持高が意識されていたのであれば、少なくとも最上層では維持率が高くなってよいはずである。しかし、そうなっていないところをみると、家産として意識されていたというよりは、その時々の状況に応じて臨機応変に扱ってよいものと考えられていたからではないか。

減少する持高から維持する持高へ

世帯の存続期間が長いほど、また階層が高ければ高いほど、持高を減少させる世帯が多かった。言い換えると世帯には「家」的要素が弱いという実態が浮かび上がってきた。はたしてこれは一貫した特徴なのか。あらためて時代別に持高の減少率をみてみる。

表1－3は一〇年ごとの減少率の変化を示したものである。観察数が十分ではないため減少率の幅は大きいが、それでも一七三〇年代から一八〇〇年代までいずれも二桁以上という高い減少率を示している。それが一八一〇年を境に急激に減少し、七パーセント以下になっている。たしかに、一七二五年から一七三六年まで石高が記録されなかったことや、一七九六年に縄引き(11)が行なわれたことなど、持高をめぐる状況の変化が影響し、一七三〇年代および一七九〇年代の減少率が高くなったと考えられる。しかし、それらの影響を差し引いても、一八一〇年以前

表1－3　時代別持高減少世帯率（10年単位）

	世帯			同族			50年以上存続する世帯の割合（%）
	平均戸数	減少数	減少率（%）	平均同族数	減少数	減少率（%）	
1720-29	119	5	4.2	53	0	0.0	—
1730-39	137	37	27.0	53	13	24.5	—
1740-49	140	22	15.8	54	13	24.1	—
1750-59	118	21	17.9	53	10	18.9	—
1760-69	137	16	11.7	51	8	15.7	—
1770-79	137	19	13.8	49	16	32.7	53.4
1780-89	130	14	10.8	49	19	38.8	55.9
1790-99	138	42	30.5	47	26	55.3	61.9
1800-09	117	22	18.9	43	14	32.6	64.6
1810-19	112	5	4.4	43	7	16.3	65.5
1820-29	107	1	0.9	41	2	4.9	65.4
1830-39	99	5	5.1	38	5	13.2	71.7
1840-49	93	6	6.5	37	4	10.8	77.5
1850-59	91	1	1.1	36	2	5.6	79.5
1860-69	91	4	4.4	36	4	11.1	84
合計／平均	1,765	220	8.0	683	143	20.9	67.8

注：1）平均戸数，平均同族数は各10年間の平均値である。
2）減少数は，10年のあいだに持高が減少した世帯数または同族数のことであり，その間に同一の世帯または同族が2回以上減少していたとしても1回とカウントし，10年間の変化の有無を求めたものである。
3）減少率＝(減少数)÷(平均戸数)×100。10年を一区切りとし，その間に持高を減少させた世帯，または同族がどれだけあるのかを推定した値に相当する。ただし，ここでの同族とは1720年以降に観察された本家・分家関係に限定する。
4）50年以上存続する世帯の割合とは，各年の総世帯数に占める「50年以上存続する世帯」の割合を意味する。

（一七三〇年代と一七九〇年代を除く）の減少率（一三・三パーセント）はその後の減少率（三・七パーセント）の三・五倍を超えており、両者の違いは明らかである。

しかも、この変化は、短命な世帯や階層の低い世帯が増えるという、見せかけの変化によるものではない。世帯の存続期間は、表1－3の右端に「五〇年以上存続する世帯の割合」として示したように、一九世紀の方が長い。一七七〇年代は五〇年以上存続する世帯は五三パーセントしかなかったが、その後増え続け、一八〇〇年以降は六割、一八三〇年以降は七割へと増えている。また一八世紀と一九世紀の階層別減少率を比べてみたところ（表1－2）、二〇石以上の最上層の減少率（七・六パーセントから二・三パーセントへ）も、中層の五石以上の場合でも（一・九パーセントから〇・四パーセントへ）、階層に関係なく一九世紀の方が低い。

東北地方は一般に同族結合が強いと考えられているため、世帯からみて持高が維持されていなくても、同族の内部で持高が移動した可能性が考えられる。そこで同族の影響を考慮するため、同族単位で持高が維持されているのかどうかも調べてみた（表1－3）。その結果、同族を基準とした場合でも、一八一〇年以降に減少率が低下しており、同族が（世帯に代わって）持高を維持する単位として機能していたとは考えにくい[12]。

つまり、一八一〇年以降持高が維持されるようになったのは、（持高を減少させない短命の世帯や下層の世帯が増えたからではなく）世帯そのものの性質が変化し、持高を維持する傾向を強めた結果であると考えられる。

四　もう一つの家変動論

「家」の確立と中層の拡大

一七二〇年から一八七〇年までの世帯を観察し、家産を維持するという「家」の構成要素の一つについて分析した結果、一八世紀の世帯は持高を維持することが難しいが、一八世紀末から一九世紀初頭にかけて変化が生じ、一九世紀になると持高を維持する世帯が増え、それが一般的特徴になったことが明らかになった。言い換えると一八世紀の世帯は「家」的要素が希薄であるが、一九世紀になってそれが強化されたことになる。また、これと同じ方向での変化は世帯の永続性についての分析でも確認できた（平井 二〇〇八）。一八世紀の世帯は頻繁に誕生（分家や引っ越し）や消滅（絶家や引っ越し）を繰り返す不安定な存在であるが、一八世紀後半から一九世紀初頭にかけて分家も絶家も減少し、一八三〇年以降、世帯は連続する存在へ、安定した存在へ変質していたからである。つまり仁

図1−3 持高分布の推移

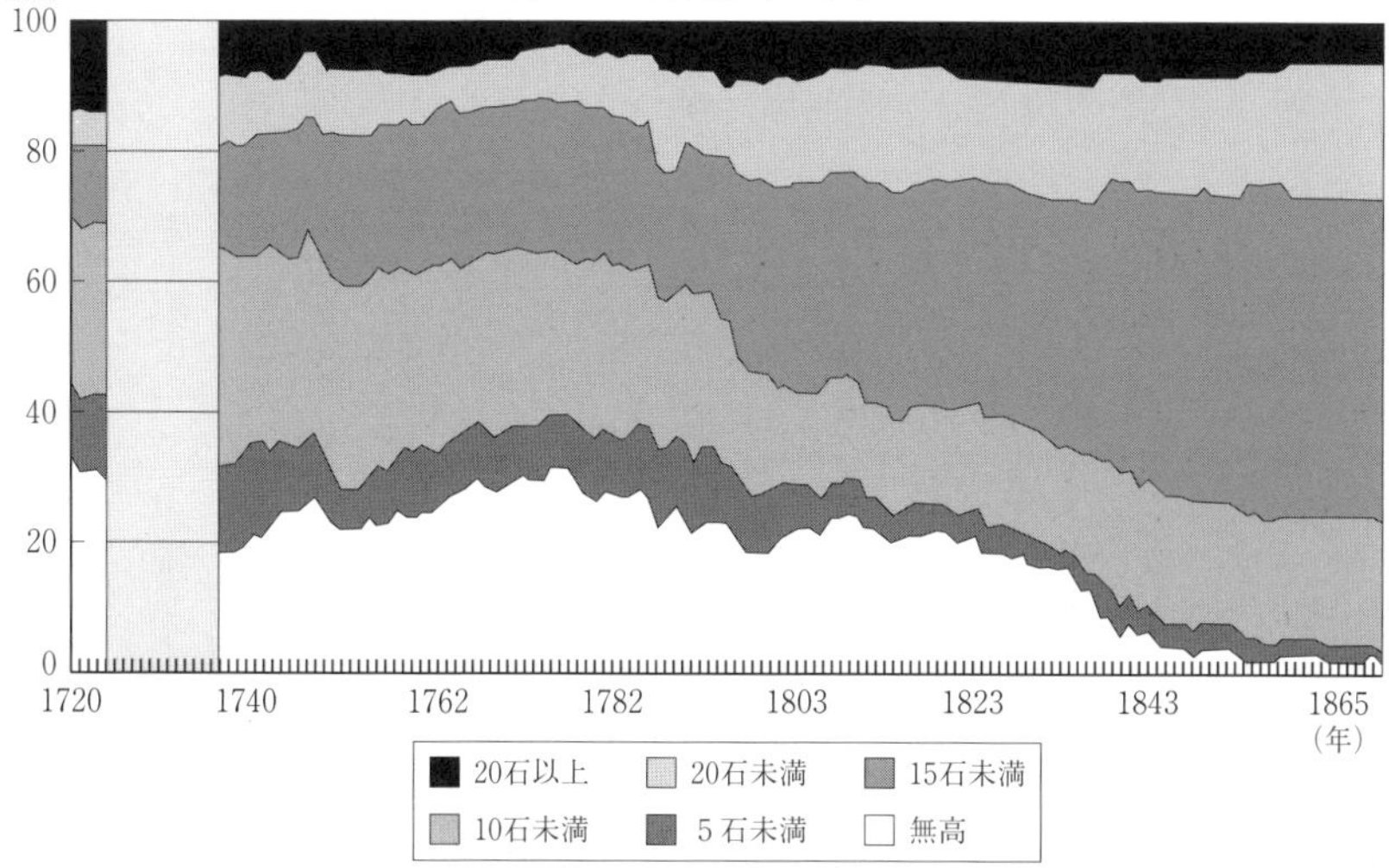

井田村では一八世紀末から一九世紀初頭にかけて世帯の特徴が大きく変化し、一九世紀初頭に「家」が確立した（一般化した）と考えられる。

「家」が確立したことは個々の世帯の特徴が変化し、それぞれが「家」的要素を獲得していったことを意味するが、この変化を村全体として眺めた場合、階層構造の変化として捉えることもできる。「家」が確立する前は無高や五石未満の貧農層が二、三割を占めていた。しかし、「家」が確立する過程で、その貧農層が徐々に減り（五パーセント以下へ）、その代わり五石から一五石の中層が全体の七割を占めるまでに拡大している（図1−3）。もともと同一の世帯が下層に留まることにより貧農層が維持されたわけではなく、下層世帯は短期間で絶家するが、その分を上層や中層からの没落世帯が補い、結果として常に二、三割が下層を構成していた。それが「家」が一般化する過程で、「家」になることができない貧農層は絶家するが、それ以上の世帯（「家」的世帯）は没落することがなくなり、中層に留まることができるようになった。中層は実数として増えたわけではないが、下層が減少し全体の世帯数が減ったために、その割合が拡大することになった（図1‐3）。

従来の変動論では幕末に「家」が崩壊し、農民層が上層と下層に分かれたと考えられてきたが、ここでは逆の変化が生じ、一九世紀に「家」が確立すると、幕末にかけて中層が増大したのである。

変革期（一八世紀末）の社会――飢饉と人口減少

では、なぜこの時期に「家」が確立したのか。従来の家変動論で議論されてきたような、新田開発の終焉や人口増加による単独相続への移行といった社会状況の変化が生じていたのか。

観察を始めた一七二〇年、仁井田村ではすでに新田開発は終了していた。また（第二節で示したように）人口の増加は「家」確立後の一九世紀中葉以降のことであり、一八世紀後半は減少していた。人口の推移と世帯の変化を合わせて考えると、人口安定期（一七二〇年から一七七〇年）は「家」的要素が弱い時代で、人口減少期（一七七〇年から一八二〇年）に世帯が変化し、「家」が確立した後、人口が増加したことになる（一八二〇年から一八七〇年）。新田開発の終了に伴い分割相続が困難になり単独相続の「家」が誕生したというよりは、一八世紀末の人口減少期が鍵となり、世帯に変化が生じたと考えられる。

では一八世紀後半、何が起こったのか。

この時期、東北地方はたびたび冷害に襲われ、飢饉が頻発し、人口が減少した。このような自然環境の悪化は、当然仁井田村にも大きな被害をもたらし、それらの複合的影響により出生率が低下し始めた。しばらくは他地域からの転入者で人口減少を食い止めることができたが、状況は改善されるどころか悪化の一途をたどり、一八世紀末から急激に人口が減少した。

その結果、耕地と労働力のバランスが崩れ（労働力が不足し）、だれも耕すことのない流れ地が膨らみ、村落が荒廃していった。もともと世帯は壊れやすく没落と興隆を繰り返す存在であったが、絶家があれば分家があるというように誕生と消滅を繰り返しながら、そのなかで人々の暮らしはなりたっていた。ところが、人口が減少すると、世帯は没落するばかりとなり、流れ地ばかりが増えてしまった。納税制度が村請けであるため、流れ地の増加は個々の世帯の没落では済まない問題であり、村全体、村民全体が危機的状況に追い込まれることになったのである。

このような危機的状況のなかで世帯が変化し、「家」が確立していく。「家」の確立は、貧農層の絶家と中層・上層の安定であったことを考えると、それは「危機に耐えられない世帯は潰す、そのかわり生き残った世帯は安定するようにお互い助け合う」という意図的な選択の結果に思われてならない。言い換えると、生存の危機にさらされた人々が自分たちの生存戦略として世帯の安定、すなわち「家」の確立を願ったからではないだろうか。

「家」の確立を戦略と解釈したのにはもう一つ理由がある。それは、世帯の変化と同時にライフコースパターンにも変化があらわれ、「家」が確立する時期、村全体で相続人を融通しあう人材の再配分システムが確立していたからである。一八世紀は特定の相続パターンが確定しておらず（概ね選定相続）、相続人を確保できない世帯も多かった。しかし、安定した世帯を希求するようになると（一九世紀以降）、出生順位別のライフコース、すなわち長男が生家を相続し、次男・三男は他家の養子となり他家を相続するというルールが確立していく（平井 二〇〇八）。この再配分システムの確立により、ほとんどの世帯が相続人を確保できるようになり、世帯が安定し、永続する世帯、家産を維持する世帯、すなわち「家」が可能となったからである。

たしかに一八世紀後半は、市場経済が浸透してきた時期であり、村の暮らしにも変化が生じてきた時代である。このような社会的経済的変化が世帯やライフコースに影響を与えるであろうことは想像できる。しかし、このような社会の変化により「家」が確立したというよりは、世帯を安定させなければ生きていけないという切羽詰まった状況があり、そこから抜け出すことを強く求めたからこそ「家」が確立したのではないか。これが本研究から浮かび上がってきた仮説である。

東北の事例からみえてきたもう一つの家変動論

これまでの家変動論では、「家」は上から下へ、中央から周辺へ広がったと単線的図式で理解されてきた。農民社会に限ってみると、一八世紀に入り新田開発が勢いを失うと、分割相続のための新しい土地が確保できなくなり、単独相続を行なう「家」が確立したとのメカニズムが提示され、それが一般的パターンであると考えられてきた。そして一八世紀に確立した「家」は幕末に弱体化し、幕末の農村は一部の大地主と貧困層に分解したとみなされてきた。しかも、この仮説は先進地域である近畿の事例から提示されたため、後進地域である東北地方では半世紀遅れて同じパターンが生じたと考えられてきた。

しかし、本章が示した家変動論（仮に東北型と呼ぶ）は、近畿のそれとは明らかに異なる。東北型の特徴は、一八世紀後半の飢饉の続発により人口が減少し、田畑に対して労働力が不足し、村落が荒廃するという村の危機が前提となり、そこから脱出するための生存戦略として安定した「家」が希求されたことにあった。さらに、一九世紀に確立した「家」は幕末に弱体化するどころか、ますます強固なものへと発展していた。

したがって、農民における家の変動パターンは、少なくとも二つのプロセスを想定する必要があるだろう。一つは、一八世紀における土地不足に対応して「家」が確立し、その後、幕末に一度弱体化する近畿型であり、もう一つは、一八世紀末の人口不足に対応して一九世紀初頭に「家」が登場し、その後幕末にかけてさらに強化される東北型である（プロセスは違うものの、結果としては東北型でも近畿型でも「家」的な特徴をもつ世帯が広がった。この背景には、一八世紀末に全国的に広がった「家」的な家族観の存在も無関係ではないだろう（本書第14章参照））。

そして、東北地方における「家」の確立が、一九世紀中葉以降の人口増加の基盤になったとすると、世帯の変化は、単なる家の問題を超え、大きな社会変動へつながる可能性をもっている。一万年という壮大なスケールから日本の人口史を俯瞰した鬼頭の研究（二〇〇〇：二一七〜二二〇）によると、一九世紀中葉から始まる人口増加は、現代までつながる大きな人口増加の波の出発点にあたる。これは近代への「人口学的離陸」（落合 一九九四：四二五）とも呼ばれている。もし東北地方で、この人口学的離陸に失敗していたならば、その後の歴史はどうなっていたのだろうか。農村における余剰人口が、近代以降の急激な都市化や産業化の前提であったことを考えると、一九世紀初頭に人々が選択した生存戦略は、その後の社会変動全体に対して、きわめて重要な意味をもっているのではないだろうか。

＊　本章では、筆者も参加した文部省科学研究費創成的基礎研究「ユーラシア社会の人口・家族構造比較史研究」（代表：国際日本文化研究センター速水融名誉教授）が作成したデータベースを使用した（本データベースの構造については本書の15章を参照のこと）。データベースの作成を一貫して指導されました速水融先生、資料の利用を許可下さいました故遠藤精吾氏、BDS（basic data sheet）を作成されました成松佐恵子先生、データベースの作成作業を担当されました宇野澤正子氏をはじめとする慶應義塾大学古文書室の皆様、データベースプログラムを作成されました北海道大学の小野芳彦教授に、この場を借りてお礼を申し上げたい。
なお、本章は拙著『日本の家族とライフコース』（ミネルヴァ書房、二〇〇八）の第六章をもとに加筆したことを付記する。

注

（1）　本章執筆後、東北農村の「家」は一九世紀初頭に確立する、という本章の仮説を検証すべく出羽国村山郡中山口村（現在の山形県天童市）の歴史人口学的分析を進めてきた。その過程で、中山口村では、本章で扱う仁井田村とは対照的に、一八世紀後半でも人口が減ることはなく、人口減少による村の危機は生じなかったが、世帯の永続性（平井 二〇一一）

や結婚パターン（二〇一五）は、仁井田村と同じように、一九世紀に入って変容し、「家」的特徴を有する世帯が一般化した可能性が見えてきた。したがって、本章の仮説のうち、「人口減少による村落の危機が東北の『家』の確立を促した」という動因の部分については再検討を要することになったが、「一九世紀初頭に東北農村で『家』が確立した」との結論部分については、補強できる結果を得たことを捕捉しておく。

（2）社会学的家研究は、家の本質を生活保障の場としての経営体とみなす「経営体としての家論」（有賀［一九六五］一九七一）、超世代的に連続する直系家族と位置づける「直系家族としての家論」（鈴木［一九四〇］一九六八）、普遍的概念である家長的家族とみる「家長的家族としての家論」（戸田［一九三七］一九七〇、喜多野［一九六五］一九七六）に大別され、従来、これらの説の相違点が強調されてきた。しかし、意外にも基本的認識では共通点が多く、ここにあげた「家」の定義はかれらすべてに共通する認識であり、概ね一般にも受け入れられている定義であろう。

（3）筆者は、別稿にてこれら四つの要素ならびにライフコースの変容について論じた（平井 二〇〇八）。併読していただければ幸いである。

（4）農村における有形の財産としては家屋、屋敷地、耕地などが、無形の財産としては役や講の成員権、村落における諸権利があるが、研究上家産としてもっとも注目されてきたのは耕地である。よって本章でも耕地（持高）を基準に家産の変化を観察する。

（5）仁井田村については、概況（本宮町史編纂委員会 一九九二～二〇〇〇、成松 一九九二）や歴史人口学的分析（Kurosu 1997, Tsuya & Kurosu 1999, 2002, 平井 二〇〇八など）、世帯分析（落合 本書第9章、Okada & Kurosu 1998, 岡田 一九九八、二〇〇〇、平井 二〇〇八など）が多数行なわれており、村内の状況がかなり詳細に解明されつつある。

（6）〆人数より前に記録されているのが在住者（現住人口）で、一段下げて〆人数より後に記録されているのが不在者（これを含めた総数が本籍人口）である。

（7）ハンメル－ラスレット分類についてはHammel & Laslett (1974) を、修正ハンメル－ラスレット分類については岡田（二〇〇〇）を参照。

（8）仁井田村の世帯構造のサイクルについては岡田（二〇〇〇）を、世帯構造の変動については平井（二〇〇八）を参照。

（9）持高を減少させる場合の減少量は、半数以上のケースで五石を超えている。世帯の九割以上が持高二〇石未満の社会で、五石以上の減少というのはけっして少ない量ではない。よって，持高が減少するというのは，形式的なものではなく，実質的なものであり，階層が変わるほど大きな変化であったと考えられる。

(10) 階層別持高減少世帯率は，各階層に属する各期間の延べ世帯数を分母（総戸数）とし，階層ごとの持高減少世帯数（戸数）を分子として計算した結果である。持高は毎年変化する可能性があるので延べ世帯数を分析単位とした。

(11) 縄引きとは，各世帯の土地の自然条件の不均等をなくすために行なう土地の割替制度であり，縄を引きなおし土地を籤で選ぶことをいう。仁井田村では一八世紀以降に行なわれたのはこの一度だけであり，近郊農村においても，ほとんど行なわれていない。詳細は，成松（一九九二：第五章）を参照。

(12) ここで復元できた同族とは一七二〇年以降の本家・分家関係のみであり完全なものではない。それでももっとも同族の復元率が低いと考えられる一七二〇年代の減少率が〇パーセントであること，その後，減少率が上昇していることを考えると，やはり同族が持高維持の機能を担っていたとは考えがたい。

参考文献

有賀喜左衛門「家族と家」『哲学』第三八号（一九六〇年九月），慶應義塾大学（再録：『有賀喜左衛門著作集』XI 未來社，一九七〇年）。

有賀喜左衛門『日本の家族』至文堂，一九六五年（再録：『有賀喜左衛門著作集』XI 未來社，一九七一年）。

Cornell, Laurel L., Peasant Family and Inheritance in a Japanese Community, 1671-1980: An Anthropological Analysis of Local Population Registers (unpublished Ph. D. thesis, Johns Hopkins University 1981).

福島県編『福島県史』二 通史編二 近世一，福島県，一九七一年。

古島敏雄『家族形態と農業の発展』学生書房，一九四七年。

Hammel, Eugene A. & Peter Laslett, "Comparing Household Structure Over Time and Between Culture," *Comparative Studies in Society and History*, 16, 1974（落合恵美子訳「世帯構造とは何か」速水融編『歴史人口学と家族史』藤原書店，二〇〇三年）.

速水融『近世農村の歴史人口学的研究――信州諏訪地方の宗門改帳分析』東洋経済新報社，一九七三年。

速水融「近世奥羽地方人口の史的研究序論」『三田学会雑誌』第七五巻第三号（一九八二年六月）、慶應義塾経済学会。

速水融『近世濃尾地方の人口・経済・社会』創文社、一九九二年。

速水融『歴史人口学の世界』岩波書店、一九九七年。

平井晶子『日本の家族とライフコース』ミネルヴァ書房、二〇〇八年。

平井晶子「東北日本における家の歴史人口学的分析——一八・一九世紀の人口変動に着目して」笠谷和比古編『一八世紀日本の文化状況と国際環境』思文閣出版、二〇一一年。

平井晶子「東北農村における結婚パターンの変容——一八・一九世紀の歴史人口学的分析」笠谷和比古編『徳川社会と日本の近代化』思文閣出版、二〇一五年。

平井晶子「宗門人別改帳の記載形式——記載された家族を読む」（本書第11章）。

川口洋「一七～十九世紀の会津・南山御蔵入領における人口変動と出生制限」『歴史地理学』第四〇巻第五号（一九九八年一二月）、歴史地理学会。

川島武宜『日本社会の家族的構成』日本評論新社、一九五〇年。

喜多野清一「日本の家と家族」『大阪大学文学部紀要』第一一号（一九六五年）、大阪大学文学部（再録：『家と同族の基礎理論』未來社、一九七六年）。

鬼頭宏『人口から読む日本の歴史』講談社学術新書、二〇〇〇年。

Kurosu, Satomi, "Adoption as an Heirship Strategy? A Case from a Northeastern Village in Pre-Industrial Japan," *Japan Review*, 9, 1997.

本宮町史編纂委員会『本宮町史』第二巻・第五巻・第六巻・第九巻、本宮町、一九九二～二〇〇〇年。

内藤莞爾『末子相続の研究』弘文堂、一九七三年。

成松佐恵子『江戸時代の東北農村——二本松藩仁井田村』同文舘、一九九二年。

落合恵美子「近世末における間引きと出産」脇田晴子・ハンレー編『ジェンダーの日本史』上、東京大学出版会、一九九四年。

落合恵美子「家族史の方法としての歴史人口学」野々山久也・渡辺秀樹編『家族研究の理論と技法——家族社会学入門』（社会学研究シリーズ）1、文化書房博文社、一九九九年。

落合恵美子「日本における直系家族システムの二つの型――世界的視野における『家』――」（本書第9章）。

及川宏『同族組織と村落生活』未來社、一九六七年。

岡田あおい「譲渡型戸主の特徴――陸奥国安達郡仁井田村の人別改帳を中心として」『帝京社会学』第一一号（一九九八年三月）、帝京大学。

岡田あおい「近世農民社会における世帯構成のサイクル」『社会学評論』第五一巻第一号（二〇〇〇年六月）、日本社会学会。

Okada, Aoi & Satomi Kurosu, "Succession and the Death of the Household Head in Early Modern Japan: a Case Study of a Northeastern Village 1720-1870," *Continuity and Change*, 13-1, 1998.

大竹秀男『封建社会の農民家族（改訂版）』創文社、一九八二年。

鈴木榮太郎『日本農村社会学原理』時潮社、一九四〇年（再録：『鈴木榮太郎著作集』ⅠⅡ、未來社、一九六八年）。

高橋美由紀「近世の『人口施策』――二本松藩赤子養育仕法の検討」『人口学研究』第二三号（一九九八年一一月）、日本人口学会。

竹田旦『民俗慣行としての隠居の研究』未來社、一九七〇年。

戸田貞三『家族構成』弘文堂、一九三七年（復刻版：新泉社、一九七〇年）。

津谷典子「出生」文部省科学研究費創成的基礎研究「ユーラシア社会の人口・家族構造比較史研究」最終報告書、二〇〇〇年。

Tsuya, Noriko O. & Satomi Kurosu, "Reproductions and Family Building Strategies in 18th and 19th Century Rural Japan: Evidence from Two Northeastern Villages," Paper presented at annual meeting of the Population Association of America, March 25-27, New York, 1999.

Tsuya, Noriko O. and Satomi Kurosu, "The Mortality Effects of Adult Male Dearth on Women and Children in Agrarian Household in Early Modern Japan: Evidence from Two Northeastern Villages, 1716-1879," Derosas, Renzo and Michel Oris eds., *When Dad Died: Individuals and Families Coping with Family Stress in Past Societies*, Bern: Peter Lang, 2002.

上野千鶴子『近代家族の成立と終焉』岩波書店、一九九四年。

第2章　出羽国村山郡山家村における世帯の変遷

木下　太志

一　世帯数の趨勢

本章では、宗門改帳を使って、徳川期の東北地方における一農村の世帯の変遷について検討してみたい。対象となる村は、徳川期には山家《やんべ》村と呼ばれ、現在は、山形県天童市の一地区となっている。本章で分析する宗門改帳は、この村に残されていた一七六〇年から一八七〇年までの一一〇年間の宗門改帳である。この一一〇年間に、山家村の宗門改帳には、合計二〇三戸が記録されている。(1)その内訳を平均石高でみると、一石未満の貧農層世帯が一四三戸を数えて、全体の七〇パーセントを占め、一石から一〇石までの中農層世帯が三一戸、一〇石以上の富農層世帯が二九戸とそれぞれ全体の約一五パーセントずつを占めていた。山家村の宗門改帳に記録された二〇三戸のうち、一七六〇年から一八七〇年の間に七〇戸が絶家により消滅し、一一三戸が分家として新しく世帯が設立された。絶家した七〇戸のうち、五八戸は貧農層に、八戸は中農層に、そして四戸は富農層に属していた。これを一年一世帯あたりの絶家率として計算してみると、山家村全体の絶家率は〇・〇〇六三九／世帯・年であったものの、各階層

図２－１　山家村における世帯数の趨勢（1760-1870）

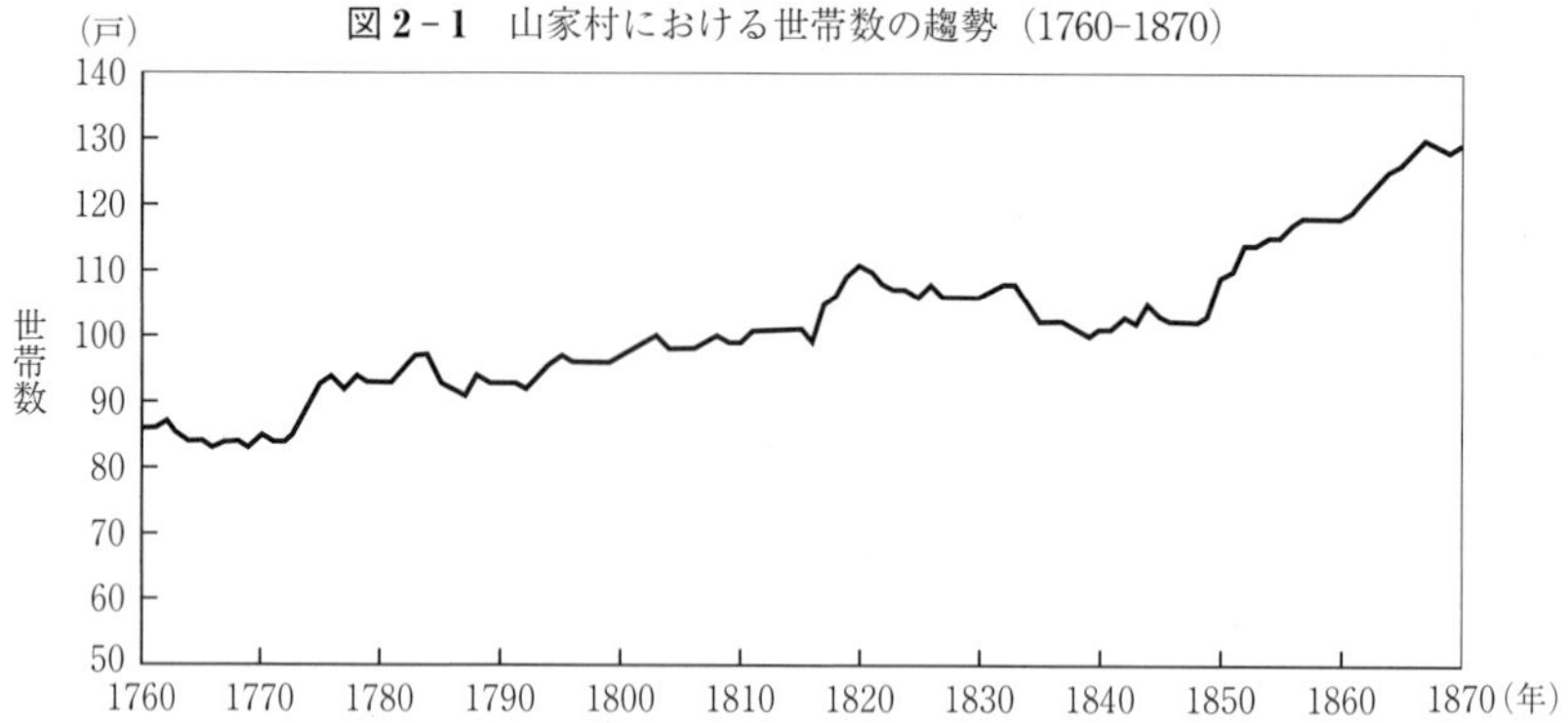

間の差が際立っていた。すなわち、貧農層の絶家率は〇・〇〇九六〇／世帯・年、中農層が〇・〇〇三五七／世帯・年、富農層が〇・〇〇一五〇／世帯・年であり、貧農層世帯は富農層世帯よりも六倍以上、中農層世帯よりも二・五倍以上絶家する危険性が高く、明らかに、山家村における世帯の経済状態と絶家率との関係は強かったといえる。

ちなみに、ヨーロッパにおける類似の例と比較してみると、スイスの山村（Törbel）の父系家系が〇・〇〇二二四／家系・年、イングランドの男爵の家系が〇・〇〇三五八／家系・年のペースで消滅している（Netting 1981：p. 75）。村全体としてみた場合、山家村の世帯の絶家率は、これらのヨーロッパの家系の消滅率よりも高い。しかも各階層ごとにみると、山家村の貧農層世帯の絶家率は群を抜いて高いことがわかる。中農層世帯の絶家率はイングランドの男爵家系の消滅率とほぼ同じレベルを示し、富農層世帯の絶家率は、ヨーロッパでも低いレベルの Törbel の父系家系の消滅率よりも低く、この階層の世帯がきわめて安定していたことがわかる。

図２－１は、山家村の世帯数の趨勢を示したものである。一七六〇年には八六戸しかなかった世帯が、一一〇年後には、その一・五倍の一二九戸にまで達している。この村の世帯数は、一七七五年あたりに急上昇した後、次の四〇年間は九〇戸から一〇〇戸の間で比較的安定している。一八一五年から一八三五年あたりにはプラトーがあり、その後、一八五〇年までは広い谷が

図２－２　山家村の社会経済階層別にみた世帯数の趨勢（1760–1870）

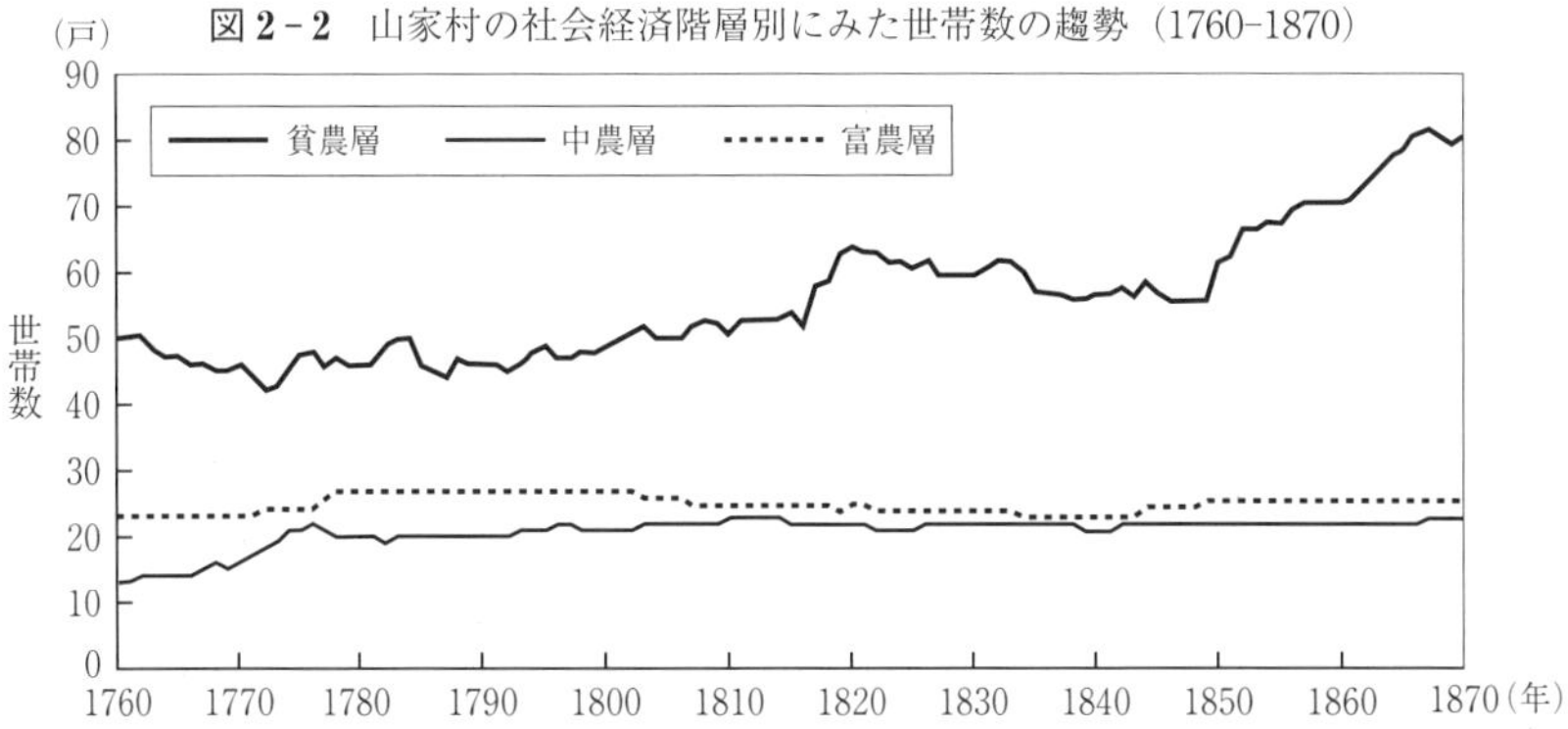

みられる。そして、一八五〇年以降、二〇戸以上も新しい世帯が設立され、山家村の世帯数は急速な増加をみせている。

図２－２は、各階層ごとに世帯数の趨勢を示したものである。この図で印象的なのは、中農層（ただし最初の一五年を除く）と富農層の世帯数が二〇戸前後で驚くほど安定しているのに対し、貧農層の世帯数が大幅に増加しているということである。この結果、貧農層の世帯数の動向が、図２－２でみられた山家村全体の世帯数の動向に直接反映されていることがわかる。貧農層の世帯数は、一七六〇年から一八一〇年ぐらいの間、四〇戸から五〇戸の間に位置しているが、一八二〇年頃には六〇戸ぐらいに達し、その後、一八五〇年前後から急増し、二〇戸余りが新しく付け加えられている。

中農層と富農層の世帯数の安定は、村内の百姓株と強い関係があったと考えられる。百姓株をもつということは、水利権、村役人の被選挙権等の権利を与えられることを意味し、農事のみならず、村内の政治と深く結びついていた。百姓株は、本百姓の家に代々世襲されることが原則であり、しかも村内の百姓株数は固定されていたため、それを保有する中農層世帯と富農層世帯の数は必然的に安定したものにならざるをえなかったに違いない。

図２－２に示された貧農層世帯数の増加は、とりもなおさず、経済的に独立したこの層の世帯の増加を示しているが、とくに一八五〇年以降の急激な増加については、つぎの三つの理由が考えられる。まず第一に、徳川期後半

に、村山地方で紅花栽培・干花加工を中心とした小規模な商工業が発達し、それに伴い、農業および農業外の雇用機会が増大すると同時に、奉公人や日雇いの賃金も上昇した。これと並行して、農業の集約化によって、田畑の生産性も向上した。これらの経済的変化によって、多くの農民が土地を離れても生活ができるようになったため、分家を出すことが以前より容易になり、世帯数が増加したということである。第二に、百姓株などの存在が階層の固定化を助長し、世帯の階層間移動を困難にしており、貧農層世帯が中農層や富農層に昇格するようなことはなく、幾世代も同じ階層にとどまらなければならなかった。言い換えれば、山家村の世帯数が増加する場合、それは中農層や富農層では起こりえず、貧農層でしか起きることができなかったということである。

第三の理由として、中農層世帯や富農層世帯から分家が出る際には、この分家は階層を滑り落ちるのが普通であった。たとえば、富農層世帯が貧農層へ分家を出すケースは頻繁にみられた。村山地方の相続慣行について、この地域の歴史に詳しい大藤は、次のような観察を行なっている（大藤 一九七五）。すなわち、一七世紀以前におけるこの地方の相続慣行は分割相続であったため、時代が下るにつれて、一戸あたりの耕地面積が次第に細分化していった。そして最終的に、一戸あたりの耕地面積が一・〇ヘクタールから一・五ヘクタールになると、当時の農業生産性では、世帯を維持することが困難になったため、相続慣行が分割相続から非分割相続へと移行した。これは、山家村で観察された中農層および富農層の世帯数の安定ならびに貧農層の世帯数の増加と整合的である。というのは、一八世紀前半（本章の分析が始まる一七六〇年より以前）にはすでに、山家村の相続慣行がほとんど非分割相続に移行していたと考えれば、中農層と富農層の世帯数の安定はよく説明でき、世帯数が増加できる余地のある階層は、土地をもたない貧農層だけだったということになるからである。

したがって、山家村の世帯数の趨勢を説明するうえの三つの理由は、つぎのようにまとめることができる。すなわち、一九世紀後半の急激な世帯数の増加には、内的（endogenous）要因と外的（exogenous）要因があった。内的要因とは、百姓株の存在と非分割相続慣行であり、これは中農層ならびに富農層の世帯数の固定化につながると同時に、貧農層の世帯数を増加させる素地を含んでいた。外的要因は、紅花栽培・干花加工を中心とした小規模な商工業の発達に伴う労働需要の拡大、ならびにその結果として生じた賃金の上昇である。この外的要因は、農民の土地離れを生じさせ、分家を出すことを容易にした。このように、内的要因は適当な外的要因の存在によって、村内の世帯構造を著しく変化させる素地をもっていたのである。この外的要因は、一九世紀に入って、あるいはそれより少し以前から徐々に山家村に浸透しつつあったが、一九世紀後半に、そのインパクトがもっともはっきりと現れるようになった。

二　世帯規模の変遷

ここでは、前節でみた世帯数の増加に伴って、山家村の世帯規模はどのように変化していったのかをみてみたい。図2－3は、山家村の平均世帯規模の趨勢を示している。山家村の世帯規模は、一七六〇年から一八七〇年にかけての平均が五・三五人（表2－1参照）と五人を上回るが、かなりの上下変動をみせながらも、全般的には、増加傾向を示している。一七六〇年から一八七〇年の一一〇年間をほぼ等分に三分割し、第Ⅰ期（一七六〇～一七九九年）、第Ⅱ期（一八〇〇～一八三五年）、第Ⅲ期（一八三六～一八七〇年）として、各期間ごとの平均世帯規模をみると、第Ⅰ期は五・〇九人、第Ⅱ期が五・二七人、第Ⅲ期が五・七一人であった。第Ⅰ期から第Ⅱ期にかけての増加幅は約〇・二人と小さいものの、第Ⅱ期から第Ⅲ期にかけての増加幅は〇・四人を超えており、第Ⅰ期から第Ⅱ期の増加幅の二倍に達している。

図2－3を使って、山家村の世帯規模の変遷をさらに詳しくみていくと、一七六〇年に四・八人程度であった世

図 2 - 3　山家村における世帯規模の趨勢（1760-1870）

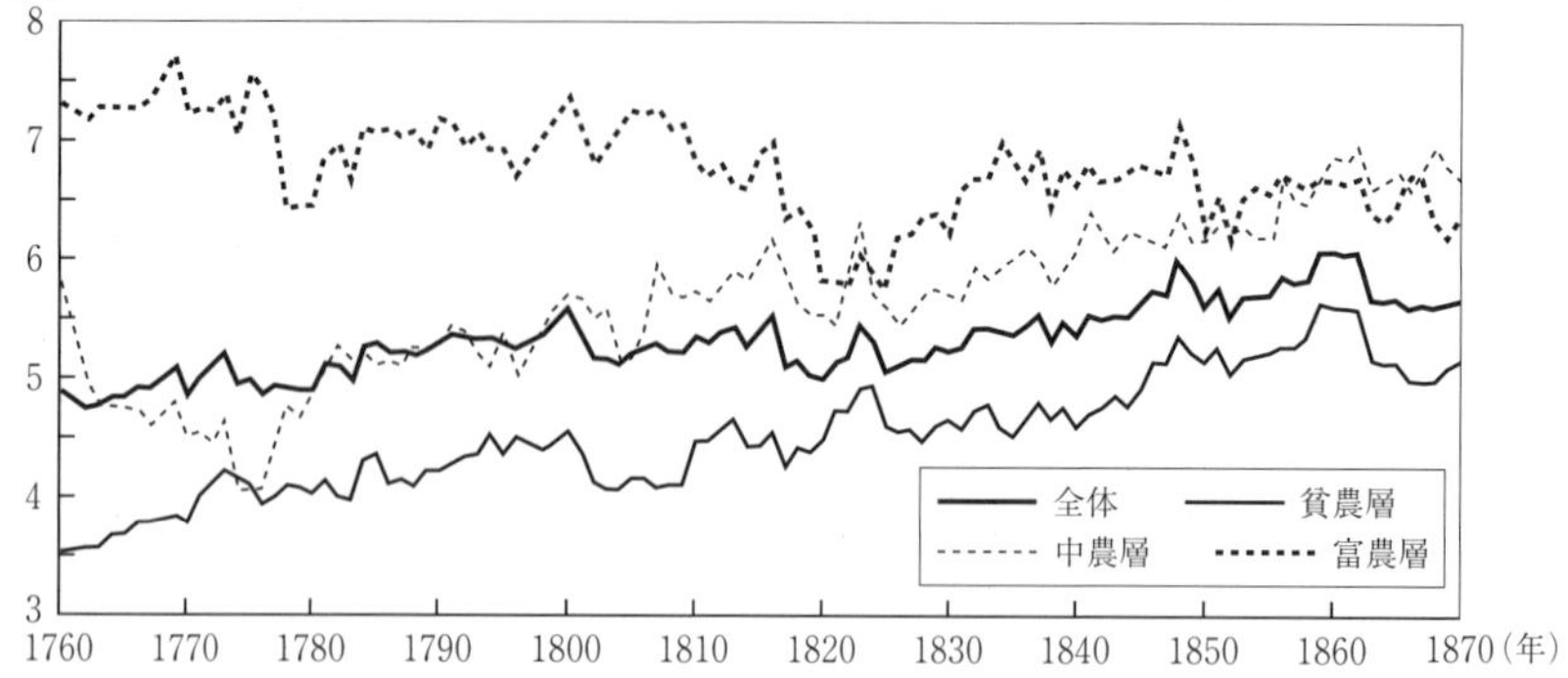

表 2 - 1　山家村における世帯規模の平均値と標準偏差

	Ⅰ期	Ⅱ期	Ⅲ期	全期間		Ⅰ期	Ⅱ期	Ⅲ期	全期間
貧農層	4.08人 (0.27)	4.47人 (0.24)	5.12人 (0.28)	4.55人 (0.50)	富農層	7.09人 (0.30)	6.63人 (0.47)	6.64人 (0.21)	6.79人 (0.40)
中農層	4.94 (0.43)	5.73 (0.25)	6.44 (0.32)	5.69 (0.70)	村全体	5.09 (0.21)	5.27 (0.14)	5.71 (0.20)	5.35 (0.32)

注：括弧内は標準偏差。

帯規模は、その後、かなりの上下変動にもかかわらず、増加を続け、一八世紀末には五・六人くらいのレベルに達している。一九世紀に入ってから最初の二〇年間あるいは三〇年間の世帯規模は上下変動が激しく、明白なトレンドがみられない。それ以後、山家村の世帯規模は再び増加傾向に転じて、一八五〇年頃まで順調に増加し、六人を超えるレベルに達する。一八五〇年頃を過ぎると、大きな上下変動の後、低下して、最終的に五・六人くらいで落ち着いている。山家村の人口趨勢は、第Ⅰ期が「順調」、第Ⅱ期が「停滞」、第Ⅲ期が「急増」と特徴づけられるが、これと同様な特徴づけを世帯規模についても行なうことができる（木下 二〇〇二：三六～四〇頁）。住民台帳の研究から、ラスレットは、イングランドの平均世帯規模は一六世紀から二〇世紀初頭にかけて、四・五人から四・七五人程度のレベルで驚くほど安定し、この間に起きた重大な社会経済的変化（とくに産業革命）ならびに人口学的変化（人口の急増、出生率の低下など）に影響されることはほとんどなかったとしている（Laslett 1972）。しかし、山家村についてはまったく逆のことがいえ、むしろこの村の世帯規模は、社会経済的要因および人口学的要因と密接な関係があったようである。

図２－３は、各社会経済階層ごとの平均世帯規模の趨勢も示している。また、表２－１には、各期間ごとに平均世帯規模の平均と標準偏差を示した。図２－３と表２－１から、次の二つのことにすぐに気づくであろう。まず第一に、平均世帯規模と社会経済階層とは正の相関をもつということである。たとえば、一七六〇年から一八七〇年の全期間にわたる各階層ごとの平均世帯規模をみると、貧農層が四・五五人、中農層が五・六九人、富農層が六・七九人となっている。少し大雑把にいえば、貧農層世帯に比べ、中農層世帯は一人多く、富農層世帯は二人多いということになる。図２－３をみても、社会経済階層と平均世帯規模との間の正の相関は、いくつかの例外的な時期を除けば、一七六〇年から一八七〇年の間のほとんどどの時期にもあてはまる。とくに、貧農層の世帯規模と他の二つの階層の世帯規模の違いは明瞭である。

第二に、貧農層ならびに中農層の世帯規模が増加傾向を示すのとは対照的に、富農層の世帯規模は低下傾向を示す。すなわち、最初の二〇年間だけ、中農層の世帯規模が低下傾向を示すものの、貧農層と中農層の世帯規模は、一七六〇年から一八七〇年にかけてほとんど増加の一途をたどっている。一七六〇年頃の貧農層の世帯規模は三・五人程度と低いが、その後順調に増加して、一八七〇年頃には五人を少し上回るレベルに達しており、この一一〇年間に一・五人ほど増加している。中農層では、最初六人程度の大きさの世帯規模であったものが、その後の二〇年間に四人まで低下する（これは中農層世帯に分家が相次いだためである）。しかし、この最下点を通り過ぎると、中農層の世帯規模は増加を続け、最終的には七人を少しだけ下回るレベルにまで達している。この二つの階層とは対照的に、富農層の世帯規模は、その上下変動にもかかわらず、低下傾向が明らかである。すなわち、富農層の世帯規模は、一七六〇年頃には七人を超えていたが、その後低下を続け、一八七〇年頃には、中農層のレベルとほとんど同じ七人を少し下回るレベルで落ち着いている。

このように、貧農層と中農層とは対照的に、富農層の世帯規模は低下傾向を示しているが、富農層の世帯規模が低下した理由としては、奉公人の減少や分家による世帯メンバーの減少などが考えられる。富農層と他の二つの階層に対して、奉公人が与えるインパクトは、一つのコインの裏表である。すなわち、奉公人を雇う側である富農層において、奉公人が減少し、世帯規模が低下するということは、同時に、奉公人を輩出している階層、とくに貧農層の世帯規模を増加させることを意味している。貧農層と中農層の世帯規模が増加した理由は、奉公人の減少だけではなく、世帯構造の変化にも理由がある。後述するが、これら二つの階層の世帯では、時代が下るにつれて、核家族の割合が徐々に低くなる一方、それよりメンバーの多い直系家族の割合が高くなったため、世帯規模が増加した。いずれにしても、富農層の世帯規模の長期的低下傾向に対して、貧農層と中農層の世帯規模が増加傾向を示していたというコントラストがあったことは記憶しておきたい。このコントラストのために、図2－3に示された山家村全体の世帯規模の増加傾向は、貧農層と中農層の二つの階層で実際に起きた世帯規模の増加をやや不明瞭なものにしている。

図2－4は、一七六〇年から一八七〇年にわたる山家村の世帯規模の分布を示したものであり、縦軸に世帯・年、横軸に世帯規模をとっている。この図からわかるように、世帯規模の分布は、左右対称ではなく、右にスソが長いものになっている。最小値は一人、最大値は一八人、最頻値は五人世帯であるが、これについで多いのが六人世帯、四人世帯となっている。山家村の世帯規模の平均は五・三五人であると前で述べたが、右に長く伸びたスソが平均値を最頻値より大きくしていることがわかる。

図2－5は、図2－4を各社会経済階層ごとに示したものである。貧農層世帯の最頻値は四人世帯であり、つい

図２－４　山家村における世帯規模の分布（1760-1870）

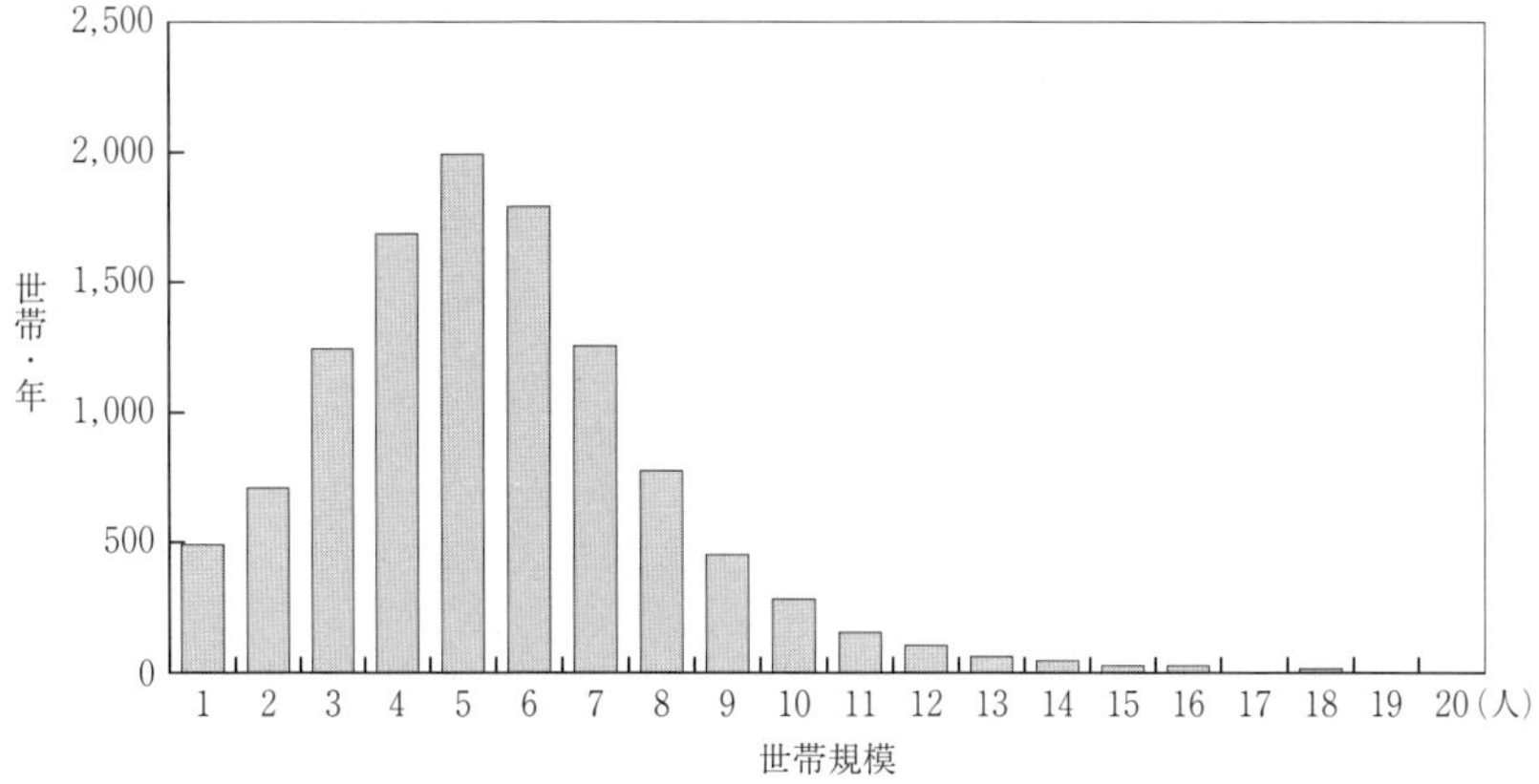

図２－５　山家村における社会階層別にみた世帯規模の分布（1760-1870）

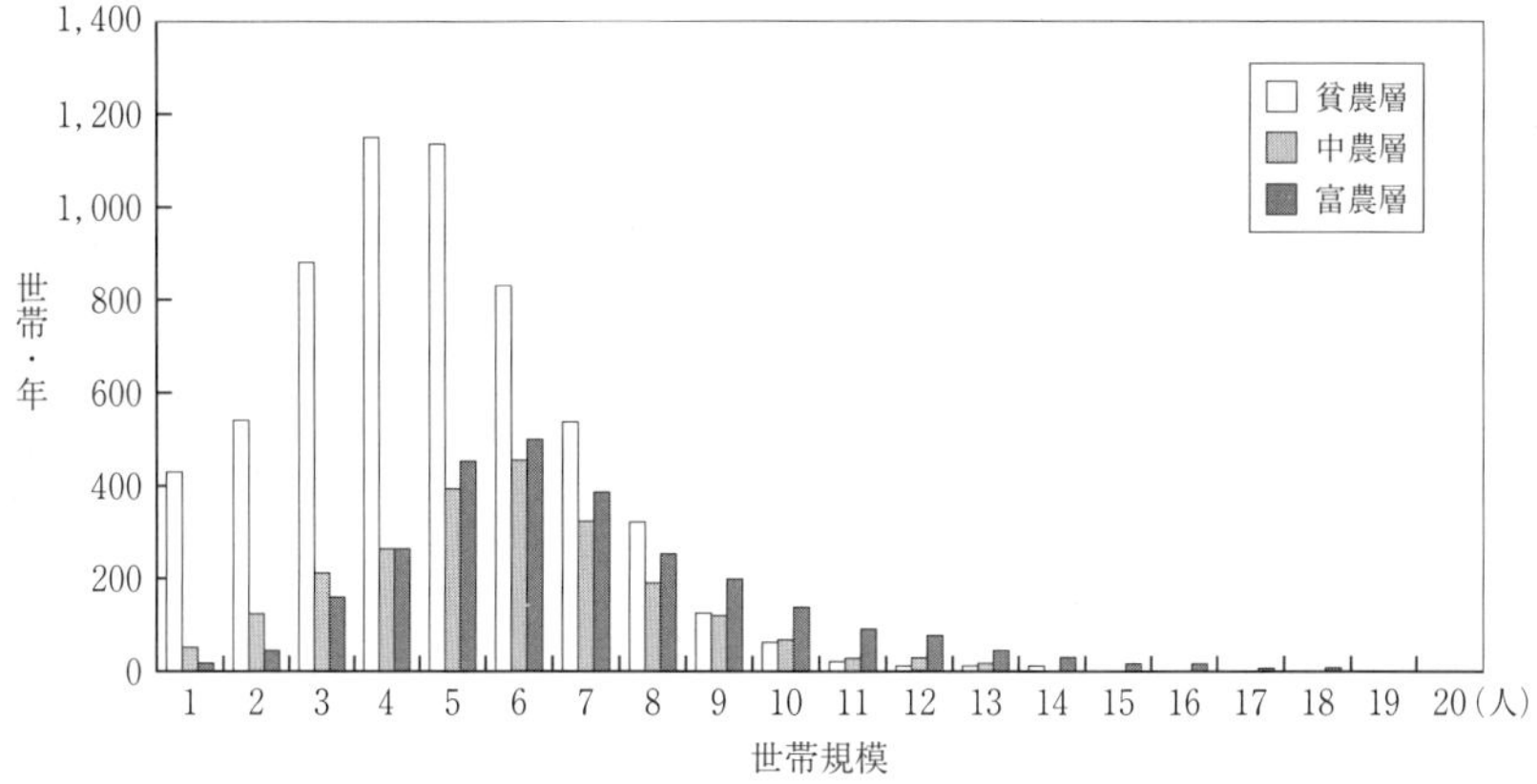

注：貧農層（１石未満），中農層（１石以上10石未満），富農層（10石以上）。

表２－２　他地域の世帯規模との比較

（人）

諏訪地方	1671-1700 7.04	1701-50 6.34	1751-1800 4.90	1801-50 4.42	1851-70 4.25	全期間 5.19
木曽湯舟沢村	1671-1700 9.62	1701-10 9.14	1711-20 8.21	1721-30 8.19	1731-40 8.04	1741-50 8.01
	1751-60 8.13	1761-70 7.86	1771-80 6.78	1781-90 6.24	1791-1800 5.98	
中山口村 本百姓 水呑百姓	1674 8.4 n.a.	1712 5.9 3.9	1751 7.3 2.3	1787 6.1 4.0	1843 6.2 4.6	

で五人世帯が多い。中農層世帯と富農層世帯の分布はよく似ており、最頻値が六人と貧農層より二人も多く、ついで五人世帯、七人世帯と続いている。この二つの階層の分布で違う点は、富農層が右に長いスソをもっているのに対し、中農層はそれをもっていないということである。富農層の場合、一〇人以上の世帯も高い割合で存在する。したがって、図２－４でみられた山家村の世帯の右に長いスソのある分布は、富農層に大きな世帯が存在したということに原因があったのである。

比較のため、表２－２に他地域の世帯規模を示した。まず、諏訪地方、木曽湯舟沢村、中山口村（本百姓の場合）のいずれにおいても、時代が下るにつれて、世帯規模は低下している。これらの地域における世帯規模の低下傾向は、山家村の増加傾向とは対照的である。世帯規模の低下の理由として、諏訪地方では、繊維産業の発達に伴う貨幣経済の浸透があげられ、木曽湯舟沢村では、同族の解体があげられている(2)。

次に、山家村の史料が残っている一八世紀中盤から一九世紀中盤に限って、世帯規模を比較してみたい。この時期の諏訪地方における世帯規模は四人台であり、山家村の世帯規模より一人程度小さい。一方、木曽湯舟沢村のこの時期の世帯規模は六人から八人の範囲にあり、山家村の世帯規模より大きい。この村の一八世紀中盤の世帯規模は、山家村の同時期のものより三人程大きいが、時代が下るにつれて、この差は小さくなり、一八世紀末には一人を割るようになる。山家村の北西に位置する中山口村の場合は、いくつかの解釈を付け加えれば、山家村の世帯規模の趨勢と類似しているといってよい。すなわち、中山口村の本百姓を山家村の富農層と捉えれば、一八世紀中盤に七人を少し超えていた世帯規模が一〇〇年後には六人台に下がるという趨勢は両者ともに類似している。また、中山口村の水呑百姓を山家村の貧農層と捉えると、中山口村の一八世紀中盤の世帯規模が二・三人ときわめて小さいことを除けば、一八世紀中盤から一九世紀中盤にかけて、世帯規模が増加することと、その規模が四人台であるということは、山家村の場合と共通している。

いずれにしても、表2－2と山家村の結果との比較から指摘できることは、平均世帯規模という、比較的頑強性が強いと思われるような指標でも、そのレベルには日本国内でもかなりの地域差があったということである。それに加えて、同じように商工業が発達し、貨幣経済が浸透していった地域においてさえも、その世帯規模が低下傾向を示すのか、それとも増加傾向を示すのかということについては違いがあった。したがって、商工業の発達や貨幣経済の浸透が世帯規模に与える影響を考える際には、商工業の内容や地域の特性を詳しく吟味する必要がある。

三　世帯形態の分類

前節までは、山家村の世帯数と世帯規模について検討してきたが、ここでは世帯の構造について考えてみたい。世帯数や世帯規模が、いわば世帯の「外見」なら、構造はその「中身」といってよいかもしれない。生物学で動物の進化を研究しようと思えば、まず分類学を学ばなければならないのと同じように、世帯構造を分析するためには、世帯形態の分類について検討することがまず必要である。世帯形態を分類するにはいくつかの方法があるが、ここではハメル－ラスレットにより提唱された分類方法（以下、ハメル－ラスレット分類）を使うことにする（Hammel and Laslett 1974)。これを使う理由は、この方法が過去三〇年余り、文化人類学者や歴史人口学者によって、日本も含めた世界各地の世帯を分析するために使われており、他の研究との比較が可能であるということである。

ハメル－ラスレット分類の基礎となっているのは夫婦と子どもから成る、いわゆる核家族であり、彼らはこれを「夫婦家族単位（CFU＝conjugal family unit）」と呼んでいる。表2－3に示されているように、ハメル－ラスレット分類には二つのレベルがある。カテゴリーは大きな分類であり、それぞれのカテゴリーはクラスによってさらに詳しく分類される。ここでは、簡略化のため、カテゴリーのみを使った分類をハメル－ラスレット分類Ⅰと呼び、クラスを使った詳しい分類をハメル－ラスレット分類Ⅱと呼ぶことにしよう。ハメル－ラスレット分類の基本的な概念は単純なものであり、長々と説明をする必要はないであろう。しかし、この表にある世帯の名称には、多少混乱を招くものがあるかもしれないので、少し説明を加えておきたい。

最初の二つのカテゴリーである「一人世帯」と「非家族世帯」は、CFUを含んでいない世帯である。非家族世帯という名称は、家族と世帯という二つの言葉が使ってあるため、やや奇異に響くかもしれないが、次の二つのことを考えると多少理解しやすくなるであろう。まず第一に、ハメル－ラスレット分類は、家族（とくにCFU）を基礎とした世帯の分類であるということである。したがって、非家族世帯や単純家族世帯などのように、何々家族世帯というような名称になっている。第二に、日本語の「家族」がさまざまな意味をもつのと同様に、英語の family もさまざまな意味をもつ。しかし、英語の family という言葉の第一義的な意味は、夫婦とその子どもから成る集団である。したがって、兄弟あるいは姉妹が一緒に暮らしているような世帯は家族とは呼べず、非家族世帯というような名称が使われることになる。

ハメル－ラスレット分類の「単純家族世帯」は、いわゆる核家族である。しかし、ここでの単純家族世帯は「夫婦と子ども」だけではなく、時間の経過に伴い、それがとりうる形態をも含んでいるため、「寡夫と子ども」や

表２-３　ハメル-ラスレットによる世帯の分類

カテゴリー	ク　ラ　ス
1　独居世帯（Solitaries）	1a　寡夫，寡婦 1b　独身者，または既婚・未婚不明の者
2　非家族世帯（No Family）	2a　居住を共にする兄弟・姉妹 2b　他の関係で居住を共にするもの 2c　親族関係のないもの
3　単純家族世帯（Simple family nousehold）	3a　夫婦のみ 3b　夫婦と子ども 3c　寡夫と子ども 3d　寡婦と子ども
4　拡大家族世帯（Extended family nousehold）	4a　上位に伸びたもの 4b　下位に伸びたもの 4c　同位に伸びたもの 4d　4a-4cのコンビネイション
5　多核家族世帯（Multiple family nousehold）	5a　二次ユニットが上位のもの 5b　二次ユニットが下位のもの 5c　二次ユニットが同位のもの 5d　Frérèches（キョウダイ家族） 5e　他の多核家族世帯
6　完全には分類できないもの	

「寡婦と子ども」などが含まれる。ハメル-ラスレット分類における「拡大家族世帯」の「拡大家族」という用語の使用方法は、文化人類学者が一般的に使っているものとは多少異なる。

ハメル-ラスレット分類における拡大家族世帯とは、一つのCFUと子ども以外の親族（たとえば、夫の母親）から構成されている世帯を指す。この親族の位置（CFUからみた場合の）によって、上位（４a）、下位（４b）、同位（４c）と分類される。上位とは、夫の母親のように、CFUからみて親族の世代が上にあるものをいい、逆に、下位とは夫の甥のようにCFUからみて親族の世代が下にあるものをいう。そして、同位とは、夫の兄弟のようにCFUと同じ世代の親族を含む世帯のことである。

「多核家族世帯」は、CFUを二つ以上含む世帯であり、世帯主のCFUからみた他のCFU（二次ユニット）の位置によってさらに分類される。すなわち、二次ユニットが上位である世帯（5a）とは、世帯主のCFUからみて、二次ユニットの世代が上のもの（たとえば、世帯主の両親のCFU）をいう。同じ論理によって、世帯主のCFUと息子夫婦のCFUを含む世帯は、二次ユニットが下位（5b）と分類され、また、二次ユニットが世帯主と同世代なら、5cと分類される。Frérèches（5d）は、タイプ5cのなかでも、二人以上のきょうだいがそれぞれCFUをもち、同居しているような世帯を指す。

以下、本章ではハメル‐ラスレット分類を使って、山家村の世帯を分析していくが、それにあたって、ハメル‐ラスレット分類に一つ修正を加えたので、それについて説明しておきたい。修正を加えなければならないところは、奉公が関係する部分である。ハメル‐ラスレット分類では、寡夫や寡婦の存在によって分類される形態がある。たとえば、タイプ3cやタイプ3dなどである。ところが、山家村では、結婚後の奉公が頻繁に起きたため、記録上の「寡夫」あるいは「寡婦」が多い。たとえば、夫が妻子を残して村外に奉公に出た場合、この世帯には妻と子どもしか残っていない。したがって、この世帯は、本来はタイプ3bであるが、記録上ではタイプ3dとなる。しかし、この夫は死亡しているわけではないので、この妻を寡婦と呼ぶことはできない。本章では、実質的な（*de facto*）世帯形態をみるということを基本に据え、このような世帯はタイプ3dと分類することにした。したがって、表2‐3のタイプ3dは「寡婦と子ども」ではなく、「寡婦と子どもあるいは夫が奉公中の妻と子ども」と解釈されなければならない。同様に、タイプ3cの「寡夫と子ども」は「寡夫と子どもあるいは妻が奉公中の夫と子ども」と解釈されなければならない。

ここで、ハメル‐ラスレット分類Ⅱを使った場合、山家村の世帯構造の変遷はどのように表現されるのかをみるために、実例を二つ紹介しておきたい。山家村の富農層のある世帯は、一八一三年に世帯主、妻、養女、下人一人という構成（タイプ3b）であったが、四年後に養女が結婚するとともに、婿が世帯に入り、この世帯はタイプ5bとなった。その後、この養女夫婦に二人の息子と一人の娘が生まれたが、世帯主の変更はなかった。一八二五年、世帯主の妻が死亡し、世帯はタイプ４ａとなり、さらに一八三四年、世帯主が没し、この世帯はタイプ３ｂに戻った。この時、前世帯主の跡をとって、養女の夫が世帯主となった。そして、この世帯主の長男が一八四四年に結婚し、嫁を迎え、この世帯は再びタイプ５ｂになった。このように、ハメル－ラスレット分類Ⅱを使うと、この富農層世帯は一八一三年から一八四四年の三一年間に、３ｂ→５ｂ→４ａ→３ｂ→５ｂのように変化したと表現することができる。

また、貧農層のある世帯は、一七七四年、夫婦と息子一人で本家から分家して一戸を構えた（タイプ３ｂ）。この世帯の世帯主は夫であったが、一一年後、彼の死によって、この世帯はタイプ３ｄとなり、一七九一年には息子が奉公のために村を去り、寡婦である母親のみが家に残った（タイプ１ａ）。一七九四年、息子が奉公から帰ってきて、この世帯は再びタイプ３ｄとなり、二年後にはこの息子の結婚により、嫁を迎え、タイプ４ａとなった。したがって、一七七四年から一七九六年の間に、この貧農層世帯は３ｂ→３ｄ→１ａ→３ｄ→４ａと変化し、多核家族世帯を形成することはなかった。

同族がその社会経済的機能を失い、直系家族がそれに取って代わって以降、徳川時代の農村における世帯の発展サイクルは、原則的には、単純なものであったと想像できる。すなわち、経済的要因あるいは人口学的要因によって、世帯の発展サイクルが撹乱されない限り、直系家族はその形態を維持していくであろうし、直系家族から分家した核家族は、時が経てば、やがて直系家族に成長し、それを維持していくであろう。ところが、このような直系家族を社会規範の基本に据えた社会において、実際に、どの程度の割合の世帯が直系家族の形態を維持していたのかと問われると即座には答えられない。また、経済的要因あるいは人口学的要因によって、この発展サイクルから外れた世帯は全体の何パーセントくらいあったのかというような問題も同様である。

図２－６は、このような問題を検討するために作られたものである。この図は、ハメル－ラスレット分類Ⅰを

図２－６　山家村における世帯形態の割合（1760-1870）

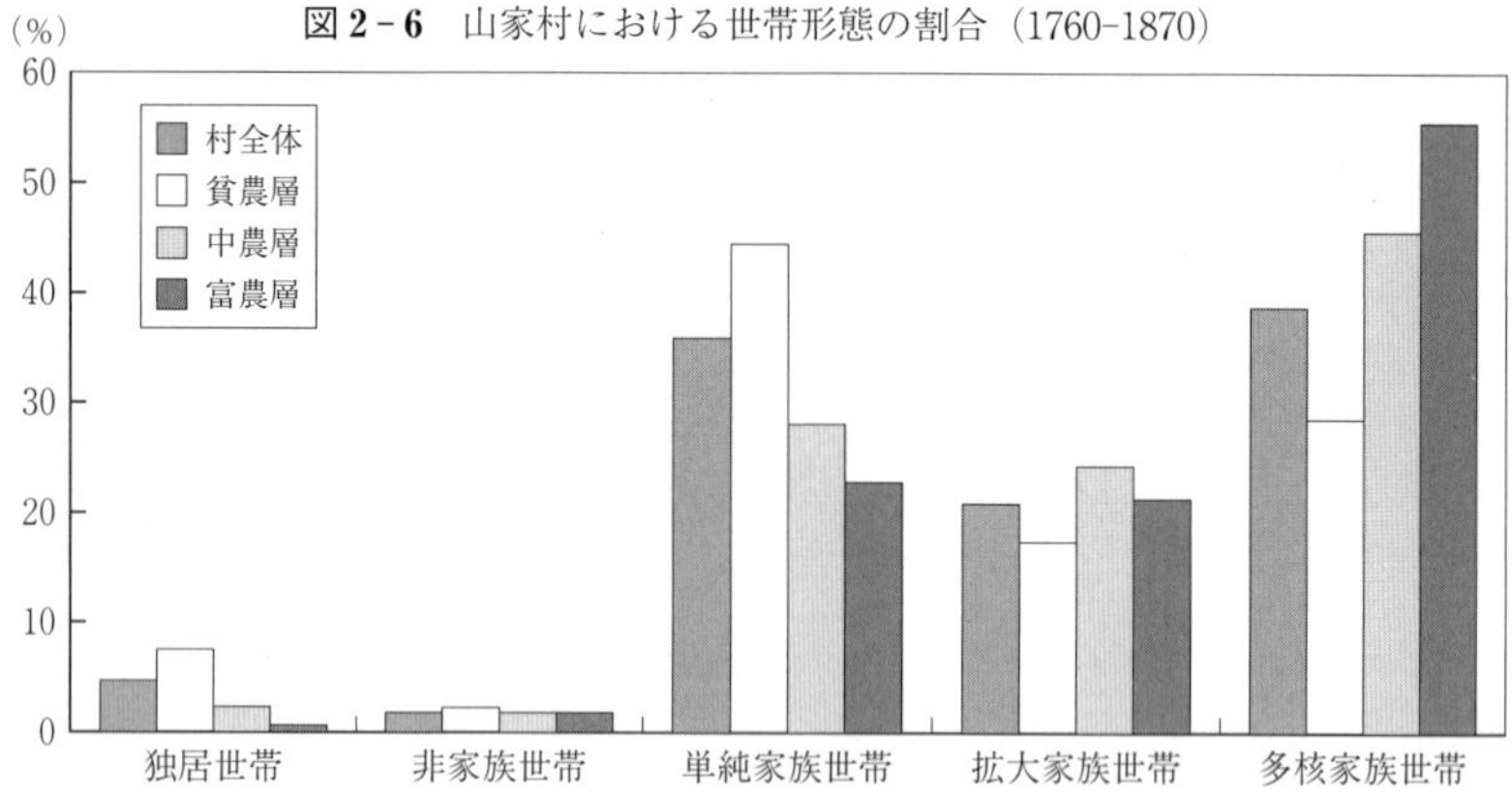

注：世帯形態の分布は，ハメル－ラスレット分類Ⅰによる。

使って、一七六〇年から一八七〇年の間の総世帯・年のなかに占める各世帯形態の割合を図示したものである。これによって、山家村の宗門改帳において、どの世帯形態がどの程度の頻度で記録されていたのかを一望することができる。まず、山家村全体をみると、単純家族世帯（三六パーセント）と多核家族世帯（三九パーセント）の割合が群を抜いて高いことがわかる。これに比べれば、拡大家族世帯の割合は二〇パーセントと低く、また独居世帯と非家族世帯の割合は、両者あわせても全体の六パーセントとさらに少ない。

まず、独居世帯と非家族世帯については、前で紹介した貧農層世帯の例のように、世帯主の死や奉公などの理由によって、核家族を形成できない世帯が少なからず存在したことを示している。直系家族の典型ともいえる多核家族世帯は、山家村の宗門改帳にもっとも頻繁に現れる形態であり、これが社会規範であるということも十分うなずける。しかし、その割合は半分に満たない四〇パーセント弱と意外に低い。逆に、単純家族世帯については、直系家族を社会規範とする農村としては、その割合は意外と思えるほど高い。この二つのタイプに比べ、割合の低い拡大家族世帯は、世帯の発展サイクルのなかで単純家族世帯と多核家族世帯の間に位置し、過渡的でやや不安定な形態であったと考えてよいであろう。

つぎに各社会経済階層ごとにみると、世帯形態の分布は各階層間で一様でなかったことがわかる。とくに、単純家族世帯と多核家族世帯の間の差が際立っている。すなわち、貧農層世帯の四五パーセント近くが単純家族世帯であるのに対し、中農層世帯ならびに富農層世帯における単純家族世帯の割合は、それぞれ二七パーセント、二二パーセントと低率である。逆に、多核家族世帯の割合は、貧農層世帯において二八パーセントと低かったのに対し、中農層世帯および富農層世帯では、それぞれ四五パーセント、五五パーセントと高率を示している。このように、社会経済階層が高いと多核家族世帯が多く、逆に、階層が低いと単純家族世帯が多いという傾向が認められる。一方、これら二つのタイプとは対照的に、拡大家族世帯の割合の階層間格差はきわめて小さい。

貧農層世帯で単純家族世帯が多く、中農層世帯ならびに富農層世帯で多核家族世帯が多い理由として、貧農層世帯が奉公人を出すなどして、多核家族世帯になりえず、単純家族世帯にとどまらざるをえなかったという経済的理由ももちろんあるが、それに加えて、本家から分家が設立される時、ほとんどの場合、この分家世帯は単純家族世帯の形態をとり、かつ貧農層に属していたことも大きな理由である。たとえ、本家が富農層や中農層に属していたとしても、その分家は階層を滑り落ちるのが普通であった。これとは対照的に、富裕な世帯には、歴史が古く、確立された世帯が多いため、その構造も複雑なものになる。この複雑性は、世帯の発展サイクルのさまざまな局面において、常に必要な農業労働力を確保するという意味で、広い農地をもつ富裕な世帯に適していたに違いない。

図２－７は、全世帯に対する各世帯形態の割合を時系列的に示したものである。一七六〇年から一八七〇年の全期間を通じて、独居世帯と非家族世帯の割合は、他の三つのタイプに比べかなり低い。一八世紀中盤に限っては、独居世帯の割合は高く、全体の一〇パーセントから一五パーセントを占めており、拡大家族世帯の割合とあまりかわらない。ところが、その後、このタイプは低下の一途をたどり、一九世紀に入ると全体の五パーセント程度を占めるに過ぎなくなっている。

図２－７　山家村における世帯形態の割合の趨勢（1760-1870）

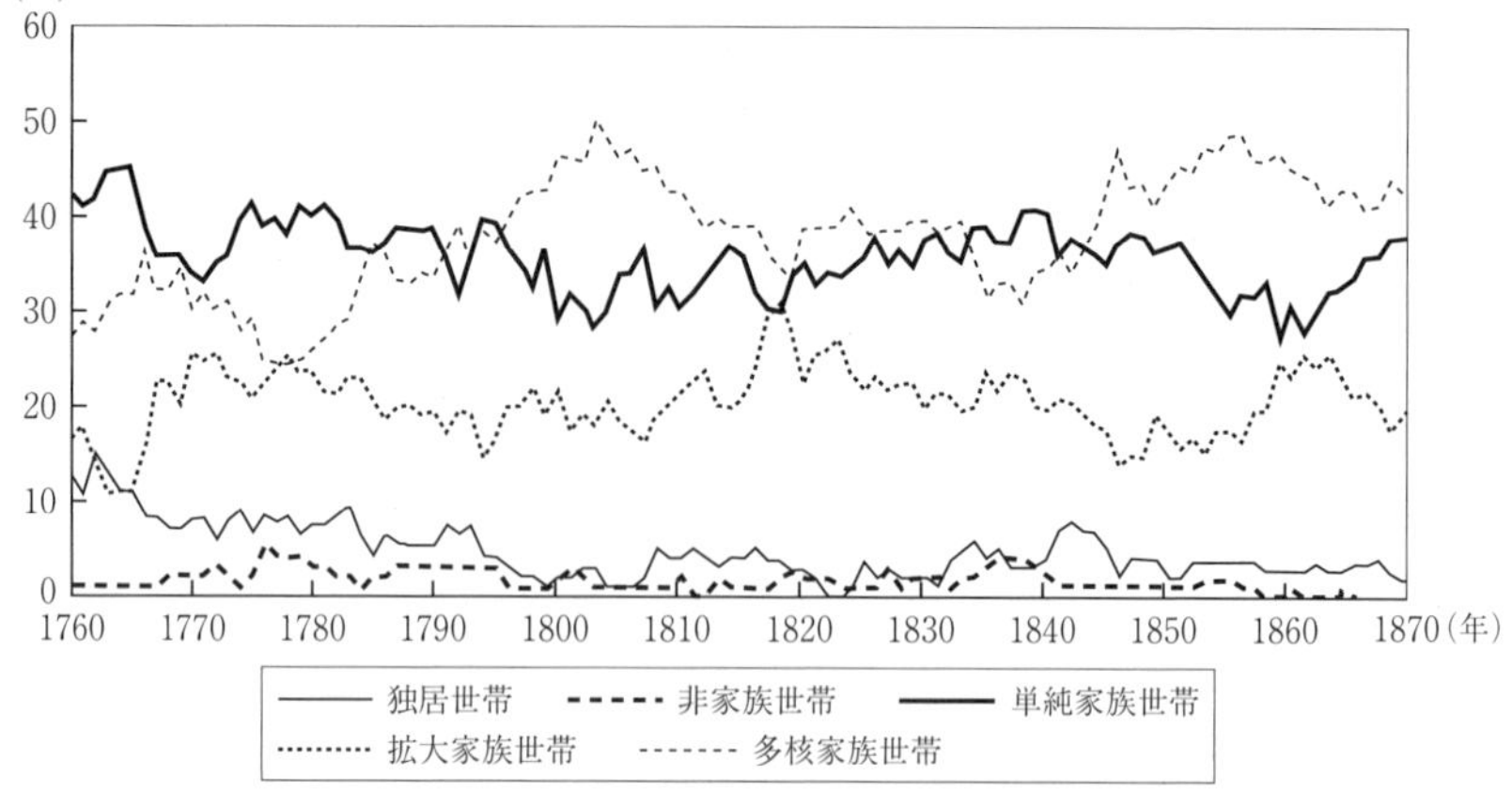

注：世帯形態の分布は，ハメル－ラスレット分類Ⅰによる。

単純家族世帯、拡大家族世帯、多核家族世帯の三つのタイプについては、趨勢（secular trend）と周期的変動（fluctuation）に分けて検討したい。まず、趨勢については、図２－７からはやや読み取りにくいかもしれないが、単純家族世帯と拡大家族世帯には若干の低下傾向、多核家族世帯には増加傾向が認められる。前述のように、これは山家村の世帯規模の増大の原因となっている。

周期的変動については、図を注意深くみると、各タイプ間に対称性（上下の）があるのがわかる。たとえば、単純家族世帯と多核家族世帯のカーブを目で追っていくと、前者が高い時期には後者は低く、前者が低い時期には後者が高くなっているのが読み取れる。したがって、この二つのカーブの中央に想像上の線を引いてみると、両者が上下対称に移動しているようにみえる。これは、一つのイベントが一方にはプラスに、他方にはマイナスに働いたことを示し、いわば、一つのコインの裏表のようなものである。たとえば、単純家族世帯では、その息子が結婚し、嫁を迎えることによって、この世帯は多核家族世帯に変化する。したがって、息子の結婚というイベントが、単純家族世帯の割合を低下させると同時に、多核家族世帯の割合を高めるという二つの相反する効果をもつ。

分家の場合にも、同様のことが起きる。たとえば、多核家族世帯から次三男夫婦が分家して独立すれば、多核家族世帯の割合は低下する（ただし、必ず低下するとは限らない）一方、単純家族世帯の割合は高くなる。したがって、分家というイベントも一方にはプラスの効果、他方にはマイナスの効果をもつ。このように考えれば、図２－７にみられるような、単純家族世帯の割合と多核家族世帯の割合を示す二つのカーブの間に、上下の対称性があることがよく理解できる。これと同様なことは、単純家族世帯と拡大家族世帯の間でも、拡大家族世帯と多核家族世帯の間でも起きていることが図から読み取れる。言い換えれば、単純家族世帯、拡大家族世帯、多核家族世帯という三つの形態は、世帯の発展サイクルという観点からみれば、密接に関係し合っていたのである。

　表２－４は、ハメル－ラスレット分類Ⅰの各世帯形態が全体に占める割合を社会経済階層別・期間別に示したものである。まず、貧農層世帯をみると、単純家族世帯の割合は、第Ⅰ期から第Ⅲ期にかけて四五パーセント前後を占め、あまり大きな変化はない。しかし、多核家族世帯の割合は全体の五分の一から三分の一へと上昇し、拡大家族世帯の割合は二〇パーセント台から一〇パーセント台へと減

表２－４　山家村における社会経済階層別・期間別世帯形態の割合（1760-1870）

期　　間	Ⅰ (1760-1799)	Ⅱ (1800-1835)	Ⅲ (1836-1870)	全期間 (1760-1870)
貧農層				
独居世帯	5.9%	2.6%	2.6%	4.8%
非家族世帯	2.4	1.2	1.6	1.9
単純家族世帯	47.6	44.3	45.8	45.1
拡大家族世帯	22.7	20.6	16.5	20.2
多核家族世帯	21.4	31.3	33.5	28.0
中農層				
独居世帯	4.4%	1.9%	1.9%	3.4%
非家族世帯	2.3	1.8	2.2	2.2
単純家族世帯	43.1	21.5	18.3	28.1
拡大家族世帯	22.4	26.6	21.7	23.3
多核家族世帯	27.9	48.2	56.6	43.1
富農層				
独居世帯	1.2%	2.4%	0.0%	1.6%
非家族世帯	1.9	1.9	0.7	1.9
単純家族世帯	22.1	22.5	24.5	22.1
拡大家族世帯	16.2	21.6	25.1	20.5
多核家族世帯	58.6	52.6	49.7	53.9

注：ハメル－ラスレット分類による。

少している。前節で貧農層の平均世帯規模が増加したことを述べたが、その背景には、この階層における多核家族世帯の増加と拡大家族世帯の減少があったのである。これとは対照的に、富農層世帯における多核家族世帯の割合は第Ⅰ期から第Ⅲ期にかけて、六〇パーセントから五〇パーセントへと一〇パーセントほど低下している。この背景には、この階層が雇い入れていた奉公人の減少や分家による世帯構成員の減少がある。一方、この低下に呼応して、拡大家族世帯がその数を増やしている。富農層世帯におけるこのような変化が、この階層の平均世帯規模を低下させていたのである。

中農層世帯の特徴は、単純家族世帯の減少と多核家族世帯の増加であり、とくに、第Ⅰ期から第Ⅱ期にかけての変化は際立っている。これは、山家村の世帯の変遷のなかではやや異例な出来事かもしれない。というのは、一八世紀の終盤、富農層からの分家が相次ぎ、新しい中農層世帯が多く設立されたからである。実際、山家村の中農層世帯の約三分の一は、この時期に設立されたものである。これらの世帯は、通常の分家がそうであるように、最初は小規模な単純家族世帯で出発したが、一九世紀に入り成長し、多核家族世帯を形成するようになった。このような世帯の成長が、中農層の世帯規模の増加につながったのである。

前述の図2－7において、山家村全体の各世帯形態の趨勢をみた際、単純家族世帯と拡大家族世帯には若干の低下傾向、多核家族世帯には増加傾向があると述べた。これと表2－4の結果を考え合わせると、以下のようにまとめることができる。まず、山家村における単純家族世帯数の低下は、中農層の単純家族世帯数の低下が密接に関係しており、他の二つの階層の影響はあまりなかった。拡大家族世帯については、貧農層は低下傾向、富農層は増加傾向を示したものの、前者のインパクトのほうが強く、これが山家村全体の拡大家族世帯数を低下させた。多核家族世帯については、貧農層と中農層が増加傾向を示すのに対し、富農層は逆に低下傾向を示していた。しかし、富農層の低下傾向に比べ、貧農層と中農層の増加傾向が勝り、これが山家村全体の多核家族世帯の割合を押し上げていた。

四　世帯の発展サイクル

山家村の世帯の発展サイクルを検討する前に、まずハメル－ラスレット分類Ⅱによる世帯形態の分布をみておきたい。図２－８は、ハメル－ラスレット分類Ⅱを使って、一七六〇年から一八七〇年にわたる総世帯・年のなかに占める各タイプの割合を計算したものである。図２－６と同様に、この図は山家村の宗門改帳において、各タイプがどの程度の頻度で記録されていたのかをみるためのものである。図２－８をみて最初に目に入るのは、ハメル－ラスレット分類Ⅱでは、世帯タイプが二〇種類近くに分類されているにもかかわらず、実際に高い頻度でみられるのはいくつかのタイプに限られるということである。それは、タイプ３ｂ、タイプ４ａ、タイプ５ｂの三種類である。山家村全体についていえば、この三者が占める割合は全体の六五パーセントであった。この三タイプについで多くみられる形態は、かなり頻度が低くなるが、タイプ５ｂを除く多核家族世帯（５ａ、５ｃ、５ｅ）、タイプ３ｄ、タイプ４ｃなどである。そして、これら以外のタイプは非常に低い頻度でみられるに過ぎず、また、山家村の宗門改帳には、タイプ２ｃとタイプ５ｄの世帯は記録されていなかった。

次に社会経済階層別にみると、各階層のいずれをとっても、タイプ３ｂ、タイプ４ａ、タイプ５ｂという三つのタイプが、他に比べて群を抜いて高い頻度でみられるということに変わりはない。しかし、各階層間の違いもいくつかみることができる。まず第一に、貧農層の単純家族世帯は、タイプ３ａからタイプ３ｄのいずれをとっても、他の階層に比べ高い頻度でみられる。第二に、富農層では、多核家族世帯は多いが、他の階層（たとえば中農層）に比べれば、タイプ５ｂ以外の多核家族世帯（タイプ５ａ、タイプ５ｃ、タイプ５ｅ）が多いのが目につく。言い換えれ

図2-8　山家村における社会経済階層別にみた世帯形態の分布（1760-1870）

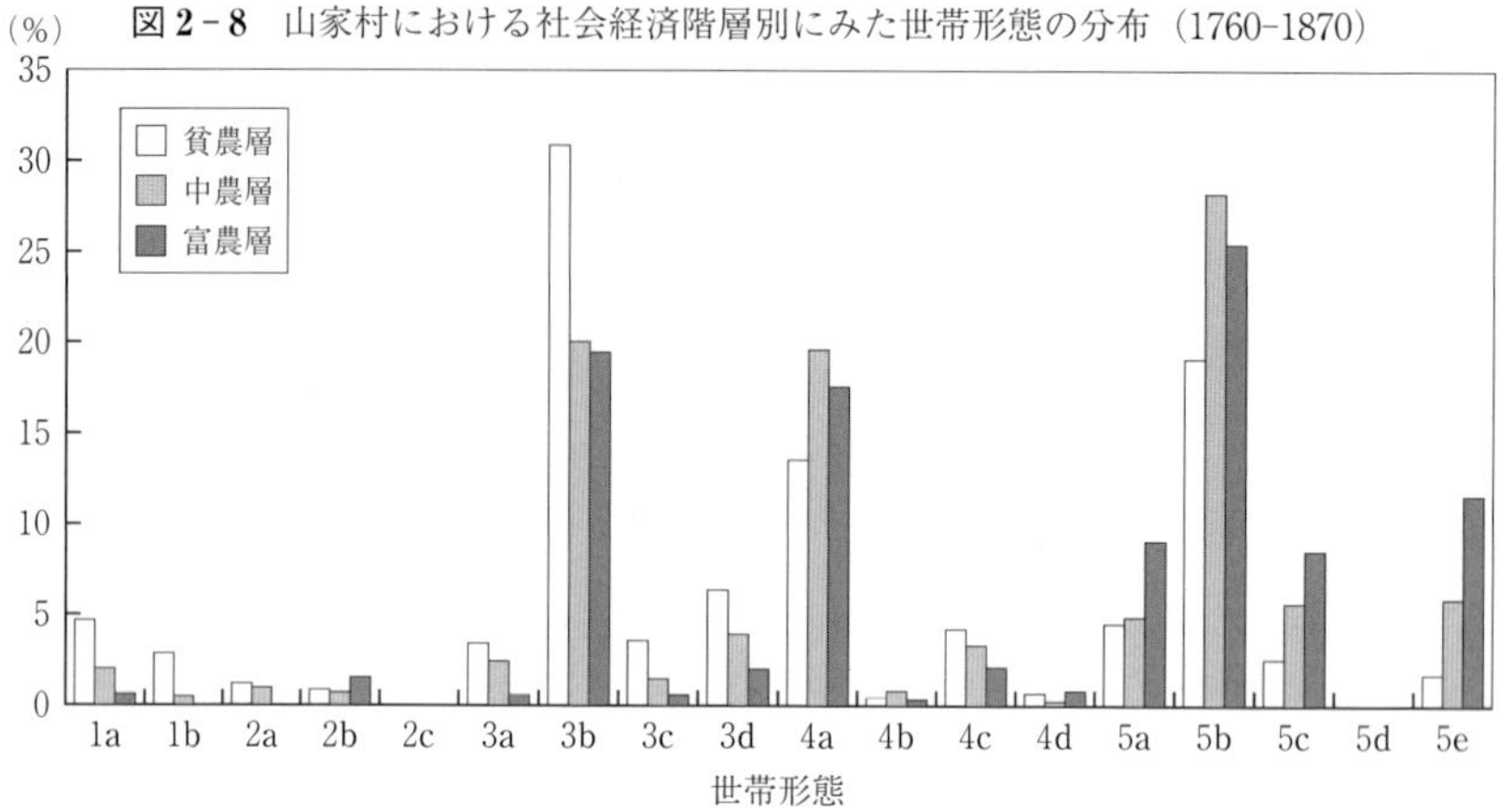

注：世帯形態の分布は，ハメル-ラスレット分類Ⅱによる。

ば、貧農層と中農層の多核家族世帯はタイプ5bに集中していたが、富農層の多核家族世帯はタイプ5bだけではなく、他の形態をとるものがかなり多かった。そして、これが富農層の多核家族世帯全体の割合を押し上げていたのである。

つぎに、ハメル-ラスレット分類Ⅱを使った山家村の世帯の発展サイクルについて検討したい。前の第三節であげた二つの世帯の例でもわかるように、山家村の世帯は常にその形態を変化させていたが、図2-9は、その変化の様子をスキマティックに示したものである。ここでは、一つの形態からつぎの形態へ変わる移行に着目している。また、すべての種類の移行を取り上げることは、必要以上に煩雑になるため、ここでは一七六〇年から一八七〇年の一一〇年間に、山家村で生じた移行総数の二パーセント以上を占めるものだけを示している。この図からわかるように、3b→5bという移行が群を抜いて多く、山家村で起きた移行総数の一〇パーセントを占めている。これについで多いのが5b→4a、4a→3bという移行であり、いずれも全体の五パーセントを超えている。

3b→5bという移行は、夫婦と子どもから成る単純家族世帯が、長男などの結婚により、この世帯のCFUが二つになり、多核家族世帯に変わるような場合である。5b→4aという移行は、多核家

図２－９　山家村において頻繁にみられた世帯形態間の移行（1760–1870）

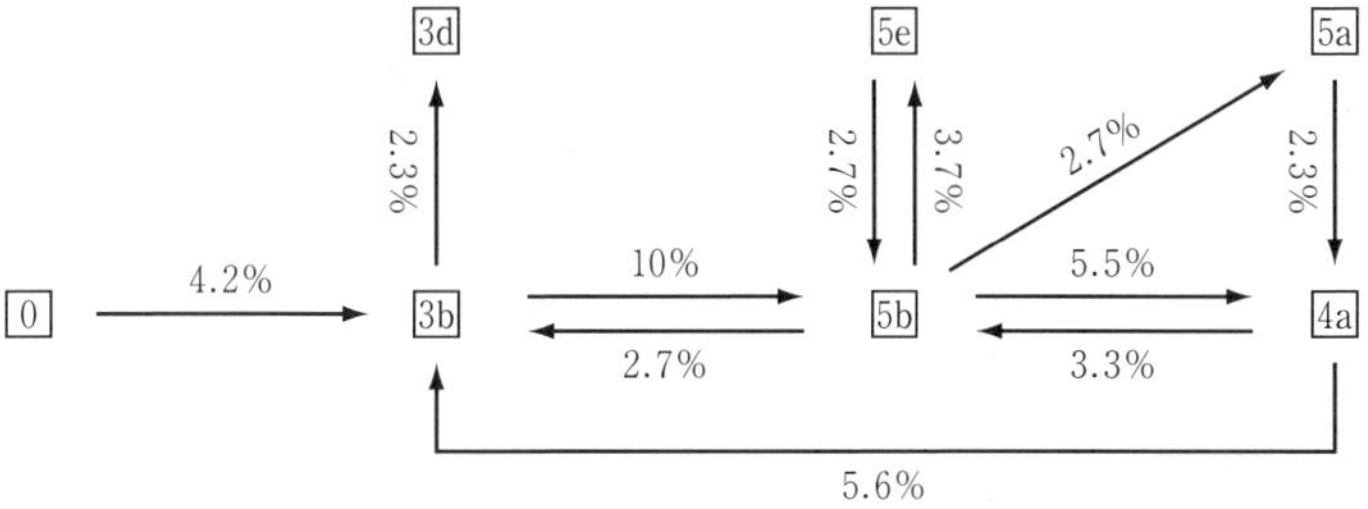

注：煩雑さを避けるため，総移行数の２％を超えたものだけを示した。

族世帯がその世帯主あるいは世帯主の妻の死などによって、拡大家族世帯に変わるものである。また、４ａ→３ｂの移行は、上位の伸びた拡大家族世帯が、年長の親族（たとえば世帯主の母親）の死により、世帯主夫婦と未婚の子どもの世帯に変わるような場合である。これら三種類の移行を合わせると、３ｂ→５ｂ→４ａ→３ｂという世帯の基本的な循環サイクルが完成する。山家村において、この基本的循環サイクルを構成する三種類の移行が他の移行に比べ数多くみられたということは、直系家族を基本としてきた日本社会の世帯サイクルとしては当然のことかもしれない。しかし、これら三種類の移行が移行総数のなかで占める割合が低いのはやや意外な発見である。

上の基本的な循環サイクルを構成する移行に続いて多いのが、０→３ｂ、５ｂ→５ｅ、４ａ→５ｂという移行であり、それぞれ全体の３パーセント以上を占めている。０→３ｂは新しい世帯の設立を意味し、５ｂ→５ｅという移行は、二次ユニットが下位の多核家族世帯が、たとえば三世代家族のように、世帯主の孫の結婚によりもう一つＣＦＵを加え、より複雑な多核家族世帯へと変わっていくような場合である[3]。

最後に、４ａ→５ｂという移行は、上位に伸びた拡大家族世帯が、再婚などによって、多核家族世帯に戻るものである。上の世帯の基本的循環サイクルに沿うと、拡大家族世帯は４ａ→３ｂ→５ｂという経路で、一旦、単純家族世帯を経由して多核家族世帯に戻るのが普通であるが、拡大家族世帯が直接、多核家族世帯に戻ることも多かったようである。このように、世帯の基本的循環サイクルに沿わない移行も比較的多くみられ、世帯形態間の移行には多くのバリエーションがあったことがうかがえる。このことは、山家村の世帯の変遷を十分理解するためには、世帯の基本的循環サイクルだけではなく、このバリエーションを理解することが必要であることを示している。

五　山家村の世帯からわかること

本章では、現在、山形県天童市の一地区となっており、徳川時代には山家村と呼ばれた村に残されていた宗門改帳を使い、この村の世帯の変遷について分析した。本章の結果は、以下の六点に要約することができる。

(一) 山家村の世帯数は、一七六〇年の八六戸から一一〇年後の一八七〇年には、その一・五倍の一二九戸に達した。とくに、一九世紀中盤以降の増加が急であったが、その増加世帯のほとんどは貧農層に属していた。この世帯数の増加には、山家村を取り巻く外的要因と内的要因が密接に関係していた。内的要因は、山家村における百姓株の存在と非分割相続慣行であり、これは中農層ならびに富農層の世帯数の固定化につながると同時に、貧農層の世帯数を増加させる素地を含んでいた。外的要因は、村山地方における紅花栽培・干花加工を中心とした小規模な商工業の発達、およびそれに伴う労働需要の拡大と賃金の上昇である。この外的要因は、農民の土地離れを引き起こし、新しい世帯の設立を容易にした。このように、内的要因は適当な外的要因の介入によって、村内の世帯構造を著しく変化させる素地を含んでいたが、この外的要因は一九世紀中盤以降、そのインパクトがはっきりと現れるようになった。

(二) 一七六〇年から一八七〇年にかけて、山家村の平均世帯規模は五・三五人であったが、時系列的にみると、世帯規模は増加傾向を示し、とくに一九世紀に入ってからの増加が顕著であった。世帯規模と社会経済階層の関係をみると、両者の間には正の相関があり、少し大雑把にいえば、四人から五人の貧農層世帯に比べ、中農層世帯は一人多く、富農層世帯は二人多かった。世帯規模の趨勢を各階層ごとにみると、貧農層ならびに中農層は増加傾向、富農層は低下傾向を示し、両者は対照的であった。富農層の世帯規模の低下の理由には、入奉公人の減少や多核家族世帯の減少があり、貧農層ならびに中農層の世帯規模増加の理由には、出奉公人の減少や多核家族世帯の増加があった。

(三) 次に、ハメル－ラスレット分類を使って、世帯の「中身」ともいえる世帯構造について検討した。まず、ハメル－ラスレット分類Ⅰ（クラスのみを使ったもの）を使った分析の結果からは、山家村では、単純家族世帯と多核家族世帯の割合が群を抜いて高いことがわかった。これに比べれば、拡大家族世帯の割合は低く、また独居世帯と非家族世帯の割合はさらに低かった。しかし、直系家族を家族規範とする社会にしては、多核家族世帯の割合が予想外に低いのに対し、単純家族世帯の割合は意外に高かった。世帯形態の分布を各階層ごとにみると、予想通り、階層が高いと多核家族世帯が多く、逆に階層が低いと単純家族世帯が多いという傾向がみられた。

(四) 山家村の世帯形態を時系列的にみると、単純家族世帯と拡大家族世帯には低下傾向、多核家族世帯には増加傾向がみられた。ところが、この趨勢は各階層間で一様ではなかった。山家村における単純家族世帯数の低下は、中農層の単純家族世帯数の低下が密接に関係しており、他の二つの階層の影響はあまりなかった。拡大家族世帯については、貧農層が低下傾向、富農層が増加傾向を示したものの、前者のインパクトのほうが強く、これが山家村全体の拡大家族世帯数を低下させていた。多核家族世帯については、貧農層と中農層が増加傾向を示すのに対し、富農層は逆に低下傾向を示した。しかし、富農層の低下傾向に比べ、貧農層と中農層の増加傾向が勝り、これが山家村全体の多核家族世帯数を押し上げていた。

(五) ハメル－ラスレット分類Ⅱ（クラスを含めたもの）を使って、山家村の世帯タイプをみると、この分類のなかには二〇種類近くのタイプがあるにもかかわらず、実際に高い頻度でみられるのは、タイプ3b、タイプ4a、タイプ5bという三種類に限られていた。これは、基本的には、どの階層についてもいえることである。

（六）山家村の世帯タイプ間の移行についてみると、比較的高い頻度でみられる移行は、3b→5b、5b→4a、4a→3bの三種類であり、これらを合わせると、3b→5b→4a→3bという世帯の基本的な循環サイクルが完成する。これは、日本のような直系家族を基本とした社会では十分予想されるサイクルかもしれない。しかし、この基本的循環サイクルを構成する移行が全体のなかで占める割合は予想外に低い。すなわち、山家村では、この循環サイクルに沿わない移行も多く、実際には、世帯の移行には、多くのバリエーションがあったということである。このことは、山家村の世帯の移行には、二面性があったことを示している。一つの面は、私たちが、社会規範である直系家族から想像する基本的な循環サイクルであり、これはルールにもとづいた構造のようなものである。もう一つの面は、世帯の柔軟性と呼んでもいいかもしれないが、ルールに沿わないバリエーションという側面である。このバリエーションは、ルールと同等か、時にはそれ以上に重要な役割を演じる。このルールとバリエーションという二面性は、表裏一体となり、山家村の世帯の特徴を作りあげていたのである。したがって、山家村の世帯を論ずる場合、ルールを無視して、バリエーションのみを論ずることができないと同様に、バリエーションを無視して、ルールのみを論ずることもできないことをこの分析は示唆している。

＊　本章は、著者が二〇〇二年に出版した『近代化以前の日本の人口と家族——失われた世界からの手紙』（ミネルヴァ書房）の第九章にもとづき、本書の趣旨に沿いつつ、やや縮小し、読みやすく修正したものである。

注

（1）宗門改帳の記録単位が世帯であるかどうかについては、さまざまな議論があるが、山家村の宗門改帳の場合、その記録単位は世帯と考えてほぼ間違いない。詳しくは、木下（二〇〇二、一六六～一七〇頁）を参照されたい。また同時に、この議論については、中村他（一九六二）、大石（一九六八）、正岡（一九八三）、速水（一九九二、二〇〇二）なども参照されたい。

（2）諏訪地方についてはHayami and Uchida（1972）、木曽湯舟沢村については鬼頭（一九七四）を参照。

（3）ハメル－ラスレット分類Ⅱのタイプ5eという分類は、タイプ5aからタイプ5dまでのいずれにも属さない、いわば「その他の多核家族世帯」である。山家村の場合のように、このタイプの多核家族世帯に移行していく世帯が多いということは、ハメル－ラスレット分類の一つの限界ということもできる。しかし、限界というよりは、むしろハメルとラスレットがこの分類を作った時には、彼らはヨーロッパの世帯の分析を専ら念頭に置いており、タイプ5aからタイプ5d以外の複雑な多核家族世帯を想定していなかったという方がより正確かもしれない。いずれにしても、山家村の例は、日本の世帯構成がその複雑さゆえに、ハメル－ラスレット分類では捉え切れない部分があることは指摘しておく必要がある。

参考文献

Hammel, E. A. and Peter Laslett, "Comparing Household Structure over Time and between Cultures," *Comparative Studies in Society and History*, 16 (1): 73-109, 1974.

速水融『近世濃尾地方の人口・経済・社会』創文社、一九九二年。

速水融『江戸農民の暮らしと人生』麗澤大学出版会、二〇〇二年。

Hayami. A. and N. Uchida, "The Size of Household in a Japanese County throughout the Tokugawa Era," In *Household and Family in Past Time*, P. Laslett and R. Wall, eds., pp. 475-515, Cambridge: Cambridge University Press, 1972.

木下太志『近代化以前の日本の人口と家族』ミネルヴァ書房、二〇〇二年。

鬼頭宏「木曽湯舟沢村の人口統計、一六七五―一七九六」『三田学会雑誌』六七（五）（一九七四年五月）、慶應義塾大学、六二一～八六頁。

Laslett, Peter, "Introducion: The History of the Family," In *Household and Family in Past Time*, P. Laslett and R. Wall, eds., pp. 1-89, Cambridge: Cambridge University Press, 1972.

正岡寛司「近世末期農民の家族関係とライフコース――『宗門改帳』の時系列分析をとおして」喜多野清一編『家族・親族・村落』早稲田大学出版会、一九八三年、三五～六八頁。

中村吉治・島田隆・矢木明夫・村長利根朗『解体期封建農村の研究（諏訪藩今井村）』創文社、一九六二年。

Netting, Robert M., *Balancing on an Alp*, Cambridge: Cambridge University Press, 1981.

大石慎三郎『近世村落の構造と家制度』御茶の水書房、一九六八年。

大藤修「近世における農民層の『家』意識の一般的成立と相続」『日本文化研究所研究報告』別巻 一二、（一九七五年三月）、東北大学、三九～八二頁。

大藤修「近世中・後期における農民層の家相続の諸態様――羽州村山地方の宗門人別帳の分析を通じて」『歴史』四八（一九七六年三月）、四一～六一頁。

第3章　大飢饉は人口をどう変えたか
——天保期・仙台藩の人口復元——

高木　正朗
新屋　均

一　飢餓・飢饉と東北地方

近代以前の社会はしばしば、深刻な凶作・飢饉におそわれた。そうした飢饉の強度は日本の江戸時代の場合、人口の減少数や人口回復の軌跡（急減↓底打ち↓回復プロセス）を推計・追跡することを通して測定できる。この追跡・推計を具体的に行なうには、当然のことではあるが、信頼度の高い人口記録（人別帳）が不可欠である。

飢饉・凶作にかかわる史料は、ここでは藩記録と人別帳を使用するが、他にいくつかある。たとえば、死亡記録（過去帳）や民間記録（施行《せぎょう》記録・日記・覚書など）は代表的なものである。前者は寺院が作成した戒名・法名録であるが、帳面の余白に気象、作柄、盗人、病名、餓死の有無など、世相・世情を記録したものもある。(1) 後者は村役人や民間人が書きとめた文書類で、なかには強い情緒反応を記したものもある。また、米価、騒擾、疫病、気象状態あるいはその総合記録ともいえる古記録〔たとえば、西村・吉川（一九三六：八三頁）〕も、浜野（二〇〇一）や Saito

(2002)が試みたように、飢饉史料として利用価値がある。

大量死を伴った飢饉は古来、権力者と民衆に強い衝撃を与えた。そこで、文字を書くことができる階級(藩役人、肝入、商人、医師、僧侶など)は、相当数の記録類を残した。民間記録は主として質的データからなるが、なかには米麦の時価(地域の市場価格)や大まかな死亡数を記したものもある。

中間階級以上の百姓・職人・商人たちは、その生活空間(マチ、ムラそして各自の世帯)に貧民・下層民を包摂し、自分たちの再生産構造にしっかりと組み込んでいた。そこで、領主を頂点とする権力者たちには到底不可能な注意深い観察が、彼らにはできたに違いないのである。飢餓によって死亡したり出奔したりした人々は、集落のなかの困窮者(「貧民」「下々民」「極貧者」たち)だったと考えられる。しかし、高木・森田(一九九九)が明らかにしたように、集落によっては中間層(中民)を含むほぼすべての階層にダメージを与えた。

さらに飢饉には流行病がつきものである。慢性的栄養不足や飢餓による抵抗力・免疫力の低下が、貧民を中心とする社会的弱者に集中的ダメージを与えたという指摘は、ある程度正しいであろう。

仙台藩の人口

仙台藩は、地政学的には旧陸奥国《むつのくに》のほぼ中央部、現在の岩手県南地方と宮城県域とを領土とし、現代の研究者たちが「中東北《なかとうほく》」と呼称する地域に位置した。領主・伊達氏は表高六二万石(実高一〇〇万石)をもち、中世・戦国大名の系譜をひく大名だった。彼らは、江戸(大市場)にむけて米を増産・移出し貨幣取得を目指したので、百姓人口(労働力)の把握つまり人別調査をきわめて熱心に行なった。その結果、仙台領のすべての村は人別帳を作成したので、なかには長期をカヴァーする帳面を保存してきた事例もある。

しかし、藩人口に対する一般(研究者)の関心は、江戸時代の領主・藩庁と比較すると、決して高くなかった。

すなわち、第二次世界大戦末期に公表された玉山（一九四二）の先駆的研究、戦後の高橋（一九五五）の業績以外に、目ぼしい成果は得られなかったのである。

その後、宮城県史編纂委員会（一九六六）は、人口研究にとって価値あるデータを掲載した。それは、伊達家文書（「伊達家勘定方」）その他を情報源とする、約九〇年間（七九年分）の「郡方」人口数である。[2]この数値一式によってわれわれは、仙台藩の農民を中心とする庶民人口の規模と趨勢とを、少なくとも一八世紀中期〜一九世紀の前期については、マクロ・スコーピックに追跡することが可能になった。

しかし、資料的価値が高いこのデータ一式は、飢饉デモグラフィーの視点[3]でみると、完璧というわけでは必ずしもない。その理由は第一に、天保飢饉後の人口趨勢を知るための数値、具体的には一八三三（天保四）〜五一（嘉永四）年まで（一九年分）の数値を欠いているからである。とくに、飢饉による人口減少が頂点（底）に達したと推定される、天保九〜一一年の数値[4]を欠いている点は致命的である。第二に、一九世紀後半以後に顕著となる各種流行病の蔓延と、その人口学的帰結を解明するために必要な数値のうち、一八五三（嘉永六）〜六六（慶応二）年まで（一四年分）の数値をも欠いているからである。

研究のねらい

そこでこの章は、こうした欠陥をできるだけ克服しようと試みる。そこで筆者は第一に、天保飢饉の影響がピークに達した年次の人口サイズを推計・算出し、天保飢饉による人口減少数と減少率とを明らかにする。第二に、天保飢饉以後〜幕末・明治初年までの人口回復軌跡を、推計値（方程式で求めた理論的数値）によって描出する。第三に、仙台領における飢饉の個別性を（過去帳に記された死亡数ではなく）、天明飢饉時と天保飢饉時の人口減少数（減少率）を相互に比較することによって、明確にしようとした。

方法としては統計学・数学の手法を用いる。すべての年次の藩人口文書が発見されていない以上、こうした手法を「次善の策」として採用することは許されよう。推計方法は三つである。一つは「マクロデータ・アプローチ」、二つは「メゾ／マクロデータ・アプローチ」、三つは「メゾデータ・アプローチ」である。使用資料は公表済みデータと、筆者が確認した四年分（嘉永五、六、安政一、二年）の藩人口書上（マクロデータ）、そして複数の村の人別帳合計人口（メゾデータ）である。

二　仙台藩「郡方」人口の趨勢

仙台藩は領内の人口調査を「人数改《にんずうあらため》」「人数調」と呼称した。調査の開始年次は、小野寺（二〇〇二）、小野寺・高木（二〇一一）によれば、一六四三（寛永二〇）年である。人数改は肝入が、村を範域とし（地方給人とその家中、修験の一部、小屋者などを除いた）全百姓の家を対象として、組頭の協力を得て毎年行なった（仙台藩の人数改と人別帳の性格については、高木（二〇〇四：第一章）で詳述した）。

肝入は調査結果（村人数）を、大肝入から代官、郡奉行《こおりぶぎょう》をとおして藩庁に提出、藩庁の勘定方は集計結果を、出入司《しゅつにゅうつかさ》をへて家老（財用方取切奉行）に報告したと推定される（ただし、藩の職制はときどき変化した可能性がある）。今日われわれが人口統計として使用できるのは、こうした集計値が記された藩文書（あるいは肝入の書付）、そして村方に保存された人別帳（村控）である。

図3‐1は藩が集計した数値をグラフ表示したものである（参考までに、盛岡藩の数値も掲載した）。このうち、一八三九（天保一〇）年の数値三八万六六〇〇人余りは、筆者が作業仮説として記入したもので、下記(5)、(6)局面でもこれを便宜的に使用しているが、これは第三節で述べる方法で算出したものである（表3‐1の推計1‐b）。

図3-1　仙台藩郡方人口・人頭／盛岡藩人口・戸数の趨勢
（1653-1867［承応2-慶応3］年）

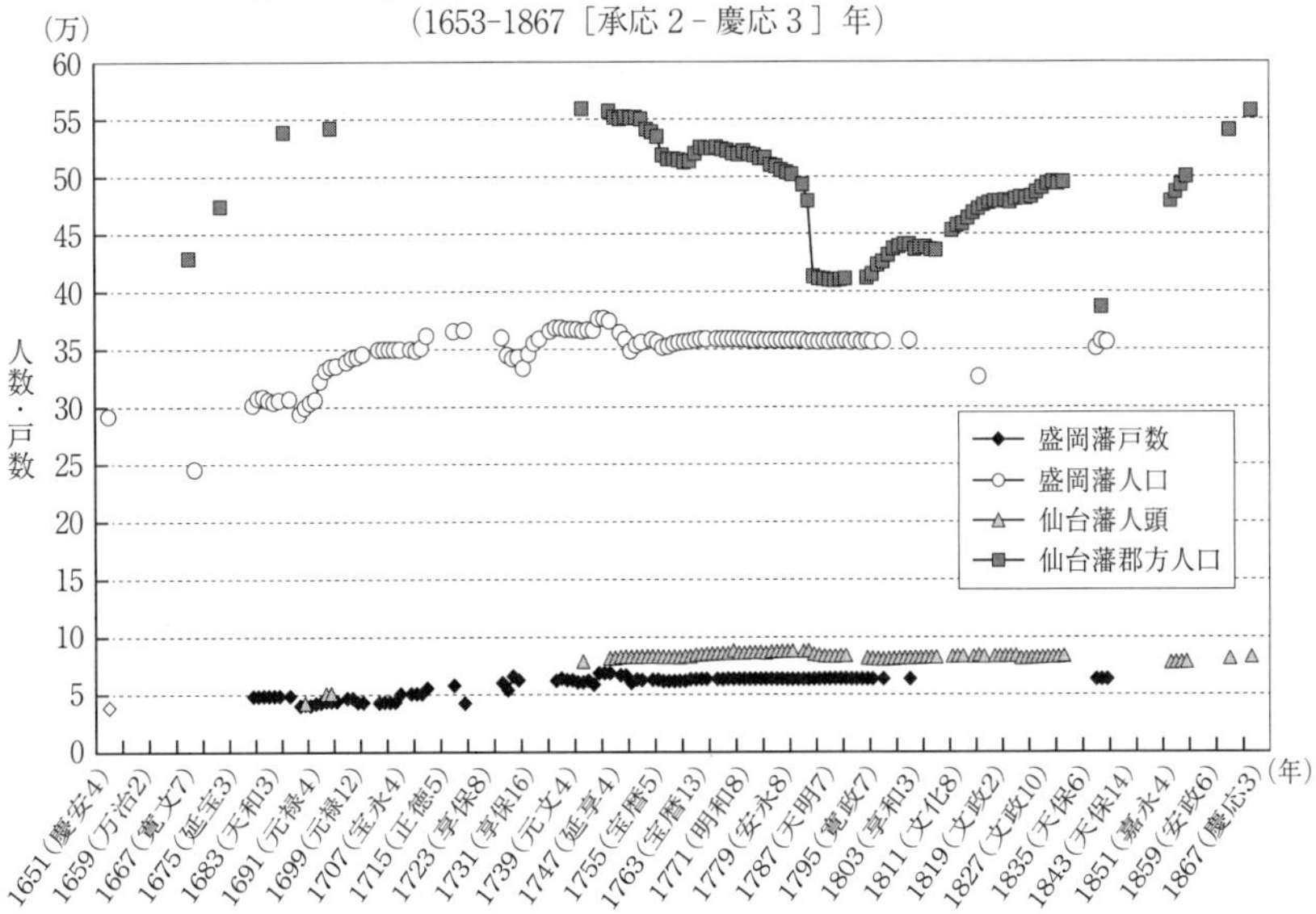

注：グラフ中の人口と戸数・人頭は，公刊資料と新規史料に記された数字による（2014年10月更新）。公刊資料は岩手県（1963），宮城県史編纂委員会（1966），新規史料は遠藤家文書，宮城県図書館文書，中目家文書である。詳細は高木編（2008）23-24頁の注(20)を参照。なお，仙台藩の1839（天保10）年のドットは推計人口（386,600人余）で，筆者が仮に置いたもの。「人頭」は本百姓のこと。また「郡方」については注(2)をみてほしい。

この図によれば、仙台藩の一七世紀中期以降の「郡方」（百姓）人口は、概数でみると、六つの局面（時期）をへて推移したようにみえる。

(1)　第一局面（四一年間）。明確な人口減少期（一七四二（寛保二）〜一七八三（天明三）年）。

五五万九〇〇〇人から四九万三〇〇〇人へ。四一年間に六万六〇〇〇人の減少。年平均一六〇〇人減。

(2)　第二局面（一年間）。急激な人口減少期（一七八四（天明四）〜一七八五（天明五）年）。

四七万九〇〇〇人から四一万三〇〇〇人へ。一年間に六万六〇〇〇人の減少。

(3)　第三局面（一〇年間）。完全な人口停滞期（一七八五（天明五）〜一七九五（寛政七）年）。

(4) 四一万三〇〇〇人から四一万二〇〇〇人へ。一〇年間に一〇〇〇人の減少。年平均一〇〇人減。

第四局面（三六年間）。緩慢な人口回復期（一七九六（寛政八）～一八三二（天保三）年）。

(5) 四一万五〇〇〇人から四九万六〇〇〇人へ。三六年間に八万一〇〇〇人の増加。年平均二二五〇人増。

第五局面（七年間）。急激な人口減少期（一八三二（天保三）～一八三九年（天保一〇）年）。

(6) 四九万六〇〇〇人から三八万七〇〇〇人へ。七年間に一〇万九〇〇〇人の減少。年平均一万五五七〇人減。

第六局面（二八年間）。急速な人口回復期（一八三九（天保一〇）～一八六七（慶応三）年）。

三八万七〇〇〇人から五五万七〇〇〇人へ。二八年間に一七万人の増加。年平均六〇七〇人増。

人口の減少

人口の減少理由には、死亡だけでなく、公式の移動（奉公、婚出、離縁）と非公式の移動（出奔・無行衛、飢饉時の「流民」など）が含まれたであろう。(5) しかし、非公式の移動は帳面からすぐには抹消されなかった。戻ってくる可能性があるからである（なお、記録類に散見される「流人《るにん》」や「帳外人」の人別登録については、別稿にゆずる）。また、正規の移動（結婚、養子、出稼、奉公など）による出入り数は、人口の都市集中がみられなかった仙台領の場合、村・地域の間で相殺されたであろう。したがって、人口急減期の減少理由は、マクロデータでみる限り、主として自然減（死亡増と出生減）によると考えて間違いなかろう。図3-1をみると、つぎの点が明らかとなる。

第一に、宝暦の飢饉は一七五五（宝暦五）年に起きたとされるが、そのダメージは「郡方」人口でみた場合、通説に反してかなり軽微であった。すなわち人口は（藩役人の記録によれば）、一七五五（宝暦五）～一七五七（宝暦七）年にかけて、五三万九〇〇〇人から五一万八七〇〇人へと、二年間に二万人余り減少した。しかし、六年後の一七六三（宝暦一三）年には、飢饉以前の水準（五三万人）に回復した。たしかに回復はしたが、しかし全体的趨勢（人口減）を食い止めるだけの復元力はなかった。

第二に、第一局面の「明確な人口減少」は、途中に宝暦飢饉を含みつつも、きわめて一貫した趨勢を示した。人々はこの四一年間に、どのような人口学的行動（demographic behavior）をとったのであろうか。減少は、マルサス（一七九八）が指摘し、歴史学者も主張してきたように、とりわけ下層階級が「積極的制限」を迫られる環境に置かれたため生じたのか。そうではなくて、あるレヴェルにまで上昇した生活水準を維持するために、人々が「予防的制限」を講じたために生じたのであろうか。[6] いずれにせよこの局面は、現代の先進諸国で観察される人口減退や人口停滞との比較事例として、興味深い素材となりそうである。

第三に、第二局面（天明飢饉期）の「急激な人口減少」は、周知のように、単年度の「突発的」な出来事だった。人口減の理由については、これまで種々議論されてきたが、ここでは言及しない。いずれにせよ、天明飢饉による危機的な死亡増と人口減少は、一八世紀以後～一九世紀に生きた人々に対して、飢饉に対する強い恐怖心をうえつけた。この恐怖心について田村（一九八七）は、天明飢饉は各藩の食糧備蓄体制の整備を促したと指摘している。[7]

第四に、第三局面の「完全な人口停滞」（「L字形」の軌跡）は、全期間（一二六年）を通覧した場合、きわめて特殊な現象であったということができる。その「特殊性」は、宝暦飢饉以後の四年間（一七五八（宝暦八）～一七六二（宝暦一二）年）の趨勢とある程度共通している。このことは、前近代社会においては一般に飢饉直後の一定期間、人口の回復・増加はきわめて難しかったということを示唆している。

緩慢な人口回復

第五に、第四局面の「緩慢な人口回復」はおそらく、二つないし三つの局面で構成されていたと推定できそうである。すなわち人口は、「緩やかな上昇、そしてプラトー化」という軌跡を三度ないし二度描きながら、段階的に回復したのである。この一つひとつの軌跡（局面）は、人口増加の数理モデルでいえば、ロジスティック・モデルに合致すると考えてよいであろう。[8] しかし、第四局面の人口回復過程は緩慢であり、天保飢饉以後（具体的には一八三九（天保一〇）年以後）の「V字形」とでも表記できる力強い回復軌跡と比較すると、この局面が示す特徴（緩やかな回復軌跡）は一層はっきりとする。

第六に、第五局面の「急激な人口減少」は、天保飢饉期の大量死と出生減によって起きたであろう。そして実際の死亡ピーク年次は、少なくとも仙台領の場合、一八三八（天保九）年頃だったと推定される。[9]

図3－1の一八三九（天保一〇）年のドットは推計値で、（先に述べたように）作業仮説の一つとして置いたものである。第五局面の減少パターンは、後節で確認できるように、天明四～五年に観察された「一気下降（falling down）形」ではなく、底（bottom）にむけ二～三段階をへて落込む「段階的下降（step by step decline）形」とでも形容できる形を描いたであろう（図3－2、図3－3－a～cを参照）。

第七に、第六局面の「急速な人口回復」のモーメント（力）は約三〇年間継続し、一八六七（慶応三）年の五五万六九〇〇人に帰結した。この数値は一七四七（延享四）年の人口サイズ（五五万六八八〇人）と同じであるから、過去九〇年（すなわち一七四七～一八三九年までの九二年間）をかけてなお困難だった回復を、三分の一の期間（二八年）で達成したことになる。開国を契機とする疫病の流行などがなければ、さらに力強いV字型軌跡を描いた可能性もある。[10]

なお、図3－1にみられる一六六八（寛文八）年と一六七四（延宝二）年のドット（数値）は、一七世紀末・寛文延宝期にも「急激な人口増加」があったことを示唆している。この推定は、この時期の盛岡藩の数値によってもある程度補強しうるであろう。

三　天保期「郡方」人口の減少数・減少率

一九九九年九月、筆者は中目家文書のなかに、嘉永・安政期の新たな「郡方」人口書上があることを確認した（文書の作成者は中目寛之丞で、彼は一八四七（弘化四）～五九（安政六）年にかけて勘定奉行、郡奉行、出入司《しゅつにゅうつかさ》など要職を勤めたので、職務上の必要からそれを書きとめたのであろう）。該当する文書は二点で、「嘉永六年分御分領中人頭人数一紙調」と「安政二年分（領内人頭人数調）」（括弧内は仮題）である。この文書によって、これまで不明だった四年分の「郡方」人口、すなわち一八五二～五五（嘉永五、六、安政一、二）年の人口が判明した。(11)

筆者はこの数値（書上）は「画期的」意義をもっていると考えた。なぜならそれは、天保飢饉の底年次の人口を推計しうる有力な手掛かりとなるからである。

回帰式による推計（推計1）

推計1（表3-1一行目）は、利用可能な六年分の数値（一八五二（嘉永五）～一八五五（安政二）年、一八六三（文久三）年、そして一八六七（慶応三）年の「郡方」人口）を使用し、回帰直線を引いて、知りたい年次の人口を逆推計したものである。推計対象は、人口が底を記録したと想定した一八三九（天保一〇）年の人口である。

この推計1は二方式（推計1-a、推計1-b）からなる。推計1-aは、表3-1の備考欄（最終列）に記したように、一八三九年人口の推計に使用するデータの年次幅を一五年間、データ数を六年分とした。一方、推計1-bのデータ年次幅は連続する三年間（四年分）のみとした。

その結果、一八三九年の推計人口（理論値）は、推計1-aでは四一万四九八一人（回帰方程式は $y=5142.2x+$

表3－1　推計値総括表

推計カテゴリー：上位/下位（推計方法）	史料名称	作成者	作成単位範域	数値/村数	データの形式	結果				備考
						基準人口(実測)天保3年(a)	底人口(推計)天保10年(b)	減少数(a)-(b)	減少率(%)	推計使用年次幅〔期間〕（史料使用年次）
推計1 推計1-a	「伊達家文書」「中目家文書」	藩庁出入司	「郡方」	1	集計値（マクロ）	495,501	414,981	80,520	16.3	嘉永5～慶応3年〔15年間〕（嘉永5,6,安政1,2,文久3,慶応3）
推計1 推計1-b（回帰式）	「伊達家文書」「中目家文書」	藩庁出入司	「郡方」	1	集計値（マクロ）	495,501	386,647	108,854	22.0	嘉永5～安政2年〔3年間〕（嘉永5, 6, 安政1, 2）
推計2（多項式）	「伊達家文書」「中目家文書」「人数改帳」	藩庁出入司 肝入	「郡方」「村方」	1 9	集計値（マクロ/メゾ）	49,5501	401,813	93,688	18.9	文政10～明治3年〔43年間〕
推計カテゴリー：下位（推計方法）	**史料名称**	**作成者**	**作成単位範域**	**村数**	**形態**	**結果**				**備考**
						基準人口(推定)天保3年(a)	**底人口(推計)天保10年(b)**	**減少数(a)-(b)**	**減少率(%)**	**史料使用年次幅〔期間〕（史料使用年次）**
推計3 推計3-a	「人数改帳」	肝入	「村方」	13	集計値（メゾ）	10,696	8,568	2,128	19.9	弘化4～嘉永4年〔4年間〕（弘化4, 嘉永1, 2, 3, 4）
推計3 推計3-b（回帰式）	「人数改帳」	肝入	「村方」	13	集計値（メゾ）	10,696	8,326	2,370	22.2	弘化2～嘉永2年〔4年間〕（弘化2, 3, 4, 嘉永1, 2）

注：6列目（データの形式）の下段：「マクロ」は郡方人口を，「マクロ/メゾ」は郡方人口と9ヶ村人口を，「メゾ」は13ヶ村人口を指す。

409839, $R^2=1$）、推計1－bでは三八万六六四七人（同 $y=7099.7x+379547$, $R^2=1$）となった。そして、両者の間に約二万八三〇〇人の差がでた。

差がでた理由は明らかである。飢饉以後の人口回復は、次節（村々の指数データ）でみるように、かなり「順調」であった。しかし、一九世紀中期以降は各種の流行病が伝播し死亡率を押しあげた。また、この時期の人口もロジスティック曲線を描きつつ回復したという可能性も否定できない。実際、村レヴェルの人口回復軌跡は「上方に凸型の曲線」を描いており、「右肩上りの直線」とはならなかった（後掲の図3－3－a～cを参照）。

したがって、推計1－aは減少数（一八三九年の人口）を過小評価している可能性がある（紙幅の関係でグラフは掲載しないが、回帰直線と実測値との間に乖離がある）。これに対して、推計1－bによって求めた一八三九年の推計人口（三八万六六四七人）は、わずか四年分の数値を使用して求めたものであるが、今のところ現実により近いと推定される（そこで、この数値を図3－1に仮プロットした）。

一八三九（天保一〇）年の推計人口を四一万四九八一人または三八万六六四七人とし、一八三二（天保三）年の実人口（実測値）四九万五五〇一人と対比すると、人口減少数と減少率を計算できる。その結果、二つの推計値に対応する減少数（減少率）は八万五二〇人（一六・二五パーセント）、一〇万八八五四人（二一・九七パーセント）となる。前者は現実を過小評価していると考えられるので、実際の減少率は二二パーセント程度だったと推定できる（表3－1推計1－b）。

多項式による推計[12]（推計2）

天保飢饉以後の人口の回復軌跡は、四節（図3－3－a～c）にみるように、どの村でも上方にふくらんだ曲線を描いている。したがって、底年次に近く、かつ連続した四年分のデータを使用したとはいえ、回帰方程式による推計1の精度は必ずしも高くないと考えることができる。

そこで、欠損年の少ない九ヶ村の人別帳に記された毎年の数値（人口）を使用し、数学的手法を用いて飢饉を含む四四年分の「郡方」人口を推計・復元することにした[13]。以下、はじめに欠損年のデータ（人口）補完法、つぎに「郡方」人口の推計法とその結果を記す。

欠損年のデータ補完

東磐井郡四ヶ村（大籠、増沢、新沼、赤生津村）、西磐井郡四ヶ村[14]（中、下油田、峠、狐禅寺村）の人別帳は、長期の欠損があまりないか、長期の欠損があってもそれは天保年間以後の時期である。村々の人口は、推計対象である一八二七（文政一〇）〜一八七〇（明治三）年までの四三年間、それなりに安定した局面にあった。そこで、単純に変化を平均し、それを順次加算して欠損を埋めた（平均値に一人未満の端数がでた場合は調整した）。

一方、（東磐井郡）保呂羽村はかなりの年次の人別帳を欠いている〔とくに、一八二七（文政一〇）〜一八三四（天保五）年までの八年分のうち、一八二八（文政一一）年を除く七年分を欠く〕ので、補完を終えた隣接村大籠の人口を参考にして欠損を埋めた。

第一に、保呂羽の一八三六（天保七）、一八三八（天保九）、一八四二（天保一三）、一八四四（天保一五）、一八四五（弘化二）年はそれぞれ一年の史料欠損であるが、大籠の同年の人口をみると、前年および翌年の平均値とは大きくかけ離れていた。これは大籠の特殊事情の結果とも考えられるが、この特殊事情に近い状況が保呂羽でも起きた可能性があると考え、大籠と同様の人口の動きとした（ここでは、以上九ヶ村の合計人口を問題とするので、こうした処理が全体に大きな影響をおよぼすとは考えられない）。

第二に、一八二七（文政一〇）〜一八三四（天保五）年についても、保呂羽では大籠と同じパターンの人口変化があったと仮定した。x 軸に一〜九までの数値をとり、$x=1$：一八二七年、……$x=9$：一八三四年、のように対応させた。y 軸には各年における大籠の人口をとって、xy 平面に九つの点をプロットした。それらの点の座標は（1, 718）、（2, 723）、（3, 729）、（4, 725）、（5, 728）、（6, 731）、（7, 734）、（8, 717）、（9, 695）である。

これらは、図形的にみておおむね上にふくらんだ放物線にそって並んでいると思われるので、その放物線として最適なものは何かと考えた。その放物線を $y=ax^2+bx+c$ と置き、$x=1, 2, 3, 4, 5, 6, 7, 8, 9$ を順次代入したときの y の値を $y_1, y_2, y_3, y_4, y_5, y_6, y_7, y_8, y_9$ としたとき、

$$(y_1-718)^2+(y_2-723)^2+(y_3-729)^2+\cdots+(y_9-695)^2$$

が最少になるようなa, b, cを計算した。考え方としては、データからプロットした各点と放物線とのズレの二乗の和が最少になるようにした、ということになる。結果は、分母を揃えるように多少の近似をして、$a=-343/231$, $b=3{,}068/231$, $c=162{,}355/231$となった。つまり、大籠のこの期間の人口の動きは、大体、

$$y=1/231(-343x^2+3{,}068x+162{,}355)$$

のグラフにそったものである、と結論した。

この結果を保呂羽にも適用するのであるが、保呂羽と大籠の間には人口規模の違いが多少ある。そこで、一八二八（文政一一）年（$x=2$）のデータは両村にあるから、このデータを使用して人口規模の違いを組み込んだ。つまり、両村でまったく同じ人口の動きがあったとするなら、保呂羽のこの期間の人口は、

$$y=809/723\times1/231\times(-343x^2+3{,}068x+162{,}355)$$

で把握できることになる。この計算式で保呂羽の一八二八（文政一一）年（$x=2$）の人口を計算すると、八〇九・五一三人となる。これは一八二八（文政一一）年（$x=2$）時点の両村の人口規模を組み込んだ結果であるから、データにある八〇九人と（ほとんど）一致するのは当然である。

しかし、一八三五（天保六）年（$x=9$）の人口を計算すると七八五・六〇九人となり、保呂羽の同年の数値より約二九人多くなる。「六年間にできたこの食い違いは保呂羽と大籠の何らかの個別事情の差によるもの」と考え、その「個別事情の差」は一年につき29/7人であるとする。これを計算式に組み入れると、この期間の保呂羽の人口を見積もるための最終的な式は、

$$y=809/723\times1/231\times(-343x^2+3{,}068x+162{,}355)-29/7\times(x-2)$$

となる。この式で一八二七〜一八三四年の人口を計算した結果を保呂羽の表に書き入れた（保呂羽のこれ以外の年次・期間の数値の欠損は、八ヶ村と同様の方法で補完した）。

「郡方」人口の推計

以上で欠損年のデータを補完し、九ヶ村分の人口表を完成したので合計値をだした。この合計値の経年変化を参考にして、仙台藩「郡方」人口のサイズと趨勢を捉えてみたい。ここで九ヶ村合計人口をみると、たとえば天保二年だけ局所的に落ち込んでいる（天保一年：五五四九人、同二年：五五〇四人、同三年：五五六四人）。ところが、仙台藩の「郡方」人口にも同様の現象が起きている（天保一年：四九万五七四四人、同二年：四九万四〇八〇人、同三年：四九万五五〇一人）。したがって、短いタイムスパンでみても、九ヶ村の合計人口の動きは仙台藩「郡方」人口の動向と、思ったより一致しているのではないかと考えた。そこで、九ヶ村の合計人口の趨勢をそのまま「郡方」人口の動きに適用した。以下に手順と結果とを記す。

前項「欠損年のデータ補完」と同様、x軸、y軸をとる。ただしここでは、xは1から44まで動かし、$x=1$は一八二七（文政一〇）年、$x=44$は一八七〇（明治三）年に対応させる。「郡方」人口のうちもっとも知りたい期間は一八三三（天保四）〜一八五一（嘉永四）年までなので、まず一八三二（天保三）年の九ヶ村の合計人口と仙台藩の「郡方」人口の規模の違いを組み入れると、仙台藩の「郡方」人口の一応の推計としてはx年に

$$y=(495{,}501/5{,}564)\times(x\text{年の9ヶ村合計人口})$$

図3－2　仙台藩「郡方」人口（推計値と実測値）
文政10－明治3（1827-70）年

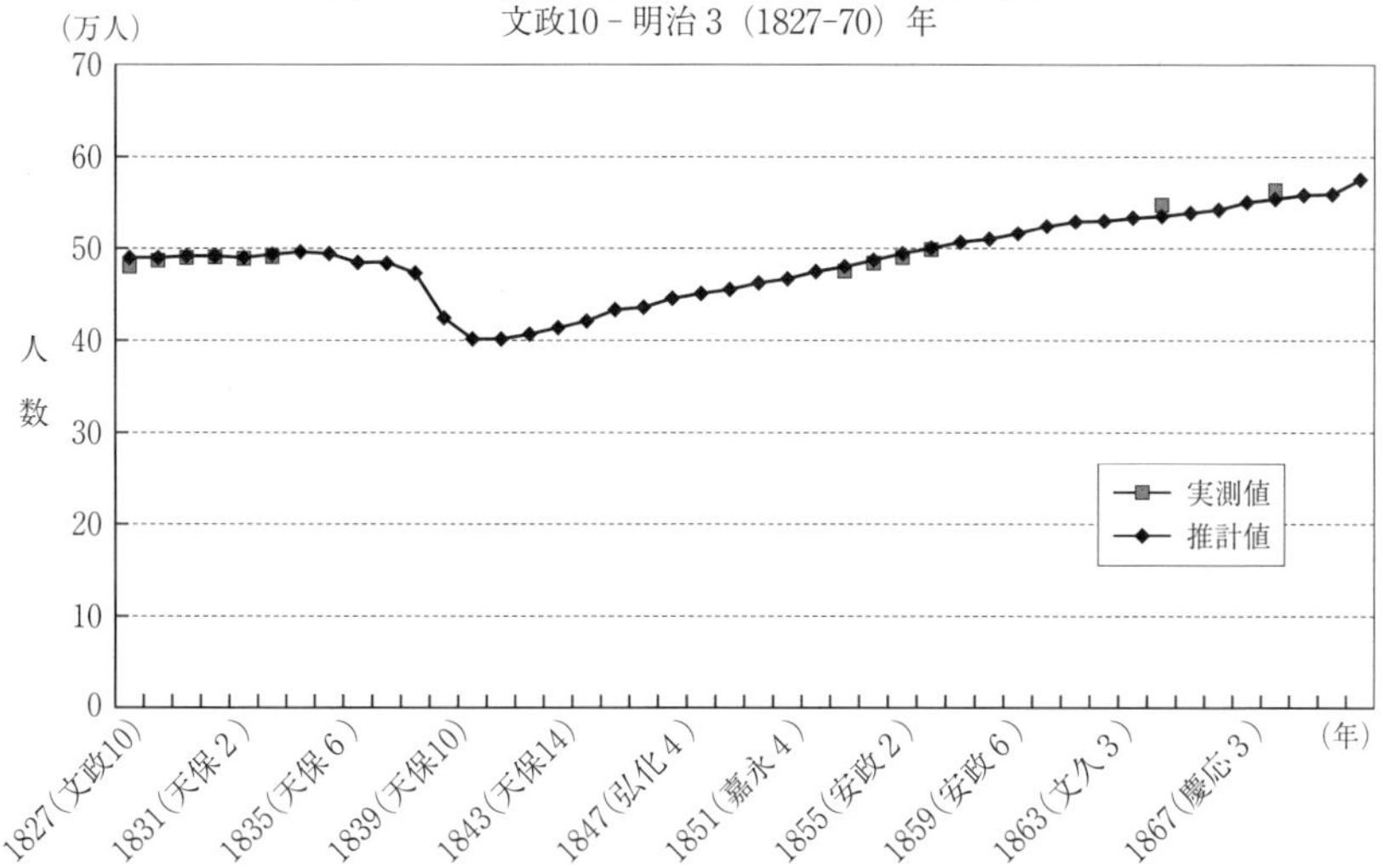

人ということになる。確認のため、一八三二年（$x=6$）の九ヶ村合計人口五五六四人を代入すると$y=495{,}501$となり、「郡方」人口の実データと一致する。

さらなる確認のため、「郡方」人口（実データ、実測値）が判明している一八五二（嘉永五）年について検討する。この式を使用して一八五二年（$x=26$）の「郡方」人口を計算するため、同年の九ヶ村合計人口五一四三人を代入すると四五万八〇〇九人を得る。ところが、この計算上の人口は一八五二年の実データ四七万八六一三人より二万六〇四人少ない。この差は、仙台藩「郡方」人口の動向と九ヶ村合計人口の動向とが、多少異なることにより起きたと考える。

そこで、一八三二〜一八五二年までの一九年間の食い違い二万六〇四人は、一年あたりにすると20,604/20 人であったと考える。この食い違い分も計算式に入れると、最終的に、

$$y=(495{,}501/5{,}564)\times(x\text{ 年の9ヶ村合計人口})$$
$$+(20{,}604/20)\times(x-6)$$

という式となる。なお、右辺で（$x-6$）とあるのは、一八三二（天保三）年（$x=6$）の実データで人口規模の調整をした

ためである。

図3-2は、この式による計算結果（推計値）を、仙台藩の公式データ（実測値）とともに、グラフにしたものである。推計値と実測値の乖離は、比較年次は一二年分しかなく、一八六二（文久二）年の六五九四人が目立つものの、決して大きくないと考えられる。こうして、一八三九年の推計人口四〇万一八一三人と一八三二年の実人口四九万五五〇一人から、人口減少数は九万三六八八人、減少率は一八・九パーセントとなる（表3-1の推計2）。

四　天保期「村方」[15]人口の減少数・減少率

仙台藩の公式の村数は、一七一二（正徳二）年の「領知目録」以降～一八三四（天保五）年まで、一貫して九七〇ヶ村だった。しかし、「実際の村数は新田開発あるいは人口増などによって増加し、奥州分だけで幕末には千二十九箇村（二十八浜を含む）」になったとされる（宮城県史編纂委員会 一九六六：一三六頁）。これらの村々は人別帳を作成したが、帳面は裏返し・漉返して再利用されたから、長期をカヴァーする人別帳は限られた村にしか保存されていない。また、個々の帳面に記載された人口規模は概して小さい。

しかし前節で試みたように、ある範域に所在する村々の人別帳を集めて合計値をだし、それを用いて底年次の人口を推計すれば、結果の信頼度は（一～二ヶ村の数値を用いるよりも）かなり上がるであろう。以下、まず村々の人口趨勢を指数で示し、つぎにその合計値を用いた底年次（一八三九年）の「村方」人口の推計手順と結果とを記す。

指数の変化

ここで筆者は、磐井郡を中心とする一五ヶ村の、三四年間〔一八三三（天保四）～六七（慶応三）年〕をカヴァーする人別帳を使用する。その内訳は東磐井郡八ヶ村、西磐井郡五ヶ村、胆沢郡一ヶ村、登米郡一ヶ村である。磐井郡の村々の大部分は、仙台藩の統治区分では「奥」に位置し、現在の行政区画でみると一関市を中核都市とする岩手県南地方に含まれる。村の人口規模には差があって、それは二五〇人（最小）～二五〇〇人（最大）の間に分布している。そこで、一八三三年人口を一〇〇とする指数グラフ（図3－3－a～c）を作成して、変化の様相を捉えた（実数グラフは、高木（二〇〇四）第四章に掲載）。この図（三枚）から次の四点が明らかとなる。

第一にわれわれは、飢饉が人口に与えた影響には、村ごとに大きなバラツキがあるということを確認できる。たとえば、図3－3－aの大籠であるが、その中心部と増沢の中心部とを直線でむすぶと、両者はわずか六～七キロメートルしか離れていない。しかし、大籠のほうが明らかに大ダメージを受けている。

第二に、東磐井郡の村々は、西磐井郡の村々と比較すると、より大きな影響をうけたようにみえる。そして、この推定は図3－3－cの（大籠に接する）米谷北方の動きによっても、ある程度補強される。

第三に、大籠と米谷北方は、やはり「異常」な減少を経験した。とりわけ後者は、一八三六（天保七）～一八四一（天保一二）年までのわずか五年間に、人口は二分の一に激減している（米谷北方の場合、人口急減の中身は今のところわからない。筆者はそのすべてが死亡によるとは考えていない）。

第四に、平常年の総人口が三〇〇人以下、世帯数が五〇以下の小村（中村あるいは新沼村）では、飢饉の初期段階に若干の人口増がみられた。ただし、この増加の原因とメカニズム（自然増の内訳、社会増の内訳、そして両者の組合せ状態）は今のところわからないが、ごく少人数の増加が指数を押しあげた可能性がある。

以上四点はわれわれに、飢饉を契機とする人口変動（増減）については、地域差・村落差が非常に大きいという点に、十分配慮すべきであることを示唆している。

図3－3－a　天保4年以後の人口変動（東磐井郡の村々－指数）

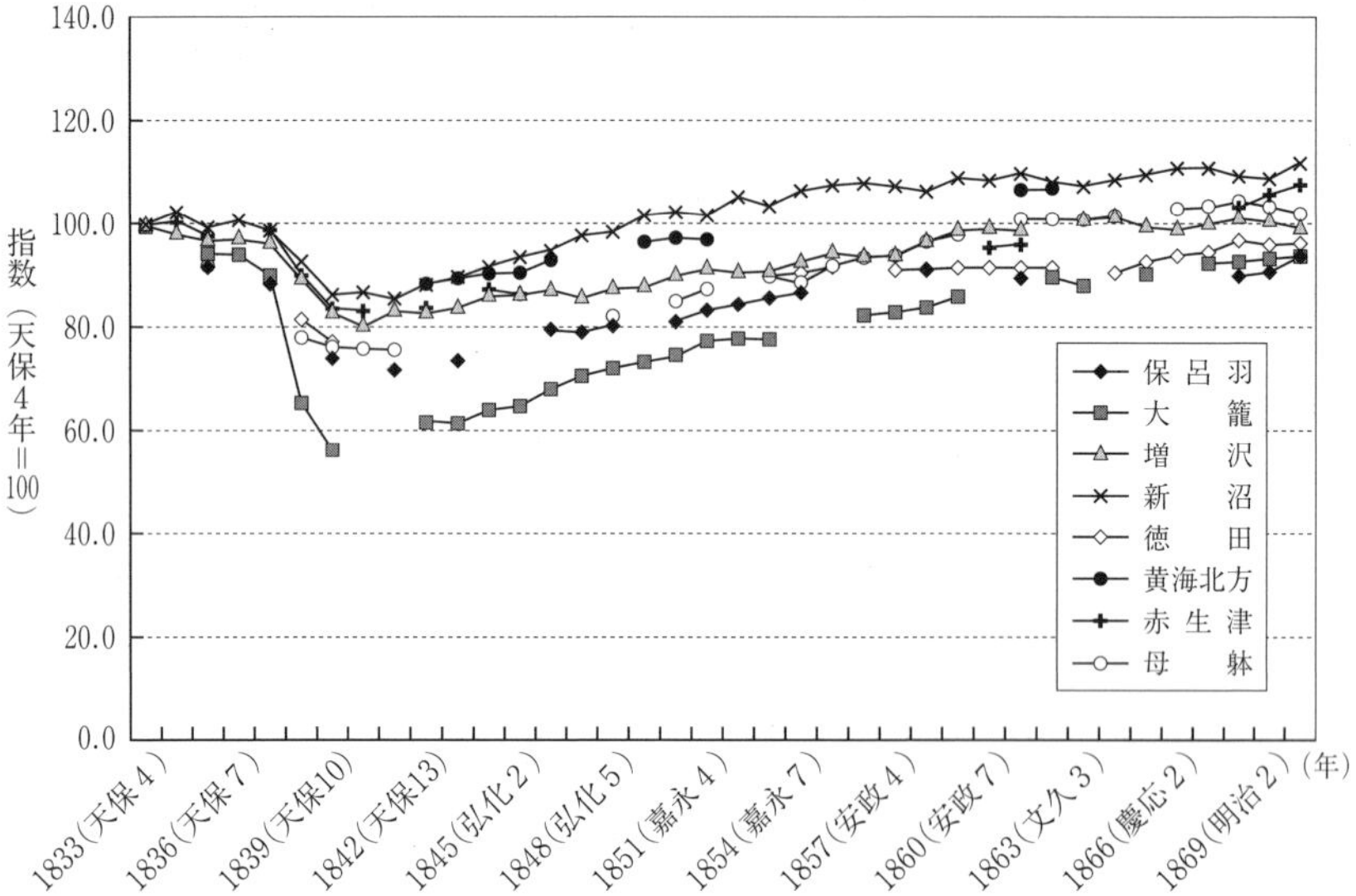

図3－3－b　天保4年以後の人口変動（西磐井郡の村々－指数）

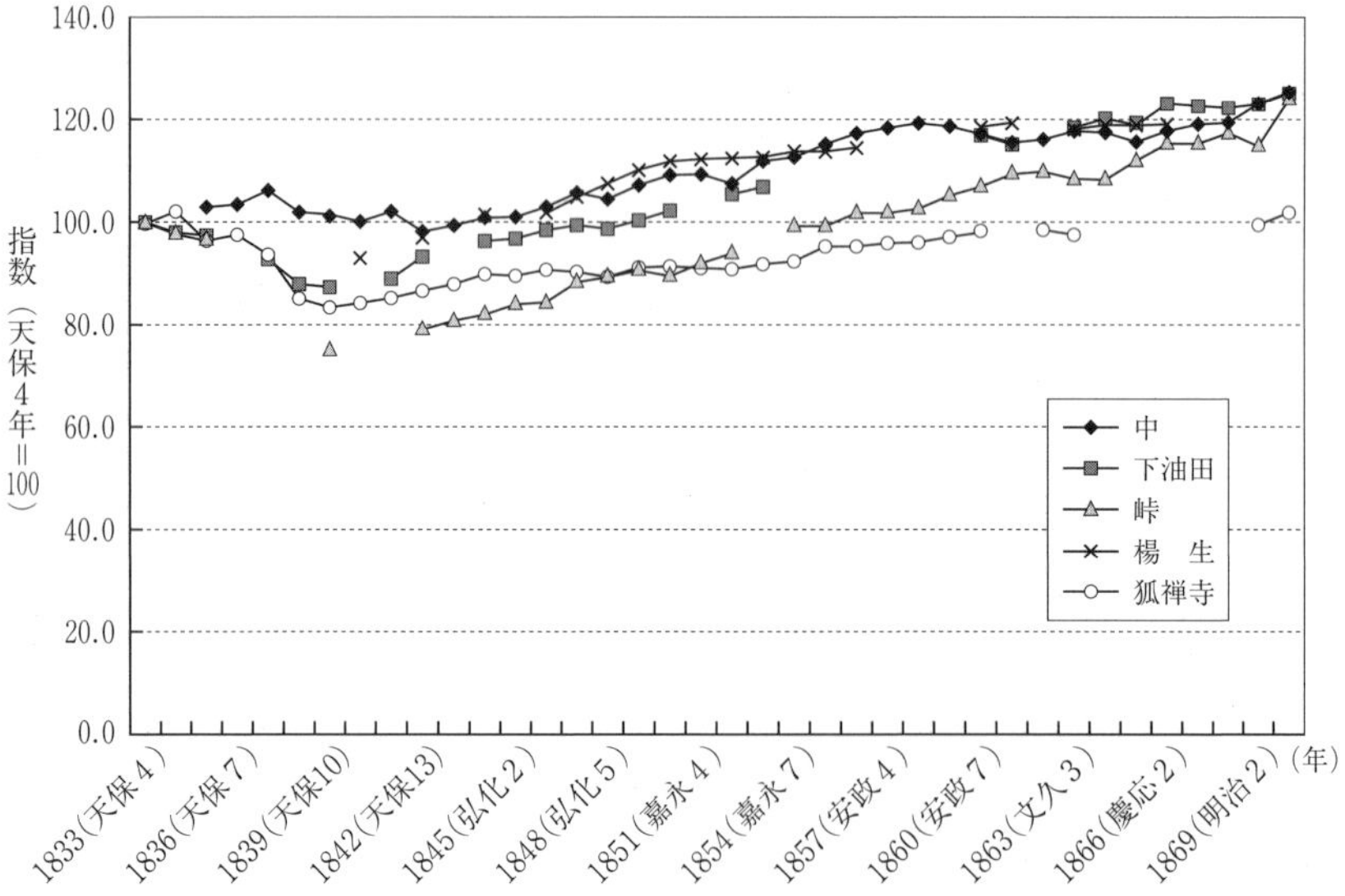

図3-3-c　天保4年以後の人口変動（胆沢郡の村，登米郡の村－指数）

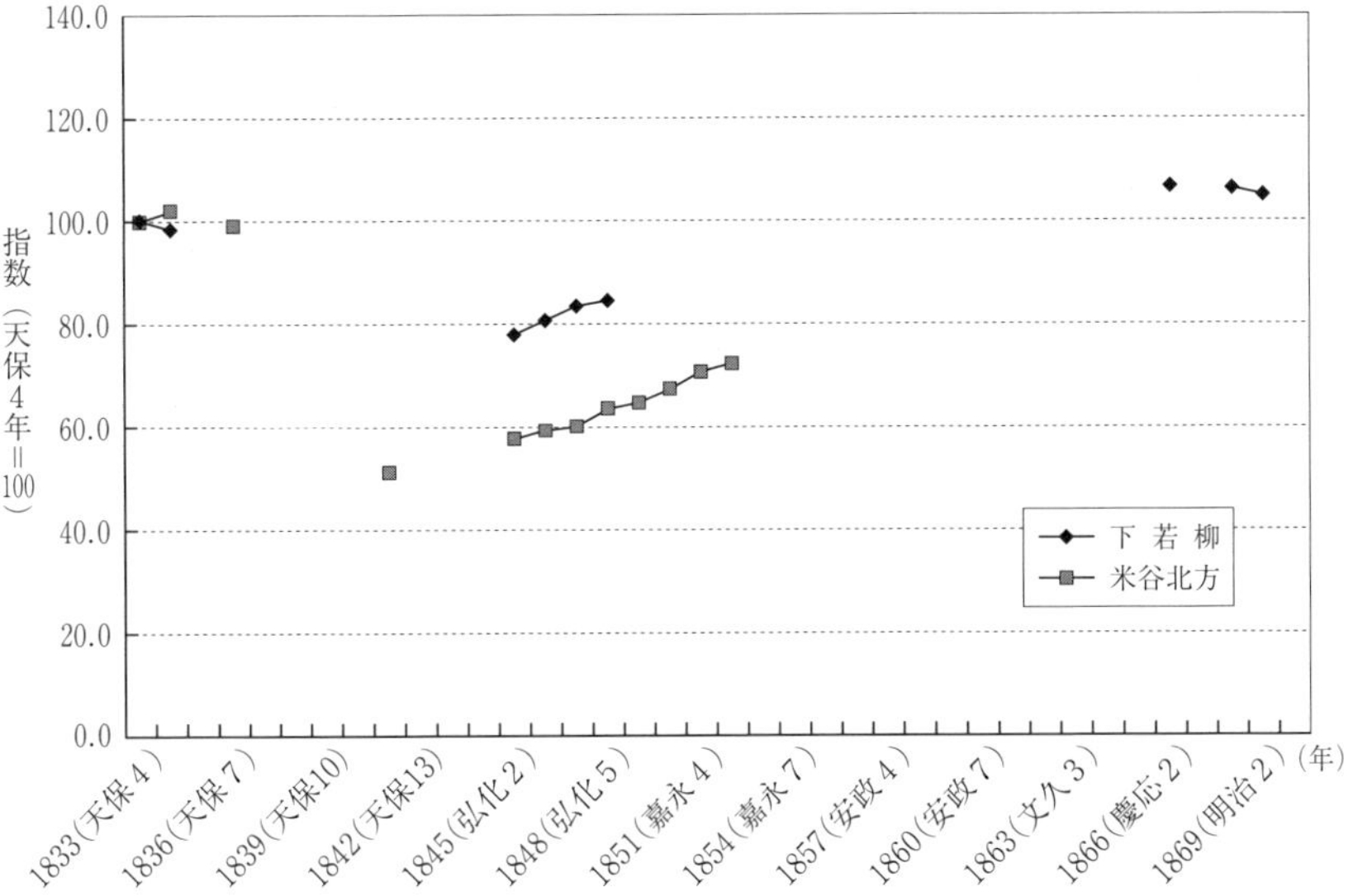

回帰式による推計（推計3）

ここでは、前項で使用した一五ヶ村から推計に適した一三ヶ村を選び、推計1と同じ方法（回帰方程式）を用いて、天保期「村方」（東西磐井郡を中心とする地域）人口の減少数と減少率を推計する。一三ヶ村の郡別内訳は、東磐井郡六ヶ村（保呂羽、大籠、増沢、新沼、黄海北方、母躰）、西磐井郡五ヶ村（中、下油田、峠、楊生、狐禅寺）、胆沢郡と登米郡各一ヶ村（下若柳、米谷北方）である。推計の手順は、煩わしさを恐れず記せば、つぎの通りである。

基準年（飢饉発生の直前年次つまり平常年）は一八三二（天保三）年とした。[16] この年次の人別帳を欠く村は、六ヶ村（保呂羽、大籠、母躰、峠、下若柳、米谷北方）あった。その欠年人口は、基準年以前の実測値から推定するのが妥当であり、[17] 少なくとも一年分あれば計算は可能である。六ヶ村の「基準年以前の実測値」は、一八二七（文政一〇）〜一八三一（天保二）年の人別帳の、任意の年次から取ることができた。その結果、一八三二年の一三ヶ村の推定総人口は一万六九六人となった。

推計に用いるデータの年次幅は二種とし、各々五年（一八四七〜一八五一年、一八四五〜一八四九年）とした。[18]　推計結果は表3－1（推計3－a、b）の通りである。推計3－aによれば、飢饉による人口ダメージの底と想定した一八三九年の、一三ヶ村の合計人口は八五六八人である（回帰方程式は省略）。同様に推計3－bの合計人口は八三三六人である。これらの数値と一八三一年の推定人口から、われわれは一三ヶ村全体の人口減少数・減少率を計算することができる。一八三一年を基準年としその推定人口を一万六九六人とすれば、減少数（減少率）は二一二八人（一九・九パーセント）または二三七〇人（二二・二パーセント）となる。

人口減少率は、年次幅を二年ずらすだけで二・二六パーセントの差がでた（推計に使用した具体的年次については、表3－1の「備考」に記した）。どちらの数値の信頼度がより高いかを速断することは難しい。しかし、底年次（一八三九年）により近い年次データ（一八四五〜一八四九年）を使用して求めた数値を信頼するなら、またマクロ（「郡方」）データを使った推計値（推計1－b）がやはり二二・〇パーセントであった点を考慮すると、今のところ推計3－bのほうが（推計3－aよりも）、現実に近いかもしれない。

五　人口からみた飢饉の個別性

一八〜一九世紀に中東北地方をおそった代表的飢饉は、通説によれば宝暦、天明、天保の飢饉とされる。しかし、この「三大飢饉」は緻密な検討を経ないまま、誇張されて伝えられたり並列的に論じられたりすることが多かった。[19]誇張され並列的に扱われた理由は、一つは研究者の側に、もう一つは歴史事象それ自体の側にある。

第一に歴史家は、慣れ親しんだ調査地（フィールド）の質的・量的情報から「感触」あるいは「直感」を形成し、それにもとづいて仮説を立てる。同時にわれわれは、自分の仮説・視点に変更を迫るような衝撃的事実（たとえば、飢渇時の遺体食）を知ると、その「印象」に囚われて長期間解放されないこともある。換言すれば、研究者の多くはかなり限定的な知識や仮説にもとづいて情報を収集・加工し、「事実」をつくりあげる傾向がある、ということである（筆者も例外ではない）。

第二にわれわれは、「歴史事象は再現不能である」という動かしがたい事実を忘却しがちである。すなわち歴史家は、自然科学の諸分野における「実験」のように、事象を何度も再現・構築して観察をくりかえすことは決してできない。そのために、ごく少数の記述（史料）が、あたかも一般的「事実」を示しているかのように誤認され、その誤認が独り歩きをすることにもなるのである（たとえば注(5)、三番目の記述）。この点は、過去のデータを扱う者にとっては致命的ですらある。

そこで、この弱点を克服するには、大方の研究者が納得・支持できる視点（perspective）の共有が必要である。筆者はここで、飢饉は仙台藩人口にどの程度のダメージを与えたかという視点に立って、飢饉の個別性を（数値をあげて）検討する。

天明の飢饉

宝暦の飢饉が人口減少に与えたダメージは、図3－1が示すように、中東北に位置する仙台藩「郡方」では軽微だったと考えられる。先に指摘したように、宝暦五～八年の減少数は三年間で二万三七七三人であり、人口停滞も四年程度で済んでいる[20]。

天明の飢饉はこれに対して、わずか一年で人口を急減させた。今、基準年（一七八三（天明三）年あるいは一七八四（天明四）年の人口）と底（一七八五（天明五）年の人口）とを対比すると、以下のようになる。

第一に、飢饉の影響（人口減少率）を多めに評価するため、基準年を一七八三年、底を一七八五年とすると、人口は四九万三二四五から四一万三一九一人に減少したことになる。この場合の減少数は八万五四人（減少率は一六・二三パーセント）である。

第二に、飢饉の影響（人口減少率）をすなおに評価するため、基準年を一七八四年、底を翌（一七八五）年とすると、人口は四七万八八九四から四一万三一九一人に減少したことになり、この場合の減少数は六万五七〇三人（減少率は一三・七二パーセント）である。

第三に、天明飢饉の死亡ピークはいつだったのか。青木（一九六七）の過去帳分析によると、それは「旧南部領でも旧仙台領でも」一七八四年五月（旧暦）であり、その前後（四、六月）にも大量死が観察された。菊池（一九八〇）は、弘前領内と南部領北部地域の過去帳データを収録しているが、死亡ピークは同年の二～三月だったとしている。こうした事実と筆者の結果から、天明飢饉による仙台藩「郡方」の死亡ピークは一七八四年五月を中心とし、人口減少率は一五％前後だったと見なしてよいであろう。

もちろんこの減少率は、ダメージ（影響）の地域的多様性・個別性を否定するものではない。たとえば山本（二〇〇八）が明らかにしたように、微視的にみれば一五％を優にこえ（五〇％以上を記録し）た村もあれば、それ以下の村もあったのである。

天保の飢饉

天保の飢饉は、図3－2（多項式によるメゾ／マクロ推計値）のように、一八三四（天保五）～一八三九（天保一〇）年にかけて、とりわけ一八三七～翌（一八三八）年にかけて、人口を激減させた。今、基準年（一八三四年の人口四九万六〇四七人）と底（一八三九年の人口四〇万一八一三人）とを対比すると、減少数は五年間で九万四二三四人（減少率一九・〇パーセント）となる。

一方、表3-1に示したように、回帰式でもとめた一八三九年の推計人口と一八三二（基準）年の実測人口の対比からは、つぎの結果が得られる。すなわち、マクロデータを使用した推計（推計1-b）でも、ミクロデータを使用した推計（推計3-b）でも、人口減少率は二二パーセント程度である。一方、ミクロ／マクロデータを使用した多項式による推計（推計2）では、減少率は約一九パーセントである。そこで、基準年（それは「平常年」を含意しているが）を一八三二年とするにせよ一八三四年とするにせよ、天保飢饉による人口減少率は一九～二二パーセントの範囲におさまると推定できる。

それでは、天明飢饉と天保飢饉とを比較した場合、人口減少への影響はどちらが強力だったのであろうか。あるいは、両者はほとんど同じダメージを人口に与えたのであろうか。

飢饉の個別性

この疑問については第一に、「平常年（基準年）からの乖離（人口減少）」という視点に立てばこうなる。天明飢饉については実測値（藩の公式記録、マクロデータ）が使用できる。この場合、平常年は一七八三（天明三）年（四九万三二四五人）、底は一七八五（天明五）年（四一万三二九一人）であるから、その減少数は八万五四人（減少率は一六・二三パーセント）となる。

一方、天保飢饉については多項式による推計値（推計2）を使用できる。それによれば、平常年は一八三四（天保五）年（四九万六〇四七人）、底は一八三九（天保一〇）年（四〇万一八一三人）であるから、その減少数は九万四二三四人（減少率一九・〇パーセント）となる。したがって、平常年からの乖離という視点に立てば、天保飢饉のダメージは天明飢饉を上回ったということになる。

第二に、「一年間に発生した人口の危機的減少」という視点に立てばこうなる。人口急減は天明飢饉の場合、一七八四年（四七万八八九四人）～一七八五年（四一万三二九一人）にかけて起きた。この場合の減少数は六万五七〇三人（減少率は一三・七二パーセント）である。天保飢饉の場合、それは一八三七年（四七万二六八九人）～一八三八年（四二万四八二八人）にかけて起きたが、その減少数は四万七八六一人（減少率は一〇・一三パーセント）である。この視点に立つなら、天明飢饉のダメージは天保飢饉を上回ったということになる。

結論はこうである。個別性が強い飢饉を単純に比較することはできない。そこで筆者は、大規模・中規模（マクロ／メゾ）人口の変動を観察対象とし、二つの視点（基準年から人口減を計算する方法と、単年度に観察される人口減を計算する方法と）を用いれば、飢饉の個別性と強度をより鮮明にできる、ということを例示した。この方法は、過去帳の死亡数を追跡してダメージの大小を説明してきた伝統的方法とはことなり、より確かな結果を約束するに違いない。

なお、筆者が同時に進めてきた過去帳研究は、天明飢饉期の死亡数が（天保飢饉のそれよりも）極端に多い地域（寺院）、それとはまったく逆の地域（寺院）があるということを明らかにしている。したがって筆者の結果は、使用データ（マクロ人口、メゾ人口）からして当然であるが、地域や集落の違いは平準化されていると理解されるべきである。

大飢饉は人口をどう変えたか

この小論は、近世国家の人口書上（マクロデータ）と人別帳の合計値（メゾデータ）とを用いて、これまで不明・曖昧のまま放置されていた三つの課題に対して、合理的な回答を得るという目的で作成された。

第一の課題は、天保飢饉の人口ダメージが最大だった年次はいつであり、そのダメージはどの程度だったのか、第二の課題は、近世末期・仙台藩「郡方」人口にみられる致命的なデータ欠損（記録史料の欠如）をどう埋めるのか、

第三の課題は、天保飢饉と天明飢饉とは何がどう異なっていたのか、ということを解明することであった。

最初の課題は、新たに確認されたデータ四年分と既知のデータ二年分とを活用して、つぎのように達成された。すなわち、天保飢饉による人口ダメージが最大だった年次（異常年）を一八三九（天保一〇）年とし、その人口と基準年（平常年）の人口との差を計算した。結論は、三つの推計値とそれぞれの精度を考慮すると、人口ダメージ（減少率）は平常年比で二〇％程度であろう、というものである。この数字（仮説）がもつ意義は、数ヶ村の人別帳・宗門帳を用いた個別的研究（ミクロデータの解釈）に対して、一つの目安（参照値）を提供するという点にある。

つぎの課題は、四四年分の「郡方」人口のうち三二年分の欠損人口を推計・復元することにより達成された。結果は、図3-2に示したように、人別帳や過去帳を用いた研究者たちの結果と大きく矛盾するものではない。この作業がもつ意義は、高木・新屋（二〇〇八）の図3-2に示したように、仙台藩二〇二年間の「郡方」人口の復元に寄与したという点にある。また、計算式を記入したワークシートは、新発見の人口記録（藩書上）があれば再計算をして、さらに確実な推計値をわれわれに返してくれるという利点をもっている、ということである。

最後の課題は、二つの飢饉の個別性（つまり違い）を、一つは異常年と平常年の人口差を計算することで、二つは単年度に観察される人口の減少数を計算することで達成された。結論は、前者であれば天保飢饉のダメージがより大きく（天保飢饉の減少率一九・〇％、天明飢饉の減少率一六・二三％）、後者であれば天明飢饉のダメージがより大きい（天明飢饉の減少率一三・七二％、天保飢饉の減少率減少率一〇・一三％）、ということである。これらの数字もまた、過去帳や人別帳を使用した個別（事例）研究にとって参照値の一つになるという点で、意義があるといえるであろう。

この研究のメリットを改めて強調するとすれば、それは数値の信頼性がきわめて高いということに尽きるのではないか。その理由は第一に、使用データの規模が格段に大きいからであり（四〇〜五五万人の藩データ、八〇〇〇〜一万人あるいは四〜五〇〇〇人の人別帳合計データ）、第二にそのデータは時系列に復元され使用されているからである。

＊　本章は、高木・新屋（二〇一二）に加筆・修正を加え作成された。修正・加筆でもっとも重要と考えられる事柄の一つは、新たに判明した宝暦期の藩人口データのうち五年分を使用して、図３-１を更新したことである。その結果、宝暦飢饉時の人口のうごきは事実により近いものになったかと思われる。本章は、平成二六年度科学研究費補助金（基盤研究［課題番号24530681］）の一部を使用した研究成果である。

注

（1）　たとえば、菊池（一九八〇）は大量の過去帳と飢饉記録を併用して、天明・天保両飢饉の特徴と影響を歴史地理学的に解明し、いくつかの重要な知見を公表している。そこには、今後さらに検証されるべき論点（飢饉の個別性・地域性、死亡の月別変化、死亡性差・年齢差、死亡の都鄙格差、都市「流民」）が、出生率低下の問題を除き、ほぼ網羅されている。これに近畿以西の過去帳、人別帳などを加えることができれば、列島の全体像はよりはっきりするであろう。

（2）　ここで「郡方」人口とは、正式には「仙台藩御郡方（奥州分）人高《ひとだか》」と呼ばれたもので、仙台城下の家臣団（直臣）、地方知行主と家中（陪臣）、町方居住者（町人）を除く、村方百姓（庶民）人口である。

仙台藩における「御郡方」（藩政上の地方）は、四つ（南、北、中奥、奥）に区分され、郡奉行と代官（定員四名および一九名）が統治した（仙台郷土研究会 二〇〇二）。彼らは人別帳の作成を指導し、また総人数を集計した。

これに対して「町方」（城下町人）は、町奉行（二〜四人と同心、目明かし）が支配した（宮城県史編纂委員会 一九六六：六一・一五二・一二一頁。仙台市史編さん委員会 二〇〇一：二一三〜二一五頁を参照）。

なお、この史料「伊達家勘定方」は現在、伊達家文書中に見当たらないとのことである。

（3）　飢饉と人口、死亡性比などとの関連についての精緻な議論は、Dyson and Grada (2002) の "Introduction" (pp. 1-18)、および Macintyre, K., "Famine and the Female Mortality Advantage" をみてほしい。しかし、飢饉時の女子死亡率が男子死亡率と比べて非常に低い理由を、マッキンタイアーが突きとめたとは必ずしもいえない。

（4）　一八三九（天保一〇）年ないしその前後の人口を底と考える理由はつぎの通りである。仙台藩の人数改は毎年、旧暦二月一日現在の静態人口調査だった。天保飢饉による死亡のピークは一八三七（天保八）年（旧暦五月）だったので、死者の大部分は翌（一八三八）年二月一日作成の人別帳に計上（すなわち人別帳から除外）された。また、九年（旧暦八月）にも若干の死亡増がみられた（青木 一九六七：二四頁）ので、翌一八三九年を底とすれば一応「安全」であると判断できるからである。

（5） たとえば、つぎのような記述にみられる。「この年（宝暦六年）、仙台領・南部領・秋田領は飢饉のため餓死者道路に満つ。……米価は昨冬以来あがり、幕府は米の蓄積を禁令する」（宮城県史編纂委員会 一九六二：二〇六頁）。

あるいは、「後期藩政の特色。五代吉村〔治世四一年：一七〇三（元禄一六）年八月～一七四三（寛保三）年七月〕の享保改革によって仙台藩財政は立て直され、その余沢は六代宗村《むねむら》の代まで及んだが、宝暦五年の領内大凶荒以後、仙台藩は再び財政難に苦しむようになった」（宮城県史編纂委員会 一九六六：五八六頁）。

ここに言及された財政難の中身はわからないが、人口趨勢をみるかぎり「領内大凶荒」には決してみえない。この結論は、仙台市史編さん委員会（二〇〇四：一四五～一四六頁）の記述「（宝暦五年は冷夏だったが）宝暦期全体としてはあまり顕著な冷夏期とはいえない」とも整合するであろう。

また、「宝暦五年、一四万石実らず、死者五万。天明三年、五六万石実らず、死者一五万。天保四年、七五万石実らず、死者一〇万。同七年、九二万石実らず、死者三〇万人」など。これは、菊池（一九八〇：一四四～一四五頁）によれば、仙台市若林区河原町にある黄檗宗・桃源院の文書「桃源院由来」に記されているという（しかしながら、これらの死者数はすべて論外というほかない）。

なお、この寺は一七七四（安永三）年、第七代藩主・重村《しげむら》の夫人（年子）が天明飢饉の死者供養のために建立したもので、付近は城下への南入口にあたる地域だった（http://www.city.sendai.jp/wakabayashi/）。桃源院の敷地は google earth でみると広瀬川に接している。彼らは城下の遺骸をここに取り集めて埋葬・供養し、一九年後に寺を建立したかと思われる。

（6） Malthus. T. R の積極的制限（positive checks）、予防的制限（preventive checks）については、Malthas（1798：邦訳書五一～七五頁）、James. P.（1989）の改訂版（pp. 16-8）を参照してほしい。マルサスは人口に対する積極的制限はきわめて多様な形をとり、その原因にはあらゆるものが含まれ、天与の寿命をある程度短縮させると述べている。そして、具体的原因として不健康な職業、極貧、劣悪な養育状態、大都市の過密、疾病や流行病、戦争そして飢饉をあげている。

（7）田村（一九八七）は、仙台藩は「天明飢饉の後、幕府の命令もあって、備荒倉制度の整備に努めた。このため天保四年の大凶荒の場合は、この制度が相当程度活用され一定の効果をあげたので、のちに『奥羽一番の御慈悲の御手当』と称される背景」（一部改変の上、引用）となったと述べている。

ここにいう「幕府の命令」とは、宮城県史編纂委員会（一九六二）によれば、第八代藩主・斉村《なりむら》が一七九〇（寛政二）年一一月にうけた達し「今年より五年間、禄万石に付五十石の定額を以て貯米すべし」であったと考えられる。同年一二月末、斉村は領民に「頻年不登負債少からず。今年より十年間十五万石の資格を以て、庶務を簡にし用度を節すべし」と命じた。なお、藩備、郡中備、村備の中身については、宮城県史編纂委員会（一九六二：一一〇～一一三頁）の第三六、三七、三八表を参照。

柳田（一九〇三＝一九一〇）はかつて、農政学や産業組合に関する啓蒙的論説のなかで三倉（義倉、社倉、常平倉）の来歴を述べ、その現代的意義を力説した。柳田によると、義倉制度は唐制を模した大宝令に導入され、日本に普及した。しかし、飢饉・凶荒政策の必要が痛感され、荒政研究と関連書の訳刻機運が「朝野共ニ普及」したのは、徳川時代であったという。

（8）下中（一九六二：五六八～五七〇頁）、日本人口学会（二〇〇二：四三八～四三九頁）を参照。

（9）こうした減少→回復軌跡は、第二次世界大戦前後の日本の人口趨勢とも、ある程度類似していると考えられる。すなわち「第二次大戦末期の死亡率の増大と出兵による社会増加（入国者数と出国者数の差）の大幅なマイナスから、一九四五年は初めて人口が前年を下回った。しかし、戦後の出産奨励や終戦に伴う海外からの引揚者の急増などにより出生率は伸び（第一次ベビーブーム）、翌年からすぐに人口は増大に転じた」のである。財団法人矢野恒太郎記念会（二〇〇六：三四頁）および図2-1「人口の推移」）を参照。

なお、敗戦前後の自然増減と社会増減の具体的中身とその帰結については、岡崎（一九九九：二三～二九頁）の指摘がある。筆者が第四節で使用する村データについても、岡崎が行なったように、社会および自然増減の中身を明示するのが望ましい。しかし、ここで使用した村々の人別帳のすべてが連続して残っているわけではなく、移動理由をもれなく記した帳面は皆無にひとしいので、残念ながら明らかにできない。

(10) この局面の人口回復はすべて、農業生産力の回復（米生産の復旧・増産）によるとは必ずしもいえない。たしかに仙台藩庁は嘉永期にはいると、家屋敷の再興・耕作放棄地の再開発（「散田前代百姓付仕法」）に着手した。
　しかし、この基盤的事業の人口回復に対する寄与率は、放棄地のすべて（領内総貫高の一五パーセント）が復旧し、そのすべてが人口回復に寄与したと仮定しても、一五〜二〇パーセントに過ぎなかったと推定できる。詳細は高木（二〇一一）を参照してほしい。そこでは「稲作前線の後退と回復」という視角から、具体的事例をまじえてフォローしている。

(11) 正確にいえばこうなる。宮城県史編纂委員会（一九六六：五九頁）は一八五二（嘉永五）年の「惣人高」として一組の数値（男子二四万六二三六人、女子二三万二七四六人、計四七万八九八二人）をあげ、出所を「御領内貫高記」としている。しかし筆者は、一貫性のある文書からの数値を使用するので、この数字は採用しない。なお、嘉永・安政期史料（四年分）の読下しは高木（二〇〇四：第二章）に収録している。

(12) 一般に、$\{\quad\}x\{\quad\}+\cdots+(\{n-1\},\ \cdots,$ は定数、x は変数）の形の式を多項式という。ここでは単に二次の多項式（a, b, c は定数、x は変数）を使用する。

(13) 仙台藩「郡方」人口は（図3-1に明らかなように）、一八二三〜一八五一年までの一八年間、一八五六〜一八六二年までの六年間、一八六四〜一八六六年までの二年間（合計二九年分）が、依然として不明・欠損状態にある。
　しかし、この推計に利用できる九ヶ村分の人別帳のうち、八ヶ村は欠損が軽微で変化を平均して補完することができる。また一ヶ村（保呂羽の人別帳）はかなり欠損があるが、筆者は隣村（大籠）のデータから数学的に補完することができ、本推計に使用できると考えた。

(14) 西磐井郡の村々のうち二四ヶ村は寛文事件（伊達騒動）のあと、仙台藩から分立した一関藩（田村氏）の領地に編入された。しかし仙台藩は領内人口を書上げる際は、一関藩の人口を加えて幕府に報告された。したがって、こうした村々の人口を加えることに問題はないであろう。

(15) ここで「村方」という言葉は（藩の公式用語としてではなく）、藩政上の「郡方」より範囲は狭いが、古くから現代に至るまで一定の地域的まとまりを維持し、中位（メゾ：mezzo）の圏域をなしてきた「郡」内の、複数の村々を指す言葉として、便宜的に使用している。そのうえで筆者は、磐井郡に含まれる村々の合計人口は「九ヶ村人口」、磐井郡を中心とし他郡二ヶ村を含む人口は（やや無理はあるが）「一三ヶ村人口」と表記している。

(16) 基準年のとりかたが推計値にどの程度影響するかを確かめるため、一八三三（天保四）年を基準年とする計算（推計4）を行なった。結果はつぎのとおりである。基準年の一三ヶ村合計人口は一万六八七人、底（bottom）人口は八五六八人（推計4－a）および八三二六人（推計4－b）となる。すると減少数（減少率）はそれぞれ二一一九人（一九・八三パーセント）と二三六一人（二二・〇九パーセント）であり、それは推計3（a、b）とほぼ同様の結果となった。なお、基準年のデータがない村は四ヶ村（保呂羽、母躰、楊生、下若柳）あるが、埋め方は推計2と同様とした。

(17) 一八三三（天保四）年以後の村々の人口変動はきわめて個別的で、村ごとに格差が激しい。それ以前の人口趨勢は、図3－1にみるように「緩やかな回復」局面にあったから、このように激しい格差は生じなかったと推定しうる。したがって、欠年人口は天保四年以前の人口から推定する方が妥当であると考えた。

(18) 年次幅のとりかたが推計値に大きく影響することは、推計1で明らかである。二種・五年とした理由はそこにある。なお、この五年に一～四年分のデータ（人別帳）を欠く村は、五ヶ村（保呂羽、黄海北方、母躰、楊生、下若柳）あったが、この欠損値の埋め方は前節による。

(19) たとえば小原は、宮城県史編纂委員会（一九六〇：一一七頁）において「仙台藩政上重大な事件として、宝暦・天明・天保の三大凶年、それに伴う領民の死亡と保有馬の大減少がある」と述べ、仙台領の飢饉をつぎのように要約している。

　また、宝暦の凶作に遭った地域と、天明・天保の被災地とは必ずしも同じではない。藩当局の対策や地域の人々が備荒貯穀方法を講じたところ、また何等の方法も講じなかったところなど地域差をみせている。さらに田畑以外の山林地帯など食糧資源の豊富な地域と、然らざるところとの差もある。舟の仮泊に適するための単なる港としての桃生郡舟越浜（雄勝町）の如く耕地を持合せない所などは、全世帯の約三割が死亡絶家となっており、さらに人口半減という大打撃をうけた村もある。金・銅・鉄・木材など、米作以上に貴重な資源の生産地帯には、特に行届いた救助対策が講ぜられた。或は、桃生郡雄勝浜の如く、江戸・松前と手広い取引をしてきた親船主の営業柄と資力がものをいって、遠く他領に米を買いもとめ救援をうけた地域には、三大凶歳にも死亡者がきわめて少数という例もみられる（一一八頁。一部修正して引用）。

この要約にみるとおり、研究者たちは三大飢饉の影響には大きな地域差があったことを、体系的に解明したわけでは必ずしもないが、十分理解していた。しかし、ここに記された違いが「三大凶年」のどれに該当し、具体的にどの地域や村の事例であったのか、舟越浜・雄勝浜を除いて、残念ながら明記されなかった。

(20) 仙台市史編さん委員会（二〇〇四：九二頁）は、宝暦飢饉による人口減を、米の作柄と関連づけてこう記している。「（凶作）はとくに仙台領北部の胆沢郡・江刺郡（現在の奥州市にあたる地域）がひどかった。北部を中心に約二万人が餓死したといわれている」（九二頁）。しかしここには、「餓死者約二万人」という数値の出所は示されていない。ともかくこの数値は、千以下の数字を欠いているところをみると、注(5)と同様の古文書・記録類からの引用と推定してよいであろう。

参考文献

青木大輔『寺院の過去帳からみた岩手県の飢饉』奥羽史談会、一九六七年。

Dyson, T., and Grada, C. O. (eds.) *Famine Demography-Perspectives from the Past and Present*. Oxford University Press, 2002.

浜野潔「気候変動の歴史人口学――天保の死亡危機をめぐって」速水融・鬼頭宏・友部謙一編著『歴史人口学のフロンティア』東洋経済新報社、二〇〇一年所収。

岩手県『岩手県史（四 近世篇一）』岩手県、一九六三年。

James, P. (ed.) T. R. *Malthus, An Essay on the Principle of Population*. vol. 1, Cambridge University Press, 1989.

川口洋「書評」『社会経済史学』第七五巻第六号、二〇一〇年。

菊池万雄『日本の歴史災害――江戸後期の寺院過去帳による実証』古今書院、一九八〇年。

木下太志「徳川時代におけるクライシス期の死亡構造」速水融編著『近代移行期の人口と歴史』ミネルヴァ書房、二〇〇二年所収。

Malthas, T. R., *An Essay on the Plinciple of Population*. London, 1798（高野岩三郎・大内兵衛訳）『初版 人口の原理』岩波文庫、一九三五＝一九六七年．

南和男『幕末江戸社会の研究』吉川弘文館、一九七八＝八四年。

宮城県史編纂委員会『宮城県史（六 厚生）』宮城県、一九六〇年。

宮城県史編纂委員会『宮城県史（二二 災害）』宮城県、一九六二年。

宮城県史編纂委員会『宮城県史（二 近世史）』宮城県、一九六六年。

西村真琴・吉川一郎『日本凶荒史考』有明書房、一九三六＝一九八三年。

日本人口学会編『人口大事典』培風館、二〇〇二年。

岡崎陽一『日本人口論』古今書院、一九九九年。

小原伸「仙台藩の社会福祉政策」宮城県史編纂委員会『宮城県史（六 厚生）』一九六〇年所収。

小野寺健「下折壁村の初期人数改帳をめぐって――寛永年中作成の検証」『東磐史学』第二七号、二〇〇二年八月。

小野寺健・高木正朗「一七世紀の人口・住民移動調査――仙台藩・初期『人数改帳』の年次特定」『立命館産業社会論集』第四七巻第三号、二〇一一年一二月。

Saito, O., "The Frequency of Famines as Demographic Correctives in the Japanese Past" in Dyson and Grada, 2002.

仙台市史編さん委員会『仙台市史（近世一）』仙台市、二〇〇一年。

仙台市史編さん委員会『仙台市史（近世三）』仙台市、二〇〇四年。

仙台郷土研究会編『仙台藩歴史事典』二〇〇二年。

下中邦彦編『人口学大事典』平凡社、一九六二年。

鈴木宏「人数改帳にみる天保期の孤禅寺村」岩手史学会編『岩手の歴史と風土』熊谷印刷出版部、一九九七年。

高木正朗・森田潤司「飢餓と栄養供給――一九世紀中期東北地方の一農村」『日本研究』第一九集、一九九九年六月。

高木正朗『前近代の人口調査――仙台藩「人数改帳」の成立と展開』平成一六年度科学研究費研究成果報告書、立命館大学産業社会学部、二〇〇四年。

高木正朗・新屋均「東北諸藩の人口趨勢――仙台藩郡方・一関藩村方人口二〇〇年の復元」高木編『一八・一九世紀の人口変動と地域・村・家族――歴史人口学の課題と方法』古今書院、二〇〇八年所収。

高木正朗「一九世紀中期の人口増加と『稲作前線』の回復――仙台藩・中奥農村の『家屋敷』再興計画」『立命館産業社会論集』第四七巻第二号、二〇一一年九月。

高木正朗・新屋均「飢饉と人口変動――天保期・仙台藩の『郡方』『村方』人口推計」『立命館産業社会論集』第四八巻第一号、

二〇一二年六月。

高橋梵仙『日本人口史之研究（第一）』日本学術振興会、一九四一＝七一年。

高橋梵仙『日本人口史之研究（第二）』日本学術振興会、一九五五年。

高橋梵仙『日本人口史之研究（第三）』日本学術振興会、一九六二年。

玉山勇「江戸時代の人口問題――仙台藩の場合」『東北地方社会経済史研究叢書』第五冒、一九四二年七月。

玉山勇「江戸時代の人口政策」『東北地方社会経済史研究叢書』第一冒、一九四二年一二月。

田村勝正「仙台藩における天保飢饉とその対策」菊地万雄編『日本の風土と災害』古今書院、一九八七年。

山本起世子「天明飢饉期・陸奥国農村の人口と世帯――仙台領三箇村の比較」高木編（二〇〇八）所収。

柳田国男『農業政策学』（第一九章　凶作）一九〇三年、「日本に於ける産業組合の思想」『時代ト農政』一九一〇年所収（『定本柳田国男著作集』第二八、一六巻、筑摩書房、一九八五年）。

矢野恒太郎記念会編『数字でみる日本の一〇〇年』（改訂第五版）国勢社、二〇〇六年。

第4章　一九世紀初頭の奥会津地方における移住者引き入れ

――人口増加策からみた地域変化――

川口　洋

一　人口政策から窮乏した民衆像を導くことは妥当か

筆者は、陸奥国会津郡、大沼郡、下野国塩谷郡の一部を含む南山御蔵入領《みなみやまおくらいりりょう》を研究対象地域として、近代移行期に始まる持続的人口増加の要因解明を進めている。南山御蔵入領の総人口は、一七世紀を通じて増加したが、一八世紀初頭を頂点として減少に転じ、一七八〇年代（天明期）から一八四〇年代（天保期）に至る期間を最少として回復を始めた（川口　一九九八）。

総人口が最少となった一八世紀末から一九世紀初頭の南山御蔵入領では、産子《うぶこ》養育手当金の貸与、縁組祝金の貸与、移住者引き入れといった人口増加を目的とする対策が実施された。会津藩と南山御蔵入領における人口政策を一書にまとめた松枝茂は、「人口減少が総て堕胎間引によるものではなかったと同様に、その増加も亦産子養育対策の効果のみに帰することは勿論出来ぬ」と慎重な姿勢を示しながらも、「堕胎間引を行うのは倫理上道徳上罪悪なるを知りながら、或はさうした道徳観を全く考へたこともなく、不自然な社会制度の重圧に堪えかねて自ら生きんがために或は働かんがためには敢て之を行わざるを得なかった人々があったという事実」を「封建時代の特長」と位置づける一方で、産子養育制度などを会津藩の人口政策として顕彰した（松枝 一九六六：一六三〜一六四頁）。このような見解は史料を離れて一人歩きを始め、江戸時代後期の東北地方における窮乏した民衆像を形成するとともに、人口研究にも深い影を落した(1)。

松枝茂や高橋梵仙など戦前期から研究成果を公刊している世代の人口史家が依拠した史料の多くは藩政史料であった。しかし、為政者の残した記録から民衆の日常生活に迫るには限界がある。旧稿では、一八世紀初頭の南山御蔵入領に住む富裕な商人の日記から、占いとは異なる性別の「たがい子」が出生した場合や父親の厄年に嬰児が生まれた場合に三人の子どもを押返《おつかえ》した事例について考察した（川口 一九九四、二〇〇二）。このような為政者とはまったく異なる心性にもとづく「子返し」の実像から、窮乏した民衆像を導くことは困難である。人口増加策についても、立案・実施にあたった人物の言動を検討することにより、先行研究とは異なる民衆像を描くことができると思われる。

本章では、一連の人口増加策のうち移住者引き入れを取り上げ、立案・実施者が残した記録から窮乏した民衆の姿を捉えることができるのか再検討したい。まず、移住者引き入れの立案・実施者を特定したのち、募集の経費、募集方法、移住者の出身地や縁付先を復原する。さらに、立案・実施者が移住者引き入れを企図した目的を考察することにより、人口回復開始期における地域社会の状況に接近を図る。

本章で検討する主要史料は、福島県歴史資料館架蔵の長谷部大作家文書である。本文で翻刻しない史料については、同館の資料番号を示す。長谷部家は、陸奥国会津郡黒谷組叶津村名主と八十里越を越えて越後国と往来する旅人や物品を監視する叶津口留番所番人を世襲していた（誉田 一九八一：一〇七〜一一三頁）。

二　移住者引き入れの立案者

越後国からの移住者引き入れ計画については、一七九八（寛政一〇）年に陸奥国大沼郡東尾岐組東尾岐村戦場《たたかいば》名主・林松が会津藩田島代官に宛てた願書が翻刻・紹介されている（会津高田町史編纂委員会 一九九五：二一三〜二一四頁、会津高田町史編纂委員会 二〇〇一：三〇八〜三〇九頁）。現在のところ、林松が代官承認のもとに移住を実施したことを裏づける史料は確認されていない。そのため、以下で検討する長谷部忠右衛門の事例が、田島代官の認可を受けて他国から南山御蔵入領に移住者を引き入れた嚆矢とみられる。まず、移住者引き入れの立案過程を示す史料をあげる。

史料一　福島県歴史資料館架蔵、長谷部大作家文書三二四号

一、以手紙申進候。然ハ、他邦もの分限引入之義被願出、内々及評義ニ候処、人別之内ニ者、越後ハ蔵入之者多分有之候。右者同シ御支配下之事ニ候得ハ、互ニ縁組願差出可然と相見候。左候得ハ、越後ハ預所ゟハ小千谷陣屋、当方ニテハ田島陣屋へ、御代官宛ニテ願書差出可然。扨又、他邦もの引入候ニ者、何国何郡何村之者、何連之領分与申迄顕シ、寺証文、所役人送り等の義ハ、此度候差出候願書之通、書面へ顕シ候様可被致候。仍而此度者願書手代中へ相渡候間、右之振合ニ被取斗度存候。此段拙者より内々申進候。以上。

五月十二日　佐藤源十郎

長谷部忠右衛門殿

一八〇四（文化元）年五月一二日に書かれたと推定される史料一は、他国から南山御蔵入領への移住者引き入れを会津藩田島陣屋に建議した立案者が長谷部忠右衛門であったことを裏づけている。田島陣屋手代と推測される佐藤源十郎は、願い出のあった「他邦もの分限引入」に関する田島陣屋における評議の内容を忠右衛門に伝達している。一八世紀末から一九世紀初頭に林松や忠右衛門ら複数の名主が移住者引き入れを願い出た事実は、南山御蔵入領の民衆が人口増加を希求し始めた徴候とみられる。

一八〇四（文化元）年一一月二八日付の御用状（長谷部大作家文書三二一号）により、田島陣屋は長谷部忠右衛門を「越国者引入斗ひ人」に任命した。約一カ月後の一八〇五（文化二）年正月、忠右衛門は越後国、下野国などから一七人を移住させている（長谷部大作家文書三〇一号、三二五号）。

つぎに、長谷部忠右衛門の息子である養助が書いた願書をもとに、移住者引き入れの推移について検討したい。

史料二　福島県歴史資料館架蔵、長谷部大作家文書一〇五一号

乍恐以書附奉願上候

南山御蔵入之義、去ル卯年大凶作之節、甚タ人少ニ罷成、無妻無息之族多ク、百姓役相勤リ兼申候ニ付、親忠右衛門義者、越国最寄之場所、勿論頭立候者ニ近付多ク在之候ニ付、去ル子年、引入任役ニ被仰付、百姓相続ニ相成候様、年々越国江罷越引入取斗、人数百六七拾人引入縁付申候。此段之義ハ、先年御代官長崎才市右衛門様江書上申候義ニ御座候。勿論、近年組々任役被仰付候得共、越国江決而不罷越、身元不吟味成義ニ御座候哉、一統引入之義被為相止候段、承知奉畏候。然ル所、当年之義ハ、越国筋甚タ諸色高直ニ付、御蔵入江縁付申度、追々大勢罷越候処、右引入任役之義被為相止候ニ付、至而差支一統迷惑仕候。親忠右衛門義者、格別出精取斗候義、老年ニ罷成相勤リ兼候ニ付、後役之義ハ、越国最寄之場所ニ付、私方へ被仰付取斗申候処、引入任役一統被為相止候ニ付、

差懸り迷惑仕候間、以　御哀憐、先年之通引入任役ニ被仰付被下置度奉存候。以上。

卯七月　　他邦者引入任役　長谷部養助　印

御代官様

一八三一（天保二）卯年七月付けと推定される史料二によれば、約一七〇人を引き入れた長谷部忠右衛門が老齢になったため、一旦、養助が「引入任役」の後任となった。しかし、近年任命された組々の「引入任役」は越後国に出張せず、移住者の身元を十分吟味しなかったため、移住者引き入れは中止された。この願書が書かれた年には、越後国から多数の縁組み希望者が南山御蔵入領に入国したが、「引入任役」の制度が中断されていたので迷惑している。そこで養助は「引入任役」に再任されるよう願い出た。

後年、会津藩御蔵入役所は、養助の息子である作次郎を養助（寛治）の後任の「他邦者引入任役」に任命している（長谷部大作家文書一七五九号）。したがって、史料二の願書が提出された後、養助（寛治）は「引入任役」に再任されたとみられる。

会津郡川島組関本村仮名主・渡辺四郎右衛門が一八三一（天保二）年から記録した「越国者引入方一巻帳」（福島県会津若松市、松枝病院架蔵）には、「是迄も右引入計仕候者共も有之候得共、何連も実意ニ不相渡、損金等いたし候族数多有之都而難渋仕候間、越国表江直々罷越、当境地方向之者共引入人数増長之計仕度、左も不致候而ハ、中々以産子養育等ニ而古復可仕様無之儀ニ候間、年柄之義者、深々以　御哀隣御用捨被成下置、試として引入方私共方江被　仰付被下置度奉願上候」と書かれている。四郎右衛門は一八三一（天保二）年に越後国蒲原郡から六人の女性を引き入れ、川島組の村々に縁付かせた。ここにも長谷部養助と同様、移住者引き入れの増長を図るために、「引入方」への任命を代官に求めた名主の姿を確認することができる。

一八〇四（文化元）年に長谷部忠右衛門が会津藩田島陣屋に建議した移住者引き入れは、組々に「引入方」が任命されるまで展開を遂げた後、一旦衰退した時期もみられた。一八三一（天保二）年、複数の名主から代官宛に提出された願書は、天保期から人口増加を求める民衆の動きが再び顕在化したことを示している。

三　移住者募集の経費

長谷部忠右衛門は一八〇六（文化三）年八月までに三〇人の移住者を引き入れ、必要経費を自己負担していた。しかし、移住者募集のために越後国に出張すると多大の経費がかかるため、一八〇六（文化三）年八月、刃物販売の独占を田島代官に願い出た（長谷部大作家文書一五九九号）。願書のなかで忠右衛門は、刃物販売の認可を受けると刃物を仕入れに越後国へ出張することが可能となり、刃物販売のために南山御蔵入領の村々を巡回して、村役人と相談しながら独身の百姓の状況を把握することができると述べ、越後国から南山御蔵入領に移入される刃物の品質低下防止と百姓に女房を世話するという目的のために刃物の仕入れと販売の独占を希望している。

長谷部忠右衛門は、少なくとも一八一〇（文化七）年、一八一一（文化八）年、一八一二（文化九）年に越後国まで出張して移住者を募集した。移住者募集に必要な経費の負担が大きくなったため、資金の助成を田島代官に申請する願書を一八一〇（文化七）年、一八一二（文化九）年、一八一九（文政二）年に提出している（長谷部大作家文書一〇四二号、一〇五号、史料三）。このうち一八一二（文化九）年一〇月に米五〇俵の借用を願い出た願書は、忠右衛門と叶津村の両者から提出されている。まず、忠右衛門の願書を検討したい。

史料三　福島県歴史資料館架蔵、長谷部大作家文書一〇二号

乍恐以書付奉願上候御事

南山御蔵入之義、去ル凶作以来、如形人少ニ罷成、無妻無息之族多ク、御百姓相続難相成体之者多ク御座候ニ付、私義、他邦者引入計方被仰付、是迄追々人数七拾人余、引入縁付申候。然ル所、私義、越国寄辺も在之候ニ付、直々越国江罷越、取計候ハヽ、果敢行ニ茂可相成義ニ付、去々春、御調達金弐拾両拝借被仰付、越国江罷越、下田郷初、三条、燕在、(虫損)■地蔵堂、見附、今町、長岡在、栃尾谷迄数日相懸り、知縁寄辺之方相廻リ、右引入方之訳柄委敷相頼、追々引入ニも相成候様出精取計申候。尤、其節迄追々引入候分、文通等之掛合ニ而、其後罷越應対仕候義、所々謝禮等之費、諸雑用、彼是入用不少相懸リ申候。尤、御調達金拝借之義ハ、社倉御振替初年利附五ケ年賦返納ニ被仰付、去暮ゟ御上納仕候。勿論、去々年、初而越国筋江罷越候義、諸入用茂格別ニ相懸リ、去当両年も一度ツヽ罷越取計申候得者、年々追々之労費も不少相懸リ申候得共、是迄無妻ニ而罷在候者共、兼而困窮勝之者共ニ而、引入縁付候迚も、親元相対ニ相應之祝金ハ為差出候得共、諸費等之義ハ、決而相懸ケ不申(虫損)■候得ハ、兼而至窮之私、行及不申迷惑至極仕候。依之、不奉顧恐をも、御願申上候。以　御哀憐、御米五拾俵宛、当申ゟ子迄五ケ年之内、不被為減御貸替拝借被仰付被下置度奉願上候。左候得者、右御米売上間金之潤を以入用ニ仕、年々春秋両度ツヽ茂越国江罷越、出精取計申候ハヽ、五ケ年之内ニハ、百人余も引入ニ可相成与奉存候。尤、此節民精引直シ方之義ハ、重キ御奉公筋ニ御座候間、私義茂踏込出精取計申度志願ニ御座候得共、兼而困窮至極之私義、如何共行及不申甚歎ケ敷奉存候。勿論無妻無息之族ハ至窮之者共故、前後行詰リ迷惑至極ニ奉存候。誠ニ民力取直シ、御百姓相続之基ニ御座候間、此段、厚御勘弁被成下置、幾重ニも以　御慈悲、御手当拝借被仰付被下置候ハヽ、引入増長之計方行及、御年賦御返納茂不相痛御上納仕、重々難有仕合奉存候。以上。

文化九年申十月　　他邦者引入人叶津村　長谷部忠右衛門　印

御代官様

史料三によれば、忠右衛門は一八一〇（文化七）年春に越後国を訪れ、「知縁寄辺之方」に移住者引き入れの主旨を説明して募集を依頼した。同年春、必要経費として御調達金二〇両が代官から忠右衛門に貸与された。忠右衛門は一八一一（文化八）年、一八一二（文化九）年にも越後国に出張したため出費が重なった。越後国から移住者を迎えた者には相応の祝金を親元に支払わせているが、引き入れの経費は忠右衛門が自弁しており大きな負担となっている。そこで、米五〇俵を一八一二（文化九）年から五年間にわたって貸与してもらえれば、米の売却金を必要経費に充て、毎年春秋二度ずつ越後国に出張して今後五年間に一〇〇人余も引き入れることができると嘆願している。

つぎに、史料三と同時に叶津村から代官に提出された願書をあげる。

史料四　福島県歴史資料館架蔵、長谷部大作家文書一〇三号

乍恐以書付奉願上候事

長谷部忠右衛門義、他邦者引入取計被仰付、是迄追々七拾人余引入、伊南伊北立岩郷金山谷筋迄、夫々ニ縁付申候所、忠右衛門義、此節、民勢引直シ方之義者、重キ御奉公筋ニ罷存、越国江も度々罷越出精取計申候所、年々彼是労費不少相懸り、勿論、外方引入茂御座候由之所、夫々入用等引入ニ應為差出候由、忠右衛門義、左様之取計無御座、左候得者、追々手元之痛ニ相成、引入取計も行及不申段顕然ニ御座候。依而、御米五拾俵、御拝借御願申上候。厚御堅察被成下置、以御哀隣、御手当被仰付被下置度、村方一同奉願上候。尤、叶津村之義、兼而窮村、其上、去年中郷中ニ勝レ不作仕、既ニ御籾弐拾俵兼御手当被仰付、漸取続申候体之村柄御座候得共、忠右衛門引入取計之義者、乍恐　上様御目鏡を以、重キ民勢取直シ被仰付、右ニ付、御手当等ハ奉恐入候間、申合御拝借御願差控申候。去々年中、既ニ取続兼御歎申上候所、社倉金弐拾両被仰付、無程ハ御手当ニも難被為及行段、追々者、御取計も可被下置、何連出精いたし、引入窮民相続仕候様被仰付罷有候義、忠右衛門義、労費補御手当無御座候

間ハ、引入取計兼候段顕然ニ御座候間、乍恐此段厚御差汲被成下置、以御是悲、願之通御拝借被仰付被下置度、於村方奉願上候。万一、忠右衛門義、御米御代金相滞申候ハハ、村中ニ而引請、吃度弁納可仕候間、幾重ニも御勘弁御是悲を以、御手当被成下置候ハハ、一同難有仕合奉存候。以上。

文化九年申十月

叶津村百姓代　久右衛門　印
同村組頭　義　郎　印
名主　長谷部　養　助　印

御代官様

史料四によれば、叶津村は一八一一（文化八）年に不作であったため、籾二〇俵の手当を受けてようやく生活を続けられるほど困窮した村であった。それにもかかわらず、長谷部忠右衛門が移住者引き入れに必要な経費に充てるために借用する米五〇俵の代金返済に滞った場合、村中で弁済することを誓約している。叶津村の村方一同は、借金返済の責務と引き換えにしても移住者の引き入れを強く望んでいた。

会津藩田島代官は長谷部忠右衛門を「他邦者引入人」に任命しただけでなく、第五節で述べる移住者引き入れの手続きを整え、一八一〇（文化七）年には金二〇両、一八一四（文化一一）年には米二〇俵を忠右衛門に貸与することにより移住者引き入れを支援した。叶津村の村人も代官が忠右衛門に貸与した米の返済責任を負うことを誓約している。そのため、移住者引き入れは南山御蔵入領の代官、名主、平百姓に至る身分や階層を越えた幅広い支持のもとに実施されたと理解される。

四　移住者募集の方法

長谷部忠右衛門は、史料二にみえる越後国の「頭立候者」、あるいは史料三のように越後国下田郷から三条、燕、地蔵堂、見附、今町、長岡、栃尾谷の「知縁寄辺之方」を歴訪して移住者募集を依頼していた。本節では、「頭立候者」や「知縁寄辺之方」がどのような人間集団であったのか考察する。

長谷部忠右衛門と山内家家来衆との交流

長谷部家は、鎌倉時代から一六世紀末まで南山御蔵入領西部を占める金山谷、伊北郷《いほうごう》の領主を世襲した山内家の家来筋にあたる家柄である。一五九〇（天正一八）年、伊達政宗によって所領を逐われた山内刑部大輔氏勝の一族は、会津越後国境山間部の村々に土着した（入広瀬村教育委員会 一九七九：一七一頁）。南山御蔵入領や越後国に住む山内家家来衆は、会津藩に仕える若松・山内家と会津藩主に江戸時代を通じて忠誠を誓い、戊辰戦争では会津藩防衛の魁《さきがけ》となって小千谷に出陣した。(2)

山内氏勝から七代目にあたる山内藤太夫俊温《としのぶ》は、一七九八（寛政一〇）年に越後国蒲原郡下大浦村にある山内氏勝の墓参を行なった。山内俊温は禄高一八〇石の会津藩士・山内俊重の長男であり、墓参当時二二歳の部屋住の身であった。「山ノ内俊温公越国大浦御墓参道中日記　寛政十戊午年　山ノ内藤大輔家臣　大竹門蔵控」（福島県大沼郡金山町、大竹門三家所蔵）によれば、山内俊温には長谷部忠右衛門（四三歳）をはじめ、大塩組、大石組に住む家来衆一五人が随行した。一行は八月一六日叶津村の長谷部家に集合し、一七日は八十里越を越えて越後国蒲原郡吉ヶ平村泊、一八日は蒲原郡馬場村泊、一九日は下大浦村にある山内氏勝の墓に参り、延命寺と三大寺へ参詣して馬場村泊、二〇日は湯川村へ行く予定を変更して加茂町を経て月岡村泊、二一日、二二日は見附泊、二三日は栃尾町善昌寺で山内氏勝の百五十回忌の法要を営み同寺泊、二四日は魚沼郡横根村、二五日魚沼郡大白川村、二六日会津郡田子倉村と泊まりを重ねた（図４－１）。この間、越後国に住む山内家家来五〇人以上が山内俊温の御機嫌伺いに訪れた。

山内俊温の嫡子である治部泰通も一八二七（文政一〇）年七月に三大寺墓参を行なった。長谷部忠右衛門は若松・山内家からの書状を受け、六月二二日付の書状で泰通の墓参を蒲原郡馬場村の目黒名左衛門と烏ヶ嶋村の諏佐八右衛門に連絡している。書状には、「当七月中下大浦村御墓参り並先例之通、越後国家来順村々として小若様御立越被遊候趣、御心配之程奉願上候」（布沢　一九八八：五九頁）と、俊温の先例にしたがって泰通の巡村準備を依頼している。忠右衛門の手紙を受けた諏佐八右衛門は、閏六月二三日付の書状で栃尾郷、広瀬郷などに住む山内家家来衆に泰通墓参を通知して準備の相談をしている（布沢　一九八八：六一頁）。泰通の墓参に参列した五一人の越後国在住の家来は人名帳から確認できる。

越後国在住の山内家家来衆は、一八四〇（天保一一）年九月一五日、泰通の嫡子である山内大学知通の臨席のもとに、越後国蒲原郡上大浦村三大寺で山内氏勝没後二百年忌の法要を営んだ。参拝者五一人は一八二七（文政一〇）年の人名帳とほぼ重複している（布沢　一九八八：九四～九五頁）。

長谷部忠右衛門は、墓参以外の機会にも若松・山内家と家来衆との連絡にあたっていた。一八〇三（享和三）年九月一九日、『新編　会津風土記』地誌方は、山内俊温に家来筋の系図や古文書の提出を求めた。俊温は只見村名主・管家喜八に宛てた一〇月付の書状で、「越後国家来筋之者共へ者、善蔵、忠右衛門与被申談廻文を以なりとも其方ゟ屹度被申通候様可被取斗候。越国ゟ書出可然廉々、別紙目録之通ニ候」（布沢　一九八八：一〇七頁）と、横田善蔵や忠右衛門と相談して越後国家来筋への連絡を取るよう指示している。管家喜八は一一月二三日付の書状を越

図４－１　山内俊温の墓参経路と山内家家来の居住地〔1798（寛政10）年〕

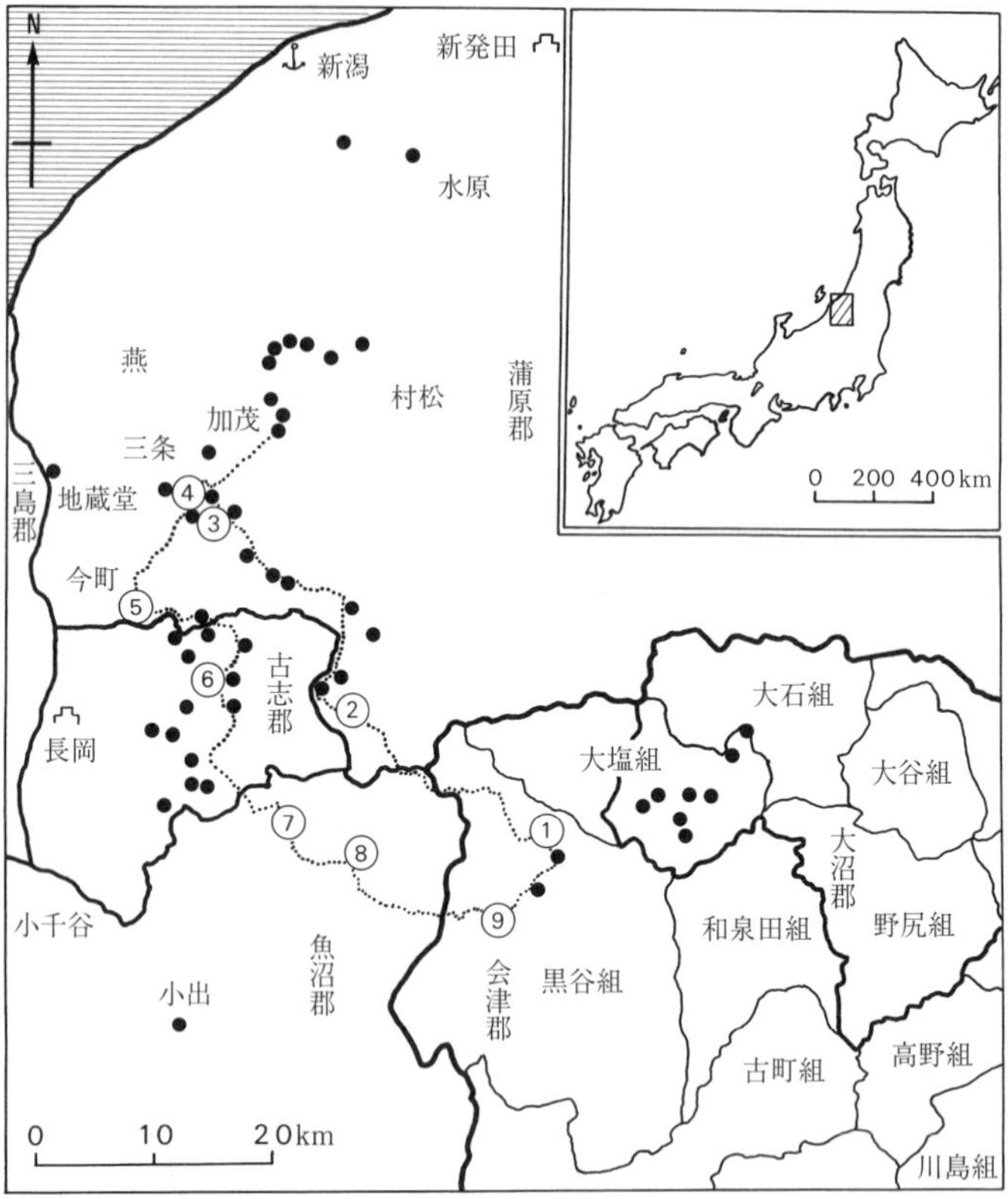

山内俊温の宿泊地（日付）

① 陸奥国会津郡叶津村（８月16日）
② 越後国蒲原郡吉ヶ平村（８月17日）
③ 越後国蒲原郡馬場村（８月18，19日）
④ 越後国蒲原郡月岡村（８月20日）
⑤ 越後国蒲原郡見附町（８月21，22日）
⑥ 越後国古志郡栃尾町（８月23日）
⑦ 越後国魚沼郡横根村（８月24日）
⑧ 越後国魚沼郡大白川村（８月25日）
⑨ 陸奥国会津郡田子倉村（８月26日）

● 山内家家来の居住地
……… 山内俊温の墓参経路
── 組境
── 郡境
── 国境

出所：大竹門三家文書「山ノ内俊温公越国大浦御墓参道中日記　寛政十戊午年　山ノ内藤大輔家臣　大竹門蔵控」と布沢（1988）より筆者作成。

後国家臣三三人に回覧した（布沢　一九八八：一〇八〜一一〇頁）。三三人は「山ノ内俊温公越国大浦御墓参道中日記」にみえる山内家家来衆とほぼ重なっている。

越後国に住む山内家家来衆

越後国に土着した山内家家来衆のなかには、肝煎、庄屋、組頭といった村役人を務める者も多かった。蒲原郡下《した》田《だ》郷では、馬場村の目黒家、塩之渕村の皆川家、萩堀村の横田家が肝煎を、棚鱗村の目黒家が組頭を世襲している。「弘化三丙午年二月　鹿峠組役成年暦書上帳」には、蒲原郡馬場村で山内氏勝の墓守を世襲する目黒家について、「先祖之義天正十八庚寅年奥州横田落城之後御当地江引移り、往古より脇立肝煎役被仰付相勤候」と記録されている（下田村史編集委員会　一九七一：八一五頁）。とくに九代目黒名左衛門は、一八三九（天保一〇）年に死亡するまで脇立肝煎、鹿峠組大庄屋次席、鹿峠組大庄屋を歴任した。

「嘉永六年　森町組役成年暦書上帳」には、蒲原郡棚鱗村の目黒家について、「先祖来暦之義は、奥州会津郡横田村城主山内刑部大輔氏勝臣目黒藤太郎重政と申、横田村ニ住居仕候、然ル処天正十八庚寅年横田城没落之砌、主人氏勝ニ随従当国へ来り所々漂泊ス、氏勝病死之後故有て当村ニ百姓ニ相成住居仕候」と書かれている（下田村史編集委員会　一九七一：七五〇頁）。目黒家は棚鱗村、永島新田両村の肝煎、組頭を世襲していた。一一代藤左衛門は一八〇八（文化五）年から棚鱗村・永島新田両村肝煎、棚鱗村組頭を歴任した。

三条付近では、篭場村庄屋である横山清右衛門家の祖先が会津横田城主山ノ内刑部の家老であり、慶長年間下田大浦村に移り篭場村を開発したと伝承されている（三条市史編修委員会　一九八三：四二三〜四二四頁）。

栃尾郷においても、山内家家来が帰農、あるいは開村したという伝承をもつ村が多い。「山ノ内俊温公越国大浦御墓参道中日記」にみえる半蔵金村田代山内家、烏ヶ島村諏佐家、矢沢家、中村目黒家、泉村宮島家のほかにも、西中野俣村山内家、東中野俣村諏佐家、河野村矢沢家、小林家、小貫村箕輪家、軽井沢村多田家、本津川村今井家などが山内家家来筋としてあげられる（栃尾市史編集委員会 一九七七：三〇九頁）。

烏ヶ島村の諏佐八右衛門は一八二四（文政七）年から一八二七（文政一〇）年まで、宮島家は一六八九（元禄二）年から一七一八（享保三）年、一七五七（宝暦七）年から一七七五（安永四）年、一七七六（安永五）年から一七八九（寛政元）年の三度にわたり栃尾郷西谷の割元に就いている。また、中村日黒家、東中野俣村須佐家、河野村小林家も庄屋を務めていた（山崎 一九七〇：一七～五一頁）。

半蔵金村田代の山内忠右衛門家に関して『温古の栞』には、次のように記録されている。「古志郡半蔵金村枝田代分山内忠右衛門の家は、瀧口経俊後胤山内刑部丞俊通の血統にして、奥州會津郡大倉入の城主となり、高五萬石を領せしに、慶長二酉年同郡會津の城主蒲生家の為め攻落されしより当地の民間に住す。（中略）當家譜代の従臣三百餘名、何れも二君に仕へざるを誓ひ、栃尾郷下田郷、及び會津郡の山間に住居し、農に就き、猟を業とし相讀する家多し」（温古談話会 一九七七：三四四頁）。

魚沼郡横根村の布沢家、大白河新田村の浅井家も山内家家来であった。「文化元年　御尋付系図書上帳」には、当主である布沢彦右衛門から五代遡った布沢與左衛門政信について、「奥州会津郡布沢里ヲ移住、越後国魚沼郡薮上庄横根村為村長」と書かれている（布沢 一九八八：一一一頁）。「新編会津風土記　巻之百十九」越後国魚沼郡大白川新田村の項には、「彦九郎此村の荘屋なり、家系を按ずるに先祖は浅井帯刀秀政とて、贈大納言長政卿より出でしと云、秀政近江国より奥の会津に至り山内氏勝に事へ、後此地に来り住せりとぞ、今の彦九郎は七世の孫なりと云」と記録されている（花見 一九六〇：三三二頁）。「浅井氏系図」によれば、秀政の孫にあたる弥次右衛門政直は大白川口留番所番人を兼ね、分家には大栃山村、東名村などの庄屋を務める家もあった（入広瀬村教育委員会 一九七九：一七一頁）。

一八世紀末から一九世紀前期、山内家家来衆は山内俊温・泰通・知通の蒲原郡下大浦村墓参に備えて連絡を取りあっていた。長谷部忠右衛門は俊温の墓参に随行した一七九八（寛政一〇）年頃から山内家家来衆と交渉をもち、若松・山内家と家来衆をつなぐ連絡網の要となっていた。下田郷、三条、燕、地蔵堂、見附、今町、長岡、栃尾周辺に住む山内家家来衆のなかには、移住手続きに必要な分限送状の作成にあたる村役人を世襲した家も多い。忠右衛門が移住者募集を依頼した「頭立候者」や「知縁寄辺之方」とは、越後国に住む山内家家来衆であった可能性が高い。

五　移住者の出身地と縁付先

移住者が南山御蔵入領の「宗門改人別家別帳」に登録されるには、以下の手続きが必要であった。まず、「他邦者引入任役」が移住者の「寺送状」と「分限送状」を受け取り、人物を十分吟味した後、「引入願」を田島代官に提出する。つぎに、「他邦者引入任役」が「縁組願」を代官に提出する。最後に、田島陣屋から代官所を経て触継名主、または「他邦者引入任役」に宛てた御用状によって縁組が承認される。

越後国蒲原郡中ノ原新田村から叶津村の藤三郎に嫁いだ「てう」の場合には、「引入願」（長谷部大作家文書三二五号）は一八〇五（文化二）年正月、「縁組願」（長谷部大作家文書三〇一号）は同年二月に作成され、二月二三日付の御用状（長谷部大作家文書三一八号）によって婚姻が承認された。「てう」は、一八〇五（文化二）年二月に作成された「陸奥国会津郡叶津村　宗門改人別家別帳」（長谷部大作家文書二八九号）に登録された。同史料には、「長谷部忠右衛門引入縁付まし」と注記されている。「引入願」の作成から「宗門改人別家別帳」登録までの期間は数カ月程度であった。

図4－2　他邦者引入任役が引き入れた移住者

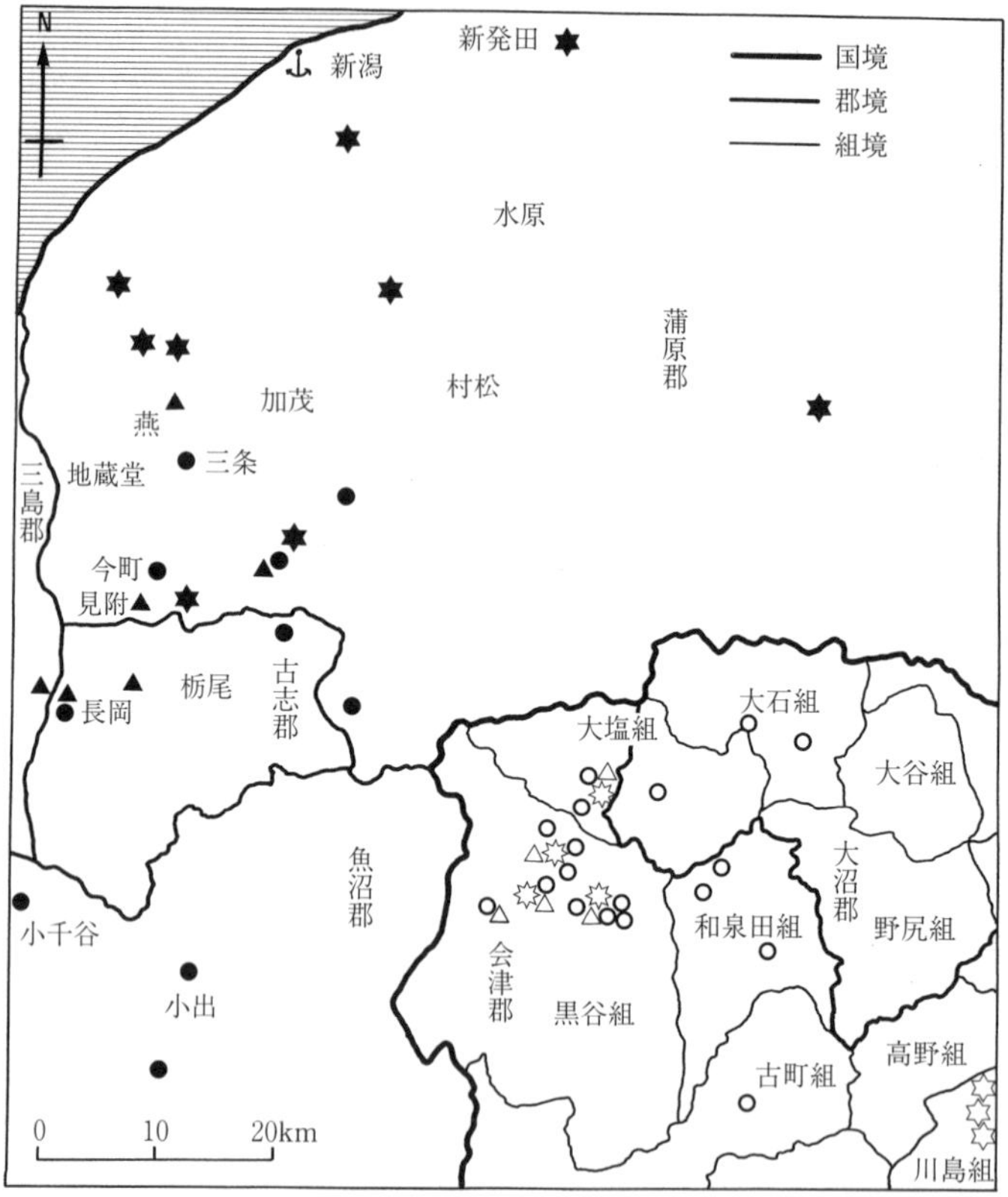

○ 長谷部忠右衛門が引き入れた移住者を受け入れた集落
● 長谷部忠右衛門が引き入れた移住者を送り出した集落
△ 長谷部養助（寛治）が引き入れた移住者を受け入れた集落
▲ 長谷部養助（寛治）が引き入れた移住者を送り出した集落
✡ 長谷部作次郎が引き入れた移住者を受け入れた集落
☆ 渡部四郎右衛門が引き入れた移住者を受け入れた集落
★ 渡部四郎右衛門が引き入れた移住者を送り出した集落

出所：福島県歴史資料館架蔵，長谷部大作家文書301号，306号，307号，309号，310号，312号，315号，316号，317号，318号，319号，327号，328号，329号，および松枝病院架蔵「越国者引入一巻帳」より筆者作成。

史料二にみえる長谷部忠右衛門が一八三一（天保二）年までの約二五年間に引き入れた約一七〇人のうち、「宗門改人別家別帳」への登録手続きに必要な書類から四六人の出身地、縁付先などが復原できる。このうち男性は九人、女性は三七人と女性が多数を占めている。この内訳は、嫁入り二四件（連れ子男子二人、女子二人を含めて二八人）、名跡三件（男性四人、女性四人）、入夫・婿入り三人、養女三人、厄介三件（男性一人、女性三人）である。

移住者の出身地は越後国蒲原郡（一六人）を中心として、魚沼郡（四人）、古志郡（一人）、下野国都賀郡（三人）、出羽国村山郡（一人）、陸奥国南部地方（一人）と広域におよんでいる。出身地の支配関係は、村松藩、長岡藩、村上藩、新発田藩など多岐にわたっている。移住者は忠右衛門が住む叶津村の所属する黒谷組の村々に三一人、大石組に三人、大塩組に六人、和泉田組に五人、古町組に一人が受け入れられた（図4-2）。

長谷部養助（寛治）は、越後国蒲原郡、三島郡、古志郡出身の女性六人、男性二人を黒谷組と大塩組に移住させた。長谷部作次郎は、男性一人を婿名跡、女性四人を妻として黒谷組と大塩組に縁付かせた。残存する史料によれば、長谷部忠右衛門、養助、作次郎は男性と比べてはるかに多くの女性を引き入れたと推測できる。

六　移住者引き入れの目的

長谷部忠右衛門は「去ル卯年大凶作以来如形人少ニ」なったため、「無妻無息之族」、「至窮之者共」、「百姓相続難相成体之者」、「断絶ニ相及候族」が「百姓相続ニ相成候様」に「民精引直」、「民力取直」を目的として移住者引き入れを計画したと繰り返し主張している（史料三、四、長谷部大作家文書一〇五号、一〇四二号、一五九九号）。すなわち、一七八三（天明三卯）年の大凶作によって増加した妻や子どものいない断絶の危機にある窮民が百姓を続けられるよう、民力回復を図るために移住者を引き入れたと忠右衛門は述べているのである。本節では、願書に頻出する上記の文言と人口構造や移住者を受け入れた家の実態を比較することにより、移住者引き入れの目的について考察する。

南山御蔵入領の総人口は天明期または天保期、叶津村が所属する黒谷組の人口は天明期にそれぞれ最少を記録した（図4-3）。南山御蔵入領、黒谷組の性比は一七五八（宝暦八）年から均衡化に向かっている。一七八三（天明三）年の飢饉を挟んで、性比はむしろ段階的に改善した。すなわち、南山御蔵入領と黒谷組の人口は天明飢饉を契機として減少したが、性比の不均衡が拡大したという事実は認められない。

図4-4によれば、黒谷組石伏村の人口は一七八四（天明四）年に激減した後、一八一二（文化九）年まで漸減した。性比は天明飢饉を挟む一七七五（安永四）年から一七九五（寛政七）年まで低下、一七九六（寛政八）年から一

図4-3　南山御蔵入領と黒谷組の人口

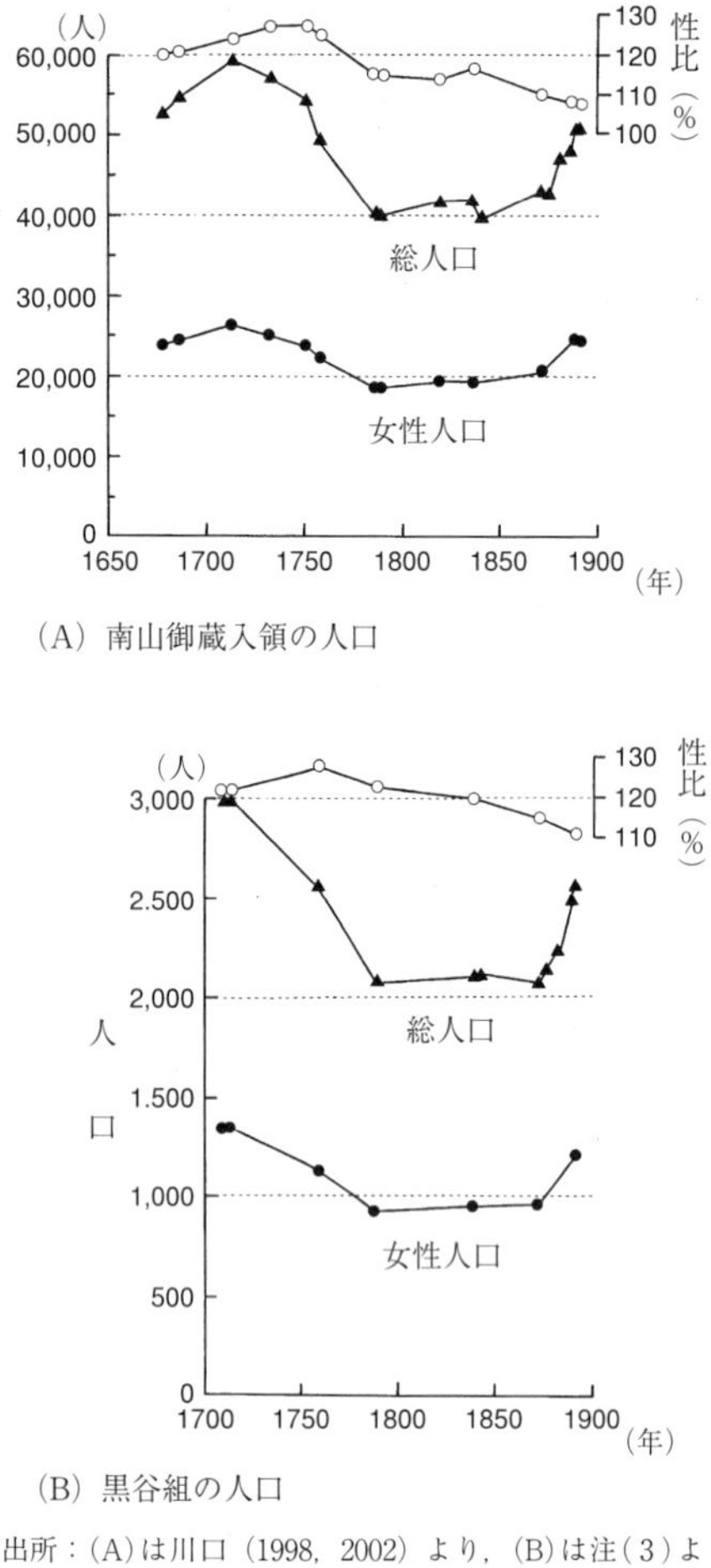

出所：(A)は川口（1998, 2002）より，(B)は注(3)より筆者作成。

図4-4　陸奥国会津郡黒谷組石伏村と泥島村の人口

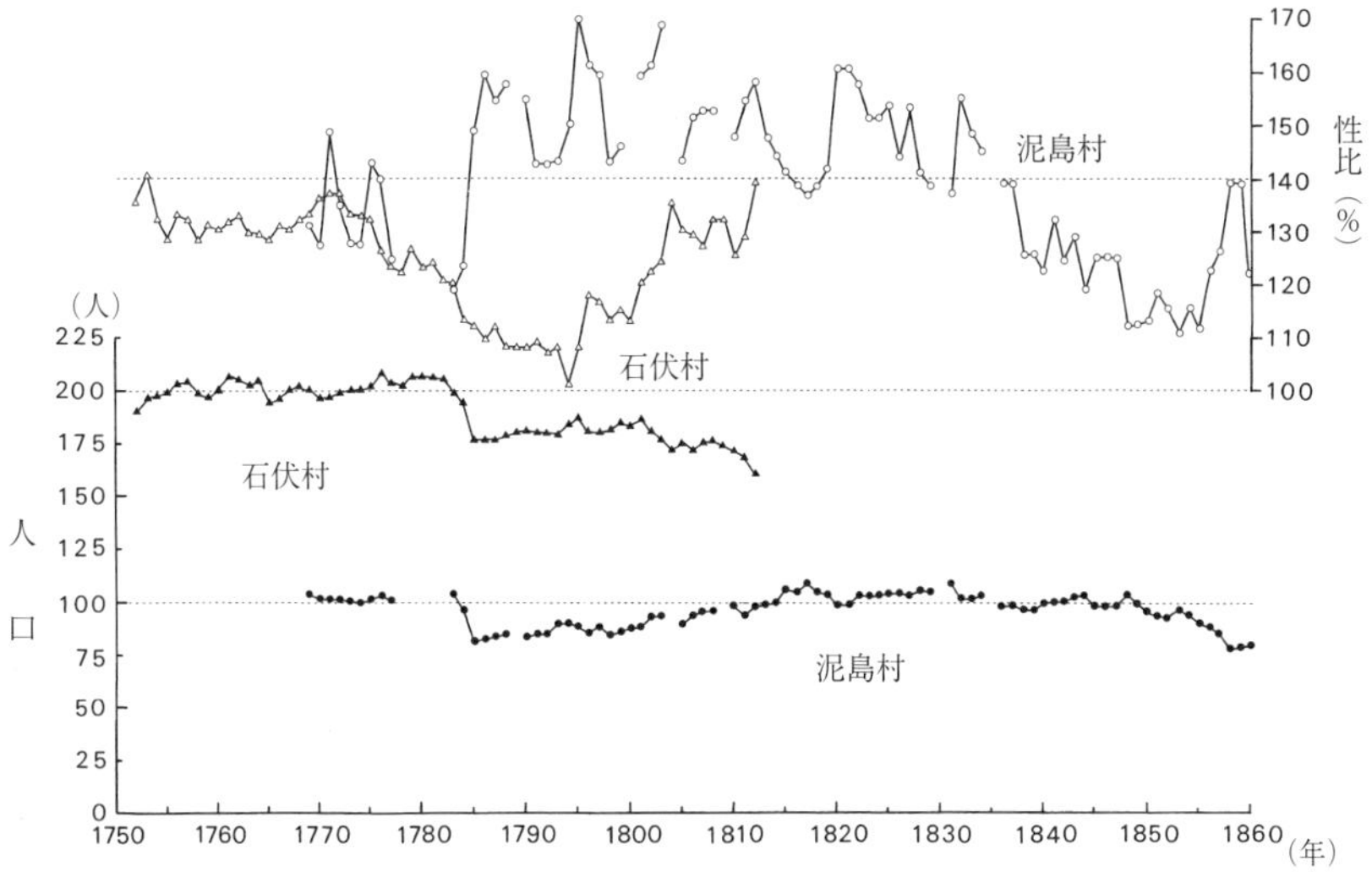

出所：石伏村の人口は川口（2015）の「江戸時代における人口分析システム（DANJURO）」（http://kawaguchi.tezukayama-u.ac.jp），泥島村の人口は只見町史編さん委員会（1999：967〜971頁）より筆者作成。

八一二（文化九）年まで上昇した。黒谷組泥島村の人口は天明飢饉直後に激減した後、一八一五（文化一二）年頃に天明飢饉以前の水準に回復した。性比は一七七一（明和八）年から一七八三（天明三）年まで均衡に向かうが、一七八四（天明四）年から上昇を始め、一八三四（天保五）年に至るまで一四〇を超える不均衡な状態が継続した。黒谷組の村々では、天明飢饉直後に人口が激減したという共通点はあるが、その後の人口や性比の趨勢には相当な差異がみられた。

石伏村で一七五二（宝暦二）年から一七七一（明和八）年までに出生した者のうち、結婚を確認できる男性三四人、女性二四人の平均初婚年齢は男性が二三歳、女性が一七歳である。平均初婚年齢を超える無配偶者数は、一七五二（宝暦二）年から一八一二（文化九）年まで男性が女性を上回っていた（図4-5）。しかし、一七八三（天明三）年から男性の無配偶者数が増加したという事実は、飢饉後の数年間を除き、認められない。むしろ石伏村における寡《やもめ》

図４－５　陸奥国会津郡黒谷組石伏村における平均初婚年齢を超えた無配偶者数

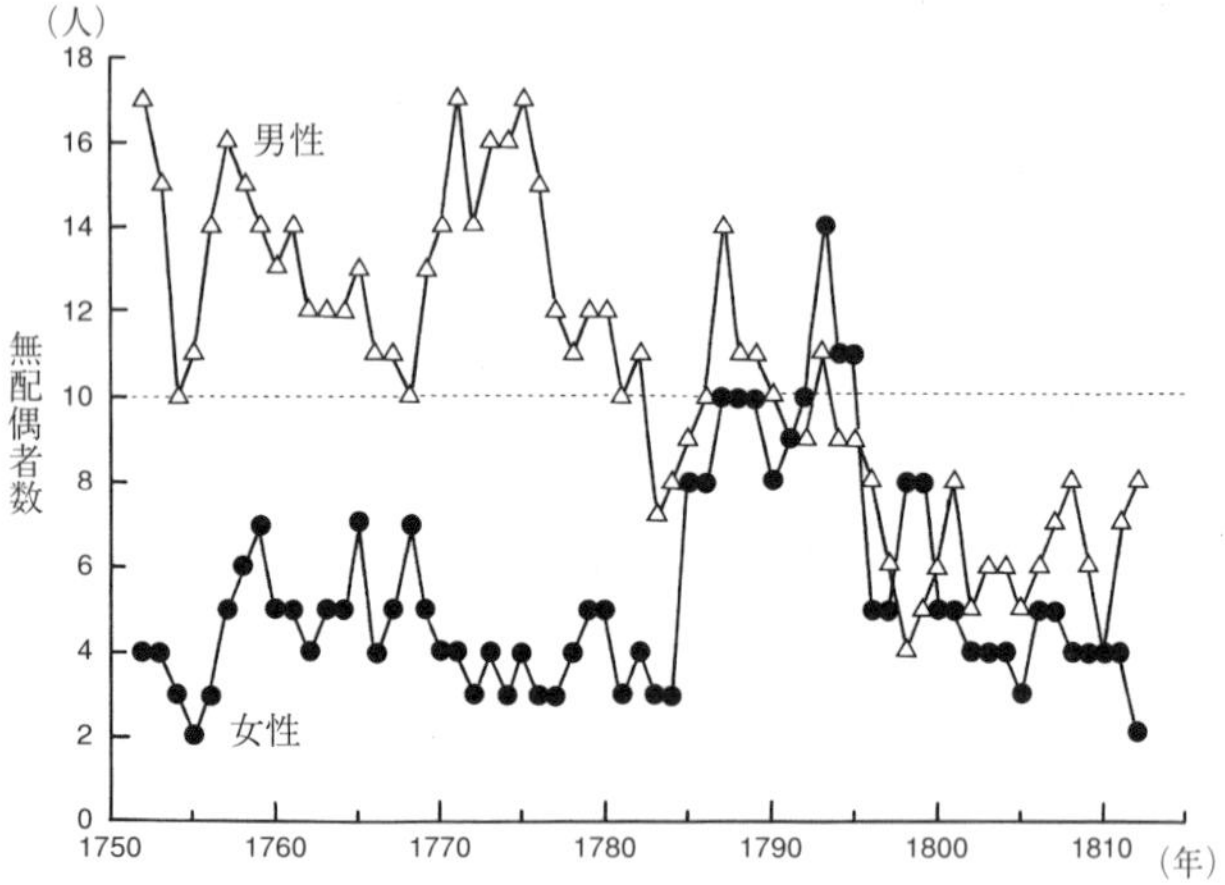

注：男性：24～50歳，女性：18～50歳。
出所：「江戸時代における人口分析システム（DANJURO）」（http://kawaguchi.tezukayama-u.ac.jp）より筆者作成。

や鰥《やもお》の人数は、長谷部忠右衛門が移住者引き入れを始めた一九世紀初頭から減少している。

叶津村では少なくとも三人の移住者を受け入れていた。このうち一八〇五（文化二）年に長谷部忠右衛門が引き入れた越後国蒲原郡中ノ原新田村の「てう」（三七歳）は、質地も合わせると持高九石余の藤三郎（三九歳）の女房となった。一八〇四（文化元）年の藤三郎家は、藤三郎（三八歳）、男子（一〇歳）、次男（七歳）の三人で構成されていた。

石伏村では少なくとも六人の移住者を受け入れていた。このうち一八〇五（文化二）年に長谷部忠右衛門が引き入れた越後国蒲原郡三条の「つる」（一七歳）は、持高八石余の伝兵衛の養女となった。一八〇四（文化元）年の伝兵衛家は、筆頭者（六六歳）、女房（五九歳）、伝兵衛（三九歳）、女房（三六歳）、男孫（一六歳）、女孫（六歳）、次男（三五歳）、女房（三〇歳）、男孫（一一歳）、男孫（五歳）、母（八三歳）、譜代下女（七六歳）の一一人から構成されている。五年後の一八一〇（文化七）年に「つる」は石伏村・次左衛門と結婚したが、一八一二（文化九）年には不縁となった。一八〇九（文化六）年の次左衛門家は、持高五斗余、次左衛門（二六歳）と母（六一歳）の二人で構成されている。

一八〇五（文化二）年に忠右衛門が引き入れた南部赤沢村の「りえ」（一八歳）は、持高一二石五斗の喜右衛門の養女となり、翌一八〇六（文化三）年二月までに村外に縁付いた。一八〇四（文化元）年の喜右衛門家は、喜右衛門（五六歳）、女房（五四歳）、娘（三二歳）、男孫（一〇歳）、次男（二五歳）の五人で構成されている。

一八〇五（文化二）年に石伏村を構成した三九軒のうち、持高五石未満の家は三〇軒、五石以上の家は九軒、譜代を抱えていたのは四軒である。叶津村を構成した二〇軒のうち、持高五石未満の家は一八軒、五石以上の家は二軒、譜代を抱えていたのは一軒である。持高八石余で譜代下女を抱えていた石伏村・伝兵衛家、持高九石余の叶津村・藤三郎家は、両村でも持高の多い家の一つである。このような村落上層にも移住者を受け入れた家が確認できる。

先に検討した川島組関本村仮名主・渡辺四郎右衛門の「越国者引入方一巻帳」によれば、一八三一（天保二）年に「引入方」となった四郎右衛門が越後国から引き入れる女性のために支払った縁組祝金は、一人あたり五両から六両二分にのぼる。

一八一〇（文化七）年、長谷部忠右衛門が代官に必要経費の助成を申請した願書には、「越国筋見聞仕候所、娘子共呉候者ハ共如形困窮ニ而、奉公等ニ差出シ候ゟハ祝金を取り、百姓之株ニも取付候ハハ可連趣意ニ御座候得ハ、祝金不差出貰受引入候様決而無御座候」（長谷部大作家文書一〇四二号）と記されている。史料三にも、「是迄無妻ニ而罷在候者共兼而困窮勝之者共ニ而、引入縁付候迚も親元相対ニ相應之祝金ハ為差出候得共」と書かれている。そのため、長谷部忠右衛門が引き入れた女性を妻や養女として迎えた家でも、川島組の事例と同様、高額の祝金を越後国の親元に支払っていた可能性が高い。移住者を受け入れた家を「困窮勝之者共」と呼ぶことが適切であるのか疑問をいだかざるをえない。

「つる」と「りえ」を養女に迎えた家は、いずれも後継者に恵まれていた。しかも、数年のうちに他家に縁付いている。二人に婿を取って家を継がせるつもりで養女に迎えたとは考えにくい。女性を短期間のうちに転出させた家が養女という名目で他国から女性を受け入れた意図については、もう一歩検討を進める必要がある。

長谷部忠右衛門が一八〇五（文化二）年に女房として縁付かせた女性のうち年齢が記録されている者は、二〇歳代二人、三〇歳代四人（一人は連れ子を伴っているため再婚とみられる）、四〇歳代一人である（長谷部大作家文書三〇一号）。一方、石伏村で一七五二（宝暦二）年から一七七一（明和八）年までに結婚した完全家族一四組の平均最終出産年齢は約三五歳である。そのため、後継者を得ることだけを目的として、三五歳を超えた五人を妻に迎えたとは考えにくい。他国から熟年女性を受け入れるために、養女の場合と同様、縁組という形式をとって転入させた可能性を視野に入れる必要がある。

南山御蔵入領と隣接し、八十里越の越後国蒲原郡側登り口に位置する葎谷村、吉ヶ平村に口留番所を設けていた村松藩は、つぎに示す触れ書きを領内に周知させた。

史料五　金井家文書（見附市史編集委員会 一九七六：二一二頁）

見附町組触書帳　文化二年乙丑歳

御領内男女共、他所奉公並会津稼等ニ罷越候もの、近年別而大勢相成、田畑手入も不行届、其上段々差支之義共有之候。以来ハ他所奉公並ニ会津稼等ニ罷越候義可致無用候。乍然無拠子細も有之候ハハ、其子細村役人共吟味之上、願書ヲ以郡奉行迄可申出事。

一、是迄他所向江差出置候もの、来寅六月迄ニ不残呼戻可申候。尤名前取調、来七月十日迄可差出候事。

一、他所向江養子或者縁組いたし差出候者ハ、引越之筋郡奉行へ書付ヲ以可相届候事。

右之通、堅可被申付候。以来万一不相願、他所向へ罷出候もの有之候ハハ、帳外ものニ申付、村役人、親類共迄急度可申付候間、此旨領内江可被申付候。以上。

丑五月十六日

郡奉行中

堀　玄蕃

史料五は、村松藩領から南山御蔵入領を含む会津領などへの労働移動が、一九世紀初頭から増加したことを裏づけている。村松藩は、従来、大庄屋への届け出により認可していた他所奉公、とくに「会津稼ぎ」を一八〇五（文化二）年に禁止して、奉公に出ている者を翌年までに呼び戻すよう命じた。(4) ただし、養子と縁組については、郡奉行に届け出れば領外への転出が認められていた。村松藩領など越後側諸藩から多くの女性を南山御蔵入領に転出させるには、田島代官の認可にもとづく妻や養女の引き入れという名目が必要不可欠であったとみられる。

天明飢饉により人口が減少したために増加した鰥寡《かんか》孤独の窮民が百姓を続けることのできるよう、民勢回復を目指して移住者引き入れを実施したという長谷部忠右衛門の主張は、人口構造や移住者を迎えた家の実態との間に相違がみられた。天明飢饉直後に人口は減少したが、性比の不均衡の拡大や鰥の増加は確認できない。後継者に恵まれた村落上層にも、他国から女性を受け入れた家がみられた。最終出産年齢を超えた女性を妻として迎えた家も確認された。こうした事実から、縁組の形式をとってまで女性を受け入れようとした当時の状況が見え隠れする。一九世紀初頭の南山御蔵入領における民衆が女性の引き入れを渇望した背景については、願書の文言を離れて再検討する必要がある。

移住者引き入れの認可や必要経費の助成を申請した願書の文言は、天明飢饉の約五〇年後に長谷部養助が代官に提出した史料二にも継承されている。常套句と化した文言を根拠に窮乏した民衆像を導くことは妥当ではない。願書の文言は、縁組を除く他所奉公が禁止されていた越後側諸藩から、多くの女性を南山御蔵入領に転出させるための必要条件を整えるうえで、大義名分の役割をはたしたと思われる。

七　移住者引き入れからみた世相

本章では、人口回復開始期の南山御蔵入領における地域社会の状況を解明するために、一九世紀初頭から実施された移住者引き入れの具体像を復原した。検討の結果、先行研究の示す窮乏した民衆像とはまったく異なる民衆の姿を捉えることができた。

陸奥国会津郡叶津村名主と口留番所番人を世襲した長谷部家は、忠右衛門、養助、作次郎の三代にわたり他国から移住者を引き入れた。忠右衛門は一八〇四（文化元）年に移住者引き入れを田島陣屋に建議して、翌年から引き入れを始めた。陣屋は忠右衛門を「他邦者引入任役」に任命して移住手続きを整え、必要経費を貸与することにより引き入れを支援した。叶津村の村人も代官が貸与した米の返済責任を負うことを誓約している。忠右衛門は、南山御蔵入領西部の旧領主であった山内家の家来筋とみられる越後国の「頭立候者」に移住者募集を依頼して、一八三一（天保二）年までに越後国、下野国などから約一七〇人もの移住者を引き入れ、南山御蔵入領西部の村々に縁付かせた。史料から確認できる移住者の多くは女性であった。

長谷部忠右衛門は、天明飢饉を契機として増加した「極々至窮」の「無妻無息之族」が「百姓相続」できるよう「民勢引直」を目的として移住者引き入れを実施したと代官に宛てた願書のなかで主張している。しかし、このような主張は人口構造や移住者を受け入れた家の実態と大きく異なっていた。そのため、移住者引き入れの企図は、願書とは別のところにあったと判断される。

一九世紀前期の南山御蔵入領の民衆は、高額にのぼる縁組祝金を支払っても他国から女性を妻や養女という名目で迎えようとしていた。彼らは祝金を支払う経済力をもち、対価にみあう価値を女性に見出していた可能性が高い。

移住者引き入れが民衆の幅広い支持を受けて実施された背景に、女性を必要とする労働需要の急激な上昇を想定することができる。

一九世紀初頭の南山御蔵入領では、煙草、麻、麻織物、勝栗、火縄、柄杓などが江戸、下野国をはじめ関東地方へ移出され、越後国の商人が青苧《あおそ》、とりもち、楮《こうぞ》、杉材などを買い付けに来ていた（福島県歴史資料館架蔵、馬場新家文書四四三号「文化四年　風俗帳　伊南伊北」）。同史料に示されている「尤、近来ハ所産物為商買余力有之もの一村之内より壱弐人も江戸越後へ出入仕候」という一文は、この時期の南山御蔵入領における社会経済的状況を的確に捉えている。会津郡高野組における麻苧《あさお》、布・麻糸による他邦からの入金は、一八〇九（文化六）年に九五両であったが、一八六四（元治元）年には一〇六〇両に達した（福島県南会津郡田島町、細井敬介家文書「文化八年未二月交易書上帳　会津郡高野組」、「戊亥諸産物入金並他邦出金書上帳　会津郡高野組」）。人口が最少を記録した天明・天保期における大麻、麻織物などの生産活動の活性化は、急激な労働需要を生み、人口増加の引き金となったと予測される。ここでは、移住者引き入れのねらいが大麻、麻織物などの商品生産を担う女性労働力の確保にあったという展望を示すにとどめたい（川口 二〇〇七）。

南山御蔵入領では、一九世紀初頭を境として民衆が人口増加を渇望する社会に変貌を遂げた。長谷部家による移住者引き入れは、このような地域変化が顕在化した表象の一つと位置づけられる。地域社会の構造的変化を理解するためには、歴史地理学の分野で展開・深化した地域構成要素間の関係を総合的に解明する研究方法が有効と思われる。人口現象と生産活動などとの関係については稿を改めたい。

＊　本章は、Kawaguchi Hiroshi, "Population increase policy after the 1783 great famine in northeastern Tokugawa Japan," *Annals de Démographie Historique 1996*, 1997, pp. 151-168 と川口洋「十九世紀初頭の会津・南山御蔵入領における他邦者

引入任役の動向」『史境』第五〇号（二〇〇五年三月：一七〜三七頁）歴史人類学会を改稿したものである。史料調査の際には、福島県歴史資料館、金山町教育委員会、松枝病院、長谷部保信、故五十嵐勇作の各位に御高配いただいた。改めて御礼申し上げる。

注

（1）高橋梵仙（高橋　一九三六、一九四一）、関山直太郎（関山　一九五八）などの研究が現在の歴史研究にも大きな影響を与えている。

（2）山内家家来衆の動向については、只見町史（只見町史編纂委員会　二〇〇四：六六〇〜六六八頁、九五一〜九九五頁）や金山町史（金山町史出版委員会　一九七六：四〜一五頁）に詳述されている。

（3）山内一之家文書「宝永七年　村々書上帳」、五十嵐悦家文書「天和元年より正徳三年迄廻国使様御案内手鑑」、阿久津喜一家文書「陸奥国会津・大沼郡　外下野国塩谷郡六ヶ村人別牛馬改帳」、馬場太一家文書「天明八年　御廻国使様御案内手鑑」、大竹門三家文書「天明八年　御廻国使様御巡見使様　御案内手鑑」、長谷部大作家文書「天明八年申四月　御案内手鑑」、皆川コハル家文書「天保九年　御手鑑　伊南伊北」、目黒武男家文書「天保九年　御巡見使様御案内手鑑」、若松縣『明治四年　若松縣管轄人員録』、若松縣『明治八年区画改正　若松縣管内地誌資料』、福島縣『明治十三年　福島縣治統計表』、福島縣『明治二十一年　岩代国南会津郡合併町村調』、陸軍省軍務局『明治二十四年　徴発物件一覧表』。

（4）『見附市史』（見附市史編集委員会　一九八一：一一〇〜一一二頁）によれば、村松藩は一八〇〇（寛政一二）年まで大庄屋への届け出により他所奉公をみとめていたが、文化年間以降、他所奉公を禁止する法令を頻繁に出している。

参考文献

会津高田町史編纂委員会『会津高田町史　第三巻　近世　資料編Ⅱ』会津高田町、一九九五年。

会津高田町史編纂委員会『会津高田町史　第一巻　通史』会津高田町、二〇〇一年。

花見朔巳校訂『新編　会津風土記　第五巻』雄山閣、一九六〇年。

布沢忠夫『会津横田　山ノ内一党史研究ノート』北日本プロセス、一九八八年。

誉田宏「南山御蔵入領叶津口留番所、長谷部家文書について」『福島県歴史資料館紀要』第三号（一九八一年三月）福島県文化センター。

入広瀬村教育委員会『越後入廣瀬村編年史（中世編）』入廣瀬村、一九七九年。

金山町史出版委員会『金山町史　下巻』金山町、一九七六年。

川口洋「一八世紀初頭の会津・南山御蔵入領における『子返し』」『史境』第二九号（一九九四年九月）歴史人類学会。

川口洋「一七～一九世紀の会津・南山御蔵入領における人口変動と出生制限」『歴史地理学』（一九九八年一二月）歴史地理学会。

川口洋「一八世紀初頭の奥会津地方における嬰児殺し」速水融編著『近代移行期の人口と歴史』ミネルヴァ書房、二〇〇二年。

川口洋「人口と社会・経済からみた近代移行期における地域変化」石原潤・金坂清則・南出眞助・武藤直編『アジアの歴史地理（1）　領域と移動』朝倉書店、二〇〇七年。

川口洋「十八・十九世紀を対象とした人口研究のための情報システム」本書第15章、二〇一五年。

松枝茂『会津藩の人口政策』大東文化大学東洋研究所、一九六六年。

見附市史編集委員会『見附市史編集史料　第一三集』見附市役所、一九七六年。

見附市史編集委員会『見附市史　上巻（二）』見附市役所、一九八一年。

温古談話会編『温古の栞（上）』歴史図書社、一九七七年。

三条市史編修委員会『三条市史　上巻』三条市、一九八三年。

関山直太郎『近世日本の人口構造』吉川弘文館、一九五八年。

下田村史編集委員会『下田村史』下田村史刊行委員会、一九七一年。

只見町史編纂委員会『只見町史　第一巻　通史編Ⅰ』只見町、二〇〇四年。

高橋梵仙『堕胎間引きの研究』中央社会事業協会社会調査研究所、一九三六年。

高橋梵仙『日本人口史の研究』三友社、一九四一年。

栃尾市史編集委員会『栃尾市史　上巻』栃尾市役所、一九七七年。

山崎久雄編『栃尾市史史料集（二集）　町方史料編（上）』栃尾市史編集委員会、一九七〇年。

第Ⅱ部　西南の海の民

第5章　近世屋久島における世帯構成と「夫問い（ツマドイ）婚」

溝口　常俊

一　世帯構成の復元研究

日本近世における世帯構成の復元は、近年、宗門人別改帳を詳細に分析することによってめざましい成果を上げてきている。歴史人口学においては速水融（一九七三：八八、九七頁）、成松佐恵子（一九八五）、鬼頭宏（一九九七）ら、家族社会学では高木正朗（一九九五）、落合恵美子（一九九七）、社会経済史学では友部謙一（一九九八）、文化人類学では木下太志（一九九六）、そして歴史地理学では川口洋（一九八八）、溝口常俊（一九八三）などである。それぞれ視点は異なるものの世帯構成の復元を基本的作業として論を展開している。こうした研究をつなぎ合わせることによって、従来いわれてきた東西日本の地域的な差異、すなわち全国的には長男相続と親夫婦と子ども夫婦の同居という形をとるなかで、姉相続もしくは配偶者をもった兄弟姉妹の同居と子ども夫婦の同居という東北日本型と、末子相続もしくは、隠居制をとる西南日本型という差異が、基本的には認められつつある。その一方で時間的変化として、おおむね一八世紀に入り多核的な大家族形態は姿を消し、核家族を中心とした小規模な世帯構成に変わりつつあったことが明らかにされてきた。現在、宗門人別帳は日本全国にまだまだ埋もれており、その収集が精力的に進められている。一部に興味深い分析結果が議論されており（黒須 一九九二、平井 一九九六、岡田 一九九六）、近い将来さらに精緻な世帯構成の復元とその応用研究が期待できる。

こうした近年の研究動向のなかにあって、本章は、近世中期という時代において当時日本最南端の孤島「屋久島」での世帯構成が本州でのそれと如何なる差異を示していたのかを明示、検討するものである。このテーマで筆者は南屋久諸村について予察的な考察を行なった（溝口 一九九九、二〇〇二）。本章では、その成果をふまえ、新たに北屋久諸村のデータを加味して、より詳細な検討を行なっていきたい。

具体的には、一七二六（享保一一）年における屋久島諸村の検地名寄帳を分析することによって、当時の世帯構成の復元と土地所有状況を明らかにすることにある。使用史料の正式タイトルは屋久島〇〇村「隅州護謨郡御検地名寄帳（竿次帳）」[1]であり、その記載内容は屋敷持ちの世帯構成が記載されている点で宗門改帳を加味した内容であり、きわめて稀少価値のあるものになっている。馬、桑、柿、船、網の記載もあり、島津藩権力が浸透した年貢の基本台帳になっている。こうした注目すべき情報を合わせもっている検地名寄帳の本来の記載事項である土地状況についてみれば、その記載は個人別にその耕作地がまとめてある名寄帳方式ではなく、一筆ごとに、小字、地目、縦・横の長さ、面積、耕作者が示されている検地帳方式である。ただ、面積の左下に評価額として田に関しては籾、畑・屋敷に関しては大豆の換算値が載せられているのが特記される。

二　屋久島諸村の成立と概要

一七二六（享保一一）年の検地名寄帳には、南屋久では栗生、中間、湯泊、平内、椎野、小島、恋泊、尾之間、

図5-1　研究対象集落

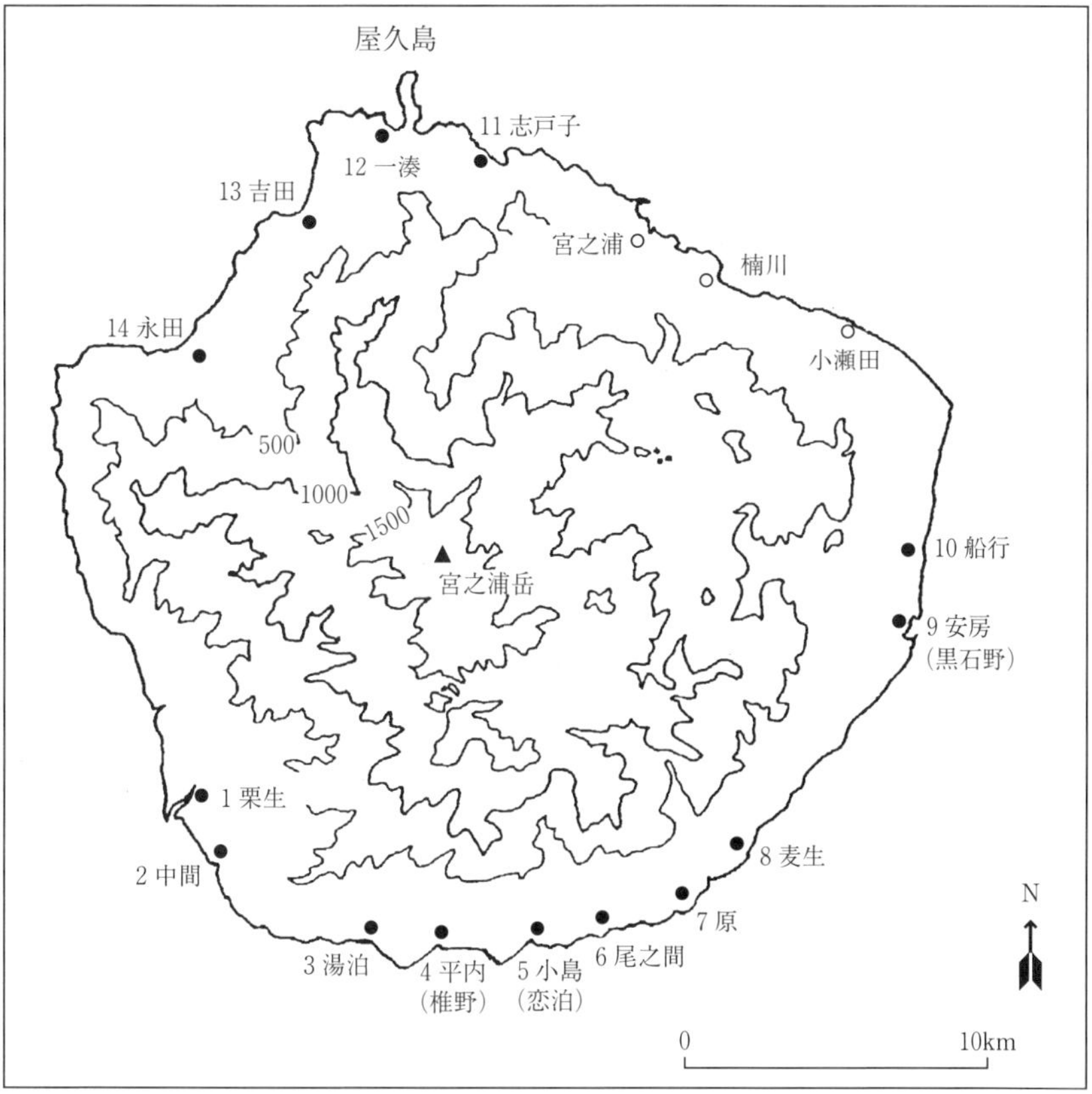

原、麦生、安房、黒石野、および船行の一三カ村、北屋久では永田、吉田、一湊、志戸子の四カ村が登場する（図5-1）。しかし、それより七〇年先立つ一六五七（明暦三）年『屋久島大絵図』には、椎野、恋泊、黒石野の名前がみえず、一村としては位置づけられていない。その三村はそれぞれ平内、小島、安房内の枝郷的存在であり、各々その世帯数（一七二六年）は一、二、二戸に過ぎない。したがって本章で世帯構成を村別に分類する際はそれぞれの本郷に吸収させる形で集計し、合計一四カ村を研究対象とした。以下、各村の概観を戸数、人口数の推移を中心に簡略に紹介したい。

一六〇九（慶長一四）年、薩摩藩は琉球攻略の後、屋久島・口永良部島を種子島家から割譲し、代官を置いて直轄地とした。島津藩の屋久島での行政の中心地は宮之浦であり、そこに在番奉行所（手形所）が置かれ、荷物の運搬、船の通行に不可欠な許可証が発行された。また、船改所と御蔵が宮之浦のほかに永田、栗生、安房に置かれ、前者は一湊にも設けられた（上屋久町郷土誌編集委員会 一九八四）。これらの集落が屋久島では中心的な機能を果たし、戸口規模も大きかった。一七二六年において最大規模を示したのが北西端に位置する永田村で世帯数一二四、人口八一二人、以下、南西端に位置する栗生村（五四戸、五五二人）、東部の安房村（五四戸、四七四人）、北部の一湊村（五四戸、三六一人）と続く。

一八七九（明治一二）年に開始され一八八四年に完了した地租改正の結果は、「明治二一年鹿児島県農事調査」によれば、屋久島・口永良部島の地目別面積は、田六三町、畑一七七九町、宅地五一町、山林四八三二四町、原野四九二一町、その他九五町で、総面積五五二三四町のうち九六・四パーセントが山林・原野で占められており、かつその九八・七パーセントが官有地である。伝承、記録によれば「民有地になると、課税額は大きなものになるので、山林は民有地にしない方がよい。土地は国のものになっても、山林は、藩制時代と同様に利用すればよく、その方がよいではないかと説得され、全村こぞって、わずかばかりの田畑、宅地を残し、官有地にした」という（屋久町郷土誌編纂委員会 一九九三）。

本章で中心的に取り上げる栗生村の戸口の変遷を概観すると、一七二六年の内検では、戸数五四、男二九三人、女二七六人、馬二九匹とあり、田四町二反七畝、畑三町八反三畝、それに鰹船六艘という状況であった。以後、戸口は増加して、一八八八年二〇一戸、一九二五年二六三戸、男九八三人、女九一三人となる。それが一九五〇年には、戸数は三四〇戸に増えたものの、人口は男八六七人、女八五五人に減り、以後、一九六〇年三二〇戸、男六八二人、女六九一人、一九七〇年三〇九戸、男四四九人、女五四〇人と減り続け、一時的に一九八〇年には三一一戸、男四三五人、女四七七人ともちなおしたが、一九九〇年二六九戸、男三〇一人、女三五八人にかけての落ち込みは急激である（屋久町郷土誌編纂委員会　一九九三）。その後五年間はほぼ横這いで一九九五年二七〇戸、男二九五人、女三四一人となっている（屋久町　一九九七）。

栗生村と同様、いずれの村落も一七二六（享保一一）年から一八九七（明治三〇）年の一七一年の間に爆発的な人口・戸数増加を示し、その勢いは大正、昭和前期、第二次世界大戦直後まで続く。その増加要因は鰹、飛魚業という漁業の繁栄に加えて、めざましい勢いで開発されていった切替畑での甘藷栽培という有効利用であった。それが、その後現在に至るまで、過疎化の波に洗われて急激に人口が減少してきている。わずかに役場が設置された宮之浦・尾之間だけその現象速度が弱いというに過ぎない。ところで一戸あたりの一村平均世帯員数を検討すると一七二六年の八・六人（一四カ村平均）が一八九七年には六・〇人と減少し、それが一九九〇年には、さらにその半数の二・七人になっており、家族構成は激変の歴史をたどっている。そのおおよそは傍系家族を含んだ多核家族世帯から核家族世帯へ進み、現在では老人のみの世帯が増えてきている。明治以降の詳細は他日を期すことにして、ここでの目的は、一七二六年の検地名寄帳（竿次帳）を検討して、その出発点にあたる多核家族世帯の詳細を、描き出すことにある。

三　検地名寄帳の記載単位

世帯分類

検地名寄帳では屋敷をもった筆頭者に続けて、筆頭者との続柄が記載された人々が一つのまとまりとして記載されている。そのグループをここでは「世帯（household）」とみなし、その世帯内に含まれる夫婦を単位として構成されるまとまりを「家族」として、論を進めたい。この考え方「ハメル－ラスレット世帯構造分類」（落合訳 二〇〇三）に従い、「世帯」は「夫婦家族単位（CFU＝Conjugal family unit）」が単独で、あるいは集まって構成するもので、世帯構成はその内部に含まれるCFUの数と配置のしかたにより決まる、というものである。その類型は大きく、①独居世帯、②非家族世帯、③単純家族世帯、④拡大家族世帯、⑤多核家族世帯、および⑥分類不能世帯に分けられ、さらにそれぞれが下位分類として①a：寡婦・寡夫、①b：未婚あるいは結婚経験不明、②a：キョウダイの同居、②b：その他の親族の同居、②c：親族関係が明らかでないものの同居、③a：夫婦のみ、③b：夫婦と子ども（達）、③c：寡夫と子ども（達）、③d：寡婦と子ども（達）、④a：上向的拡大、④b：下向的拡大、④c：水平的拡大、④d：④a－cの組み合わせ[2]、⑤a：上向的副次核を含む、⑤b：下向的副次核を含む、⑤c：水平的福次核を含む、⑤d：キョウダイ家族、⑤e：その他の多核家族世帯[3]に区分されている。

このハメル－ラスレット分類表をもとに、一七二六年の屋久島諸村の記載単位の構成を分類したのが表5－1である。ただ、このモデルは、イングランドのような核家族世帯中心の世帯構成を分析するために作られたモデルであり、日本の伝統的な家族を分析するには馴染まないとして、岡田あおい（一九九六、二〇〇〇）はつぎのような修正モデルを提案した。すなわちハメル－ラスレットモデルのカテゴリー4の「拡大家族世帯」を傍系親族のみが同居している場合（4－1）と直系親族のみ、あるいは直系親族と傍系親族が同居している場合（4－2）に分け、さらにカテゴリー5を核が二つ以上縦に連結されている直系家族世帯（5－1）と、直系家族世帯以外の核が一つでも横に連結される連結家族世帯（5－2）に分類した。この岡田の修正モデルも日本において定着しつつあるようなので表5－1に加えておいた。

その結果、ハメル－ラスレットの類型において、①独居世帯一一（三パーセント）、②非家族世帯二〇（七パーセント）、③単純家族世帯一一六（二九パーセント）、④拡大家族世帯七六（一九パーセント）、⑤多核家族世帯一六七（四

表５－１　ハメル－ラスレット分類表による屋久島諸村の世帯構成（1726）

	類　型 (Categories)		下位分類（Classes）	栗生	中間	湯泊	平内	小島	尾之間	原	麦生	安房	船行	志戸子	一湊	吉田	永田
1	独居世帯 (Solitaries)	1a	寡婦・寡夫														
		1b	未婚か婚姻関係不明者				1		1					1	1	3	4
2	非家族世帯 (No family)	2a	キョウダイの同居	1			1										1
		2b	その他の親族の同居			1	3			2	1	2		1	1	3	12
		2c	親族関係不明者の同居														1
3	単純家族世帯 (Simple family household)	3a	夫婦のみ									1		1			1
		3b	夫婦と子ども（達）	7	1	2	4	3	3	1	1	12	6	8	9	4	39
		3c	寡夫と子ども（達）	3			2				1				3	3	1
		3d	寡婦と子ども（達）														
4	拡大家族世帯 (Extended family household)	4a	上向的拡大	4		1	1					2	4	4	2	1	28
		4b	下向的拡大	2													
		4c	水平的拡大	5			1		1		2	1					5
		4d	4a-4cの組合せ	2			1								2		7
5	多核家族世帯 (Multiple family households)	5a	上向的副次核を含む	5	1	2	4	3	2		1	10		2	9	5	24
		5b	下向的副次核を含む	4		6			4	1		6			3		1
		5d	キョウダイ家族	8		1	1			1	2	3	1		6		
		5e	その他の多核家族	13	5	1			4	4	3	8	1	3	9		
世　帯　数（計）				54	7	14	19	6	15	9	11	45	12	20	45	19	124
世　帯　員　数（平均）				10.2	10.9	10.3	11.6	8.3	13.1	16.1	10.8	10.5	8.4	5.7	8	4.1	8.6
4-1　傍系親族のみ同居				5			1		1		2	1			1		6
4-2　直系親族のみ，あるいは直系に傍系親族が同居				9		1	2					2	4	4	3	1	34
5-1　核が２つ以上縦に連結（直系家族世帯）				11	1	6	4	2	6	1		11		2	7	5	21
5-2　直系家族世帯以外の核が連結（連結家族世帯）				19	5	4	1	1	4	5	5	16	2	3	20		4

注：4-1，4-2，5-1，5-2は岡田あおいの「ハメル－ラスレット修正モデル」による。

二パーセント）となった。このことから①独居世帯と②非家族世帯はごくわずかであること、③単純家族世帯についても、三〇パーセントに満たなく、さらに単純家族世帯に単身の親族が加わった④拡大家族世帯も、もっとも多い永田村で四〇世帯（三二パーセント）を示すにとどまった。これらに対して、各村にほぼ共通して認められたのが、⑤多核家族世帯の多さである。一四カ村合計の割合で四二パーセントも占め、個別にみてもその割合が五〇パーセントを超す村が八カ村もあり、最高は中間村で七世帯中六世帯（八六パーセント）、続いて湯泊村が一四世帯中一〇世帯（七一パーセント）と高率を示した。この多核家族世帯の内訳を岡田にならって直系家族世帯か連結家族世帯（合同家族世帯ともいう）かどうかを吟味すると、各村とも両タイプをそれなりに抱えていることが判明した。これを言い換えれば、ヨーロッパでは皆無に近く日本でも珍しい連結家族世帯が当時屋久島でふつうにみられたのである。その率が高い村上位三カ村をあげておけば一湊村二〇世帯（四四パーセント）、栗生村一九世帯（三五パーセント）、安房村一六世帯（三三パーセント）のとおりである。

ここで、多核家族世帯の中身、すなわちそれぞれの副次核（ＣＦＵ）の長が世帯主といかなる続柄にあるのか検討しておきたい。その際ハメル‐ラスレットモデルの下位分類では明示できないので、それをさらに細分化して具体的な親族名称をあげて分類を行なった。一四カ村の合計値で示せば、全副次核数一四六のうち、もっとも多かったのが両親と世帯主以外の子どもからなるＣＦＵで三〇、以下、母（二三）、弟（二二）、子ども（二一）、甥（一五）、従兄弟（一〇）、兄（八）、叔父（六）、叔母（四）、妹（三）、父（二）、祖父母（一）、姪（一）であった。上向的副次核としての両親や母親、下向的副次核としての子どもという直系の核家族を除けば、キョウダイ、とくに弟家族と同居する場合が多かった。

多核家族世帯に限らず、一般的に、非直系構成員は弟、妹、姉が多く、その他に甥、姪、叔父、従兄弟、従姉妹も抱えられていた。特殊なところでは、おそらく奥さんが連れてきたのであろう「養弟」「養妹」がみられたことである。その家の存続のために養子をとるといった戦略ではなく、誰でも面倒をみるといった包容力があったように思われる。言い換えれば、直系家族や単純家族では独立が不安定な状況下に置かれていたのではないかと推測される。

つぎに、前述した世帯主との続柄が不明な人々だけを取り出し、彼らの家族構造を、同じくハメル－ラスレットモデルによって分類してみよう。すると、屋久島全村の合計値（全家族数：一五八）で、①独居一九（一二パーセント）、②非家族二二（一四パーセント）、③単純家族六四（四一パーセント）、④拡大家族二六（一六パーセント）、⑤多核家族二七（一七パーセント）のとおりである。この結果は、本世帯に比べて、①独居と②非家族の割合がかなり高くなってはいるものの、多核家族が少なからず存在していたことは注目されよう。つまり、入れ子構造のように、多核構造を示す本世帯の中の従属家族がまたその中に別の核となる家族を抱えていたのである。

ここまでの分析は、記載単位を一つの「世帯」とみなして進めてきたが、後述するように、屋敷や田畑の所有をみると、筆頭者の親族（「子」「弟」「養弟」など）でも、続柄が不明の者でも、筆頭者とは別に屋敷や田畑を所有している者が散見される。このことから、記載単位上の筆頭者（世帯主）に家族構成上は従属しているが、資産は世帯主ないしは一人の継承者に集中するというわけではなく、従属している多様な構成員に分散しているという状況であった。

名頭と名子

つぎに、世帯主および世帯構成員の肩書きとして付けられた血縁関係以外の名称である「名頭」「名子」に注目してみたい。

「名頭」とは薩摩藩の門割制度にあって、門[4]の農民と土地を把握する代表者である（黒田 一九七〇）。ここで注意しておきたいのは南屋久諸村の検地名寄帳では名頭、名子といった肩書きは記されていなく、北屋久諸村でみられるのみである。この理由は定かではないが、島津藩のチェックが北屋久に比べて南屋久においてはそれほどきつくなかったことのあらわれかもしれない。北屋久諸村においても世帯主としてすべて「名頭」がでてくる永田、吉田村もあれば、本来名頭に従属する立場にある名子が多数世帯主になっている志戸子村（表5－2）もあり、名頭が他の名頭に抱えられているといった場合（表5－3）も多数みられ、門割制度の施行が北屋久においても徹底されていたとは思えない。

「名子」は通常「抱」とか「被官」といわれる百姓身分で、本百姓に従属した農民として理解されてきた（有賀一九四三、大石一九六八、古島一九七四）。表5－2で示された志戸子村の休五左衛門（家族番号1-08）や安兵衛（家族番号14-14）はそれぞれ名頭である孫左衛門、兵右衛門に抱えられており、従属百姓であるものとみなされる。ところが、同村二〇世帯中、一一世帯もが、名子が世帯主になっている。彼らはいずれも名頭世帯と同じく田畑、屋敷を所有しており、農業経営上は何ら遜色ない生活をしていたようにみうけられる。ただ、その家族構成の内部において、名頭世帯の平均世帯員数が七・六人であったのに対し、名子世帯のそれは核家族形態を主としており四・六人と少なかった。

次に、名頭が他の世帯主である名頭に抱えられている場合、本章では「従属名頭」と呼ぶことにしよう。そうした世帯構成をとる村が北屋久四カ村中、永田と一湊の二カ村でみられた。永田村では全一二四世帯中三八世帯がそれで、うち、従属名頭家族を複数抱える世帯が一〇件数えられた。一湊村では全四五世帯中四世帯にみられ、その状況は表5－3に示したとおりである。永田村と合わせて従属名頭の全四九家族中、単身が三件、非家族が五件、単純家族二二件、拡大家族一三件、多核家族六件であった。このなかで傍系を含んだ構成をとるのはわずか八件（一六・三パーセント）しかなかった。これは世帯主である名頭家族が傍系を多く抱えていた（四四・四パーセント）

表5－2　名子のいる家族構成：志戸子村（1726）

家族番号	名前	続柄	年齢	田畑 畝/歩	屋敷 畝/歩
1-01	孫左衛門	名頭	51	26/5	1/10
1-02	＊	妻	47		
1-03	仁左衛門	子	23		
1-04	かな	女子	15		
1-05	孫次郎	子	9		
1-06	太郎右衛門	親	76		
1-07	＊	06妻	71		
1-08	休五左衛門	名子	41	12/26	3/23
1-09	休右衛門	08弟	32		
2-01	弥右衛門	名子	37	7/2	0/28
2-02	＊	妻	33		
2-03	弥兵衛	子	14		
2-04	袈裟	女子	6		
2-05	袈裟次郎	子	3		
3-01	儀右衛門	名子	22	19/16	1/15
3-02	＊	妻	19		
3-03	米	女子	2		
4-01	太左衛門	名子	40	18/19	1/2
4-02	＊	妻	33		
4-03	松菊	子	13		5/19
4-04	せん袈裟	女子	8		
4-05	＊	母	65		
6-01	長右衛門	名子	45	5/27	0/25
6-02	＊	妻	30		
6-03	万鶴	子	14		
6-04	乙	子	7		
6-05	朔日	子	3		
6-06	杢左衛門	甥病者	61	0/24	4/0
6-07	＊	06妻	65		
10-01	権兵衛	名子	37	8/21	2/4
10-02	＊	妻	33		
10-03	袈裟松	女子	14		
10-04	助太郎	子	3		
11-01	太右衛門	名子	40	2/19	1/9
11-02	＊	妻	31		
12-01	助左衛門	名子	35	14/14	1/2
12-02	＊	妻	23		
12-03	大菊	女子	2		
12-04	＊	母	66		
12-05	勘右衛門	祖父	86		
14-01	兵右衛門	名頭	43	25/5	1/2
14-02	＊	妻	42		
14-03	満	女子	18		
14-04	兵太郎	子	16		1/25
14-05	弥左衛門	子	13		
14-06	米	女子	10		
14-07	乙	女子	8		
14-08	＊	母	65		
14-09	＊	02母	79		
14-10	亀	02妹	35		
14-11	つるけさ	10子	14		
14-12	松右衛門	伯父	64		
14-13	＊	12妻	64		
14-14	安兵衛	名子	59		6/12
15-01	与右衛門	名子	25	16/9	1/6
15-02	＊	妻	23		
15-03	太次右衛門	弟	19		
15-04	＊	03妻	15		
15-05	＊	母	61		
16-01	新太郎	名子	30	5/15	1/14
16-02	＊	妻	27		
16-03	万太郎	子	4		
16-04	さる	女子	2		
18-01	万兵衛	名子	35	15/16	0/2
18-02	＊	妻	30		
18-03	万次郎	子	9		
18-04	亀	女子	5		
18-05	太郎	女子	2		
19-01	太郎左衛門	名子	45	4/6	2/7
19-02	＊	妻	34		
19-03	彼峯次郎	子	18		
19-04	ひが	女子	13		
19-05	孝之丞	子	7		
19-06	松	女子	3		

注：1）全20世帯中，名頭が世帯主で名子を抱えていない7世帯は省略。
2）（実線枠）：名子が世帯主の世帯
（破線枠）：従属名子とその家族
3）＊：名前の記載なし。表5－4，5－6も同様。

表5-3　従属名頭家族を抱える世帯例：一湊村（1726）

家族番号	名前	続柄	年齢	田畑 畝/歩	屋敷 畝/歩
24-01	市右衛門	名頭	41	18/15	1/6
24-02	＊	妻	33		
24-03	みや	女子	9		
24-04	かめ	女子	7		
24-05	兵十郎	子	4		
24-06	善右衛門	弟	38	4/15	
24-07	＊	06妻	31		
24-08	袈裟	06子	8		
24-09	市	06子	5		
24-10	菊	06女子	2		
24-11	利右衛門	弟	31		
24-12	次郎左衛門	弟	26		
24-13	亀徳	名頭	18		
24-15	母	13母	55		
25-01	三右衛門	名頭	49	12/24	2/24
25-02	七十郎	子	19		
25-03	作市	子	16		
25-04	けさ	女子	10		
25-05	市三郎	子	2		
25-06	太郎兵衛	名頭	54	11/12	
25-07	＊	06妻	52		
25-08	弥右衛門	06子	33		
25-09	＊	08妻	26		
25-10	ひか鶴	08女子	11		
25-11	次郎	08女子	3		
25-12	ひか	女子	18		
34-01	金左衛門	名頭	48	6/27	6/18
34-02	＊	妻	49		
34-03	逢右衛門	子	27		
34-04	平次郎	子	22		
34-05	三つ松	女子	18		
34-06	千代けさ	女子	5		
34-07	長右衛門	名頭	43	12/0	
34-08	＊	07妻	30		
34-09	松袈裟	07子	9		
34-10	きく	07女子	4		
34-11	甚之丞	弟	35		
34-12	＊	11妻	32		
34-13	伊勢	11女子	12		
34-14	袈裟松	11子	3		
34-15	＊	母	68		
39-01	喜兵衛	名頭	39	18/18	5/21
39-02	＊	妻	35		
39-03	ひが	女子	13		
39-04	若松	子	11		
39-05	袈裟	子	8		
39-06	長太郎	子	2		
39-07	兵右衛門	弟	30		
39-08	＊	07妻	22		
39-09	豊	07女子	4		
39-10	彦兵衛	名頭	65	6/24	
39-11	＊	10妻	56		
39-12	兵七	10子	28		

注：1）一湊村全45世帯中，従属名頭をもつ世帯は4世帯。
2）▭：従属名頭家族

のと比べてかなり低い値であった。その土地所有上の特色は、世帯主である名頭家族はいずれも屋敷と土地をもっていたが、従属名頭においては、四九人中屋敷所有者は一人もいなく、土地だけ有しているのが二九人数えられたのにとどまった。

以上のように、屋久島には多核家族世帯形態をとる世帯が単に多かったというだけでなく、その構成員が世帯主の肩書き（身分）を含めて複雑な様相を呈していたといえよう。

筆者がかつて甲斐国西

野村を事例として、一七世紀末まで多数を占めていた多核家族世帯が、一八世紀に入るとすぐに解体して核家族化が進んでいったことを示したが（溝口 二〇〇二）、こうした本州の事例と比較して、屋久島で多核家族世帯形態が近世中期、享保年間まで残っていたことは、注目されよう。

つぎに、家族構成の中身に立ち入って婚姻関係について検討してみたい。これは夫婦家族単位（CFU）に注目して家族構成を検討している際に、妻がいない「夫＋子ども」という核が多数見出されたからである。

四　妻不在家族と「夫問い（ツマドイ）[5]婚」

日本における現在の婚姻形態は嫁が夫の家に入るという嫁入り婚が多数派である。しかし、過去においてその形態は基本的に変わってはいなかったが、大家族制で知られる飛驒白川郷では夫が妻の家に通うという妻問い婚（江馬 一九七四）があったり、夫の家に妻が移り住む前に夫が妻の家に一時的に通うという「婿入婚」（柳田 一九九〇）、同形態の大間知の命名による「足入れ婚」（大間知 一九七八）、あるいは逆に女性が嫁入り前に男性側に通う「女のよばい」（柳田 一九九〇）がみられたりする。こうした諸説を踏まえて江守五夫は、夫婦が同じ集落に住み、昼間の妻の夫家訪問と夜間の夫の妻家（ないし寝宿）訪問とは、ともに容易になされえたということを念頭に入れつつ、これらすべての通い婚を「一時的訪婚」と名付けている（江守 一九九八）。

ところが、こうした一時的訪婚のいずれの事例にも属さない永続的な「通い婚」である、仮称「夫問い（ツマドイ）婚（妻不在婚）」が近世中期の屋久島諸村で広く展開していた可能性が強い。この推測は、一七二六年の検地名寄帳を分析した結果であり、以下、その根拠を提示したい。

非常に高く注目しておきたいのが妻不在家族率（CFUの長で妻のいないケースの割合）である。この率を、屋久島

表5－4　屋久島諸村の夫婦家族構成（1726）

	栗生	中間	湯泊	平内	小島	尾之間	原	麦生	安房	船行	志戸子	一湊	吉田	永田	1村平均
世帯数	54	7	14	19	6	15	9	11	45	12	20	45	19	124	28.6
夫婦家族単位数（CFU）	124	21	31	46	10	50	31	30	110	24	21	79	18	169	54.6
妻のいない CFU	56	7	6	4	2	10	4	9	7	4	0	9	5	10	9.5
〃（%）	(45.2)	(33.3)	(19.4)	(8.7)	(20.0)	(20.0)	(12.9)	(30.0)	(6.4)	(16.7)	(0.0)	(11.4)	(27.8)	(5.9)	(17.4)
夫のいない CFU	10	5	2	1	1	4	0	4	2	0	1	7	4	11	3.7
〃（%）	(8.1)	(23.8)	(6.5)	(2.1)	(10.0)	(8.0)	(0)	(13.3)	(1.8)	(0.0)	(4.8)	(8.9)	(22.2)	(6.5)	(6.8)
人口	552	76	144	220	50	196	145	119	474	101	113	361	78	812	245.8
男	287	40	79	107	32	104	83	59	243	56	58	180	42	407	126.9
女	265	36	65	113	18	92	62	60	231	45	55	181	36	405	118.9
性比	108	112	133	95	178	113	134	98	105	124	105	99	117	100	115.8
20-50歳の単身女性数	64	5	5	21	2	12	3	10	9	2	0	6	3	28	12.1

一七カ村でみると（表5－4）、高い順に栗生（四五・二パーセント）、中間（三三・三パーセント）、麦生（三〇・〇パーセント）……と続き、最低の志戸子（〇パーセント）は例外として、低くても永田（五・九パーセント）、安房（六・四パーセント）であり、一七カ村の平均値は一七・四パーセントになっている。この異常な高さの実状を、最高率を示した栗生村を例として、検討してみる。まず世帯主の家族に注目してみよう。これが、世帯主という柱となる家族でありながら五四世帯中二三例（四三・〇

パーセント）で妻が不在であった。このなかで、家主（父）と子、あるいは家主（父）と子＋αという、子どもからみれば母親不在の家族構成の家が一三例（二四・〇パーセント）もあった。傍系家族を検討してみると、そのケースはさらに多くなり、総傍系家族数五九のうち三四例（五八・〇パーセント）で母親が不在であった。直系、傍系ともに家主の妻が不在という事態は、現在の常識からは考えられない非常に不安定な家族構成が当時支配していた村落であったといえよう。典型的な核家族である夫婦と子どもからなるのはわずか七例のみであった。

江守らがいうような一時的訪婚ならば、それは文字通り同居するまでの一時的な通い婚であり、しかるべき時に、少なくとも一子が誕生した際には、嫁入りないしは婿入りが完成し、夫婦同列に記録されるはずである。ところが、ここ屋久島においては子どもをもうけても妻は夫の籍に入っていないのである。「父＋子」の父の年齢を調べてみると二〇歳台が二七人、三〇歳台が四四人、四〇歳台が三三人、五〇歳台が二三人、六〇歳台以上が六人であった。このことから年齢が高くなっても妻不在のままであったことがわかる。なぜ妻が不在なのかという原因について明確な解答は見出せないが、以下、可能な限り推測してみたい。

妻が消えたとすると、彼女たちはどこへ行ったのであろうか。家から消えたのか、村から消えたのか、あるいは屋久島から消えたのか。まず屋久島全体（一四カ村合計）での女性数を調べてみると男性一七七七人に対して女性一六六四人と、女性が一一三人も少なく、性比（女性一〇〇人に対する男性数）でみても一一五・八という値を示しており、これは男性数が多い一般的な近世村と比較してもかなり女性が少ない島ということができる。若干の受胎調整があったかもしれないが、それ以上に女性の島外流出がなされていたであろうことを考慮に入れておかねばならないであろう。しかし、この点についてはまったく資料が残されておらず不明である。

村単位で検討すると、平内、麦生、一湊の三村を除いてすべて男性が勝っているものの、他の村からこれら三村に女性が移動した形跡はない。三村に女性が多いとはいえ、その性比がそれぞれ九五、九八、九九と際立った値を示していないからである。

かくして、消えた妻たちの行方は、自村内と考えるのがよかろう。その証拠は成人女性（ここでは二〇歳～五〇歳とする）中、単身女性の数がきわめて多いからである。再び栗生村についてみてみると、その数は同年代の女性総数一〇二人の六二・七パーセントを占める六四名にものぼっていた。他の村においても、こうした単身女性は、妻のいない家族数とほぼ同等の数だけ存在していた。ここでは、紙面の関係上、栗生村の枝郷として独立した中間村の全世帯員構成を表5－5に示しておこう。妻のいない家族数が七（三三・三パーセント）で、別家族に二〇～五〇歳の単身女性が六人みうけられた。これらすべてが未婚とはとうてい考えられず、その多くは子どもができたにもかかわらず夫の籍に入れてもらえなかった妻たちと考えざるをえない[6]。

従来、逆に夫が妻の家に通い母親が子どもを育てるという家族形態は、かつての飛騨白川郷をはじめとしてないことはない。しかし、ここ屋久島の栗生村のような父子家庭の多い家族形態をとる村は、管見の限りその報告を見聞していない。妻の死亡などで生じた父子家庭は、二〇～三〇家族に一ケースくらいあっても不思議ではない。しかし、二～三家族に一ケースみられるとなると、これは単なる個人的、個別的な理由では説明できず、その村あるいは地域になんらかの慣習、いわば一種の社会的規範があったと考えるべきであろう。この点について検地名寄帳は何も語ってくれない。それを少しでも明らかにするために、他地域での事例、民俗学調査報告、および現地での古老からの聞き取り調査にもとづいて推考することにしたい。

民俗学の調査で明らかになっている、「よばい」とは男性が女性宅に通うことであるが、柳田国男によれば、京や江戸、さらには丹波にも「女のよばい」があったという。これは婚姻に婚舎のあることのみがかつては必要であって、それを男女のいずれの家に属せしめるかは、最初から必ずしも一定しなかったようであると述べている（柳田　一九九〇）。こうした事実から女性が通うということはありえたといえるが、このケースでは、引き取る側の

表5－5　中間村における妻なし家族と単身女性（1726）

名前		続柄	年齢	田畑 畝/歩	屋敷 畝/歩
1-01	仁兵衛	家主	65	0/24	2/3
1-02	＊	妻	66		
1-03	伊勢	女子	35		
1-04	南右衛門	子	29	6/24	
1-05	犬まつ	04女子	4		
1-06	太右衛門	弟	60		
1-07	＊	06妻	46		
1-08	次郎	女子	28		
2-01	嘉兵衛	家主	38	20/7	2/8
2-02	＊	妻	34		
2-03	鶴	女子	17		
2-04	丈太郎	子	12		
2-05	袈裟太郎	子	10		
2-06	丈菊	子	7		
2-07	なべ	姉	44		
2-08	みつ	姉	40		
2-09	朔日	08女子	12		
2-10	＊	母	73		
3-01	与右衛門	家主	47	3/3	2/0
3-02	＊	妻	47		
3-03	源左衛門	兄	49		
3-04	＊	03妻	43		
3-05	半左衛門	子	18		
3-06	平作	養弟	43	14/18	
3-07	＊	06妻	37		
3-08	与市	06子	14		
3-09	与兵衛	06子	11		
3-10	五郎八	06子	8		
3-11	次郎	06女子	4		
3-12	造右衛門	弟	35		
3-13	五郎	12子	14		
3-14	乙市	12子	4		
3-15	百	伯母	63		
3-16	＊	母	71		
4-01	仲右衛門	家主	68	14/5	4/24
4-02	朔日	女子	41		
4-03	半十郎	02子	23		
4-04	仲兵衛	02子	16		
4-05	弥左衛門	弟	57		
4-06	＊	05妻	58		
4-07	丈	05女子	33		
4-08	八郎左衛門	05子	27	2/12	
4-09	豊鶴	05女子	23		
4-10	市	09子	2		
4-11	たる	05子	20		
4-12	豊鶴	11子	2		
4-13	きく	05子	14		
5-01	新兵衛	家主	43	4/22	4/6
5-02	半右衛門	親	78		
5-03	＊	妻	69		
5-04	六兵衛	兄	50		
5-05	源之丞	―	67	1/22	
5-06	＊	05妻	66		
5-07	助左衛門	05養子	34	1/6	
5-08	丈	07女子	10		
5-09	けさ	07女子	7		
5-10	孝右衛門	07子	2		
5-11	きく	07姪	5		
5-12	善吉	07叔父	73		
6-01	八左衛門	家主	40	8/12	3/27
6-02	きくまつ	女子	4		
6-03	＊	母	74		
6-04	藤兵衛	従兄弟	43	1/6	
6-05	長左衛門	04子	10		
6-06	次郎左衛門	―	49	7/6	
6-07	＊	06妻	44		
6-08	次郎八	06子	14		
6-09	乙丈	06女子	9		
6-10	かな	06女子	4		
7-01	七左衛門	家主	42	9/25	2/12
7-02	袈裟太郎	子	15		
7-03	犬	女子	11		
7-04	たる	妹	39		
7-05	まんけさ	妹	35		
7-06	彦市	05子	2		
7-07	＊	母	70		

注：1)［実線枠］：妻なし家族
［破線枠］：20-50歳の単身女性
2)―：続柄の記載なし

家長の承認が得られれば、女性は嫁入りできるわけで、屋久島のように子どもができてから長々と通い続けるわけではない。そこに父親が男手で子育てができるのかという問題が生じてくる。その点に関して、落合恵美子は、奉公人の多い東北地方下守屋村でのライフコース研究の一節で次のように述べている。「しかし子供を産んで三年ほどで母親が奉公に出てしまうと、子供はどうなるのだろうか。父親も多くの場合すでに奉公に出ている。事例を調べると、子供を産んだ女性が奉公に出る直前に、さらにその親の世代が奉公から帰ってくるといった工夫をしている家がある。すなわち同居している祖父母世代やオジ・オバが子供の世話をしたのであろう。実の親がそばにいなければ子供は健全に育たないという現代人には大流行の信念に、徳川時代人は拘泥していなかったようだ」（落合一九九七）。また、江馬三枝子は白川郷の大家族のなかで、出産に関しては主婦、嫁と正式に結婚していない家族員の女性たちの間にはなんの差別なく、「二、三人の子供は誰でも産んでいた。大家族内にはいつもツブラ（赤ん坊を生後一年半くらい入れておく藁や板製の器具）が七つ八つくらい並んでいたといわれるから。そして外でも述べたように田畑の仕事から帰ってきた女たちは、誰の子供でも泣いている子供にまず乳を飲ませた」（江馬　一九七四）と子どものケアの状況を語っている。屋久島では奉公が頻繁に行なわれていた事実はないが、オジ・オバのたぐいが同一世帯内に多数存在しているのは白川郷と似ているし、実の親（母親）がそばにいなくても子どもは育っているところは、東北の一農村と似たところがあり興味深い。

母親がそば（同じ家）にいないことは事実だが、近く（同一村内）にいたらしいことは、先に二〇～五〇歳の単身女性の多さから推測した通りである。彼女らは結婚しても夫の家になかなか入れてもらえなかったのではないか、すなわち籍を入れてもらえなかったのではなかろうか。中間村の三人の伝承者：岩川テル（一九〇四（明治三七）年生）、岩川クニ（一九〇八（明治四一）年生）、山崎サト（一九一三（大正二）年生）によると、中間村での結婚式の状況は次のようであった「昔は、婿の家で行われていた。嫁方の両親は出席せず、嫁も裏からあがって、式を行う部屋にも入らずに、その部屋の入り口の板敷きのところに一人で座っていた。杯をもらうときには、婿と、婿の両親と、ナカウドが嫁のところまで来て、嫁は杯をもらうとすぐに家に帰った。嫁はそのまま何日か自分の家で寝泊まりして、昼間は婿の家に手伝いに行く。そうしているうちに婿と親しくなり、一緒に住むようになる」（鹿児島大学文化人類学教室　一九八八）。このように、嫁は結婚してもすぐには婿の家に入れなかったようだ。しかし、親しくなれば入れるとあるので、結婚してすぐとはいわないまでも、子どもが生まれれば籍は当然夫の方に移されたはずである。この別居期間が長かったからといって父子家庭が多かったことの説明にはならないであろう。そこで、この婚姻形態をさらに知るために中間村在住の郷土史家日高時徳氏（一九三二〈昭和七〉年生）に聞き取り調査を一九九八年一〇月に行ない、[7]「親が決めた相手以外の人との結婚はほとんど認められなかった。しかし、自由恋愛というか親の意にそわない相手と結ばれる場合がかなり多く、かつ子どもが生まれてしまう場合も結構あった。そんな場合はしばしば男性側が子どもを引き取っていた。養子、養女が多いのは親の許可が得られないためだ」という知見を得た。こうした状況は現在ではないものの、第二次世界大戦以前はかなりみうけられていたのであり、それがさらに昔の江戸時代中期にもあてはまるのではないかと考えておきたい。

江馬三枝子によれば、白川郷の場合は、父系制のなか、家長、長男だけが嫁をとり、その他の家族員は妻問いがあるだけで、いわゆる同棲結婚を行なうことなく、外形的にはいずれも生涯を通じて独身生活を余儀なくされていたという（江馬　一九七四）。屋久島でも妻問いと「夫問い」という違いこそあれ、そして家長や長男でさえも外形的には生涯を通じて独身生活を余儀なくされていたのである。

五　家族の屋敷と財産所有状況

家族の屋敷

多核家族世帯の人々はどこに住んでいたのであろうか。世帯構成員の多くは屋敷地を所有していないので、おそらく世帯主に従属して同一敷地内に居住していたものと推測してよかろう。ところが、ここでは数こそ少ないが、世帯構成員のなかでも屋敷地を所有している者が散見されたことに注目してみたい。

その屋敷はどこにあったのかというと、屋久島の近世村落は基本的に集村形態をとっていたから、村民の屋敷地は一、二の小字に集中してあった。しかし、そのなかにおいて、彼らは隣りどうしであったかというと、必ずしもそうではなかった。検地名寄帳で登録地番の順序に注目して検討した結果、たとえば志戸子村での従属七家の屋敷所有者のうち、世帯主の屋敷に隣接していたのが一家、一つおいて隣接していたのが三家、そして残りの三家が二軒以上離れて存在していたように、その出現場所は離れていたのである。

速水融の言及によれば「疑問となった点の最も大きな問題は、一つの家の単位についてである。この史料は、元来は検地帳として作成されたものであり、屋敷地のところに住むと思われる住民の記載をしている。これが一つの家族を構成するものなのか、そうでないのかについては、何も証拠がない。筆頭に書かれている名頭とその家族については明らかであるが、続柄を何ら記さぬ者やその家族が名頭およびその家族とどういう関係にあるのかについては、実は判らないのである」（速水　一九六八）といい、それゆえ、速水は、家族を取扱う際には、同一の屋敷地に住む者全員を一つの単位として、すなわち一つの家族のメンバーとするという仮定の上に立っていること、および、結婚についても、史料上で妻を有する場合のみをとった、との見解に立っている。

本章では、検地名寄帳の上で、ある屋敷地に続いて宗門改帳形式で記載されているひと塊を世帯とし、彼らはその屋敷地に住んでいるものとみなしている。この点で速水と同じ見解に立っており、その構成員のなかでたとえ他の場所に屋敷地を所有していても、その構成員家族を独立した世帯とみなしてはいない。もし、その屋敷地に住んでいたならば、史料上その屋敷地のすぐ後に彼らの家族員が記載されたであろうと考えられるからである。さらに、離れた箇所に屋敷地を所有している世帯構成員のうち単身で若年の子どもの名前も何ケースかみられた。彼らがその屋敷地に住んでいたとは考えられないであろう。

一方、結婚については、速水と異なり、史料上で妻を有していなくても「結婚している」とみなすケースが多々あることを示したうえで「結婚」を捉えることにする。こうした見解に立つと、速水が述べた有配偶率の地域差を若干修正しなくてはならなくなる。

速水は、屋敷持ちの家族構成が記載されている点に注目して屋久島の人口構造を地域的に分析し、南西部においては、北東部に比べて核家族化は未発達であり、有配偶率は低く、一家族内の労働力を必ずしも東北部におけるような純粋な単婚小家族での集約的経営という形に向かわせなかったのではあるまいかとしている（速水　一九六八）。

速水の数字を具体的に示すと、永田（北屋久）では、男四一三人、うち、配偶者ありは一六八人で、その有配偶率は〇・四〇六（一五〜六〇歳対象では〇・五二二）、栗生（南屋久）では、男二九三人、内配偶者ありは五一人で、その有配偶率は〇・一七四（一五〜六〇歳対象では〇・二二三）である。これから、年齢別、名頭・非名頭層の詳細な検討を加えて、速水は、屋久島の南西部の非名頭層においては、若年での結婚は著しく困難であったとされている。しかし、栗生での有配偶率が二〇パーセント前後というのはあまりにも低すぎる。前述のように、史料を精読すると、妻がいないが子どもを抱える夫の存在が多数見出された点を注目すべきである。こうした夫子家庭は永田で一〇家、栗生で五六家あった。この男性（夫）は、子どもがいるわけであるから、妻がいたか（死別も少々ある）、どこかに別居中のはずである。よって、この子持ち男性数を「有配偶者あり」としてカウントすると、両集落の有配偶率は、永田一七七人（〇・四二八）、栗生一一四人（〇・三八九）となり、依然として有配偶率は低いものの、永田と栗生の差はほとんどなくなってくる。

さらに、農業経営に関して、果たして東北部は純粋な単婚小家族での集約的経営という形に向かっていたのであろうか。表5－1によると、北屋久四カ村（志戸子、一湊、吉田、永田）の多核家族世帯率（二九・八パーセント）は屋久島全一四カ村の平均四一・八パーセントより低く、南屋久諸村の値（五四・七パーセント）は高い。しかし、最低率の永田村においてもその値が二〇・〇パーセントという事実は、決して単婚小家族での集約的経営が主流ではなかったことを示している。少なくとも後進の南西部→先進の北東部という図式は強調しないほうがいいように思う。

財産所有状況

前述のように、世帯主はすべて、その肩書きが「名子」であろうと、屋敷地と田畑を所有していた。ここでは、対象村落全一四カ村において世帯主以外のいかなる家族構成員が土地（田畑）と屋敷を所有していたのかを検討してみたい。これは多核家族世帯のなかで誰が財産を分与されていたかを把握することによって、財産継承のあり方を推測できると考えるからである。

屋久島の一七二六年時点での特色として指摘しておきたいのが、財産が世帯主のみに付与されているのではなく、多様な多数の構成員に分割されている点である。一四カ村全世帯数四〇〇のうち、世帯主以外の構成員が所有しているケースは二七七も認められたことは、世帯主が交代したときに一括相続されるわけではなく、それ以前に施行されていたことを示している（表5－6）。その内訳をみると、「続柄不明者」が九二ケースと多くて、その正体は

表５－６　屋久島諸村の家族構成員別資産状況（1726）

	1 栗生	2 中間	3 湯泊	4 平内	5 小島	6 尾之間	7 原
① 子	3	1	8	1		10	
② 親	(1)			3		1	1
③ 祖父							
④ 兄	1						
⑤ 弟	4,(1)	1		1		2	1
⑥ 叔父	2		1				
⑦ 甥	1	1	1				
⑧ 従兄弟	1	1	2		1		2
⑨ 従属名頭							
⑩ 従属名子							
⑪ 続柄不明者	16	3	4	23	1	18,〈1〉	2
計	28,(2)	7	16	28	2	31,〈1〉	6

	8 麦生	9 安房	10 船行	11 志戸子	12 一湊	13 吉田	14 永田	計
①	1	4,〈1〉	2	(5)	2,(1)		4,〈1〉	36,(6),〈2〉
②	2	3	1	〈1〉		〈1〉	16	27,(1),〈2〉
③		1				1	2	4
④		1						2
⑤	4	9,(1)	1		4	〈2〉	4,(1),〈2〉	31,(3),〈4〉
⑥			1				1	5
⑦	4,〈1〉	2	1					10,〈1〉
⑧		9			1			17
⑨					3		29	32
⑩				〈1〉				〈1〉
⑪		20,〈1〉	3					90,〈2〉
	11,〈1〉	49,(1),〈2〉	9	(5),〈2〉	10,(1)	1,〈3〉	56,(1),〈3〉	254,(10),〈11〉

注：1）世帯主はそのほとんどが土地，屋敷を所有しており，表から除いた。
　　2）括弧なし数字：土地のみ所有者数，（　）：屋敷のみ所有者数，〈　〉：土地＋屋敷所有者数。

わからないが、この不明者を除いて認められるのが、第一に、どの集落でも共通して、直系ライン上の継承が遂行されていることである。すなわち四三ケースが子ども（長男）に分与しており、おそらくは隠居しているであろう親（父）が依然として所有している場合が三〇ケース認められたからである。いずれも土地だけの所有が多いとはいえ、なかには屋敷地もすでに子どもに分与している場合もみうけられる。

直系のなかでは弟への分与（三八ケース）がもっとも多い。これは均分相続とははっきりとはいえないが、世帯主（兄）にすべて渡すという長子相続が貫徹されていたわけではないということを示す証拠にはなるであろう。栗生村の五ケースの詳細を世帯主と比較しつつ例示すると、①世帯主休兵衛の屋敷二畝一〇歩、田一反一五歩、山畑一六歩、総計一反三畝一歩に対し、その弟勘右衛門は屋敷二畝、山畑三畝六歩、総計五畝六歩、②世帯主五次右衛門の屋敷四畝八歩に対し、弟喜三右衛門は田一反五畝一〇歩、山畑七畝一四歩、総計二反二畝二四歩、③世帯主平五右衛門の屋敷二畝に対し、弟の休蔵は田八畝三歩、④世帯主正右衛門の屋敷二畝二〇歩、田八畝二四歩、畑一反二畝、総計二反三畝一四歩に対し、弟の休次郎は山畑五畝六歩、⑤世帯主孝右衛門の屋敷二畝、田六畝七歩、畑三畝一〇歩、総計一反一畝二〇歩に対し、弟宇左衛門の田一畝二二歩、の如くである。総面積において②、③のように必ずしも世帯主が弟を上回っているわけではない。しかし、土地以外の財産である馬、桑、柿、船、網に関してはすべての世帯主がそのいずれかを所有しているのに対し、弟はそれらを所有していなかった。

兄を自分世帯の構成員に抱えることはまずなかったし、財産持ちの兄を抱えることも、二ケースみられただけで、ほとんどなかった。要するに長子相続を遂行し、弟を抱える形態が一般的であったといえよう。また、本州各地で後家の名前で時々みられる女性の世帯主は一人もいなかったし、構成員のなかの女性に財産が分与されているケースもなかった。

六　屋久島の生産基盤

農業的生産基盤

家族構成員別の土地・屋敷所有状況は前述の通りであったが、ここでは村別の土地利用状況と農外情報にふれ、屋久島の生産基盤を示しておきたい。世帯構成を語る際に取り上げることの多かった栗生村をここでも事例の中心としたい。

一七二六年の栗生村検地名寄帳を集計した結果、屋敷地を除く総耕地面積は一五五筆で八町一反一畝一六歩というごくわずかな土地しか存在していなかった。その地目別内訳は中田がもっとも多く二四筆で一町七反三畝二〇歩（対総耕地面積二一・四パーセント）、以下、山畑（＝切替畑）三六筆、一町四反五畝一七歩（一七・八パーセント）、下々畑二四筆、一町八畝一五歩（一三・四パーセント）、下々田（一一・五パーセント）、下々田（一一・五パーセント）、上田（八・三パーセント）、中畑（六・三パーセント）、下畑（五・九パーセント）、上畑（三・八パーセント）と続き、他に荒田（四・九パーセント）、荒畑（〇・五パーセント）である。四八ある小字の現地比定は屋敷地周辺のわずか五カ所しかできなかった。このうち栗生川に面する「江川」のみ上、中、下々田、中、下、下々畑の田畑に利用されていたが、他の四カ所はいずれも斜面上ゆえか山畑一色であった。ごく集落に近いところでも山畑（切替畑）を利用せざるをえなかった時代であったといえよう。

しかしながら、栗生村の田畑利用状況は、本土の平均的村落と比べれば圧倒的に貧弱な状況にあったとはいえ、以下に示す隣村で、山畑が圧倒していた中間村と比べれば、かなりの程度常田・畑としての開発が進んでいたといえる。一七二六年、七戸七六人の小集落中間村では、屋敷地を除く総耕地面積は七七筆で一町三反七畝二二歩とごくわずかであった。その地目別内訳も山畑がもっとも多く五四筆で五反八畝二六歩（対総耕地面積四二・八パーセント）、以下、下畑一一筆、三反二七歩（二二・四パーセント）、中田（一六・二パーセント）、下々畑（五・〇パーセント）、下田（三・五パーセント）、下々田（一・二パーセント）と続き、他に荒畑（八・一パーセント）、荒田（二・三パーセント）であった。

栗生村の一七二六年の名請人は八九名。うち、屋敷登録者は御蔵地一を含めて五四人であった。半農半漁の村ゆえ、農民階層を議論すること自体それほど意味をなさないかもしれないが、一応屋敷持ちの五四人は草分け百姓的存在であったことは確かであろう。

そのなかで屋敷を含む耕地面積の最高保持者は源次郎家で五反六畝二九歩である。トップが五反強というのは本州の貧村においてもまずみられない少なさである。しかも、家族員数が二二人と多く、一人あたりの保有面積が二・六畝という低さである。反あたり石高が一石とすると、一人あたり一反必要だから、その四分の一しか保有していないわけである。二位の仲右衛門家以下の状況もまったく同様、それ以下の保有状況であった。一人あたりの保有面積で源次郎家を凌ぐのは、最高でも長吉家の五・三畝で、以下、清左衛門家（四・九畝）、幸兵衛家（四・四畝）、三十郎家（四・一畝）、曽左衛門家（三・八畝）、善六家（三・二畝）、千兵衛家、彦右衛門家、休兵衛家（三・一畝）の九家に過ぎない。

栗生村から村外（隣村の中間）への出作は二人あり、一人は世帯主蔵右衛門で七畝二四歩、他の一人は世帯主覚右衛門の甥で一反一畝五歩であった。この土地を加えると彼らの保有地別順位は前者が二一位から一〇位に、後者は二〇位から六位にアップするものの、家族員一人あたりの保有面積はそれぞれ一・五畝、二・七畝と依然として微々たるものである。

非農業的生産基盤

上・中・下屋敷、上・中・下・下々田および上・中・下・下々・山畑という田畑、家屋の生産基盤について一筆残らず詳細に書き上げられていることから、近世中期の屋久島各村の生活は主として農業に依存していたかに思われる。しかし、その保有面積はとてもそれだけで大家族を養っていけるだけの規模ではなかった。その少ない土地のなかでも水田はほとんどなく畑地、なかでも粗放的な山畑（切替畑）に依存していたのである。したがって、家計は農業のみでは成り立たず、農外に生業を求めざるをえなかったのである。

検地名寄帳に、ほとんどの世帯にその資産として桑が記載されている。その本数はいずれも一本に過ぎないが、その意味するところは大きい。養蚕業が盛んであったとの記録はないし、聞き取りで時代がさかのぼれる明治初期でも行なわれていた形跡はない。しかし、栗生村五三世帯中、桑保有世帯は三三戸にのぼり、合わせれば相当量の桑葉生産が見込まれ、自家消費量くらいの絹が産出されていたことは想像に難くない。とくに木綿以前の時代には重宝されていたものと思われる。さらには、馬あるいは船という輸送手段の存在は商品作物として移出されていたと考えられないわけでもない。

柿については、わずか千兵衛家一世帯に一本記載されているにすぎない。しかし、これも、どこの家にも必ず植わっているのが当たり前の、したがって租税の対象とは考えにくいありふれた樹木であるのに、検地名寄帳に登場してくることに意味がある。おそらく、漁業が盛んなこの村において漁網の手入れには相当神経が入れられていたことであり、それに柿渋が使われていたと推察できる。その供給元が千兵衛家であり、七戸の鰹網所有者（休兵衛、覚右衛門、五右衛門、次郎七、平右衛門、半左衛門、清兵衛）に渡ったのであろう。

漁業・海上交易

前記の七戸の網所有者は網元として漁業に従事していたことはわかるが、そのなかで帆船を所有していたのは休兵衛、覚右衛門、五右衛門、平右衛門、および清兵衛の五人であり、次郎七、半左衛門の二人は網のみの所有者であった。逆に網はもたずに帆船だけの所有者が三人（藤左衛門、正右衛門、および茂右衛門）いた。帆船の規模はいずれも一〇石積みの二枚帆船で、彼らを中心に積極的に漁業活動および近距離交易が行なわれていたであろう。そのなかで平右衛門家（保有地は二反三畝一歩で、村内一〇位）は上記帆船に加えて五一〇石積みの拾七端帆船を所有しており、栗生村のみならず屋久島一三カ村の漁業および海上交易のリーダーであったことがうかがわれる。

陸上交易についても決して閉鎖的ではなく、海岸線に連続的に立地する村落間の交流は馬によって想像以上に進んでいたものと思われる。それは全五三戸中約半数の二八戸が馬所有世帯として記載されていたことから馬の重要性がうかがえるが、農耕地としては急峻な微々たる畑地しかないような土地にあって農耕馬としては考えられずもっぱら運搬用に使われていたのである。

栗生以外でも、全村共通して、土地利用に関しては切替畑が主体で、水田、常畑はごくわずかであり、各村の農民階層と生産基盤を関連づけてみると、①村落のトップの階層は屋敷＋土地＋馬、桑＋船、網を所有、②家持ちの階層は屋敷＋土地＋馬、桑、③家をもたない従属家主は土地のみ所有するものと、④生産基盤なし、の四タイプに分類された。

七　世帯構成上の新知見

近世中期、一七二六（享保一一）年における屋久島各村の検地名寄帳の分析により、世帯構成上さまざまな新事実が見出された。

第一に、世帯構成としては多核家族世帯が大勢を占めており、夫婦のあり方に目を向けると妻が不在の家主が多数存在していたことが明らかになった。その一方で二〇〜五〇歳の単身女性が妻不在数にほぼ匹敵するくらい同村内に認められたことから、別家（それぞれの生家）に住みつつ婚姻関係が成り立っていたと判断し、それをここでは妻問い婚に対峙する形で「夫問い（ツマドイ）婚（妻不在婚）」と名付けた。

第二に、農民の身分として、薩摩藩独自の門割制度に従う形での「名頭」、「名子」名が北屋久諸村でみられたが、そこでは本来世帯主であるべき「名頭」が、他の名頭世帯に従属していたり、逆に従属しているはずの「名子」が世帯主になっているケースが多く認められた。こうした一見して矛盾する記載は、誤記というのではなく、やがては独立していく従属農達のまさに過渡期にあたる時期の一局面を忠実に反映していたものと解釈しておきたい。

第三に、屋敷と土地（田畑）の分与が長男、弟および「従属名頭」を筆頭に多種多様の世帯構成員になされていたことも注目される。これは多核家族世帯構成が卓越していたことと関係が深く、直系三世代家族さらには核家族へと変化していく前段階の家族とその相続のあり方を示すものとしてみることができよう。薩摩藩の検地の基本的意図が、「藩が名頭・名子の請取高の基準を明示すると同時に一門の標準高ないし標準規模を確保し、貢租負担の平均化創出に基づき封建的生産関係を強化して収取の貫徹を計ること」（黒田 一九七〇）にあったがゆえに、名頭、名子をとわず、あらゆる家族構成員の資産状況が把握されていたのである。

第四に、検地名寄帳で屋敷地に続いて、屋敷地所有者を筆頭人としてひとまとめにして書かれていたグループを、本章では世帯とみなし、その世帯のなかで夫婦を単位として成り立っている小グループを「夫婦家族単位（ＣＦＵ）」として議論してきた。ただ、生計という点でその世帯内の構成員とくに従属している家族の長の多くが土地を所有し、かつ少数ではあるが屋敷を別地番に所有しているものもみうけられた。ゆえに一七二六（享保一一）年の屋久島は世帯内の多核が実質的には財産分与を終えており、分裂直前の様相を呈していたということができよう。

以上、単年度の検地名寄帳の分析にとどまった内容ではあるが、いずれも従来の研究では述べられることのなかった特異な事例が多く紹介できたので、それらが将来、世帯、家族を議論する際の一助になればと思う。

注

（1）享保の内検では、まず検地の作業順に記された「検地竿次帳」が作成され、それを屋敷を中心に「検地名寄帳」としてまとめ直された。吉田村以外は、そのうちのいずれかしか残っていないが、記載内容は基本的に同一なので、共通の分析が可能となった。検地名寄帳は北東部の宮之浦、楠川、小瀬田村分が欠けている。南屋久諸村の資料は南屋久町教育委員会、北屋久諸村の同資料は慶應義塾大学日本史研究室の田代和生教授に閲覧させて頂いた。

（2）水平的拡大とは、CFUの長と同じ世代の親族が付け加わったもので、上向的拡大とは上の世代の、下向的拡大とは下の世代の親族が付け加わったもので、さらに、上向的かつ下向的など、二方向あるいは三方向の拡大が組み合わさった世帯もある。

（3）多核家族世帯とは親族関係で結ばれた二つかそれ以上のCFUを含む世帯である。世帯全体の世帯主を含まない構成単位を副次的単位と呼び、副次的単位の夫婦結合が世帯主の世代より上の世代に属するときは上向的といい、世帯主の既婚の息子が、その妻子と共に世帯主と同居している場合には、副次的単位は下向的という。また、既婚の兄弟あるいは姉妹が一緒に住んでいる場合のように、多核世帯のCFUがすべて水平的に並んでいる場合がキョウダイ家族である。

（4）『国史大事典3』（吉川弘文館）によると、「門は、国―郷―村―方限（ほうぎり、組）―門と系列化された鹿児島藩社会組織の末端農村行政単位である」。

（5）「ツマ」という言葉は、元来「夫婦や恋人が、互いに相手を呼ぶ称」であり、「夫」と書いて「ツマ」とも読む（落合恵美子氏のご教示による）。したがって、本章では妻が夫のもとへ通っていたであろうことを強調するために、「夫問い」を「ツマドイ」と読ませた。

（6）このように帳簿上「夫＋子ども」であるCFUを表5－1では「寡夫と子ども（達）」と訳してあるが、「妻」が村内に存在している可能性が高いので、「亡くなった」を意味する「寡夫」は訳語としては不適切であろう。「寡婦」もしかり、であるが、こちらの場合は五〇歳以上の高齢者が多いので実際には夫を亡くした場合が多いものと察せられる。

（7）　米本裕見子氏（当時、国際日本文化研究センターＥＡＰ補助員）による。

参考文献

有賀喜左衛門『日本家族制度と小作制度』河出書房、一九四三年。

江馬三枝子『飛驒白川郷』未来社、一九七四年。

江守五夫『婚姻の習俗——東アジアの視点から』吉川弘文館、一九九八年。

Hammel, Eugene A. and Peter Laslett, "Comparing Household Structure Over Time and Between Culture," *Comparative Studies in Society and History*, 16-1, London, 1974（落合恵美子訳「世帯構造とは何か」速水融編『歴史人口学と家族史』藤原書店、二〇〇三年）.

速水融「近世屋久島の人口構造」『研究紀要』昭和四二年度（一九六八年三月）、徳川林政史研究所、二〇五～二二四頁。

速水融『近世農村の歴史人口学的研究——信州諏訪地方の宗門改帳分析』東洋経済新報社、一九七三年。

速水融『江戸の農民生活史——宗門改帳にみる濃尾の一農村』日本放送出版協会、一九八八年。

速水融『歴史人口学の世界』岩波書店、一九九七年。

平井晶子「家族観の社会史——宗門人別帳の分析を中心に」EAP Working Paper Series 1、一九九六年。

古島敏雄『古島敏雄著作集』第二巻、東京大学出版会、一九七四年。

鹿児島大学法文学部文化人類学教室『屋久町の民俗Ⅱ』一九八八年。

上屋久町郷土誌編集委員会『上屋久町郷土誌』上屋久町、一九八四年。

川口洋「近畿地方における遠方婚について——17～19世紀」『歴史地理学』一四〇（一九八八年三月）、一～一六頁。

木下太志「記録されなかった出生——人口人類学におけるシミュレーション研究」『国立民族学博物館研究報告』二一—四（一九九七年三月）、国立民族学博物館、八七七～九一九頁。

鬼頭宏「宗門改帳と懐妊書上帳」『上智経済論集』四二—二（一九九七年三月）、一三～二八頁。

黒須里美「弘化三年ヒノエウマ――文化と人口の地域性」『日本研究』六（一九九二年三月）、国際日本文化研究センター、三五～五五頁。

黒田安雄「薩摩藩享保内検の一考察」秀村選三編『薩摩藩の基礎構造』御茶の水書房、一九七〇年、五三～七一頁。

溝口常俊「幕藩社会確立期における家族形態の変容」『歴史地理学』一二一（一九八三年六月）、一七～三一頁。

溝口常俊「近世中期屋久島における世帯構成と生産基盤」『名古屋大学文学部研究論集』一三四（一九九九年三月）、一七五～二〇五頁。

溝口常俊『日本近世・近代の畑作地域史研究』名古屋大学出版会、二〇〇二年。

成松佐恵子『近世東北農村の人々　奥州安積郡下守屋村』ミネルヴァ書房、一九八五年。

落合恵美子「失われた家族を求めて――徳川時代の歴史人口学」『現代日本文化論　二　家族と性』岩波書店、一九九七年。

岡田あおい「近世農民社会における世帯と家系の継承――会津山間部の宗門改帳を中心として」EAP Monograph Series 1、一九九六年。

岡田あおい「近世農民社会における世帯構成のサイクル」『社会学評論』五一―一（二〇〇〇年七月）、一三六～一五二頁。

大石慎三郎『近世村落の構造と家制度』御茶の水書房、一九六八年。

大間知篤三「伊豆諸島の民俗Ⅰ・Ⅱ」『大間知篤三著作集』第四・五巻、未来社、一九七八年、一九七九年。

Skinner, G. W., "Family system and demographic processes," in *Anthropological demography: Toward a new synthesis*, edited by David I. Kertzer and Tom Fricke, pp. 53-114, Chicago: U. of Chicago Press, 1997.

高木正朗「家族分類スキームと宗門改帳」『日本研究』一二（一九九五年六月）、国際日本文化研究センター、一八一～二〇八頁。

友部謙一「近世・近代日本農村における『家族労作』経営の分析――『チャヤノフ法則』・副業就業化・小作化の相互連関をめぐって」『三田学会雑誌』九〇―四（一九九八年一月）、一五～五五頁。

屋久町『平成8年度版　統計やく』屋久町、一九九七年。

屋久町郷土誌編纂委員会『屋久町郷土誌　第一巻　村落誌上』屋久町、一九九三年。

柳田国男「聟入考」『柳田国男全集一二』ちくま書房、一九九〇年。

第6章　西南海村の人口・結婚・婚外出生

中島　満大

一　歴史人口学に「日本」を三つに分けさせた村落

肥前国彼杵郡野母村は、長崎半島（野母半島）の先端に位置し、その三面を海に囲まれており、徳川時代は鰹漁を中心とする海村であった。[1] この小さな海村は、日本の歴史人口学の集成である速水融の地域類型に大きく貢献することになった。速水は、当初、前近代社会における人口と家族形態の地域性に関して、「東北日本」と「西南日本」という類型を設定していた（速水 一九九七）。けれども同じ著書のなかで、現状の二類型の先に「東北日本」「中央―西日本」「西南日本」として捉える構想を披露している（速水 一九九七）。その構想を現実のものとしたのは、野母村の研究の進展であった。[2] 野母村の研究が徐々に蓄積される二〇〇一年以降、歴史人口学における地域類型は、「東北日本型」「中央日本型」「西南日本型（東シナ海沿岸部）」という構成となった（速水 二〇〇九）。言葉を換えれば「東北日本」と「西南日本」という二類型から、「東北日本型」「中央日本型」「西南日本型（東シナ海沿岸部）」という三類型へ再構成させるきっかけとなったのが、野母村であった。つまり野母村は、歴史人口学に「日本」を三つに分けさせたのである。

さらに野母村は、「日本」を三つに分ける力を有していただけでなく、「日本」を超えた比較／構想へと発展させる潜在性を秘めていた。野母村を含めた西南日本村落は、済州島や中国福建省の海岸部との関係性があるのではないか、そうした関係性の基層には「東シナ海文化圏」（速水 二〇一〇：九二頁）と呼ばれるものがあるのではないかという、壮大な構想への道筋が野母村からみえてきた。すなわち野母村は日本列島の多様性を増すばかりでなく、「日本」という枠組みすらはみ出して、東アジアの多様性のなかに日本を位置づける可能性を開いてくれるのではないかという期待も喚起した。

では野母村についての知見は、どのように既存の歴史人口学のフレームワークから、さらにはこれまでの「日本」という枠組みからはみ出したのだろうか。まず野母村の歴史人口学的研究から示されたのは「人口増加」であった。徳川時代後半は、人口が停滞あるいは減少する地域が多いなかで、野母村は約五〇年間にもわたる断続的な人口増加を経験していた（Tsuya 2001、津谷 二〇〇二）。この人口増加を支えていたのは「高出生」であることも明らかになった（Tsuya 2001、津谷 二〇〇二）。野母村における高い出生力水準は、これまでの研究から導き出されていた東北地方や濃尾地方の村落の水準よりも高く、さらにヨーロッパとの比較から指摘されていた前近代社会における日本の出生力の低さという特徴とも一線を画していた。もう一つ野母村と他村についての先行研究との対照性が際立ったのは結婚年齢であった。野母村の結婚年齢は、これまで早婚とされていた東北村落よりも高いのはもちろんのこと、さらに晩婚といわれていた濃尾村落よりも高く、それは日本列島のなかでもっとも「晩婚」といってもよいくらい高い値であった（落合 二〇〇四ａ、黒須・津谷・浜野 二〇一二）。とはいえ野母村の人口学的特徴でさらなる注目を集めたのは、「婚外出生」であった（Tsuya 2001、津谷 二〇〇二）。野母村では、婚前出生をはじめとする婚外出生が多く、それは他の地域の村落ではあまりみられない現象であった。これらの野母村の特徴は、野母村の分析開始以前に歴史人口学が構築してきたフレームワークに収まりきらないものであった。そこで野母村の知見を基礎として、新たに「西南日本型（東シナ海沿岸部）」が地域類型として立てられることになったのである。

地域類型によって人口や家族を把握しようとする試みは、歴史人口学が始めたものではない。社会学、民族学、民俗学などによる日本の地域性研究の脈々たる伝統が存在し、そこに歴史人口学的知見が合流したのである。(3)したがって、西南日本型と聞けば、「足入れ婚」や「末子相続」を思い浮かべる者も多いだろう。(4)しかしながら本章の主題の一つである結婚を例にとれば、民俗学が研究してきた「足入れ婚」と歴史人口学が発見した「平均初婚年齢の高さ」とは関係しているようにみえるが、それがいかに接合しているのかという細部の解明はなされていない。(5)本章の目的は、歴史人口学が打ち立てた地域類型の「西南日本型（東シナ海沿岸部）」の再検討を行なうことである。さらに本章では、歴史人口学における「西南日本型（東シナ海沿岸部）」と、社会学や民俗学などの地域性研究から導き出された「西南日本型」との架橋を試みる。

本研究以前の野母村の研究は、ユーラシアプロジェクトによる野母村の史料のデータベース化が完了する前に実施されたので、一八〇二～二一年女子出生コーホートのデータを抽出して分析を行ない、出生や結婚に関する指標を計算したものである。(6)男子の分析はもちろん期間や時代によって野母村の人口学的特徴がどのように変容していったのかを検討することもできなかった。本章では、野母村に残る『野母村絵踏帳』（期間：一七六六（明和三）年から一八七一（明治四）年）をユーラシアプロジェクトが入力して作成したデータベースを全面的に用いて、野母村の人口学的特徴を析出していく。(7)

なお『野母村絵踏帳』は毎年作成され、一筆（編集単位）ごとにその年の成員の構成や年齢、旦那寺などの情報が記載された、一般的には宗門改帳と呼ばれている史料である。(8)史料が連続していることにより、出生や死亡、結婚などのライフイベントが起きた年を推定することができる。ただし、『野母村絵踏帳』には、村外への／村外からの移動は記載されているものの、奉公などによる村内での移動は史料に記載されていないという性質がある。一筆を「世帯」とみなせる現住地主義の史料といえるかどうかについてはさらなる検討が必要である。

二　人口増加と出生力

「西南日本型（東シナ海沿岸部）」、そして野母村の人口変動の特徴は「人口増加」であるといわれてきた（津谷 二〇〇二、速水 二〇〇九）。さらに両者は「高出生力」を抱えており（津谷 二〇〇二、速水 二〇〇九）、その力をもって、人口が増えていたと考えられてきた。完成したデータベースを利用して、史料が存在する全期間について、この特徴が維持されているのかを検証してみよう。

図6－1は、野母村の総人口の推移を示している。このグラフのなかで、もっとも目を引く特徴は「人口増加」であるが、その人口増加期を挟むように、人口が停滞している時期があることがわかる。したがって近世後期における野母村の人口変動は、三つの時期に区分することができる。第一の時期は、一八世紀後半における人口停滞期である。この時期の野母村の人口は、二五〇〇人前後の水準で推移している。第二の時期は、一九世紀初頭から中葉にかけての人口増加期である。どのくらい人口が増えたのかを、具体的な数値でみていくと、一八〇〇年に二五八一人であった人口は、一八五八年には三七一四人となり、野母村では大幅に人口が増加していることがわかる。この人口増加は、野母村の特徴として広く知られることになった。第三の時期は、一八五九年から史料の最終年である一八七一年までであり、野母村では人口増加のピークを過ぎており、停滞もしくは減少を特徴としている（人口停滞・減少期）。

引き続き図6－1から、自然増加（出生数から死亡数を引いたもの）と純移動（流入人口から流出人口を引いたもの）

図6-1　野母村における総人口・自然増加・純移動の推移

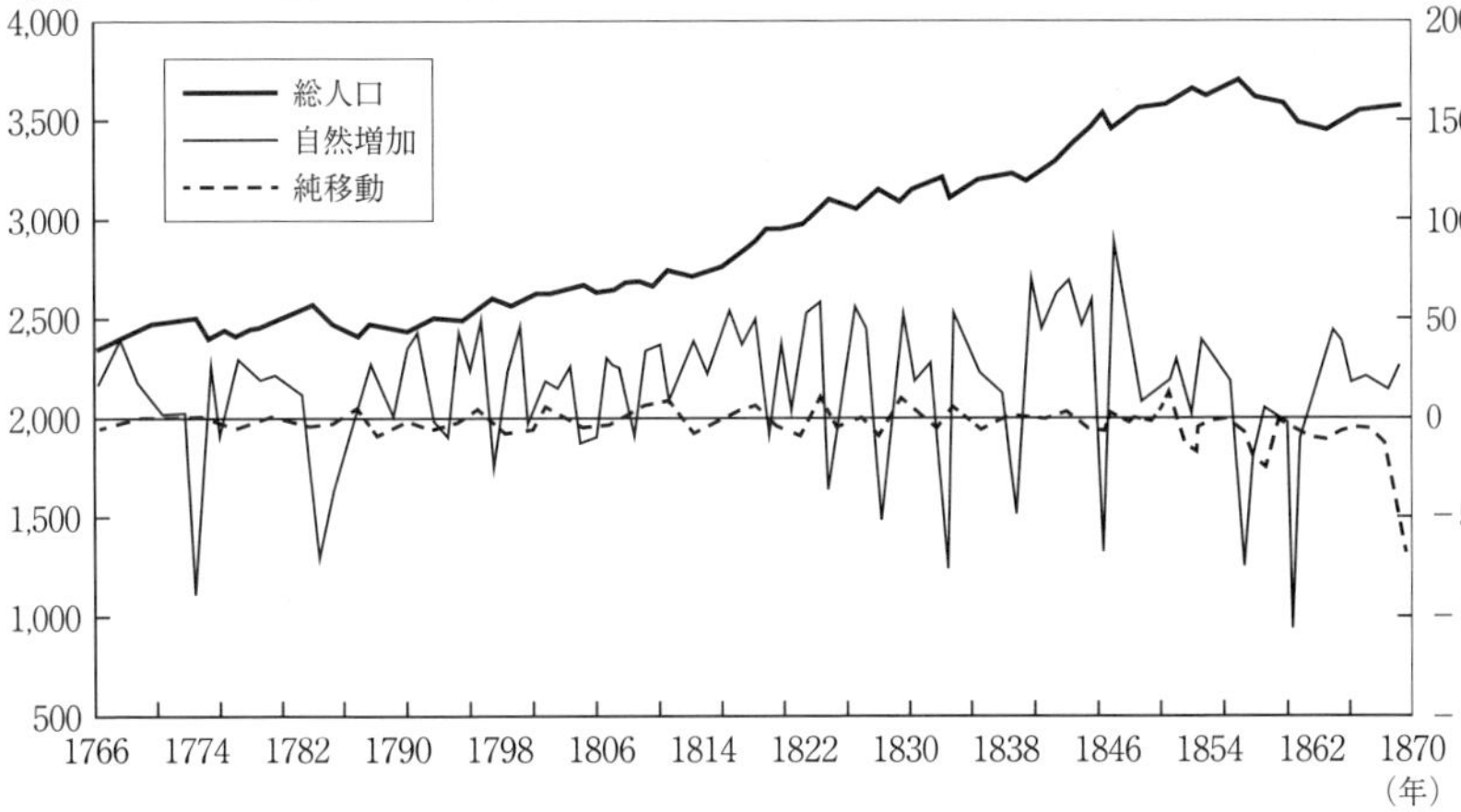

が、人口変動に与える影響についてみていこう。自然増加の値がプラス（正）の値をとるということは、その年の出生数が、同年の死亡数を上回っていることを意味する。とくに人口増加期をみると、自然増加が、数多くプラス（正）にふれていることがわかる。自然増加が人口変動に強く影響を与えている一方で、純移動はほとんど人口変動に影響を与えていないといってよい。純移動は、流入人口と流出人口を相殺しているため、実際の移動数をみていくと、たとえば、一八四五年に野母村に入ってきた者は五人であり、野母村から出て行った者は一二人であった。同じ年に生まれた者が九九人、亡くなった者が五五人という出生数及び死亡数と比べても、流入／流出数がともに少ないことがわかる。つまり、野母村の人口に対して、自然増加は強く作用していたが、純移動はほとんど作用していなかった。言い換えれば、野母村では、人口を自村から村外へ押し出す力、そして人口を村外から自村へ引きつける力が弱かった。

　つぎに、野母村の出生力は常に高い状態にあったのか、再検討してみよう。先に述べたように「高出生力」は、野母村の特徴として言及されることが多い。図6-2は東北農村の下守屋村・仁井田村と野母村の合計出生率を期間別に示している。[9] 下守屋村と仁井田村は、徳川社会において出生力が低いと位置づけられている村落である（津谷 二

図6－2　期間別・野母村と下守屋村・仁井田村の合計出生率(10)

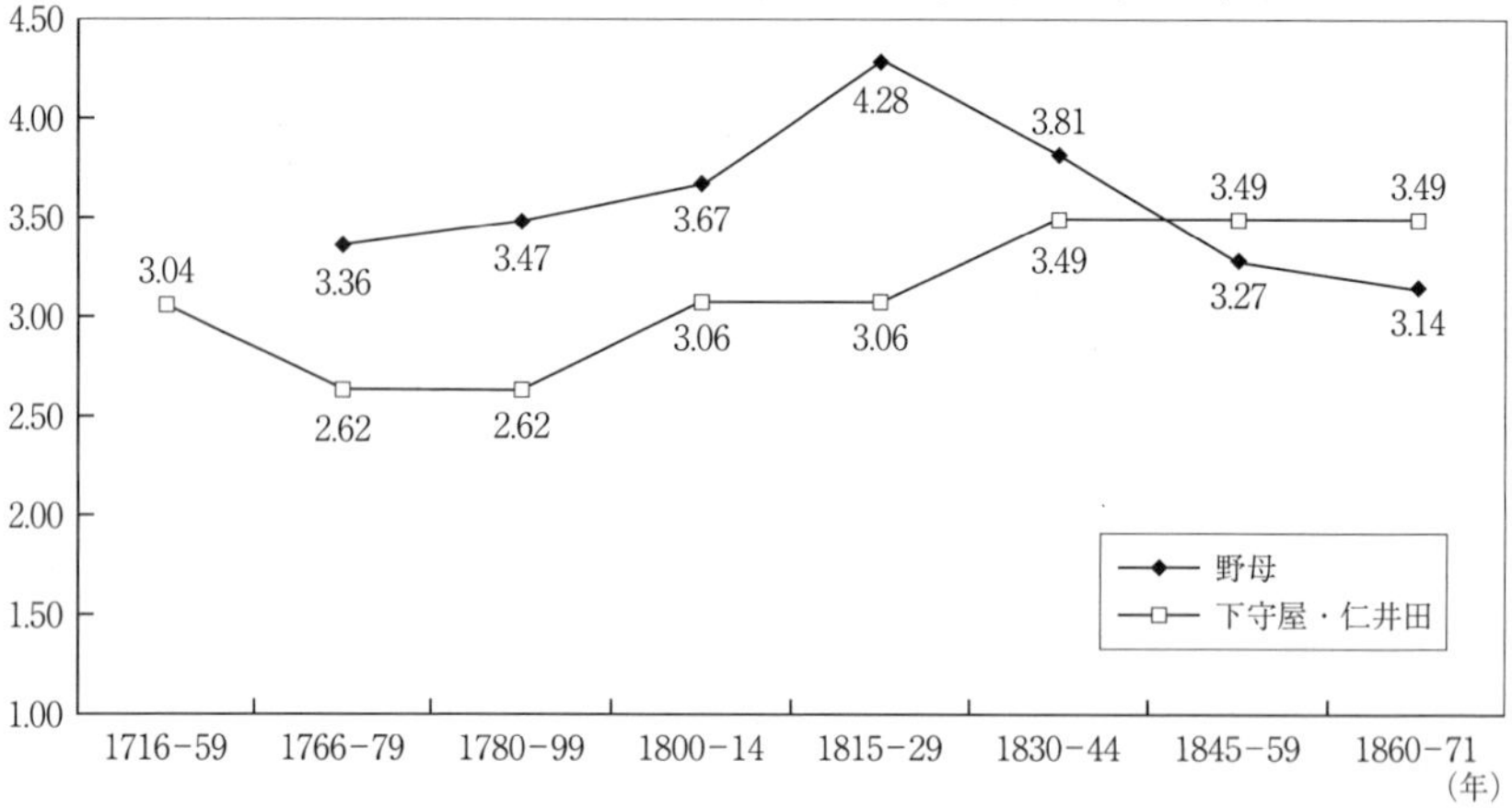

出所：下守屋村・仁井田村の合計出生率は、Tsuya and Kurosu（2010）から引用。

〇〇一、平井 二〇〇八）。まず期間を通しての合計出生率を比べると、下守屋村・仁井田村が二・九九であるのに対し、野母村は三・五六であった。東北の二ヶ村よりも野母村の方が合計出生率の水準は高い。

けれども合計出生率の推移を比べると、二つの地域の差がより鮮明になる。下守屋村・仁井田村では、一七六〇～九九年で一度合計出生率が落ち込み、再び明治に近づくにつれて合計出生率は回復していく。他方、野母村では、一八世紀後半の人口停滞期の合計出生率は三・三〇から三・四〇程度であったが、人口増加期に入ると、その値は急激に上昇し、一八一五～二九年にピークを迎える（合計出生率は四・二八）。またこれを境として徐々に、野母村の合計出生率は下降していく。つまり近代へ向かう過程において、東北の二ヶ村では合計出生率が上昇していくのに対して、野母村では合計出生率が下降していくのである。さらには一八四〇年以降、徳川社会において出生力水準が低いといわれている下守屋村・仁井田村と、出生力水準が高いといわれてきた野母村の立場が入れ替わっている。一八四〇～七〇年における下守屋村・仁井田村の合計出生率は三・四九であり、期間は厳密には異なるものの、野母村の合計出生率は、一八四五～五九年では三・二七、一八六〇〜七一年では三・一四であり、数値は逆転している。

歴史人口学における地域類型の「中央日本型」に大きく貢献した美濃国西条村では、合計出生率は計算されていないものの、東北村落よりも高い出生力をもった地域とされている（浜野 二〇一一）。高出生力を有する西条村は、一七七三〜一八六九年の間、ほぼ自然増加は正の値をとっていたけれども、野母村のような長期にわたる人口増加はみられなかった。それに対して、野母村においては限定的な高い出生力にもかかわらず長期的な人口増加を達成していた。なぜ西条村では断続的な人口増加が起こらず、野母村では生じたのか。その理由は、西条村では村内の人口を村外へと送る力が強かったからである（浜野 二〇一一）。一方、野母村では、西条村よりも村外へと人口を押し出す力が弱かったため、村落の人口は増えていくことになった。つまり野母村の人口増加に対しては、限定的な高出生力と村外へ人口を送り出す力の弱さが影響していたといってよい。言い換えれば、村外へ人口を送り出さなくとも、彼（女）たちに生活する場を提供できるという点に野母村の村落社会としての特徴がある。

野母村の合計出生率は、常に高い水準を維持していたわけではなく、期間によって変動していた。では出生力はどのような要因によって動いていたのだろうか。その要因を探るために、コールの出生力指標を利用してみよう。コールの出生力指標とは、プリンストンプロジェクト（プリンストン大学人口研究所が実施したヨーロッパの出生力低下に関する研究）で使用されたインデックスである（Coale 1969）[11]。このコールの出生力指標は、（総）出生力、有配偶出生力、無配偶出生力、有配偶率との関係性を明示することに適している。つまり、コールの出生力指標から、出生力の動きと関連しているのが、婚姻内の出生力なのか、それとも婚姻外の出生力なのか、それとも結婚の割合なのかを明らかにすることができる。

コールの出生力指標を使った分析は日本でも行なわれており、先に野母村との比較を行なうために先行研究の分析結果から観察された各村落に共通する特徴を提示する。先行研究では、分析対象として、美濃国西条村（期間：

図6-3　野母村における期間別・コール出生力指標の推移

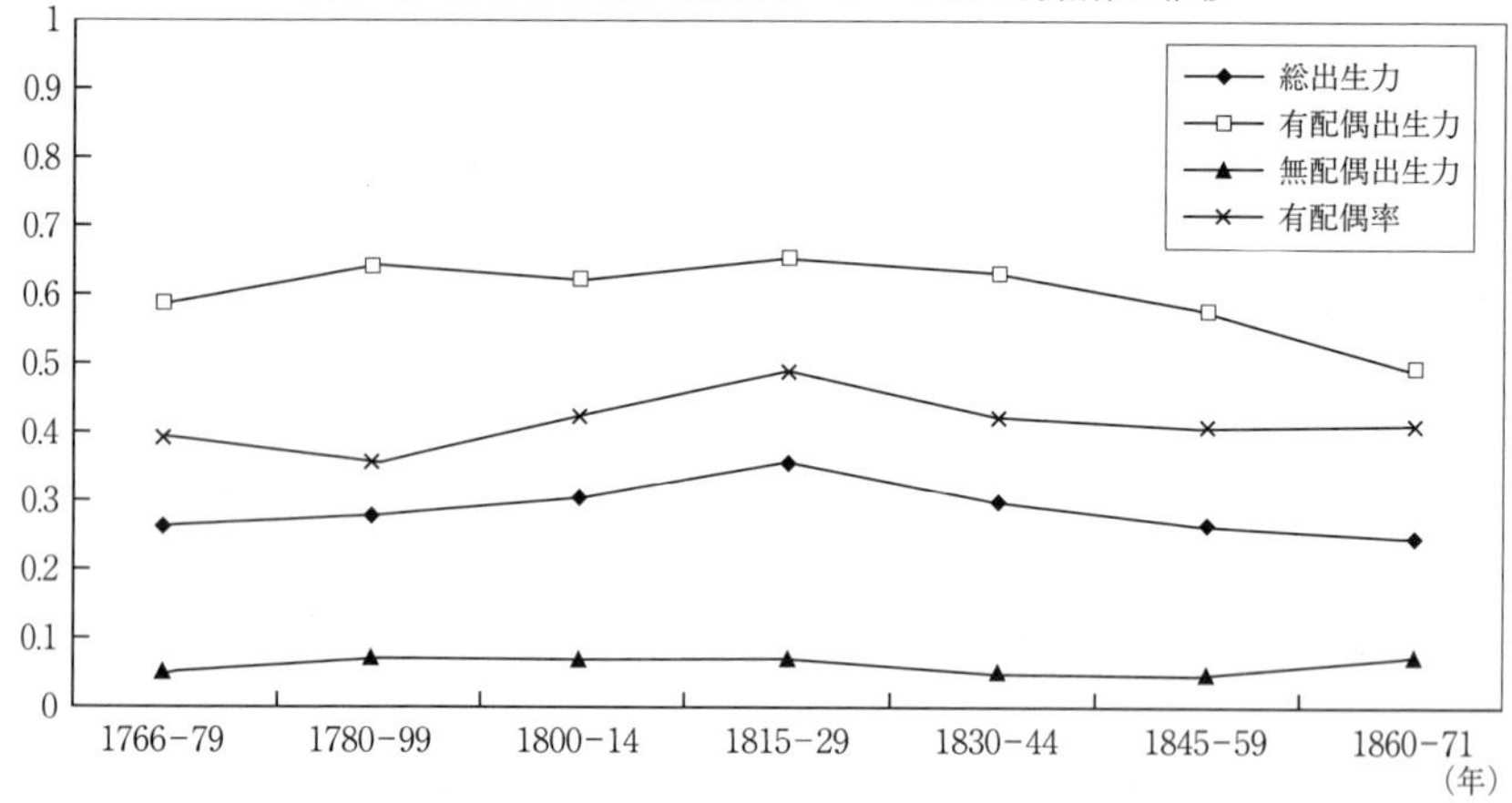

一七五一～一八七五）、陸奥国仁井田村（期間：一七〇一～一八七五）、尾張国神戸新田村（期間：一七七六～一八七五）が取り上げられている（Tomobe 2001）。

総出生力からみると、西条村では期間中〇・三五から〇・四〇を超える水準で推移していた。神戸新田村も、西条村よりその水準が低くなるものの、総出生力は〇・三〇から〇・三八の間を変動しており、ピーク時には〇・四〇に接近する水準まで上昇していた。それに対して仁井田村の総出生力は、〇・二五から〇・三五付近を推移しており、また期間を通して〇・三〇を下回ることも多かったことから、先の二ヶ村よりも総出生力の水準が低い状態にあったといえる。

この三ヶ村に共通している特徴は、先に示した総出生力と有配偶出生力が密接に連関しているということである（Tomobe 2001）。つまり、村落の出生力水準に影響を与えていたのは、結婚した者たちが子どもをどのくらいもうけるかという要因であった。それ以外の有配偶率や無配偶出生力は、有配偶出生力と比べると、総出生力に対する影響力が小さかった。言い換えれば、村落内でどの程度の者が結婚していたのか、あるいはどれくらい結婚外で生まれた子どもがいたのかは、出生力にそれほど作用していなかった。

野母村のデータからコールの出生力指標を計算すると、図6－3のようになる。まず総出生力をみると、ピーク時には〇・三五付近まで上昇するものの、それ以外の期間では〇・三〇前後に位置していた。野母村の総出生力は、西条村や神戸新田村の水準よりも低く、仁井田村よりは高い水準にあった。また総出生力による比較は、野母村の人口増加と、西条村の人口減少・人口停滞とを分ける要因が、人口を村外へ押し出す力の差であったことの傍証となっている。

野母村では、有配偶率が総出生力と強く連関していた点において、先にあげた三ヶ村とは特徴を異にする。合計出生率からも確認したように、野母村の出生力は一九世紀初頭から上昇していく。出生力は、有配偶率の高まり、つまり結婚する者が増えることによって、押し上げられていた。したがって、野母村では、結婚した者が子どもをそれ以前よりも多くもうけることによって、出生力が上昇したわけではなかった。けれども総出生力が一八一五～二九年をピークとして下降していく局面においては、有配偶率と有配偶出生力も同時に低下していた。つまり出生力が下がっていく段階においては、結婚する者が減っただけでなく、夫婦がもつ子どもの数も減少していた。整理すると、野母村では、出生力が上昇していく局面においては有配偶率が主たる要因として、反対に出生力が下降していく局面においては、有配偶率だけでなく有配偶出生力がその要因として働いていた。

また野母村の特徴といわれてきた無配偶出生力に関しても、西条村と神戸新田村でも婚外出生が確認されている（Tomobe 2001）。無配偶出生力は、西条村では、〇・〇七から〇・一一までの範囲で、神戸新田村では〇・〇一から〇・一一までの範囲で推移していた。野母村の無配偶出生力は、〇・〇五から〇・〇七の範囲で変動していた。定義の違いに留意する必要があるけれども、野母村の婚外出生の割合は他の村落と比べて突出して高いわけではなかった。[12] また無配偶出生力の動向において、興味深いのは、神戸新田村には「足入れ婚」の慣習が存在し、一八二六～五〇年から一八五一～七五年の間に無配偶出生力が低下しており、その要因として「足入れ婚」の消滅があげられていることである（Tomobe 2001 : p. 149）。野母村の場合は、無配偶出生力の直線的な下降はみられないものの、後述する結婚形態の分析では変容がみられた。

本節の知見をまとめよう。これまで野母村では、婚外出生も含め、高い出生力を有することが、人口増加を生み出す要因であるように考えられてきた。しかし実際には人口も出生力も期間によって変動していた。出生力の水準そのものも、高い時期もあったが、すべての期間を通じて高かったわけではない。また婚外出生も全期間を通してみられたが、西条村や神戸新田村と比べて、その割合が突出して高いわけではなかった。したがって、常態として高い婚内／婚外出生力が人口増加を導いていたわけではなく、限定的な高い出生力に、村外へ人口を送り出す力の弱さという要因が重なることにより、野母村では同時代ではあまりみられないような人口増加を達成していたのである。

野母村の出生の特徴は、むしろ出生力の変動のしかたにあった。野母村では、出生力が上昇していく局面において、結婚力の高まりが確認された。このように結婚力が出生力を牽引する事例は全国的にみてもめずらしい。一七世紀の人口爆発を引き起こした「婚姻革命」、すなわち新田開発などにより、これまで結婚できなかった者が結婚するようになったという全国的な現象以降（速水 二〇〇一）、徳川社会は「皆婚社会」となったと考えられてきた。(13) 本節では、野母村においては結婚力が、明確に出生力と人口変動に対して作用しているという連関を明らかにしたが、このことはいったいどのようなことを意味しているのだろう。野母村は「婚姻革命」を経験していなかったのだろうか。野母村の、あるいは西南日本型の核を導出するための鍵は結婚にこそあることが示唆された。

三　高い平均初婚年齢

結婚年齢に関する地域性は、徳川時代後半、また明治時代においても、「西高東低」パターンとして確認することができる（速水 二〇〇九、黒須・津谷・浜野 二〇一二）。「西高東低」パターンとは、結婚年齢が東へ行くほど低く、西へ行くほど高くなるという傾向をさしている。「西南日本型（東シナ海沿岸部）」においても初婚年齢は「高」とされており（速水 二〇〇九）、野母村の先行研究でも初婚年齢の高さが指摘されている（津谷 二〇〇二、黒須・津谷・浜野 二〇一二）。

野母村の初婚年齢の高さが際立つことになったのには、二つの要因があった。一つは、歴史人口学がこれまで研究を進めてきた徳川社会の村落との比較であった。先に登場した仁井田村と下守屋村の平均初婚年齢（期間：一七一六〜一八七〇年）は、男子が二〇・八歳、女子が一六・七歳と全国的にみてもかなり低い水準にあった（黒須・津谷・浜野 二〇一二）。これに対して美濃国西条村の平均初婚年齢（期間：一七九三〜一八六九年）は、男子が二八・八歳、女子が二二・五歳であり（黒須・津谷・浜野 二〇一二）、西条村は、東北農村の仁井田村や下守屋村と比べて、結婚のタイミングが遅く、晩婚の傾向があるといわれてきた。

続いて野母村の平均初婚年齢をみていくと、全出生コーホートの数値は、男子が三一・八歳、女子が二五・四歳であった（表6－1参照）[14]。先に示した他の村落との比較から、野母村の平均初婚年齢の高さが一層突出した存在に映ることになった。東北農村に比べて、晩婚であるといわれてきた西条村よりも、初婚のタイミングが遅いことが、平均初婚年齢の高さを、野母村の特徴として印象づけた。けれども出生コーホートが新しくなるにつれて、平均初婚年齢が低下している点には留意する必要がある。一方で早婚として有名な東北農村の仁井田村と下守屋村では、

表6－1　野母村における男女別・出生コーホート別初婚年齢と第１子出生時年齢に関する記述統計

		初婚年齢			第１子出生時年齢		
		平均値	標準偏差	N	平均値	標準偏差	N
男子（父親）	1756-69	35.0	7.1	239	34.6	7.1	214
	1770-89	34.0	6.8	324	33.1	6.3	287
	1790-1809	30.1	5.1	386	29.9	5.5	343
	1810-29	30.1	5.6	456	30.4	5.4	411
	計	31.8	6.4	1,405	31.6	6.2	1,255
女子（母親）	1756-69	27.2	5.8	184	25.8	4.6	192
	1770-89	26.2	6.7	297	24.6	4.5	277
	1790-1809	24.0	4.6	352	23.7	4.8	337
	1810-29	25.2	5.1	447	24.5	4.3	417
	計	25.4	5.6	1,280	24.5	4.6	1,233

出所：野母村のデータベースより筆者作成。

時代が近代へ向かうにつれて、平均初婚年齢の上昇が確認されている（成松 一九八五、一九九二）。つまり、近代へ向かう過程において、晩婚といわれてきた野母村では、平均初婚年齢の低下が（とくに男子において）生じており、反対に早婚といわれてきた仁井田村と下守屋村では、平均初婚年齢の上昇が（とくに女子において）生じていた。それは、いうなれば、結婚年齢の「西高東低」パターンという地域性を維持しながらも、そのコントラストの明度が低下していたということになるだろう。

野母村の平均初婚年齢の高さを引き立たせたもう一つの要因は、第一子出産年齢の平均値との比較であった。野母村の平均初婚年齢の高さは、第一子出産年齢と比較されることによって、私たちに強い印象を与えた（津谷 二〇〇二）。第一子出産年齢の平均値よりも平均初婚年齢の方が高いという分析結果が示され、さらには婚外出生が多いという報告も相まって、出産してから結婚する晩婚の村落として野母村は広く知られるようになった。

表６－１が示すとおり、男子の一八一〇～二九年出生コーホートを除けば、男女ともに第一子出生時年齢の平均値よりも、平均初婚年齢の方が高いという結果が出ている。けれどもこれらの二つの数値を比較する際に注意しなければならない点がいくつかあ

図6-4　期間別・第1子の登録年と母親の結婚開始年との関係：第1子の登録年が母親の結婚開始年と同年の場合もしくは母親の結婚開始年の翌年以降の場合

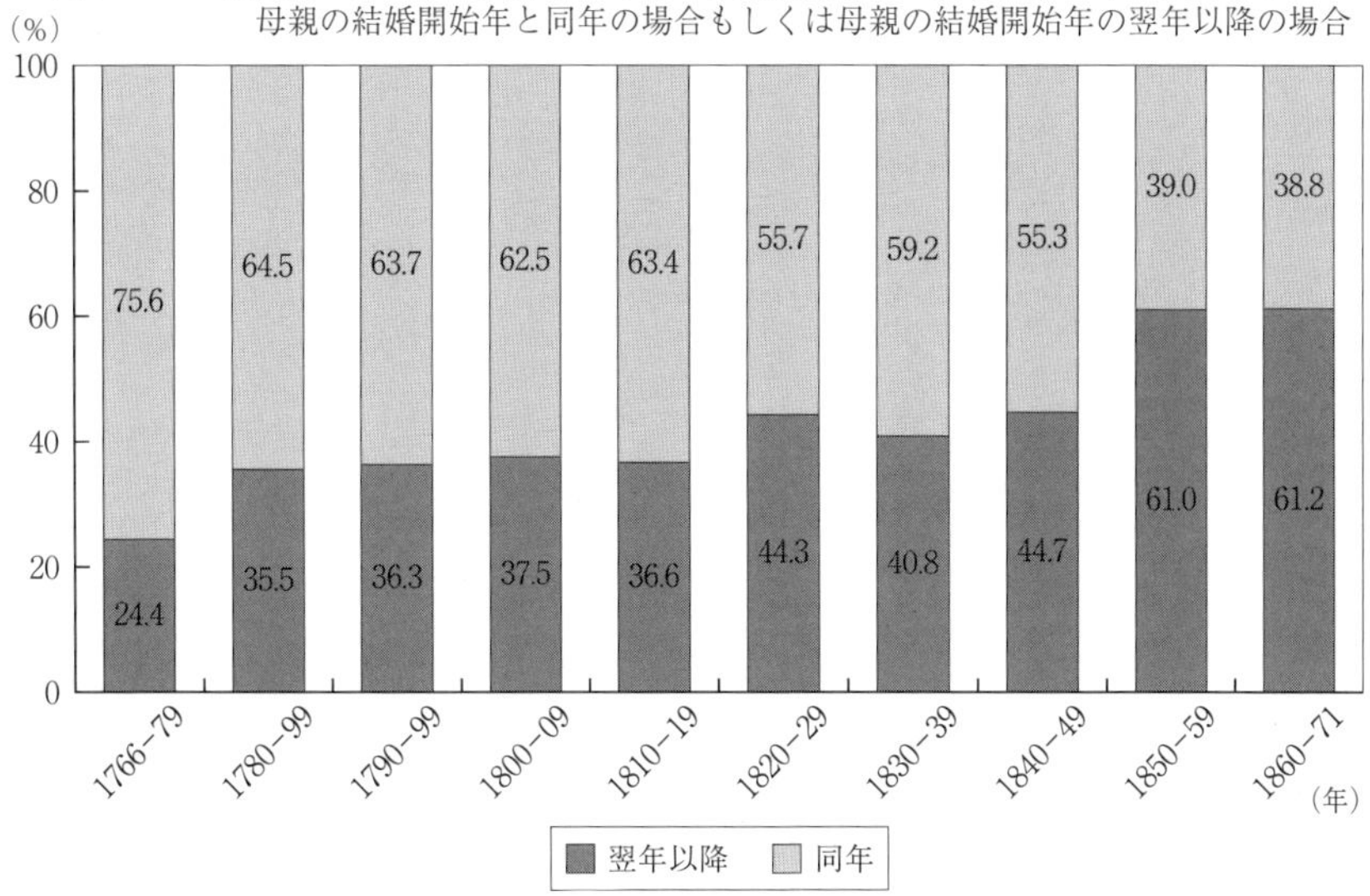

る。一つは結婚年と出生年の推定方法の違いである。結婚年は、注(14)で述べたように、(a)夫婦として宗門改帳に記載された年とするのか、それとも(b)その前年とするのか、あるいは(c)記載された年の宗門改めとその前年の宗門改めの中間で結婚が発生したとするのかという三通りの推定方法がある。出生年に関しては、（子どもは宗門改めの時に「二歳」として初めて登場することが多いので）史料に初めて子どもが登場した年の前年とするのが日本の歴史人口学の慣例であった[15]。そうすると、子どもが初めて史料に登録される年と、初めて夫婦として記載された年が同年のケースでは、(a)の場合、結婚年と出生年との間に一年の差がついてしまう（後述する図6-4に関する説明も参照のこと）。したがって、こうしたケースが多い場合、結婚年齢や第一子出生時年齢を計算すると、結婚年齢の方が第一子出生時年齢よりも高くなってしまう。このように結婚年と出生年の推定方法にも注意しながら、数値を解釈する必要がある。表6-1では、結婚年については(c)、出生年については史料に初めて登場した年の前年として計算した。出生も「記載された年の宗門改めとその前年の宗門改めの中間」で発生した

とするなら、表6－1の第一子出生時年齢は〇・五上昇することになる。しかしそれでもなお、とくに女子にとってはほとんどのコーホートで第一子出生時年齢の平均値の方が平均初婚年齢よりも低いという特徴は残る。

史料から得られる情報の処理方法という問題を超えて、さらに気をつけなければならないのは、当時の人々にとっての結婚の実態と史料との関係性についてである。当時の実態に即すのであれば、結婚を「点」として捉えるのではなく、結婚を複数の承認や儀式からなる「過程」として捉える見方（八木 二〇〇一）、すなわち「プロセスとしての結婚」（落合 二〇〇六）から考察することが必要だと提唱されている。「プロセスとしての結婚」の例として、民俗学者大間知篤三が提唱した「足入れ婚」を取り上げてみよう。足入れ婚とは、民俗学者柳田国男の婿入婚（聟入婚）から嫁入婚へ歴史的に移行したのではないかという仮説の提示を受けて、大間知がその中間形態として設定したものである（大間知 一九五〇＝一九七五）。大間知は、婚舎は婿入婚と同様に嫁方に属するにもかかわらず、婚姻成立祝いは婿方の儀礼に重点を置く婚姻を足入れ婚と呼んでいる（大間知 一九五〇＝一九七五：四〇一頁）。「足入れ婚」などの結婚慣行の場合、複数の儀式・儀礼や村落内の承認を経て最終的に婚姻が確定するまでに数ヶ月から数年の時間を要する。こうした結婚形態において、婚舎が婿方に移るタイミングは、地域によってさまざまであるが、初子の誕生や親夫婦の隠居などが多かったようである（大間知 一九五五＝一九七五：三五二頁）。足入れ婚の事例からもわかるように、ある一時点で婚姻が成立・確定するのではなく、複数の段階を経て婚姻は確定されていた。したがって「プロセス」として結婚をみる場合、宗門改帳に夫婦として記載されるというイベントが結婚の「プロセス」のなかでどの時点にあたるのかを検討し、結婚年齢を解釈する必要がある。

では野母村において、どのタイミングで宗門改帳に夫婦として記載されていたのかを検討していこう。図6－4は、第一子の登録年が、母親の結婚開始年と同じ年である場合と結婚開始年の翌年以降である場合に分けて、第一子の割合を図示したものである。[16] ここでの結婚開始年とは、母親が史料に初めて夫婦として記載された年を用いている。たとえば、第一子の登録年が母親の結婚開始年と同じ年のケースでは、妻が夫の所属する一筆に入ってくる場合、夫の所属する一筆に妻とその子どもが同時に現れることを示している。他方、翌年以降のケースは、先に母親が夫婦として一筆に記載され、その翌年以降に第一子をもうけることを意味している。

図6-4によると、一七六六年から七九年では、七五・六パーセントが同じ年であり、二四・四パーセントが翌年以降であった。野母村では、夫婦の登録、より正確には母親が「（夫の名前）女房」として記載されると同時に、子どもは「（父親の名前）男子／女子」として初めて史料に登場していた。したがって、単純に第一子出生時年齢と初婚年齢を比較すれば、第一子の出生の方が結婚よりも早く行なわれていたと解釈することも不可能ではないが、この数値間のギャップの大半は、出生年と結婚年の推定方法の相違によるものであり、実際は子どもの登録と夫婦としての記載が同時に行なわれていた。すなわち野母村では、第一子の誕生を契機として、宗門改帳に夫婦の登録を行なっており、その結果、必然的に史料から計算される結婚年齢は高くなる。野母村の特徴、さらには「西南日本型（東シナ海沿岸部）」の特徴として言及されてきた初婚年齢の高さは、こうした結婚形態や結婚に関する規範を反映しているといえる。

図6-4は、歴史人口学が提示した「高い平均初婚年齢」と社会学や民俗学が提示した「足入れ婚」的な結婚形態とを架橋させる一方で、人口と家族形態の地域性を支える特徴の変容も示している。野母村では、当初、第一子の登録年が母親の結婚開始年と同年であるケースが過半数を超えていたが、時代が進むにつれて、第一子の登録が母親の結婚開始年の翌年以降となるケースが多くなり、一八五〇年以降は後者が前者を上回るようになる。これは、「第一子の誕生を契機として、夫婦としての登録を行なう」という形から、「先に夫婦として登録した後で、第一子をもうける」という形への移行を示唆している。

結婚の地域性の文脈のなかでは、野母村は平均初婚年齢が高いことを指摘されてきた。野母村の平均初婚年齢の高さは、徳川社会における結婚年齢の「西高東低」パターンを描くことに貢献してきた。しかし、そうした平均初婚年齢の高さは、「第一子の誕生を契機として、夫婦としての登録を行なう」という結婚形態によって、より強調されていた。つまり結婚年齢の地域性を支えていたものは、結婚形態と結婚に関する規範の地域性であるといえる。しかしながら野母村の結婚の特徴として存在していた「第一子の誕生を契機として、夫婦としての登録を行なう」という形は、近代へ向かう過程のなかで、徐々に「先に夫婦として登録した後で、第一子をもうける」という形へ移行していった。それは、徳川後期にはすでに結婚形態の変容が始まっていたことを私たちに提示している。

四　婚外子のライフコース

これまでの野母村の研究では、婚外出生に焦点をあてることが多く、事実、野母村では婚外出生が多いといわれてきた（津谷 二〇〇二）。しかし、コールの出生力指標から神戸新田村や西条村と比べると、野母村の婚外出生が突出して多いわけではなかった。

だが婚外出生が多い／少ないという視点からだけでは、婚外子が村落社会のなかでどのような立場にあったのかを見逃してしまうのではないだろうか。野母村における婚外出生の多さが語られるとき、しばしばそれは「高出生力」と結びつけられてきた。つまり、高い出生力を有する村落であるから、結婚内／外を区別することなく、子どもをもうけていたのだと。こうした解釈のなかに埋め込まれているのは、婚外出生が多いことを理由として、村落内において、婚内子と婚外子は同等に扱われていたのではないかという考えである。けれども私たちは、すでに野母村の「高出生力」が限定的であったこと、婚外出生が突出して多いわけではなかったことをみてきた。そうであるならば、婚外子のライフコースと婚内子のライフコースを比較することにより、野母村という村落社会における

表6－2　野母村における男女別・婚内／婚外出生数

	両親特定	母親のみ特定	父親のみ特定	両親不明	計
男　子	3,830 (88.7)	296 (6.9)	144 (3.3)	48 (1.1)	4,318 (100.0)
女　子	3,652 (87.8)	331 (8.0)	130 (3.1)	46 (1.1)	4,159 (100.0)
計	7,482 (88.3)	627 (7.4)	274 (3.2)	94 (1.1)	8,477 (100.0)

注：(　) 内は%。

婚外子の立場を検証する必要がある。本節では野母村の婚外出生数を確認した後、婚内子と結婚外で生まれた子どもたちのライフコースを生存率という点から比較を行なう。

婚外出生や婚外子の分析に入る前に、本章ではいかにして婚外出生か、あるいは婚内出生かを判別しているのかについて説明する。通常、子どもが初めて『野母村絵踏帳』に登録される場合、「(父親の名前) 男子／女子」という形で登場し、同じ一筆内に母親の名前を見つけることができる。このように子どもが初めて史料に登録された時点で、両親を特定することができるケースを「婚内出生 (婚内子)」として本章では扱っている。したがって、図6－4に示したような夫婦の記載と第一子の登録が同年に行われるようなケースは「婚内出生 (婚内子)」となる。

「婚外出生 (婚外子)」として扱うケースは三種類ある。一つめは、「(母親の名前) 男子／女子」の形で登録されており、同じ一筆内に父親を見つけ出すことができないケースである。このケースは、本章では「母親のみ特定できる子ども」として分類している。二つめは、子どもが史料に登録される際に「(父親の名前) 男子／女子」という形がとられるが、一筆内に母親の名前が見当たらない場合である。このケースを「父親のみ特定できる子ども」として、本章では扱っている。最後のケースは、「両親を特定できない子ども」である。このケースでは、史料に子どもが登場した際に、父親も母親も一筆内に見つけることができない。以上、「母親のみ特定できる子ども」「父親のみ特定できる子ども」「両親を特定できない子ども」を総称して婚外出生

図6-5　野母村男子における親の特定／非特定別生存率の推移

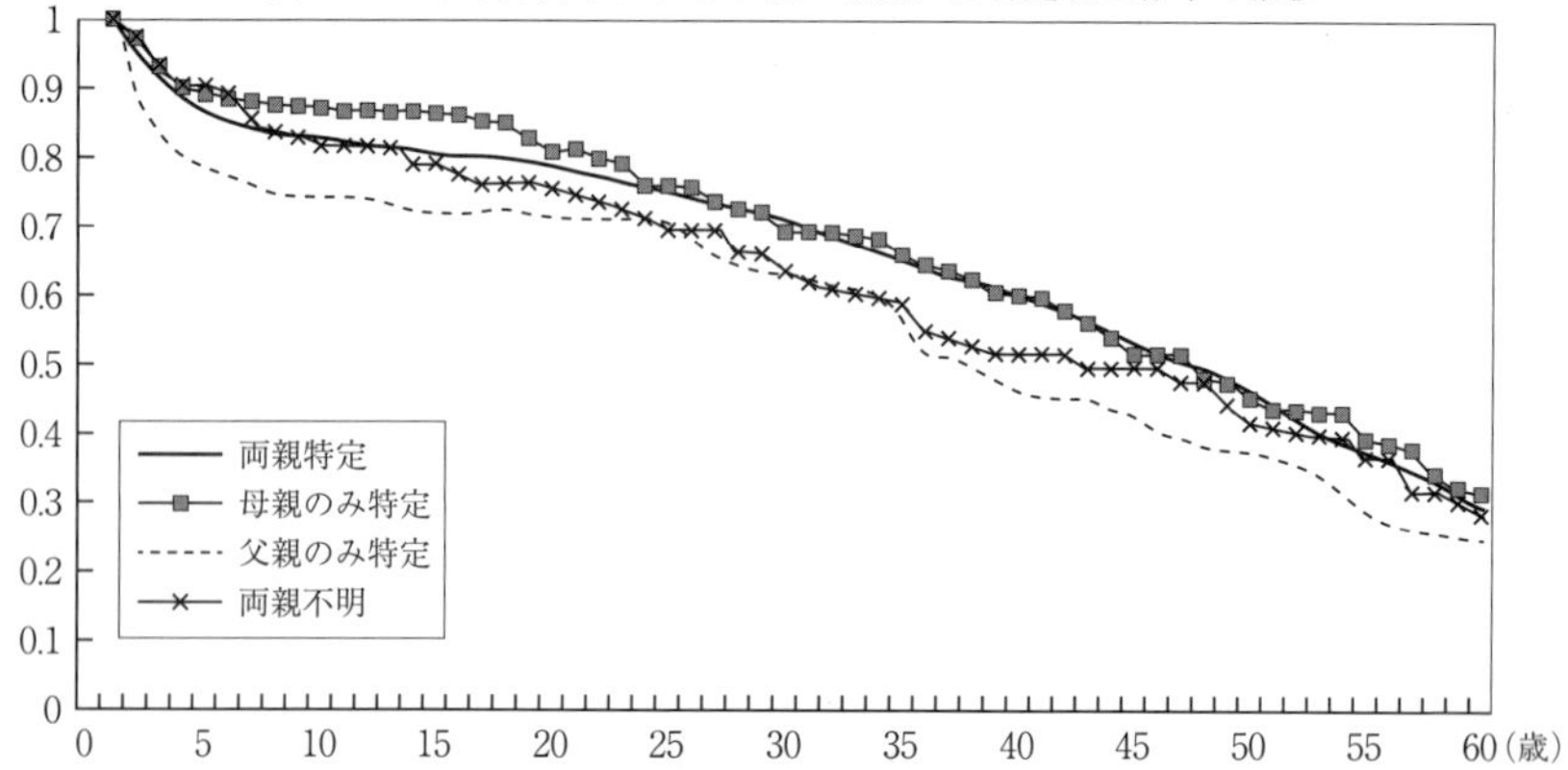

（婚外子）と本章では呼ぶことにする。

表6-2は、婚内／婚外出生数とその割合をまとめたものである。野母村では、全出生のうち、八八・三パーセントが婚内出生であった。そして婚外出生は、全出生数の一割程度を占めていた。婚外出生のなかでもっとも多いケースは、「母親のみ特定できる子ども」であり、七・四パーセントであった。次いで「父親のみ特定できる子ども」が三・二パーセント、もっとも少なかったのが「両親を特定できない子ども」で一・一パーセントであった。婚外出生の総数に着目すれば、野母村の婚外出生は多いということができるが、史料への登録という視点からみると、婚外出生の内実は多様であったことがわかる。

図6-5は、婚内子（両親特定）と婚外子（母親のみ特定、父親のみ特定、両親不明）の生存率の推移を示している。[17] まず男子をみていくと、婚内子と母親のみ特定できる子どもの生存率には差がなかった。これは、村落社会において、婚内子と婚外子が同等に扱われていなかったとする仮説に対して、生存率という点から反証しているといえよう。続いて図6-5からみえてくるのは、一五歳までは明らかに父親のみ特定できる子どもの生存率が、他の属性と比べて低い状態にあったことである。また二〇代後半から三〇代前半にかけては、父親のみ特定できる子どもの水準に、両親を特定できない子どもの生存率が近づき、彼らの生存率は

図6－6　野母村女子における親の特定／非特定別生存率の推移

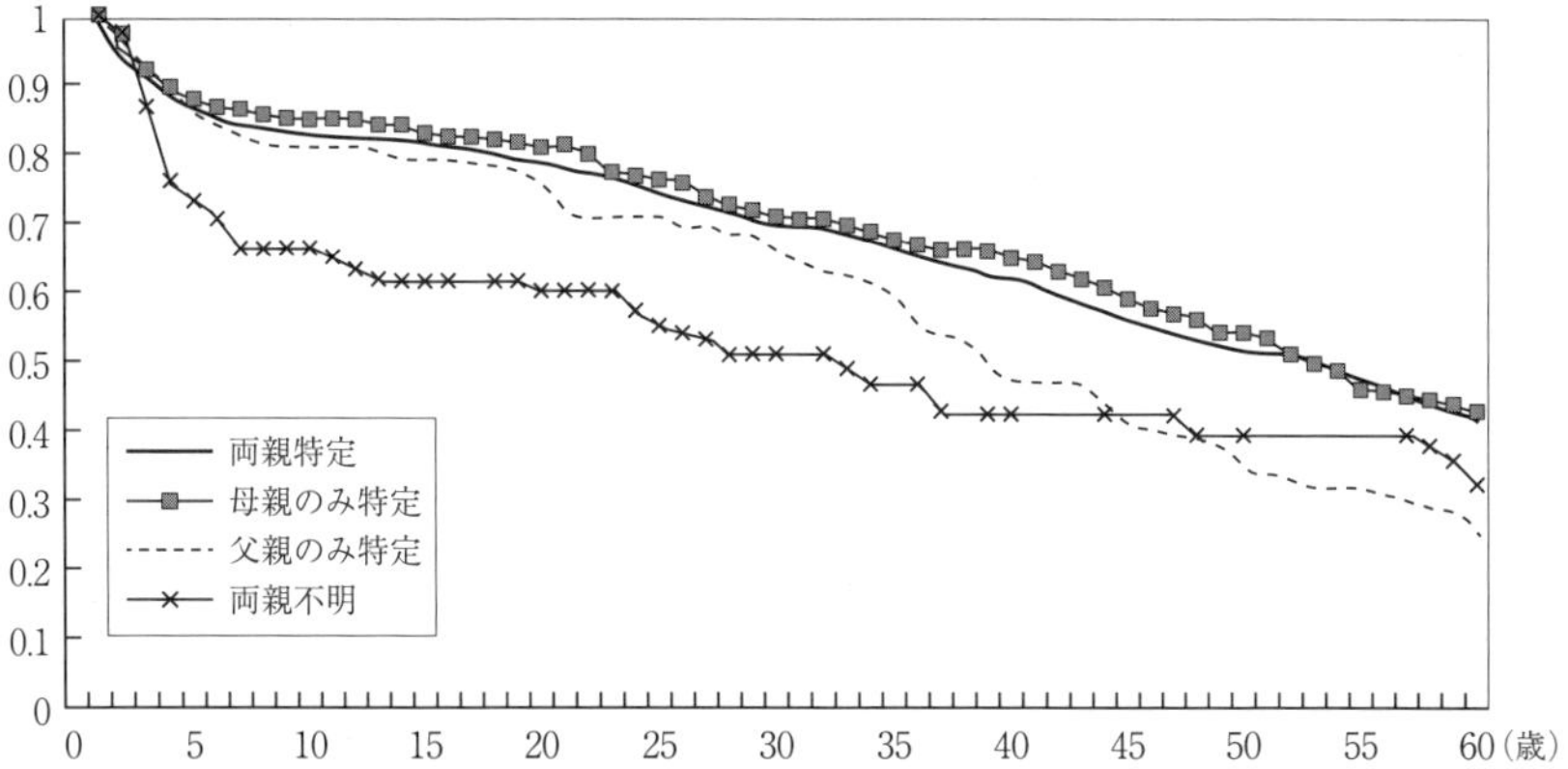

婚内子や母親のみ特定できる子どもの生存率よりも低かった。

つぎに女子の生存率をみると、男子よりも各属性の差が明確にあらわれている（図6－6参照）。男子と同じく、婚内子と母親のみ特定できる子どもの生存率は差がなく、その水準は父親のみ特定できる子どもや両親を特定できない子どもよりも高かった。したがって男女ともに母親のみ特定できる子どもは、父親がその一筆に見当たらなくとも、生存率という点からは、婚内子と同様のライフコースを歩んでいたといえる。しかし両親を特定できない子どもをみていくと、彼女たちのライフコースは、母親のみ特定できる子どもとは明確に異なっていた。両親を特定できない子どもたちは、その他の子どもたちと比べても、各年代を通して生存率が低い状態にあった。こうした傾向は男子でも観察されたが、その差は女子の方が大きい。また父親のみ特定できる子どもも二〇歳頃までの生存率は婚内子や母親のみ特定できる子どもと差がないものの、二〇代後半から次第に生存率の差が生まれていく。

本節では、地域性の議論で取り上げられる婚外出生に関して、婚外出生を多い／少ないという点から捉えるだけでなく、婚外子のライフコースを追跡することで、村のなかで婚外子が置かれていた立場はどのようなものであったかを検討してきた。その結果、みえてきたものは、婚内子と婚外子という二分法やそれにもとづく「婚外子は村落社会において周縁化された存在であった（あるいは、なかった）」といった仮説が、どうやら野母村には妥当しないということである。母親のみ特定できる子どもは、婚内子と同じようにライフコースを歩んでいた。しかし、それよりも数は少ないものの、父親のみ特定できる子どもや両親を特定できない子どもは、生存率からその周縁化を読み取ることができる。すなわち「婚外子」と一括りにしたカテゴリーを立てるのは妥当ではない。母親のいる子どもは、たとえ父親が一筆内に見当たらなくとも、村のなかで居場所を与えられた。他方、母親のいない子どもたちはそのような村落にあっても時に周縁化の対象となりうる存在であった。

野母という村落社会は、間引きや堕胎という手段が存在した時代において、母親や父親が特定できない子どもたちを小さな海村に誕生させた[18]。それは紛れもなく野母村という場所がもつ力、すなわち村落全体で子どもたちを育てることができるという力によるものであろう。しかしそのような村落にあっても、彼（女）たちの一部は周縁化の波に晒された。彼（女）たちは村落のなかでどのような理由で「居場所」を与えられ、あるいは与えられなかったのだろうか[19]。その問いへの答えのなかに、野母村の村落社会としての在り方をより深く理解するための鍵があるのではなかろうか。

五　地域性の変容と持続

本章は、野母村の事例から、歴史人口学の地域類型論のうち、「西南日本型（東シナ海沿岸部）」の再検討を行なってきた。さらに歴史人口学の「西南日本型（東シナ海沿岸部）」と社会学や民俗学から提出された「西南日本型」を結び合わせることを本章では試みてきた。

本章が明らかにしたことは、野母村が高い出生力を有していた期間は限定的だったということである。にもかかわらず、同時代の村落が人口停滞、もしくは減少している状況にあって、長期にわたる人口増加を達成していたのは、野母村では人口を村外へと押し出す力が弱かったからである。見方を変えれば、他の村落であれば、村外へと出て行く人々を、野母村は抱えていることができた。それは、野母という村落社会が多くの人々に生活する場所を与えることができる環境であったことを示している。

また野母村において、人口変動を規定する出生力と強く関連していたのは結婚力であった。「婚姻革命」以後、「皆婚」状態となり、出生力と有配偶出生力との関連が強い村落の多いなか、野母村では結婚力が変動することで、出生力が上昇／下降していた。全国的な現象といわれている「婚姻革命」が野母村には遅れてやってきたのだろうか。それとも「婚姻革命」の外側に野母村はいたのだろうか。野母村における結婚力と出生力との関連性は、もう一度「婚姻革命」や「皆婚」について再検討を要請しているといえる。野母村からみえてきたものは、社会経済的な状況に応じて、結婚できる者、結婚できない者を調整しながら、生活を維持していこうとする人々の姿であった。したがって、常に結婚できる者と結婚できない者とが明確に分かれていたわけではないし、常に村落で暮らすすべての人々が結婚していたわけでもなかった。

さらに出生力が上昇していく局面では、結婚力が強く影響していたのに対して、出生力が下降していく局面では、結婚力に加えて有配偶出生力も低下していた。これは、仮説の域を出ないけれども、野母村では、人口増加期以前は、結婚する者と結婚しない者を分けることにより、家族や村落の規模を調整していたが、一九世紀中葉に村落内の人々の多くが結婚している状態に達してからは、それをできる限り維持しながら、なおかつ家族や村落の規模を調整するために、夫婦がもつ子どもの数を統制するという方法がとられ始めたのではないだろうか。この仮説は検証を要するけれども、野母村において、夫婦の子ども数を統制するという手段が幕末や近代移行期に登場したことは記憶しておくべきだろう。

本章では、歴史人口学が発見した西南村落の「晩婚」と、社会学や民俗学などの地域性研究から析出された「足入れ婚」とを架橋する要因として、野母村における「第一子の誕生を契機として、夫婦としての登録を行なう」という結婚形態の存在を明らかにした。歴史人口学における結婚年齢の「西高東低」パターンは、それぞれの地域の結婚形態や結婚に関する規範から生み出されたものであった。西南日本型における晩婚は、夫婦として宗門改帳へ登録を行なうタイミングが他の地域よりも遅いことに起因しており、野母村の場合は、初子の誕生と夫婦の登録が強く結びついていた。

野母村では、婚外出生が多いことが人口学的特徴として言及されてきた。しかし、婚外で生まれた子どもたちにどうやって居場所を与えていたのかという点にこそ野母村という村落がもつ特徴や規範が宿っているのではないだろうか。野母村では父親がいなくとも、母親がいれば、その子どもたちは、婚内子と変わらない居場所を与えられていた。けれども父親がいるけれども母親が見つからない場合、あるいは父親も母親も見つからない場合、彼（女）たちは、時に村落社会において、周縁的な存在として位置づけられていた。ただし間引きや堕胎などの出生統制が行なわれていた時代にあって、父親しかいない子どもたちにも、父親も母親もいない子どもたちにも、生まれてくる場所が与えられていたことは再度強調しておく必要があるだろう。

けれども野母村がみせてくれた地域性は、常に変わらないものではなかった。しかもそうしたものがいずれは変わるものであると思っている者たちの認識よりも早く、それは訪れた。

結婚年齢の地域性は、徳川時代後半だけでなく、明治時代にも確認されていることから、この期間は変わらなかったと考えられてきた。だが近世後期には、野母村の結婚年齢は低下し、「第一子の誕生を契機として、夫婦としての登録を行なう」という結婚形態は、「先に夫婦として登録した後で、第一子をもうける」という結婚形態へ移行していた。

図6－7　道府県別男子有配偶率（届出無し）（25～29歳・1940年）

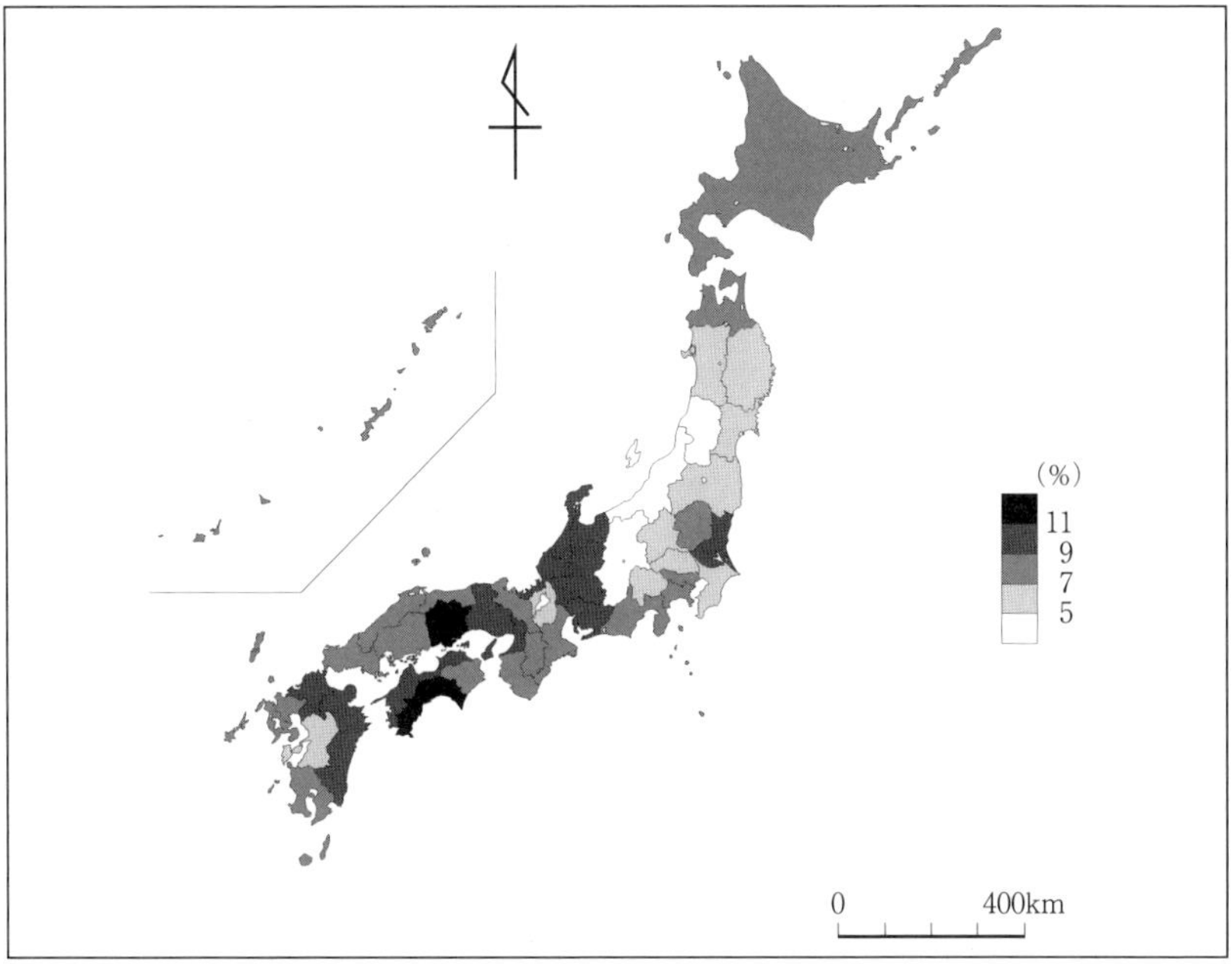

出所：『国勢調査』1940年より筆者作成。

またそうした変容は、野母村だけに訪れているものではなかった。本章でも紹介した東北農村では、野母村と対照的に結婚年齢の上昇が生じていた。徳川社会において、早婚といわれてきた地域の結婚年齢が上昇し、晩婚といわれてきた地域の結婚年齢が低下している。それは、いうなれば、東西に拡がる結婚年齢の地域性が近代へ向かうなかで収斂している傾向をあらわしている。野母村の場合、結婚年齢の低下には少なからず、結婚形態の変容が、東北農村の場合、結婚年齢の上昇に対して、「結婚の均質化」（平井 二〇〇八）や「直系家族への収斂」（落合 二〇〇四b、平井 二〇〇八）が関連しているのではあるまいか。こうした地域性の変容、地域性の収斂は、私たちが想定するよりも早く、徳川時代後半には、村落社会に訪れており、近代へ入る前に着々と「標準的な結婚」が整備されていた可能性がある。地域性を備えた村落は、それぞれが異なる地点から標準化された「日本」

という同一の地点へと向かっていた。
では人口や家族の地域性と呼ばれるものは、近世後期から始まる変容によって、容易に消滅してしまうものだったのだろうか。

結論からいえば、地域性はそれほど簡単に駆逐されるものではなかった。図6－7は、一九四〇年に実施された国勢調査をもとにして作成した統計地図である。この年の国勢調査では、有配偶者に対して婚姻の届出の有無を尋ねている。図6－7では、それを利用して、道府県別に婚姻の届出がなく、かつ有配偶である二五歳から二九歳までの男子の割合を示している。これをみると、西へ行くほど、婚姻の届出を行なわずに、結婚生活を送っている者が多いことがわかる。こうした傾向は、野母村の事例や結婚年齢の地域性とも整合的である。つまり、第一子の誕生や親の隠居などを契機として、婚姻の登録（婚姻届の提出）を行なう傾向は、一九四〇年になっても確認することができる。

野母村や野母村に隣接する脇岬（現在の長崎県長崎市脇岬町）において、結婚や若者の生活に関する聞き取りを行なったところ、野母村では「スソイレ」、脇岬では「アシフミ」と呼ばれる慣習が昭和三〇年頃まであったことが明らかになった。「スソイレ」や「アシフミ」とは、正式な結婚式を挙げていないものの、家族や親戚、または村の者たちからも夫婦として認められている状態をさし、後に結婚式や婚姻の届出を行なう場合もあれば、そうでない場合もあった。これらの慣習は、結婚式を挙げる費用がないなどの経済的な事情によることもあれば、出漁によって長期にわたり家を離れることを理由とすることもあった。このように統計地図からも、聞き取り調査からも、「スソイレ」や「アシフミ」などの段階を経て、結婚の登録を行なうという地域性の持続を確認することができる。

本章では、野母という海村の事例を通して、人口や家族に関する地域性を追いかけてきた。地域性は結婚や家族の在り方の多様性を示すだけでなく、それが失われていく様子を描くこともできる。さらには地域性が容易には消滅しないことも野母村は教えてくれた。そして今もなお、これからの結婚や家族がどうなっていくのかについても野母村は私たちに語りかけようとしているのかもしれない。

＊　本章の執筆にあたり、『野母村絵踏帳』の使用を認めていただいた速水融先生、ならび史料を現代語に訳し、データベースの基礎となるBDSを作成していただいた成松佐恵子先生、データベースを作成していただいた小野芳彦先生、そしてデータを入力していただいた東美由紀さん、仁田坂真弓さん、松浦早江子さん、花内じゅんこさんに心からお礼を申し上げる。
野母町、そして脇岬町の皆様には、研究の面だけでなく、公私にわたってお世話になっており、この場をかりてお礼申し上げる。至らない点が多い私をいつも支えていただき、深く感謝したい。

本研究はJSPS科研費（26・3542）の助成を受けたものである。

注

（1）野母村は、現在の長崎県長崎市野母町にあたる。
（2）野母村の他にも天草の高浜村や屋久島の研究も西南日本型に影響を与えている（溝口 二〇〇二、Murayama and Higashi 2012）。
（3）日本における地域性研究を整理し、発展させた研究としては家族社会学者の清水浩昭の研究がある（清水 一九八六）。
（4）足入れ婚に関しては、民俗学者の大間知篤三の研究が、末子相続に関しては社会学者の内藤完爾の研究がある（大間知 一九五〇＝一九七五、内藤 一九七三）。本章では取り上げることができなかったが、野母村の継承に関しては中島（二〇一二a）を参照のこと。
（5）平均初婚年齢の高さや歴史人口学が提唱した西南日本型の結婚形態の背景に、足入れ婚などの慣習や異なる行動規範が存在する可能性は指摘されているものの〔たとえば、平井（二〇〇八）や黒須・津谷・浜野（二〇一二）〕、その関係性を明確に示した先行研究はない。

（6）ユーラシアプロジェクトとは、一九九五年に開始された歴史人口学にとって大きな転機となったプロジェクトであり、正式名称を「ユーラシア人口・家族史プロジェクト」という。対象地域は、記名式で、かつ数十年から一〇〇年以上連続した人口資料が入手可能な地域という基準で選定された日本、中国、スウェーデン、ベルギー、イタリアという五地域であった。なおユーラシアプロジェクトは、歴史人口学と家族史を統合するという試み、また前例のない規模による国際比較という点にその特徴があった。詳細に関しては落合（二〇〇六）を参照のこと。

（7）『野母村絵踏帳』は、期間のなかで、数ヶ年史料が欠損している年がある。データが欠損しているのは、一七六七年、一七七〇年、一七七二年、一七八一年、一七八二年、一七八六年、一七八九年、一八一三年、一八三八年であった。

（8）宗門改帳の編集単位である一筆に関しては、「世帯」と表記されることも多いが、本章ではそのまま一筆として表記する。

（9）宗門改帳を使用して出生率を計算する際に常につきまとう問題が「記録されない出生」である。「記録されない出生」の問題とは、年に一度行われる宗門改めと翌年の宗門改めとの間で誕生した子どものうち、翌年の宗門改めが実施される前に死亡した子どもが存在し、その結果、出生率が実際の値よりも低い値として計算されてしまう問題のことをさす。記録されない出生数の補正は、歴史人口学でも幾度か試みられているが、現時点では確定的な補正法がないといってよい。したがって、本章は、記録されない出生の補正を行なわず、史料から導き出された値をそのまま利用し、各指標を計算している。

下守屋村と仁井田村の合計出生率は、Tsuya and Kurosu（2010）から引用した。こちらの指標も観察された値をそのまま使用している。また下守屋村と仁井田村は、三類型における「東北日本型」に対して大きな影響力をもっていることに加え、現在、歴史人口学的研究がもっとも進んでいる地域でもある。

（10）合計出生率を計算している期間が、野母村と下守屋村・仁井田村では異なるため、後者の数値に以下のように扱った。下守屋村・仁井田村の合計出生率は、三・〇四（期間一七一六〜五九年）、二・六二（期間一七六〇〜九九年）、三・〇六（期間一八〇〇〜三九年）、三・四九（期間一八四〇〜七〇年）で算出されており、野母村の期間と合わせるために値を引き延ばしてプロットしている。

（11）この指標は、二〇世紀初頭のハッタライト集団における有配偶女子の年齢別出生率（一五歳から四九歳まで）を使って、出生力を標準化している。ハッタライト集団とは、北米に存在する意図的な出生統制を厳しく戒めているキリスト教信仰集団である。したがって、ハッタライト集団における有配偶女子の年齢別出生率は非常に高い水準にあり、自然出生力、つまり出生制限を行なわない状態における出生力に近いということができる。またコールの出生力指標は、①総出生力（If：overall fertility rate）、②有配偶出生力（Ig：marital fertility）、③無配偶出生力（Ih：non-marital fertility）、④有配偶率（Im：proportion of women married）の四つの指標から構成されており、これらの要因が互いにどのように関連しているのかを明らかにすることができる。

ただし野母村や後述する神戸新田村に対しては、有配偶率や有配偶出生力という用語は適切ではないかもしれない。それは足入れ婚などの結婚形態が村落内で存在した場合、宗門改帳に夫婦として記載される以前にも、互いの家を行き来する形で、もしくは同棲という形で、配偶者がいた可能性が高いからである。本章では混乱を避けるため、慣例のとおり、有配偶率や有配偶出生力という語を用いるが、野母村や神戸新田村の指標を読むときは先の点に留意していただきたい。

(12)　西条村、神戸新田村における婚外出生の定義と本章の野母村の定義は異なる。野母村の場合は、「子どもが史料に登場した際に両親を特定できるかできないか」によって行なうが、各村落の史料の性質によって、婚外出生の扱い方が変わってくる。とくに留意すべき点は、神戸新田村では奉公の記載があるため、奉公に出ているときに生まれた子どもは婚内出生として扱われている。野母村では先に述べたように奉公に関する記載がないため、こうした処理は行なっていない。

(13)　本章でも取り上げた西条村は「皆婚社会」であったと結論づけられている（浜野・黒須 二〇〇九）。けれども村落内で「皆婚」が達成されているとしても、村外へ結婚できない者、あるいは生活の見通しが立たない者を送り出しているのであれば、都市の死亡率の高さなどの要因を考えると、この「皆婚」や「皆婚社会」が何を示しているのかをもう一度考えてみる必要があるかもしれない。野母村の結婚力の変動は、「婚姻革命」や「皆婚社会」を再考する良い契機となる可能性があるといえる。

(14)　平均初婚年齢を扱う際に注意しなければならないのは、結婚年をどの時点にするのかという問題である。宗門改帳の一筆に初めて夫婦として記載された年を結婚年とするのか、あるいはその前年とするのか、またはその中間で結婚が発生したと仮定するのかによって、計算される値は異なる。今回は夫婦として初めて記載された年とその前年の中間で結婚が発生したと仮定し、平均初婚年齢を計算している。この点に関しては、平均初婚年齢とその他の指標を比べる際にも考慮に入れなければならない。

また表6-1における第一子の意味は、その父親もしくは母親にとっての第一子である。夫婦によって第一子が一致する場合もあれば、そうでない場合もある。後者の例としては、母親が第一子を出産し、そのあと結婚し、第二子を出産した場合がある。この場合、母親は結婚前に出産した子どもが第一子となり、父親がそれまで子どもがいない場合は、母親における第二子が父親の第一子となる。

(15) 当時は新生児を一歳とし、年初に一歳ずつ加齢する年齢システムであった。したがって宗門改めの時点(通常は二月から三月)で「二歳」と記載される者は前年に出生したこととなる。年初から宗門改めの時点までに出生した者は「当歳」(一歳)と記載された。

(16) 図6-4は、母親が、史料上、父親が見つからない状態で出産した第一子は分析に含まれていない。

(17) 図6-5ならびに図6-6の生存率は、カプラン・マイヤー法による推定値を用いている。分析開始時点のリスク人口は、両親を特定できる男子が三一〇七人(そのうち、六〇歳までに死亡したケースは一五五九人)、母親のみ特定できる男子が二三六人(一一九人)、父親のみ特定できる男子が一一〇人(六二人)、両親を特定できない男子が三八人(三九人)であった。次に女子の場合、分析開始時のリスク人口は両親を特定できる女子が二九五六人(一二六八人)、母親のみ特定できる女子が二六〇人(一一三人)、父親のみ特定できる女子が九四人(五二人)、両親を特定できない女子が四一人(三〇人)であった。

両親を特定できない男子において、分析開始時のリスク人口よりも死亡したケースが多い理由は、分析開始から遅れて参入するケースが多いためである。たとえば、一〇歳時点でのリスク人口は五四人であった。

(18) 本章においては、仔細に議論を展開することができないけれども、野母村は子どもの移動、すなわち幼少期における一筆の変更が多い村落である。間引きや堕胎が生まれてくる子どもを抑制する手段であるとするならば、野母村では生まれてきた子どもを再配分するという手段をとることが日常的であったといえる。

(19) 本章では、婚外子のライフコースを生存率のみを取り上げているが、未婚率、戸主未経験率を用いた分析の詳細は、中島(二〇一二b)を参照のこと。

参考文献

Coale, Ansley J., "The decline of fertility in Europe from the French Revolution to World War II," in S. J. Behrman and Leslie Corsa, eds., *Fertility and Family Planning : A World View*, University of Michigan Press, 1969, pp. 3-24.

浜野潔『歴史人口学で読む江戸日本』吉川弘文館、二〇一一年。

浜野潔・黒須里美「徳川農村は『皆婚社会』か?」『統計』六〇(六)、二〇〇九年、二～九頁。

速水融『歴史人口学の世界』岩波書店、一九九七年。

速水融『歴史人口学で見た日本』文藝春秋、二〇〇一年。

速水融『歴史人口学研究――新しい近世日本像』藤原書店、二〇〇九年。

速水融『歴史学との出会い』慶應義塾大学出版会、二〇一〇年。

平井晶子『日本の家族とライフコース』ミネルヴァ書房、二〇〇八年。

黒須里美・津谷典子・浜野潔「徳川期後半における初婚パターンの地域差」黒須里美編著『歴史人口学からみた結婚・離婚・再婚』麗澤大学出版会、二〇一二年、二四～五六頁。

溝口常俊『日本近世・近代の畑作地域史研究』名古屋大学出版会、二〇〇二年。

Murayama, Satoshi and Higashi Noboru, "Seashore villages in Amakusa : Takahama and Sakitsu A Comparative Study of Population Registers and Disaster Management in the 19th Century, Kyushu, Japan," *Popolazione e Storia*, 2012, pp. 9-28.

内藤莞爾『末子相続の研究』弘文堂、一九七三年。

中島満大「九州海村の『継承』に関する一考察――近世後期野母村の事例から」『京都社会学年報』二〇、二〇一二年a、二九～四七頁。

中島満大「徳川社会における婚内子・婚外子のライフコース――肥前国野母村を事例として」『ソシオロジ』一七五、二〇一二年b、一九～三五頁。

成松佐恵子『近世東北農村の人びと』ミネルヴァ書房、一九八五年。

成松佐恵子『江戸時代の東北農村』同文舘、一九九二年。

落合恵美子「歴史的に見た日本の結婚」『家族社会学研究』一五(二)、二〇〇四年a、九九～一二三頁。

落合恵美子「歴史人口学から見た家・村・ライフコース――小農社会論としての家・村論再考」『年報 村落社会研究 第三九集』二〇〇四年b、四九〜九六頁。

落合恵美子「徳川日本のライフコース」落合恵美子編著『徳川日本のライフコース』ミネルヴァ書房、二〇〇六年、一〜二六頁。

大間知篤三「足入れ婚とその周辺」『大間知篤三著作集 第二巻 婚姻の民俗』未來社、一九五〇＝一九七五年、四〇〇〜四四九頁。

大間知篤三「生活の移りかわり」『大間知篤三著作集 第二巻 婚姻の民俗』未來社、一九五五＝一九七五年、三四九〜三七〇頁。

清水浩昭『人口と家族の社会学』犀書房、一九八六年。

Tomobe, Ken'ichi, "The level of Fertility in Tokugawa and Meiji Japan, c. 1800s–1930s: A Preliminary Analysis of the Hutterite Indices," Liu, T., Lee, J., Reher, D. S., Saito, O. and Feng, W. eds., *Asian Population History*, Oxford University Press, 2001, pp. 138–151.

Tsuya, Noriko. O., "Patterns of Nuptiality and Fertility in a Fishing Village in Southwestern Tokugawa Japan," Liu, T., Lee, J., Reher, D.S., Saito, O. and Feng, W. eds., *Asian Population History*, Oxford University Press, 2001, pp. 107–137.

Tsuya, Noriko. O. and Satomi Kurosu, "Family, Household, and Reproduction in Northeastern Japan, 1716 to 1870" Tsuya, Noriko. O, Wang Feng, George Alter, James Z. Lee, et al. eds., *Prudence and Pressure Reproduction and Human Agency in Europe and Asia, 1700–1900*, The MIT Press, 2010, pp. 249–285.

津谷典子「近世日本の出生レジーム」速水融・鬼頭宏・友部謙一編『歴史人口学のフロンティア』東洋経済新報社、二〇〇一年、二一九〜二四四頁。

津谷典子「近世後期漁村における人口増加と出生力の分析」速水融編著『近代移行期の人口と歴史』ミネルヴァ書房、二〇〇二年、一七五〜一九八頁。

八木透『婚姻と家族の民俗的構造』吉川弘文館、二〇〇一年。

第7章　海の支配と隠れキリシタン

村山　聡

一　隠れキリシタンが発覚した天草の村々

キリスト教を異教として厳しく取り締まっていた徳川体制において、天草諸島下島のなかでも西側、東シナ海に面する位置にある大江、崎津、今富、そして以下で詳しく述べる高浜の四村（次章掲載地図を参照）では、一八〇五（文化二）年に、五〇〇〇人を超す住民が隠れキリシタンと判断された。表7－1にあるように、この四村の総人口一万七〇〇〇人のうち、五〇パーセント近くの五二〇七人の住民が隠れキリシタンとみなされたのである。当時の常識では考えられない数の異教徒発覚事件であった。しかし、もはや大きな弾圧事件に発展することもなく、多くの異教徒は改宗したとして、穏便に処置されることになった。ただし、差別されたことは事実であり、彼らのその後は、一般の民衆が享受することができたライフコースとは異なる経験を強いられることになった。

表7－1にあるように、それぞれの村では、この異教徒の比率は異なる。崎津は異教徒の比率が高く、住民の七〇パーセントを超えているのに対して、高浜では一〇パーセントに満たない。高浜では、村落内の特定の地区、白

表7－1　天草の隠れキリシタン（1805年）

村　名	人　口	隠　れ キリシタン	隠れキリシタンの割合(%)	世帯数（A）	キリスト教徒の世帯数（B）	(B/A) (%)
大　江	3,143	2,132	67.8	569	441	77.5
崎　津	2,401	1,710	71.2	209	?	—
今　富	1,836	1,047	57.0	156	?	—
高　浜	3,320	318	9.6	579	80	13.8
計	10,700	5,207	48.6	1,513	—	—

出所：平田 2001：151頁。なお，高浜については史料(4)にもとづく独自の集計による（表7－3を参照）。

木河内に主にそれらの人々が居住していたことがわかっている（古野 一九五一：五〇頁）。宗教的なつながりにおいて、またその他の人的交流においても、相互の村々は密接な関係にある。文化年間以降、つまり、キリシタン発覚後の詳細な取調べの後、今富と崎津の間に不幸な関係が生み出され、後の村々の運命は大きく分かれることになる。

幕末までの天草諸島は幕府領であり、一六七一（寛文一一）年以来、幕府領時代の天草漁業は、定浦《じょううら》制のもとで営まれていた。海の管理は外部世界との接触に敏感な徳川体制にとって重要な支配の要素であった。定浦制の起源は、初代代官の鈴木重成が、一六四五（正保二）年、天草郡中に七カ浦を定め、おのおのの浦に弁指《べんざし》を一名ずつ置いて、漁民の管理にあたらせたことにある。その七カ浦が定浦と呼ばれた（本渡市史編さん委員会 一九九一：五五三頁、本渡市教育委員会 一九六二：一四二～一四六頁）。

天草の人口は、一六五九（万治二）年から一八五六（安政三）年までのおよそ二〇〇年間に、一万六〇〇〇人から一一万五〇〇〇人へと飛躍的に増大している（宮崎 一九八四：二二頁、檜垣 一九五二）。江戸時代ではまれな人口増加を経験した天草で、定浦の数は、一六四五（正保二）年の七カ浦から一六五九（万治二）年には一七カ浦、そしてさらに幕末一八五六（安政三）年には二四カ浦へと増加していた。これは漁業活動の地域的拡大に伴う当然の結果である。定浦制という制度は存続しているものの、漁業活動の衰退と発展との地域差により株売買や漁業権に関わる種々の調整が行なわれた。江戸時代の中後期には海運業も盛んとなり、行政の支配と管理の下に置かれていた海は、経済活動による競合の場へと変貌しつつあった。

この典型的な例が亀川浦の消滅である（本渡市史編さん委員会　一九九一：五六四頁）。亀川浦では、水夫役銀の負担に耐えかねて、一八〇三（享和三）年に、水夫役九人のうち、五人分を返上し郡中預かりにしてもらうことになり、この郡中の大庄屋の間では、この株を定浦以外でも漁業活動が盛んな村に割り付ける方策が考えられていた。この状況に着目したのが、天草灘に面する大江組高浜村の庄屋上田伝五右衛門とその嫡子源作（宜珍）であった。高浜村は一九世紀はじめまで定浦ではなく、一部の権益を借り受けて漁業を行なう端浦でしかなかった。一七六九（明和六）年の記録によると、無高百姓による釣漁が、大江、崎津両浦の漁師雇い入れによる鰯漁に発展し、村の総人口二八七〇人のうち、四六〇人は漁家人口であった。郡中預かりであった水夫役株五人分が高浜村へ譲渡されることが、正式に決まったのは、一八〇四（文化元）年のことであった（本渡市史編さん委員会　一九九一：五六四頁）。

新たに定浦に加わった高浜を含む地域に関してであるが、この一八〇四年周辺はいろいろな意味で転機にあたっている。天草全体での人口は飛躍的に増加しているものの、各郡単位や村単位の変化は一様ではない。本章でとくに問題としているのは、隠れキリシタンが発覚した高浜、大江、崎津、今富の四村であるが、これらの村々の人口変動は表７－２に示されている。この表からわかるように、この四村において、人口変動はやはり一致していない。とくに幕末において、高浜は人口増が

表７－２　今富・崎津・大江・高浜の人口変動

村　名	今　富	崎　津	大　江	高　浜
1691（元禄４）年	407	850	889	958
1808（文化５）年	1,890	2,466	3,179	3,336
1816（文化13）年	1,925	1,962	3,259	3,414
1817（文化14）年	1,939	1,955	3,275	3,440
1827（文政10）年	1,945	1,865	3,290	3,629
1856（安政３）年	1,840	1,346	3,186	3,826

出所：参考史料の各史料参照。

顕著であるが、崎津の場合は急激に減少している。今富、大江は、停滞もしくは減少傾向にあるといってよいであろう。このような変化はなぜ起きたのであろうか。

崎津の人口減少については、平田が詳しい（平田 二〇〇一：二〇六〜二八五頁、とくに二一二〜二三二頁）。崎津は、良港に乏しい西海岸唯一の良港であり、当初より定浦であり、また、漁浦としての実力は当時天草随一であったが、この人口減少の一つの理由は、疱瘡の流行にあった。一八一〇（文化七）年に中国からの漂着船二艘の長崎への曳航により、結果として長崎からもち帰った疱瘡の流行等が急激な人口減少の引き金になったとされている。

疱瘡の流行は離島ではとくに脅威であった。後に詳しく述べるように、天草におけるキリシタン取調べにおいても多大な功績のあった高浜村の庄屋上田宜珍は、この点においても重要な貢献をしており、高浜では、隔離小屋の設置や医者の手当てなどにより、崎津のような急激な人口減少を避けることができた。

そして、崎津の人口減少の原因となったもう一つの理由は、隣接する山村である今富との確執による孤立である。今富は山村であり、崎津とのさまざまな経済的交流とともに漂着船曳航の唐船引きの水夫なども提供していた。十分な耕作地のない崎津にとって、今富との友好的関係は重要であった。その今富との関係がさまざまな利害関係においてこじれ、むしろ崎津が孤立することになったと考えられている。一八〇八（文化五）年に記録上の最大人口二四六六人を抱えるのであるが、その後、減少傾向が加速化した。船数についてみると、一七六一（宝暦一一）年の資料記載では総数が合わないが、全部で七二艘、うち二艘が廻船、漁船が六九艘となっていたのに対して、一八六八（慶応四）年には、船数は五〇艘となっている（平田 二〇〇一：二三二頁）。

良好な漁港であっても、後背地に十分な耕作地が広がっていない崎津、離島にあっても、海へのつながりが少ない山村である大江や今富、そして、漁港や商業港としての発展可能性もありながら、十分な漁業権など港湾の権利を獲得していなかった高浜など、隣接する村々はそれぞれの特質を有していた。それらの村々のなかでも卓抜な地方政策を行なった庄屋上田宜珍を擁した高浜は、キリシタン発覚の時期に、決定的な歴史的変化を遂げ、新たな在郷町的村落へと発展することになる。

二　隠れキリシタン吟味の記録と研究史

高浜における一八〇五（文化二）年の史料群

史料の残存状況でみると、高浜関係の史料は豊富に残されているものの、崎津や大江、今富の史料は十分ではない。宗門帳、ここでは踏絵帳であるが、これなども、一部を除いて、高浜のものしか利用できない。また、高浜の宗門帳もおよそ三〇〇〇人の村落民すべてを把握しているのではなく、庄屋を中心として、その部落とその周辺と思われる特定の地区についてのみ残されている。残念ながら、多くの隠れキリシタンが住んでいたとされる白木河内の部落の人々に関する宗門帳は残されていない。隠れキリシタンの発覚により、彼らについては、各人の名前や年齢など非常に詳しい史料が残されているものの、宗門帳との突き合わせにより、そのライフコースを辿れるのは、隠れキリシタンとされる三一八名のうち、数名の家族関係に限られる。ただし、まったく辿れないわけではない。

異教徒、隠れキリシタンというような名称をこれまで特別な定義も行なわず使用してきたが、キリスト教世界ではない日本において、異教徒という表現で、隠れキリシタンを説明することは難しい。また、隠れキリシタンは一七世紀や一八世紀におけるヨーロッパのキリスト教徒と同じ意味で、キリスト教徒とみることができるかどうかも微妙な問題である。

ここで発覚したキリシタンは、投獄、火刑などという直接的な宗教弾圧の対象にはならず、穏便に処理され、彼らは、その後、改心したとされている。幕府への反抗に立ち上がるような勢力ではないと判断されたためであろうが、だからといって、彼らが、他の人々とまったく区別されずに、何もなかったことのように処理されたわけではない。彼らは、高浜の場合、踏絵を年に二度踏むという二度踏みが強制されたし、だれが隠れキリシタンであるかが特別な帳面に記載され、明確に区別されることになったのである。異宗を改心したものであっても、家族内部で区別されていた。高浜の場合、家が一つの単位として、つまり、家の構成員が全体として同一信仰の支持者ではなかったことが多いため、この隠れキリシタンの明確化は、人間関係に複雑な影響を与えることになった。

隠れキリシタンつまり「宗門心得違」の吟味の記録が詳細に残されているのは、高浜の庄屋を務めていた上田家の文書である。第一は、一七七〇（明和七）年から一八六六（慶應二）年までの九六年間のうち、七四年分が残されている宗門帳である。史料表題は、一七七〇（明和七）年から一七八〇（安永九）年までが「宗旨御改絵踏帳」、一七八一（天明元）年から一八一三（文化一〇）年までが「～歳宗旨御改影踏帳」、一八一四（文化一一）年から一八六〇（安政七）年までが「宗門御改踏絵帳」、そして一八六一（万延二）年が「宗門人別御改帳」、一八六三（文久三）年が「宗門御改踏絵帳」、一八六四（文久四）年から一八六六（慶応二）年までが「宗門人別御改帳」となっている。

これらの踏絵帳に加えて、とくに一八〇五（文化二）年の六月から八月にかけて集中している史料が本章の中心的史料群である。(1)「文化二年丑六月　宗門心得違調方口上書帳　高濱村」、(2)「文化二年丑六月　宗門心得違家内善悪調仕分帳　高濱村」、(3)「文化二年丑七月　御呼出之者共家内宗門心得違人数書上帳　高濱村」、(4)「文化二年丑八月　宗門心得違者一家内限人別帳　天草郡高濱村」、(5)「文化二年丑八月　宗門心得違惣人別異名覚帳　高濱村」、(6)「文化二年丑八月　宗門心得違家内十三歳口上名前覚帳　高濱村」などが、文化二年に六月から八月にかけて作成された史料である。これらに加えてさらに照らし合わせができるのは、(7)「文化三年寅九月、文化四年卯四月、高濱村異宗持候者共影踏帳」である。疑わしき者に関する予備調査、そして基礎調査から、隠れキリシタンの確定を経て、隠れキリシタンを対象とした影踏帳の作成ならびに踏絵の実施等に至るまでの一連の吟味、調査、資料作成の結果、残された史料群である。

幕府領である天草郡を兼任していた島原藩による高浜村調査は、大江、崎津、今富での取り調べの後であり、大江、崎津等での吟味により、高浜にも隠れキリシタンが居住していることが発覚したためである。上記の史料はこれらの探査の結果である。全体として穏便に処理しようという傾向が強く、その結果として、村民には可能な限り正直に信仰経験を報告するように仕向けていた。隠すことによって却って事態を複雑にすることがないように慎重な対応がなされたようである。本章では、この調査によって明らかにされた隠れキリシタンの世帯構成などを明らかにすることにより、どのような人々が抽出されることになったのかを明らかにする。

隠れキリシタンに関する研究史上の論点

これまでの隠れキリシタンに関する研究史においては、近世天草は人口過剰状態にあり、他の諸国でみられたような堕胎・間引きは慣行として存在せず、その理由は、キリスト教信仰とそれにもとづく生活習慣の拡大によるという見方がなされている（檜垣　一九五一）。しかし、それが十分証明されているとはいえない。また、最近の大橋の議論では（大橋　一九八九、一九九二、一九九五）、キリシタン民衆は幕藩体制の枠内における「百姓成立」の意識をもっていたことを強調し、キリシタン民衆は幕藩体制にとっては、むしろ模範的な民衆であったことを証明しようとしている。大橋の議論では、幕藩体制の矛盾の進行に伴う農民層分解に起因する騒乱への予兆を回避すべく、キリシタン露顕事件が登場してきたと説明する（大橋　一九八九：三六頁）。

一八〇五（文化二）年の天草における隠れキリシタンの発覚については、古く五〇年以上も前に、長沼賢海や古野清人らによって、その概要はすでに明らかにされている。一九二八年の長沼論文では、隠れキリシタンの伝統がまだ脈々と続いていた時代でもあり、インタビューなどからの印象も含めて、宗教文化の伝承における女性の役割を強調している（長沼 一九二八）。この議論で重要な史料は、文化的伝承の様子や、近世における宗教経験の様相を伝える前掲の史料(1)であり、信者九〇人に関して、この信仰を伝授した者を調べた史料である。長沼は、「その内で母が伝授者である場合が三十三人、祖母の場合が四人、父母両方の場合が六人、父である場合が三十五人、兄または伯父である場合が十二人」となっており、女性から伝えられた者が四三人、そして男性から伝えられた者が四七人となり、「女より男の方が同宗旨の相続には有力であったように見える」としている。しかし彼は、ここで信仰を表明している「九十人は、大部分が家頭か、もしくはこれに準ずべきものばかりであるから、大部分は勿論男子で、僅かに家頭に準ずべき女子は、たつ、ふく、とめ、きち、太吉母、幸内母、むめの七人に過ぎない」として、この四三人対四七人という数値が信仰の伝承における女性の役割の優位を否定するものではないという。

これは、家頭（やがしら＝家長のこと）を中心に、つまり、世帯を単位に、その筆頭者の把握にもとづいて住民把握をしている管理システムが支配的な時代において、その管理システムによって成立した史料群から文化的な伝承を検証することは必ずしも十分にできないことを示している。ただ、この一八〇五（文化二）年の史料群を記載内容にもとづいて時系列的に詳細に比較した研究はこれまでになく、それらを比較することにより、長沼の指摘する宗教文化の伝承における女性の役割についてもさらなる考察ができる。また家長を単位とした管理システムがそれほど確立していたものであったかどうかについても検討ができる史料である。

また第二次世界大戦後に、九州大学『九州文化史研究所紀要』において、「天草諸島の史的研究」という特集に収録された論文での古野の主張は、隠れキリシタンの信仰の内容に関して、その特殊性を強調している。さまざまな聖像の崇拝、明らかに聖母マリア信仰につながると考えられるようなさまざまな祈祷文、あるいは洗礼に近い儀式の存在、また洗礼名を有している点、ただし洗礼名は、女子は丸や（マリア）、男子はジュワン（ヨハン）というように、ほぼ固定されているように、一種のキリスト教の伝統とみなすことができるものの、独特の信仰が伝承されていることが確認されている。そのうえで、博打に負け、この法を唱えれば勝つと聞いて入信した七兵衛の例、その他、信仰したが功徳がないのでやめたという、いくつかの事例が先の史料(1)で確認できることなどを理由に、熱烈なキリスト教信者の集団というよりも、当時の社会にはどこにでもあった現世利益を求める土俗的な信仰につながることを示唆している。古野は、指導的な立場にある熱心な信者の信仰と功徳がなければすぐに懐疑的になり棄教する庶民の信仰とを対峙する（古野 一九五一：六九頁）。これに対して、平田は、「このような入信の現世利益の動機などを取り上げてカクレは土俗信仰だなどという学者もあるが、五〇〇〇人あまりの信徒中新規入信者は〇・二パーセント、その中で現世利益を得んための者は〇・一パーセントに過ぎない。したがって九九パーセント余の『親々の申教へのまま』の信者達を律することはできない」（平田 二〇〇一：一八九頁）とする。また、新たな入信者は、高浜でのみ観察されると平田は指摘している（平田 二〇〇一：一八六頁）。

つまり、ヨーロッパなどで観察できるキリスト教信仰のあり方とは大きく異なるにしても、その信仰は、外界からの長い断絶のうえでの信仰と理解すべきである。ただ、彼らの信仰もやはりキリスト教の影響下にあるとするならば、その具体像を、近世ヨーロッパにみられたキリスト教信仰ならびにキリスト教社会との対比という点で、いくつかの要素については正確に検討しておく必要があろう。少なくともカトリックの伝導が盛んに行なわれた時点のヨーロッパのキリスト教と、その後のヨーロッパのキリスト教では、民衆に与える社会的影響力は大きく異なることに注意する必要がある。

一つは、聖書の問題である。隠れキリシタンの彼らには聖書の内容はその一部しか伝えられてはいない。キリストの言葉をそのものとして理解することを彼らはできない。第二に、カトリックであれば司祭、プロテスタントであれば牧師にあたる職をもつ人間は、少なくとも身近にはいない。神の言葉を解釈し、それを伝える人はいないのである。ただ、先の史料(1)では、甚左衛門という特定の人物が一種の「洗礼」を施し、彼の周辺の人々が伝承に重要な影響を与えていることがわかる。当時の社会でそのような役割をする人物は「水方」と呼ばれた。つまり、宗教的指導者が存在しなかったわけではない。この甚左衛門は、史料(1)によると、一八〇五（文化二）年の一二年前に死亡していることがわかる。踏絵帳の残存期間にあたるため、確認できるかと考えたが、把握している地域がやはり異なるようで、名前を確認することはできなかった。おそらく白木河内に住んでいたのであろう。そして第三に、キリスト教社会で重要な教会共同体の役割である。村落共同体とは必ずしも一致しない独自の信仰共同体が存在したかどうかである。この点、史料から判別する隠れキリシタンのネットワークのあり方に注目する必要がある。

三　高浜の宗門心得違

吟味の経緯

吟味役の江間、平井の両名が、年寄要吉に迎えられ、大江から高浜の港に着船したのは、一八〇五（文化二）年六月一日のことであった。高浜で隠れキリシタン（以下、史料表記に合わせて「心得違」と記載）の吟味が始まった。はじめに有力な容疑者とみなされていた只助、弥助の両人がその晩にすぐさま呼び出され、正直にすべての者が信仰表明をするようにという御達書の主旨を申し聞かせた。この口達は五月に作成されたもので、大江ほかのものと同様である（古野 一九五一：四二頁）。さらに六月二日には、高浜村の一地区である白木河内の二一人が呼び出され、六月一五日までに、結局、九〇人が順次呼び出され、信仰経験と信仰の継承に関する口述書である史料(1)が作成された。そこで、心得違が含まれていると考えられる家が確定され、その年の踏絵帳と突き合わせ、踏絵帳に記載されている単位で、すべての関係者のリストが作成された。これが、史料(2)の「文化二年丑六月　宗門心得違家内善悪調仕分帳　高濱村」である。

心得違以外の家族成員すべてを確認できるのはこの史料のみである。他の史料は、心得違のみのリストであり、他の家族の成員については、全員の男女を区別した人数を知ることができるだけである。そして、心得違の個別調査は、この史料を基礎にしてなされていることがわかる。史料(2)に記載されているのは、全部で七一軒、男子二五三人、女子二四九人、合わせて五〇二人であり、この段階で心得違と判断されたのは、男子一九六人、女子一七七人、合わせて三七三人であった。

さらに、七月一九日から二三日にかけて、すべての家の構成員に関して、心得違であるかどうかの確認がなされた。六月の時点で、三七三人と判断された心得違は、個別の調査で、三一八人に絞りこまれた。踏絵帳の家単位で、呼び出しをかけ、個別調査をした結果が、史料(3)「文化二年丑七月　御呼出之者共家内宗門心得違人数書上帳　高濱村」である。この史料は呼び出し順になっており、史料(2)の順には記載されていない。それがさらに整理されて作成されたのが、史料(4)「文化二年丑八月　宗門心得違者一家内限人別帳　天草郡高濱村」であり、この史料の記載順は、史料(2)に一致する。踏絵帳の家族単位のなかでだれが心得違かが確定した。さらにこの史料(6)では、一三歳未満の子どもについては、白札付として特別に扱われている。自覚のないまま信仰していたということであろう。

家頭への着目

表7-3は、史料(2)、史料(4)ならびに史料(6)が比較できるように作成したものである。一八〇五年六月時点で心得違の疑いのある世帯は七一世帯であったが、世帯構成員全員が隠れとされたのは、最終的には一九世帯（二六・八パーセント）に過ぎなかった。七月に行なわれた再吟味において、疑いをかけられたものの心得違ではないと判断された確率が高いのは、家長以外の世帯構成員である。同一世帯に属しながらも、兄弟姉妹あるいは遠い親類関係にあるものの疑いはかなりの確率で晴らされた。それに対して、家長については、一人を除き、全員が心得違と

表7－3　各史料における高浜の隠れキリシタン

	1805年6月：史料(2) 隠れキリシタンの疑いのある世帯	1805年6月：史料(2) 隠れキリシタンの世帯		1805年8月：史料(4) 確定された隠れキリシタンの世帯		1805年8月：史料(6) 13歳以上の隠れキリシタン（原則として家長を除く）	
	A	B	(B/A)％	C	(C/A)％	D	(D/C)％
世帯数	71	33	46.5	19	26.8	—	—
男　子	253	196	77.5	175	69.2	56	32.0
女　子	249	177	71.1	143	57.4	108	75.5
家　長	70	62	88.6	61	87.1	3	4.9
妻	53	36	67.9	29	54.7	29	100.0
子ども	127	94	74.0	88	69.3	47	53.4
父	9	8	88.9	7	77.8	3	42.9
母	23	21	91.3	20	87.0	17	85.0
その他	220	152	69.1	113	51.4	65	57.5
計	502	373	74.3	318	63.3	164	51.6

出所：本章第2節のなかの「高浜における1805（文化2）年の史料群」を参照。

判断されている。この一名は善吉と称するが、この一家は後に崎津で吟味を受けており、この間に高浜から転居した模様である。すなわち、吟味を受けた者で家長である者は、現在の信仰の如何にかかわらず、心得違とみなされ、史料(7)のリストに載せられることになった。史料(6)は、家長以外で、また、一三歳以上で心得違とみなされた者のリストである。このリストの作成は、移動等の監視を容易にすることが目的にされたようである。男性家長が除かれているため、女性の比率が高くなっている。

また史料(5)によると、史料(4)で確定された三一八人のうち、洗礼名を有しているのは、二五六人（八〇・五パーセント）であり、そのうち、男子は一四一人（一七五人に対して八〇・六パーセント）、女子は一一五人（一四三人に対して八〇・四パーセント）であった。通常の仏教徒が所有していない異物を所持している者や、呪文のような祈祷文を知っている者においても、すべてが洗礼名を有していたわけではない。そして、史料(6)の調査の結果、一三歳以上の者について、心得違と確定されたのは、結局、一六四人のうち、男子五六人、女子一〇八人となった。この数値に家長の男子六一名を加えた者が、一三歳以上で心得違とみなされた者の総数となる。男子一〇七名、女子一〇八名、合わせて二一五名である。信者にとくに女性が多かったということは証明できない。

史料(2)の記載単位は、おそらく当時の踏絵帳の記載単位と同一と考えられるが、この同居世帯には、別宅人と記されている人々や、十分年かさの兄弟姉妹等も多く含まれており、さらにその家族も記載単位に含まれている。そのことは、表7-3において、その記載単位のなかで他の親族が含まれているものが、五〇二人中二二〇人（四二・三パーセント）も含まれていることからもわかる。ところが、最終的に隠れの家として確定された史料(7)では、史料(2)のなかの六軒が含まれず、さらに別宅人等はすべて個別に家頭として認識され、全部で八一軒が書き出された。

興味深いのは、第一に、心得違として疑われた家長およびその家族はすべて史料(7)の「異宗持候者共影踏帳」に登録され、これ以降、他の宗門帳から除外されたことである。六月作成の史料(2)にありながら史料(7)に欠落している六軒のうち二軒は、心得違として疑われた者がこの期間に死亡したと推察されるものであり、また、その他は、崎津への移住あるいは世帯全員の疑いが晴れた場合などである。つまり、七一軒中六軒を除いた六五軒のなかから新たに一六軒が区別され、結果として、八一軒が心得違の家として登録されたのである。史料(4)で六一人はすでに家長として登録されていたのであるから、新たに家長として登録された者が二〇人におよんだのである。その結果、親類縁者を含むような拡大世帯は記録上ほぼ消滅した。

たとえば、重作を家頭とする家は、史料(2)では、男四人、女六人の一〇人を構成員としていた。その帳面の記載順では、重作三八歳、重作の母かめ六六歳、娘つる五歳、女房きん三〇歳、倅六五郎三歳、同人弟与之助二五歳、同人妹とめ二九歳、同人弟福松三一歳、弟嫁きよ三四歳、同人姪三歳であった。この家は、史料(7)では、一つの単位として、家頭重作三九歳、重作家内、六五郎四歳、つる六歳、きん三一歳、二つ目は、家頭福松三二歳、はる四歳、きよ三五歳、そして第三番目の家単位として、家頭与之助二六歳、かめ六七歳、とめ三〇歳として分けて記載された。一つの家単位に登録されていた者が、三つの家単位に分断され、新たに家長が二人登録されたのである。また、それらの家は、記録上、順に記載されているわけではなく、明らかに個別の単位として把握されたことがわかる。

この重作の家では、世帯構成員全員が心得違として新たに踏絵帳に登録されたのであるが、家頭のみが隠れとみなされた場合には、他の家族構成員は新たに家単位を構成するか、それとも他の家に登録されることになった。家頭弥吉四五歳の場合、その女房いぬ四〇歳、倅乙松一二歳、娘げん一四歳はいずれも心得違と判断されず、弥吉のみが家頭として、史料(7)には登録されている。このような記載のあり方が世帯構成にどのような影響をおよぼしたかについては、つぎに検討することにして、ここで再度指摘しておきたいことは、この登録によって、それまで、拡大家族的な登録がなされていたものが、可能な限りすべて単婚小家族の単位となったということである。家族構成員の信仰を監視するのは家であり、家頭の役割をさらに明確に打ち出したということであろう。

四　心得違と家族のライフコース

すでに触れたように、史料によると、心得違が主に居住していたのは、高浜のなかでも白木河内といわれる迫《さこ》(＝地区単位）であった。この地区は、峠越えで今富経由で崎津に向かう街道沿いにあり、高浜では初期に成立した部落である。海沿いの地域ではなく、田畑を中心にした農業地域といってよいであろう。白木河内居住の七五軒中五九軒（七九パーセント）が隠れの家族であった（古野 一九五一：五〇頁）。これは、一八〇五（文化二）年六月二五日に書かれた史料に明記されているので、史料(2)の七一軒中の五九軒は白木河内の家族であり、残りの一二軒はそれ以外の地区に居住していた家族となる。すべての人名を残されている宗門帳にもとづき作成されたデータベース（章末参照）で検索してみたが、結局、一八〇五年以前あるいは以後について判明するのは、七一軒中六軒に限られることがわかった。この原因は、残されている宗門帳が庄屋の屋敷を中心とした高浜の中心部ならびにその周辺に限られているからである。とくに多くの心得違が居住していた白木河内の宗門帳が残されていないために限られた世帯しか追跡できなかった。わずか六軒の追跡であるが、一八〇五（文化二）年のキリシタン発覚は、彼らの家族関係において、何か特筆すべき事柄を観察できるであろうか。

「たつ」と「ふく」

史料(2)の七一軒については、順に家番号を振った。この家番号の1番から6番の家の構成員を追跡することができる。家番号1の隠れである「たつ」は、一八〇五（文化二）年に六八歳であったが、彼女は五人家族の一員であり、彼女だけが心得違である。この家に嫁に来たものであり、子どもたちには異宗は伝えていないという。この数年前から踏絵帳には病人と記されており、八月の史料(6)でも、この家は掲載されておらず、どうもこの間に死亡したらしい。次の家番号2の「ふく七一歳」も同様である。彼女も嫁に来たものであり、家族には信仰を伝えておらず、さらに八月の史料(4)から死亡していたことがわかる。この二軒はすでにみたように、史料(7)の踏絵帳には登場しなくなる。当該者が死亡したためである。

嘉兵衛

つぎに家番号3の家頭「嘉兵衛五七歳」であるが、彼の女房「ふひ」ははじめ心得違と判断されていた。しかし、七月の調査で、心得違ではないことが認められ、結局、この家では、嘉兵衛一人が心得違として別帳扱いになっている。彼の場合も踏絵帳の開始年から足跡を辿ることができる。一七七〇（明和七）年、彼は「加次郎二二歳」として登場する。この家頭は善六四六歳であり、彼は、名子、六蔵七〇歳の従兄弟の男子となっている。なつ四六歳が彼の母親であるが、父親は不明である。加次郎は、嘉次郎そして嘉兵衛へと名前を変えているが、この嘉兵衛は、一八〇五（文化二）年六月の宗教経験の取り調べに際して、つぎのような口述をしている。信仰は、甚左衛門母より伝えられたものであり、異名は、ジュワン、そして三二、三年前に庄作の姉、つまり甚左衛門姪の婿になったものの大病を患い、甚左衛門を訪問し、この信仰を知ったという。彼は、甚左衛門を「祭者」と呼んでいる。この甚左衛門が一二年前に亡くなり、次第にその信仰から遠ざかるようになり、観音信仰をしているが、取り調べに際して、「恐入五六年手違」（史料(1)および古野 一九五一：五九頁）と五、六年は間違っていたことを正直に伝えるという内容である。

このような内容においても、心得違として登録されていた。彼は子どもたちには信仰を伝えていないという。一八〇五（文化二）年の時点で、嘉兵衛は一〇人家族であり、女房ふひ五〇歳に加えて、妹きん四九歳、その子どもたち、五人（男二人＝源一七歳と梅吉一三歳、女三人＝なか一一歳・みつ一七歳・たつ二一歳）、そして娘ふな二八歳とその娘せい三歳が同居している。きん、ふな、二人とも夫は不明である。梅吉は後に家頭になるのであるが、その父親として、一八一八（文化一五）年に、万吉六七歳が突然登場してくる。またこの時点で、ふな四一歳の婿として銀太郎四八歳も同時に登場する。もっとも、この前の二年分の踏絵帳が消失しているので詳細は不明である。

さて、嘉兵衛自身は別帳扱いになるため、一八〇五（文化二）年以降、史料(7)以外の残されている「素人」（＝非キリスト教徒）の踏絵帳では足跡を辿ることができない。また、嘉兵衛の女房ふひも、彼の家に留まってはいない。一八〇七（文化四）年には、梅吉が家頭になった家から出て、米五郎二五歳の伯母として、二人家族を形成する。この家はふひの実家であり、一七七〇（明和七）年には、ふひは、やや一六歳として踏絵帳に出ている。嘉兵衛がふひとともに、彼女の実家に移り住んだかどうかは不明である。ふひは、一八一三（文化一〇）年一一月七日に五八歳で死亡している。

ところで、ふひは、一七八六（天明六）年に、三二歳で嘉兵衛、当時、嘉次郎三八歳の嫁に来ている。つまり、先ほどの嘉兵衛の口述での婿入りは、ふひを嫁に迎える前の話ということになる。この一一年前に、嘉次郎、当時、加次郎二七歳は、たつ二三歳を嫁に迎えているが、彼女は、すぐ翌年にはこの家を出て、つまり離婚し、一七八〇（安永九）年には、兄七左衛門三五歳のところに落ち着いている。結局たつは、この兄の家で一七九八（寛政一〇）年に四六歳の生涯を閉じる。彼女も、先の甚左衛門と関係する人物ではなさそうである。甚左衛門との関係は、たつを嫁に迎える前の出来事のようであるが詳細はわからない。

貞吉一家

つぎの家番号4「貞吉四六歳」一家をみてみよう。女房ひめ四八歳、娘たま二〇歳、孫、助五郎三歳が隠れとされている。踏絵帳の記載開始年である一七七〇（明和七）年以降、彼らのライフコースを辿ることができるものの、一八〇六（文化三）年以降、心得違の者は別帳になっているため、一般の踏絵帳に記載されている残りの家族と組み合わせることが必要である。史料(2)では、残りの者も記載されており、別宅人として、上記の四人に加えて、甥伴助三六歳、甥岩松一五歳そして婿安右衛門二三歳の七人家族となっている。娘たまの婿が安右衛門であり、両者の最初の子どもが助五郎である。一八〇七（文化四）年の素人の踏絵帳には安右衛門二五歳が家頭となり、従弟として岩松一七歳（行違人）そして倅の安蔵四歳が記されている。伴助は福蔵の家に移動したようである。この踏絵帳においてすでに混乱がみられる。

はじめは安蔵四歳を家長とし、同人甥岩松一七歳、婿の安右衛門二五歳の順に記載されていたが、朱書きで訂正され、家長は安右衛門、同人倅安蔵、同人従弟岩松という順となった。安右衛門は心得違と判断された貞吉の娘である「たま」の婿である。貞吉、ひめ、たま、助五郎の四人は別帳扱いであるため、彼らは素人（心得違ではない人々）の踏絵帳には登場しない。つまり「たま」は表には出てこないが、実質的には安右衛門と夫婦関係を続け、安蔵以下、兵市、吉次郎、いね、春松と子どもを五人設けていたことが確認できる。素人の踏絵帳の記載では、はじめ直系の安蔵が幼いながら筆頭者とされたが、結局は、婿である安右衛門がその後は筆頭者となっている。

安蔵の兄である助五郎は洗礼を受けていたのであろう。彼は心得違の踏絵帳に登録されている。しかし、後の素人の踏絵帳によると、助五郎は「るひ」を嫁に迎え、しも、儀十という二人の子どもを設けていることがわかった。素人の踏絵帳では、るひは安右衛門（後の京右衛門）の家で、兄嫁として記されていたので、そのことが確認できた。心得違とされた助五郎はこの家の長男であるが、彼は素人の踏絵帳に登場することはもはやなく、妹婿の安右衛門が家長となり家を継いだ。助五郎の子である儀十は、一八六六（慶応二）年に結婚し、娘のまつを得て、安右衛門の家から独立したことが確認できた。しかし、貞吉、その妻のひめ、そして子どものたま、助五郎がいつまで生きたのかは、素人の踏絵帳ではもちろん確認することはできなかった。

「まつ」と六三郎

家番号5の平作母、まつ五九歳と、別宅人、六三郎五五歳であるが、この家番号5は八人家族である。まつおよび六三郎が、踏絵帳に最初に登場するのは、やはり一七七〇（明和七）年であり、家頭、喜右衛門六〇歳の家族構成員として、まつ二五歳、六三郎二〇歳であった。彼らは、すぐに、まつの夫、和作を筆頭者として、独立の家単位を形成し、和作の弟である六三郎もそれに加わる。しかし、一七八九（天明九）年に和作は、四九歳で死亡し、和作の倅、与四松二一歳が、筆頭者になる。まつは母として、そして六三郎は伯父として、この家の構成員になっているが、六三郎はすでに結婚しており、その妻、さつは、一七九〇（寛政二）年に三七歳で死亡している。この一七九〇年の踏絵帳には、和作の弟、熊之助一八歳に、二度踏みの記載がなされているが、まつ等を含めて、他の家族員にはそのような記載はない。ただし、与四松は、後に平作と名前を変え、一八〇三（享和三）年には、彼も二度踏みをしていることがわかる。このような二度踏みは、一八〇五（文化二）年以前の宗門帳でも散見される。

まつは、史料(1)の六月の調べで呼び出されており、信仰は崎津の出身である母より伝えられ、祭りは崎津で行なっていると供述している。また、史料(2)の調べで、子どもには、信仰を伝えていないと述べている。ただ、平作の弟である弥五郎は、隠れとしては判断されていないが、一八〇五（文化二）年以降は不明である。それに対して先に二度踏みをした熊之助は独立しているが行違人であることが多い。踏絵の際に高浜にいない住民が行違人と記載されている。商業か漁業関係の仕事についていたのかもしれないし、どこかへ奉公に行っていた可能性もある。いずれにしても、まつと彼女の夫の弟である六三郎だけが、この家族のなかで心得違と判断されたのには、それなりの理由がありそうである。彼らの信仰は崎津とのつながりのなかで形成されたと考える。

広　作

最後に踏絵帳で確認できる家番号6の広（廣）作であるが、最初に確認できたのは一八〇三（享和三）年であり、この時、広作は二八歳であり、二度踏みと記されている。広作は史料(1)では、甚左衛門より信仰を伝え受けるとあるが、彼自身は、祭り等はしないと口述している。一八〇五（文化二）年には、女房、こめ二四歳、娘、すき三歳、妹、とめ二一歳、弟、兵吉二七歳からなる五人家族である。この年の二月二〇日に、母親のはるが五八歳で急死しており、それまでは六人家族であった。

一八〇七（文化四）年には、一時、広作の妻、こめが筆頭者になり、その年に、娘のたつ二歳が登録されている。

広作はこの踏絵帳には出てこない。彼は史料(7)に登録されているからである。広作も同居しているのであろう。ところが、翌年一八〇八（文化五）年には、広作の弟である兵吉三〇歳が筆頭者になり、続いて、妹とめ、兄嫁こめ、姪すぎ、姪たつの家族構成が踏絵帳ではみえる。さらに一八一〇（文化七）年には、兵吉三二歳は、行違人になっているものの、その年の五月に、新たに娘、ふひが生まれている。こめの子どもであるが、兵吉の子として記載されている。

一八一二（文化九）年に広作の妹とめ二八歳が、庄蔵の弟乙蔵の嫁となる。また、一八一三（文化一〇）年には、こめ三二歳、すぎ一一歳、たつ八歳、そして翌年には、兵吉の子とされていた、ふひ四歳も、伊勢蔵の家に入るとあるが、これ以上は、彼らを追跡できない。なお、兵吉は、その後、一八一五（文化一二）年に、とら二八歳が嫁に入り、同時に、亀次がその年の八月に生まれている。ふひは、こめと兵吉の娘との記載もあるが、はじめに、ふひが記載されたときには、夫が不明の様子もある。広作が別帳に記載されているだけに親族関係がかなり混乱して記載されている。

別帳扱いの心得違

心得違を別帳扱いにするために、いろいろな記載上の混乱が生まれていたことは確かである。これらの個別の事例からも、家頭が隠れと判断されている場合には、旧来通り、家に留まり、その地位を確保することはできなかった。いずれ妻たちも家を出ざるをえなかった場合もある。助五郎や六三郎も家頭になる可能性は皆無となった。ただ、別帳扱いにされた心得違の場合に、彼らが実質的にどのような権限を有していたかは不明である。これらのことは、素人の踏絵帳における記載上の形式的なことだと考えることもできる。しかし、家頭は常に家の代表者としていろいろな責任を負わされ、同時にまた種々の権限を得ていたことも事実である。心得違の人々は地域社会の表舞台にはもはや登場しなくなったことを過小評価してはならない。彼らの生活は公の生活からは抹殺されたと考えるべきだと思う。

つまり、史料(7)「高濱村異宗持候者共影踏帳」に記載されている心得違の家頭は、各家の筆頭者として、とくに、信仰の監督責任を負わされていた。たとえば、心得違とみなされた貞吉は旧来の家ではなく、心得違の家の家頭となり、同居していたのかもしれないが、別に家を構えたということと同じである。その結果として、やはり他の人々と同じようなライフコースを辿ることができなかった。元の家には、別の家頭が立てられることになったからである。彼らはその意味で通常のライフコースからは排除されることになったと考えてよいように思う。

五　考察と展望

高浜内部での心得違の差別化はそれぞれの世帯形成のあり方に大きな影響を与えた。同様のことが大江、崎津、今富でも起こっていたとするならば、これは、非常に大きな変化である。人口の一割に満たない人間が心得違として確定された高浜と異なり、大江、崎津、今富では人口の大部分が心得違とみなされたからである。心得違と判断された旧来の家頭はすべて、たとえば、土地所有者つまり百姓としての身分などの公的な権限を放棄せざるをえないし、逆に少数派の心得違でないと判断された者が表舞台に登場することになったからである。大江などの村々については、史料状況が高浜ほどにはよくないので、同じような分析を行なうことが難しい。残念ながら、直接、高浜とその他の村の違いを検討することはできないものの、村のあり方においてこれはやはり激変であったと理解すべきだと思う。

高浜では、庄屋である上田宜珍の努力がいろいろなところに観察できる。陶石販売の促進や、漁港あるいは港町としての整備や多大な効果があった疱瘡対策などである。彼の努力により、高浜が、漁稼ぎのできる浦として公認されたのは、ようやく一八〇四（文化元）年のことであった。本戸組亀川村から五株の株分けをしてもらったからである。次第に漁浦としての実力を高めていた。また、庄屋主導により、漁業のほか陶石販売など、盛んな商業活動も実践し、高浜は海村としてもっとも優位な複合的産業育成の方向へと進んでいったのである。もっとも陶石販売といっても、やはり供給経済であり、流通に頼る経済に変わりはなく、高度な地域的な分業関係が天草地域に展開する方向ではなかった。ただ、崎津が旧来通り、漁港としてまた幕府から与えられた港の諸権利において、生き延びようとしたのとは対照的だと思われる。この点、ここでは十分な検討ができなかった。今後の課題にしたい。

ところで、貞吉一家のように、高浜のいくつかの家族においては、宗教文化の伝承を非常に重要なものと理解していた形跡があるものの、家は必ずしも重要な単位とはなっていなかった。家が全体として心得違であった場合は、高浜村の場合、少数派である。むしろ、家という単位ではなく、より個別の個人的な単位で信仰が選択されてきた可能性がある。たとえば、当時の高浜村では甚左衛門の影響は大きく、彼の生きた時代にはとくにキリシタン信仰が広まっていた可能性がある。

ここで、まとめとして強調しておきたいのは、一八〇五（文化二）年の種々の取り調べは、結果として、単婚小家族の家の代表者である家頭が、いろいろな社会問題を管理しなければいけないことを明確にしたという点である。旧来、兄弟姉妹の家族への横の広がりなど、ゆるやかな離合集散が繰り返された家単位が、さまざまな管理統制上、単純世帯もしくは単婚小家族を基本単位とするように大きく転換した。この変化は、割替地の個別所有地化というような相続関係の根幹に関わる制度改革が同じくこの時期になされたこととも関連があったと想像できる（渡辺　一九九九：二四九～三〇一頁）。この点の詳細については今後の課題にしたい。

騒動を新たに起こすキリシタンはもはやいない。それゆえに、彼らに対して特別な処罰はなされず、穏便に対処されたようにみえる。しかし、結果として、この四つの村のなかでは、高浜が地域内での優位を決定づけることになったし、また、高浜の場合、村落内での心得違の差別化は、各家の家頭の責任を重くしていくことにもなった。心得違とみなされた人々の一生は、素人の踏絵帳に登場することはもはやなかったし、たとえもはやキリスト教的信仰を捨てていても、素人の家頭になるということはまったく考えられなかった。

漁業権の獲得や厳格かつ正確なキリシタン把握など、公儀の正統な路線において、上田宜珍は高浜にとって多大な貢献をしたことは明らかである。そして、公儀への忠実さによって、いろいろな恩恵を勝ち取ることができたと同時に、家長による管理体制を強化し、結果として、心得違は差別のなかでの生活を強いられた。海の支配と管理の体制において、定浦制が経済的な競争のなかで柔軟性を増さざるをえなかったのとは対照的に、比較的ゆるやかな家族の結合関係を有していたこの地域において、住民把握上、単婚小家族化を進めることによって、家長による支配と管理の論理を家族の内部に示すことになったと考えられる。

つまり、住民把握上は、公儀の管理の論理が末端の家族関係にまで影響をおよぼすことになったことは明らかであるし、心得違は決定的な影響を受けることになった。しかし、これが旧来から存在したと思われる拡大家族的な親族関係を破壊し、具体的に個人の生活にどのような変化を生み出したかどうかについては、まずは、その拡大家族的な親族関係の実態を明らかにする必要もあり、今後の検討課題にしたい。

＊　本章では、高浜村の「宗門御改踏絵帳」など上田家文書を利用している。上田家文書の撮影を許可して下さった現当主である上田陶石社長ならびに文書閲覧等において多くの便宜を図っていただいた田中光徳氏にこの場を借りて感謝したい。また「宗門御改踏絵帳」については、成松佐恵子氏によりBDS作成が行なわれた。さらに、旧文部省創成的基礎研究費「ユーラシア社会の人口・家族構造比較史研究」（通称：ユーラシアプロジェクト）（速水融代表）（一九九五〜一九九九年度）および研究成果公開促進費「徳川日本家族人口データベース」（落合恵美子代表）（二〇〇一〜二〇〇二年度）において、

データベース化された資料を原本と照らし合わせながら利用している。成松氏ならびにデータベース作成にあたられたユーラシアプロジェクトのスタッフの方々に感謝の意を表したい。また、本章作成にあたり、文部科学省科学研究費基盤研究B「前工業化期日本の家族とライフコースの社会学的研究：地域的多様性の解明と国際比較」（落合恵美子代表、二〇〇一～二〇〇四年度）の補助を受けている。また、資料調査等において、九州国立博物館学芸員（当時。現在、京都府立大学准教授）の東昇氏には数多くの有益な示唆を受けた。また資料整理等においては、田村奈美氏にも助力を受けた。なお、本章は、東昇氏の論考と合わせ共著として、二〇〇二年一〇月にセント・ルイスで開催された Social Science History Association の年次大会で報告した内容を、村山独自に展開したものである。なお、本章での年齢記載は、史料にある数え年のままである。

参考史料

上田家文書

一六九一（元禄四）年未一二月「天草嶋中人高帳」（『あまくさ雑記』第五号、一九九五年所収、四四～六八頁）
一八〇八（文化五）年「天草郡村々新古田高ならびに人高書付」
一八一六（文化一三）年「天草郡村々惣人高帳」
一八一七（文化一四）年「天草郡惣人高帳」
一八二七（文政一〇）年「文政十亥より午迄弐十箇年定免以下村々同」、熊本県郷土誌叢刊『天草郡史料第一輯』
一八五六（安政三）年「天草郡人高家持村高取調帖写」
「宗門御改踏絵帳」（史料表題は、一七七〇（明和七）年から一七八〇（安永九）年までが「宗旨御改絵踏帳」、一七八一（天明元）年から一八一三（文化一〇）年までが「～歳宗旨御改影踏帳」、一八一四（文化一一）年から一八六〇（安政七）年までが「宗門御改踏絵帳」、そして一八六一（万延二）年が「宗門人別御改帳」、一八六三（文久三）年が「宗門御改踏絵帳」、一八六四（文久四）年から一八六六（慶応二）年までが「宗門人別御改帳」）
「文化二年丑六月　宗門心得違調方口上書帳　高濱村」史料(1)（＝本文中の史料番号。以下(7)まで同様。）
「文化二年丑六月　宗門心得違家内善悪調仕分帳　高濱村」史料(2)
「文化二年丑七月　御呼出之者共家内宗門心得違人数書上帳　高濱村」史料(3)

「文化二年丑八月　宗門心得違者一家内限人別帳　天草郡高濱村」史料(4)
「文化二年丑八月　宗門心得違惣人別異名覚帳　高濱村」史料(5)
「文化二年丑八月　宗門心得違家内十三歳口上名前覚帳　高濱村」史料(6)
「文化三年寅九月、文化四年卯四月、高濱村異宗持候者共影踏帳」史料(7)

参考文献

檜垣元吉「近世天草の人口問題」九州大学『九州文化史研究所紀要』第二号（天草諸島の史的研究）（一九五一年三月）、一～一八頁。

平田正範『天草キリシタン　宗門心得違い始末』海潮社、二〇〇一年。

古野清人「文化年間における天草のキリシタン」九州大学『九州文化史研究所紀要』第二号（天草諸島の史的研究）（一九五一年二月）、一九～六九頁。

本渡市教育委員会編『天草の歴史』一九六二年。

本渡市史編さん委員会編『本渡市史』ぎょうせい、一九九一年。

長沼賢海「江戸時代における天草の切支丹――文化二年における高浜村切支丹の検断」『史学雑誌』三九編一・二（一九二八年一月、二月）、六九～一〇二頁、一七三～二〇七頁。

大橋幸泰「キリシタン民衆の結合意識――文化期肥後天草における天草崩れ・村方騒動を素材として」『民衆史研究』三八（一九八九年五月）、二一～四二頁（大橋幸泰『キリシタン民衆史の研究』東京堂出版、二〇〇一年再録）。

大橋幸泰「キリシタン禁制の転換とキリシタン民衆」『歴史学研究』六三二（一九九二年四月）、一～一五、五五頁（大橋幸泰『キリシタン民衆史の研究』東京堂出版、二〇〇一年再録）。

大橋幸泰「キリシタン民衆の潜伏と村社会――寛政期浦上一番崩れをめぐって」『きんせい』一七（一九九五年五月）、一～一六頁（大橋幸泰『キリシタン民衆史の研究』東京堂出版、二〇〇一年再録）。

渡辺尚志編『近世地域社会論――幕領天草の大庄屋・地役人と百姓相続』岩田書院、一九九九年。

第8章　肥後国天草における人・物の移動
――旅人改帳・往来請負帳の分析――

東　昇

一　問題の所在

本章は近世後期の肥後国天草における人の移動について、村への人の出入りを改める旅人改帳・往来請負帳の両方が存在する高浜村を対象として考察するものである。さらに物の移動も分析し、天草における流通構造の一端を明らかにしたい。

近世において人の移動を把握する代表的な資料は宗門改帳である。宗門改帳の記載内容は人の移動を記した詳細なものから、家主以外の情報はほとんど記さない簡略なものまで、地域によって千差万別である(1)。人の移動記事も宗門改帳自体に記される場合、宗門増減帳、願書留・往来請負帳等宗門改帳と別に記される場合がある。以上の資料は村人の生死・婚姻・養子をはじめ、一時的な移動といえる奉公・巡礼などの状況を知ることができる。しかし人の移動は村人の移動のみではなく、村外から入り込む旅人も含めて初めて全体の動向を把握することができる。村から出る人、村へ入る人、この二つの移動は密接に関連しており、両方の状況を把握する必要がある。

一般的に旅人は各藩領の境である街道の関所、湊の番所などで往来手形を改め管理される。関所や番所において作成される旅人改系統の資料のなかでもっとも研究が進められているのが浦番所・船問屋で作成された「客船帳」「入船帳」である。湊に入港する他国の船を帆別銭徴収を目的として、船の帆反数・所属・船頭・積荷などを記した資料である（柚木 一九九六）。このように藩境で旅人を把握する方法が全国的に実施されたが、本章で取り上げる天草の旅人改帳のように村ごとに旅人を把握する方法は数少ないように思われる。

近世後期以降盛んになる四国遍路では、土佐藩において巡礼者の藩内の滞在日数を制限し、毎晩宿泊する村の庄屋が巡礼を改めていた（荻他 二〇〇一：二六一～二六二頁）。しかしそれは巡礼者側が「宿泊帳」を持参するものであり、庄屋側に蓄積していくものではなかった。制度として類似しているが、巡礼者以外のすべての旅人を把握していない点、庄屋側で記録を作成し役所に提出しない点で天草の旅人改帳と異なる。

天草の旅人改帳は村ごとにすべての旅人を把握しており、村人の移動を記す宗門改帳・往来請負帳と合わせると、村における「人の移動」の総体を把握できる資料である。天草の旅人改帳に関しては、渡辺尚志が大庄屋の職務の一つとして、文化期の触を中心に紹介している（渡辺 一九九九：一三八～一四〇頁）。

また旅人改帳に記される売買情報を分析することによって、他資料ではうかがうことのできない、物の移動、流通・産業の具体的な状況を示したい。天草の経済流通に関する先行研究として、楠本美智子の天草の商人石本家の経営分析をあげることができる（楠本 二〇〇一：六六～九八頁）。しかしそれは一商人の経営実態であり、一地域の流通全体を押さえたものではない。全国的には柚木学、上村雅洋らが廻船資料を用い、各地の流通構造を分析しているが（柚木 一九七九、上村 一九九四）、その手法に学びつつ、天草の人の移動と物の流通について考えてみたい。

高浜村と産業

分析対象とする天草は九州地方の中西部、有明海・東シナ海に囲まれた島々からなる地域で、肥後国に属し、一町八六村で天草郡を構成していた。近世初期大名領であったが、一六三七（寛永一四）年の島原の乱以降、一時期を除いて一貫して幕府領であった。分析の中心となる高浜村は天草下島の西海岸、東シナ海に面した村である。所属する村組は八カ村からなる大江組である。石高は一八三八（天保九）年六三一石となるが、人口は一七世紀末から一九世紀中期にかけて九〇〇人から三六〇〇人と四倍に増大した。この傾向は他の天草の村でも同様であり、農業生産力に比して人口過多の村であった（檜垣 一九五一：一～一八頁）。

高浜村の産業は、一七六八（明和五）年「人別稼仕訳帳」で概要を知ることができる。この段階で総人口は二八七〇人、そのうち農業従事者一〇五七人（三七パーセント）、焼物や薪など山関係の仕事従事者五五八人（一九パーセント）、船による輸送や漁など海関係の仕事従事者四六〇人（一六パーセント）、そして非労働人口の老人・子ども七九〇人（二八パーセント）、その他医者・奉公人が数人である（上田家文書七—八八）[2]。労働人口の五〇パーセントが農業、それぞれ二五パーセントが山・海に関する仕事に従事しており、高浜村の産業構造もほぼこの割合に準じていたと思われる。

一八六七（慶応三）年大江組各村の農業以外の産業を把握した「諸運上物并農間諸稼其外書上帳」によると[3]、高浜村には人数不明であるがまず漁方役を納める漁師が記されている。そして帆役を納める船持が二二人、これは大江組の六四パーセントを占めている。その他、焼物一、酒造一、砥石山一、湯屋二、家大工一〇、船大工一〇、農具鍛冶七、杣人一一、薬種商人一、小間物商人五、呉服商人二、桶師五、左官三人の各種商工業者の存在が確認できる。農業従事者の数は不明であるが、高浜村はこの一世紀の間に船持層を中心とした船による流通が展開し、各種商工業者による小都市的空間を形成していたと思われる。次節以降この変化について順次分析していく。なお高浜村に関しては、これまで庄屋日記を使った研究を進めており、参照していただきたい（東 二〇〇八～二〇一三）。

旅人改帳・往来請負帳

今回分析の対象とする上田家文書は、高浜村庄屋を務めた上田家に伝わった約六四〇〇点の村方文書である（天草町教育委員会 一九九六）。上田家は近世初頭に高浜に移り住み、代々庄屋を務めた。六代目伝五右衛門が一七六二（宝暦一二）年に陶山や窯業をはじめ、現在まで続いている。この上田家文書中に旅人改帳、往来請負帳が一九世紀前期から中期にかけて継続的に存在している。旅人改帳は村へ入る旅人を改めた資料で一八一三（文化一〇）～一八六四（文久四）年の一六冊が残され、そのうち一八一三年から一八三二（天保三）年までの二〇年間に旅人の到来が九〇〇件、年平均四五件となる（上田家文書一一―三～五、七、九、一一―追一七～二七）。一八一三年「旅人改方帳」はつぎのような形式で記している（上田家文書一一―二一）。

当酉三月十七日到着　　　　筑後国下田
四月十二日出帆　　　　船頭　伊作
右廻船壱艘水主共弐人乗組、積荷油鬢付売払塩鯛塩鰯買入候積、当村問屋仲右衛門方江到着仕候

最初に到着した月日と出航した月日、つぎに出身国と身分・名前、そして到来手段・同行人数・目的・仲介の問屋名が簡潔に記されている。

対して往来請負帳は村から出る村人を改めた資料で一七九七（寛政九）～一八六六（慶応二）年の二九冊が残され、そのうち一七九七年から一八二七（文政一〇）年までの一八年間に往来人は一〇九七件、年平均六一件二四四人と

なる。一八一三年正月「往来御手形請負目録」はつぎのような形式で記している（上田家文書一一―一〇）。

三月十一日

一用事ニ付五嶋江罷越日数六十日　庄蔵

清八

最初に村を出た月日・名前、そして目的・目的地・往来日数が簡潔に記されている。高浜村では、一九世紀前期から中期にかけて、旅人改帳、往来請負帳から平均すると、毎月四件の旅人と五件の往来人という人の移動を確認できる。

二　旅人改の整備

旅人改の開始

天草における旅人改の開始時期については明らかではない。しかし一七五〇（寛延三）年の「冨岡町明細帳」には、つぎのような項目があることから、すでに一八世紀中頃には旅人改を実施していたことが判明する（苓北町史編さん委員会編　一九八五：三五六頁）。

一旅船当湊へ入津仕町方ニ而商売仕候得ハ、浦問屋方へ揚り問屋方ゟ遠見御番人江往来手形致持参御改を請、町役人方江も申届商売事仕申候

一他所者出入吟味書付毎月相改書付差上申候
一他所之者当町へ致船揚商売事、又ハ用事有之村方江参候節ハ町役人添手形仕差通申候、在方江船揚いたし候得者、其村庄屋方ゟ添手形出申候、添手形無之忍揚之者ハ揚之村方吟味仕、村送りニ差遣船揚り之村ゟ他国へ送り戻し申候

この項目の直前には僧侶・神官・町役人が他国へ行く際の往来手形について記しており、これら一連の項目はすべて人の出入りに関する触をまとめたものである。天草はその後一七八三（天明三）年から一八一三（文化一〇）年まで島原藩の預地となる。一八〇一（享和元）年四月一六日に冨岡会所詰大庄屋から各組へ「旅人月切御届不足」を催促した資料があることから旅人改を継続している（『御用触』一：二四八頁）(4)。

一八一三年、島原藩預地から長崎代官による幕府直轄支配へ変更された際に、旅人改が強化された。それは旅人改関係の触の数からも読みとることができる。島原藩預地であった一八〇八（文化五）年から一八一二年までの五年間の触は六件、一八〇八年五月九日の悪党徘徊の取締等（『御用触』二：一一一頁）、各事例への具体的な対処に関する触が多い。幕府直轄となった一八一三年から一八一七年までの五年間では三一件、一八一五年三月二日の旅人取締の触等（『御用触』二：二七一～二七二頁）、制度の実施細則や基本法令を繰り返し示している。一八一三年前後では、触の数も約五倍に増加し、内容も事例対処から実施細則へ変化していることがうかがえる。

一八一三年七月会所詰大庄屋からの触には、旅人取締方、旅人改帳の雛形を示している（『御用触』二：三一一～三一三頁）。旅人取締方では、船揚地・目的地・通過した村の三カ所で文書を作成し正確に旅人を監視する条項をはじめ、六カ条にわたり旅人の取締細則を定めている。旅人改帳の雛形は商売・稼・医師修行・用事・廻船の五つの旅人の目的別に作られており、当時の旅人の目的を端的にあらわしている。八月には長崎代官から直接「旅人取締

申渡」という形で旅人改の方法が通達される（『御用触』二：三一四〜三一五頁）。その方法とは、⑴旅人が天草へ入る場合には、渡海船の船頭、船揚地で積荷を取り引きする問屋、同じく船揚地の宿主を仲介者として、その地の大庄屋・庄屋へ名前書を提出する。⑵大庄屋・庄屋は旅人の往来切手をチェックし、用向きを尋問する。⑶天草への旅人として許可できる場合には送手形を発行し、その許可した旅人を旅人改帳に記載して、役所へ届け出るという一連の流れである。

旅人改は幕末まで継続されるが、取締の程度は時期により変化する。一八五九（安政六）年五月二〇日会所詰大庄屋からの触には「組々届出候旅人月切帳之表、旅人滞在又ハ一宿等之もの出入有之村ハ連々可有之候得共、更ニ出入無之村方過半有之、全ク村役人取調子方等等閑故」とある（『御用触』六：九五〜九六頁）。一八五九年当時、旅人の出入りがないと届け出ている村が過半数あり、この理由を村役人の取り調べが不徹底なためと判断している。旅人改は制度としては継続されていたが、取締の程度は時代を経るに従い低下傾向にあった。

旅人を改める理由

この旅人改制度が幕末まで継続した理由はいかなるものであろうか。それは旅人改関係の触本文にあらわれており、三つの理由に分類することができる。まず最初は天草の人口・経済状況による理由である。一八一七（文化一四）年六月二八日の冨岡役所からの触にはつぎのように記されている（『御用触』二：四三九頁）。

当郡之儀者一体人数多ニ而、土地出産之穀類ニ而者夫食も引足兼連々及困窮候趣を以、先々於支配伺之上御手当定免も被仰付候処、近来ハ別而不糺ニ旅人多入込村毎ニ為致住居、別而未熟之医師共余国ニ而家業も難出来候故、手筋を以為修行当郡江入込、中ニ者本業を失ひ公事出入之訴状を相認、又者築山庭作之手伝等いたし以

外之次第ニ而、天草郡相続方之仕法を崩候ニ付（後略）

この触によると天草は人口が多いにもかかわらず、郡内の生産量ではその人口に対する食糧を自給できず困窮しているとある。そして取締が緩み旅人が多く村に入り込んでいる状況であり、この状況は百姓相続方仕法を妨げているとする。百姓相続方仕法とは一七九三（寛政五）、一七九六（寛政八）、一八四六（弘化三）、一八六八（明治元）年の計四回にわたり実施された、小前百姓を経済的に救済し「百姓相続」を実現させようとする天草独自の制度である。旅人の増大は天草島民の経済・生活を脅かすものとして判断され、その流入は禁止されていたのである。

二番目に異国船との接触、抜け荷防止による理由である。一八二四（文政七）年一月一三日の会所詰大庄屋からの触には「郡中海辺取締悪敷有之、不正之唐物積込参候哉ニ相聞候ニ付、以後ハ他国商ひ船者勿論地廻りたりとも入津又者湊毎船繋迄も時々無遠慮相改不正之品もの有之候ハヽ、早速最寄村方江挽附御届ケ申立候様被仰聞候」とある（『御用触』三：二〇五〜二〇六頁）。唐物の抜け荷に関する触で、旅人のなかでもとくに他国商船を取り締まるものである。

一八一三年九月一八日の冨岡役所からの触には「異国船近々長崎湊出帆いたし候条、浦々人別出入等入念相改、若疑敷もの有之者早々可訴出候」とある（『御用触』二：三二二頁）。中国船・オランダ船の出航に際して密航、抜け荷の可能性があるので、浦々の人の出入りを取り締まっている。異国船との接触、抜け荷防止など長崎近辺の島嶼部に共通の理由により旅人改が実施されていた。

三番目として村の治安維持に関する理由である。一八二四年七月二五日の冨岡役所の触には「右之流人当月廿三日村方罷出に今立帰不申、多分島抜と相見候、万一村々ニ而見当候ハヽ、召捕其所ニ留置、早速御役所江可届出候、別而渡海之口々入念可申候」とある（『御用触』三：二一一頁）。亀浦村に置かれていた流人於登吉が島抜けをしたと思われるので、村々での捕縛要請と、他国への渡海口での取締を依頼したものである。また一八二四年閏八月二日の冨岡役所からの触には「所々農具市相済候処、旅人今以出国不致博奕其外遊芸一体之風儀ヲ乱候趣ニ相聞」（『御用触』三：二一八〜二一九頁）、一八六三（文久三）年七月二三日の会所詰大庄屋からの触には「町山口村農具市ニ立入可申心組之旅人共中ニ者悪党之もの入込可申哉茂難計事」とある（『御用触』六：四二七頁）。年代は離れているがいずれも農具市開催に伴う旅人入り込みに関するもので、一八二四年には旅人が市終了後も出国せず、博奕や遊芸を行ない風儀を乱すとあり、一八六三年には市に来る旅人のなかに悪党が入る可能性を否定できないとある。旅人を村の風儀・治安を乱すものとして捉えその入り込みを禁止している。

以上のように旅人を改める理由として、(1)人口が多い天草の困窮する経済状況の進行を阻止、(2)長崎に近く東シナ海に面していることから異国船との接触や抜け荷の防止、(3)流人等の犯罪者の捕縛と村の治安維持の三点をあげることができる。

三　旅人の実態

旅人の変遷

ここでは「旅人改帳」を分析して、旅人の実態である旅人数・出国地・到来目的・上陸地・逗留日数・逗留場所・売買品について明らかにしたい。図8-1は高浜村の旅人の件数を年別にあらわしたものである。一八一三（文化一〇）年から一八三二（天保三）年まで二〇年間の旅人件数は全体で九〇〇件となり、年平均は四五件となる。この図から(1)一八一三〜一四年に半減している、(2)文政期前半は平均六〇件であるが、一八二五（文政八）年を境に後半には四〇件と減少し、天保期に向かうにつれて減少傾向が続くことを読みとることができる。

図８－１　高浜村における旅人件数の変遷（1813～1832年、900件）

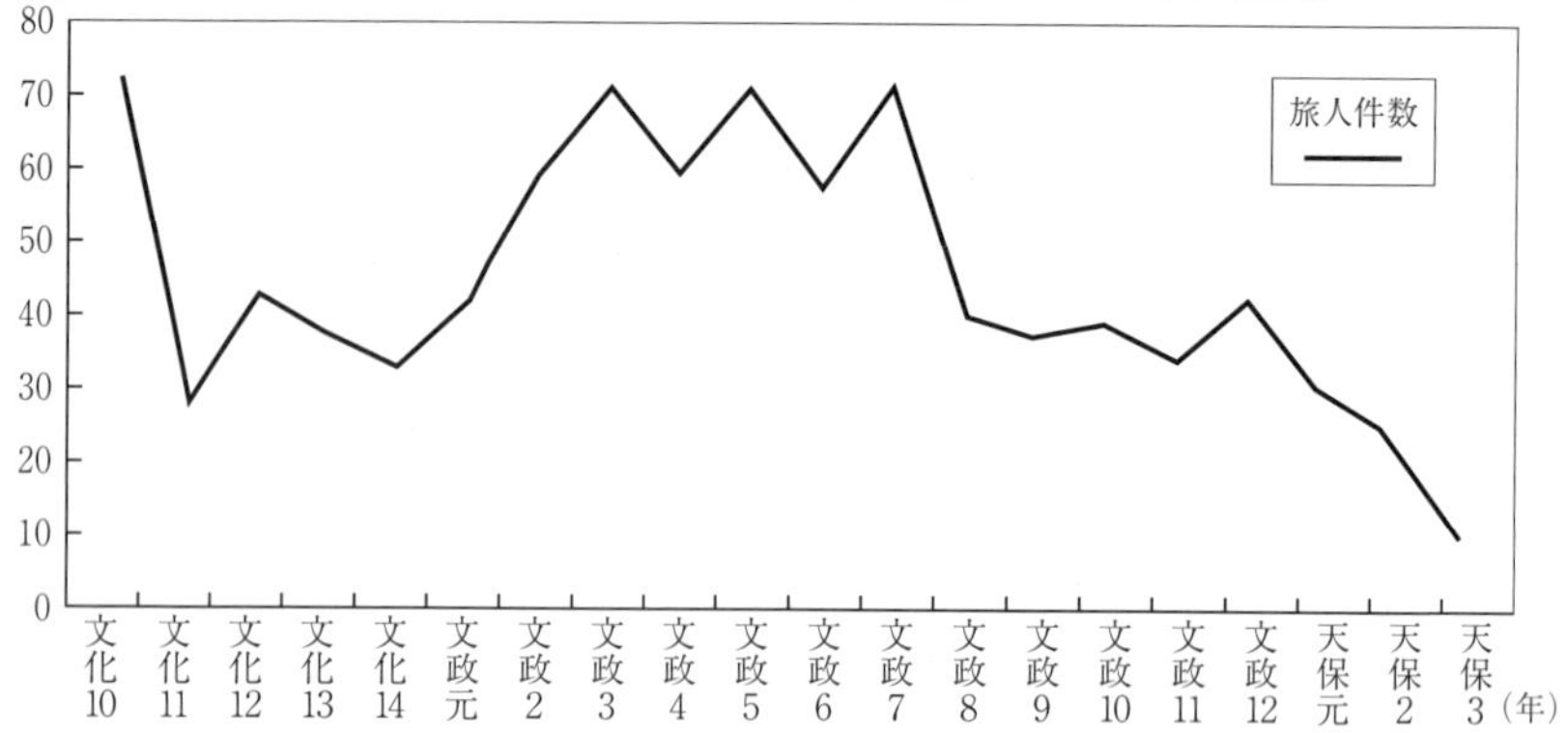

(1)については、先述したように島原藩預地から幕府領直轄地へと支配替えが行なわれ、旅人取締が厳重になったことに影響を受けていると思われる。また(2)については、とくに一八二四年から一八二五年にかけての減少が著しい。これは一八二四年九月に発生した「白銀之大黒信仰」を騙る三人の旅人を本泉村の村人が打ち殺した事件の影響と考えられる（『御用触』三：二二六頁）。これを受けて冨岡役所はつぎのような触を出し、旅人取締を強化した。

右之他ニ茂郡中無宿并悪党共寄々打寄品々企事いたし候趣相聞候間、取〆方ゆるみ不申哉、此書付披見早々申合村毎廻村いたし取〆可致候、近来月々見廻もゆるみ候間、自今弥以厳重ニ可相心得候以上

本泉村以外にも無宿や悪党が郡内へ入り込み事件が発生しており、旅人取締が機能していないと指摘している。そして一八二五年八月二九日の冨岡役所の触では「当郡之儀多分旅人ゟ事起吟味ニ成行候儀多く、然上ハ旅人為入候儀者第一不宜候条、村毎ニ穿鑿および自然入込居候ハヽ出国可申付候」とまで記した（『御用触』三：二五四～二五六頁）。ここでは郡内の事件は旅人によって引き起こされる場合が多く、そのため旅人が郡内へ入ること自体が問題である、と断定し旅人が各種事件の元凶であると指摘して

図８-２-①　高浜村への旅人出国地（1813～1815年）

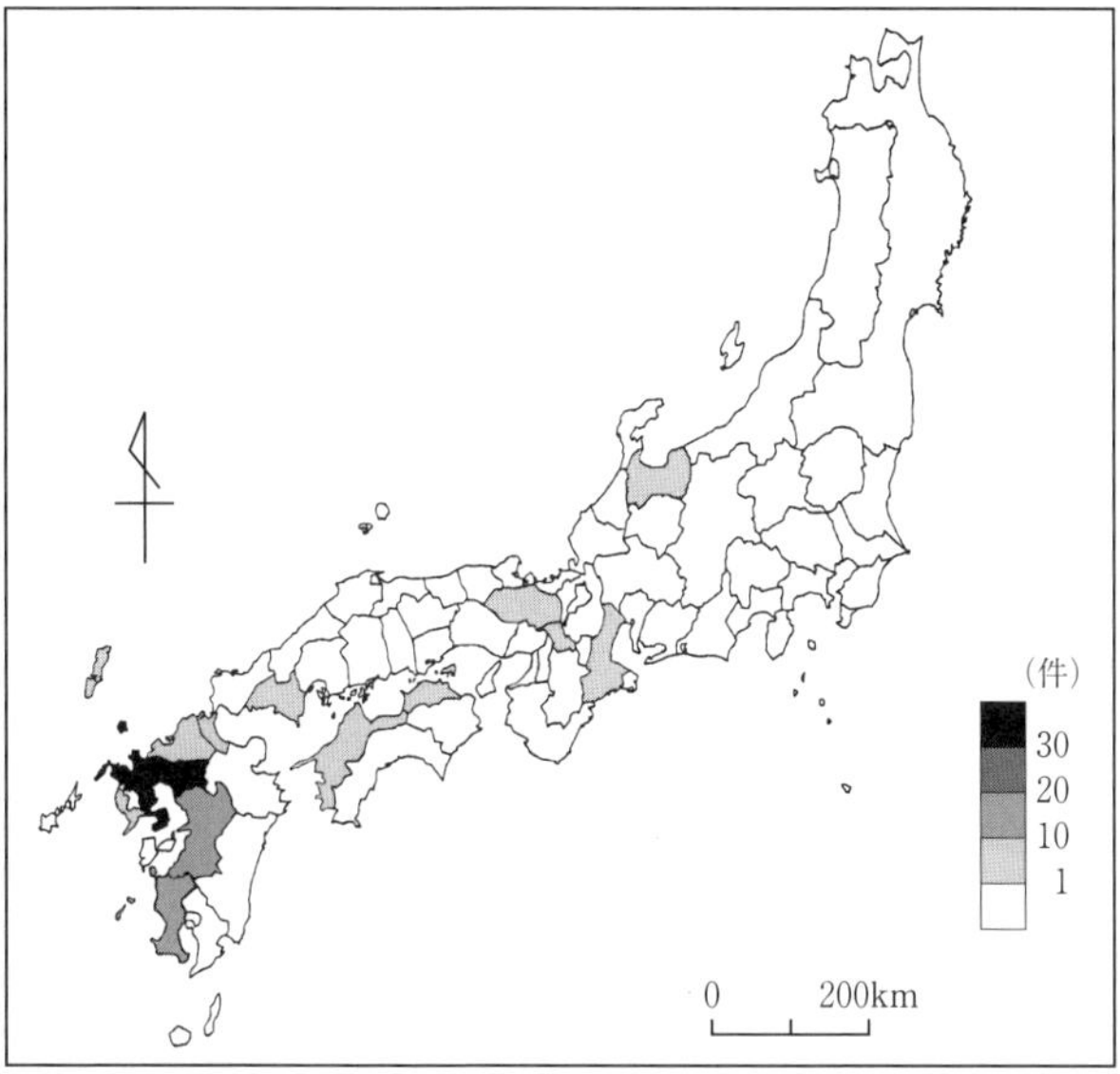

1	筑後	36
2	肥前	34
3	薩摩	15
4	肥後	13
5	周防	7
6	越中	5
7	豊前	3
8	長崎	2
9	山城	2
10	讃岐	2
11	伊勢	1
12	対馬	1
13	丹波	1
14	筑前	1
15	伊予	1
16	壱岐	1

いる。

このように毎年一定の旅人数であったが、悪党的な旅人の入り込みにより、たびたび取り締まりが行なわれ、減少していく。また一八世紀前半には、先に示したように旅人=悪党という意識が、冨岡役所をはじめ村人まで浸透しており、旅人数にもその傾向がうかがえる。

旅人の出国地

旅人の出国地について分析の対象としたのは、(1)一八一三（文化一〇）～一八一五年の一四三件、(2)一八二四（文政七）～一八三二（天保三）年の三二九件、(3)一八六三（文久三）年の一八件である（上田家文書一一―三、七、追二二）。以上三時期の出国地数と件数の多い上位四カ国をあらわすとつぎのようになる。(1)一八一三～一八一五年、一六カ国、筑後三六件、肥前三四件、薩摩一五件、肥後一三件、(2)一八二四～一八三二年、三三カ国、肥前八八件、筑後六三件、肥後五九件、薩摩二九件、(3)一八六三年、九カ国、肥前五件、肥後五件、薩摩二件である。

図８-２①～③は旅人の出国地を三時期別に地図化し

図8－2－②　高浜村への旅人出国地（1824～1832年）

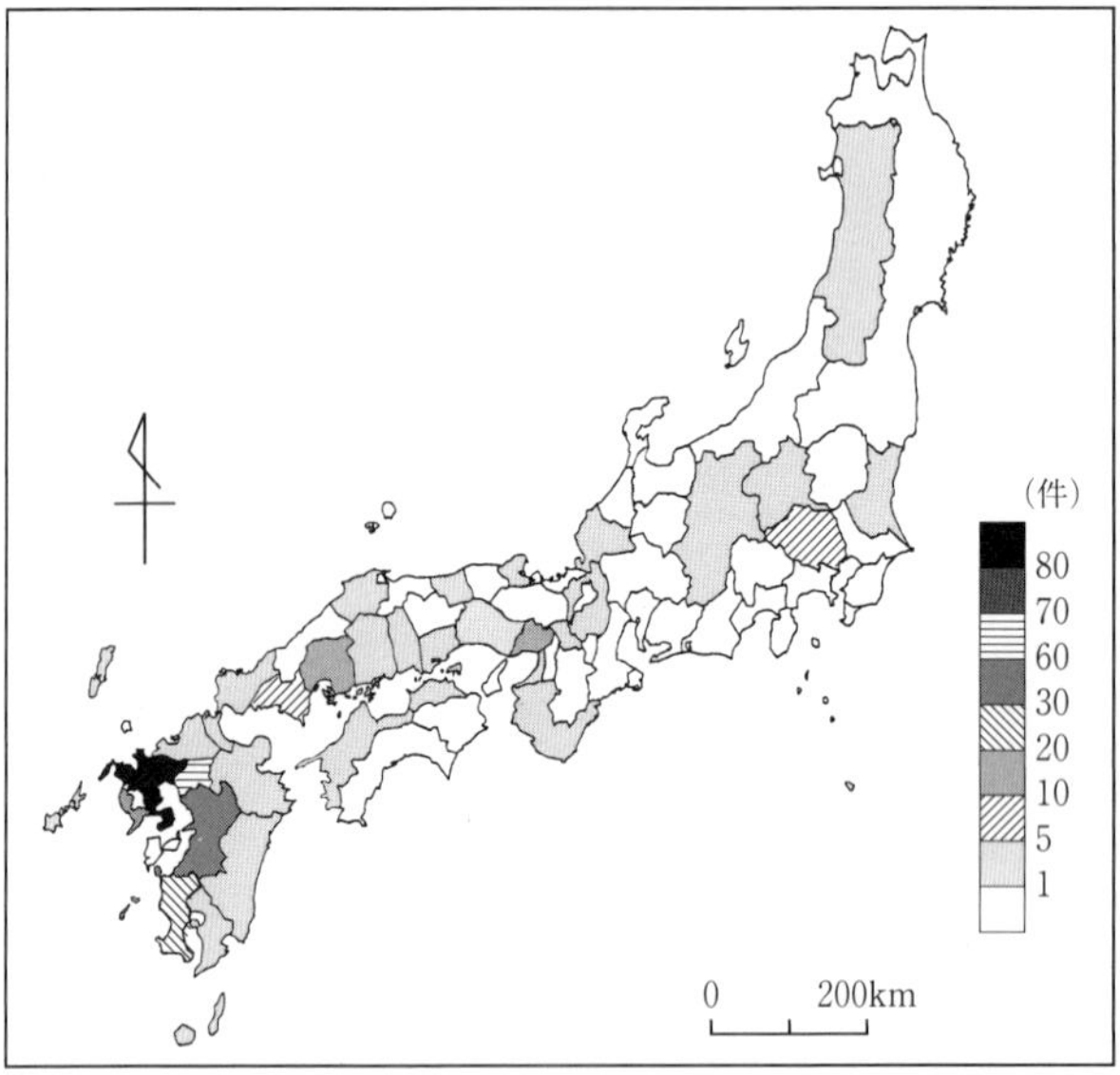

1	肥前	88
2	筑後	63
3	肥後	59
4	薩摩	29
5	長崎	13
6	摂津	13
7	安芸	10
8	周防	7
9	武蔵	7
10	筑前	4
11	豊前	3
12	山城	3
13	伊予	3
14	讃岐	2
15	豊後	2
16	備中	2
17	備前	2
18	日向	2
19	丹後	2
20	信濃	2
21	対馬	1
22	備後	1
23	長門	1
24	大隅	1
25	常陸	1
26	出雲	1
27	出羽	1
28	五島	1
29	近江	1
30	紀伊	1
31	下野	1
32	越前	1
33	因幡	1

図8－2－③　高浜村への旅人出国地（1863年）

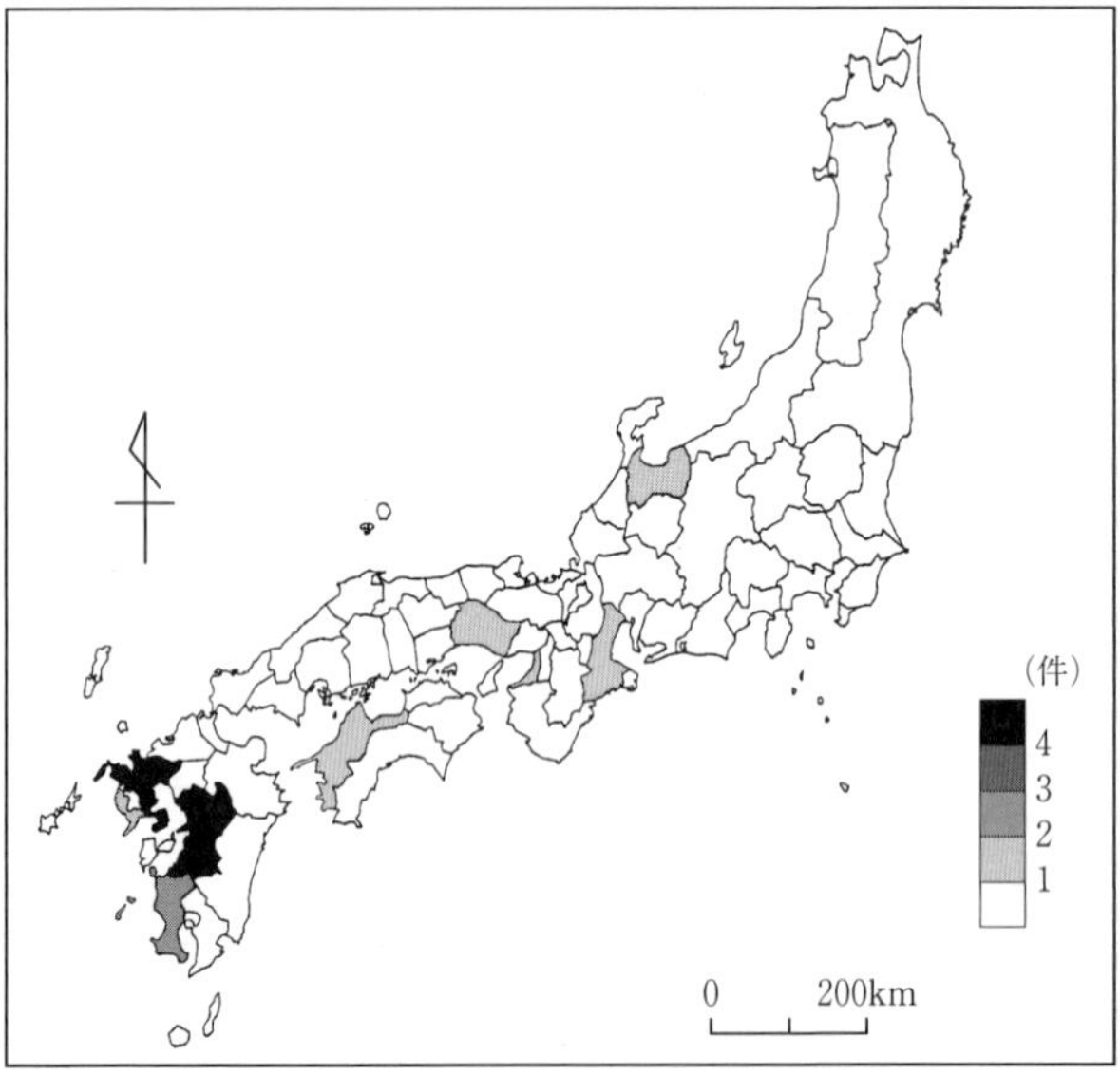

1	肥前	5
2	肥後	5
3	薩摩	2
4	和泉	1
5	長崎	1
6	播磨	1
7	伊勢	1
8	伊予	1
9	越中	1

たものである。この図をみていくと、各年代によって件数に差があり出国地数にも変化があるが、全国のほぼ過半数を占める三三カ国から旅人が訪れている。この数値は旅人として多くの人々が日本国内を移動していたことをあらわしている。また出国地は天草周辺の筑後、肥前、肥後、薩摩四カ国が、全体のほぼ七割を占めている。とくに有明海をはさんだ対岸の筑後と肥前が多い。この点について一八一三から一五年にかけての天草周辺の旅人分布を示した図8－3で詳細にみていきたい。一個の点は旅人一件をあらわしているが、有明海の北部、とくに筑後の柳川・大川が圧倒的に多く、つぎに肥後の北部が多い。同じ国内でも三角半島で地域的に連続している肥後南部が以外に少ない。これは高浜村が天草下島の西岸にあるという地理的要因が大きく、反対に天草下島の東岸や天草上島では対岸の肥後国南部の旅人が多いと思われる。距離が近い肥前を越えて、筑後柳川・大川地域の旅人件数が多いが、この点については本節の売買品の分析の際に詳述したい。

図8－3　天草周辺の旅人分布

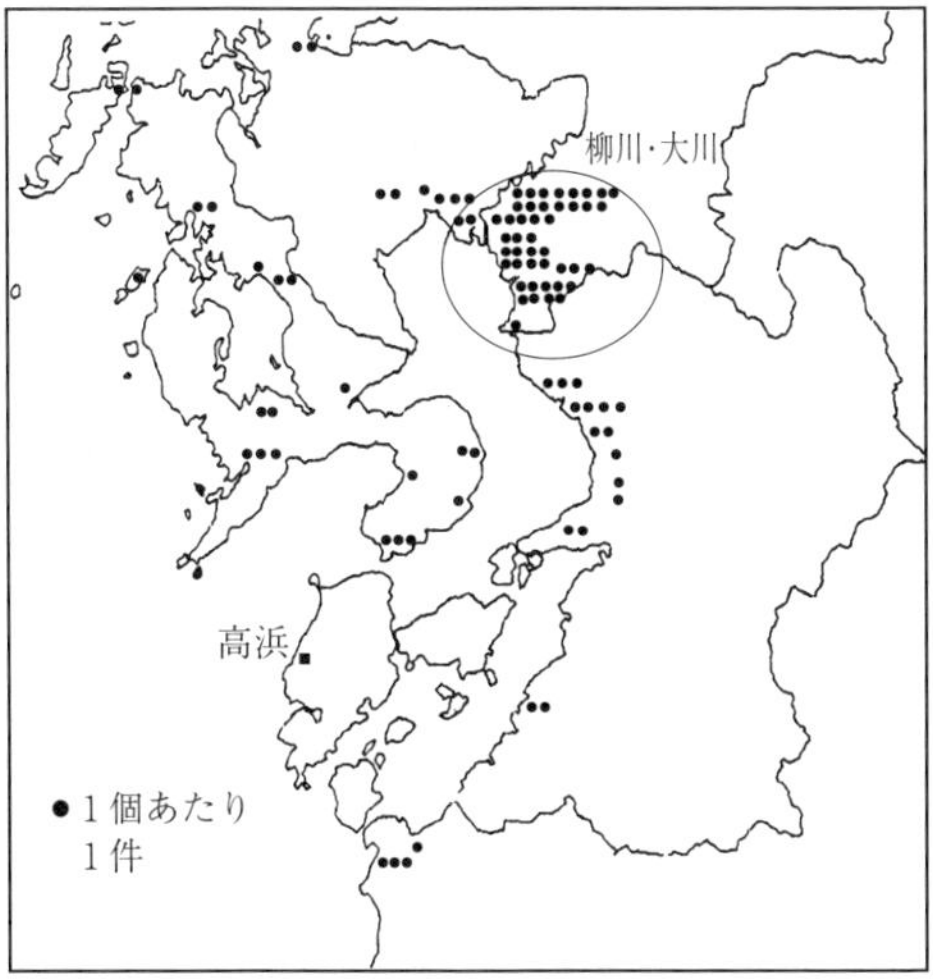

旅人の到来と逗留

つぎに旅人の到来目的や村内での逗留場所、船揚地、逗留日数などをみていきたい。まず旅人の到来した目的であるが、これは旅人改帳に記されているそれぞれの肩書・身分を分類している。先ほどの三時期別の到来目的を分類するとつぎのようになる。(1)一八一三～一八一五年、計一四三件、船頭一〇一、皿山稼八、売薬五、宗教勧化四、奉公三、庭師・船大工各二、諸職人五（傘張・櫛細工・張物・塗師屋・細工）、用事・尋人・番所交代・船待各一、(2)一八二四～一八三二年、計一

図8－4　問屋・宿屋の位置「文化十一年七月晦日焼失絵図」（注記―筆者）

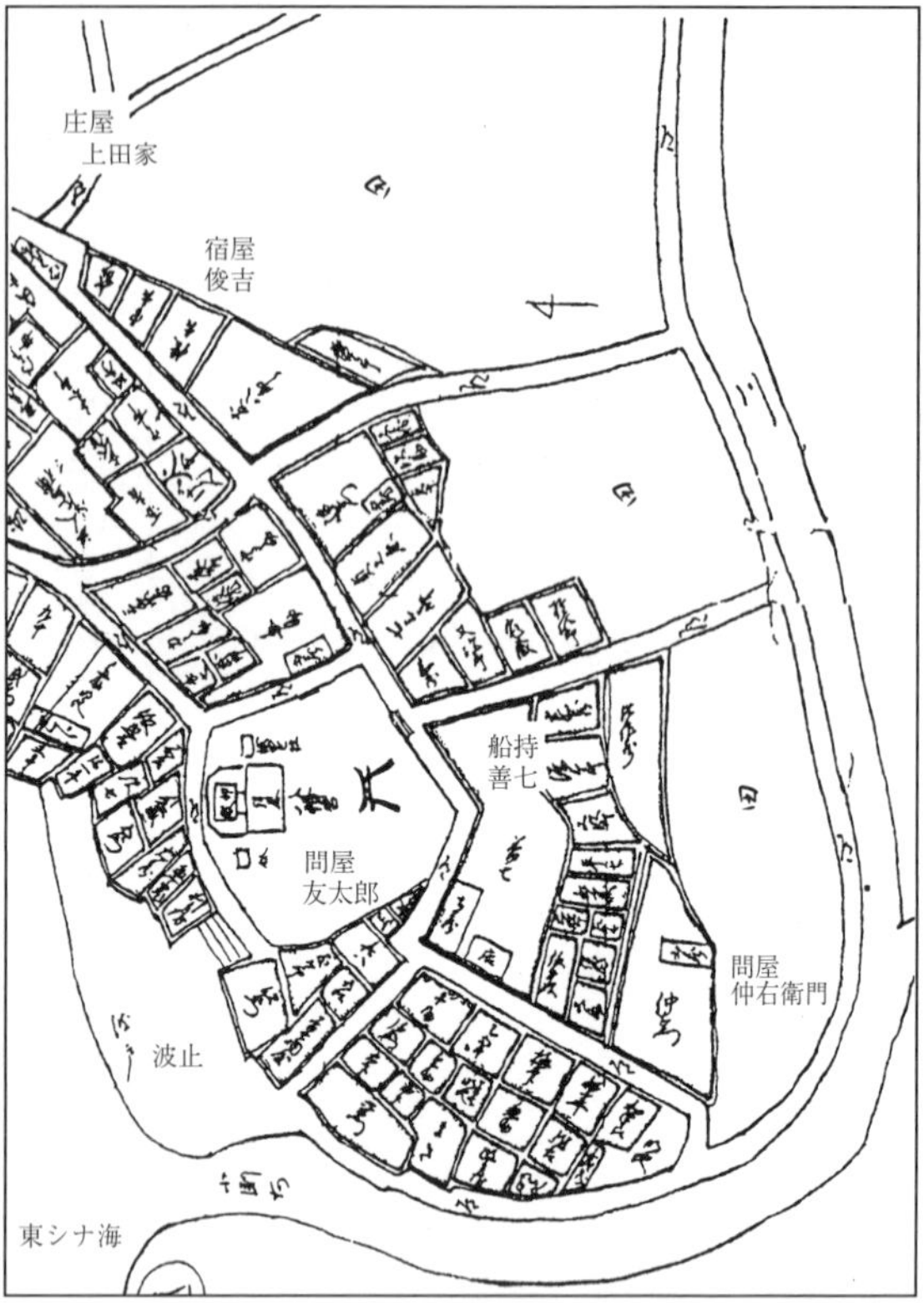

五〇件、船頭八四、宿四〇（医師・尼僧・薬屋・家士）、鯖釣一〇、病気養生（画師）・虚無僧各二、廻船問屋・親類用事・船方稼各一、(3)一八六三年、計一八件、船頭六、商人・売薬各二、椀類商・入歯細工各一、宿三、社人・山伏・虚無僧各一である。

旅人の肩書や目的が記されていない場合もあるが、三時期に共通するのは船頭の割合が高いということであり、高浜村の主要交通路が海上交通であったといえる。この船頭は漁業に従事する者ではなく、商売品を輸送する船の船頭である。そのほかに宗教者や、上田家の窯業に従事する皿山稼等の特徴がある。また富山の売薬業をはじめ、庭師・傘張・櫛細工・張物・塗師屋・椀類商・入歯細工など、高浜村で営業していない職種、いわゆる遍歴する商工者たちの存在が明らかである。

一八二〇年代に記される宿とは、第二節のなかの「旅人改の整備」で説明した旅人を取り次ぐ問屋と宿である。旅人が入村するとその村の問屋へ入り、商売および宿泊に利用される。[5] そしてその問屋から旅人の詳細が庄屋へ報告される。高浜村の問屋・宿屋は(1)一八一三〜一五年には全体一四三件中一〇九件に記され、仲右衛門五五件、友兵衛・友太郎五四件、(2)一八二四～三二年には全体一五〇件中一三七件に記され、仲右衛門六一件、友兵衛・友太郎三六件、宿屋俊吉四〇件となり三軒の名前が判明する。

(1)は仲右衛門と友兵衛・友太郎親子の問屋がほぼ半数ずつ、(2)になるとこの二人のほか宿屋俊吉が登場する。この三軒の問屋・宿屋の詳細は不明であるが、一八一四（文化一一）年七月の出火後に作成され当時の高浜村の家割りが判明する図8－4の絵図をみると、湊から庄屋所への主要道と思われる付近に名前が集中する（上田家文書五―三五四―一二六）。

つぎに船揚地の特徴としてまず、(2)の期間に、船移動の旅人に比べて、徒歩移動の旅人が増加している点を指摘できる。この三年間の全旅人一五〇件中五二件が徒歩旅人である。そして徒歩旅人の船揚地、いわゆる上陸地を示したのが図8－5である。図をみると、冨岡二七件、牛深一二件で全体の八割を占め、その他、有明海沿いの北部沿岸地域が多いことがわかる。これは天草への旅人の多くが、肥前、長崎方面の窓口で陣屋が置かれていた冨岡、薩摩方面の窓口で天草有数の漁港であった牛深、この南北の二つの入り口から上陸したことを示している。この旅人が高浜村に逗留した日数は、一八一三～一五年の船頭九七件の例を確認できる。逗留日数は一～九日が七五件とほとんどが短期間の逗留であったが、なかには七〇～九〇日の長期逗留の例もある。

図8－5　高浜旅人の船揚地別の件数（1824～26年「旅人改方帳」徒歩旅人52件中）

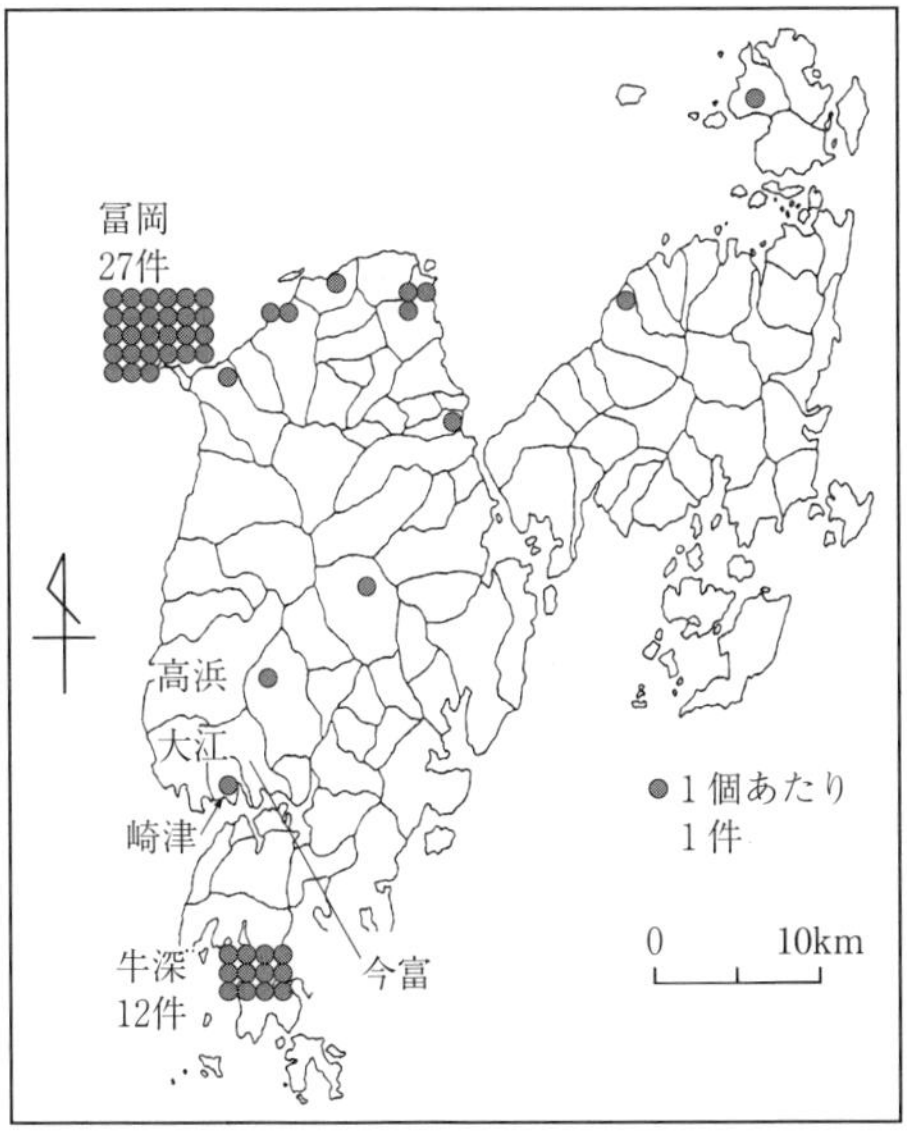

一八一九年「旅人改方帳」では、大江組八カ村の旅人が記されている（上田家文書一一―追二六）。大江組全体で六五件の旅人を確認できるが、そのうち高浜村は三四件で全体の過半数を占め、二位の崎津村一四件と比較しても圧倒的に多い。大江組は天草下島の西海岸を占めており、このことから高浜村は冨岡・牛深につぐ西海岸の主要な港であり、また人と物の移動の拠点であったことがうかがえる。

売買される品物

旅人の過半数を占める船頭は、二反帆の小規模な船で多くの品物を売買した。ここでは⑴一八一三～一八一五年の一〇一件、⑵一八二四～一八三二年の八四件、計一八五件の商品売買の例から、その傾向を分析したい。

まず⑴の一〇一件のうち、高浜村への販売は七八件で全体の八割、高浜村からの購入は三八件、売買両方の場合が一五件、販売は購入の倍近くとなる。売買それぞれの品物と件数をまとめたものが表8―1である。高浜村へ販売したものは、米・油や大豆など主要穀物や生活用品、鉄など天草で生産されない産物が多数を占める。また高浜村より購入したものは、苫や炭などの林産物、鯖や鯛など水産物、そして特産品である砥石である。

この傾向は⑵ではつぎのように変化する。全体八四件のうち、高浜村への販売は七一件、高浜村からの購入は一件、売買両方の場合が二件となる。高浜村への販売割合が九割を超え、輸入超過となっている。売買それぞれの品物と件数をまとめたものが先ほどの表8―1である。高浜村へ販売したものは、⑴と同じく、米・油や大豆など主要穀物や生活用品が多数を占める。網や櫓羽《ろば》など漁業・船に関する品物が増加している。また高浜村から購入したものは、林産物や砥石が消え、干鰯や海老など水産物のみとなる。高浜村は生活に必要な食料・物資を輸入し、山海の産物を輸出する方法を確立していた。

この二つの時期に共通する特徴として、旅人の出船地と売買品の関係を指摘できる。とくに筑後の柳川・大川地

表８－１　1810・1820年代の高浜村における売買品一覧

年　代	売買形態	名　称　と　件　数	分　類
(1) 1813 〜1815年	販　売	米25　大豆13　酒12　大麦・小豆３　小麦２　塩３　素麺３　柿２	食用品
		油19　椎皮・煙草・網４　藍３　鍋釜２　苧・竹・櫓羽・七島表・石見鉄・水瓶・繰綿１	生活用品
	購　入	苫５　砥石皿土５　堅炭３	林産物・特産品
		塩鯖・万引鯖８　鯛・万引鯛６　干鰯５　鰯・鰹節４　鮪２　鰤１	海産物
(2) 1824 〜1832年	販　売	米18　大豆６　小豆・柿２　小麦・素麺・蒟蒻・切芋１	食用品
		油17　網７　竹５　酒・苧４　煙草３　櫓羽２　椎皮・藍・鉄・小石・膳台・樽・反物・琉球椀１	生活用品
	購　入	干鰯・鰹節３　魚類２　海老・鯀・干万引１	海産物

域の船頭は、全体の三割を占め、商品も米・油・酒などに限定され、主要穀物と生活用品を定期的に輸送していた。(1)の柳川船は二三件すべて米・油を販売する船である。それは高浜村における米販売二五件中の一四件、油販売一九件中の一三件と多数を占めている。(2)に入っても同様の傾向であり、全体の三割二七件が柳川船であり、米販売は一八件中一二件、油販売は一七件中一四件である。

　また薩摩や肥後の特定地域からは特産品が輸入され、高浜村は特産地との定期的な流通も形成していたことがわかる。薩摩船は、阿久根の椎皮、日置・亀川の網、西方の櫓羽と船関係の加工品が多い。また肥後船は、佐敷の苧、芦北のつなぎ竹、高瀬の小豆・大豆などの農・林産物が多数を占める。

　このような流通が形成される背景には、天草が海に囲まれ、山が海岸まで迫る平野の少ない地理的な要因や、人口が爆発的に増加する要因などを指摘できる。この天草の流通の状況を端的に示した一文が、一八六〇（万延元）年五月二六日に冨岡役所の触に記されている（『御用触』六：一九五〜一九六頁）。この年天草周辺諸国が津留をしており、「例年天草へ持渡来候穀物聊茂積越不申、海魚又者炭薪等当郡ゟ商ニ売送、右代ニ纔之穀物買入方茂出来不申」とある。この一文から周辺諸国から天草へは主要穀物・生活用品を輸入し、その購入代金として天草から魚や薪等を輸出していたと読みとることができる。このことから、これまで分析してきた旅人の動向からみた高浜村の流通状況は、天草全体に共通する特徴であったといえる。(6)

四　往来人の実態

往来の目的

これまで高浜村へ到来した旅人の分析を行なってきた。ここではもう一つの人の移動である高浜村から出た村人、いわゆる往来人の実態についてみていきたい。分析対象の年代は、旅人とほぼ同時期であるが、(1)一七九七（寛政九）年、(2)一八一三（文化一〇）～一六（文化一三）年、(3)一八二四（文政七）年、(4)一八五一（嘉永四）～一八五四（嘉永七）年、一八五七（安政四）～一八六一（万延二）年、一八世紀末から一九世紀中期までの四時期約六〇年間の傾向を追うことができる（上田家文書一一―六―六～一一、追一、一〇～一三、一五）。

まず往来の目的であるが、件数が多い順に並べるとつぎのようになる。(1)五三件、願成就金比羅四、病気養生四、立願温泉一、漁一、(2)一七四件、奉公稼一四、病気養生一一、西国巡礼七、用事一五、四国巡礼三、商売三、漁稼二、皿山稼一、神社参拝一、(3)五三件、病気養生六、用事六、漁四、立願四国三、稼二、商売一、(4)一〇九件、漁四七、商売四一、用事九、諸稼七、病気養生三、心願身延二、金比羅二である。

幕末の(4)以外は往来の目的を記すものは非常に少ない。全体的にみて往来の目的は奉公・稼、漁や商売などの生業に関わるもの、金比羅や四国巡礼など寺社参詣、病気養生などに分類できる。幕末の一一〇件の往来はほとんど商売と漁が目的である。このことから推定して、他の時期の目的も記載のないものは商売か漁と思われる。

これらの往来人、とくに商売が目的であった人々の具体的な行動が判明するのが、船の難破資料である。上田家文書中にいくつかの資料が残されているが、詳細にわかるのが一八四一（天保一二）年一二月五反帆幸丸の例である（上田家文書五―一七九）。船頭林助と水主正五郎の二人は一二月一八日、炭三一二俵を積んで高浜を出航した。一二月二一日長崎へ着き、江戸町油屋藤平次を問屋に頼み一〇〇俵あたり二五貫文、計七八貫で売却した。その代金で米八俵、畳表一二枚、七島表二丸を購入した。二六日朝、長崎表出航後、立石沖にて破船している。また一七七七（安永六）年九月の八反帆船の船頭国松の場合も、長崎へ堅炭三七〇俵を積んで出航している（上田家文書五―一八〇―一）。その他にも一八四三（天保一四）年九月に八反帆船の船頭福次郎が大束三六〇〆を積み、亥年四月に六反帆の船頭喜三郎が荊小束八〇〇〇束を積み込んでいる例をあげることができる（上田家文書五―一八〇―六、九）。この高浜村の往来人は、近隣の主要都市長崎で大量に消費される薪炭類などの林産物を販売し、米や畳など穀物や生活用品を購入している。この傾向は高浜を訪れる旅人船頭と同様であり、天草全体の流通状況を反映している。

往来の目的地と廻船

つぎに往来人の目的地を分析する。同時期の資料から目的地がわかるものを抽出し、まとめたものが表8－2、それを地図上にあらわしたのが図8－6①～④である。基本的には旧国別に分類しているが、特徴的な地域、肥前の長崎・五島・平戸・島原、薩摩の甑島・坊津、大坂は別扱いとしている。また瀬戸内、四国、西国、近国など特定の国を指していない場合もそのまま記載した。

この表・図から目的地の時期的変遷をみていくと、いくつかの特徴があらわれる。(1)一七九七年には、天草より北の地域、肥前・筑前・肥後と瀬戸内への往来人が多い。(2)一八一三～一八一六年に入ると、やはり肥前・肥後は多いが、南の薩摩・甑島への往来人が登場する。(3)一八二四年には近国が多く目的地ははっきりしない。そして(4)

表8－2　1790～1850年代の高浜村往来人の目的地一覧

年　代	件数	年数	目　的　地
(1) 1797年	55	1	肥前19　肥後7　瀬戸内6　五島5　讃岐4　筑前・平戸3　長門・長崎2　備後・大坂・島原・薩摩1
(2) 1813～16年	174	3	肥後27　肥前26　近国23　薩摩18　長崎15　五島・瀬戸内12　島原9　西国・大坂8　筑後5　四国3　筑前・平戸・甑島2　豊前・讃岐1
(3) 1824年	53	1	近国11　薩摩9　島原・甑島8　瀬戸内6　筑後・五島・四国3　肥前・大坂1
(4) 1851～54年 1857～61年	109	8	甑島39　坊津33　五島13　長崎6　大坂5　四国・五島3　瀬戸内・筑後2　肥前・備後・西国1

嘉永期以降は、薩摩、とくに甑島や坊津、五島など天草の西・南の地域が多数を占める。とくに(4)の甑島・坊津・五島は漁稼ぎの増加を反映しており、魚を求めて近隣の島へ往来していた。

もう一つの特徴は瀬戸内、大坂、四国など瀬戸内海沿岸地域へ全期間を通じて定期的に往来している点である。この往来は特定の村人の持船に限定することができる。表8－3は持船と記された一八一三～一八一六年の廻船一覧である。庄屋上田家の持船の件数が多く、二反帆の順宝丸が九件、五反帆の順幸丸が八件、計一七件である。どちらの船も船頭や人数、目的地が固定している。順宝丸は船頭利右衛門・浅五郎で人数は三人、長崎・薩摩・肥後の近国へ出航している。対して順幸丸は船頭兵吉・元吉で人数は七人、大坂・瀬戸内など遠国へ出航している。このことから船の規模によって航海先が相違している点を指摘できるが、上田家の場合、大坂・瀬戸内方面へ行く順幸丸は焼物・陶器などを販売する定期廻船であったことがうかがえる。『上田宜珍日記』(7)には一八一六年八月、瀬戸内の備後鞆へ向けて出航した順幸丸の運航に関する詳細な記事がある（『上田日記』文化一三年　一九九二：一八九頁他）。八月一九日順幸丸に荷物を積む予定であったが雨天で中止となる。二一日晴天となり、焼物・砥石・鰹節・にぶを順幸丸に積み、翌二二日の夜出帆した。出航後、四三日目の九月五日順幸丸は備後鞆から冨岡へ帰帆し、翌六日順幸丸の水主安多・伊勢蔵が訪れ、綿六一本、鉄一七俵を積んで帰っ

図8-6-①　高浜村往来人の目的地

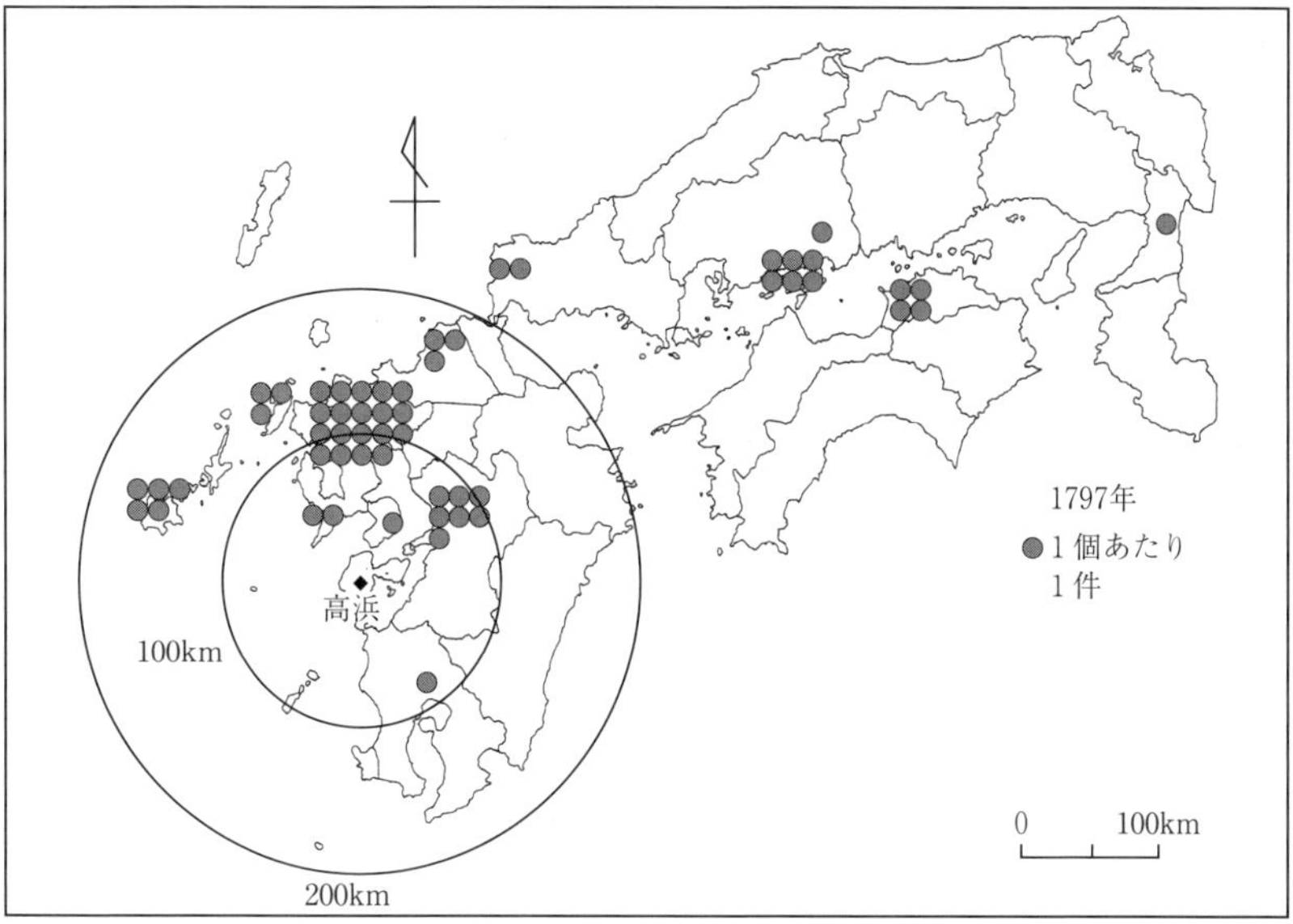

図8-6-②　高浜村往来人の目的地

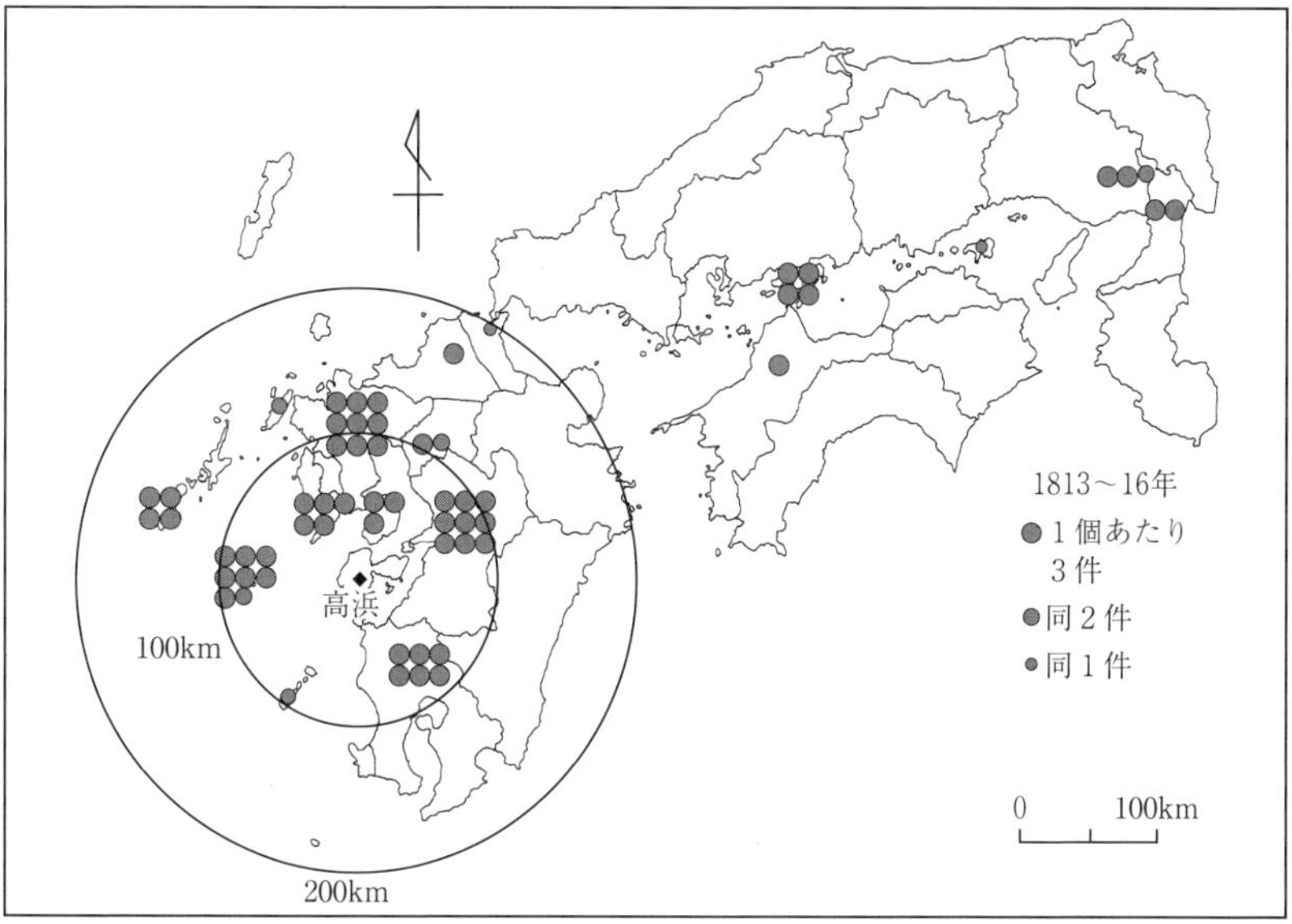

図 **8－6－**③　高浜村往来人の目的地

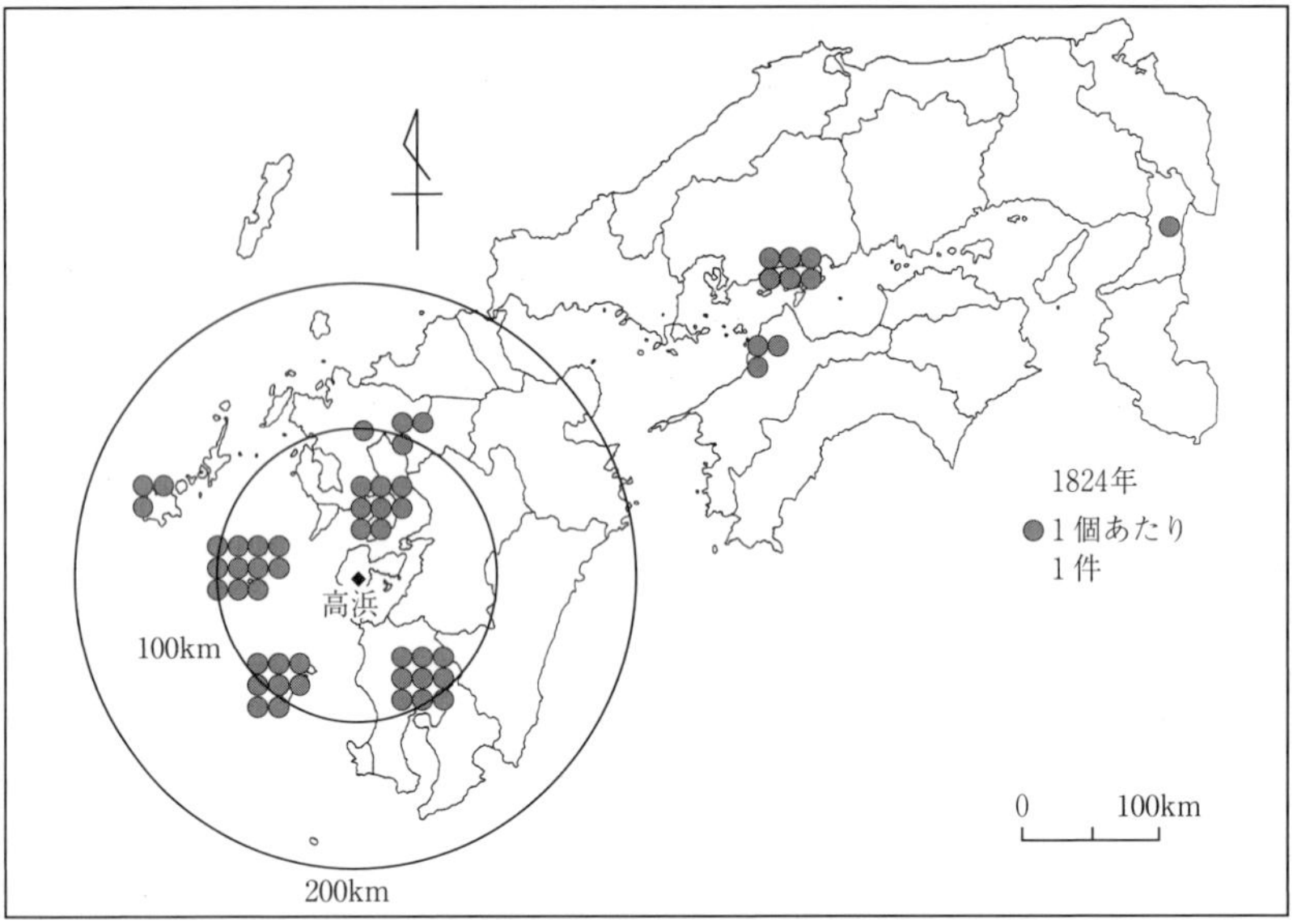

図 **8－6－**④　高浜村往来人の目的地

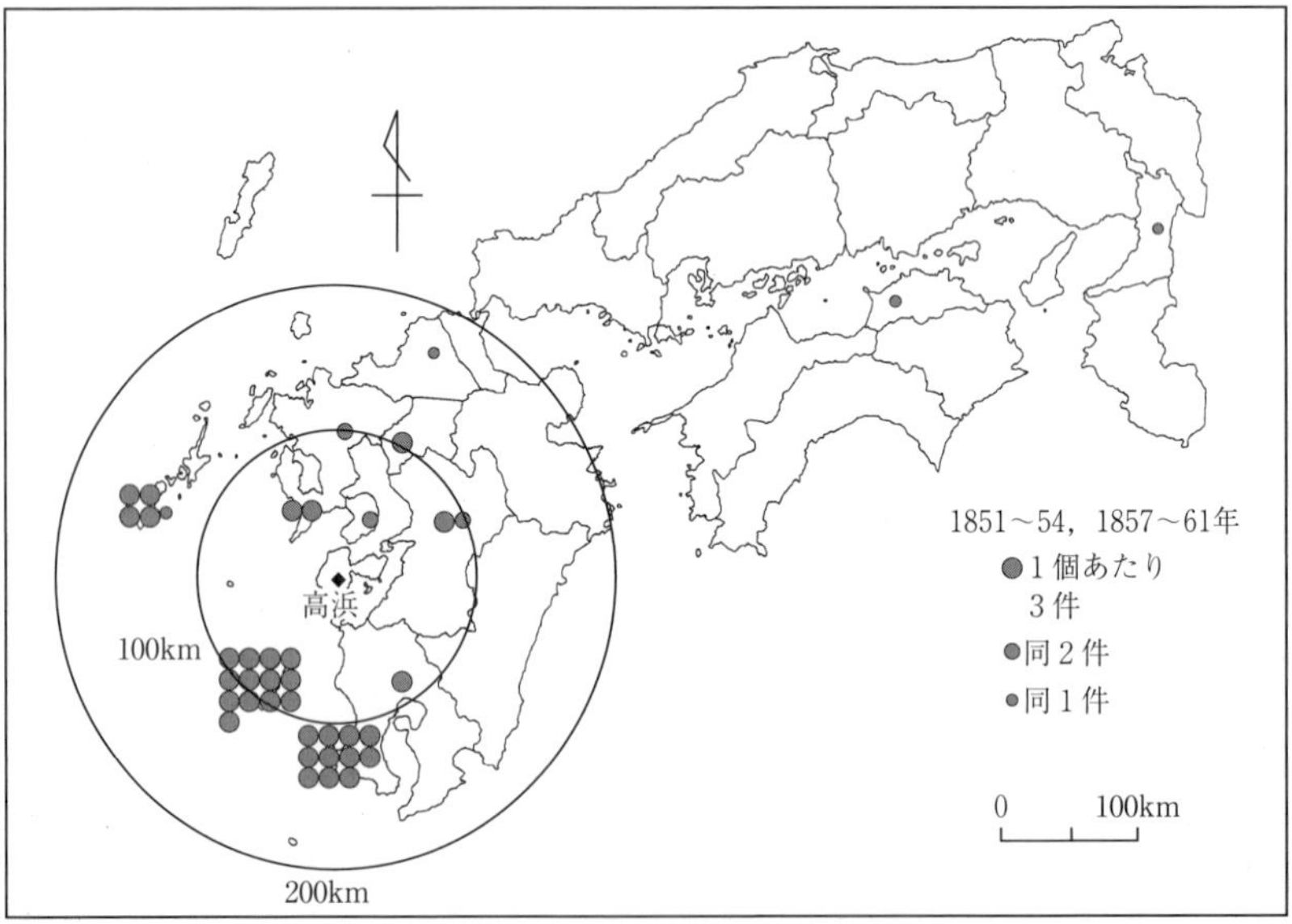

てきたと報告した。七日には順幸丸[8]の荷を積むために順宝丸を冨岡へ派遣している。

積荷の焼物は、八月三日皿山の窯口開が行なわれ焼き上がったもので、備後以外にも二七日に団平船で肥後八代、九月一九日に順宝丸で薩摩に向けて出荷されている。上田家で生産された焼物は一七六二（宝暦一二）年の窯開設以来、一七七六（安永五）年には長崎奉行より在留オランダ人向けの磁器製造を命じられ、翌年出島店売御免となり、オランダ東インド会社を通じて磁器を輸出するまでに成長した（矢部他編 二〇〇二）。

その他、鰹節は八月一四日に崎津より三六〇連を積み出し、また「にぶ」は樫・椿・松の木であるが、一八、一

表８-３　1813～16年高浜村廻船一覧

順宝丸（上田家）

	年　代	月日	反	沖船頭	人数	目的地
1	1813年	2.05	2	浅 五 郎	2	肥前長崎
2	1813年	9.14	2	仁左衛門	3	長崎
3	1813年	11.17	2	朝 五 郎	3	瀬戸内
4	1814年	1.18	2	利右衛門	3	薩州
5	1814年	1.18	2	利右衛門	3	肥前
6	1814年	2.10	2	浅 五 郎	3	薩州
7	1815年	5.14	2	浅 五 郎	3	薩州
8	1815年	6.23	2	浅 五 郎	2	肥後小嶋
9	1816年	1.26	2	浅 五 郎	2	八代

順幸丸（上田家）

	年　代	月日	反	沖船頭	人数	目的地
1	1813年	2.01	5	兵　　吉	7	大坂
2	1813年	7.02	5	惣左衛門	7	大坂
3	1814年	2.19	5	惣左衛門	7	大坂
4	1814年	8.03	5	惣左衛門	7	瀬戸内
5	1815年	2.16	5	惣左衛門	7	大坂
6	1815年	8.01	5	兵　　吉	7	大坂
7	1816年	3.28	2	兵　　吉	7	大坂
8	1816年	8.21	5	兵　　吉	7	瀬戸内

新左衛門船

	年　代	月日	反	沖船頭	人数	目的地
1	1813年	2.12	2	元　　吉	3	肥前
2	1813年	7.06	2	利　　吉	2	肥後
3	1813年	6.23	2	元　　吉	4	瀬戸内
4	1813年	4.18	2	元　　吉	3	肥前
5	1813年	4.18	2	民　　助	3	肥後
6	1813年	7.28	2	元　　吉	4	瀬戸内
7	1813年	11.06	2	元　　吉	3	瀬戸内
8	1814年	5.09	2	元　　吉	2	肥前

善七船

	年　代	月日	反	沖船頭	人数	目的地
1	1814年	2.01	2	房　　吉	3	瀬戸内

九日小田床村より二艘の船で積み出している。そして鞆より積み帰った品物は、備後の北部、中国山地で生産された鉄であった。第三節のなかの「売買される品物」でみた旅人の積荷にも石見鉄があり、中国山地の鉄が天草へ輸入されていたことがうかがえる。

『上田宜珍日記』にはその他の上田家の廻船と積荷の状況について記されている。一八一四（文化一一）年八月三日備後鞆行きの順幸丸は綿（『上田日記』文化一一年　一九九一：二三八頁）、一八一五年三月五日大坂行きの順幸丸は櫨実、同年八月三日大坂行きの順幸丸は綿・鉄、同年一一月三日瀬戸内行きの順宝丸は焼物・干鰯をそれぞれ積んで出航している（『上田日記』文化一二年　一九九二：七五、二一七、二九八頁）。干鰯や櫨実《はぜみ》など積荷の多くは山海産物であったが、鉄など他国産品も積荷としており、高浜や冨岡港で購入した品物を転売する買積船として運航していたと思われる（渡辺　一九九三：一六五〜一七一頁）(9)。上田家の船は高浜や近隣で生産された山海の産物を瀬戸内付近へと出荷し、天草で生産不可能な産物を輸入していた。またこの順幸丸は九月一七日に「御廻米積初」とあるように、幕府領長崎・天草の御廻米船としても運航していた。

上田家以外にも新左衛門の二反帆船が八回、肥前・肥後・瀬戸内方面、善七の二反帆船が瀬戸内方面へ出航している。この新左衛門・善七については詳細な資料はないが、絵図資料から土蔵のある広大な屋敷を所有する商人的性格の人物であると推定できる。図8－7の一八一五年一二月の絵図には新左衛門の屋敷地と土蔵、小屋が記されている（上田家文書五―三五四―八）。図8－4の一八一四年七月の絵図には善七の屋敷地と土蔵、店が記されており、周辺の敷地に比べて広大である（上田家文書五―三五四―一六）。高浜村には上田家をはじめ商人的性格をもつ村人がおり、高浜と近隣の経済流通を支えていた。

図８－７　廻船主の屋敷「文化十二年十二月焼失絵図」（注記─筆者）

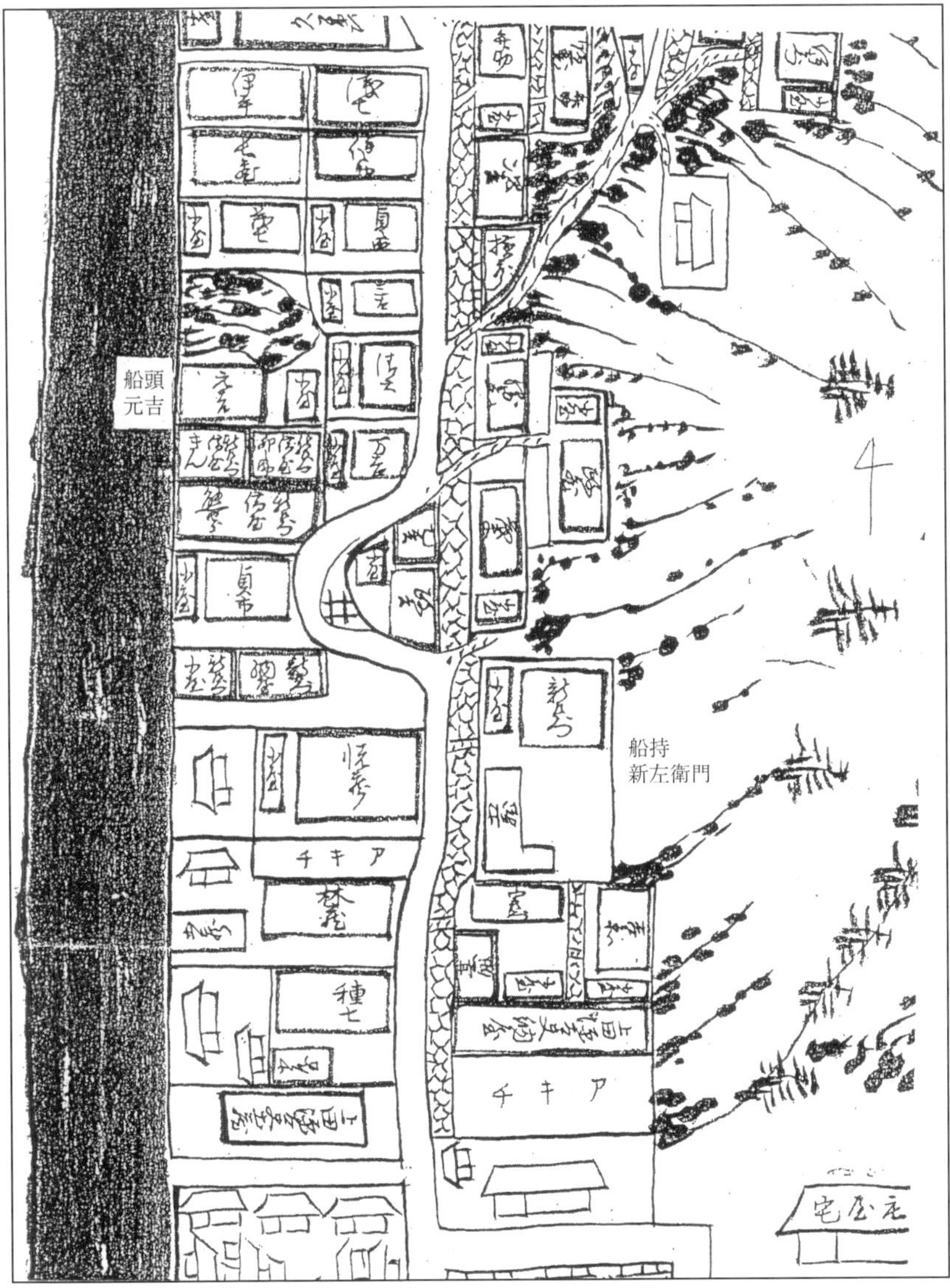

図8－8　旅人と往来人の月別変遷

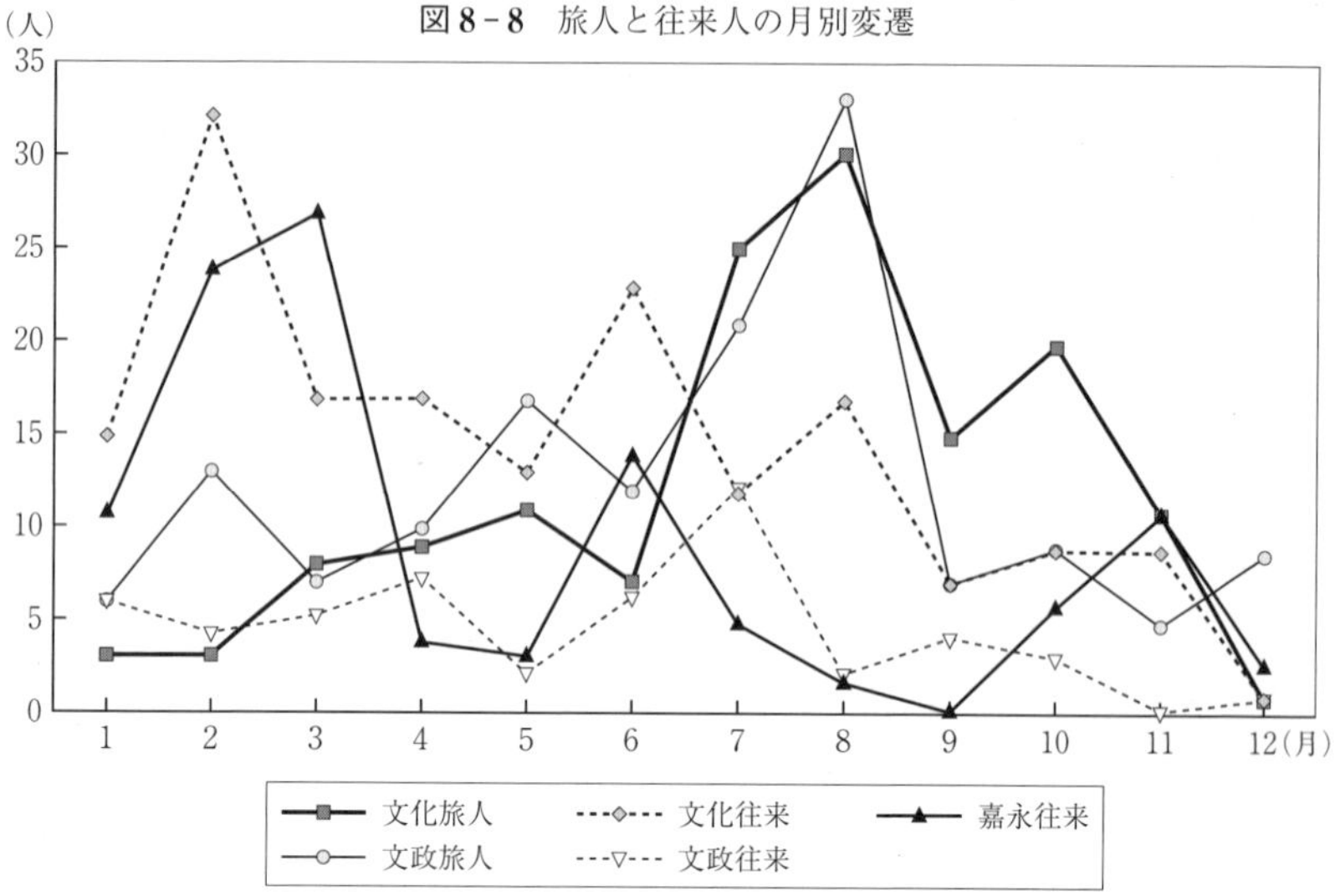

旅人と往来人の到来月

最後に旅人の到来と往来人の出国時期の検討をしたい。文化、文政の旅人と往来人および嘉永の往来人を月別で比較したのが図8－8である。そこから旅人は八月、往来人は二月が頂点となる。旅人と往来人では頂点となる時期が違うことがわかる。往来人の二月は農閑期であることが一つの要因ではないかと推定できる。また安政期には、六八件中四月が六〇件と全体の九割を占めており、往来人は提出時期をまとめている可能性がある。

以上、往来人の実態について分析したがいくつかの特徴をあげることができる。(1)目的は商売・漁・寺社参詣・病気養生・奉公などさまざまである、(2)天草周辺四カ国への商売・漁が大部分を占める、(3)高浜で生産される砥石・焼物を販売するために大坂・瀬戸内方面へ定期的に廻船を運航している点である。目的地は一九世紀前期は天草の北の肥前・筑後・肥後が多数を占めるが、徐々に天草の南の薩摩が増加し、幕末には薩摩近海の甑島・坊津が大部分を占めていくようになる。

五　村政との関連

これまでみてきた高浜村の人・物の移動の変遷の背景として、庄屋上田家の行動を『上田宜珍伝』から作成した表8－4の年表をもとに村政との関連を分析したい（角田 一九四〇）。一八〇〇年の前後三〇年間庄屋を務めたのが上田家七代目宜珍である。宜珍は任期中の三〇年間で高浜村を天草西海岸中部地域とほぼ一致する大江組随一の政治・経済力をもつ村に転換した。その形成過程を、⑴上田家の行政活動、⑵高浜村の基盤整備、⑶主要港崎津村の地位低下の三点から示したい。

まず最初は上田家の行政活動である。一八〇二（享和二）年隣村今富村の庄屋に宜珍の弟が任命され、一八〇七（文化四）年大庄屋格、一八一八年には大江組大庄屋の後見役となり、上田家の地位を上昇させた。決定的な機会は一八〇五年「天草崩れ」と呼ばれたキリシタン摘発に尽力したことで、大江組のなかでもキリシタンの割合が少ない高浜村の地位を、他村に比べて相対的に上昇させている（大橋 二〇〇一）。

二番目は高浜村の基盤整備である。一八〇七年疱瘡が流行した際にすみやかに「山小屋、除小屋」と呼ばれる隔離病舎の設置、医者の派遣など科学的な手法にもとづき死者を全人口の二パーセントの七三人に抑えた。そのため他地域に比べ順調に人口が増加した。増加した人口に対しては、父の代から進めた陶石採掘・焼物業を振興し村人に就労場所を提供した。また漁業に関しては、一八〇三年舸子役五人を高浜村へ引き受け、一八〇五年からは崎津村へ納入していた漁業運上銀を直接役所へ納入し、漁業権を獲得した。第四節のなかの「往来の目的地と廻船」でみたように幕末にかけて薩摩地域の漁が増加するのは、この権利獲得の成果であると思われる。そして一八〇六年に高浜川の測量、一八一四年の大火後には計画的な区画整理を行ない、港湾および商業地区を整備し、出入りの旅

表8－4　上田宜珍と高浜村関係年表

年　代	西暦	事　　　　項
宝暦12年	1762	父伝五右衛門が陶山開始
寛政元年	1789	高浜村庄屋に就任
寛政８年	1796	相続御仕方加役に就任
寛政13年	1801	今富村庄屋後見
		崎津村の疱瘡流行
享和２年	1802	弟演五右衛門が今富村庄屋へ，「天草風土考」執筆
享和３年	1803	舸子役５人を高浜村へ引受
文化２年	1805	崎津村へ納入していた漁業運上銀を直接冨岡役所へ納入，キリシタン天草崩れ調査に従事
文化３年	1806	高浜川の測量
文化４年	1807	大庄屋格となる
		高浜村の疱瘡被害軽微，全人口3370人中200人（６％）が罹病し73人（２％）死亡
文化７年	1810	伊能忠敬の測量に同行，高浜村全図の作成
文化11年	1814	大火後に区画整理，八幡宮の再建
文化13年	1816	本戸組山境相論を調停
文政元年	1818	大江組大庄屋後見役，高浜村庄屋を引退
文政４年	1821	崎津村庄屋後見役
文政６年	1823	「天草嶋鏡」執筆
天保５年	1834	崎津村疱瘡被害甚大，全人口1851人中507人（27％）が罹病し338人（18％）死亡

船数を増加させ、物資の輸出入を活発化した。

三番目は主要港崎津村の地位低下である。東シナ海に面した西海岸の主要港であった崎津村は近世前期から強力な漁業・商業特権を維持する（平田 二〇〇一：二二七～二三二頁）。しかし崎津村はこの時期、二度の疱瘡流行、天草崩れによる隠れキリシタンの膨大な摘発、相互扶助関係にあった隣接する今富村との確執などが原因となり、行政・経済的地位が低下する。それが決定的となる一八三四（天保五）年の疱瘡流行では、死者が全人口の一八パーセントである三三八人にものぼり、高浜村と反対に人口減少の一途をたどる（森永 一九六八：一九三頁）。一八〇八年二四六六人であったのが、一八三四年に一八六五人（七五パーセント）、一八六八（慶応四）年には一二四一人と半減している（平田 二〇〇一：二三二頁）。崎津は船宿・小売・仲買商人が主で輸入品を郡内へ流通させる経済基盤しかもたず、高浜村のように多くの船持層が存在し、輸出できる産物をもたなかったことが経済的地位の低下を招いたと思われる。

高浜村は一九世紀初頭から、行政地位の向上に加えて、村の基盤整備、海山を利用した産業の育成、海を流通拠点とした経済活動の活発化を成功させ、天草の政治経済の中心地富岡・牛深に続く、天草西海岸随一の地域として発展したのである。

六　一九世紀における人と物の移動

以上、四節にわたり、肥後国天草における一九世紀の人と物の移動について、旅人改帳・往来請負帳から分析を行なった。重複する点もあるが以下四点にまとめたい。

(一)　旅人改制度は、一八一三（文化一〇）年の長崎代官の支配替を契機に強化された。理由として、石高に比して過多の人口からくる経済状態の悪化、長崎に近く異国船に接触する機会が多い、悪党の侵入防止などの村の治安維持の理由があげられる。

(二)　高浜村への旅人は年平均四五件到来し、とくに天草周辺の四カ国（肥前・筑後・肥後・薩摩）を中心に、全国に分布していた。高浜村は天草西海岸有数の港であり、問屋・宿も三軒確認できる。そして柳川・大川船によって米・油など穀物や生活用品を輸入し、山海産物、砥石・陶石・焼物などの特産品を輸出していた。

(三)　高浜村からの往来人は、商売・漁を中心に病気養生・巡礼・奉公など頻繁に村を出ていた。往来先は天草の北に位置する肥前・筑前などから、南・西に位置する薩摩・五島へと変化していく。これは漁稼ぎの増加など生業構造の変化に伴ったものと思われる。また庄屋上田家をはじめ商人的性格をもつ家による廻船の定期運航が行なわれ、特産品の焼物を瀬戸内、大坂まで販売していた。

（四）高浜村の活発な人の移動、経済活動の基盤には、上田家の行政地位の上昇、大量死を招く流行病への科学的対処、港などの高浜村の社会資本の整備、そして崎津村の地位低下などをあげることができる。

この高浜村の例から天草は、山海を産業・流通の拠点とする経済構造を維持していた。それは船によって他地域とつながり、農産物を輸入に依存し、山海産物を輸出する方法であった。これに高浜村では庄屋上田家が砥石・陶石や焼物産業を育成したことが、他村と異なる有利な要因となり、大量の人・物の移動を維持できる環境が整備されたといえる。

本章では、高浜村の宗門改帳のデータ、また旅人改帳、往来請負帳をすべて対象とすることができなかった。(10) また渡辺尚志らの天草地域、大庄屋研究も十分に取り入れることができなかった。今後はこれらの研究を再検討し、天草全体の人の移動、物の流通構造について分析したい。

＊　本章は一九九五～一九九九年度文部省科学研究費創成的基礎研究「ユーラシア社会の人口・家族構造比較史研究」（研究代表者：国際日本文化研究センター名誉教授速水融）、二〇〇〇～二〇〇二年国際日本文化研究センター共同研究会「徳川日本の家族と社会」において研究報告したものである（初出、国際日本文化研究センター紀要『日本研究』二八、二〇〇四年、を一部修正した）。

注

（1）横田冬彦は日本型「戸籍」制度として宗門改を捉えられており、全国的にすべての人を対象にした点など同様の指摘をしている（横田 二〇〇二：一一六～一一七頁）。

（2）上田家文書は、熊本県天草市天草町の上田陶石合資会社が所蔵する。「上田家文書」と略し、文書番号については天草町教育委員会（一九九六）によっている。

（3）本資料は上田家文書として宮本又次が紹介しているが、現文書番号は不明である（宮本 一九五二：七〇～九五頁）。

（4）『天領天草大庄屋木山家文書御用触写帳』は本戸組大庄屋木山家文書、一七八八（天明八）年から一八七〇（明治三）年まで全七巻刊行されている。

（5）天草の船宿に関する研究は宮本又次、舟橋明宏をあげることができる（宮本 一九五二：七〇～九五頁、舟橋 一九九九：三八八～三九二頁）。

（6）平野哲也も一七八九（寛政元）年の資料から天草の産業は耕地に依存せず、山野河海の資源を活用しさまざまな生業を生み出し、現金収入を得る稼ぎ口としていたと述べている（平野 一九九九：二五六～二五七頁）。

（7）高浜村庄屋を代々務めた上田家七代目の宜珍の日記である。一八〇〇年の前後三〇年間庄屋を務め、一七九三（寛政五）年から一八一八（文化一五）年までの日記が二〇冊にまとめられ、天草町教育委員会から刊行されている。

（8）当時の順幸丸の船形模型が現在も高浜八幡宮に奉納されている。順幸丸は明治大正期も和船の形での写真が残され、現在もその名前が受け継がれている（『上田日記』文化五年　天草町教育委員会編、一九八九：口絵写真）。

（9）渡辺信夫は近世の買積船と賃積船についてまとめているが、全国的海運体系が賃積船を柱に成立したのに対して、地廻り海運と買積船の存在を軽視できないとして、各地に出入りする中小の買積船は地域における商品流通の担い手であったと述べている。高浜に出入りする船もこのような買積船であったと思われる。

（10）高浜村の宗門改帳については、一九九五～一九九九年度文部省科学研究費創成的基礎研究「ユーラシア社会の人口・家族構造比較史研究」（研究代表者：国際日本文化研究センター名誉教授速水融）旧西日本研究班で調査、研究が引き続き行なわれている。関連する研究としては、村山聡・東昇、"The lifecourse and households of hidden Japanese Christians in Amakusa islands" と題してSSHA第二七回年次大会（二〇〇二年セント・ルイス）において報告を行なった。

参考史料

天草町教育委員会編『天草町上田家文書目録』天草町教育委員会、一九九六年。

天草町教育委員会編『天草郡高浜村庄屋上田宜珍日記』一～二〇巻、天草町教育委員会、一九八八～一九九八年（『上田日記』と略す）。

苓北町史編さん委員会編『苓北町史』史料編、苓北町、一九八五年。

森永種夫編『長崎代官記録集』中巻、犯科帳刊行会、一九六八年。

本渡市教育委員会『天領天草大庄屋木山家文書御用触写帳』一～七巻、本渡市教育委員会、一九九五～二〇〇二年（『御用触』と略す）。

参考文献

東昇「文化二年『天草崩れ』と宗門改帳――肥後国天草郡崎津村文書を中心に」『京都府立大学学術報告（人文・社会）』六〇、二〇〇八年、六九～八四頁。

東昇「近世肥後国天草における疱瘡対策――山小屋と他国養生」『京都府立大学学術報告（人文・社会）』六一、二〇〇九年、一四三～一六〇頁。

東昇「近世肥後国天草郡高浜村における漁民と村政」『京都府立大学学術報告（人文）』六二、二〇一〇年、一二五～一四〇頁。

東昇「近世肥後国天草郡における村役人と仁才――上田家日記を中心に」『京都府立大学学術報告（人文）』六三、二〇一一年、一〇九～一三〇頁。

東昇「近世村落行政における地域情報と庄屋日記――肥後国天草郡高浜村上田家を事例に」松原弘宣・水本邦彦編『日本史における情報伝達』創風社出版、二〇一二年、一八八～二二三頁。

東昇「近世後期庄屋日記にみる地域情報の収集・伝達――肥後国天草郡上田家と船頭情報」『京都府立大学学術報告（人文）』六五、二〇一三年、一〇五～一二四頁。

檜垣元吉「近世天草の人口問題」『九州文化史研究所紀要』二、一九五二年、一～一八頁。

平野哲也「寛政八年百姓相続方仕法と村社会」（渡辺尚志編　一九九九所収）。

平田正範『天草かくれキリシタン宗門心得違い始末』サンタ・マリア館、二〇〇一年。

舟橋明宏「天草郡地役人の存在形態と問屋・船宿」（渡辺尚志編　一九九九所収）。

角田政治『上田宜珍伝――附上田家代々の略記』、一九四〇年。

楠本美智子「近世中期の天草石本家の経営」『九州文化史研究所紀要』四五、二〇〇一年、六六～九八頁。

宮本又次「天領天草の商業と問屋」『九州文化史研究所紀要』二、一九五二年、七〇～九五頁。

荻真一郎他『高知県の歴史』山川出版社、二〇〇一年。

大橋幸泰『キリシタン民衆史の研究』東京堂出版、二〇〇一年。

上村雅洋『近世日本海運史の研究』吉川弘文館、一九九四年。

渡辺尚志「文化〜天保期の大庄屋と地域社会」（渡辺尚志編　一九九九所収）。

渡辺尚志編『近世地域社会論——幕領天草の大庄屋・地役人と百姓相続』岩田書院、一九九九年。

渡辺信夫「近世の交通体系」『岩波講座日本通史』一一、岩波書店、一九九三年。

矢部良明他編『角川日本陶磁大辞典』角川書店、二〇〇二年。

横田冬彦『日本の歴史』一六、講談社、二〇〇二年。

柚木学「海運史料としての入船帳と客船帳——廻船の航跡と商品流通」『日本水上交通史論集』六、文献出版、一九九六年。

柚木学『近世海運史の研究』法政大学出版局、一九七九年。

第Ⅲ部　ひとつではない日本

第9章　日本における直系家族システムの二つの型
――世界的視野における「家」――

落合恵美子

一　「家」と直系家族

日本の「家」は、しばしば stem family と英訳される。他方、stem family は「直系家族」（まれに「株家族」[1]）と日本語訳される。コンラッド・M・アレンスバーグは、フランス、ドイツ、アイルランド、北イタリア、北スペイン、フィリピンの直系家族と並べて、日本の家族を「直系家族」に含めている（Arensberg 1960）。日本の代表的な家族社会学者森岡清美もアレンスバーグの家族類型分類にしたがい、日本の家族を「直系家族制（stem family system）」[2]に分類している（森岡・望月 一九八三）。「類型はどの文化圏の家族にも適用できるように構成されているので」「類型の下に、特定の文化的内容をもった典型を立てることが必要になる」とする森岡は、「日本の直系家族制を『家』（制度）と言う」（森岡・望月 一九八三：一四頁）と明快にいいきる。森岡の定義によれば、「家」は直系家族のひとつの地域類型である。ここには不明瞭な点は何もない。

しかし「家」に関しては、これとは別の系列の議論が存在する。「家」は明治以来、日本の文化的アイデンティティの核とみなされてきた。明治政府の委嘱を受けたフランスの法律家ボワソナードがナポレオン法典にもとづいて起草した日本初の民法典は、西洋の家族観は日本の文化伝統になじまないとする多くの日本人学者、法律家からの反対論にさらされた。最終的には反対者たちが勝利して、家制度を思想的核とするまったく新しい民法が施行されたのは周知のとおりである。それ以来、「家」を日本の文化的アイデンティティの象徴とする見方は、近年まで基本的に変わらなかった。もっともそのことの価値評価は、社会的政治的状況によりさまざまに変化したのではあるが。

この知的伝統は、「家」は日本固有なので他国の家族との比較は不可能であるとか、たとえ比較が可能であるとしてもそれは日本の「家」の固有性を際立たせるだけであるとかいった、比較研究について消極的な態度を帰結した。実際、異なる社会との比較が行なわれる場合には、北米やヨーロッパの核家族と「家」とを対比してみせるものが大半であった。直系家族がヨーロッパ家族史において重要な位置を与えられてきたことについて、日本の家族社会学者や家族史研究者がほとんど関心を向けてこなかったのは不思議ではあるが、こうした知的背景を考えるとわからない現象ではない。「家」を直系家族の一種とみる場合にも、日本の「家」こそがもっとも典型的な直系家族であり、日本以外の地域の直系家族は例外的な少数派に過ぎないと考えてきたふしがある（中根 一九七〇：一二頁、Ochiai 2000）。

他方、ヨーロッパやアメリカにおける直系家族をめぐる議論も、先入観から自由であったとはいえない。英語のステム・ファミリー（stem family）の元となったフランス語のファミーユ・スシュ（famille souche）という言葉は、学問的文脈ではフランスのフレデリック・ル・プレ（Frédéric Le Play）により最初に用いられた。ル・プレはこの言葉を、彼が仕事で訪れたドイツで日常語として用いられていたシュタム・ファミーリエ（Stammfamilie）から借用したのだといわれる（Fauve-Chamoux 2009）。近代化により不安定化したフランスの家族に比べて安定した理想の家族を、ル・プレはこのドイツの家族に見たのである。すなわちこの言葉は当初から、近代化に伴う家族の変化を批判するために学問語に移植された。

ル・プレ以後も、直系家族という言葉は、フランスのような近代化の中心国では近代化批判の象徴として、またスペインのように比較的周辺的な国々では国民的民族的アイデンティティの象徴として、常にイデオロギー的価値を伴いながら用いられてきた（Douglas 1993）。周辺国における直系家族のイデオロギー的意味づけられかたは、日本の「家」と非常によく似ている。しかし類似したイデオロギーをもっていることが、比較の共通の土台となるとは限らない。それどころか直系家族をそれぞれの伝統文化の核とみる共通の信念は、異なる地域の直系家族を真剣に比較する試みに扉を閉ざした。「家」やその他のアジアの直系家族は、ヨーロッパの文脈ではみえてこない。ヨーロッパの直系家族が日本の文脈ではみえなかったのと、ちょうど同じように（Ochiai 2000）。

本章の目的は、日本の「家」の諸特徴を、ヨーロッパやアジアの他の直系家族と比較しながら検討し、いわば「家」を世界の家族史研究の文脈に位置づけることにある。こうした試みは意外なことにこれまでほとんどなされてこなかった。論文の前半では、「家」は世界的文脈でいかに論じられてきたのかを振り返る。後半では、徳川日本の二つの地域から得られた実証的成果を比較して、日本国内における地域的多様性を踏まえながら世界のなかの「家」を再考する。

二　世界的視野における「家」

日本型組織のプロトタイプとしての「家」——中根千枝の場合

家を世界的な家族史研究の文脈に位置づけようとする試みは、これまでもなかったわけではない。家を国際学界に紹介するもっとも包括的試みは、依然として中根千枝の *Kinship and Economic Organization in Rural Japan*（Nakane 1967a）ではないかと思われる。中根は欧米人に誤解を与えやすい点によく気を配っている。これは中根が人類学者であるからというばかりではなく、イギリス等で学び自らの学問を形成したという経歴によるものだろう。「家という語は社会学文献の中でしばしば家族（family）の同義語として用いられるが、それより英語の世帯（household）のほうがこの概念に近いだろう。なぜなら世帯は家族に限らずすべての同居人を含む概念であるから」（Nakane 1967a: pp. 1-2)。「さらに言えば、家はイギリスにおけるように単に現在ある世帯を指すのではない。家という概念は過去から未来へと続く時間的連続性を前提としており、現在の同居成員ばかりでなく死去した成員やこれから生まれる者たちまで含む」（Nakane 1967a: p. 2)。中根は「家族」や「世帯」という英語と「家」との異同を正確に述べる。

そのうえで、家は以下のように説明される。「日本における社会組織の基本単位は世帯である。農村では世帯は経営単位として特に重要な機能を持つ」「世帯は基本家族（elementary family）の核によって、あるいはその周囲を含むものとして形成され、直接の家族成員のほか親族と非親族を含む」（Nakane 1967a: p. 1)。家の組織原則は相続規則に表れる。「日本全体に共通する家督相続の重要規則は二つある。一つは、戸主は、他の種類の親族ではなく、『息子』により相続されなければならない、というものである」（Nakane 1967a: p. 4)。もう一つは、「それはただ一人の息子によらねばならず、二人以上の息子の連合によってはいけない」というものである（Nakane 1967a: p. 5)。第一の規則は、跡取りは戸主の実の息子か養子でなければならないということを意味する。これらの規則は、中根が日本社会を「タテ社会」（中根 一九六七b）と規定する理論的根拠となっている。

興味深いのは、家を直系家族と呼ぶのに中根が積極的でないことである。『家族の構造』では核家族・合同家族・直系家族の三分類と内容的にはほとんど変わらない世帯分類法を提案し、その第三のタイプに日本の家を分類しているにもかかわらず（中根 一九七〇：三五～三八頁）。日本の家族を直系家族と呼ぶ場合でも、日本は直系家族のある他の社会とは異なると中根は強調する。そのような社会では、特定の歴史的時代の特定の経済条件のもとでのみ直系家族が発達した。たとえば二〇世紀のアイルランドや一六世紀以来のドイツにおいて、経済危機下で土地の細分化を回避しようとした農家の必要が直系家族を成立させたというように（中根 一九七〇：一二頁）。「この慣習が日本の家制度のような社会制度として結晶することはついぞ無かった」（中根 一九七〇：一一三頁）。「アイルランドやドイツと違って日本に特殊な条件」を求めて、中根は家を納税単位とした徳川封建制や、さらに基礎的な日本社会の人類学的特性の探究へと進んでいく（中根 一九七〇：一一三頁）。

中根は日本の家を世界的文脈に位置づけようとしたが、その結論は家を直系家族と同定することではなく、家のユニークさを強調することであった。

例外的な直系家族としての「家」――ピーター・ラスレット

国際的な家族史研究の大舞台で家が脚光を浴びたことが一度ある。ケンブリッジグループのピーター・ラスレットが一九六九年に招集した世帯研究のための国際会議で、中根千枝、速水融、トマス・スミスが参加して日本について報告したのである。その会議の成果を出版した *Household and Family in Past Time* の「序」で、ラスレットは家についてかなり言及している（Laslett and Wall eds. 1972）。ラスレットは直系家族にも何回もふれている。直系家族こそはラスレットが家族史研究を始めた動機であった。

ラスレットはル・プレによる直系家族の定義を以下のように要約している。

「ル・プレ自身はファミーユ・スシュを家内集団（domestic group）と父系的系譜（patriline）の両方として考えていたのは間違いない。……家内集団としては、それは二組の夫婦とその子供たちからなる拡大家族であり、二番目の

［核家族の］長が一番目の息子なので、このようなあり方を我々は下向的多核家族世帯（multiple family household disposed downwards）と呼ぶ。世帯主によって選ばれる同居の跡取りはたいてい息子であり、しかもしばしば長男か末の息子である。ただし息子がいない場合は注意深く選ばれた娘の夫や、甥あるいはもっと遠い男性親族が招き入れられる。跡取りの寡婦も世帯主になることができる。……父系的系譜、しかも場合により女性相続を許容する父系的系譜としては、ル・プレの直系家族は日本の家によく似ている。……直接の子孫による相続は家屋や土地や特定の職能などと結びつけられ、各世代は順番に家名とすべての系譜成員の名のもとにそれを預かり保有する。……系譜としての直系家族とは、世帯としての直系家族が永続したもので、それゆえにル・プレは両者を区別したがらなかったのだろう」（Laslett 1972: pp. 18–20）。

ラスレットはル・プレの直系家族は日本の家とよく似ているという。ラスレットは系譜としての直系家族についてのみそういっているが、家内集団としての直系家族についても同じことがいえるだろう。

世界の六地域、すなわちイングランドの二カ所とアメリカ、フランス、セルビア、日本の西宮市の世帯の比較分析結果をまとめた箇所でも、ラスレットは日本にとくに言及している。これらの六地域のデータのうちで、日本は際立った特徴を示すというのである。世帯規模に関する限り、日本の世帯はイングランドの世帯と同じくらい小さい。しかし世帯構造に注目すると、「セルビアと日本はイングランド、アメリカ植民地、フランスと明らかに異なる」（Laslett 1972: p. 60）。直系家族と兄弟家族（frérèches）の割合は西宮でもっとも高く、つぎがベルグラードである。

ラスレットは「序」を有名なフレーズで締め括る。「昔のイングランドやヨーロッパでは大きな拡大家族がふつうだった、あるいは工業化以前の世界の標準だったと信じたいという希望は、実はイデオロギーの問題である」（Laslett 1972: p. 73）。しかし、日本についてだけは、ラスレットも揺れているようだ。「西宮についてさえ、二つの複雑な家族形態のいずれかが支配的な制度だと明言できないのは明らかである」（Laslett 1972: p. 60）といいながら、

「日本のシステムは拡大親族が一つ屋根の下に集うというようなことに意図的に備えていたようだ」（Laslett 1972: p. 69）とも書く。その後、ヨーロッパ各地における研究の進展を受けて、ラスレットは過去の拡大家族の実在の否定という自説を北西ヨーロッパに限定していくが（Laslett 1983）、自説の普遍性への疑念を最初に抱かせた例が日本の家であった。

直系家族とは呼べない「家」——ミシェル・ヴェルドン

しかしその後、日本の家は、国際的家族史研究の視界から一〇年以上にわたって消える。その理由は、一つにはラスレットやウォールその他の家族史研究者がヨーロッパに関心を集中したからであり、もう一つには、ラスレットの一九六九年の会議に出席した速水融をはじめ、日本の歴史人口学者が家族より人口を主なテーマとしたからである。そのなかにあって、カナダのミシェル・ヴェルドンだけが家に言及した。直系家族の理論的分析をめざす彼は、日本、韓国、ベトナムの家族を、彼の定義する直系家族には入らないとする。「このような社会にあっては、同居は財産相続ではなく祖先崇拝を軸に組織される。……これと反対に、西ヨーロッパにあっては、連続するのは系譜（line）ではなく土地などの財産（estate）である」（Verdon 1979: pp. 87-105）。直系家族に含まれる唯一のアジアの例はタイの家族であるとヴェルドンはいう。

ヴェルドンの判断には異論もあるだろう。筆者も異論をもつ一人である。財産、とくに家と土地の相続が日本の家にとっても本質的に重要であることは誰も否定できまい。日本など東アジアの家族における祖先崇拝は、たしかに家とヨーロッパの直系家族との一つの違いである。しかし日本の家の「一家一寺制」による直系的な先祖祭祀は徳川時代中期以降に制度化されたものであり、それ以前には嫁や養子が実家の祖先祭祀を持ち込んでくる双系的な祖先観が多くの地域に存在していた（森本 二〇〇六）。そもそも東アジアでは中国のように合同家族であっても祖先祖崇拝はあるので、祖先崇拝は東アジアとその周辺地域の家族の地域的特徴というべきであり、直系家族だけの特性とはいえない。

ヨーロッパの直系家族と比べた場合の家のもう一つの特徴は、ラスレットも前著の「序」で言及している養子慣行であろう（Laslett 1972）。ヨーロッパの直系家族では娘婿が同居して農場を受け継ぐことはあるが、養子にはとらない。フランスのピレネー地方の直系家族と日本の東北地方の家を比較したフォーヴ＝シャムーも、日本における養子の存在が最大の相違点であることを見出している（フォーヴ＝シャムー 二〇〇九：表6）[3]。祖先崇拝と養子慣行は、家がヨーロッパの直系家族よりも親族集団としての系譜制に重きを置いていることを示している。

西ヨーロッパ型直系家族としての「家」――ウルフとハンレー

一九八〇年代半ば、日本の家族を世界的文脈に位置づけようとする試みがまた登場してきた。中国研究者アーサー・ウルフと日本研究者スーザン・ハンレーは、共同で編集した書物の序文で、大胆な仮説を打ち出した。「東西ヨーロッパの対比にあたるものは、東アジアでも見出せる。……中国の日本に対するは、東ヨーロッパの西ヨーロッパに対するようなものである」（Wolf and Hanley 1985：p. 3）。「日本の家族システムは西ヨーロッパ型のシステムである」（Wolf and Hanley 1985：p. 4）。

彼らの念頭にはジョン・ヘイナルの有名な枠組みがある。ヘイナルは新居制（核家族）、晩婚・稀婚、ライフサイクル奉公人制度に特徴づけられる北西ヨーロッパ型世帯形成システムを、それと対照的な合同型世帯形成システムと対比したが、その論文の注で直系家族に言及し、隠居慣行のある直系家族は「北西ヨーロッパ型世帯形成システムと両立する」（Hajnal 1983：p. 486）といっている。

ウルフとハンレーは続ける。「西ヨーロッパの家族は晩婚と生涯独身との組み合わせにより出生を制限したが、日本の家族は同じ結果を晩婚と意図的出生抑制との組み合わせにより達成したようだ」（Wolf and Hanley 1985：p. 6）[4]。晩婚により結婚資金の蓄えが可能になるというヘイナルの議論を引用した後で、彼らはより大胆な仮説を提出する。「北西ヨーロッパと日本が経済成長を達成した理由は、よく似た結婚パターンにより説明できるのではなかろうか。だとすると、近代的経済成長の前提条件の一つは直系家族システムだとは言えまいか」（Wolf and Hanley 1985：p. 12）。

北西ヨーロッパ全域を直系家族地帯ということはできないので、勇み足の感はぬぐえないが、この勢いのある序章が書かれた背景には、一九八〇年代の日本の経済的成功がある。当時の日本は、欧米先進国の長期的不況を尻目に、「ジャパン・アズ・ナンバーワン」（Vogel 1979）といわれたほどの繁栄を極めていた。世界的な日本研究ブームを巻き起こり、近代化の要因についての問いは、ウェーバー以来の「なぜヨーロッパだけが」から「なぜヨーロッパと日本が」に置き換えられた。ウルフとハンレーの研究もそうした時代背景のなかで書かれたのである。

第三の家族類型直系家族としての「家」――ローレル・コーネル

徳川時代の宗門改帳を用いた日本家族研究の経験のあるローレル・コーネルは、ウルフやハンレーと異なり、ヘイナルの北西ヨーロッパ型とも合同型とも異なる、第三のカテゴリーとしての「直系家族型世帯形成システム（the stem household formation system）」を提案した。ヘイナルによれば世帯形成システムは世帯形成規則の組み合わせとして定義されるが、直系家族型世帯形成システムのもっとも中心的な世帯形成規則は、「一つの世帯は任意の数の夫婦を含むことができるが一世代には一組だけ」（Cornell 1987：p. 152）というものである。

コーネルは、このシステムの理論的帰結を次のように説明する。「必要な子は一人だけで他の子供は重荷でしかない」ため「高出生率は奨励されない」（Cornell 1987：p. 153）。北西ヨーロッパ型では経済条件が婚姻年齢に影響することが知られているが、そのようなメカニズムは日本では「生家に留まれない」「余剰の人々」にのみみられる（Cornell 1987：p. 153）。「したがって、前工業化期北西ヨーロッパにおけるような青年期の離家、ライフサイクル奉公、および婚姻年齢のパターンも存在するものの、人口のはるかに小さい部分のみに見られる」「離家しない早婚の人々と離家する晩婚の人々とがいるため」「平均婚姻年齢は他の二つのシステムとの中間で分散が大きい」（Cornell 1987：p. 154）。コーネルは隠居と養子は直系家族システムに共通するらしいとも述べている。そしてライフサイクル奉公、婚姻年齢、世帯構成、家督相続年齢についての経験的証拠をあげながら、「日本の家族システムは直系家族型世帯形成システムの枠組みによく当てはまる」と結論する（Cornell 1987：pp. 154-157）。

ヨーロッパ型とは異なる真正の直系家族システムとしての「家」――斎藤修

斎藤修はヨーロッパの直系家族と家との違いに焦点をあてる。マイケル・ミッテラウアーは「これまでに観察された三世代家族の大半は真正の直系家族ではなかった。それらは単に跡取りの結婚を機に家督を譲る隠居家族（Ausgedingefamilie）の形態をとっている」（Saito 1998：p. 169, Mitterauer and Sieder 1982：pp. 33-34）と述べている。ミッテラウアーは「中央から西ヨーロッパ、すなわちアイルランドからズデーテン、ノルウェーからアルプスまでの地域に広がっている」慣行について言及しているのである。ヘイナルと同様に、ミッテラウアーは直系家族を「単純な核家族により近い」（Saito 1998：p. 169）とみている。

そこで斎藤はヨーロッパと日本における同居親族の規模と構造を比較した（付表2）。斎藤が利用するのは、日本については一九二〇年の国勢調査から戸田貞三が算出した計算結果である（戸田 一九三七：二二二～二二九頁）。ヨーロッパのデータはリチャード・ウォールの示した数字を用いており（Wall 1983：p. 53）、アイスランド、ノルウェー、オーストリアといった「真正のあるいは隠居家族型の直系家族がかつて存在したはずの地域」（Saito 1998：p. 170）を含んでいる。斎藤が指摘する第一の点は、日本の親族集団の規模はかつてのヨーロッパよりだいぶ大きいということである。第二の点は、ヨーロッパの直系家族地域では親と兄弟姉妹が親族集団のなかで最大の割合を占めるのに、日本では親と孫が際立っているということである。さらに、日本のデータにはみかける婿や嫁は、ヨーロッパでは実際上存在しない。北欧と中欧の世帯は、「下方へ拡大することはめったにないが、日本の世帯は上方と下方の両方へ拡大することができる」(Saito 1998: pp. 173-174)。ヨーロッパでは「高齢者が戸主権を放棄することなく跡取り夫婦や子どもと同居することはありそうにない」(Saito 1998: p. 174)。そして斎藤は結論する。「日本の直系家族はより縦方向に構造化されている。それゆえ、かつてのヨーロッパより伝統日本でのほうが、家系という概念がより重きをおかれていると考えていいだろう」(Saito 1998: p.174)。「日本の家族パターンは、合同家族の変種でも、単純家族システムと両立するものでもない。これらとは別個の第三のタイプの家族システムを代表しているのである」(Saito 1998: p. 180)(5)。

しかし、ヨーロッパの直系家族の地域的多様性を視野に入れると、ミッテラウアーに依拠しながら斎藤が描く「隠居家族」型の直系家族像は、ヨーロッパの直系家族すべてにあてはまるわけではない。フォーヴーシャムーによれば、「強調しておかなければならないのは、跡取りの結婚により、自動的に戸主が後退するような地域は南仏のどこにもなかったということである。……産業革命以前のフランスでは、古い世代の人々は自分たちの権威をできるかぎり長く保持するのが通例であった。『隠居する』という風潮が出てきたのは一八五〇年代以降になってからのことである」(フォーヴ－シャムー 二〇〇九：四二頁)。ヨーロッパの直系家族は地域的にも多様であり、時代的にも変化してきた。それは日本の家も同じことだろう。

以上、家を世界的視野で論じる議論を振り返ってきた。家と直系家族の家族史研究上の位置づけは揺れている。直系家族は核家族に近いのか、それとも核家族とも合同家族とも異なる第三のカテゴリーなのか、家は直系家族なのか、家はヨーロッパの直系家族と同じなのか異なるのかなど、論点は錯綜している。いずれにせよ、ヨーロッパにおける直系家族と日本の家のそれぞれの地域的多様性を考慮せねば議論は先に進まないことが次第に明らかになってきた。

三　ヨーロッパと日本それぞれにおける地域的多様性

ヨーロッパ家族史研究では、ヨーロッパ内の地域的多様性が次第に強調されるようになってきた。ラスレット自身は、すでに『過去における世帯と家族』（Laslett and Wall 1972）の序文において、この傾向をみせていたが、その後、ヘイナルの影響を受けてそれを一層発展させ、ヨーロッパを西欧、中欧、南欧、東欧に分ける四地域仮説を提案するに至った（Laslett 1983）。

エマニュエル・トッドの提案した大胆な図式は、この方向をさらに徹底させたものである（Todd 1990＝1992：chapter 1）。トッドはヨーロッパを家族類型によって絶対核家族、平等主義核家族、直系家族、共同体家族の四つの地域に区分した。そのうちの一つである直系家族地域は、さらに四つの地域に下位区分される。ドイツブロック、北スカンジナビアブロック、ケルトブロック、そしてオック－北イベリアブロックである。トッドは、直系家族を北部と南部に区分したル・プレのアイデアからヒントを得て、この四ブロック仮説を発想したという（Wall 2009）。

トッドは直系家族を「親子関係は権威主義的であり、兄弟関係は非平等主義的である」（Todd 1990＝1992：p. 40）家族類型と定義しており、「自分が父親になったときにも、自分の父親の権威の下に留まることになる」（Todd 1990＝1992：p. 43）という。隠居慣行は念頭に置いていないか、少なくとも直系家族の本質とはみなしていない。実際、ミッテラウアーや斎藤修が注目した隠居家族型の直系家族が優勢だったドイツブロック、北スカンジナビアブロックとは異なり、オック－北イベリアブロックに属するピレネー地方についての前出のフォーヴーシャムーによる歴史人口学的研究では、前戸主死亡による継承が二一一件（七二パーセント）起きているのに対し、前戸主隠居による継承は八二件（二八パーセント）しかない。しかもこれは人口転換による死亡率低下と都市への人口流出のため、息子を跡取りとして引き留めるために父親が隠居という手段をこうじるようになった結果であって、「昔では考えられなかった状況である」という（フォーヴーシャムー 二〇〇九：四八頁）。「ヨーロッパ家族」や「ヨーロッパの直系家族」を一つの同質的な実体として語ることはできない。

第二次世界大戦の敗戦後の日本の研究者も、日本国内の地域的多様性についておおいに議論してきた。知識社会学的観点からみれば、彼らの動機は明らかである。彼らは、日本軍国主義を支えたとされる「家」の理念型からはずれた民衆の伝統を見つけだそうとしたのだろう。このグループに属する研究者は、明治民法が地域や階層、生業などによる違いを無視して、画一的な家制度を全国民に押しつけたことを強調する。

家原理からの逸脱としてよく言及される二つの慣行がある。一つは西南地方でみられる「隠居分家」、すなわち隠居した前戸主夫妻が、新戸主夫妻と居を分けて分家を作る慣行である（大間知 一九七五）。この慣行はしばしば末子相続とセットになっている。年少の子どもたちは両親が分家するのに伴い、そのなかで最年長の子どもが結婚すると同じことを繰り返し、しまいに最年少の息子が両親の最後の世帯を相続するからである（内藤 一九七三）。もう一つ、東北地方の「姉家督」もまた地域的多様性の例として知られてきた。娘であろうと息子であろうと、最年長の子どもが跡取りになる慣行である。長女が跡取りになるケースでは、婿養子として取られた彼女の夫が形式的には次の戸主となる。隠居分家も姉家督も、長男子相続という規範からは逸脱している（前田 一九七六）。とはいえ姉家督は、ル・プレやラスレットの直系家族の二つの規定や、ただ一人の子ども（息子ではないとしても）による相続という中根の家の規準に反しているわけではない。隠居分家では各世代で分割相続を繰り返すので、より限界的ではある。しかし、隠居屋は母屋と同じ屋敷地に建てられるのだから、家という社会的単位のなかでの戸主権の移行と理解できると中根はいう（中根 一九六四：一〇四頁）。興味深いことに、東南アジアには、隠居分家によく似た慣行を今も続けている地域がある（Mizuno 1968：pp. 842-852）。日本人は東南アジアと東北アジアから渡って来た人々の混血だという人類学的仮説を思い起こさせる（Hanihara 1991：pp. 1-33）。

日本の伝統家族の地域的多様性に関する数多くの研究を要約して、蒲生正男は、それぞれに異なる志向をもつ三つの地域が見出せるとした。世帯規模を拡大する志向、縮小する志向、そして安定させる志向である（蒲生 一九六六）。全国的に優勢なパターンは安定化志向をもつ直系家族である。しかし東北日本では拡大志向もみられ、寒冷な気候と低生産力に打ち克つ労働力を確保するために、結婚した次三男を家に留めて合同家族世帯を作ることさえある。これに対して西南日本では小規模世帯を志向し、複数の夫婦の同居を避ける傾向もある。[6] 東北にしかない姉家督は世帯規模を大きくするために世代間隔を縮める方法であり、末子相続と組み合わされた隠居分家は複数の夫婦の同居を避ける西南日本に典型的な行動として理解することができるという（蒲生 一九六六）。

速水融も歴史人口学の研究蓄積を踏まえて、東北、中央、西南からなる三地域仮説を提案した。東北以外の広大な地域が二つに分けられ、中央日本は本州の西半分と九州東部、西南日本は九州の最西端のみを含むとされる。このように区分した場合の西南日本は、典型的な隠居分家と末子相続が見られる地域である（速水 一九九七：二四三―三四五頁）。

次節以降では、速水の三地域仮説の東北日本と中央日本に属する二つの地域を選び、以下の問いを念頭に置きながら、両地域の世帯システムの特徴を検討する。

①二つの地域の世帯システムは異なるか。
②二つの地域の世帯システムはどちらも直系家族システムであるか。
③二つの地域の世帯システムはヨーロッパの直系家族と異なるか。

これらの検討を経たのち、「家」を世界的視野に置く、という当初の問題に戻りたい。

四　データと対象地域——濃尾と二本松

本章の分析には徳川時代の二つの地域の宗門改帳と人別改帳の情報を入力したデータベースを用いる。中央日本に属する濃尾地方と、東北日本に属する旧二本松藩領（現在の福島県中央部）である。

旧二本松藩領のデータは、陸奥国安積郡下守屋村と安達郡仁井田村という二つの農村の「人御改張」（人別改張）から得ている。本章の東北地方の分析には、主に下守屋のデータを用いるが、仁井田のデータも補助的に用いる。これらの村は徳川時代には二本松藩に属していた。二本松藩は現在の福島県の中央部、二本松市や郡山市を含む地域を占めていた。阿武隈山地と奥羽山脈に挟まれ、阿武隈川が南北に流れる、盆地の中央部にあたる。仁井田は二本松市に近く阿武隈川に平行して走る奥羽街道に面しているのに対し、下守屋は郡山市からはるかに西方の盆地の縁に位置していた。下守屋の史料は一七一六年から一八六九年まで、仁井田の史料は一七二〇年から一八七〇年までの間、それぞれ五年と九年の欠損年を除き、ほぼ連続して残存している。史料がきわめて良質であるため、両村については歴史学者や歴史人口学者による研究蓄積があり、寒冷な気候と経済的な困難に苦しんだことが知られている（成松 一九八五、一九九二、Tsuya and Kurosu 1999）。一八世紀から一九世紀初めにかけて、東北地方では冷害が続き、数度におよぶ飢饉を経験した。当時、米作の北限であったこの地方には、冷害は深刻な事態だった。その結果、東北地方の総人口は一八世紀に減少した。下守屋と仁井田も例外ではなかった。一八世紀の後半、両村の総人口は減少し、回復には一八三〇—五〇年代を待たねばならなかった（付表1）。

濃尾地方のデータは、現在の岐阜県大垣市の近くに位置する美濃国安八郡西条村の宗門改帳から得ている。西条村は楡俣村の支村であり、徳川時代には幕領で大垣藩預かり地となっていた。三本の大河が流れる濃尾平野の広大な平地は、洪水の危険はあるものの、米作の理想的条件を備えている。西条のデータは一七七三年から一八六九年の間、連続して残っている、やはりたいへん良質な史料である。西条については、近辺の村落とあわせて、速水融による詳細な研究がある（速水 一九九二）。西日本の総人口は一八三〇年代まで微増したことがわかっているが、西条の人口は一八四〇年代まで減少した（付表1）。しかしこれは経済的困難のせいではなく、名古屋、京都、大坂などを含む都市への人口移動のためである。西条は、下守屋や仁井田と違って、経済的にもっとも先進的な地域にあったといってよい。

一、二カ村のデータに、濃尾なり二本松なりといったそれぞれの地域の全体を代表させることができるかという点については、もちろん議論の余地があろう。しかし、成松や速水による先行研究によって（成松 一九八五、一九九二、速水 一九九二）、これらの村は同じ地域に属する他の村々とさまざまな面で同じような傾向を示すことが確かめられているので、本章ではこれらの村を濃尾および二本松地域を代表するものとみなしてよいと考える。しかしさらに大きな地域、すなわち東北日本や中央日本といった範囲を、これらの村が代表するといえるかどうかはまた別の問題である。同じ地域内の他の村のデータやその分析結果が利用可能な場合は、比較のために参照するようこころがけた。

五　分　析

世帯規模

初めに、二つの地域の世帯規模を比較してみよう。東日本と西日本の世帯についてしばしば主張されるような世帯規模の違いは両地域間にみられるのだろうか。すでに付表1でみたように、総人口は、三カ村のいずれについても、一八一〇年代と一八四〇年代の間のどこかの時点まで減少する。しかし、世帯数のトレンドは異なる。下守屋と仁井田では一方向的に減少するが、西条では人口趨勢と歩調を合わせた短期の回復がみられる。結果として、世帯規模は西条では観察期間中ほぼ不変であるのに対し、下守屋と仁井田では最後の数十年に明らかに拡大する。二本松での世帯規模拡大が起きるまでは、両地域の世帯規模はおよそ四人であり、世帯規模の地域差はみられない。

しかし、表９－１に示したように他の地域についての研究を参照すると、二本松は東北地方のなかでは世帯規模がもっとも小さいことがわかる。結論するにはさらなる精査が必要であるが、頻繁な奉公による村外への移動と、東北地方では例外的な隠居分家慣行が存在するためではないかと考えられる。一般的にいって、東北日本の世帯規模は、中央日本より約一人分大きい。

表９－１　平均世帯規模

村　名	期　間	平均世帯規模
下守屋（東北）	1716-1839	4.35
仁井田（東北）	1720-1839	4.01
西条（中央）	1773-1839	4.02
下守屋（東北）	1840-69	5.08
仁井田（東北）	1840-70	5.47
西条（中央）	1840-69	4.38
山家（東北）	1760-1870	5.35
峠（東北）	1790-1870	4.0 → 4.5
下油田（東北）	1790-1870	5.3 → 5.7
大籠（東北）	1790-1870	5.5 → 6.5
新沼（東北）	1790-1870	5.0 → 6.2
横内（中央）	1675-1866	6.9 → 4.43

出所：山家は Kinoshita (1995)，峠・下油田・大籠・新沼は高木 (1986)，横内は速水 (1973) より。下守屋・仁井田・西条についてはユーラシアプロジェクトが作成したデータベースより筆者が算出。

世帯規模の変化については、興味深いことに、東北日本の全体で世帯規模の拡大が起こっている。高木正朗は、二本松と同じく東北地方東部（太平洋側）に位置する陸奥国磐井郡峠村、下油田村（以上一関藩領）、大籠村、新沼村（以上仙台藩領）の四カ村において、一八三九年以降共通して世帯規模の拡大がみられると指摘している（高木 一九八六：一三頁）。これに対し、東北地方西部（日本海側）に位置する出羽国村山郡山家村（史料残存期間は幕府領）では、世帯規模の一貫した拡大がみられる（Kinoshita 1995: p. 244，木下 二〇〇二）。一般的に東北日本と中央日本の世帯規模は徳川中期にも差があったが、幕末へ向けて一層拡大する傾向にあった。

表 9－2　世帯構造

(%)

類　型	下守屋				西　条		
	1750年	1800年	1851年	1869年	1800年	1850年	1869年
1　独居世帯	3.3	12.5	5.0	6.6	11.3	8.2	7.7
2　非家族世帯	3.3	2.8	1.7	0.0	0.0	2.7	9.0
3　単純家族世帯	26.4	22.2	28.3	21.3	41.3	57.5	43.6
4　拡大家族世帯	24.2	19.4	21.7	26.2	36.3	21.9	20.5
5　多核家族世帯	42.9	43.1	43.3	45.9	11.3	9.6	19.2
5s 直系家族世帯	38.5	41.7	36.7	41.0	10.0	9.6	16.7
総世帯数	91	72	60	61	80	73	78

注：1)　5s は多核家族世帯のうちすべての CFU が縦に並んだもの。
　　2)　離別や死別の証拠がない者は未婚とみなし，両親と CFU を形成すると考える。
　　3)　ハメルーラスレット分類による。

世帯構造

世帯構造は、世帯規模とは独立の指標であり、世帯を構成する個人間の親族関係により決定される。表９－２は、下守屋と西条の特定年について、歴史人口学の領域で世界的に標準となっているハメル－ラスレット世帯構造分類法（Hammel and Laslett 1974）によって分類した世帯の割合を示したものである。二地域における世帯構造の違いは歴然としている。下守屋の世帯の四〇パーセントは多核家族世帯（第５類型）だが、西条では一〇～二〇パーセントにしかならない。反対に、西条の世帯の四〇パーセントは単純家族世帯（第３類型）である。拡大家族世帯（第４類型）はどちらの地域でも二〇パーセントほどを占める。どちらの地域でも多核家族世帯の多くは夫婦家族単位（ＣＦＵ）が縦に並ぶ直系家族構造（第5s類型）を有しているが、複数の夫婦家族単位が同世代に横に並ぶ合同家族世帯（第５類型と第5s類型との差）も下守屋には少数ながら存在する。これらは、父親が戸主である世帯に、二組の若夫婦がいるケースである。

戸主への続柄別に集計した個人の割合もまた、世帯構造についての情報を与えてくれる。日本とヨーロッパの直系家族について、続柄情報を用いながら、斎藤は前述のような知見を述べている。しかし、表９－３に示されるように、日本国内でも地域的差違が大きい。濃尾（西条）と二本松（下守屋）の間の際立った違いは、「父母」の割合である。「父母」の割合は、下守屋では男性一三・三パーセントだが、西条では一・四パーセントに過ぎない。濃尾の男性は生涯にわたって戸主の地位に居続けるが、二本松では頻繁に隠居する。斎藤の表現を借りれば、二本松の世帯は縦のラインの下方と上方の両方向に拡大するが、濃尾の世帯は縦のラインの下方にしか拡大しない。

しかし、この知見を東北日本と中央日本の対比に一般化することはできない。なぜなら本章で扱っている現在の福島県の東部地域は、「無隠居地帯」（竹田 一九六四）として知られる東北のなかでは例外的な地域であるからである。この地域の東北日本全体に対する代表性という問題を考えるとき、この点が一番の大きな逸脱となろう。また、濃尾地方の西条がむしろ「無隠居地帯」の様相を示すのは、中央日本の他地域と比較すると、これもまた例外的とはいわないまでも極端な事例であるといわざるをえない。

表９－３　戸主への続柄

（％）

戸主への続柄	下守屋		西　条	
	男　性	女　性	男　性	女　性
戸主	35.7	2.6	39.9	8.2
配偶者	0.7	31.8	0.0	30.4
子	31.6	24.6	45.0	35.6
子の配偶者	3.8	6.1	0.7	3.9
孫＋	3.7	4.3	3.7	3.5
父母	13.3	18.3	1.4	9.6
祖父母＋	1.9	3.7	0.0	0.2
兄弟姉妹	2.8	1.8	5.2	4.1
兄弟姉妹の配偶者	0.0	0.3	0.0	0.5
叔父叔母	0.3	0.3	0.2	0.7
甥姪	0.2	0.5	0.6	1.3
いとこ	0.1	0.0	0.3	0.3
奉公人	5.4	5.1	3.1	1.7
その他	0.5	0.7	0.0	0.2
人年総計	25407	24840	15326	15918

注：1）「子」は養子，連れ子を含む。
2）「孫＋」は孫，曾孫，その配偶者を含む。
3）「祖父母＋」は祖父母，曾祖父母等とその配偶者を含む。
4）「叔父叔母」は父母の兄弟姉妹とその配偶者を含む。
5）「その他」は遠縁の親族と非親族を含む。

隠居慣行の有無という相違の帰結として、西条の男性は下守屋より「男子」という続柄にとどまりやすい。目を引くのは、西条では「嫁」という続柄の女性が少ないことである。これはつまり「男子」という続柄の男性の多くは未婚であるということを意味している。

他方、「孫＋」（孫、曾孫、その配偶者を含む）という続柄の者の割合は、二本松では隠居が一般的で戸主の年齢が比較的若いにもかかわらず、両地域とも同じレヴェルかむしろ下守屋の方が高い。これは、後述するような結婚年齢の大きな差の結果といえる。

世帯の水平的拡張は、「兄弟姉妹」や「叔父叔母」の割合からうかがうことができる。「兄弟姉妹」の割合は西条の方が大きい。しかし兄弟姉妹の配偶者の割合は小さいので、彼らは合同家族世帯を作っているわけではない。これに対し下守屋では、兄弟姉妹の配偶者の割合が比較的大きく、合同家族世帯が作られている。世帯の水平的拡張はどちらの地域でもみられるが、世帯構造に与える影響は異なる。東北地方ではわずかながら合同家族世帯への志向がみられる。

「奉公人」の割合は、下守屋では西条のほとんど二倍にもなる。西条は経済的先進地域であり、これまでの研究からも頻繁な奉公移動が知られているだけに（速水 一九九二）、これは予想しなかった結果である。下守屋の世帯は親族ばかりでなく非親族からも労働力を調達している。これは、次三男が労働力として家に留まるという東北日本の世帯のイメージによって隠されてきた事実である。(7) ただし、後にみるように、奉公と奉公人の性格は二つの地域で異なる。

二つの地域のもう一つの目立った違いは、女性戸主比率である。西条のほうが約四倍の女性戸主が存在する。

高齢者の居住形態

世帯形成パターンの違いは、高齢者の居住形態(8)にもっともはっきり現れる。親子双方の婚姻状態（marital status）に注目したジョージ・オルターの高齢者の居住形態研究は、核家族型の典型例を示している（Alter 1996 : pp. 123–138）。彼の研究は、核家族型居住形態の四つの特徴を明らかにした。第一に、親が高齢化すると子どもとの同居率は低下する。第二に、親と同居している子どもの大半は未婚である。第三に、子どもとの同居率は、親の婚姻状態によって異なる。すなわち配偶者と死別した親は、配偶者のいる親より、既婚子と同居しやすい。第四に、寡婦になった母親は、寡夫になった父親より、既婚子と同居しやすい。

では、徳川時代の日本では、どのようなパターンがみられるだろうか。[9] 中里英樹は、下守屋についての研究において、親の加齢は子どもとの同居率を低下させないという結果を得た。また、親と同居している子どもの多くは既婚であり、親の婚姻状態と性別は子どもとの同居パターンに影響をおよぼさない（Nakazato 1998, Nakazato 2009）。跡取りと跡取りの配偶者の親との同居が制度化された直系家族制社会において予想される通りのパターンである。ただし、この分析では、「子どもとの同居」に養子や婿との同居も含めている。下守屋における居住形態についての筆者の研究では、五〇代の男性が実の息子と同居している割合は約四〇パーセントだが、養子や婿も含めた広義の「息子」との同居を含めると六〇パーセントを超える（Ochiai 2001、落合　一九九七、二〇〇六）。

しかし西条のパターンは、下守屋とは異なる。中里による下守屋についての第一の知見、すなわち加齢効果の不在は、西条にもあてはまるが、水準が異なる。高齢期に子どもと同居している割合は下守屋では七〇パーセントだが、西条では八〇～九〇パーセントである。東北の世帯は典型的な家だというステレオタイプを裏切って、下守屋の親たちは子どもとそれほど同居していない。後でみるような頻繁な奉公移動が、この矛盾の主な原因といえよう。

親子双方の婚姻状態は、西条では影響がある。西条では、加齢は一般的な子どもとの同居率には効果をおよぼさないが、既婚子との同居にはおよぼす。すなわち高齢であるほど既婚子と同居しやすい。また、年齢でコントロールすると、死別男性は既婚男性に比べて既婚子とより同居しやすい（図9－1）。この発見は、この地域の人々は、二組の夫婦の同居を避ける傾向があったのではないかという可能性を示唆する。[10]

図9-1　高齢男性の子どもとの同居率（父子双方の婚姻状態別）

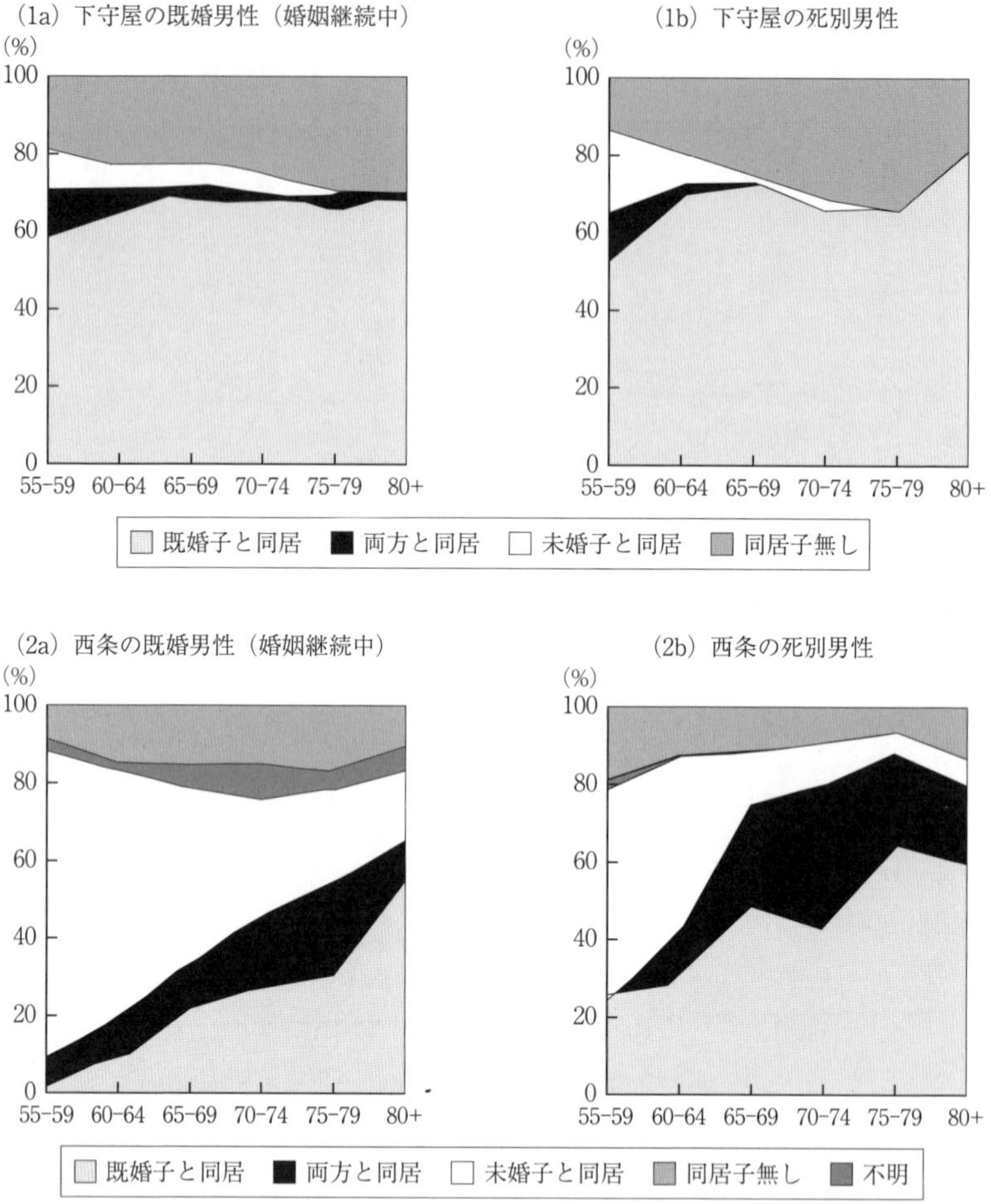

注：「子ども」は両方の性別を含む。
出所：下守屋は Nakazato（1998），西条は Hayami and Ochiai（2002）をもとに筆者作成。

表9－4　初婚年齢の推移

期間	下守屋・仁井田				西条			
	男性*		女性**		男性*		女性**	
	歳	N	歳	N	歳	N	歳	N
1720-39	16.9	64	11.9	54				
1740-59	18.7	92	13.9	56				
1760-79	21.7	75	15.2	46				
1780-99	20.0	69	14.9	47	25.2	13	20.6	11
1800-19	20.3	59	15.7	43	29.7	23	20.7	11
1820-39	19.8	53	16.0	49	31.0	35	25.0	8
1840-59	20.6	33	17.7	39	29.3	32	20.4	15
全期間	19.6	445	14.9	334	29.5	105	21.4	45

注：*　統計的バイアスを避けるため40歳まで生存した男性のみを対象とする。
　　**　統計的バイアスを避けるため30歳まで生存した女性のみを対象とする。

婚姻と出生

各地域において観察される世帯パターンを形作った世帯形成戦略を理解するためには、人々の行動を検討しなければならない。表9－4に示した婚姻年齢は、濃尾と二本松における、婚姻に対するまったく異なった態度を表している。初婚年齢は下守屋と仁井田では西条より男子については九・九歳低く、女子については六・五歳低い。下守屋と仁井田における初婚年齢は、徳川時代の農民人口で観察されたうちで、もっとも低い部類に属する。比較可能な程度に低い事例は、すべて東北地方のもので、たとえば下油田では男子一九・六歳、女子一五・六歳である（Hamano 1999: p. 131）。これと対照的に、西条の男性初婚年齢は、ヨーロッパ型婚姻パターンと比較可能なほど高い。西条の男性は結婚するまで長いこと待たねばならなかった。この地域の世帯は、異世代の二組の夫婦の同居を避ける傾向があるようだ。なお、西条では夫婦の年齢差が八歳もある。これは二本松やヨーロッパよりも大きい。表9－3にみるように、西条の女性は「母」や「戸主」である割合が比較的高いが、彼女たちの多くは夫に先立たれた後も長く生き続けた寡婦だろう。

では、東北の低い結婚年齢は、アジアの人口についてのステレオタイプ通りに、高い出生率を帰結するのだろうか。図9－2は、下

図 9-2　ヨーロッパとアジアにおける年齢別婚姻出生率

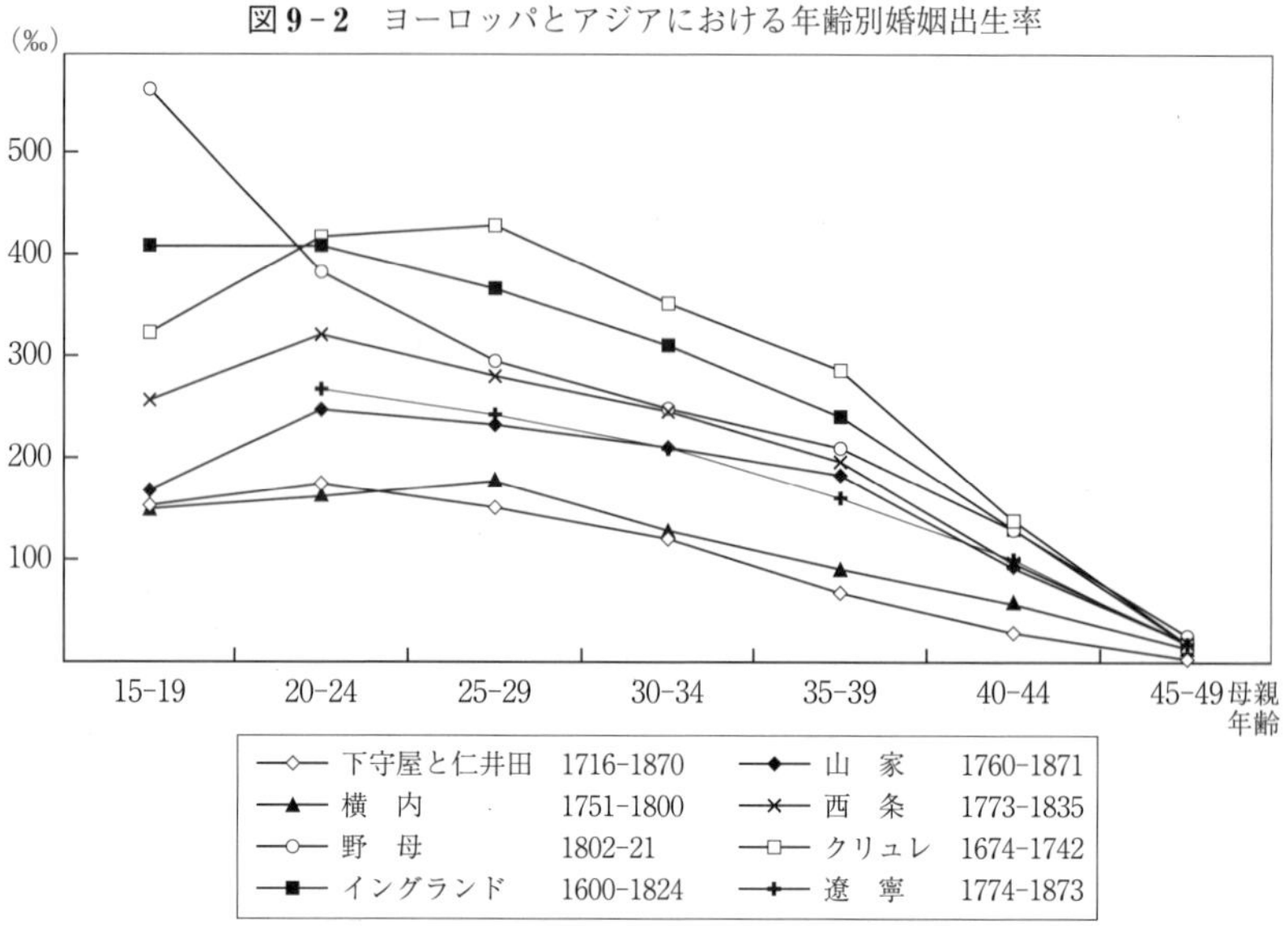

出所：山家とクリュレは木下（2002），遼寧は Lee and Campbell（1997）Figure 5-1，その他は Tsuya and Kurosu（1999）Table 9-3 に拠る。

守屋・仁井田、西条、および日本、中国、ヨーロッパのいくつかの地域における年齢別婚姻出生率を示したものである。[11] ジェイムズ・リーとキャメロン・キャンベルは、ヨーロッパと東アジアの婚姻出生率に有意な差があることを指摘した（Lee and Campbell 1997）。ステレオタイプ的理解に相反して、産業化以前の婚姻出生率は、東アジアでは低く、ヨーロッパでは高かった。東アジアについて詳しくみると、西条の婚姻出生率は中国とほぼ同水準だが、下守屋・仁井田はもっと低い。平均出生間隔は、西条では短く、二本松では長い（Hayami and Ochiai 2001）。二本松では性選択的嬰児殺しも行なわれていた（Tsuya and Kurosu 1999）。

　東北日本の人々は早く結婚するが、出生率は非常に低い。では彼らにとって、「結婚」とは何を意味していたのであろうか。この問いに答えるためは、「労働集団としての世帯」（Laslett 1983）をみなければならない。

表9－5　奉公人の婚姻状態

年代	下守屋						西条					
	女性			男性			女性			男性		
	未婚（%）	既婚（%）	N	未婚（%）	既婚（%）	N	未婚（%）	既婚（%）	N	未婚（%）	既婚（%）	N
1710	0.0	100.0	2	25.0	25.0	4						
1720	0.0	95.5	22	14.3	57.1	7						
1730	0.0	100.0	23	20.7	72.4	29						
1740	0.0	100.0	39	15.2	67.4	46						
1750	0.0	98.0	51	26.5	51.5	68						
1760	0.0	100.0	19	42.9	21.4	14						
1770	0.0	92.9	14	11.8	79.4	34	85.0	0.0	20	63.2	15.8	19
1780	0.0	78.0	82	19.0	64.3	84	94.9	0.0	39	76.7	13.3	30
1790	0.0	92.0	88	20.5	68.2	44	95.7	0.0	23	85.7	4.8	21
1800	0.0	91.7	60	16.7	63.9	36	93.1	0.0	29	87.5	4.2	24
1810	18.4	60.5	38	64.7	32.4	34	100.0	0.0	38	86.7	3.3	30
1820	29.4	41.2	34	38.3	61.7	47	96.3	0.0	27	100.0	0.0	17
1830	53.7	26.8	41	19.7	70.5	61	90.5	4.8	21	94.4	5.6	18
1840	67.9	32.1	56	29.4	69.1	68	100.0	0.0	16	100.0	0.0	18
1850	54.5	45.5	44	43.8	56.3	48	93.3	6.7	15	94.4	5.6	18
1860	11.1	77.8	9	19.0	81.0	21	81.3	12.5	16	90.5	9.5	21
全期間	17.8	74.0	622	26.5	62.5	645	93.9	1.6	244	87.0	6.5	216

注：離別と死別の割合は省略した。

奉公

西条の人々は、長い独身時代をどうやって過ごしていたのだろうか。答えは、ヨーロッパの場合と同じく、奉公である。濃尾地方での頻繁な奉公移動については、速水の研究がある（速水 一九九二：一〇章）。しかし、前述のように、総人口に対する奉公人の割合をみる限り、二本松の方が奉公人が多い。下守屋の人々も奉公のために自分の世帯を離れることがしばしばあった。ただし、結婚した後で、という点が西条と異なっている。女性の場合にこの傾向はより徹底している。一八〇〇年代まで、奉公に出る未婚女性はほぼ皆無だった。男性奉公人の大半もまた既婚だった（落合 一九九七、二〇〇二、永田 二〇〇六）。奉公は、濃尾では未婚者がすることだったが、二本松では既婚者がすることだった。表9－5は両地域の劇的なまでの対照を示している。頻繁な奉公と既婚奉公人は、東北地方の他の地域でも観察される。高木正朗は現在の岩手県南部に位置する下油田村において、質物奉公が頻繁であったことを報告している（高木 二〇〇二）山形県天童市の山家村でも、奉公人の多くはやはり既婚であったことが確認された（木下 二〇〇二）。

結婚後のさかんな奉公は、この地域のさまざまな現象を説明する。低い結婚年齢と矛盾するかにみえる低い出生率は、少なくとも部分的には、この既婚奉公の慣習によって説明できるだろう。性的成熟前の一〇代前半で嫁に来た娘は、生殖のためではなく、結婚後すぐに質物奉公に出せる労働力として、婚家に迎えられたのであろう。一八世紀東北地方の主要な奉公の形態は「質物奉公」であった。これは中央日本の年季奉公とは異なる。二、三年間奉公に出た若嫁は、夫の世帯に戻って子どもを生み、また二、三年のうちに奉公に出るため再び世帯を後にした（落合 一九九七、二〇〇二）。

結婚後の奉公は、二本松の世帯構造を理解するための鍵でもある。子どもと同居している高齢者の割合が比較的低いのには、既婚子が一時的に奉公に出ているからという理由もある。他方、結婚後の奉公は、直系家族構造によって可能になっている。若い母親が幼い子どもを残して奉公に出られるのは、世帯内に子どもを任せられる人がいるからである。同時に、結婚後の奉公は、直系家族の生活につきものの世代間葛藤を緩和する役割を果したかもしれない。

戸主と隠居

最後のトピックは戸主の地位である。戸主の地位の移行は直系家族システムにおいて本質的な重要性をもつので、ヨーロッパの直系家族についての議論では、隠居慣行が論争の焦点となった。前述のように、隠居慣行について、二つの地域の間には大きな違いがある。図9-3ではそれぞれの地域の男性の年齢別戸主率と隠居率を示したもの

図9-3　年齢別戸主率と隠居率

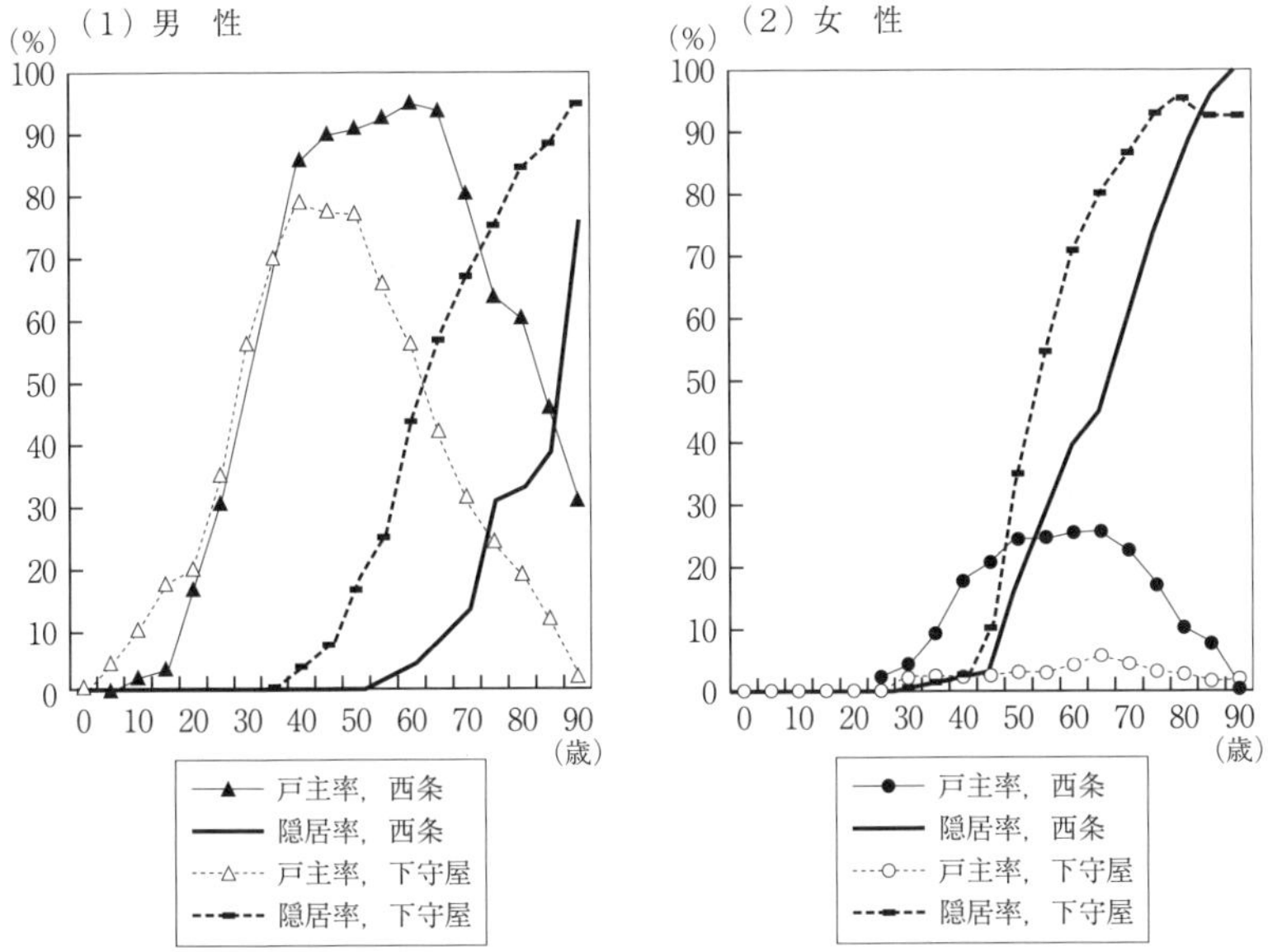

注：女性の隠居率は続柄が「母」などのもので自らが戸主経験者とは限らない。
出所：ユーラシアプロジェクトデータベースより筆者作成。

である。史料に「父」や「祖父」と記載されている者は、隠居した前戸主または前々戸主と理解した。男性の結婚年齢は下守屋のほうが西条より一〇歳も若いが、戸主相続年齢はほとんど違わない。若くして結婚した下守屋の男性は、父もしくは義父のもとで「倅」として数年間を送る。戸主率に関する地域間の最大の違いは、五〇歳以降に表れる。下守屋の戸主は五〇歳を超えるとほどなく隠居していくのに対して、西条の戸主のほとんどは七〇歳まで戸主の座に留まり続ける。七〇歳までの生存率を考えれば、隠居というライフイベントを経験しない者が多かっただろう。ただし注意が必要なのは、前述のように頻繁な隠居は二本松地域の特徴であって、無隠居地帯として知られる東北地方では著名な例外に属するということだ。福島県東南部は茨城県とともに隠居慣行がまとまって存在する最北端の地域である（竹田 一九六四）。こと隠居に関しては、二本松と濃尾との違いを、東北日本と中央日本との違いとして一般化することは絶対にできない。

図9－3では女性の戸主率と隠居率も示している。「母」「祖母」あるいは「曾祖母」のほとんどは元の戸主の妻なので、隠居人口に含めている。男性の場合の「隠居」と違って、戸主経験者を意味するのではない。女性戸主率は西条のほうが二本松より高い。しかし、高齢でピークを迎える年齢パターンは両方の地域に共通する。女性戸主は夫が比較的若くして亡くなった場合にのみ表れるということをうかがわせる。隠居女性の割合は西条でも男性ほど小さくはない。西条では婚姻年齢の男女差が大きいため、寡婦が遺されるケースが多いのである。

六　日本の二つの直系家族システム

二本松と濃尾の世帯について、さまざまな側面から検討してきた。分析の前に掲げた問いに立ち戻る準備はできた。最初の問いは、二本松と濃尾の世帯システムは異なるか、というものであった。「直系家族」をもっとも単純に、すなわちただ一人の子どもが親の世帯に留まって配偶者をその世帯に引き入れる世帯システムと定義するなら、どちらの地域の世帯も、直系家族世帯形成規則に従っているという結論になる。

二本松における世帯構造と世帯成員の構成は、この地域の世帯が直系家族世帯形成規則に従っていることを明示している。その確証といえるのが、加齢や親の婚姻状態が同居に効果をもたないという、高齢者の居住形態についての分析結果である。合同家族世帯も少数存在するが、二組の若夫婦が父親が戸主である世帯に留まっているケースがほとんどで、一組の夫婦が分家するまでの過渡的な居住形態であるに過ぎない。

濃尾の場合は、これほど明快ではない。単純家族世帯の割合の高さは、西南日本型システムは核家族世帯システムに近いという仮説を指示するかのようにみえる。しかし、核家族世帯システムをとる社会と比較すれば、多核家族世帯の割合（一〇～二〇パーセント）が明らかに高すぎる。高齢者の居住形態も、オルターが示した核家族システムのパターンとは異なっている。核家族システムであれば、高齢になるほど子どもと同居していない割合が増えるはずである。しかし西条では、子どもと同居していない割合は加齢に影響されず、既婚子との同居に限っては加齢と共に増加する。とはいうものの、西条の高齢者の居住形態は二本松とも異なる。親の婚姻状態により既婚子との同居率が変わり、死別者は既婚者よりも既婚子と住みやすい。異世代の二夫婦の同居を避ける傾向がこの地域には存在するように思われる。

以上、徳川時代の二本松と濃尾のどちらにも、直系家族システムが存在したことをみてきた。しかし両地域に存在したのはまったく同一の世帯形成システムであったとはいえまい。ヘイナルの世帯形成システムという概念は、居住形態のパターンだけではなく、婚姻と労働のパターンも含む。婚姻と労働のパターンも視野に入れるなら、二つの地域の世帯形成システムの違いはより明らかになる。戸主相続と隠居のパターンも異なる。濃尾では、ちょうどヨーロッパのライフサイクル奉公人と同様に、未婚の男女はかなりの年月を奉公人として過ごす。跡取りが親元に帰って結婚するのは二〇代も終わり近く、父親が死亡したか非常に高齢となった頃である。そして比較的多くの子どもを短期間にもうける。二本松では、これと対照的に、人々は若くして結婚し、その前に奉公に出ることは少ない。多くの人々は結婚後に奉公に出る。それが理由の一部でもあろう、出生間隔は広く、少数の子どももしかもうけない。どちらも直系家族システムではあるが、二つの世帯形成システムは多くの点で異なっている。直系家族システムは一つではない。濃尾と二本松のシステムはどちらも直系家族システムに属するが、異なる変種だと理解せねばなるまい。これが第一と第二の問いへの答えである。

この答えは、第三の問いへの入り口である。濃尾と二本松の直系家族システムは、ヨーロッパの直系家族システムと異なるのか。一見すると、濃尾のシステムはヨーロッパの直系家族システムに似ている。ライフサイクル奉公制度が存在し、初婚年齢は高く（少なくとも男性は）、単純家族世帯の割合が大きい。中欧の直系家族を特徴づける隠居慣行は濃尾ではほとんどみられないが。これに対し、二本松とヨーロッパのシステムは、多くの点で異なっているが、隠居慣行は共通している。

このように、本章で検討した日本の直系家族システムのうち、どちらかがヨーロッパの特定の地域の直系家族システムとまったく同型であるとはいえない。しかし、日本の直系家族システムとヨーロッパの直系家族システムは異なる類型に属する、というのもふさわしくない。「日本の直系家族システム」という表現を使うには、二つの地域の「直系家族システム」の違いは大きすぎる。日本においてもヨーロッパにおいても、直系家族は多様である。さまざまな変種を含む上位の概念として「直系家族システム」を定義すれば、日本とヨーロッパそれぞれの多様な「直系家族システム」はどちらもその範囲のなかに収まるのではないだろうか。

＊　本章執筆に用いた宗門人別改帳のデータベースは、速水融慶應義塾大学名誉教授が代表を務め筆者らが事務局を務めたユーラシアプロジェクトにより作成されたものである。史料整理を担当された成松佐恵子さん、斎藤宣子さん、入力作業を担当された吉田美由紀さんはじめ多くのスタッフの皆さんに感謝する。

注

（1）　フランス史研究者二宮宏之による訳語（二宮　一九八三）。stem とは茎や幹を意味するため、その語感を伝えようとした訳語である。

（2）　本章では、stem family system を「直系家族制」ではなく「直系家族システム」と訳すこととする。「相互に関係しあう要素から構成されるまとまりをもった全体」を意味する「システム」という概念を活かし、後述の「世帯形成システム」（ヘイナル）の一つのタイプとしての「直系家族システム」を論じるためである。

（3）　フォーヴ゠シャムー（二〇〇九）によれば、日本の東北地方では養子による継承が全継承の一割弱を占めるが、ピレネー地方では皆無である。「婿」による継承の割合は日仏で大きな違いはないが。なお、徳川時代の資料である宗門人別改帳における続柄記載を検討すると、「婿」という記載は多いが、「婿養子」という記載はほぼ目にしない。徳川時代の庶民層において、婿を養子にとる慣行がどのくらい普及していたのかは再検討の余地がある。よって、この比較では「婿」を「養子」には含めない。

（4）その後の研究によると、本章の後半で示すように日本の初婚年齢には地域差が大きく早婚地域もあったことがわかっている。

（5）斎藤は後にここでの議論を発展させて斎藤（二〇〇二）にまとめている。

（6）本書第6章でも触れられているように、歴史人口学が明らかにしたところによれば西南日本にも大家族地域がある。

（7）未婚の次三男が労働力として長男の世帯に同居するという東北地方の大家族は徳川時代の歴史人口学的研究からは発見されていない。

（8）「居住形態」という用語は living arrangement の訳語として使っている。「居住形態」とは「世帯構造」を個人からみたものであり、個人がいかなる関係にある人々と同居しているかを意味する。

（9）高齢者の加齢と婚姻状態の居住形態への効果に地域差のあることは、Hayami and Ochiai（2001）でも指摘している。

（10）平安時代の貴族では男系の親子関係にある二夫婦の同居は一二世紀までは例外的だったことから（栗原　一九九四）、男系の親子同居は日本古来の伝統ではないと家族史研究者は考えている。

（11）中国、フランス、イギリスについてのデータは、Lee and Campbell（1997 : Figure 5.1）を参照した。

参考文献

Alter, George, "The European Marriage Pattern as Solution and Problem : The Households of the Elderly in Verviers, Belgium, 1831," *The History of the Family*, 1-2, 1996, pp. 123-138.

Arensberg, Conrad M., "The American Family in the Perspective of Other Cultures," Eli Ginzberg ed., *The Nations Children*, New York : Columbia University Press, 1960.

Cornell, Laurel, "Hajnal and the Household in Asia," *Journal of Family History*, 12, 1987, pp. 143-162.

Douglas, William, "The famille souche and its Interpreters," *Continuity and Change*, 8-1, 1993, pp. 87–102.
Fauve-Chamoux, Antoinette, "The stem family and the "preciput": the Picardy-Wallonia model," Fauve-Chamoux, Antoinette and Emiko Ochiai eds., *The Stem Family in Eurasian Perspective: Revisiting House Societies, 17th–20th Centuries*, Bern: Peter Lang, 2009.
フォーヴ‐シャムー、アントワネット「家の継承――フランス中央ピレネー地方と東北日本の継承システム」落合恵美子・小島宏・八木透編（二〇〇九）。
Fauve-Chamoux, Antoinette and Emiko Ochiai eds., *The Stem Family in Eurasian Perspective: Revisiting House Societies, 17th–20th Centuries*, Bern: Peter Lang, 2009.
蒲生正男「戦後日本社会の構造的変化の試論」『政経論集』第三四巻第六号、一九六六年、六一一～六三六頁。
Hajnal, John, "Two Kinds of Pre-industrial household formation system," Richard Wall, Jean Robin and Peter Laslett eds., *Family forms in historic Europe*, Cambridge: Cambridge University Press, 1983, pp. 65–104（浜野潔訳「前工業化期における二つの世帯形成システム」速水融編（二〇〇三））.
Hamano, Kiyoshi, "Marriage Pattern and Demographic System in Tokugawa Japan," *Japan Review*, 11, 1999, pp. 129–144.
Hammel, Eugine and Peter Laslett, "Comparing Household Structure Over Time and Between Cultures," *Comparative Studies in Society and History*, 16, 1974（落合恵美子訳「世帯構造とは何か」速水融編（二〇〇三））.
Hanihara, Kazuo, "Dual Structure Model for the Population History of the Japanese," *Japan Review*, 2, 1991, pp. 1–33.
Hanley, Susan, and Arthur Wolf eds., *Family and Population in East Asian History*, Stanford: Stanford University, 1985.
速水融『近世農村の歴史人口学的研究――信州諏訪地方の宗門改帳分析』東洋経済新報社、一九七三年。
速水融『近世濃尾地方の人口・経済・社会』創文社、一九九二年。
速水融『歴史人口学の世界』岩波書店、一九九七年。
速水融編『近代移行期の家族と歴史』ミネルヴァ書房、二〇〇二年。
速水融編『歴史人口学と家族史』藤原書店、二〇〇三年。
Hayami, Akira, and Emiko Ochiai, "Household Structure and Demographic Factors in Pre-industrial Japan," Ts'ui-jung Liu,

James Lee, David Sven Reher, Osamu Saito and Wang Feng eds., *Asian Population History*, Oxford University Press, 2001, pp. 395-415.

Kinoshita, Futoshi, "Household Size, Household Structure, and Developmental Cycle of a Japanese Village : Eighteenth and Nineteenth Centuries," *Journal of Family History*, 20, 1995, pp. 239-260.

木下太志『近代化以前の日本の人口と家族――失われた世界からの手紙』ミネルヴァ書房、二〇〇二年。

栗原弘『高群逸枝の婚姻女性史像の研究』高科書店、一九九四年。

Laslett, Peter, "Introduction," Laslett, Peter and Richard Wall, eds., *Household and Family in Past Time*, Cambridge : Cambridge University Press, 1972, pp. 1-89.

Laslett, Peter, "Family and Household as Work Group and Kin Group : Areas of Traditional Europe Compared," Wall, Richard, Jean Robin and Peter Laslett eds., *Family Forms in Historic Europe*, Cambridge : University of Cambridge Press, 1983, pp. 493-512.

Laslett, Peter and Richard Wall eds., *Household and Family in Past Time*, Cambridge : Cambridge University Press, 1972.

Lee, James, and Cameron Campbell, *Fate and Fortune in Rural China*, Cambridge : University of Cambridge Press, 1997.

前田卓『姉家督――男女の別を問わぬ初生子相続』関西大学出版・広報部、一九七六年。

Mitterauer, Michael, and Reinhald Sieder, *The European Family : Patriarchy to Partnership from the Middle Ages to the Present*, Oxford : Oxford University Press, 1982.

Mizuno, Koichi, "Multihousehold Compounds in Northeast Thailand," *Asian Survey* 8, 1968, pp. 842-852.

森岡清美・望月嵩「新しい家族社会学』培風館、一九八三年。

森本一彦『先祖祭祀と家の確立――「半檀家」から一家一寺へ』ミネルヴァ書房、二〇〇六年。

永田メアリー「直系家族システムにおける労働移動――濃尾と東北の比較」落合編（二〇〇六）。

内藤莞爾『末子相続の研究』弘文堂、一九七三年。

中根千枝「家の構造分析」記念論文刊行会編『石田英一郎教授還暦記念論文集』角川書店、一九六四年。

Nakane, Chie, *Kinship and Economic Organization in Rural Japan*, London School of Economics Monographs on Social

Anthropology, 32, London: Athlone Press, 1967a.
中根千枝『タテ社会の人間関係——単一社会の理論』講談社、一九六七年b。
中根千枝『家族の構造』東京大学出版会、一九七〇年。
Nakazato, Hideki, "Living Arrangement of the Elderly in Early Modern Japan: Effect of Marital Status and Age," Fauve-Chamoux, Antoinette and Emiko Ochiai eds. *House and the Stem Family in EurAsian Perspective*, the Proceedings of the C18 Session of the Twelfth International Economic History Congress held in Madrid, August 24-28, 1998.
Nakazato, Hideki, "Transitions in Living Arrangements over the Life Course: Aging in a Rural Village in Japan, 1716-1869," Fauve-Chamoux, Antoinette and Emiko Ochiai eds, *The Stem Family in Eurasian Perspective: Revisiting House Societies, 17th-20th Centuries*, Bern: Peter Lang, 2009.
成松佐恵子『近世東北農村の人々』ミネルヴァ書房、一九八五年。
成松佐恵子『江戸時代の東北農村』同文舘、一九九二年。
二宮宏之「解題　歴史の中の『家』」二宮他編『家の歴史社会学』新評論、一九八三年。
落合恵美子「失われた家族を求めて」河合隼雄・大庭みな子編『家族と性』岩波書店、一九九七年。
Ochiai, Emiko, "Debates over the *Ie* and the Stem Family: Orientalism East and West," *Japan Review* 12, 2000, pp. 105-127.
Ochiai, Emiko, "Myth and Reality of Asian Traditional Families: Living Arrangement of the Elderly in Tokugawa Japan," *Journal of Asian-Pacific Studies*, 9, Asian-Pacific Center, 2001, pp. 7-21.
落合恵美子「近世女性奉公人にとっての婚姻と出産——陸奥国安積郡下守屋村人別改帳の数量分析」『女性歴史文化研究所紀要』第一〇号（二〇〇二年）、京都橘女子大学女性歴史文化研究所、一～一四頁。
落合恵美子編『徳川日本のライフコース——歴史人口学との対話』ミネルヴァ書房、二〇〇六年。
落合恵美子「高齢者の『子ども』との同居——東北農村における階層と居住形態」落合編（二〇〇六）。
落合恵美子・小島宏・八木透編『歴史人口学と比較家族史』早稲田大学出版会、二〇〇九年。
大間知篤三『大間知篤三著作集』未來社、一九七五年。
Saito, Osamu, "Two Kinds of Stem Family System? Traditional Japan and Europe Compared," *Continuity and Change*, 13-1,

1998, pp. 167-186.

斎藤修「比較史上における日本の直系家族世帯」速水編（二〇〇二）。

高木正朗『「人数改帳」を用いた近世東北地方農民家族の構成及び周期的律動に関する研究』立命館大学産業社会学部、一九八六年。

高木正朗「一八世紀中期東北農村の質物奉公人——陸奥国西磐井郡峠村」速水編（二〇〇二）。

竹田旦『民俗慣行としての隠居の研究』未来社、一九六四年。

戸田貞三『家族構成』弘文堂、一九三七年。

Todd, Emmanuel, *L'invention de L'Europe*. Paris : Seuil, 1990（石崎晴己他訳『新ヨーロッパ大全』Ⅰ Ⅱ、藤原書店、一九九二―三年）.

Tsuya, Noriko and Satomi Kurosu, "Reproduction and Family Building Strategies in 18th and 19th Century Rural Japan : Evidence from Two Northeastern Villages," presented at the Annual Meeting of the Population Association of America, New York, March 25-27, 1999.

Verdon, Michel, "The Stem Family : Toward a General Theory," *Journal of Interdisciplinary History*, 10-1, 1979, pp. 87-105.

Vogel, Ezra, *Japan as Number One : Lessons for America*, Cambridge : Harvard University Press, 1979.

Wall, Richard, "Introduction," Wall, Richard, Jean Robin and Peter Laslett eds. *Family Forms in Historic Europe*, Cambridge : University of Cambridge Press, 1983, pp. 1-63.

Wall, Richard, Jean Robin and Peter Laslett eds., *Family Forms in Historic Europe*, Cambridge : University of Cambridge Press, 1983.

Wall, Richard, "Ideology and reality of the stem family in the writings of Frederic Le Play," Fauve-Chamoux, Antoinette and Emiko Ochiai eds., *The Stem Family in Eurasian Perspective : Revisiting House Societies, 17th-20th Centuries*, Bern : Peter Lang, 2009.

Wolf, Arthur, and Susan Hanley, "Introduction," Hanley, Susan, and Arthur Wolf eds., *Family and Population in East Asian History*, Stanford : Stanford University, 1985, pp. 1-12.

付表1　総人口・総世帯数・平均世帯規模の推移

年代	総人口			総世帯数			平均世帯規模		
	西条	下守屋	仁井田	西条	下守屋	仁井田	西条	下守屋	仁井田
1710		411			112			3.68	
1720		416	530		105	129		3.95	4.11
1730		434	533		97	132		4.48	4.05
1740		448	527		91	129		4.90	4.08
1750		429	531		95	123		4.52	4.32
1760		380	528		92	127		4.15	4.17
1770	371	352	483	94	85	126	3.94	4.13	3.83
1780	346	318	438	88	76	119	3.92	4.18	3.70
1790	312	320	440	85	75	113	3.69	4.28	3.91
1800	331	309	418	81	69	108	4.08	4.49	3.86
1810	314	284	391	78	63	106	4.05	4.50	3.70
1820	313	279	392	74	63	99	4.26	4.41	3.97
1830	311	277	410	74	64	92	4.19	4.36	4.44
1840	295	266	434	70	57	90	4.22	4.65	4.84
1850	331	319	489	76	61	88	4.35	5.27	5.54
1860	360	340	529	79	62	89	4.58	5.47	5.95
1870			555			87			6.38
全期間	328	347	471	80	78	111	4.13	4.43	4.24

付表2　戸主への続柄　日本（1920年）とヨーロッパ（18-19世紀）との比較

	日　本（1920年）		ヨーロッパ（18-19世紀）	
	100世帯あたりの人数	100人あたりの人数	100世帯あたりの人数	100人あたりの人数
父母	26	5.2	10	2.0
兄弟姉妹	12	2.4	11	2.2
嫁婿	12	2.4	0	0.0
甥姪	3	0.6	1	0.2
孫	24	4.8	3	0.6

注：Saito（1998）を参考にした。ただし，元表では100世帯あたりの人数で示されていたものを，平均世帯規模を５人と仮定して100人あたりの人数も推定した。

第10章　幕末における人口機構の地域差
――石見銀山領にみる――

廣嶋　清志

一　問　題――どんな地域差がなぜ

江戸時代後半の日本人口は、全体的にみれば停滞していたが、各地域においては相当異なる人口動向が並存していたとされている（速水　一九九七：八六頁、鬼頭　二〇〇〇：九六頁）。また、それぞれの地域においては、都市と農村との間や沿岸地域と山間部との間の人口動向の違いが知られている。たとえば、速水（一九七三）は信濃国諏訪郡数十村において城下町諏訪および宿場町の都市部では農村部に比べ出生率が低率、死亡率が高率であることを指摘している。石見国内においては、人口動向の全体的な停滞とともに、人口増加は沿岸地域で大きく、山間部で小さいと指摘されている（原　一九三四）。これらは、各地域の人口再生産機構が異なることを示している。人口増加率が異なるとすると、その地域差を生んでいるのは出生率か死亡率かあるいは移動率か、さらにその出生率、死亡率、移動率はなぜ異なるのだろうか。落合（二〇〇四）は、東北日本、濃尾、西九州のそれぞれ一、二の村（一〇〇年程度の平均）を比較して、粗死亡率には差がなく（二一・三〜二一・四パーセント）、粗出生率には大きな差があることを指[1]

摘している。では、ある地方内での地域差についてはどうだろうか。

本章は、幕末期石見銀山領にある数十キロ四方の数十村からなる地域内における人口再生産機構の地域的差異がどのようなものかを宗門改帳から得る人口資料の分析によって明らかにし、江戸時代末期日本における人口機構の地域差の一端を考察する。また、このような地域差の解明を通して、近世日本の低出生率の理由（沢山 二〇〇三）や近代の出生率低下の開始がどのようなものであったかを考える一助としたい。

本章で用いる、島根大学図書館所蔵の熊谷家文書に含まれる宗門改帳は、一八六三（文久三）年および一八六四（文久四）年というほぼ一時点における人口約三万の地域的な広がりをもった資料で、地域比較にとっては理想的といってもいいほどの条件を備えている。

本研究では、宗門改帳原物二三四冊に記載された個人の記録を電子ファイル化したRYOMAファイルとその多くの帳末に書かれた「まとめ書き」の二種類を利用する。RYOMAファイルは「ユーラシア人口・家族史プロジェクト（EAP）」で作られたものである。「まとめ書き」は、村別の人口、家数および人口動態事象件数を示し、これを使って村を単位とする粗動態率（一人・年あたり動態事象発生件数）を計算することができる。その他の情報はすべて、個票データであるRYOMAファイルから集計、算出する。なお、後でみるように、RYOMAファイルには未完の部分があり、宗門改帳原物より村・宗門の範囲が少し狭い。

二　地域の概況と村町別人口

石見銀山領と宗門改帳

石見国銀山領は銀山と関連する産業と行政の核である銀山町と大森町を中心にした地域であり、大森町では金融資本（石見銀）が活躍していた（楠本 二〇〇三）が、温泉津村や大田北村および大田南村のような沿岸部の村も海運業、商業、旅館業、漁業が発展し、都市的な様相をもっていた（温泉津町 一九九五、大田市 一九六二）。一八六〇年代前半に銀山町の人口は八〇〇人程度、大森町の人口は一二〇〇人程度であるが、温泉津村の人口は一六〇〇人余り、大田北村、大田南村は計三三〇〇人余りを数える。銀山の銀産出量は、最盛期の慶長、寛永、一七世紀はじめには年間三〇〇〇貫以上であったが、幕末期には五〇貫程度に衰退した（島根県 一九三〇：六七六頁）。その周辺農村は鉱山と関連して各種資材の供給などの役割を担っていた（江面 一九七九）。

石見国は六郡からなり、村数は一八三四（天保五）年に四五一であるが、このうち石見銀山領は一五〇村で約三分の一にあたる（村上 一九七九、表10-1）。これを郡別にみると、銀山領は石見銀山を中心として安濃郡三〇村全部、邇摩郡四六村全部、邑智郡一一六村中五四村、那賀郡一一六村中一四村、美濃郡九六村中一村、鹿足郡六一村中五村となっており、安濃、邇摩、邑智の三郡に集中している。この銀山領一五〇村のうち、熊谷家文書の宗門改帳は六九村、ただし天保郷帳（木村 一九七八）の村の領域にあわせると五八村になり、石見銀山領の二分の一弱、石見国全体の六分の一近くにあたる。この五八村（宗門改帳六九村）の内訳は安濃郡三、邇摩郡二三、邑智郡一九、那賀郡一三である。RYOMAファイルは、このうちの五二村（宗門改帳六三村）、二八、八四六人、六、三六九世帯からなり、六村が未入力である。これらの宗門改帳には二町のうち、大森町のみが含まれ、銀山町は欠けている。

石見銀山領の三区分

熊谷家文書の宗門改帳に含まれる石見銀山領六九村を、以下の地理的条件により三つの地域に区分する。

一、沿岸地域：標高〇～一〇〇メートル程度で、かつ海岸から八キロ以内程度

図10－1　石見銀山領3地域別村町位置図（熊谷家文書宗門改帳）

出所：石見図絵図（石州古図）；日新出版，新版島根県全図，2001年；国土地理院，2万5000分の1地形図。

表10－1　宗門改帳（熊谷家文書）の郡別村数とその3区分（付：石見国，石見銀山領の村数）

	総数	安濃	邇摩	邑智	那賀	美濃	鹿足
石見国全域	451	30	46	102	116	96	61
石見銀山領	150	30	46	54	14	1	5
宗門改帳（熊谷家文書）	69	3	24	29	13	0	0
（天保郷帳）	58	3	23	19	13	0	0
沿岸地域	29	2	15		12		
中間地域	11	1	9		1		
山間地域	29			29			

注：宗門改帳（熊谷家文書）は1863，4（文久3，4）年。（天保郷帳）は天保郷帳に合わせた村数。
出所：石見国全域，石見天領は1834（天保5）年『天保郷帳』，村上（1979）による。

二、中間地域：標高一〇〇～三〇〇メートル程度で、かつ海岸から八～一二キロ程度（主に銀山周辺部にあたる）

三、山間地域：以上以外

　これらの三地域は宗門改帳によって把握した村別に符号によって図10－1に示されている。各村を地域的に画然と分けるのは難しいところもあるが、後でみるように、おおむね人口に関して異なる傾向をみることができる。沿岸地域に二四（二九）村、中間地域に一一村、山間地域に二八（二九）村の宗門改帳が含まれている（村数はRYOMAによる。（　）内はRYOMAα：RYOMAに欠落した六カ村を補足したもの、表10－2）。三地域の人口は、それぞれ一万五二二六人、四〇〇一人、九六一九人（一万九九八一人、四〇〇一人、九八七九人、RYOMAα）で、人口動態の分析の単位として一応十分な大きさといえる。

　これらの村について、一八三一～三四年の天保郷帳によって村別の石高をとり、この三地域別の宗門改帳による村別人口（RYOMAα、村全部の人口がわかる村に限定）と石高を示すと、もともと両者に三〇年のずれがあり、図10－2のように、おおざっぱには人口と石高との比例関係（ほぼ一人一石）をみることができるが、かなり外れたものもある。宗門改帳による人口が村の石高に比べて著しく少ない場合は、何らかの理由で村の人口が減り、他村の者が耕作していたのかもしれない。

　逆に、石高に比べ著しく人口が大きい村は沿岸地域に四つ、山間地域でも一

図 10－2　村別の人口と石高

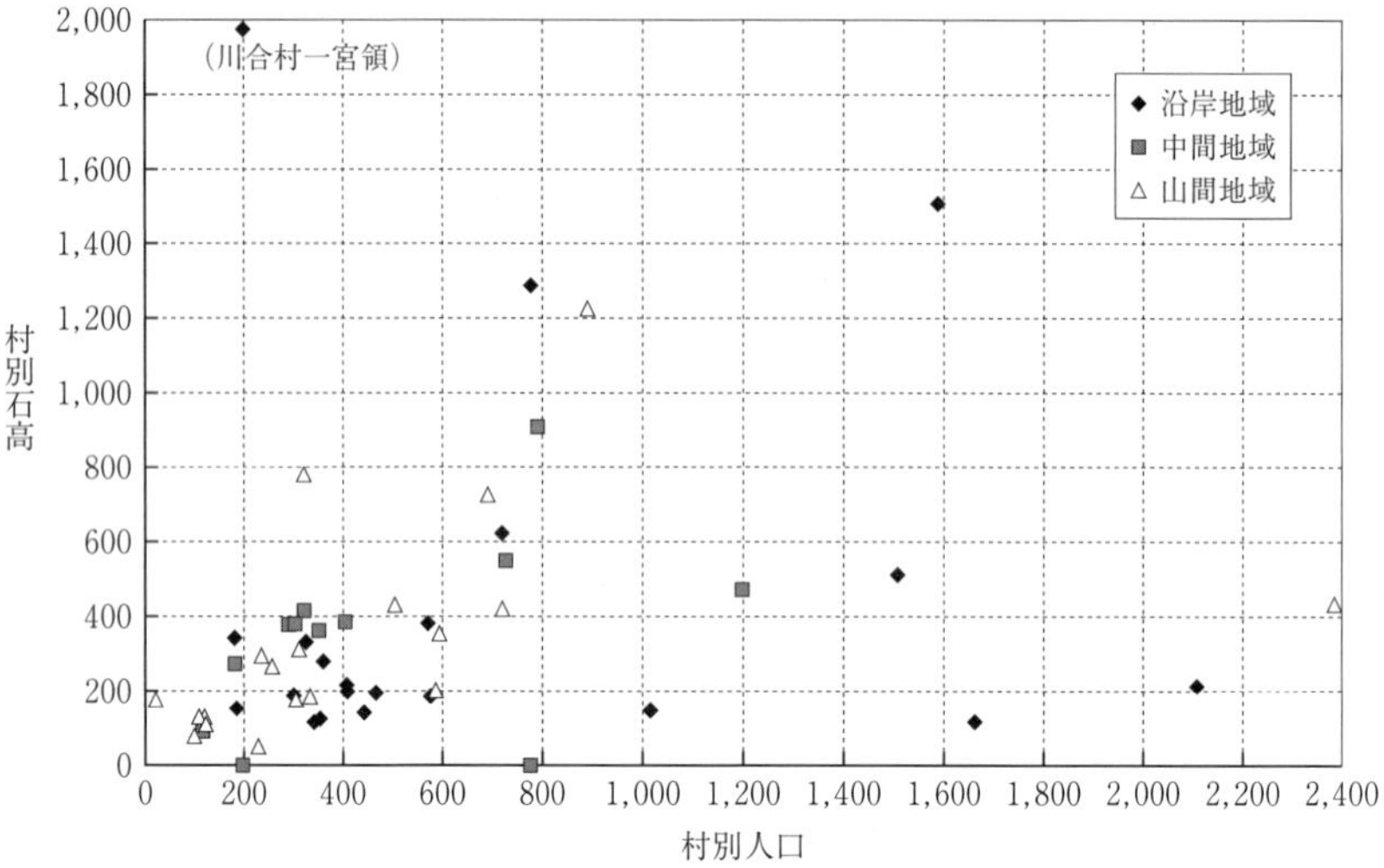

出所：村の範囲，石高は『天保郷帳』，人口は熊谷家文書宗門改帳による。

村（谷住郷村）あり、人口が一〇〇〇人以上と大きい。これらの村では農業以外の産業に従事する人口が多く居住していたものとみられる。

人口あたり石高は、沿岸地域では人口一万九七二七人、一万六八七石、〇・五四石／人、中間地域では人口三四九五人、三七七五石、一・〇八石／人、山間地域は九七〇五人、七二三九石、〇・七五石／人となる。しかし、中間地域は、仮に大森町の人口を一二〇〇人として加えると、四六九五人、四二四六石、〇・九〇石／人、さらにこれに銀山町八〇〇人を加えると、五四九五人、四二四六石、〇・七七石／人となり、地域間の差はあまりないといえる。ただし、沿岸地域は人口あたり石高がもっとも小さいといえるだろう。

なお、一八六三、四年は、第一次長州戦争の直前であるので、幕末の社会的動揺期であるが、とくに直接的な戦乱の影響はないものと考えられる。

三　資料

熊谷家文書の宗門改帳二三四冊[5]の作成年次は一八六三（文久三）年一八八冊、一八六四（文久四）年四六冊であり、うち後者のみのものは白杯村（一冊）、湯里村（五冊）で、他はすべて、前者のみ（一四八冊）か、両方の年次（四〇冊×二）のものである。これらは六九の村町に分かれ、さらにそれぞれ原則として宗門に分かれている（合計延べ二四一村・宗門、表10-2）[6]。各村の宗門改帳は、完全に同じではないが類似した形式で作られている。すべて庄屋文書ではなく代官所に保存されていた公式文書である点で全国的にみて例外的である。各村のすべての宗門を含んでいるとは限らず、浄土真宗の欠けている小浜村、山中村、大森町、高畑村、温泉津村（文久三年）は村町の全人口ではないと推定される。

RYOMAファイルは、前述二年次のうち一八六三年を中心に電子化したもので、同年がない村（白杯村）あるいは宗門数が少ない場合（渡津村、温泉津村）は一八六四年のものを使っている。全六九村のうち合計六三村、六三七〇戸、二万八八四六人を含んでいる[7]。

宗門改帳末尾のまとめ書きには、村・宗門別の人口増減要因（動態事象）の件数の記述があるものがかなりあり、これを村別の粗人口動態率の計算に用いることにする。動態件数の記載がない村・宗門は原則として、除外するが、動態件数が皆無であるとみなせる場合には計算に含める。動態記載の多くは、四つの要因（出生、死亡、転入、転出）に分けられている。これによって、村・宗門単位での動態事象の件数をその発生母体となる村・宗門人口で割って、粗動態率を計算する。ただし、その記載のされ方をみると、村・宗門の家数、人別の集計のつぎに、「内」として出生と転入（入人）、「外」として転出（出人）と死亡（死失、死去）が書かれている。したがって、この「出

表10－2　村町別宗門数，家数と人口（宗門改帳まとめ書きによる）

番号			村町名	宗門数			家数			人口			人口／家
村	文書	地域		1863	1864	計	1863	1864	計	1863	1864	計	
1	4	2	山中村	1		1	9		9	43		43	4.8
2	9	1	川合村一宮領	5		5	49		49	200		200	4.1
3	1	1	大田北村	5		5	166		166	680		680	4.1
4	217	1	大田村	2	3	5	54	53	107	341	319	660	6.2
5	201	1	八神村	2	2	4	74	73	147	441	451	892	6.1
6	194	1	上河戸村	4	4	8	60	59	119	354	341	695	5.8
7	188	1	下河戸村	2	2	4	80	81	161	409	397	806	5.0
8	178	1	市村	4	3	7	105	95	200	577	519	1,096	5.5
9	226	1	長良村	3		3	87		87	567		567	6.5
10	159	1	渡津村	1	5	6	328	393	721	1,849	2,098	3,947	5.5
11	203	1	黒松村	2	2	4	206	210	416	1,012	1,033	2,045	4.9
12	181	1	後地村	4	3	7	280	264	544	1,506	1,443	2,949	5.4
13	155	1	都治本郷	4	4	8	131	130	261	718	718	1,436	5.5
14	198	2	上津井村	3		3	98		98	401		401	4.1
15	152	1	畑田村	3	4	7	89	92	181	405	438	843	4.7
16	142	3	原村	2		2	74		74	330		330	4.5
17	140	3	八色石村	2		2	53		53	258		258	4.9
18	168	3	谷住郷村入野組	4		4	117		117	596		596	5.1
19	176	3	谷住郷村谷組	2		2	83		83	345		345	4.2
20	172	3	谷住郷村住郷組	4		4	274		274	1,440		1,440	5.3
21	53	3	祖式村上ヶ組・瀬戸組	4		4	114		114	461		461	4.0
22	49	3	祖式村井ノ目組・市組	5		5	105		105	425		425	4.0
23	135	3	馬野原村	2		2	28		28	121		121	4.3
24	138	3	湯谷村上組・下組	5		5	131		131	502		502	3.8
25	114	3	川下村谷戸組	1		1	173		173	679		679	3.9
26	225	3	川下村鉄山内	1		1	4		4	14		14	3.5
27	122	3	乙原村	3		3	130		130	589		589	4.5
28	137	3	高畑村	1		1	39		39	174		174	4.5
29	127	3	吾郷村	6		6	191		191	723		723	3.8
30	148	3	奥山村	2		2	72		72	304		304	4.2
31	113	3	小林村	1		1	35		35	121		121	3.5
32	32	3	京覧原村	3		3	43		43	191		191	4.4
33	150	3	大林村	1		1	24		24	100		100	4.2
34	125	3	潮村	2		2	48		48	228		228	4.8
36	147	3	井戸谷村栃野木鑪	1		1	23		23	85		85	3.7
37	133	3	井戸谷村	2		2	56		56	249		249	4.4
38	115	3	片山村	2		2	26		26	111		111	4.3

39	151	3	熊見村	1		1	32		32	122		122	3.8
40	120	3	千原村	2		2	75		75	297		297	4.0
41	110	3	久保村	2		2	57		57	234		234	4.1
42	117	3	九日市村	3		3	137		137	592		592	4.3
43	112	3	村之郷	1		1	70		70	312		312	4.5
44	10	1	上村	4		4	69		69	306		306	4.4
45	61	2	新屋村	3		3	176		176	722		722	4.1
46	77	2	大家本郷	4		4	298		298	1,298		1,298	4.4
47	58	2	荻原村	3		3	61		61	181		181	3.0
48	14	1	行恒村	4		4	55		55	180		180	3.3
49	27	1	松代村	4		4	53		53	189		189	3.6
50	21	1	大屋村	3		3	68		68	325		325	4.8
51	18	1	鬼村	3		3	84		84	351		351	4.2
52	39	1	天河内村	4		4	106		106	569		569	5.4
53	64	1	大国村尾波組	4		4	61		61	298		298	4.9
54	65	1	大国村上ヶ組	5		5	126		126	640		640	5.1
55	63	1	大国村	5		5	215		215	1,110		1,110	5.2
56	5	2	忍原村	4		4	96		96	356		356	3.7
57	24	2	戸蔵村	3		3	31		31	117		117	3.8
58	43	2	福原村	2		2	69		69	303		303	4.4
59	35	2	三久須村	5		5	66		66	321		321	4.9
60	106	1	小浜村	4		4	56		56	252		252	4.5
61	45	2	大森町	4		4	119		119	458		458	3.8
62	31	2	白杯村		1	1		80	80		288	288	3.6
63	81	1	温泉津村	4	5	9	147	394	541	620	1,655	2,275	4.2
90	85	3	畑田村（邑智郡）	1		1	46		46	260		260	5.7
91	86	1	吉浦村	2		2	84		84	422		422	5.0
92	88	1	波積南村	3		3	127		127	640		640	5.0
93	91	1	福光林村	4		4	41		41	186		186	4.5
94	95	1	湯里村		5	5		366	366		1,898	1,898	5.2
95	229	1	浅利村	3	3	6	279	280	559	1,609	1,586	3,195	5.7
総　計				195	46	241	6,563	2,570	9,133	30,819	13,184	44,003	4.8

注：1）合計69村町。ただし，35長藤村源田山鍛冶屋はここでは36に含めて示す。

2）点線はそれぞれ安濃郡，那賀郡，邑智郡，邇摩郡，その他（邑智郡，那賀郡の残り）の境を示す。

3）村番号は「ユーラシア人口・家族史プロジェクト（EAP)」で作成された RYOMA 電子ファイルの村番号。90以降は新設。

4）文書番号は島根大学図書館熊谷家文書の番号。各村の最初の文書番号のみ表示。

5）合計234冊，241宗門。2川合村一宮領の1冊は5宗門，59三久須村の1冊は2宗門，3太田北村の1冊は3宗門。26川下村瀬尻鉀の宗門は不明のため，1と数えた。

6）地域番号は1：沿岸，2：中間，3：山間。

7）家数の記載のなかった27乙原村は RYOMA による世帯数を使った。

生」は一年間の出生全部ではなく、前年の改め以後の一年間に出生し、現在、宗門改帳に記載されている者であり、生存者に限られている。つまり、出生後当年の改めまでに死亡した者（すべて乳児死亡で、実際に生じた乳児死亡の過半）は含まれていない。実際、個人名が記載されている場合、出生と死亡の両方に同一人が記載されている場合は皆無であった。この関係は、転入・転出についてもまったく同じである。

熊谷家文書の宗門改帳で動態事象別件数が記載されているのは、村・宗門数二四一のうち一四五（六〇・二パーセント）、四二村、のべ人口四万四〇〇三人のうち三万九九一人（七〇・四パーセント）となった（廣嶋 二〇〇四）。ただし、中間地域では三七・二パーセント、六村にとどまっており、山間地域では五八・五パーセント、一五村で、沿岸地域で記載された村が多い（七九・五パーセント、二一村）。なお、動態事象の記載がなく、人口増減数のみがわかるものも含めると、村・宗門一五七（六五・一パーセント）、人口三万四〇三三人（七七・三パーセント）で、前記の範囲とあまり大きく変わらないので、以後の分析は動態事象件数の記載がある四二カ村に限定する。(8)

ＲＹＯＭＡファイルに入力された事項は、宗門改帳から村名、名前、年齢、戸主（筆頭人）との続柄の四項目を、また名前（漢字、ひらがな）と配偶者および子の同居の有無により判別して、未婚、既婚の二区分で入力された。したがって、（嫁、婿、妻など）と戸主との続柄にもとづき性別が判別され入力された。また、配偶関係は戸主との続柄子孫、兄弟など血族は、子および配偶者と同居していない場合はもし既婚であっても未婚と判別され、逆にもし未婚でも子がいるものは既婚とされる。

宗門改帳には各家の持高、檀那寺、土地家屋の所有、家畜、身分についての記載もあるが、ＲＹＯＭＡでは未入力であり、本研究では利用されていない。

四　年齢の扱い方

本章では、一時点の宗門改帳を扱うので、年齢の扱い方はとくに検討しておく必要がある。(9) 宗門改帳の年齢記載は当然すべて数え年によっているが、図10－3のレキシス図（時間・年齢図）に示すように、数え年x歳人口（例、二歳）は、二歳以上について一月一日においては全員満年齢$x-2$歳（満〇歳）に対応し、一二月末日においては全員満$x-1$歳（満一歳）に対応する。一月二日から一二月末前日には満$x-2$歳と満$x-1$歳とで構成される。ただし、これは数え年二歳以上についてであり、一歳はすべて満〇歳。言い換えると、数え年x歳人口は$x-1$年前の年に生まれたコーホートとまったく同じである。一方、満y歳人口はexact age（実年齢と仮に訳す）(10)で表せば、常に$y+0.0$歳と$y+1.0$歳の間を指しており、その間の均等分布を仮定すれば、その全体は平均的には$y+0.5$歳である。同様に、数え年x歳（二歳以上）の集団は、全

図10－3　数え年と満年齢，実年齢との関係

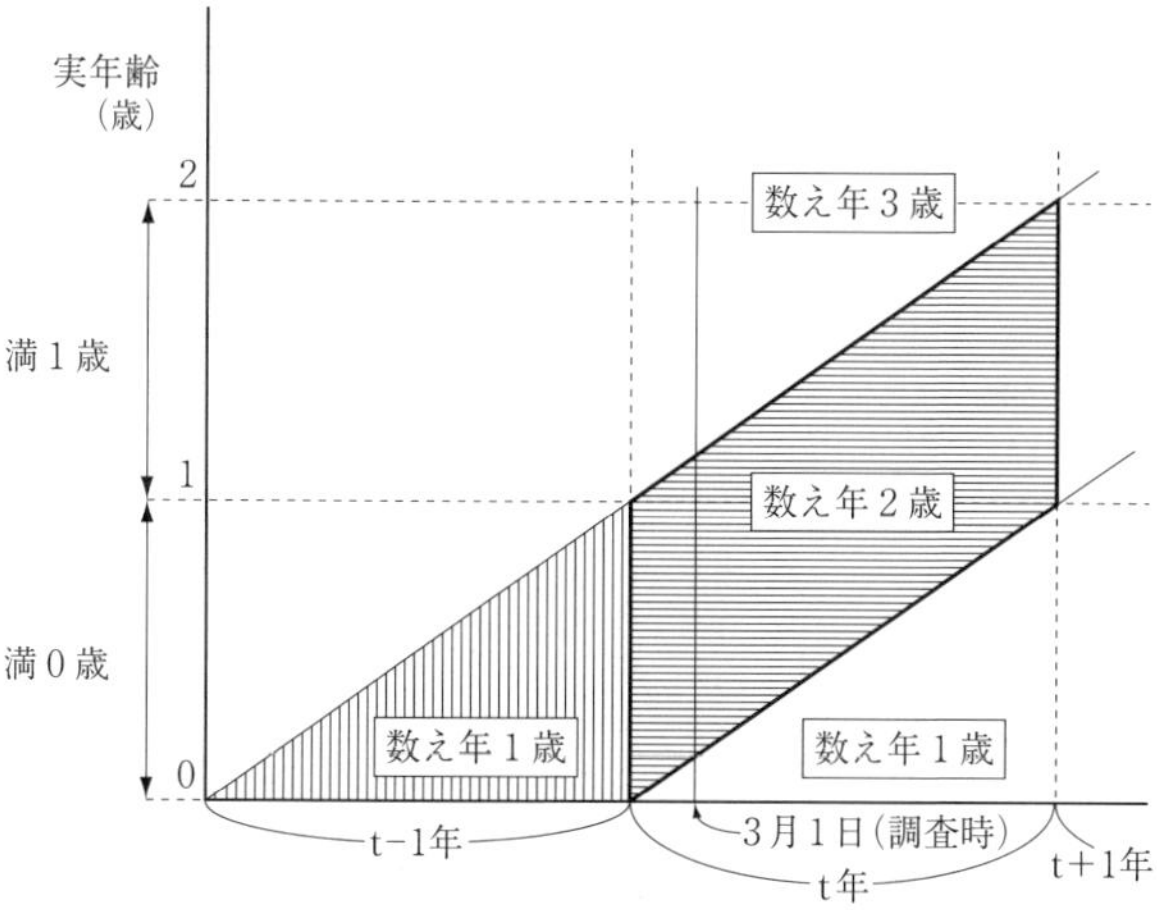

注：1）　線を引いた領域がt-1年生まれの数え年1歳および2歳の範囲。たとえば，t年における数え年2歳はt年1月1日には全員が満0歳であるが，12月末日には全員満1歳である。

2）　満0歳は実年齢0.0歳と1.0歳の間の範囲。満1歳なども同様。

3）　調査時t年3月1日における垂直線は上方向にそれぞれ数え年1歳，2歳，3歳...の人口を示し，その各線分の下端から上端にその時点における各数え年人口の実年齢による範囲を読み取ることができる。たとえば，数え年1歳は0.0歳から2/12＝0.167歳である。

体的には満$x-2$歳と満$x-1$歳の平均にあたるから、実年齢では$x-1.5+0.5=x-1.0$歳である。つまり、「数え年x歳は満$x-1$歳」ではなく、平均して実年齢$x-1$歳であり、満年齢$x-1$歳より実年齢で〇・五歳低いことに注意。ただし、数え年一歳の集団は実年齢〇・六七歳。これが数え年x歳全体を実年齢で表す場合である。たとえば、出生、結婚などの事象を過去において経験した集団（レキシス図で面で表される）の数え年を扱う場合である。この場合、たとえば、数え年による単純平均年齢が二〇・〇歳の場合は実年齢一九・〇歳を意味する。また、満年齢一五～一九歳、二〇～二四歳などにあたる区分は、数え年一六～二〇歳、二一～二五歳、……と一七～二一歳、二二～二六歳、……のちょうど中間にあたるので、そのどちらでもよいが、つぎに説明する調査時年齢と統一するため、後者を使うことにする。

これに対して、ある時点における数え年の実年齢が問題になる場合（レキシス図で垂直線で表される）がある。それは宗門改帳の年齢によって、その調査時点における人口を年齢で区分したり平均年齢を求める場合などである。ちなみに、満年齢においてはこのような二種類の場合分けは必要ない。なぜなら、図10‐3でも明らかなように、満年齢y歳人口の実年齢はどの時点においても、平均$y+0.5$歳であるからである。数え年x歳の人口は先に述べたように、出生コーホートなので調査時点の月によってその実年齢が異なってくる。年初ならば$x-1.5$歳であり、年末ならば$x-0.5$歳である。今回扱う宗門改は三月はじめ現在のもので、三月はじめ時点（一月一日から$2/12=0.167$年後）では、満$x-2$歳に近い。つまり、宗門改帳の年齢区分の高齢者六七歳以上、子ども一七歳未満などが、満年齢による高齢者六五歳以上、子ども一五歳未満の区分にほぼ対応するといえる。また、満〇～四歳、五～九歳、一〇～一四歳などの五歳階級に対応するものを数え年一～六歳、七～一一歳、一二～一六歳などとすることができる。

また、三月はじめの数え年x歳は、年初において満年齢$x-2$歳の集団が〇・一六七年分歳取ったものなので、実年齢では平均的に$(x-2)+0.5+0.167=x-1.33$歳となる。つまり、今回の宗門改帳の調査時現在の数え年の実年齢は平均的には「一・三三歳」引くことにより得ることができる。たとえば、本章で調査時点での数え年二〇歳は平均的に実年齢一八・六七歳である。ただし、数え年一歳は実年齢0.167/2=0.084歳。このことは当然ながら数え年による平均年齢の計算をした結果についてもまったく同様である。たとえば、数え年の単純平均が二〇・〇歳という結果は平均年齢が実年齢一八・六七歳を意味する。

以上のように、数え年と実年齢との関係は、数え年がある期間のもの（マイナス一・〇）か、ある時点（三月初）のもの（マイナス一・三三）か、によって異なる（数え年一歳は数値が異なる）。その区別は紛らわしいので、本章の平均年齢の計算においては実年齢への統一を行なう。これは現代の満年齢から得る平均年齢[11]とそのまま比較することができる[12]。以下、数え年は整数、実年齢は実数で示す。

なお、以上の議論では毎年の長さが等しいものとしているが、旧暦には閏月があるので、厳密には修正を要する。さらに、以上の実年齢への変換において、年齢間の事象の均等分布が仮定されているが、若年の死亡率のように年齢間の偏りが無視できない場合はそれを考慮しなければならない[13]。

五　年齢別、性別人口

以上の基礎的な検討を踏まえ、以下、全域および三地域別に年齢別・性別人口、世帯、人口動態、結婚、出生を観察し、最後に、村別粗動態率の相関を地域別に分析する。

まず、年齢各歳別に人口を観察してみよう。三月初の宗門改時には一、二月の出生児のみが一歳児となり、前年の一二月以前に出生したものは二歳児になるので、一歳児の二歳児に対する比率は本来、約2/13=15.4%のはずである（二歳児の生まれた一八六二年は閏年で一三カ月）。しかし、現実の人口を集計すると、一歳児五九人に対して二

図10－4　性・年齢別人口割合：石見銀山領（宗門改帳），1863年3月

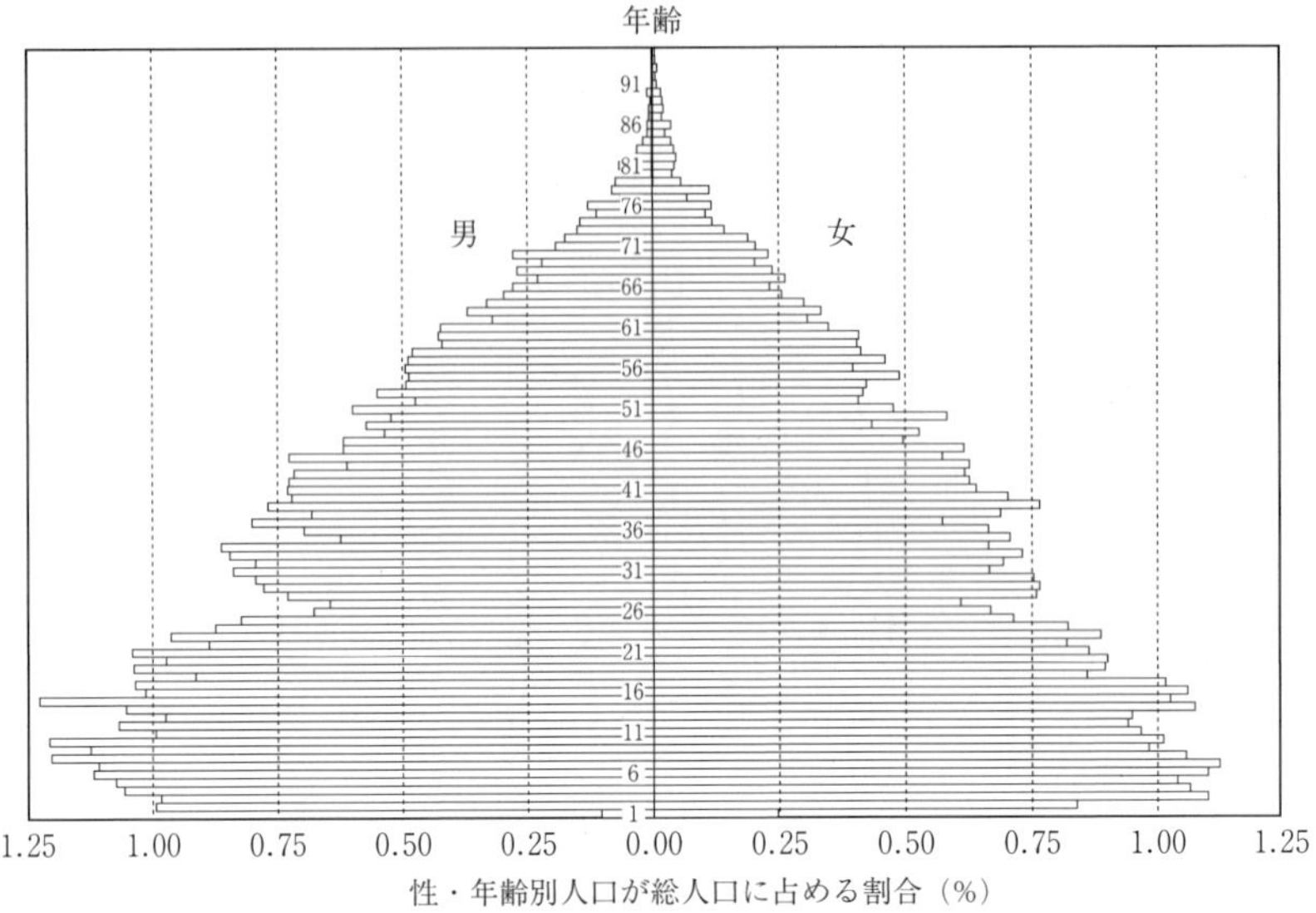

出所：RYOMA による。

歳児は五二八人で、59/528＝11％となり、一歳児は一年分に補正しても二歳児に比べて少ない。出生数減少と月別出生数の偏りか記載漏れによるものと考えられる。また、三歳以上は六〇一、六一二、六〇九、六三九、六四四、六五一と、八歳まで増加している。二歳児の八歳児に対する比は528/651＝81.1％である。ただし、男女別にみると、女性人口については男性人口に比べこれらの傾向はやや弱い（図10－4）。また、これとは別に、一八三六（天保七）～一八四二（天保一三）年生まれに対応する二二～二八歳においても人口の窪みがみられる。この一～五歳人口（一八五九（安政六）～一八六三（文久三）年生まれ）の少なさおよび二〇代人口の減少はなぜ生じたものだろうか。一八八六（明治一九）年島根県年齢別人口の統計によると、島根県全体の人口においてもこれらのコーホートの少なさがみられるので[14]、前者について宗門改帳の記載の漏れが子どもの年齢が上がるとともにしだいに補われていくという点が多少あったとしても、それよりも人口の減少が現実に生じていたものであることが確認できる。

図10－5　地域別，年齢別人口割合：石見銀山領（宗門改帳），1863年

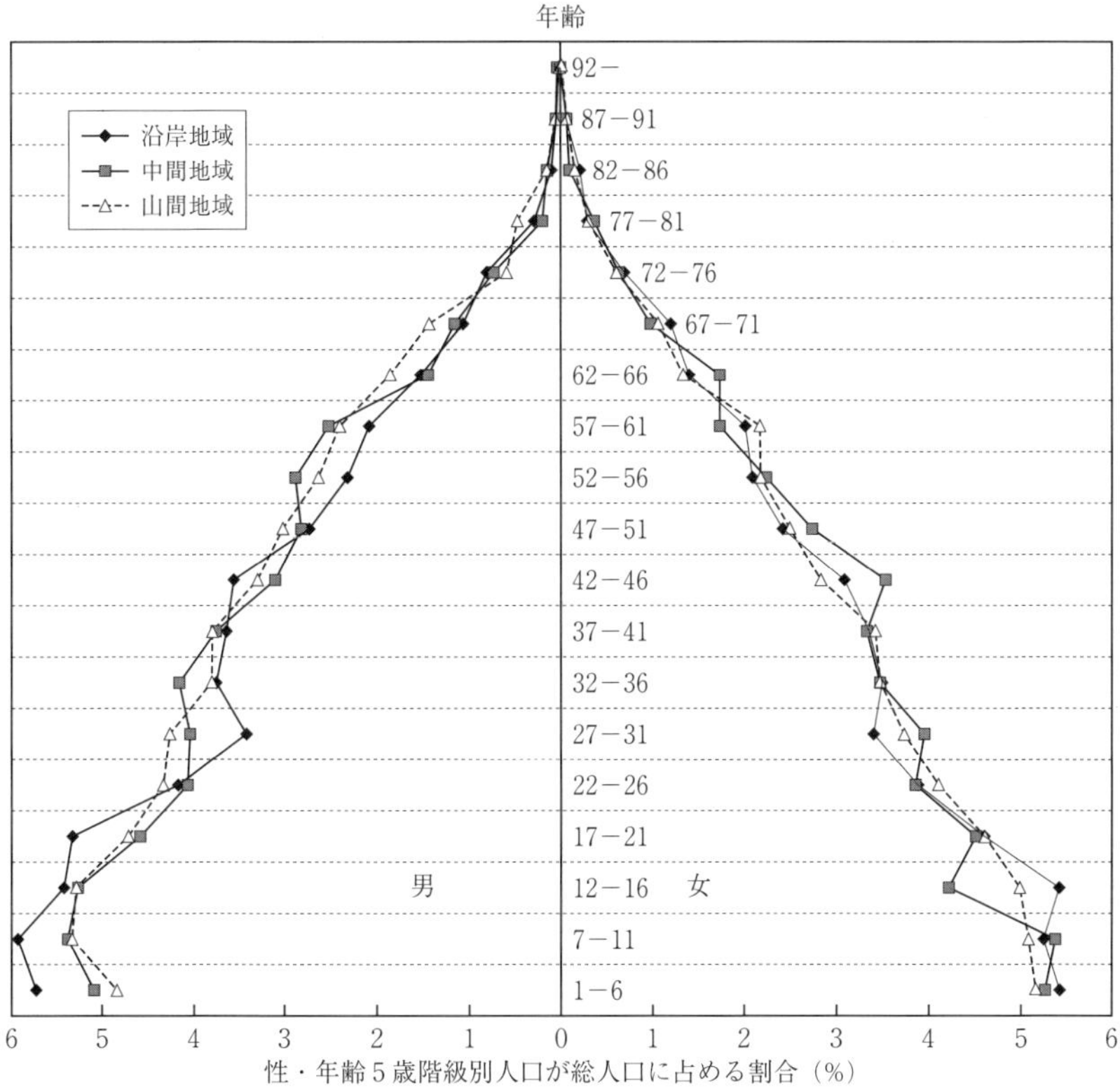

二〇代人口は、天保の飢饉に対応する時期に生まれた人口であり、飢饉が出生率低下と乳幼児死亡率上昇をもたらしたものと考えることができる。また、一～五歳人口はこの子世代にあたり、したがって、親世代人口の減少が一世代後に子世代におよんだもの、また、幕末の社会の激動によるものとも考えられ、後でみるように合計出生率が低下していることから前者だけでなく後者もあったといえる。

年齢構造の地域差

年齢別人口の割合を三地域別にみると、図10－5のように比較的差は小さい。しかし、二〇代後半における窪みは、天保の飢饉による出生減によるものとみられ、沿岸地域の男

表 10－3　地域別，年齢別人口割合　（%）

年　齢	合　計	沿岸地域	中間地域	山間地域
総人口(人)	28,846	15,226	4,001	9,619
-16	31.7	32.8	30.3	30.5
17-66	62.9	61.8	64.1	64.1
67＋	4.7	4.7	4.4	4.8

表 10－4　地域別，年齢別性比　（%）

年　齢	合　計	沿岸地域	中間地域	山間地域
合計	108	107	107	111
-16	105	106	106	102
17-41	109	108	107	109
42-66	113	110	105	121
67＋	103	92	100	124

注：性比は女性人口100に対する男性人口。

性および女性でもっとも顕著であるが、山間地域ではほとんどその影響がみられない。これは後でみるように、沿岸地域でもっとも出生率が高いことと関係があると思われる。つまり、出生率が高いだけに、飢饉時に低下する可能性が高いといえる（廣嶋 二〇一四）。これは、先にみた石高／人口がもっとも小さいことに関連しているだろう。

年齢三区分の割合は、表10－3のように、地域差は小さいが、沿岸地域で一六歳以下が三二・八パーセントとやや多く（他は三〇パーセント強）、中間地域で六七歳以上の高齢人口割合が四・四パーセントとやや少ない（他は四・七～八パーセント）。沿岸地域での出生率の高さが示唆される。

性別構造の地域差

人口の性比（女一〇〇に対する男の数）をみると（表10－4）、全体で一〇八、地域別にみると、中間地域一〇七から山間地域一一一まで、山間地域がやや大きいが地域差はあまりない。年齢四区分別性比をみると、一六歳以下の子どもにおいては一〇二から一〇六までで、とくに男子が多い傾向はみられない。一～六歳人口について各年齢別に性比をみると、それぞれ九七、一一七、八九、九九、一〇三、一〇一、合計して一〇一（三六九二人について）で、とくに系統的な男女の偏りがあるようにはみられず、現代の出生性比一〇五よりはやや男性が少ない。このことは間引きによる「出生制限」の不存在でなくその性別選択の複雑さを意味する（Drixler 2013）。

現代日本の全国人口では五〇歳ぐらいで男女の比率は逆転し性比は一〇〇以下となるが、三地域とも一七～四一歳、四二～六六歳で一〇〇以上で、ほとんど一六歳以下の性比より大きく、男性が多い。六七歳以上でも地域合計で性比は一〇〇以上でかなり大きい。とくに山間地域では四二～六六歳、六七歳以上でそれぞれ一二一、一二四と目立って大きい。当時の死亡率は女性の方が高く、また、死亡率が高いほどその傾向が強いと考えられるので、山間地域の性比の大きさは、他地域より死亡率が高いことを示すものと思われる。(15) ただし、この性比の高さには過去の出生性比や移動率の影響もあるかもしれない。

図10－6　村町別平均世帯人員：1863，4年

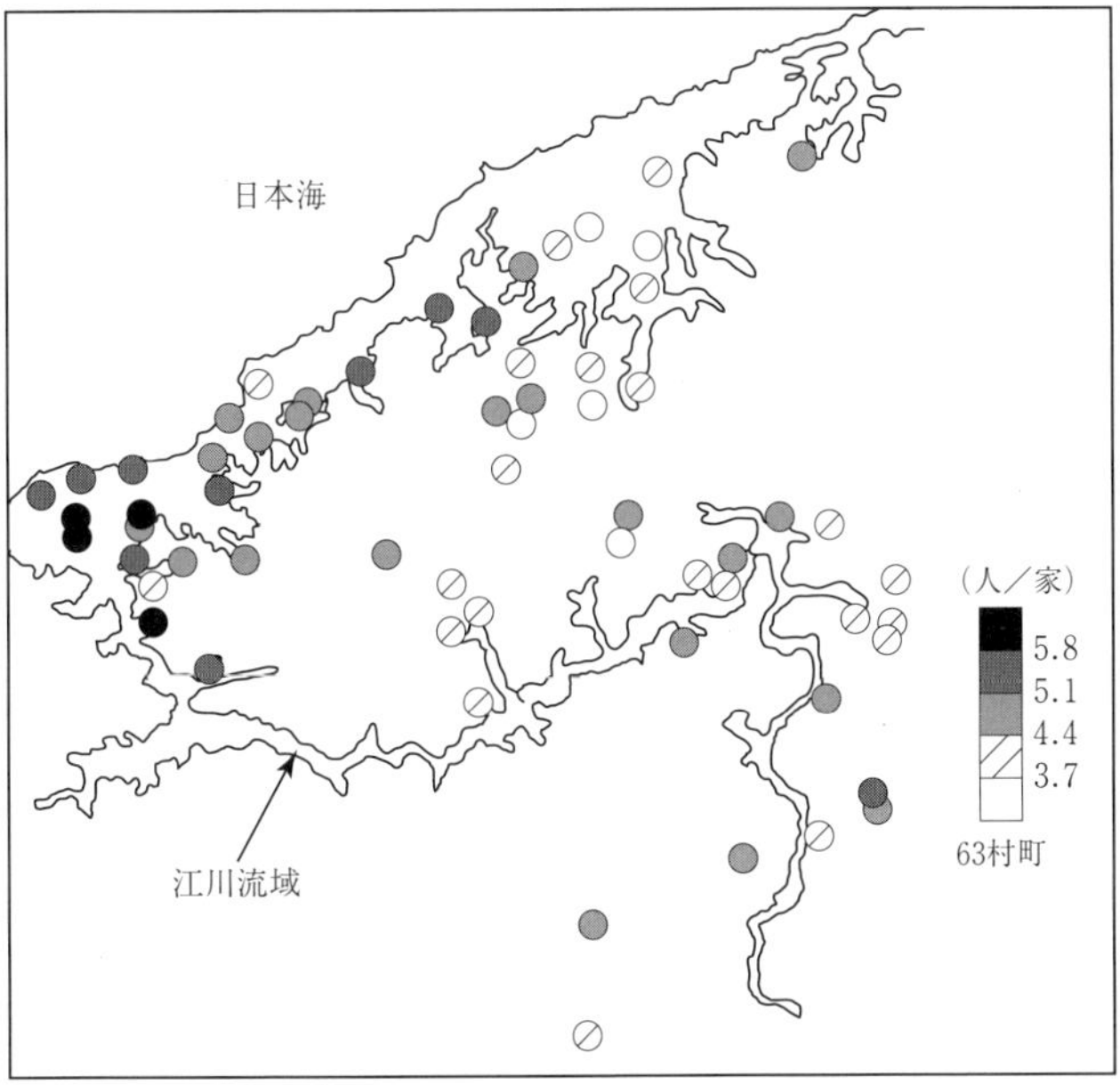

六　世帯

宗門改帳本文は家に分けて記載され、末尾には計「家何軒」と書かれている。ここでは歴史人口学の慣習にならい、この家を世帯とし何戸とも数えることにする。

世帯規模の地域差

各家、世帯の平均規模つまり平均世帯人員は、表10－5のように、四・五三人と比較的小規模である。

表10－5　地域別，戸主の続柄別世帯あたり平均世帯人員

（人）

戸主との続柄	合計			沿岸地域			中間地域			山間地域		
	総数	女	男	総数	女	男	総数	女	男	総数	女	男
（世帯数）	(6,369)			(3,103)			(1,005)			(2,261)		
総　数	4.53*	2.17	2.35	4.91*	2.361	2.538	3.98*	1.92	2.05	4.25	2.02	2.24
戸　主	1.00*	0.08	0.92	1.00*	0.08	0.92	1.00	0.10	0.90	1.00	0.08	0.92
妻	0.61	0.61	—	0.64	0.64	—	0.58	0.58	—	0.57	0.57	—
直系卑属	1.98	0.90	1.07	2.22	1.01	1.21	1.59	0.73	0.86	1.81	0.83	0.98
直系尊属	0.31	0.23	0.08	0.32	0.25	0.08	0.29	0.22	0.07	0.31	0.22	0.09
その他	0.63	0.35	0.29	0.72	0.38	0.337	0.52	0.29	0.22	0.56	0.32	0.24
（以下再掲）												
息　子	0.966	—	0.97	1.086	—	1.09	0.798	—	0.80	0.877	—	0.88
娘	0.808	0.81	—	0.911	0.91	—	0.653	0.65	—	0.735	0.73	—
嫁	0.078	0.08	—	0.080	0.08	—	0.063	0.06	—	0.081	0.08	—
婿	0.016	—	0.02	0.016	—	0.02	0.021	—	0.02	0.013	—	0.01
母	0.221	0.22	—	0.235	0.24	—	0.209	0.21	—	0.207	0.21	—
父	0.075	—	0.07	0.072	—	0.07	0.071	—	0.07	0.080	—	0.08
孫	0.201	0.09	0.11	0.222	0.10	0.12	0.138	0.08	0.06	0.201	0.09	0.11
弟	0.164	—	0.16	0.200	—	0.20	0.109	—	0.11	0.138	—	0.14
妹	0.144	0.14	—	0.162	0.16	—	0.106	0.11	—	0.135	0.13	—
姉	0.043	0.04	—	0.046	0.05	—	0.039	0.04	—	0.039	0.04	—
兄	0.018	—	0.02	0.021	—	0.02	0.015	—	0.01	0.015	—	0.02
甥	0.036	—	0.04	0.044	—	0.04	0.027	—	0.03	0.030	—	0.03
姪	0.022	0.02	—	0.024	0.02	—	0.019	0.02	—	0.021	0.02	—
祖　母	0.013	0.01	—	0.013	0.01	—	0.011	0.01	—	0.014	0.01	—
祖　父	0.004	—	0.00	0.004	—	0.00	0.001	—	0.00	0.005	—	0.00
伯　母	0.011	0.01	—	0.014	0.01	—	0.008	0.01	—	0.008	0.01	—
伯　父	0.011	—	0.01	0.014	—	0.01	0.005	—	0.00	0.009	—	0.01
いとこ	0.009	0.00	0.01	0.014	0.00	0.01	0.003	0.00	0.00	0.006	0.00	0.00
弟　嫁	0.008	0.01	—	0.011	0.01	—	0.006	0.01	—	0.005	0.01	—
兄　嫁	0.003	0.00	—	0.005	0.00	—	0.001	0.00	—	0.002	0.00	—
厄　介	0.008	0.00	0.00	0.009	0.01	0.00	0.008	0.00	0.00	0.006	0.00	0.00
下男下女	0.014	0.01	0.01	0.013	0.006	0.007	0.020	0.01	0.01	0.014	0.00	0.01
同居人	0.005	0.00	0.00	0.001	0.00	0.00	0.001	0.00	0.00	0.012	0.01	0.01
門　弟	0.005	0.00	0.00	0.006	0.00	0.01	0.000	0.00	0.00	0.005	0.00	0.00
弟　子	0.004	0.00	0.00	0.003	0.00	0.00	0.014	0.00	0.01	0.000	0.00	0.00
その他	0.018	0.01	0.01	0.020	0.01	0.01	0.010	0.01	0.00	0.018	0.01	0.01
不　詳	0.018*	0.01	0.01	0.017*	0.01	0.01	0.048*	0.02	0.02	0.006	0.00	0.00

*性別不詳を含む。婿／（嫁＋婿）は上記の地域別にそれぞれ 0.171，0.171，0.250，0.175。

図10－7　地域別，世帯人員別相対頻度分布

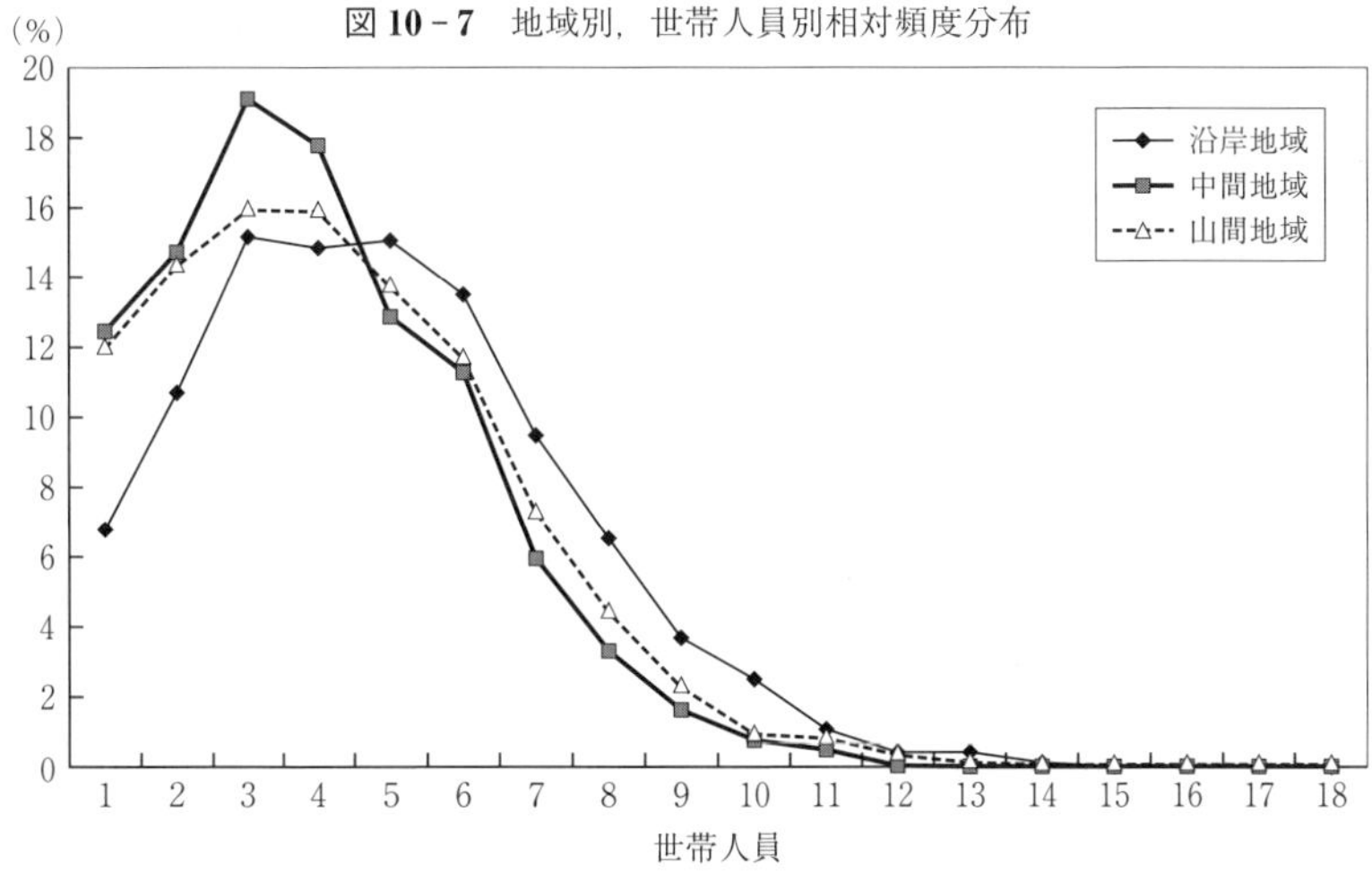

また、地域別にみると、沿岸地域がもっとも大きく（四・九一人）、もっとも小さいのは中間地域（三・九八人）であり、ほぼ一人の差がある。山間地域は四・二五人である。村町別の平均世帯人員を示すと、図10－6のように、銀山近辺の中間地域を中心として三人台の村が連なっている。また、沿岸地域では五人台の村が目立ち、山間地域では四人台が多い。

地域別、世帯人員別の世帯数分布は図10－7に示すとおり、沿岸地域では三人、四人、五人世帯が一五パーセントでほぼ同じであるが、中間地域は三人が一九パーセントでもっとも大きく四人、五人世帯がこれにつづく。

続柄別世帯人員の地域差

世帯規模の差がどのような要因によって生まれているかをみるため、戸主との続柄別の世帯人員の数をみると、表10－5のように、直系卑属、直系尊属、傍系のどの親族もその量は沿岸地域（二・二二、〇・三二、〇・七二）、山間地域（一・八一、〇・三一、〇・五六）、中間地域（一・五九、〇・二九、〇・五二）の順になっている。この世帯あたりの子孫、直系卑属の数の地域別順位は、先に表10－3でみた一六歳以下の人口割合の順番と対応しており、

出生率に対応しているとみられる。また、直系尊属や傍系親族の人数は、死亡率の水準や移動率の結果である。結局、世帯規模は人口増加率の大きさにほぼ対応していると考えられる。実際、人口増加率の大きさは後でみるように、沿岸、中間、山間の順で、中間と山間が入れ替わるだけである。

一方、中間地域で唯一多い世帯員は婿（〇・〇二一人、沿岸〇・〇一六人、山間〇・〇一三人）と下男下女（〇・〇二〇人、沿岸〇・〇一三人、山間〇・〇一四人）である。婿の「婿＋嫁」に対する比率をみると、沿岸一七・一パーセント、中間二五・〇パーセント、山間一四・一パーセント（合計一七・一パーセント）で、中間地域では婿を取る割合が四件に一件に達している。中間地域における婿の多さは、後述の出生水準の低さに対応する以上のものではないが、家継承戦略がやや特異であるといえなくもない。(16)

下女だけでみると、中間地域は〇・〇一四人（全世帯員の〇・三五パーセント）で、沿岸〇・〇〇六人、山間〇・〇〇四人とより大きな差がある。中間地域での下女の相対的な多さは親族世帯員の少なさを補うものと考えられる。戸主の男女別割合をみると、中間地域では一〇パーセントが女性で、他の地域の八パーセントに比べやや多い（表10－5）。男性と女性の死亡率の較差が大きいか、女性の再婚率が低い、男性の出稼ぎ率が高いなどの要因が考えられる。

性・年齢別戸主率（性・年齢別人口に占める戸主の割合）により世帯形成行動をみると、男では中間地域が一番早く戸主になり、戸主率の低下も一番早い（図10－8）。逆に、沿岸地域の男性の戸主になるのが一番遅い。これは男性の結婚年齢と関係があるとみられる。戸主の平均年齢でみると、沿岸、中間、山間地域ではそれぞれ四五・六歳、四四・〇歳、四五・四歳（全地域四五・三歳）で後述のように中間地域の結婚が一番早いはずである。

また、男性戸主率の頂点は中間地域が九〇パーセントをやや超える高さであるが、他の地域では九〇パーセントに達せず、とくに沿岸地域は八五～六パーセントにとどまっている。これは沿岸地域では、中間地域に比べて子世

図10－8　年齢別戸主率：男

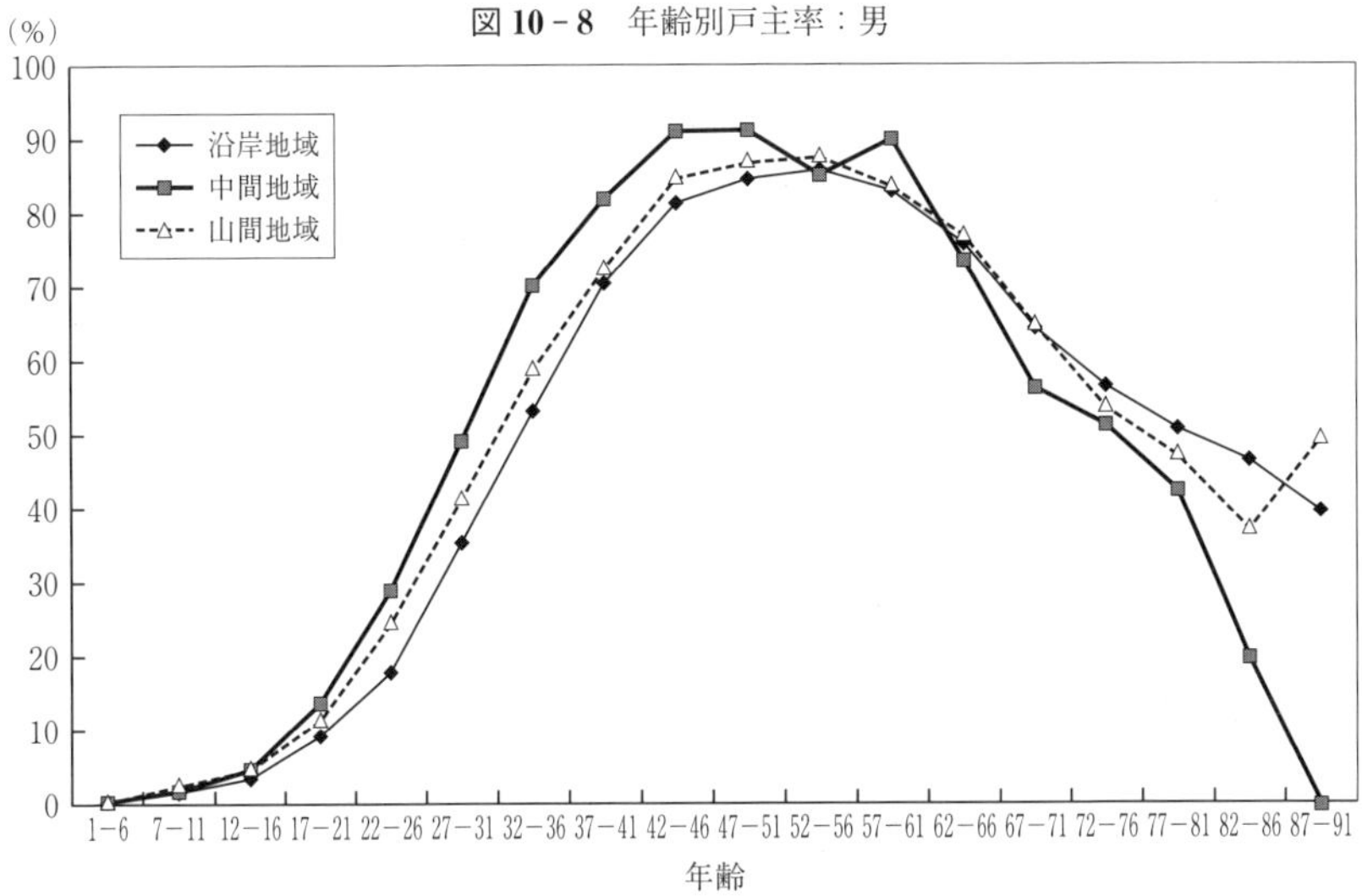

注：戸主率＝性・年齢別戸主数／性年齢別人口。

図10－9　年齢別戸主率：女

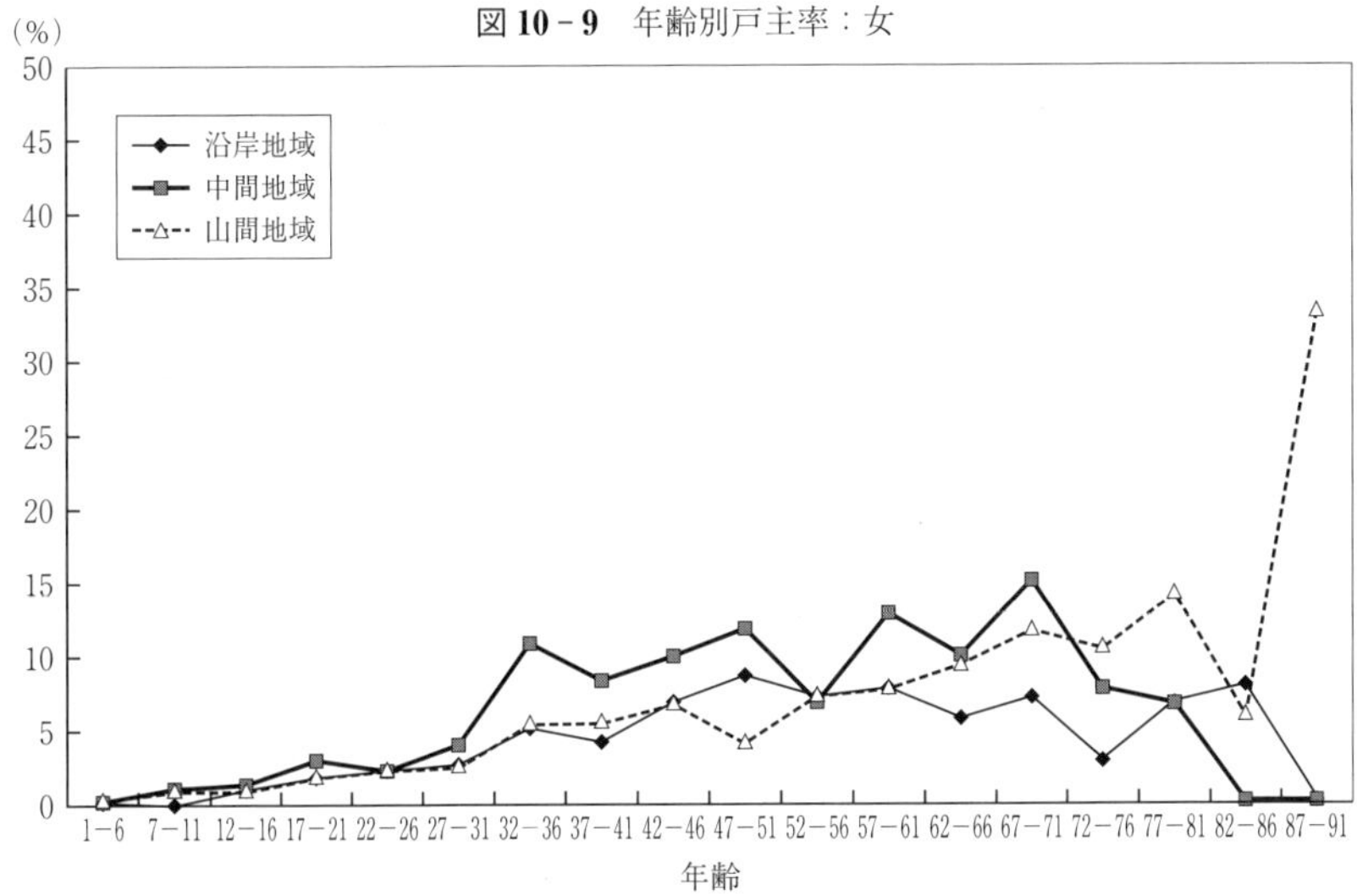

注：戸主率＝性・年齢別戸主数／性年齢別人口。

代との同居により戸主を子どもに譲るものがやや多いことを意味しているとみられる。

女性についてみると、戸主率は五〇、六〇代を中心にして一〇パーセント内外の高さであるが、地域別にみると中間地域がおおむね一番高い（図10－9）。

七　人口動態

一八六二（文久二）年の粗人口動態率は、一八六三年の宗門改帳末尾のまとめ書きの動態件数（一八六二年三月から一八六三年二月）を分子とし、この期間の中央人口（一八六三年三月初人口から過去一年の人口増加の半分を減じたもの）を分母として計算される。一八六三年の場合も同様で、ここでは、一八六二、三年の平均の動態率を示す。

全地域（四二村）平均の人口増加率はマイナス〇・六六パーセントと、小さい負の増加率となっている（表10－6）。沿岸、中間、山間（二一村、六村、一五村）の三地域別にみると、沿岸地域が相対的に人口増加率は大きく（マイナス〇・二〇パーセント）、山間地域がもっとも小さい（マイナス二・四七パーセント）（中間地域はマイナス〇・八三パーセント）[17]。したがって、沿岸に近いほど人口増加率が大きいといえる。

粗出生率は、沿岸、中間、山間の三地域別にそれぞれ、二・二四パーセント、二・〇三パーセント、二・一八パーセントで、後でみる合計出生率と順位は同じであるが差はそれほど大きくない。沿岸地域で、年齢構造がやや不利になっている（二二～三二歳人口割合が若干小さい）こと（図10－5）が合計出生率の高さを減殺したものとみられる。

一方、粗死亡率は、一・九二パーセント、二・八六パーセント、四・四五パーセントと地域間で大きな差がある。このため、自然増加率は地域差が大きく、沿岸地域のみで正（〇・三二パーセント）、中間地域マイナス〇・八三

表10－6　地域別人口動態：1862，3（文久2，3）年

地　域	人口増加	自然増加	社会増加	出　生	死　亡	転　入	転　出	人　口	村・宗門
計　率(%)	−0.66	−0.23	−0.43	2.21	2.45	1.02	1.45	70.5	60.2
1　沿岸地域	−0.20	0.32	−0.52	2.24	1.92	0.93	1.45	79.5	65.5
2　中間地域	−0.83	−0.83	0.00	2.03	2.86	2.21	2.21	37.2	45.5
3　山間地域	−2.47	−2.28	−0.19	2.18	4.45	1.03	1.22	58.5	56.1
計　実数(人)	−205	−72	−133	689	761	317	450	31,008	145
1　沿岸地域	−47	75	−122	528	453	220	342	23,572	93
2　中間地域	−14	−14	0	34	48	37	37	1,670	15
3　山間地域	−144	−133	−11	127	260	60	71	5,766	37

注：1)　動態率は1862年3月から1864年2月の動態件数（実数）を分子とし，1863，4年3月初人口からそれぞれ過去1年の人口増加の半分を減じた人口の合計を分母とする。
2)　右端の人口，村・宗門の率は，人口動態が得られた割合。たとえば，計は合計44,003人中の31,008人（1862，3年3月初人口の計）（70.5%）について得られたもの。

パーセント、山間地域とマイナス二・二八パーセントとなっている。沿岸地域の自然増加率が大きいのは死亡率が低いためである。沿岸に近いほど死亡率が低く、自然増加率が大きいといえる。

人口移動をみると、どの地域でも転入率と転出率が比較的に類似し、均衡している。沿岸地域と山間地域の転入率、転出率はそれぞれ〇・九三パーセント、一・四五パーセント、および一・〇三パーセント、一・二二パーセントで、わずかに転出超過（マイナス〇・五二パーセント、マイナス〇・一九パーセント）となっている。これに対して、中間地域は、転入率、転出率のどちらも二倍ほど高く、二・二一パーセント、二・二一パーセントで、社会増加は〇となっている。その高さは銀山に関連して中間地域の経済活動の活発さによるのであろう。

このように自然増加と逆に、沿岸地域で社会減が一番大きくなっている。つまり、沿岸地域では自然増加率の高さの分だけ社会減が大きいといえ、他地域に人口を放出する機能をもっているといえる。沿岸地域は社会減が大きいにもかかわらず、人口増加率が大きい（負の値が小さい）のは、やはり死亡率が低いためであるといえる。

以上のように、人口増加率の地域差は結局、自然増加率、つまりは死亡率の地域差にもっとも決定的な影響を受けているといえる。(18)

八　結　婚

人口再生産との関係に注目して、主として女性について配偶関係を分析する。配偶関係は既述のように男女とも未婚か既婚かの二区分で入力されていたが、一三歳以上の全女性一万四九二人について配偶者と同居しているかどうかによって既婚をさらに夫と同居（有配偶）、非同居（夫なし既婚）に分けた。

女性の有配偶割合（年齢別人口の差を除くため年齢区間における年齢各歳別有配偶割合の累計による）は、全体では最高でも三二〜四一歳での七二・六パーセントにとどまっている（表10－7）。地区別にみると、一三〜二一歳、二二〜

表10－7　地域別女性の配偶関係別割合　（‰）

年　齢	合　計	沿岸地域	中間地域	山間地域
有　配　偶				
13-71	491	488	472	500
13-21	56	54	80	50
22-31	509	475	607	520
32-41	726	726	698	739
42-51	717	702	706	746
52-61	583	619	469	569
62-71	355	354	274	374
夫なし既婚				
13-71	199	197	223	195
13-21	5	4	0	9
22-31	40	30	54	47
32-41	87	82	121	79
42-51	182	191	159	180
52-61	327	293	416	344
62-71	556	583	590	512
未　　婚				
13-71	293	298	288	288
13-21	838	841	820	841
22-31	452	496	340	433
32-41	188	192	181	181
42-51	101	107	135	74
52-61	90	88	115	87
62-71	89	63	137	113

注：1）未婚・既婚は世帯主との続柄，夫，子の同居の有無から判別。有配偶は夫と同居。
2）各状態の各年齢区間に占める割合。
3）年齢各歳別割合の年齢区間における平均。

表10－8　地域別既婚女性に占める夫なしの割合　（％）

年　齢	合　計	沿岸地域	中間地域	山間地域
13-21	8.8	7.7	0.0	14.8
22-31	7.5	6.1	8.8	8.7
32-41	10.7	10.2	14.9	9.8
42-51	19.8	20.7	17.5	19.4
52-61	38.8	36.5	45.3	39.8
62-71	67.5	66.4	74.4	66.3

注：年齢区間の夫なし既婚者／年齢区間の既婚者。

図10-10　地域別女性の有配偶割合

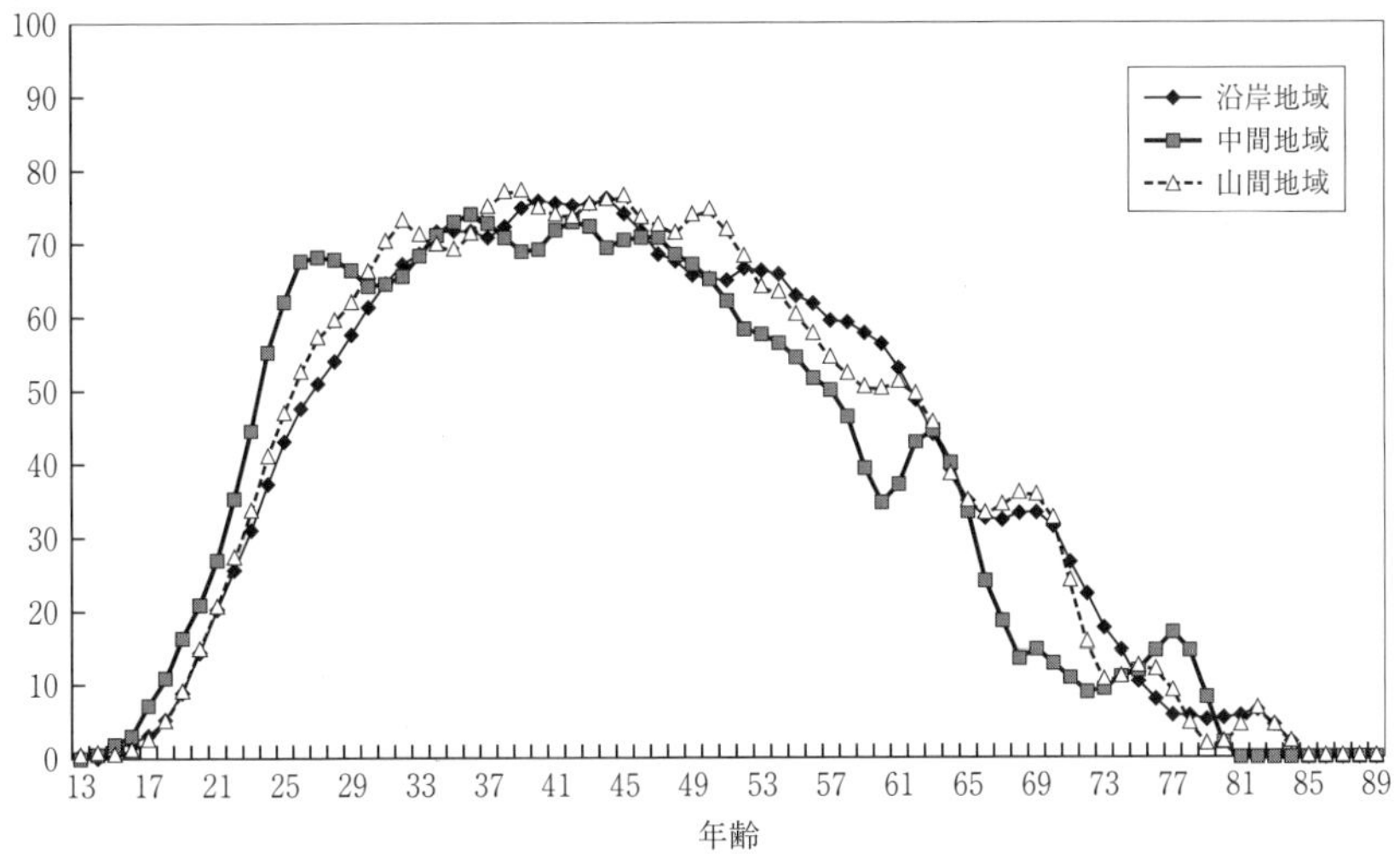

注：年齢各歳別有配偶割合を移動平均により平滑化した。

三一歳では中間地域でもっとも大きい（八・〇パーセント、六〇・七パーセント）が、逆に三二～四一歳、五二～六一歳、六二～七一歳では中間地域でもっとも小さい（六九・八パーセント、四六・九パーセント、二七・四パーセント）。このように中間地域は早婚であるが、その後の有配偶割合の減少が早い（図10-10）。また、夫なしの既婚女性の割合は、表10-8のように、全体では五二～六一歳で三八・八パーセントにも達している。地域別にみると、中間地域では三〇代、五〇代、六〇代において他の地域より大きい。これは、離婚発生率が高い、再婚率が低い、夫が出稼ぎなどでいない、死別が多い（男女の死亡率較差が大きい）等が考えられる。これはこの地域のこの年齢の性比がやや低かったこと（表10-4）と対応している。死別が多い場合、死亡率の男女差が大きいことを意味し、男の死亡率が他地域に比べもっとも高いことを意味するとは限らない。

中間地域における早婚は、このような有配偶状態の短さと関連した行動とみられる。この早婚短婚が出生率に与える影響が問題となる。

年齢別既婚率によって結婚の発生のしかたをみると、全

図 10－11　年齢別既婚率：女

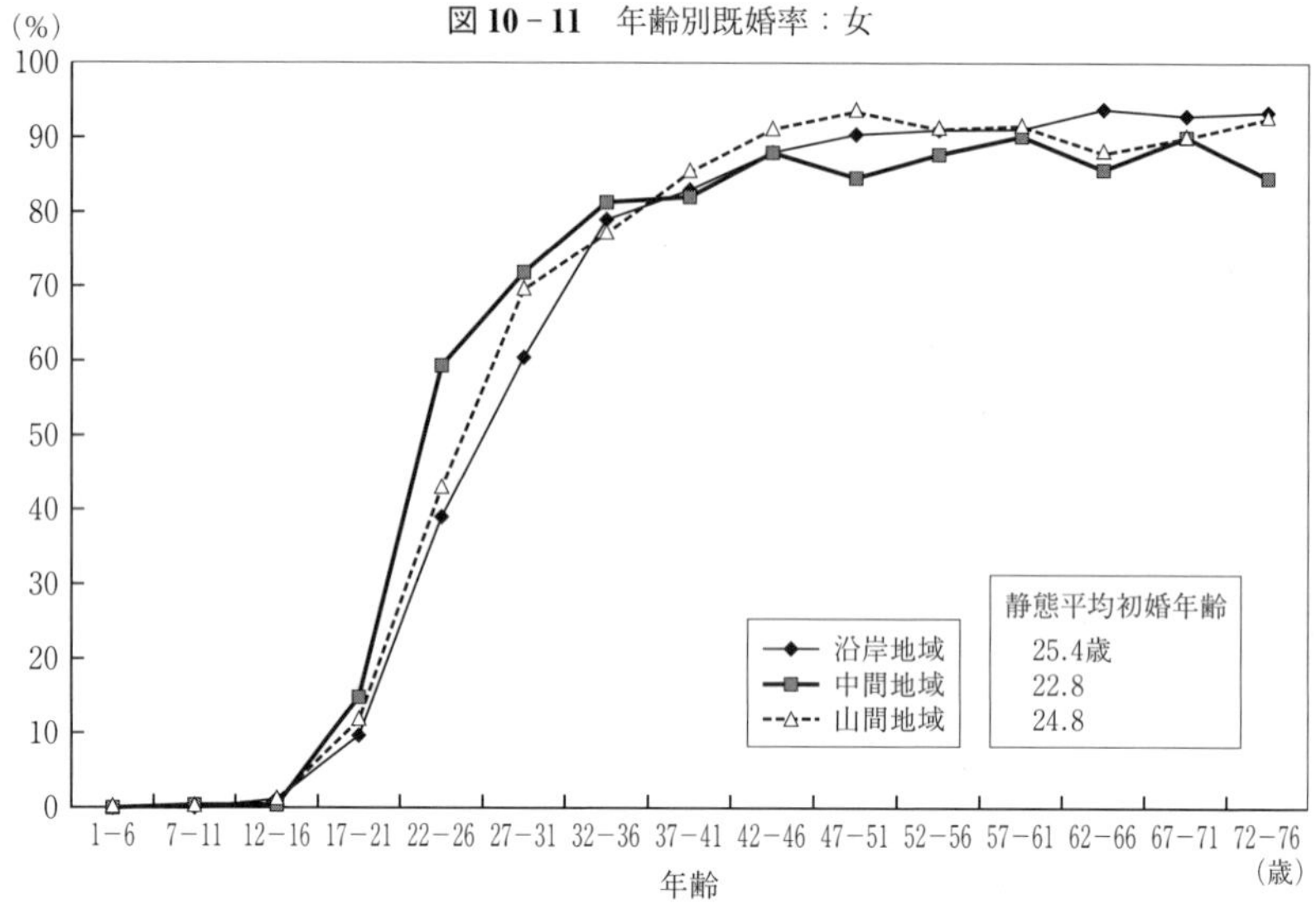

注：静態平均初婚年齢（SMAM）は各歳の既婚率による。

図 10－12　年齢別既婚率：男

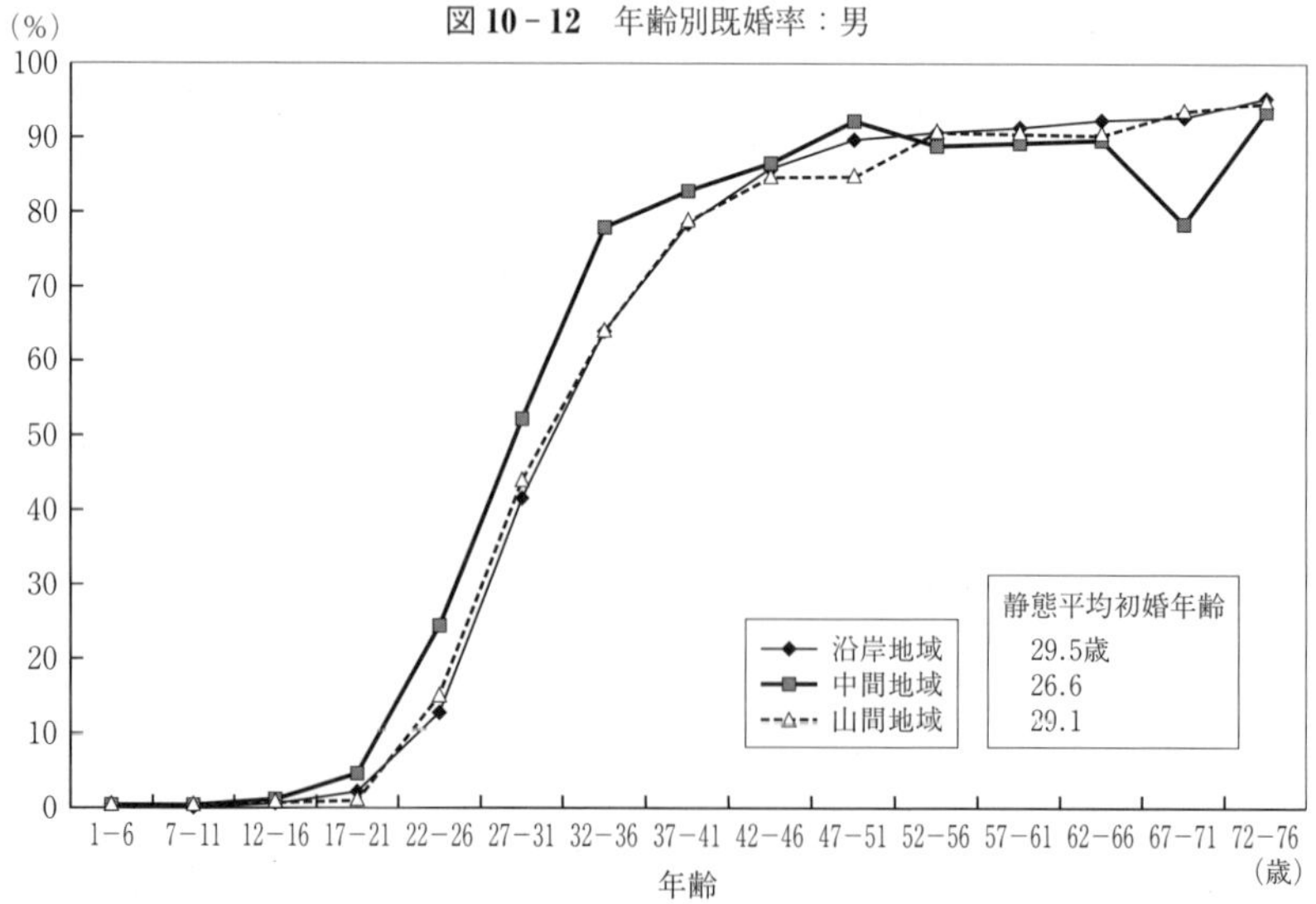

注：図 10－11 の注参照。

体では女性の既婚率は五二〜六一歳で九一・一パーセントに達する（表10−7、有配偶+夫なし既婚、図10−11）が、地域別にみて女性では中間地域がもっとも早婚で、つづいて山間地域、沿岸地域となっている（図10−11）。男性もほぼ同様である（図10−12）。

この年齢別既婚割合によって静態平均初婚年齢（SMAM, singulate mean age at marriage）[19]を女性について計算すると、全体で二四・八歳、沿岸地域二五・四歳、中間地域二二・八歳、山間地域二四・八歳となり、中間地域は他地域に比べ二歳あまりも早婚であることがわかる。

男性の静態平均初婚年齢ＳＭＡＭは、全体で二八・九歳、沿岸地域二九・五歳、中間地域二六・六歳、山間地域二九・一歳となり、中間地域では沿岸地域に比べ三歳近く早婚である。

このような中間地域の相対的な早婚が注目される。

九　出生率

同居児法

出生は多くの宗門改帳の末尾にまとめて記載され、その母の年齢も得ることは不可能ではないが件数が限られる。より大量の出生にもとづく年齢別出生率を得る方法として、同居児法がある。すなわち、世帯内で子どもと同居する女性についてその出生年齢を計算し、これによって全女性について年次別年齢別出生率を得るものである。たとえば、二歳児と同居する二五歳の女性は一年前に二四歳のとき出生したとするのである。扱う宗門改帳に含まれる一三歳以上の全女性一万四九二人について一〜五歳児につき計算した。六歳以上の子どもについても計算は可能であるが、子どもの年齢が高いほど、母親の死亡や離別などによって、同居関係がしだいに変化する可能性が高くな

図 10－13　地域別女性の年齢別出生率

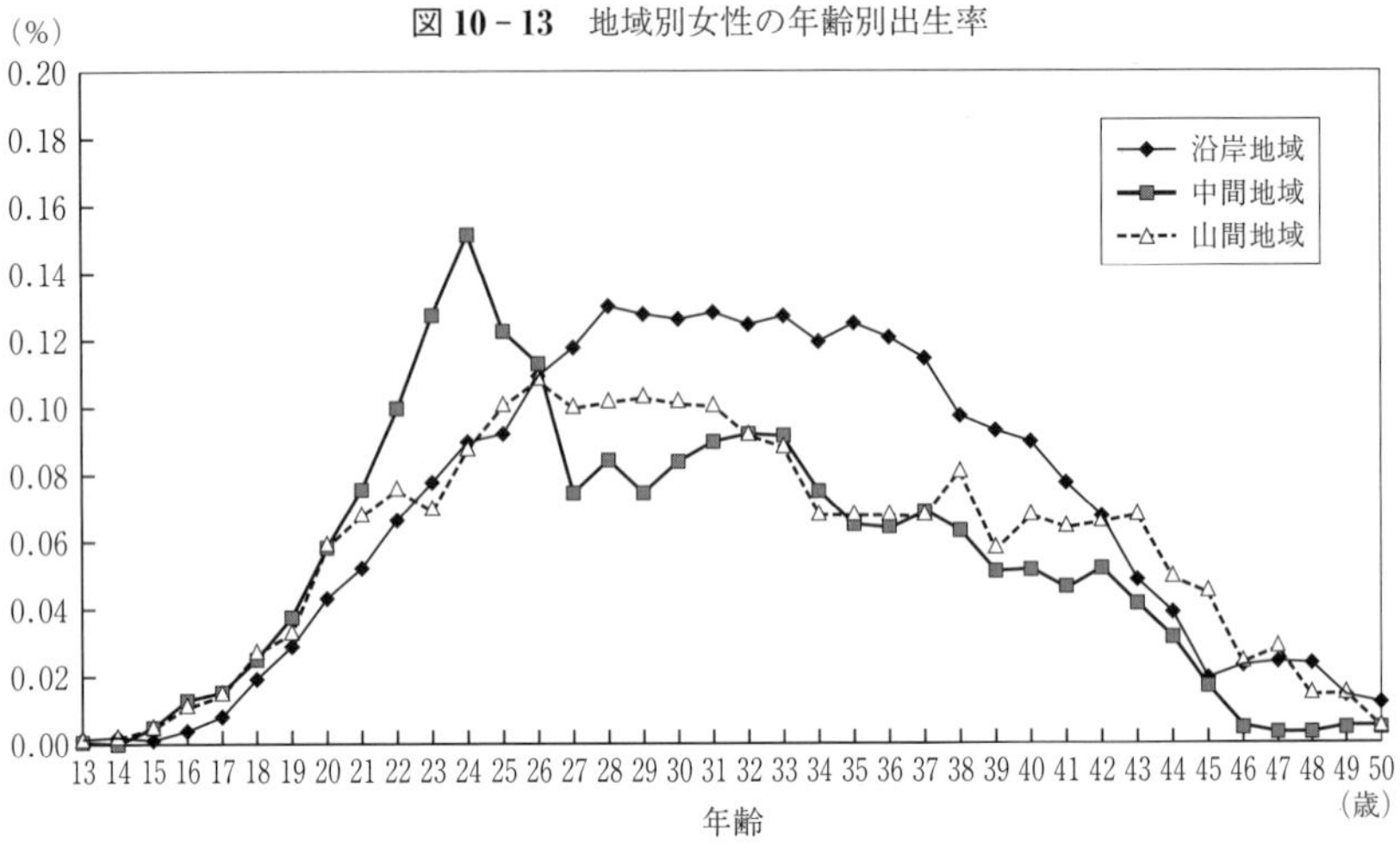

注：出生率は同居児法による。率は2，3，4，5歳同居児による平均。移動平均により平滑化した。

るので、限定したものである。

養子などと記載されているものは除いたが、記載されているのは一部とみられ、同居する子どもが実子かどうかは厳密にはわからない。養子や死離別した他の女性が残した子どもかもしれない。実際、図10－13のように五〇歳前後にも出生があるのは、このような実子以外が含まれていることによるものと考えられる。出生時の母の年齢をみて、一二歳以下の小さいもの、五〇歳以上の大きいものについては個々に検討し、実子でない確証があるもの以外はそのままにした。高齢における出生の場合、世帯内に若い娘（未婚と想定される）がしばしば存在していたが、そのままにした。合計出生率（total fertility rate）の計算においては通常は五〇歳未満の合計で十分であるが、ここでは五〇歳以上についても合計した。これはその村で（移動を無視すれば）出生があったこと自体は事実であるので、これを除くと出生水準が過小になるからである。ただし、高齢者の出生にすると分母人口が小さいので出生率が高めになる。

同居児法は記載された子どもについて出生を推定するのであるから、出生後、記載までに死亡したものは含まれない。したがって、出生率は乳児死亡率および幼児死亡率の分（二〇～三

○パーセント）だけ低いと推定される。

なお、出生の順位は、同居児を一～五歳児に限定し、それ以上の年齢の者を扱っていないこと、また同居していない子どもが存在する可能性もあるので、知ることができない。

合計出生率

以上の結果、一歳から五歳の同居児を基にして女性の年齢別出生率を求め、それぞれ女性の年齢別に合計して合計出生率を求めると、一～五歳児それぞれについて〇・二四、二・一三、二・五四、二・六〇、二・五三となった。

表10－9　年齢別累積出生率および合計出生率，平均出生年齢

年齢（歳）	地域合計	沿岸地域	中間地域	山間地域
合計	2.43	2.66	2.09	2.23
合計(15-51)	2.39	2.59	2.08	2.21
15-21	0.18	0.15	0.23	0.21
22-26	0.46	0.44	0.61	0.44
27-31	0.56	0.63	0.41	0.51
32-36	0.52	0.62	0.39	0.41
37-41	0.39	0.47	0.28	0.32
42-46	0.21	0.20	0.15	0.25
47-51	0.06	0.08	0.01	0.06
52-	0.04	0.06	0.01	0.02
平均出生年齢	30.78	31.31	28.85	30.61

注：各年齢区間で年齢各歳別の出生率を累積したもの。
出生率は2-5歳同居児による。
平均出生年齢は年齢別出生率による。本文にあるように，実年齢で表すため，単純平均から1.0歳引いた。

これらは当年、一年前（前年）、二年前、……、四年前（一八六三、六二、六一、六〇、五九年）の合計出生率を表しているといえるが、当年の合計出生率〇・二四は二カ月分なので六倍すると、一・四二になり、明らかに他の年次に比べ低く、記載漏れによるか、月別変動による偏りによるものと考えられる。そこで、一歳児による出生率は用いないことにする。また、各年次の出生率を捉えるのではなく、これら四年次分の出生率を平均して用いることにする。

その結果、全体の合計出生率は二・四三で、これを一五～五一歳に限定して合計すると、二・三九である（表10－9）。年齢別出生率は、図10－13のように、現代出生率と比べて著しく年齢範囲が広がっていて、頂点の年齢別出生

率が比較的低いことが特徴的である。これは出生抑制の有効な手段が欠けていたことが主たる原因と思われるが、同時に、部分的には実子以外が含まれている結果でもあるとみられる。

地域別にみると、年齢別出生率の形態は相当異なり、中間地域の出生の早さと、沿岸地域の二〇代後半、三〇代前半の高さが特徴的である。合計出生率は、沿岸地域がもっとも大きく、二・六六、続いて、山間地域二・二三、中間地域二・〇九となり、沿岸地域と中間地域で〇・五七の差がある。死亡による減少を一律二五パーセントとして補正すると、これは同じ順に、三・五五、二・九七、二・七九になる。いずれにせよ、この出生率の水準は、人口置換え水準をほんの少し上回る程度と考えられる。

江戸時代の合計出生率の報告は少ないが、全体の合計出生率二・四三を一八四〇〜七〇年の東北二村の三・四九（乳児死亡率補正なし）（津谷 二〇〇二）と比べても一・〇六の差がありやや低いといえる。ただし、幼児死亡率の分だけ、過小のはずである。

平均出生年齢と夫婦出生率

平均出生年齢（単純平均マイナス一・〇）を求めると、全体で三〇・八歳で、現代出生力の二〇代後半（一九六〇年二七・九歳、一九八〇年二七・八歳、二〇〇〇年二九・七歳、二〇一二年三〇・八歳（国立社会保障・人口問題研究所 二〇一四））に比べておおむね高い。地域別にみると、中間地域がもっとも早く、二八・八五歳で、全体より二歳程度低い。

つぎに、夫婦出生率として年齢別有配偶出生率を検討する。[20] これは、年齢別出生率をすでにみた年齢別有配偶率で割ることにより求める。年齢別有配偶出生率は表10-10のように一五〜五一歳合計で四・一六、通常計算される二〇〜五一歳合計で合計三・六八となる。つまり、二〇歳（実年齢一八・六七歳）で結婚した女性は、五一歳まで夫とともに生きれば生涯で三・六八人の子どもを生んだということになる。

表10－10　年齢別有配偶率および累積有配偶出生率

年齢(歳)	有配偶率				累積有配偶出生率			
	合　計	沿岸地域	中間地域	山間地域	合　計	沿岸地域	中間地域	山間地域
15-21	0.19	0.17	0.25	0.20	0.82	0.73	0.80	0.95
22-26	0.52	0.48	0.65	0.53	0.89	0.90	0.95	0.83
27-31	0.67	0.66	0.66	0.69	0.83	0.96	0.62	0.74
32-36	0.73	0.72	0.71	0.73	0.71	0.85	0.54	0.56
37-41	0.75	0.76	0.71	0.75	0.53	0.62	0.40	0.43
42-46	0.72	0.71	0.70	0.74	0.29	0.28	0.21	0.34
47-51	0.67	0.66	0.67	0.70	0.09	0.12	0.02	0.08
合　計	0.58	0.57	0.60	0.60	4.16	4.47	3.53	3.94

注：1)　各年齢区間における年齢各歳別の有配偶率の平均および有配偶出生率の累積。
2)　15-51歳における合計は，有配偶率においては37年間における有配偶延べ年数割合を，有配偶出生率においては15歳で結婚した女性の生涯出生児数を表す。
3)　出生率は2-5歳同居児による。

図10－14　地域別女性の年齢別有配偶出生率

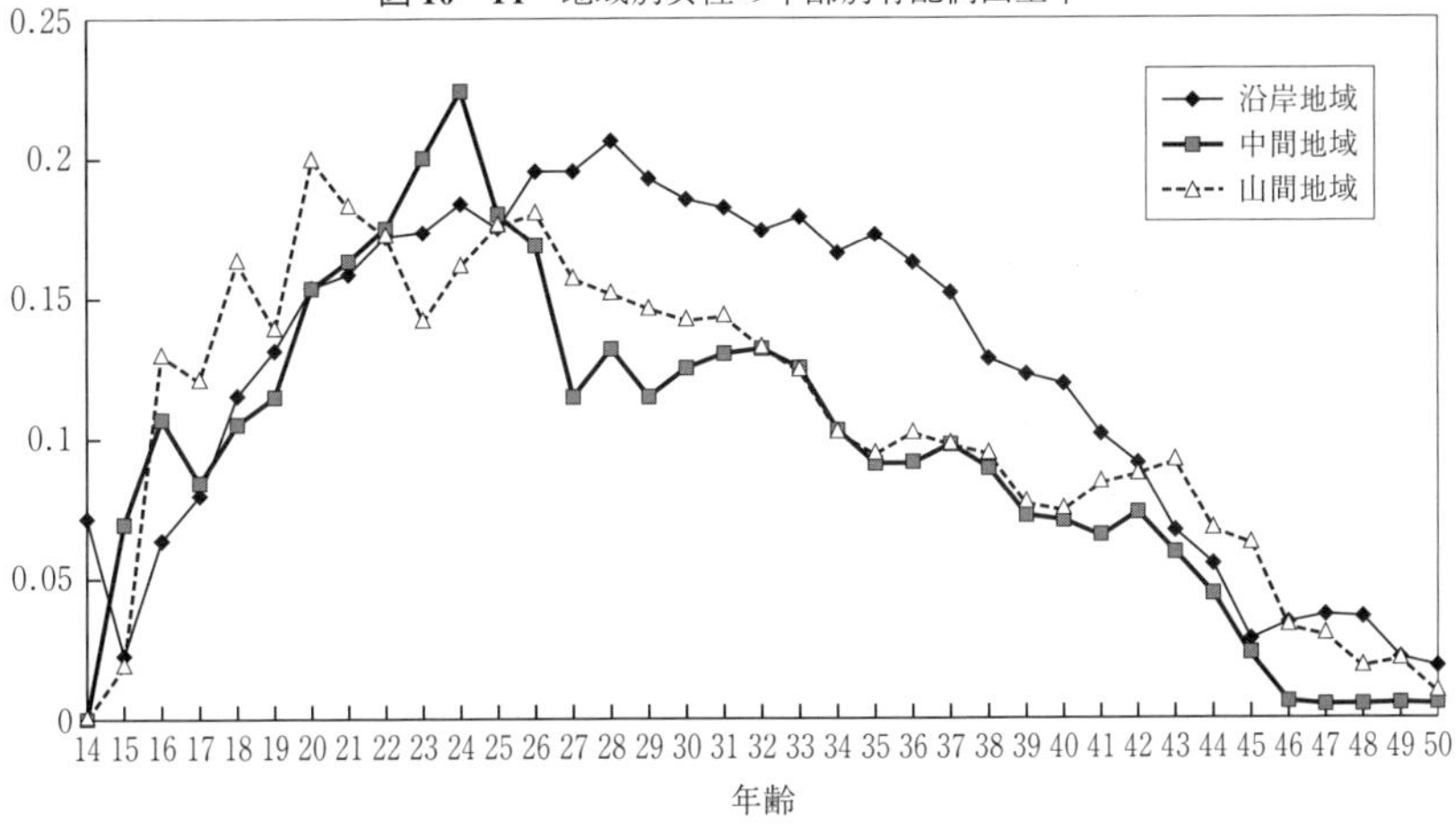

注：1)　年齢別有配偶率は図10－10，年齢別出生率は図10－13に示すものを使用。
2)　年齢別有配偶出生率は後者を前者で除したもの。
3)　出生率は2，3，4，5歳同居児による平均。

表10－11　合計出生率（15-51歳）の地域差の要因分解

年　齢	中間—沿岸		山間—沿岸	
	2.08-2.59 -0.51		2.21-2.59 -0.39	
	有配偶率	有配偶出生率	有配偶率	有配偶出生率
15-21	0.07	0.00	0.02	0.04
22-26	0.15	0.03	0.04	−0.03
27-31	0.01	−0.23	0.03	−0.15
32-36	−0.01	−0.22	0.00	−0.22
37-41	−0.02	−0.17	0.00	−0.15
42-46	0.00	−0.05	0.01	0.05
47-51	0.00	−0.07	0.01	−0.03
合　計	0.20	−0.71	0.10	−0.49

注：1)　出生率は2-5歳同居児による。
2)　要因分解の計算式は注(21)参照。計算は表10－10の基になっている年齢各歳別の有配偶率と有配偶出生率による。

地域別にみると、図10－14および表10－10のように、二六歳以下では中間地域と山間地域はほぼ同じで一・七五〜一・七八で、沿岸地域が小さい（一・六三）が、二七〜五一歳ではおおむね沿岸地域が一番大きく、これに山間地域が続く（二・八四、一・七八、二・一五）。結局、一五〜五一歳合計有配偶出生率は四・四七、三・五三、三・九四となり、沿岸地域、山間地域、中間地域の順となる。なお、二〇〜五一歳では、四・〇五、三・〇五、三・三六と、沿岸地域と中間地域の間で約一人の差がある。

この有配偶出生率の地域差はどのように説明できるだろうか。直接的には間引き、避妊、奉公による別居などの要因が考えられるが、あとの二つの影響は微弱であり、これほど明瞭な差を生むのは間引きしかないだろう。(21)

以上の結果にもとづき、地域別合計出生率の差を結婚率と結婚出生率の要因に分けてみよう。(22)表10－11のように、中間地域や山間地域は、沿岸地域に比べると、有配偶率が正の要因となっているが、有配偶出生率が低く、負の要因となっていることがわかる。逆にいうと、沿岸地域は他の地域に比べ、有配偶率の低さを有配偶出生率の高さが補って合計出生率が高くなっていることがわかる。ここに沿岸地域の晩婚を軸にした結婚・出生システムの特徴が現れているといえる。

一〇　村別の人口変数の相関

前記のように出生水準、死亡水準の違いなど、三つの地域ごとに人口に関する構造的な違いが存在するものと考えられる。つまり、各地域に属する村においては、人口変数の間にはそれぞれ異なる関係が存在しているはずである。こうした人口変数の相互関係が三地域の間でどのように異なるかという面から分析しよう。ここまでは各変数の三地域それぞれの全体の平均をみてきたが、ここでは三地域内それぞれの村町（一五、六、九村）の間での変数の関係を問題にすることになる。

人口変数としては、年々変化する動態変数とともに、その累積的な結果である世帯構成、平均世帯主（戸主）年齢、村の人口規模などの静態変数を取り上げる（表10－12）。ただし、村人口の制限から年齢各歳別のデータを必要とする変数は避ける。結婚に関する動態率の代用として、各村の若年（二一～三一歳）男女の有配偶率を計測した。相関係数については、一応、有意性の検定を添えたが、村の数が少ないため有意性が低くなる面もあるので、これにこだわらず、おおむね・三〇程度以上を相関があるものとみなす（表10－13）。以下、三地域の相関の特徴を述べよう。

沿岸地域における相関

沿岸地域で特徴的な相関は、第一に、世帯規模と社会増加率との負の相関（マイナス・四九）である。社会増加率が世帯規模に影響を与えているのではなく、逆に、世帯規模を調整するよう社会増減が発生しているといえる。第

表 10－12　村別年別人口動態，静態変数：1862(3)年

番号 地域	番号 村	村名	人口動態率（%） 出生	死亡	社会	増加	若年有配偶率 男	女	世帯（歳，人） 主年齢	規模	人口
1	3	大田北村	4.1	1.5	1.7	4.2	0.32	0.58	47.6	4.0	680
	4	大田村	2.1	2.1	−4.7	−4.7	0.23	0.54	44.7	6.3	341
	5	八神村	3.7	2.6	−0.3	0.8	0.32	0.56	42.3	6.0	441
	6	上河戸村	1.2	2.2	−2.3	−3.4	0.17	0.67	45.0	5.9	332
	7	下河戸村	2.3	2.8	−0.4	−0.9	0.53	0.63	41.4	5.2	409
	8	市村	2.0	2.8	0.2	−0.6	0.20	0.37	45.0	5.5	346
	10	渡津村	2.1	1.9	0.1	0.3	0.16	0.30	48.7	5.5	1,849
	11	黒松村	2.3	1.3	−0.1	0.9	0.19	0.29	45.9	5.0	1,012
	12	後地村	1.9	1.5	−0.8	−0.4	0.22	0.48	47.5	5.4	1,506
	13	都治本郷	2.6	2.4	−0.1	0.1	0.28	0.58	45.3	5.4	718
	44	上村	3.9	4.2	0.3	0.0	0.21	0.54	43.1	4.5	306
	48	行恒村	1.7	0.6	−0.6	0.6	0.31	0.73	43.5	3.3	180
	49	松代村	1.6	3.1	−0.5	−2.1	0.35	0.59	43.7	3.6	189
	53	大国村尾波組	2.2	2.2	0.0	0.0	0.52	0.68	43.4	4.7	298
	60	小濱村	2.4	1.6	−0.4	0.4	0.19	0.60	41.8	3.6	252
2	14	上津井村	2.5	3.0	−0.5	−1.0	0.63	0.79	40.2	4.5	401
	46	大家本郷	0.0	0.0	0.0	0.0	0.39	0.64	44.4	4.3	39
	47	荻原村	1.6	3.8	1.1	−1.1	0.58	0.50	44.6	3.1	181
	58	福原村	2.6	4.3	1.7	0.0	0.34	0.90	43.9	4.4	303
	61	大森町	1.5	1.7	−0.7	−0.9	0.26	0.59	43.3	3.6	458
	62	白坏村	2.1	2.8	−0.7	−1.4	0.40	0.54	42.2	3.5	288
3	17	八色石村	1.5	3.1	−0.8	−2.3	0.13	0.42	45.4	4.2	258
	18	谷住郷村入野組	2.5	3.4	0.0	−1.0	0.44	0.57	47.0	5.1	596
	21	祖式村上ヶ組	2.1	6.8	−1.7	−6.4	0.50	0.79	43.6	3.7	261
	28	高畑村	1.1	6.7	0.0	−5.6	0.22	0.75	43.4	4.0	174
	29	吾郷村	1.6	5.4	0.1	−3.7	0.14	0.49	46.8	3.8	723
	30	奥山村	3.3	3.3	−0.3	−0.3	0.36	0.86	47.2	4.2	304
	37	井戸谷村	0.8	3.5	−1.6	−4.3	0.22	0.26	44.3	4.3	249
	40	千原村	2.3	6.6	1.3	−3.0	0.29	0.61	42.9	4.0	297
	41	久保村	2.1	4.7	3.0	0.4	0.36	0.57	46.2	4.1	234

注：1）動態率，人口は宗門改帳のまとめ書き，配偶関係，世帯変数は RYOMA による。
2）上記両者が判明する村（宗門）についてのみ。
3）動態は1862年，または1862，3年の平均。若年有配偶率は22-31歳について。
4）地域番号は，1：沿岸，2：中間，3：山間。村番号は RYOMA による。

表10－13　地域別村別人口変数（動態率，若年配偶率，世帯，人口）の相関係数

	人口動態率				若年有配偶率		世　帯	
	出生	死亡	社会	増加	男	女	主年齢	規模
沿岸地域（15村）								
粗死亡率	0.31	1						
社会増加率	0.49	0.06	1					
人口増加率	0.63*	−0.26	0.88**	1				
有配偶率　男	0.11	0.14	0.19	0.12	1			
有配偶率　女	−0.04	−0.03	−0.16	−0.11	0.53*	1		
世帯主年齢	−0.07	−0.34	0.13	0.21	−0.47#	−0.57*	1	
世帯規模	−0.06	0.20	−0.49#	−0.45#	−0.20	−0.37	0.22	1
人　　口	−0.03	−0.28	0.19	0.24	−0.35	−0.68**	0.79**	0.31
中間地域（6村）								
粗死亡率	0.87*	1						
社会増加率	0.20	0.57	1					
人口増加率	−0.34	−0.27	0.50	1				
有配偶率　男	0.23	0.34	0.08	−0.38	1			
有配偶率　女	0.45	0.29	0.38	0.61	−0.03	1		
世帯主年齢	−0.52	−0.11	0.60	0.47	−0.39	0.27	1	
世帯規模	0.11	−0.14	0.04	0.62	0.03	0.87*	−0.40	1
人　　口	0.70$	0.37	−0.33	−0.42	−0.12	0.23	−0.61	0.04
山間地域（9村）								
粗死亡率	−0.15	1						
社会増加率	0.28	0.14	1					
人口増加率	0.60#	−0.64#	0.61#	1				
有配偶率　男	0.60#	0.15	0.03	0.12	1			
有配偶率　女	0.63#	0.43	0.08	−0.03	0.56$	1		
世帯主年齢	0.46	−0.68*	0.17	0.72*	0.05	−0.03	1	
世帯規模	0.25	−0.63#	0.02	0.52	0.27	−0.17	0.46	1
人　　口	0.18	−0.14	0.01	0.16	−0.07	−0.19	0.60#	0.25

注：** 1％，＊ 5％，♯10％，＄15％。変数の定義は本文参照。変数の値は表10-12参照。

図 10 - 15　世帯主年齢と女性若年有配偶率：沿岸地域（15村）

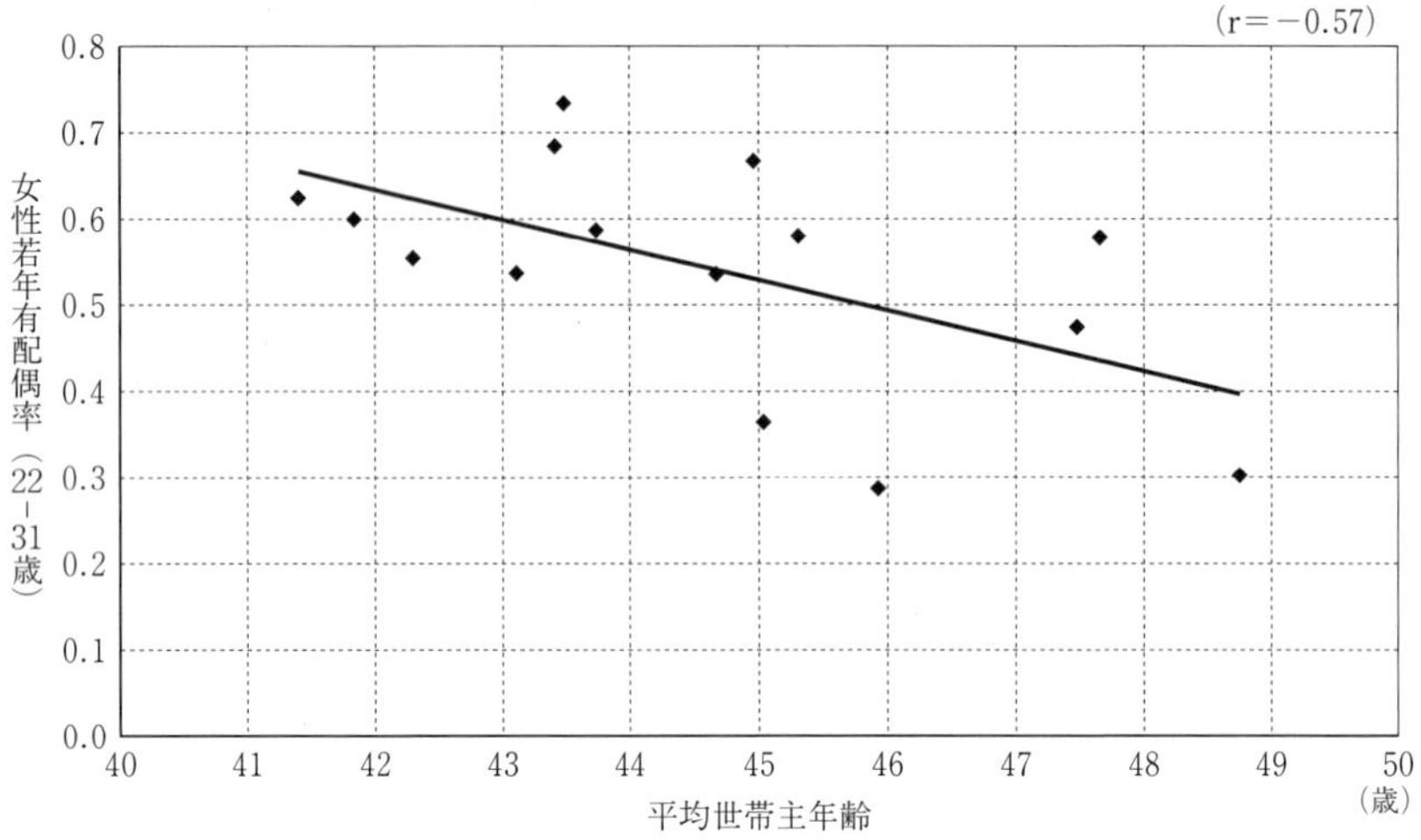

二には、若年有配偶率の世帯主年齢との負の相関（男女それぞれマイナス・四七、マイナス・五七）で、結婚してすぐに世帯主になることが多いものといえる（図10-15）。つまり、結婚によって代替わりが起こることが多い。結婚がそれだけ遅く、中高年の死亡率が低い結果と考えられる。この関係は死亡率の高い山間地域では存在しない。第三に、人口増加率は世帯規模と負の相関（マイナス・四五）をもっているので、村の人口は世帯規模拡大によってではなく世帯数増加を伴って増えていると考えられる。これに対して、中間地域と山間地域では逆に正の関係で（・六二、・五二）、村の人口の増減率と世帯規模とが関係しており、これらの地域では世帯数の増加に制限があるからであろう。第四に、女子の若年有配偶率は村の人口規模と負の相関（マイナス・六八）をもっており、人口規模が若年有配偶率を抑制的に統制しているものといえる。これは、大きい村で都市化が進んでいることによる晩婚化といえるかもしれない。

中間地域における相関

中間地域では、人口増加率は、他の地域と同様、社会増加率と正（・五〇）、粗死亡率と負（マイナス・二七）の相関をもって

図10－16　女性若年有配偶率と平均世帯規模：中間地域（6村）

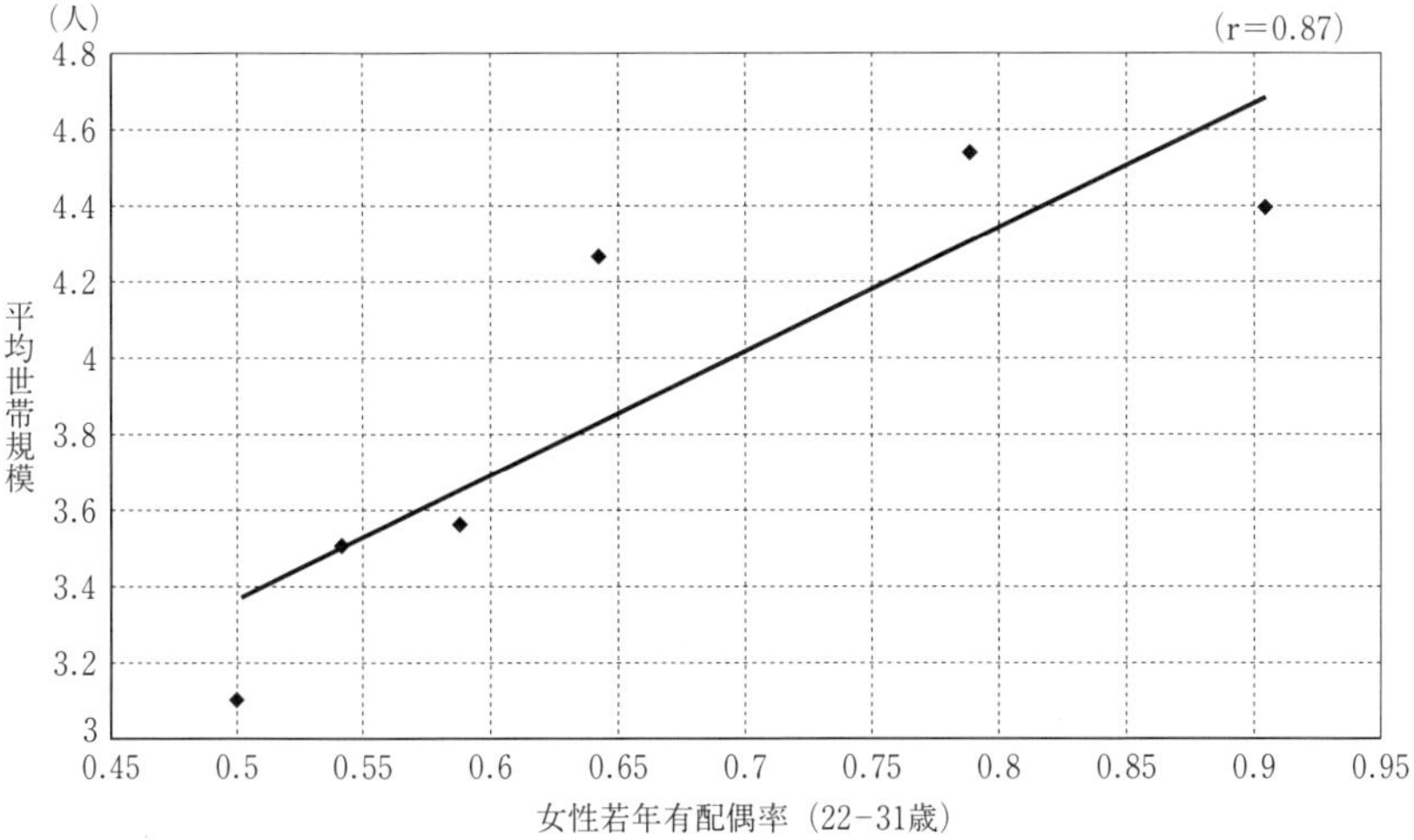

いるが、粗出生率とは他の地域と異なり、正の相関をもっていない（マイナス・三四）。これは、粗出生率が粗死亡率との間に・八七という比較的強い相関があるためで、この相関は各村の粗出生率が粗死亡率を補完する関係にあることを意味する。つまり、死亡率が高いと、早婚（若年有配偶率が高率）であることによるものとみられる（相関係数は男、女それぞれ・三四、・二九）。

第二に、世帯規模と女子の若年有配偶率との正の相関（・八七）は、結婚のタイミングが世帯規模に影響を与えているものといえる（図10－16）。他の地域ではこの関係はみられない。

山間地域における相関

山間地域では、死亡率が他の地域に比べもっとも強い影響力をもっていて、人口増加率（マイナス・六四）、世帯主年齢（マイナス・六八）、世帯規模（マイナス・六三）と負の相関をもっている。

第二に、若年有配偶率が、出生率と相関が高い（男、女それぞれについて、・六〇、・六三）。これは、先にみたように沿岸地域ではより高年齢での出生率が高いのに対して、山間地域で

図10-17　女性若年有配偶率と粗出生率：山間地域（9村）

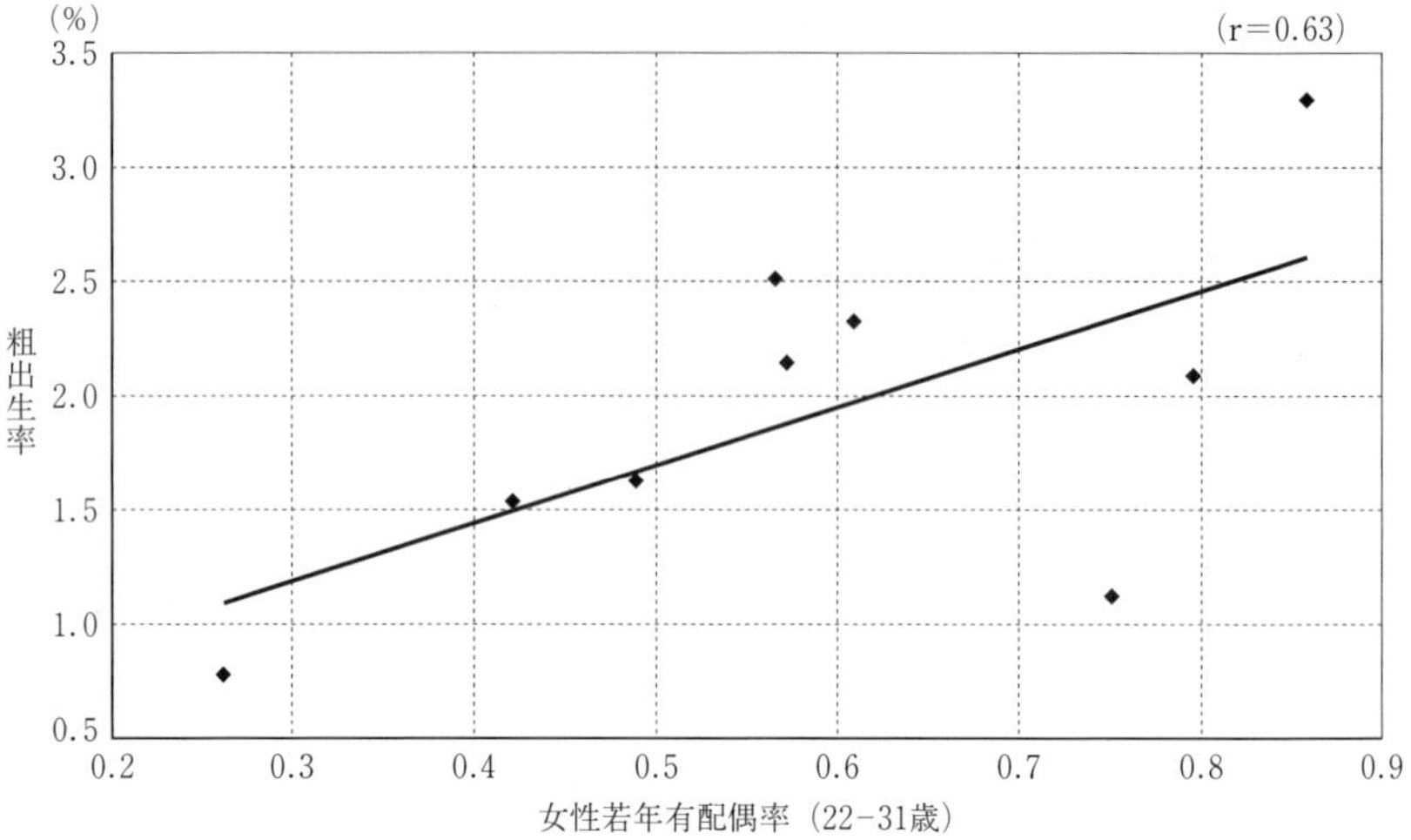

は中年以後、結婚期間が短く、中年有配偶出生率も低いため、出生率が若年有配偶率、結婚の早さに依存していることが表れている（図10-17）。しかし、先にみたように中間地域に比べて結婚年齢が高いのは相対的に結婚難であるためと考えられる[23]。この結果、出生率は死亡率と相関するほどではなく、死亡率は出生率によって補完されていないものと考えられる。

一一　死亡率を軸にした人口機構

石見銀山領の幕末における人口増減を規定する人口学的機構を一時点の比較的大量の宗門改帳から得た資料によって分析した。その結果、宗門改帳が残存する石見銀山領の村々では、小さい世帯規模（四・五人）、低い女性年齢別有配偶率（最大七三パーセント）、低い合計出生率（二・四三）、低い合計有配偶出生率（三・六八、二二～五一歳計）が見出され、全体的に人口増加率は低い（マイナス〇・六六パーセント）。この低さは、これらの指標の性格からみてもともとのものといえるが、一八八六年の年齢別人口で検討したように幕末の社会的動揺の影響も含まれているだろう。

沿岸、中間（銀山周辺）、山間の三地域に分けて地域差をみると、人口増加率の地域差（マイナス〇・二〇パーセント、マイナス〇・八三パーセント、マイナス二・四七パーセント）は結局、自然増加率、つまりは死亡率の地域差（一・九二パーセント、二・八六パーセント、四・四五パーセント）にもっとも決定的に影響を受けている。山間地域の死亡率の高さは、村別にみた場合、村の死亡率の高さがその世帯主年齢、世帯規模など静態変数と負の相関（マイナス〇・六八パーセント、マイナス〇・六三パーセント）をもっているという構造が存在することから推測して、一時的な状態というよりも比較的恒常的な状態であるといっていいだろう。

沿岸地域においては死亡率が低く、結婚を通して人口が統制されているが、有配偶出生率が高いため、結果的に他の地域より出生率はやや高く人口増加率が高い。山間地域は死亡率が高く、この死亡率を減殺するような早期の結婚、出生行動がみられるが、結婚難もあり、死亡率を補完するほどでなく、人口増加率はもっとも低い。中間地域は死亡率が中位の水準であり、これに対応する早い結婚・出生行動がみられ、それでも出生率は他の地域より低いが、人口増加率は山間地域より高い。

では、なぜ死亡率にはこのように大きな地域差があるのだろうか。この時代は、海岸から何キロメートルか入った山間地という地理的条件によって生活条件が大きく異なり、生活水準が相当異なると考えられる。死亡率は生活水準と環境によって大きく左右されていたのではないだろうか。また、夫婦出生率が沿岸地域で高いのも同様に、その生活環境の有利さ、生活水準の高さによるものではないかと推定される。さらに、山間地域では、死亡率の高さを克服するよう結婚行動が行なわれようとするが、生活環境、生活条件の不利さがやはり結婚条件の不利を生み、このことから十分な出生水準を得ることは難しく、死亡率の高さを補完することができないのであろう。このように各地域の生活条件の差は、死亡率を中心として、結婚率、有配偶出生率にも影響を及ぼし、再生産機構の違いを生み、結果として、人口増加率の差を生んだものと考えられる。

なお、村の人口増加率と平均世帯規模との相関関係から、世帯数増加が沿岸地域で制限されていないのに対して他の二地域では制限されているという村段階での家数に対する規制の違いを推定した。この規制の違いも人口増加率に関わった可能性があると考えられる。

以上は、恒常的な人口再生産機構であるが、人口の年齢構造に残された痕跡からみたように、飢饉のような突発的生活条件の悪化期には逆に、沿岸地域が再生産の急落という不安定性を露呈する一方、山間地域が再生産の安定性を維持するという面にも留意しなければならない。

日本では山間地域と沿岸地域などの地域的生活条件の違いは至るところに存在するものといえ、したがって、日本の地方差をみる場合、山間、沿岸などの主要な地域的条件を同じにしたうえで比較する必要があるように思われる。

＊　本章は、国際日本文化研究センターにおける研究会に参加し、電子ファイル化された宗門改帳を用いることにより初めて可能となった（文部省科学研究費創成的基礎研究「ユーラシア社会の人口・家族構造比較史研究」一九九五～九九年度、研究代表者　速水融「（ユーラシア人口・家族史プロジェクト（ＥＡＰ）」、および二〇〇一～二年度科学研究費補助金　基盤研究Ｂ（一）「前工業化期日本の家族とライフコースの社会学的研究：地域的多様性の解明と国際比較」一三四一〇〇七〇、研究代表者　落合恵美子）。宗門改帳撮影（速水融）、電子ファイル（ＲＹＯＭＡ）作成管理（日文研情報課、落合恵美子、中山ちなみ）、コードブック作成（中山ちなみ）に尽力された方々とプロジェクト関係者とりわけ速水融氏と落合恵美子氏に深く感謝したい。また、熊谷家文書の利用については島根大学図書館に、宗門改帳の解読には森本一彦氏に、ＲＹＯＭＡファイルの使用について平井晶子氏に、高橋家文書、阿部家文書の利用にあたっては和田美幸氏に大変お世話になった。記して、謝意を表したい。

注

（1）　石見国の人口は一七二一～一八七二年において二〇万七九五六人から二五万九六一一人へと、二四・八パーセント増加したが、一八〇四〜一八七二年には二四万五二〇三人から五・九パーセントの増加にとどまっている（速水　一九九三）。

（2）銀山町の人口は、一六九二（元禄五）年一八七一人、一八一五（文化一二）年一七二二人、一八三〇（文政一三）年一三九〇人、一八六二（文久二）年一〇六一人、一八六七（慶応三）年七六〇人、一八七一（明治四）年七三三人であり（阿部家文書　一六九三、高橋家文書　一八一五、一八三〇、一八六二、一八六七、一八七一）、一八七一（明治四）年の宗門改帳によれば、住民は鉱山関係者と寺院、医師などで構成されている（高橋家文書　一八七一）。したがって、『島根県史　巻九』（一九三〇：六五三〜六五四頁）に一七三五年「享保二〇年改銀山御料」家数一万九四五五軒、人数八万五五八五三人により、銀山町について「享保二〇年より八一年後なる文化一二年には家数は七割六歩三厘を減じ……」とあるのは間違いで、この家数、人数は石見銀山領全域の家数、人口である。銀山領については、それ以前の一六九二（元禄五）年でも一万四一八〇軒、人数六万六〇六九人とされている（阿部家文書　一六九三）。

（3）大森町の人口は、一八五〇（嘉永三）年の宗門改帳により一一三〇人であったという（山岡　一九六六）。このときの宗門別の人口内訳は示されていないが、家数は浄土真宗一八九軒に対し他の宗門は一一二軒で、一八六三年の他の宗門家数一一九軒に近い。したがって、一八六三年の町の全人口も一八五〇年と同じ程度とみていいだろう。なお、大森町の浄土真宗の家数と他の宗門の家数の比率は約二：一で、したがって、人口の比率もほぼ同じと考えられ、この比率は他の村のそれ（六・一：一）と著しく異なっている。

（4）大田北村と大田南村には村方役人の庄屋等の他、年寄、目代という町方の役人が置かれ、それぞれ町方と村方からなる村であった。一七八三（天明三）年の大田騒動の際、町役人が調査したところ、北村八八三人、北町八四七人、南村六一八人、南町九九〇人合計三三三八人だったといい（大田市　一九六一：一八一頁）、南北を合計すると、町方の人口が過半を占めている。

（5）一八六三（文久三）年、一八六四（文久四）年の宗門改帳が熊谷文書のなかになぜ残されたのかは次のように推定される。一八六六（慶応二）年第二次長州戦争の敗戦により七月二〇日代官鍋田三郎右衛門は大森より遁走したが、その際、重要書類を各所に預けていったという（大田市　一九六一）。その際に、この宗門改帳も銀山代官所用達、熊谷三左衛門に預けられたものと推察される。その後、長州藩が銀山領を占領する前に代官は熊谷三左衛門に年貢米を各村高に応じて貸渡す旨指令するなどしており、宗門改帳を預けたのは何らかの目的に備える意図があったとみられる。なお、銀山領では一八六六年七月末から一八六九（明治二）年の版籍奉還までの三年間、長州藩による民政が行なわれ、その際、「田畑持高家数人別書上帳」や宗門帳の作成が指示され、実際に作られている。

（6）宗門改帳の一覧は、島根大学附属図書館（一九八一）にある。宗門改帳の記載状況については、廣嶋（二〇〇四）参照。熊谷家文書中の銀山領宗門改帳は島根大学附属図書館蔵のほか大田市立図書館蔵分が存在する。村ごとの宗派数は別三、小浜一、宅野四、田窪一、三原四、計五村一三宗派（うち小浜村浄土真宗は島根大学分の同村の一部）、七三九軒三二八二人。これも電子データ化されたが、今回の分析には含まれない。

（7）ＲＹＯＭＡに含まれていないのは、六村、一二三戸（一八〇戸は同村次年）、六六〇一人（一五八六人は同村次年）（90 邑智郡畑田村、91 吉浦村、92 波積南村、93 福光林村、94 湯里村、95 浅利村の計六村）。

村の設定について、ＲＹＯＭＡファイルでは、同じ村名に別の組名がつくもののいくつかを一つの村にまとめているが、組ごとに村役人が異なる。その例は祖式村瀬戸組と祖式村上ヶ組、祖式村市組と祖式村井の目組、湯谷村上組と湯谷村下組である。なお、宗門改帳一四七番の井戸谷村杤野木鑢、長藤村源田山鍛次屋はＲＹＯＭＡファイルでは分けられている（35、36）。今回、井戸谷村杤野木鑢、長藤村源田山鍛次屋は、36にまとめておく。

（8）このような増減要因（動態事象）の件数だけでなく、それを経験した各人について名前など個別の情報の列記が一部の宗門改帳にある。それぞれに多くは戸主の属性（百姓、貸主名＋借屋）、戸主名、戸主との続柄が書かれているが、年齢が書かれているものはない。この動態事象の記載は、もともと人の動きを追跡するためのものだったと思われるが、記載全体の正確性を高めるに役立っていると考えられる。二年分ある村の宗門改帳の場合、二年分を対比させてみると、出生の記載漏れを伴うと思われる増がみられるものがある。個人の増減要因が明記されている宗門改帳では、このような記載漏れが生じにくいものと考えられる。

まとめ書きに、転出とは別に、他村への出稼ぎ者の記載があるのは、井戸谷村・大林村・渡津村・小濱村の四村、欠落ちの記載のあるのは、湯里村・八色石村・後地村の三村、お尋ね中の記載があるのは九日市村一村である。これらはきわめて量的に限定されている。実際にそうだったというよりも、記載されていない村が多いと思われる。世帯外に出稼ぎに出ていても世帯内に書かれている記載方法（本籍主義）であるためではなく、単に世帯外のものの記載が不完全なものと考えられる。したがって、世帯構成員の記載原理は世帯に常住しているものに限定する常住地主義とみられる。また、出稼ぎなどの実態を対象地域全体で把握するのは難しいと思われる（廣嶋 二〇一〇）。

（9）数え年と満年齢の関係をレキシス図で示した研究はきわめて少ないが、斉藤（一九九二）は異なる形式のレキシス図で宗門改め月によって宗門帳に記載されない満〇歳児死亡の範囲を明らかにしている。

（10）exact age とは生まれてからの経過時間を満年齢や数え年のような年単位の整数でなく厳密に、つまり、任意の単位の（通常は年単位の）実数で表したものといえ、実年齢と表現することが可能であろう。

（11）満年齢の平均値（当然、実年齢による）は通常、満年齢の単純平均に〇・五歳を足してある。

（12）宗門改の実施時期は多くは年初めに近いが、地域ごとに異なり、数え年にもとづく平均年齢が以上のように調査時点によって異なる実年齢で表されると、地域間比較のうえで不便である。そこで、計測時点を宗門改帳の作成時点にかかわらず便宜的に年央の七月一日と決めておくことにすると、一歳を除き平均の実年齢はすべて数え年マイナス一で表されることになる（廣嶋 二〇〇九、一歳は〇・五歳）。この簡便法は、七月一日までに死亡する人、生まれる人等を無視する点に注意を要する。

（13）たとえば、Jannetta and Preston（1991）は、死亡について、数え年 x 歳は満 $x-1$ 歳と満 $x-2$ 歳の二つの部分からなるが、その面積（発生件数）の比率を六歳以下については、〇・五：〇・五という均等分布ではない数値を仮定している。

（14）明治以後、初めての年齢各歳（出生各年）別の人口統計である、一八八六（明治一九）年『日本帝国民籍戸口表』（『島根県統計書』掲載）（一二月三一日現在）によって島根県全体の年齢別人口を観察し、比較する。その形状で、一番目立つ人口の窪みは、五〇歳〔一八三七（天保八）年生まれ〕を頂点とした四五～五一歳〔一八三六（天保七）～一八四二（天保一三）年生まれ〕および二六歳〔一八六一（文久元）年生まれ〕を中心とした二四～二八歳〔一八五九（安政六）～一八六三（文久三）年生まれ〕の二つの部分にみることができる。すなわち、一八三七年生まれ、五〇歳人口は男女計で一八三五年生まれ五二歳人口の六一・七パーセントで、三八・三パーセントポイントも小さい。また、同様に一八六一年生まれ、二六歳人口は、一八五七年生まれ、三〇歳人口の七七・八パーセントで、二二・二パーセントポイント少ない。ほかにも単発的に人口の窪みは存在する（廣嶋 二〇〇四）。

（15）ただし、第一〇節で扱う三〇町村別の粗死亡率と人口性比との相関は〇・一五と、高くはない。

（16）この婿の頻度を出生水準によって評価してみよう。婿または嫁を迎える主体を既婚女性と設定して、その既婚出生率を考えることにする。なお、未婚のまま養子を迎える人がいることも考えられるが、この研究では子どもがいるものはすべて既婚とみなされているので、そのずれが生じない。既婚女性の子どもの全員が女のときに婿を迎えるものとすると、理論的に婿を迎える率（婿割合＝婿／（嫁＋婿））は、子ども数が〇人のとき一〇〇パーセント、一人のとき五〇パーセント、二人のときは二五パーセント、三人のときは一二・五パーセント、四人のとき六・二五パーセント……となる（男女比を一：一とする）。平均初婚年齢以上五〇歳までの年齢別既婚出生率を合計して既婚合計出生率を求めると、合計、沿岸、中間、山間それぞれ二・三五、二・六二、二・一一、二・〇八となる。ここから子ども数分布を仮定して理論的な婿割合は二一パーセント、一七パーセント、二四パーセント、二四パーセントと推定される。これと観察された婿割合：合計一七・一パーセント、沿岸一七・一パーセント、中間二五・〇パーセント、山間一四・一パーセントとを比較すると、沿岸地域、中間地域ではほぼ必要な婿入りが実現しているが、山間地域では必要な婿入りが実現されていないとみられる。

(17)　動態事象の記載がなく、人口増減のみがわかるものを含む人口増加率は全域、沿岸、中間、山間それぞれマイナス〇・七四パーセント、マイナス〇・三一パーセント、マイナス一・〇五パーセント、マイナス二・四四パーセントで、動態事象の記述があるものと大差がない。

(18)　得られた二年次についてだけであるが、動態率を比較すると、個別の村では数パーセントポイントの差もあり、変化は大きい（廣嶋 二〇〇四）が、沿岸地域の村を合計すると、表10-14のように、どの動態率もおおむね類似していて、人口の微減（マイナス〇・〇二パーセント、マイナス〇・四

表 10 - 14　沿岸地域の人口動態：1862, 3年

年　次	人口増加	自然増加	社会増加	出　生	死　亡	転　入	転　出	期末人口	村
率(%)									
1862	−0.02	0.10	−0.12	2.25	2.15	1.04	1.15		
1863	−0.42	0.58	−0.99	2.22	1.64	0.81	1.80		
差	−0.40	0.47	−0.88	−0.03	−0.51	−0.23	0.65		
実数(人)									
1862	−2	13	−15	289	276	133	148	12,826	20
1863	−45	62	−107	239	177	87	194	10,746	11

注：1862年の動態率は，1862年３月から1863年２月の動態件数（実数）を分子とし，1863年３月初め人口から過去１年の人口増加の半分を減じた人口の合計を分母とする。1863年についても同様。

二パーセント)、自然増加率の正の値、社会増加率の負の値等が共通する。とくに、出生率は両年とも二・二五パーセント、二・二二パーセントとよく一致している。これに対して、死亡率は二・一五パーセントから一・六四パーセントまで低下し、変化がより大きいのは予想通りである。しかし、この死亡率の水準はどちらも表10-6に示した他の二地域より低く、地域差の序列に変化はない。また、自然増加率は〇・四七パーセントポイント上昇しているが、社会増加率は〇・八八パーセントポイント低下した。社会増加率の方が自然増加率より変化が大きいのは、一般的にいえるだろう。

なお、四二村の年次・村別の出生、死亡、転入、転出の各動態率の変動係数(標準偏差/平均)は、それぞれ〇・三七、〇・六〇、〇・七七、〇・八三となり、この順に変動が大きいことがわかる。

(19) 静態平均初婚年齢(SMAM)は、五〇・〇歳までに結婚する者についての未婚延べ期間を結婚する者に平均的に割り振ったもの。数え年五二歳までの既婚割合を使い、α=(51歳既婚割合+52歳既婚割合)/2とすると、SMAM′={50×α−Σ(2~51歳)年齢別既婚割合}/α。これは〇・〇歳からの距離を示すので実年齢である。ただし、これは年初における計算になるので、〇・一六七年後の宗門改帳調査時点のものに換算するため〇・一六七歳を加える。SMAM=SMAM′+0.167。なお、五〇・〇歳前後の既婚率の偶然変動に強く影響されるので、計算は各歳の既婚率を移動平均法により平滑化してから行なった。

また、既婚者より未婚者の転出率が高い場合に既婚率が高くなる点にも注意を要する(廣嶋　二〇一〇)。

(20) 夫婦出生力の指標として、ここで用いる年齢別有配偶出生率は、現代の夫婦出生率については年齢よりも結婚持続期間によって決まるという性質をもっているので、望ましくない(廣嶋　二〇〇一)が、近世の出生力においては、結婚年齢にかかわらず、有配偶女性の年齢別出生率がほぼ同じである(速水　一九七三、第12-8図)ので、年齢別有配偶出生率によって夫婦出生率の水準を表すことが可能である(Hirosima 2003)。

(21) 有元(二〇〇二)は石見を含む「真宗篤信地帯」において間引き忌避によって人口増加が大きいことを主張した。沿岸部での人口増加率の大きさは、主に山間部からの流入によって説明されてきた(江津市　一九八二)が、主に出生率の高さによるものとすると、「真宗篤信」も作用したかもしれない。なお、避妊の存在は廣嶋(二〇〇八)で推定し、奉公の少なさを廣嶋(二〇一〇)で述べた。

(22) 合計出生率の差は、年齢別有配偶率と年齢別有配偶出生率の差によって以下のように要因分解される。

合計出生率 TFR $=\sum_x b(x)=\sum_x B(x)/P(x)$ は、年齢別出生率 $B(x)/P(x)=b(x)$ を全年齢について合計したものであるが、年齢別有配偶出生率ＡＭＦＲ、$f(x)=B(x)/M(x)$ と年齢別有配偶率（有配偶割合ＡＰＭ）$n(x)=M(x)/P(x)$ を用いて、次のように表される。ただし、$B(x)$, $P(x)$, $M(x)$ は女子 x 歳の出生数、人口および有配偶者数。

$$\mathrm{TFR}=\sum_x B(x)/P(x)=\sum_x\{B(x)/M(x)\}\{M(x)/P(x)\}=\sum_x f(x)n(x)$$

そこで要因分解の方法として、二つの地域（時点）0と t における TFR の較差 ΔTFR は以下のように表される。

$$\Delta\mathrm{TFR}=\mathrm{TFR}_t-\mathrm{TFR}_0=\sum_x f_t(x)n_t(x)-\sum_x f_0(x)n_0(x)$$

$$=\sum_x\{f_t(x)-f_0(x)\}\{n_0(x)+n_t(x)\}/2+\sum_x\{f_t(x)+f_0(x)\}\{n_t(x)-n_0(x)\}/2$$

ここで、第一項は年齢別有配偶出生率較差による、第二項は年齢別有配偶率較差による合計出生率較差に対する寄与とすることができる。

（23）　注（16）参照。

参考文献

阿部家文書『石雲隠覚集』（元禄六酉葵春撰）、一六九三年。

有元正雄『近世日本の宗教社会史』吉川弘文館、二〇〇二年。

Drixler, Fabian, *Mabiki: Infanticide and Population Growth in Eastern Japan, 1660–1950*, University of California Press, 2013.

江面龍雄「石見銀山と周辺農村」地方史研究協議会編『山陰――地域の歴史的性格』雄山閣出版、一九七九年。

江津市『江津市誌　上巻』一九八二年。

原傳「浜田藩跡市組の人口」『松江藩経済史の研究』日本評論社、一九三四年。

速水融『近世農村の歴史人口学的研究――信州諏訪地方の宗門改帳分析』東洋経済新報社、一九七三年。

速水融「江戸時代全国国別人口表」（内閣統計局『国勢調査以前日本人口統計集成』別巻一［復刻版］転載、東洋書林）、一九九三年。

速水融『歴史人口学の世界』岩波書店、一九九七年。

Hirosima, Kiyosi, "Another tempo distortion: Analyzing controlled fertility by age-specific marital fertility rate," MPIDR

Working Paper WP-2010-003 Max Planck Institute for Demographic Research, Rostock, Germany, 2003.

廣嶋清志「出生率低下をどのようにとらえるか?――年齢別有配偶出生率の問題性」『理論と方法』第三〇号（一六巻二号）、二〇〇一年一〇月。

廣嶋清志「幕末石見天領の地域別人口変動」『経済科学論集』三〇、二〇〇四年三月。

廣嶋清志「石見銀山領の社会階層別の出生率と結婚率――真宗の出生率は高いか?」相良英輔先生退職記念論集刊行会『たたら製鉄・石見銀山と地域社会――近世近代の中国地方』清文堂、二〇〇八年、二二一―二五〇頁。

廣嶋清志「家の再生産と結婚率・出生率――幕末石見銀山領の宗門改帳から見る」『統計』第六〇巻第七号、二〇〇九年七月、日本統計協会。

廣嶋清志「幕末石見銀山領における就業移動――持高階層別家再生産率に関連して」『山陰研究』第三号、島根大学法文学部山陰研究センター、二〇一〇年一二月、一―三六頁。

廣嶋清志「出雲国神門郡村別人口 1754年～1831年」小林准士『山陰地方における地域社会の存立基盤とその歴史的転換に関する研究』島根大学重点研究プロジェクト、二〇一四年。

Jannetta. Ann Bowman and Samuel H. Preston, "Two Centuries of Mortality Change in Central Japan: The Evidence from a Temple Death Register", *Population Studies*, Vol. 45, No. 3. 1991.

木村礎（校訂）『旧高旧領取調帳　中国・四国編』近藤出版社、一九七八年。

鬼頭宏『人口から読む日本の歴史』講談社、二〇〇〇年。

国立社会保障・人口問題研究所『人口統計資料集　二〇一四』二〇一四年。

楠本美智子「近世地方金融資本「石州銀」と九州」徳永光俊・本田三郎編『経済史再考――日本経済史研究所開所七〇周年記念論文集』思文閣出版、二〇〇三年。

村上直「石見国における幕府直轄領と奉行・代官制」地方史研究協議会編『山陰――地域の歴史的性格』雄山閣出版、一九七九年。

落合恵美子「歴史人口学から見た家・村・ライフコース――小農社会論としての家・村論再考」『年報村落社会研究』第三九集、農山漁村文化協会、二〇〇四年。

大田市『おおだ』一九六一年。

斎藤修「人口転換以前の日本におけるmortality――パターンと変化」『経済研究』一橋大学、第四三巻第三号、一九九二年七月。

沢山美果子「妊娠・出産・子育て――歴史人口学と社会史との対話」木下太志・浜野潔編『人類史のなかの人口と家族』晃洋書房、二〇〇三年。

島根大学附属図書館『石見国銀山領地方文書目録　熊谷家・坂根家・林家』一九八一年。

島根県『島根県史』巻九、一九三〇年。

高橋家文書『年々家数人別扣帳』（文化一二亥年三月）、一八一五年。

高橋家文書『村差出明細書上帳』（迩摩郡銀山町、文政一三年）、一八三〇年。

高橋家文書『町明細帳』（銀山町、文化二年）、一八六二年。

高橋家文書『田畑持高家数人別書上帳』（慶應三卯年一一月　迩摩郡銀山町）、一八六七年。

高橋家文書『未宗門改帳』（明治四未歳三月、石州邇摩郡銀山町）（二冊）、一八七一年。

津谷典子「近世日本の出生レジーム――奥州二本松藩農村の人別改帳データのイベント・ヒストリー分析」速水融・鬼頭宏・友部謙一編『歴史人口学のフロンティア』東洋経済新報社、二〇〇一年。

山岡栄市「家族の縮小化とその社会経済的背景――大田市大森町の場合」『山陰文化研究紀要』第七号、一九六六年一二月。

温泉津町『温泉津町誌』一九九五年。

第11章　離縁状にみる地域性

高木　侃

一　地域という視座

わが国における地域という概念は、人文・社会科学のあらゆる領域で問題とされてきた。とくに日本史・法制史では東と西をめぐり、また民俗学では東北型家族と西南型家族として論じられてきた。これらはいずれも東西という二分法によるもので、最近の家族社会学の地域性をテーマにしたものも同旨であろう。

ところで、歴史人口学の速水融は膨大なユーラシア人口・家族史プロジェクト資料（とはいえ史料の精粗という限定つきながらではあるが）とこれまでに蓄積された業績を踏まえて、歴史人口学と家族の交差するところ、日本における地域性を三分法で論究されている（速水 二〇〇一）。すなわち、今までの歴史人口学的考察に、相続・継承の形態の特質を加え、あわせて一五の指標[2]にもとづいて、「東北日本」・「中央日本」・「西南日本」の三つの地域に分類された。そして、中央日本は都市化の進展によって、さらに二つに分かれたとされるが、このような違いは日本に移住してきた人々の慣習と関係づける。日本列島には、北から下りてきた人たち、朝鮮半島や中国大陸から渡ってきた人たち、南から島伝いにきた人たち、と三つに大別される移住者の規範・態様にもとづくものではないかと、壮大で画期的な見解を示された。そして、それは変容をとげるが、もっている生活規範のなかに「ビルトイン」された価値観は変わらないことから招来されるものとされるのである（速水 一九九七）。ここに地域性の問題に新たな展開が期待される状況に至ったのである。

さて、本章で問題とする地域性は、離縁状という、きわめて特異なものを素材とする、ささやかなものに過ぎない。大きくは東西に分かれるが、中部山岳地帯の周辺地域が別の領域を形成していたことと、きわめて限定された地域に特徴的な書式が流布していた事実を付け加えることのみである。以下に広領域から狭領域まで、それぞれの地域性とその多様性に論及しようと思う。

なお、あらかじめお断りしておくことが三つある。一つは、離縁状等を本章に引用するにあたって頁数のみを記載したものはすべて拙著（高木 二〇〇一）からの引用であること、(3) 二つは、離縁状の統計数値は筆者収集の離縁状一〇〇〇通にもとづくものであること（高木 二〇〇一：一八八頁）、三つは、引用離縁状の住所についてのみ現在の住居表示を併記したが、それ以外は煩雑にわたるので省略したこと、である。

二　離縁状の要否――実例と『全国民事慣例類集』を素材として

幕府法の浸透度

離婚の成立に離縁状の授受を必要としたことは、一七四二（寛保二）年『公事方御定書』下巻第四十八条の規定に明記されている。すなわち、従前、離縁状をとらずに再婚した妻は「髪を剃り親元へ相帰」されるとされていたが、この年に離縁状を遣わさず後妻をむかえた夫は「所払い」を科される旨規定されたのである。

図11－1　離縁状の有無と事書分布

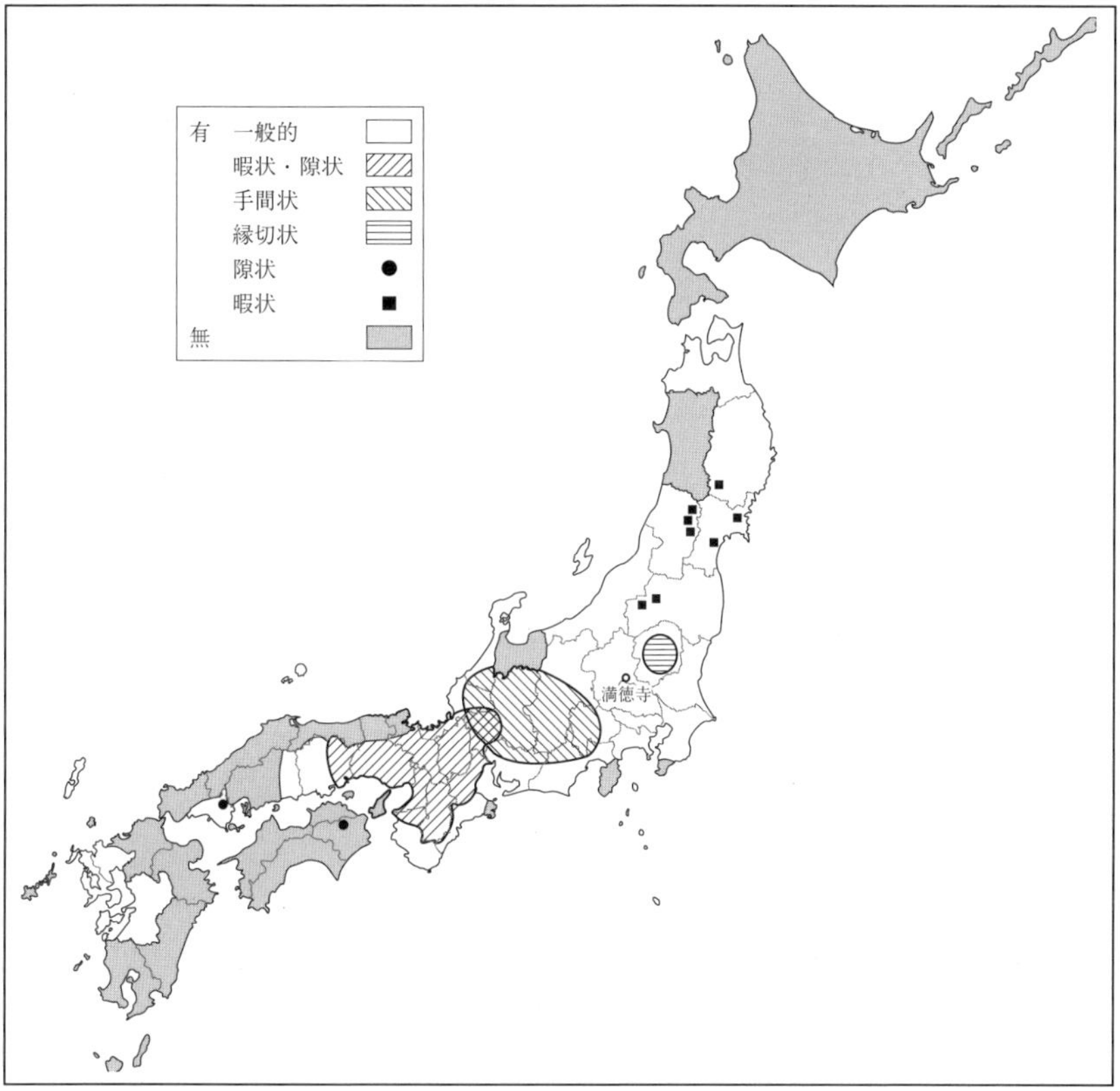

明治初年に調査・編纂され、徳川時代の慣習をも伝えていると思われる『全国民事慣例類集』（風早一九四四、以下『類集』とする）には、離婚の通例として、「凡ソ離縁ニ及フトキハ、嫁具ヲ婦家へ引渡シ、送籍ヲ戻シ、夫ヨリ自筆ノ離縁状ヲ婦ニ付与スル事」とある。すなわち、離縁状を授受することが一般の通例であった。しかしながら、それと異なる慣行つまり離縁状の授受が行なわれなかった地方をあげている。これまで収集した一〇〇〇通の実例にもとづき、『類集』をも参考にして、離縁状の有無と次節に述べる離縁状事書の分布を掲げた[4]（図11－1）。

　このように離婚の成立に離縁状の授受が必要であったのは、江戸幕府法上のことであるが、諸藩においても多くはこの制度を採用したと思われる。しかし、すべての藩がそうであったわけではなく、離縁状の授受が必要でなかったか、あるいはこれに代わる手続きによった地方もあった。『公事方御定書』のうち刑法的規定は各藩の多くにそのまま受容されたのに反して、きわめて私法的で、習俗にゆだねられる性格の強かった離縁および離縁状の規定は、その受け入れにかなりの差異がみられる。離縁のような私的な問題については、幕府法と異なった取扱いをしても幕府からの咎めをうける心配はなかったからであろう。したがって、離縁状の有無（要否）を精査することは、幕府法の浸透度の強弱を知る有力な指標となるのである。これはきわめて政治的な要因にもとづく地域性といえよう。

『類集』にみる慣行

『類集』にみる、離縁状を不要とする地方には、まず「媒介人」（または親類・証人）の介入・保証による地方がある[5]。次に「送籍ヲ戻」すこと、つまり人別送りの送付・返戻によって、「離縁状ト云事ナシ」と明記した地方もある[6]。このように離縁状の必要なしとは明記していないが、送籍手続きだけで足りると報告する地方が、東北・北陸・中国・四国・九州地方に十数カ所ある。また一般的には不要だが、他日の紛議を恐れるときは離縁状を授受するという所もある[7]。

離縁状を不要とする地方をみると、中国・四国・九州地方、また東北・北陸の一部に多いことがわかる。そして、そこは外様大名の支配地である。これまでの調査の範囲から、離縁状を多く見つけているのは、安房を除く関八州のほかでは、甲斐・信濃・美濃国であり、いずれも幕府直轄地もしくは親藩および譜代の地であるのと好対照をなしている。

ところで、離縁状を授受しないと報告された地方でも、特殊な事情によってはこれを授受するという地域がある。

たとえば、「豪族名門ニ於テハ離縁状ヲ付与スル事アリ」(羽後国秋田郡)、「士族或ハ村町頭立ツ者ハ必ス離縁状ヲ渡ス」(出雲国能義郡)である。しかし、『類集』の信憑性については、疑問をさしはさむ余地があるとの指摘があり[8]、『類集』に離縁状を授受すると報告されているにもかかわらず、いまだ離縁状を見出していない地域などはその例である。たとえば、離縁状を「手間状」といった羽前国置賜郡のほか、対馬国下県郡・肥後国玉名郡・筑後国三潴郡・土佐国高知郡・安芸郡である。もっとも媒介人の立合を証として、これを不要とした安房国安房郡・平郡の場合には、実際にも一通も見出していない。これは逆にその報告の正確さを示している。実証的な再検討はのちの課題である。

三　事書の地域性——広領域の事例

一般的事書

きわめて広領域にわたる離縁状の地域性は事書(表題)にみることができる。事書については、離縁に関する語を含む離縁状とそうでない「一札之事」などを表題にしたものとがある。実例では離縁状の七二・八パーセントに離縁に関する語が含まれており、このうち離縁状・離別状・去状は全国的に見出され、一般的に用いられたものである。しかし、表題に離縁状・離別状・去状とその呼称がそのまま用いられることは稀で、実際に用いられた離縁状の表題は、多い順に「離縁状之事」一四五通、「離別一札之事」一〇八通、「離別状之事」七五通、「離縁一札之事」六六通、「去状之事」五六通などとなっている。

なお、徳川時代の書式にみられる離縁状の事書は「一札之事」一例、事書を欠くもの一例を除いて、すべて離縁に関する文言を含んでいる。もっとも多い事書は「離縁状」で一八例、以下「離縁状之事」七例、「去状之事」二例、「離縁一札」・「離別一札之事」・「離別状之事」各一例である。一般的事書であることから、離縁状・離別状・去状が用文章に採用され、それがまた一般に流布する結果をもたらしたものである。

下野国都賀郡で用いられた「去状之事」の実例を掲げる（二一一頁）。

去状之事

一今般夫婦之契約いたし候得共、
是迄之御縁ニて、後向《（向後）》より何れへ
縁付申候とも不苦候、為後日
去状、仍て如件

寅四月　　治兵衛（拇印）

おかよどの

右離縁状によって、離縁状とはどのようなものか簡単に説明しておきたい。まずここで問題にしている事書は去状である。つぎに本文であるが、その内容は離婚したという離婚文言とだれと再婚してもよいという再婚許可文言の二つからなるのが通例である。例外的に一方しか書いていないものも四パーセントある。本文の行数は俗に「三くだり半」といわれるように、約四通に三通は三行半である。これに差出人が作成日付と名宛人を記述した。夫本人が単独で差出人となり、妻本人一人を名宛人としたものが六〇パーセントを超える。このことは妻本人が離婚当事者として、一人前に扱われたことを意味する。

右離縁状には「夫婦之契約」とあり、当時から「契約」の文言が日常的に使われていたことがわかる。離縁状の離婚文言には、離婚理由を記した例が約七五パーセントある。ここでは「是迄之御縁」がそれに相当すると思われるが、これは結局「縁が薄かった」ことを意味しよう。あるいは夫のあきらめの境地を表現したものだろうか。

西国の暇状・隙状

暇・暇状の文言を含んだ「暇状」はこれまで六二通見出しているが、主として美濃国以西の京阪を中心とする近畿地方で用いられた。左に一通を引用する（一一九頁）。

暇状之事
一加賀屋くに娘まき義、此度
暇遣し候故、此後何方え縁付
致候共、其節一言之申分
無御座候、仍て如件　虎　吉（爪印）
安政元年
寅極月
まきとの

跡え書置之事、此度暇状遣し候へ共、／若又人心《（妊娠）》致候へは、林《（臨）》月改、給金／いたし候へは、其節安産入用之／銭何程ニても私方よりいたし候、／其元え少シ《（も脱カ）》御難儀懸申間敷候、為後日／人心書付、仍て如件

本離縁状の特徴は、添え書き（／印は行末）にある。離婚後妊娠が判明したら、臨月を改め、つまり夫虎吉の子であることが確認されれば、出産費用を負担するとある。この種のものが大坂地方に散見されることについては後述する。

つぎに、暇状と同様に美濃国以西で用いられた隙状を引用する（一一四頁）。

隙状之事
一其元どの因縁有之候処、此度無拠

儀ニ付、致離縁暇遣し申候、然ル上は向後
何方え致縁組候共、当方毛頭違論無之候、
為後日隙状依て如件
弘化三年
午十一月　　　　　広　八　郎㊞
おたみどの

隙状はこれまで一一通見出されているが、地域の特定できないものが、五通。右は東京大学法学部法制史資料室所蔵・京阪文書であることから、京坂地域のものである。やや特異な「因縁」の文言がみられる。縁あって結婚したものの「無拠」離縁したというのである。

ほかには、美濃・近江・紀伊国のほか、周防国と阿波国から見出しており、いずれにしても西国で用いられたものである。

東北の暇状

「暇状」という事書の離縁状は、主として関西以西で用いられたものであるが、東北にも暇状のあることがわかった。これまで見出したのは、羽前国一通、陸中・陸前・岩代国各二通、東北のものと思われるもの一通、計八通である。うち二通を引用する（一〇〇・一〇一頁）。

暇　状　之　事
一我等女房おみな、此度暇出し申候、以来何方へ、
縁付仕候共、少も我等構無御座候、為其暇

状　仍て如件

宝永七年

寅ノ二月三日　黒谷村 市　兵　衛㊞

大新田村 谷 兵 衛 様

暇手形之事

一私女房な□（ヘカ）と申女、不縁ニて離別差遣申候、
自今以後此方より何之構無御座候、其元ニて
如何様ニも御勝手次第ニ可被成候、為其暇手
形仍て如件

沼木村

傳　四　郎印

享保十九甲寅年七月四日

大蕨村

権　十　郎殿

右二通は一七一〇（宝永七）年および一七三四（享保一九）年のもので、離縁状としては古いものである。黒谷村は現・福島県南会津郡只見町、大新田村は同郡南会津町、沼木村は山形県山形市、大蕨村は同県東村山郡山辺町であり、前者は二行半である。

美濃以西の京坂を中心とする西国にあって関東地方にない暇状が東北地方から見出されるということは、関西文

化が江戸を経由しないで、直接に東北地方に伝播した証左である。このことは文化や物産が、東海道の陸路（ときに太平洋の海路）よりも、日本海経由の海上交通によって迅速かつ大量に伝えられたことを意味する。すでに縄文以来、日本海経由の物産・文化が直接流入していたことは、青森県三内丸山遺跡にみられる新潟県糸魚川流域産の大量のヒスイによっても明らかであり、東北の暇状もまた一つの証左となろう。

中部山岳地帯の手間状

手間状はこれまで美濃国四通、甲斐国三通、信濃・越前国各二通、飛騨国一通の、計一二通が見出されているが、いずれも中部山岳地帯周辺で用いられた。[9]つぎに一例を掲げるが、これは甲斐国巨摩郡落合村（現・中巨摩郡甲西町）のもので、目下のところ日本最古の離縁状でもある[10]（九八頁）。

かまい無御座候手間状之事

一今度我等女房了簡ニて、隙ヲ出シ、九郎兵衛方え相渡し申上ハ、女房儀我等家え入申間敷候、不及申ニ杢右衛門次郎共ニ自今以後出はいりいたし申間敷候、か様ニ埒明申上ハ、此女ニ付、何ニても少も申分無御座候、為後日手間状仍て如件

元禄九子年八月三日　　落合村
杢右衛門
次　郎
組頭

半左衛門

喜　兵　衛組中へ参

離縁状の文中、夫杢右衛門が女房を「了簡ニて、隙ヲ出シ、九郎兵衛方え相渡」したとある。これには離縁二日後の元禄九年八月五日付の関連文書が二通あり、実は女房が村内の九郎兵衛と不義（浮気）をはたらいたうえで、夫杢右衛門に離婚を求めたことが判明した。夫は妻の要求をいれて「隙ヲ出シ」、女房は浮気相手の九郎兵衛の妾になった。以後、杢右衛門・次郎親子（次郎は夫婦の子であったが、離縁状の差出人に子の名が記されたものはこの一例だけである）と、九郎兵衛・妾になった先妻は一切出入り（行き来）しないことが約束された。

以上、みてきたように離縁状の呼称、すなわち事書には広領域にわたる地域性がみてとれるのである。

下野国の縁切状

事書としては、ほかに「縁切状」もある。離縁状の呼称としては実際の離縁状の事書として用いられており、一例を掲げる（三〇頁）。

ゑん切状之事

一たん縁切として金子壱両弐分
受取、縁切申所実正ニ御座候、
此上は何方へ縁付被遣候共、
かまへ申義無御座候、為其
縁切状相渡し申候、為後日一札仍て
如件

山根平
享保廿年卯ノ　　当人　権　　助㊞
五月廿日　平　立合人　孫　八　郎㊞
駒　込
駒　込　同　長　兵　衛㊞
藤左衛門殿

かつて実例を見出す以前に、縁切状は下野国で用いられた特殊な書式であると断定した（高木 一九九九：一七七頁）。その後、右を含め、河内・塩谷・芳賀郡内から「縁切状之事」二通、「縁切一札之事」二通を見出した。いずれも現・栃木県宇都宮市・塩谷町・市貝町で栃木県中部地域の書式である。ほかに「縁切一札之事」が二通ある。一は東京大学法制史資料室所蔵で、下野国と推測されるものの出拠不明、二は最近入手した筆者所蔵のもので、これも出拠不明で入手経路から群馬県西北部のものと思われるが、確定できない。したがって、栃木県域よりもう少し広い領域で用いられたものかもしれない。(11)

四　満徳寺離縁状とその模倣——中領域の地域性

満徳寺離縁状

事書についてみたが、つぎに本文の内容について地域性のあるものを考察しよう。

上野国には二大縁切寺の一つ、満徳寺が勢多郡新田庄徳川郷に存在する。縁切寺における離縁には、在寺三年を経て離縁を達成する「寺法離縁」と、寺の仲介等によって示談で離縁を成立させる「内済離縁」とがある。満徳寺の場合、そこへ駈込んだ女性が受理する離縁状は、寺法・内済いずれのときも、特異な文言の内容であった。左に二通のみ現存する離縁状の実物の一つを掲げる（一五〇頁）。

一深厚之宿縁洩（浅）薄之事
不有私、後日雖他嫁、
一言違乱無之、仍て
如件

忍行田町
天保十二丑年　秀次郎弟
二月十八日　利右衛門（爪印）

羽生町場
利左（右カ）衛門殿娘
おとみとの

事書の記載がなく、あらためて事書を入れて授受されたものか、これが寺に残存した。とくに前半の部分は、深く厚かるべき前世の因縁が浅く薄かったので、たまたま離縁ということになったが、それは私にあらずとする。すなわち、夫の一方的怨恨もしくは利害によるものではなく、結局人知の及ばざることとしている。かならず「深厚之宿縁浅薄之事不ㇾ有ㇾ私、後日雖二他え嫁一、一言違乱無ㇾ之」という文言であった。満徳寺における離縁状は、その行数が三行半で、夫から妻にあてて差し出されていることは普通の離縁状と変わらないが、厳格にこの書式にのっとったことと、何よりもその文言が尼寺における離縁に相応しく仏教語を配した独特な和漢混交文であることから、これを「満徳寺離縁状」という。

満徳寺模倣離縁状の流布

ところで、前世の因縁が薄かったこと、簡単にいえば「縁が薄かった」ので、離縁になったというのである。離婚理由を特別にあげつらうことなく（しかも双方の責めに帰すことなく）、とりわけ妻には責任がないこと、つまり「妻の無責性」の表明である。この「満徳寺離縁状」の文言が離縁状の文言として相応しいと考えられ、周辺地域に流布するのである。酷似するものから一部の模倣までまちまちであるが、これが満徳寺離縁状書式の模倣であることには相違ない。その分布の状況を示した（図11‐2）。

これが流布する原因は、駈込み女の関係者によるところが大であった。駈込み一件が最終的に離婚になれば、かならずこの書式にのっとった離縁状が授受された。そこで、満徳寺に呼び出された駈込み女の関係者、とりわけ名主などがこの書式を写し取っておいたのである。したがって、名主の控帳にこの書式が散見されることになる（×印）。さらに、これが離縁状の文言として相応しいことから周辺に流布したのである。

まず、満徳寺離縁状にきわめて酷似するものを引用しよう（八八頁）。

一札之事

今度八重義、深厚之宿縁薄
及離別事不私、何方え縁組
有之共、少も構無御座候、仍て
一札如件

上毛佐位郡

図11－2　満徳寺離縁状書式と模倣離縁状分布

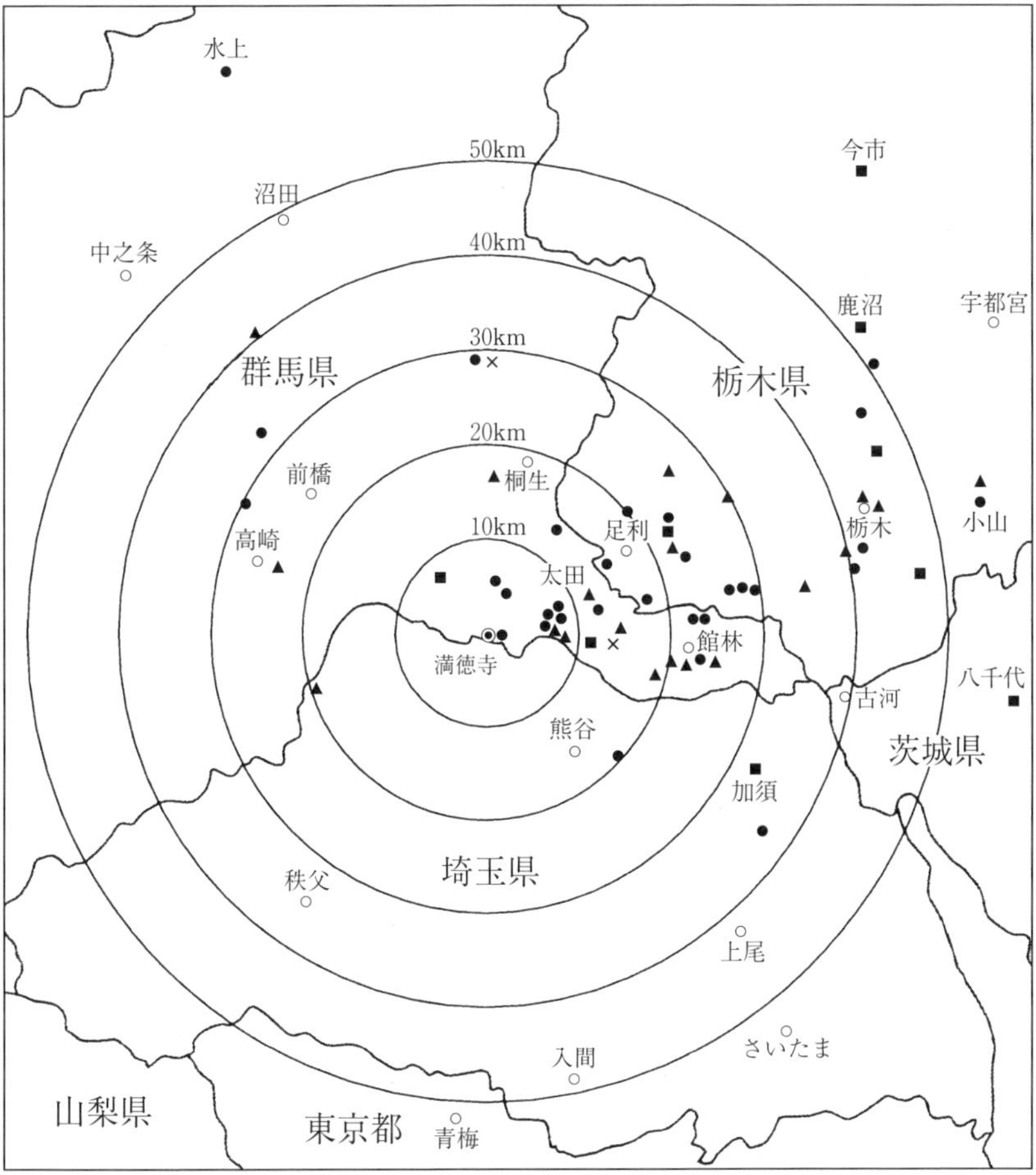

◉ 同心円の中心は満徳寺　■ 酷似のもの　● 深厚・宿縁・浅薄　▲ 二要素　× 書式

伊与久村
弘化二年十一月日　　録　弥　太㊞
倉賀野沢（駅）
谷　五　郎　殿

伊与久村は現・群馬県伊勢崎市、倉賀野駅は現・高崎市である。

つぎに、前半部分「深厚之宿縁浅薄之事」を模倣したものを掲げる（一〇八頁）。これは一八八〇（明治一三）年のもので、表題は「離縁之証」、本文に「離縁証」とあり、また用紙は契約証書用十行の「証券界紙」が用いられており、まさに契約証書である。

離縁之証

一其許義、深厚宿縁薄、這回離縁致シ候上は、後日何方へ縁付候共、我等方ニテ更ニ差構候儀無之、依テ離縁証如件

新田郡尾島村
明治十三年五月廿一日　□□平　十郎（拇印）
きぬどの

これは界紙の裏側に書かれている。裏「返す」ことは、離縁して妻を実家へ返すことを意味する洒落である。なお、契約証書としての意識がさらに徹底し、契約証書の要件である「収入印紙」を貼ったものも散見される。尾島村は現・群馬県太田市で、満徳寺から四キロメートルの至近距離にある。

「深厚」・「宿縁」・「浅薄」の三要素が模倣されて流布したものをみたが、実例ではこの種のものがもっとも多い。また、音で聞き伝えたものか「深厚之宿縁」の深厚の部分が、「深懇」「厚心」「親孝」などと書かれ、浅薄の多くは「薄く」と表記された。

この模倣の仕方が三要素から二要素に減ったものがみられる。たとえば「深厚之宿縁」離別、「厚縁浅薄」、「宿縁浅薄ニ付」、「宿縁薄」などである。

遠隔地の模倣離縁状

これらの満徳寺模倣離縁状流布の状況を分布図にした（図11－2）。これをみると、五〇キロメートルを超える遠隔地にかなり酷似した満徳寺離縁状がみられる。栃木県今市市（現・日光市）・鹿沼市と茨城県結城郡八千代町である。今市市のものは、前半は「一依レ無二深厚之宿縁一離別致上は、相互ニ不レ可レ有レ恨」とあり、「不有私」が「相互ニ不可有恨」を意味することを語っている。つぎに後半部分が酷似した八千代町の例を紹介する（一五二頁）。

去状之事
一宿　縁　薄、心　底　存　念
不　相　叶、離　別　い　た　し、
他　雖　嫁、一　切　違　乱　無　之、
仍　去　状　如　件
慶応四年
辰十一月　林　　碩（爪印）
ろ　く　との

これらの満徳寺離縁状に酷似もしくは類似の離縁状は、地域的には満徳寺周辺はもとより、かなり遠隔地まで、つまり、群馬・栃木・埼玉・茨城県におよんだのである。縁切寺満徳寺への駈込みそのものはもっと広範囲であるが、満徳寺離縁状もかなりの地域に流布したといえる。(12)

五　限定された地域の離縁状――狭領域の地域性

切られた離縁状――美濃国

現在の県域かそれよりも狭い範囲に限定された地域的特徴もみられる。たとえば、離縁状をハサミ・カミソリ等で切って、夫婦の縁を切ったという呪術的意味をもたせたものや大坂地方の妊娠に関する記述を付記するものなどは離縁状の機能に関連する事例である。そのほかには、その地域独特な言い回し（文言）を使用する場合である。順次、紹介しよう。

美濃国から見出される離縁状には、左に掲げた一八九三（明治二六）年のもののように（一一六頁）、夫婦の名前を同列に書き、その間をカサミやカミソリで切ったもの（ここでは破っている）が散見される。

暇一札之事

一此度其元殿へ暇差吏（使）シ候処実正也、女何国縁附致シ候得共、一言申分無御座候、暇依て如件

明治廿六年　　大字

第七月廿五日　　　　橋本小三郎㊞
　　　　　　　　　――――（破）
　　　　　　　　　橋本くま
　　御連中様

離縁状をハサミで切るという特殊な行為は呪術的な俗信にもとづく「縁切り」儀礼であろう。実際には、年月日不詳半六の離縁状のように、墨で線を引いたものもある（一一七頁）。また、夫婦の名前を同列に書いたものが稀にみられるが、これは夫婦の名前の間に手刀を入れて切るまねなどをして縁切り儀礼と同様な効果を期待したのかもしれない。

当地方、つまり濃尾地方には、明治から大正昭和期にかけて、狂俳という雑俳の一種が広く流行した。一八八四（明治一七）年五月の『狂俳一軸』の冊子のなかに「去り状」がとりあげられ、「お手ならしてと立ツて出ル」をうけて「去り状の鋏ミ持って来イ」と詠まれ、つづいて「養子も隙が出たらしい」とある（高木　一九九九：三一八頁）。このように狂俳に去状が詠まれたことは、右の暇状のように、この地方で明治時代以降も離縁状慣行が続き、しかもハサミで切る縁切俗信も引き続き行なわれていた事実を物語る。

妊娠但し書きの離縁状――摂津国周辺

離婚に際して、妊娠の有無や子どもの帰属あるいは慰謝料や財産分与等は、一般的には離縁状には記載されず、別紙でなされたのである（高木　一九九九：一一五頁以下）。しかし、先に離婚後に妊娠が判明したら出産費用を負担することを離縁状に添え書きしたものを掲げた。このように大坂地方では、離縁状に妊娠のことを明記したのが特徴であり、このことに最初に注目されたのは石井良助であった（石井　一九七七：六三頁）。当地方の『証訟録』という用文章（書式集）に載せられた離縁状に但し書きがついている。但し書きには「三ケ月之間、妊娠之様子有之候バ、〔為脱カ、高木注〕可相知候、右月相過ハヾ、当方聊差構無之候」とある。離別後三月の間に妊娠していることがわかったとき、女から男にその旨を知らせたら、男の方で責任をとる慣習であった。

そのことは『類集』にも摂津国西成郡の慣行として、「但、離縁状ニ三箇月内ニ妊身（娠）ノ容体アラハ、報知スヘク、右日限を過レハ、差構ナキ旨書添ル事モアリ」とみえる。

もう一通、おそらく大坂周辺のものと思われる、但し書きで妊娠に言及した実例を紹介しておく（成瀬 一九九三：八七頁）。添え書きは行末に／印を付して改行していない。

離縁一札之事

一其元殿等是迄内縁有之候所、此度
得心之上離縁致候ニ付、此後何方え成共、
勝手次第縁組被致候共、一言之申分
無之候、離縁一札仍て如件
天保十一子九月　加賀屋　新兵衛㊞
おすへ殿
前書之通り相違御座なくも、若懐胎も／有之候得ハ、其節一言不申、何時成共私へ／引請可申候、為念依て如
件

三行半の離縁状に添えて、もし妊娠していたら、出生の子については夫方で引き請ける旨が書かれている。また、一九〇三（明治三六）年京都市内の離婚証書にも本文に「万一拙者之胤相宿シ居候節ハ、示談可致候」と明記したものがあり（筆者所蔵）、大阪周辺の慣行として、離縁状本文か、但し書きで妊娠の有無とその取り扱いにふれたこ

とが理解される。

会者常離の離縁状——上野国勢多郡・新田郡

上野国勢多郡内の名主控帳に離縁状書式として書き留められていた「会者常離」を引用する（高木 一九八四：一〇頁）。書式が控えられるということは、それだけ当該地域に流布していたことの証左だからである。

一札之事

一会者常離、此安と申女不相応ニ付、今般離縁致候、然ル上ハ何方へ縁ニ付申候共、構無御座候、離縁状為後日一札仍て如件

文化十四年丑五月

越後国苅輪郡
大馬鹿村
鼻下長右衛門

義堅村
石部金吉殿
おやすどのへ

差出人が「大馬鹿村　鼻下長右衛門」で、名宛人に「義堅村　石部金吉」とあり、戯文仕立てになっている。しかし、離縁状本文は戯文ではない。前年一二月差出しの「目明し立合い」が明記された離縁状は、右書式とほぼ同文である（高木 一九九九：一二六頁）。

「会者定離」は「合わせものは離れもの」と同じ意味で、会う者は必ず別れる定めである。人生の無常を感じさせ

るが、とくに夫婦の一方に責めをおわせることなく、離縁状の離婚理由として相応しい文句である。ところで、会者定離の「定離」を誤って「常離」と書いてしまった。しかし、「定離」よりも常に離れるといった方がわかりやすく、庶民感覚にぴったりの誤解である。八通見出しているうち、この地域と関係なく会者定離を離婚理由として相応しいと考えた博識ある関係者が書いたものと思われるもの二通が見出されている。すなわち、離婚文言のみの近江国の離縁状は「縁《（会）》者定離」であり、東慶寺の内済離縁状は「絵《（会）》者定離」である。上野国勢多・新田両郡内で見つけたものは、「常離」と「定離」が同数である。

「明日」の離縁状——上野・下野国

現行法では、女子には六カ月の再婚禁止期間があるが、これはひとえに出生子の父性確定のためを目的とした規定である。先の妊娠但し書きの離縁状は父性の確定もしくは子の帰属を明確にすることに寄与した。しかし、今日ほど医学の発達が著しくなかった徳川時代には、離婚婦の妊娠の有無を早期に知ることはできなかった。そこで足利周辺の上野・下野両国からは「明日」にも再縁してもよいとの文言を用いた離縁状が散見される。つぎに会者常離同様に、名主宅の証文控帳に載せられた書式を引用する（高木　一九九九：二三九頁）。

一札之事

一此度何より《（と）》申女厚縁薄キ故離別仕候、譬
不期明日、何方え縁組仕候共、相互ニ執心
無之、依之離別差出シ申候、為後日離別
状一札如件

嘉永六年丑十二月日　　誰右衛門

於　作

「明日を期せず」すなわち今日からでも再婚できるのである。実例では、「明日」「明日より」「明日にも」などとも記述されたが、「明日をまたず」というのもある。これらの離縁状は、主として上野国新田・邑楽・勢多郡と隣接する下野国足利郡のほか、河内郡にもみられる。また塩谷郡のものは「明日雖㆑為㆓他縁㆒」とある。

離婚文言「悪縁」・再婚許可文言「縁定」の離縁状——米沢地方

「悪縁」を理由とする離縁状は、これまで七通見出しているが、そのうち三通は羽前国のものである。左に引用するのは米沢藩領置賜郡中津川村（現・山形県西置賜郡飯豊町）で用いられた（一二一頁）。

差出申一札之事

一　年拾八歳　　まむ

右之者、悪縁ニ付、離別仕候、

依之何方え縁定仕候共、異（違）乱

無御座候、為後日仍て如件

天保六年九月五日　　孝　吉（爪印）

まむとの

米沢藩上級武士・安田友弥（四一六石余）の離縁状にも「悪縁ニ付」を理由としている。翌年の再縁願いには「縁定仕度存候」とある。「悪縁」を切って、良い再婚相手と「縁定」すること、そしてその再縁に「違乱（異乱）」なきことを内容としている（一三〇頁以下）。これが上杉米沢藩領内の離縁状の特徴である。

なお、米沢と隣接する岩代国信夫郡泉村の離縁状の再婚許可文言にも「縁定」がみられる。現在の県域かそれより狭い範囲で通用した書式である。

六　離縁状の多様性と文化性

離縁状の地域性については、まず大きな枠組みとして、その要否が問題となる。離縁状の授受が義務づけられたのは幕府法によるので、幕府直轄領内ではこれが厳守された。その反面、離縁状を必要としない地域は、東北羽後国・北陸越中国・四国・中国・九州の大部分である。先にもふれたが、幕府法『公事方御定書』のうち刑法的規定は別にして、きわめて私法的で、習俗にゆだねられる性格の強かった離縁および離縁状の規定は、各藩の受容度にかなりの差異がみられる。とくに右の地域は外様大藩の領地で、幕府と距離を置き、それとは異なった取り扱いをしたものと考えられる。したがって、離縁状の有無（要否）を精査することは、幕府法の受容度の強弱を知る有力な指標となる。離縁状の要否は幕府との関係性という、きわめて政治的な要因にもとづく地域性といえる。

つぎに、広領域にわたる地域性として、事書を取り上げた。離縁状・離別状・去状は一般的に通用したが、主に近畿地方で「暇状・隙状」、中部山岳地帯周辺で「手間状」が用いられた。それぞれの地域の文化性を反映したものであるが、中部山岳地帯の「手間状」は高い山をはさんで流布したのはなぜか。物と人の流通など諸要因の検討はのちの課題として、ここでは「手間状」地域が存在した事実のみを指摘するにとどめる。他方、東北の「暇状」は関西文化が、日本海経由の海上交通で物とともに移入されたものである。東北では『類集』で羽後国だけが離縁状を不要としており、実際にも離縁状を見出していないが、このことは外様大名久保田（秋田）藩佐竹家の幕府との関係およびその領国支配に起因するのであろう。下野国の「縁切状」は現在の県域ほどに流通したものと思われるが、用語としての「縁切り」はかなり強い語調である。これは下野国の風土性、今日の言い方でいえば、県民性のあらわれといえよう。

本章で地域性に関連して若干の離縁状を紹介したが、わずかな史料でもその内容が多様であることが理解できる。そのことは用文章（雛形書式集）にあらわれた離縁状の書式にのっとって書かれた離縁状が、きわめて少ない事実と矛盾しない。右にもかなり狭い地域で一定の書式が普及していたことを二例紹介したが[13]、このように地域的特徴をもった離縁状の書式が各地にあって、それによったとすれば、離縁状の内容はそれだけ多様となる。そのことは、地域の豊かな文化性と文化的素養がきわめて高い有識者の存在をもうかがわせるのである。このように多様な離縁状の内容と文言は、地域の文化そのものの表徴である。

また、美濃国で離縁状をハサミ等で切って夫婦の縁を切ったという呪術的意味をもたせたものや、大坂地方の妊娠に関する記述を付記するものなどは離縁状の機能に関連する地域性で、後者は大坂人の合理性のあらわれであろう。

広領域から狭領域にいたる、さまざまな離縁状の地域性について、その事実を指摘するに止まり、その起因するところにはほとんどふれていない。今後の課題である。

注

（1）東北地方北部や四国は空白であり、東海・山陰・北九州も不十分とされる。本章で扱う筆者収集のデータも精粗まちまちで不十分な地域がある。

（2）出現家族の形態・相続形態・継承形態・平均所帯規模・平均初婚年齢・第一子出生年齢・出生数・最終出産年齢・婚外子出生数・女性の地位・出稼ぎ・出稼ぎの時期・都市化・人口制限・人口趨勢の一五である。

（3）拙著ではすべて写真を掲げたので、これを参照いただければ実際の形態・内容等が理解できると思うからである。また縁切寺満徳寺資料館企画展資料にも多くの写真が掲載されている。

（4）離縁状が一通でも見出されている国（陸奥・出羽両国は明治元年分割の国名）は、国全体で離縁状慣行が存在するものとして表記した。また離縁状そのものは見出していないが、これを授受したと記された文書がある場合、離縁状のある地域と表記した。たとえば、美作国大庭郡の豪農層相互間における婚姻では、一旦は離縁ということで「暇状」が渡されていることが文書から明らかなので、離縁状を要した地域として扱った如くである。

（5）羽後国秋田郡、摂津国八部郡、伊勢国安濃郡、安房国安房郡・平郡、伊賀国阿拝郡、若狭国遠敷郡、越後国蒲原郡、丹波国多紀郡、周防国都濃郡、土佐国幡多郡、伊予国宇和郡、筑後国御井郡、肥後国球摩郡、豊前国企救郡、日向国宮崎・児湯郡など。

（6）美濃国安八郡、陸中国岩手郡、岩代国会津郡、陸奥国津軽郡、越後国古志郡、佐渡国雑太郡、丹後国与謝郡、石見国迩摩郡、播磨国葛東郡・佐用郡、伊予国温泉郡、讃岐香川郡、日向国臼杵郡、豊前国宇佐郡など。

（7）羽前国田川郡、丹波国加佐郡、但馬国城崎郡、豊前国下毛郡など。

（8）本書の成立についての有益な示唆に富み、また現地報告者について一人ひとり調査することが「本書の慣習の性格を精確に究めるために必要なこと」であるとの指摘は、すでになされている（手塚・利光 一九六九：七九頁）。

（9）『類集』には離縁状を手間状と称する地方として、羽前国置賜郡が載せられている。もし東北からの手間状が発見されれば、これも東北の暇状と同様に、日本海経由による文化の伝播といえよう。

（10）もっと古い離縁状を筆者の新著で紹介した（高木 二〇一四：二四〇頁）。すなわち、二〇〇八年に福井県で一六八六（貞享三）年の、三行半の「去状」の写が見出された。さらに二〇一四年三月高橋修によって、一六六七（寛文七）年、甲州八代郡楠甫村（現・山梨県西八代郡市川三郷町）の六行の離縁状が見出された（望月秀典氏所蔵）。目下これが最古の離縁状である。

（11）特異な事例として、静岡県から見出した「縁切一札之事」がある（清水市史編纂委員会 一九六七：一三七頁）。あるいは「縁切状」も広領域で用いられた可能性があるかもしれない。もう一つ特異な事例がある。これまで離縁状の事書として「退状」は、歌舞伎「御所の五郎蔵」のなかで知られていたに過ぎない。すなわち、遊女さつきが間夫五郎蔵に無理やり「退状」を書き、わざと五郎蔵に愛想づかしをする場面があり、『遊女文章大成』には「のきふみ」として書式が載せられていた（高木 一九九九：三〇八頁）。しかし、これも静岡県内から「退状一札之事」を見出した（浜北市編 一九九〇：三六七頁）。静岡県、つまり駿河・遠江両国の特異性とその由縁に注目したい。

(12) なお、もう一つの縁切寺東慶寺の内済離縁状には、離婚理由を「其方望ニ付」とする書式がある。東慶寺では女の駈込みという、妻側の離縁請求をうけて離縁が成立するのであるから、縁切寺に相応しい離婚理由といえる。筆者はかつてこれも一種の地域性と考えたが（高木 一九九九）、精査したところ、妻（聟の例も二例）の「望・願」を理由とする離縁状は、奥州から近江国・大坂まで広範囲に散見される。これらが東慶寺書式の影響とは考えられない。したがって、「其方望ニ付」の離縁状は、まさに妻方からの離婚請求をうけて、これをしたためたという事実を証明するものである。今はこれを地域性の問題とは捉えない。

(13) 上野国緑野郡岡之郷には、再婚許可文言に「隣家へ嫁入り」の離縁状書式があり、かつこれとまったく同一の実例がわずか一通だけであるが見つかっている。その地域の離縁状書式として、これが定着していたことを立証している（高木 一九九九：一〇七・三三四頁）。また下野国都賀郡から夫婦仲良きことを象徴する「鴛鴦」の文言を含む離縁状を二通見出している（一二五頁）。この地域的書式として定着していたと思われ、「縁切状」・「明日」とあわせて下野国における豊かな文化性の顕著なあらわれといえる。

参考文献

網野善彦『東と西の語る日本の歴史』そしえて、一九八二年。

縁切寺満徳寺資料館三くだり半企画展資料・第四回「東北の三くだり半——三くだり半の地域性Ⅰ」一九九六年、第六回「武士の三くだり半」一九九八年、第九回「三くだり半の呼び名——離縁状の表題」一九九九年、第一一回「京阪の三くだり半——三くだり半の地域性Ⅱ」二〇〇〇年、第一二回「切られた三くだり半」二〇〇一年、第一三回「満徳寺離縁状」二〇〇二年。

浜北市編『浜北市史　資料編　近世1』浜北市、一九九〇年。

速水融『歴史人口学の世界』岩波書店、一九九七年。

速水融「歴史人口学と家族史の交差」速水融・鬼頭宏・友部謙一編『歴史人口学のフロンティア』東洋経済新報社、二〇〇一年。

石井良助『江戸の離婚――三行り半と縁切寺』日本経済新聞社、一九六五年。

石井良助「東国と西国」『大化改新と鎌倉幕府の成立・増補』創文社、一九七二年。

石井良助『日本婚姻法史』創文社、一九七七年。

風早八十二解題『全国民事慣例類集』日本評論社、一九四四年。

熊谷文枝『日本の家族と地域性（上）（下）』ミネルヴァ書房、一九九七年。

成瀬高明「近世・明治初期家族法関連史料（一）――旧京都帝国大学法学部日本法制史々料」『（椙山学園大学）研究論集』第二四号　第二部（一九九三年三月）。

清水市史編纂委員会編『清水市史資料　近世三』清水市、一九六七年。

高木侃「江戸時代の書式――戯書について」『群馬歴史散歩』第六三号（一九八四年三月）群馬歴史散歩の会。

高木侃『縁切寺満徳寺の研究』成文堂、一九九〇年。

高木侃『増補　三くだり半――江戸の離婚と女性たち』平凡社、一九九九年。

高木侃『泣いて笑って三くだり半』教育出版、二〇〇一年。

高木侃『三くだり半と縁切寺』吉川弘文館、二〇一四年（講談社、一九九二年の復刊である）。

手塚豊・利光三津夫編著『民事慣例類集』慶応義塾大学法学研究会、一九六九年。

第12章　近代化初期における日本の地域性

木下　太志

一　地域性と均質化

図12－1は、日本の四七都道府県について、それぞれの普通出生率（人口一〇〇〇に対する出生数）を一九二〇（大正九）年から二〇〇〇（平成一二）年の八〇年間にわたりプロットしたものである。(1) この図からわかるように、一九二〇年代に高かった日本人の出生率は、大正期から昭和前期にかけて徐々に低下している。終戦直後の第一次ベビーブーム（一九四七～四九年）により、日本人の出生率は一時的に急上昇するものの、その後一九六〇年頃までは、逆に急激に低下する。一九六〇年代から一九七〇年代半ばまでの一五年間の動向はやや複雑で、普通出生率の上昇した地域もあれば、緩やかながらも下降を続けた地域もある。そして、一九七〇年代半ばを過ぎると、日本の出生率は、地域を問わず、ほぼ一様に漸減傾向をたどり現在に至っている。

この図12－1から、日本人の出生率の変遷について、いくつかのことを直感的に把握することができる。まず、第一次ベビーブームから一九六〇年頃までの日本人の出生率の低下はきわめて急激であったということであり、ま

図12-1　47都道府県の普通出生率（人口1000に対する出生数）の趨勢（1920〜2000）

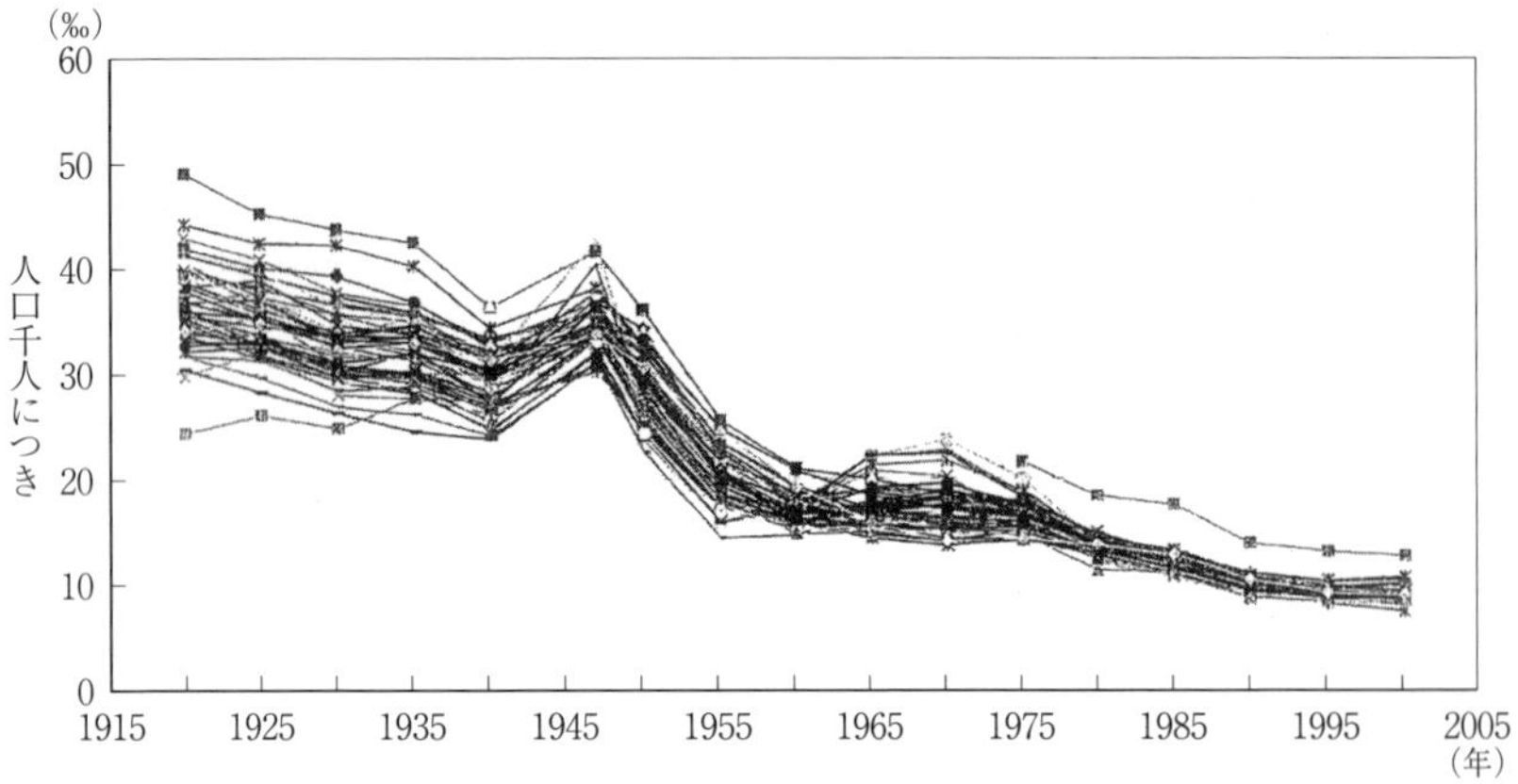

さに驚異的というほかはない。ヨーロッパの国々において、五〇年あるいは六〇年というスパンで生じたような出生率の変化が、日本ではわずか一〇年あるいは一五年という短期間に起きている。また、地域により、出生率の上昇したところもあれば、低下し続けたところもある一九六〇年代から一九七〇年代半ばまでの一五年間を過ぎると、日本人の出生率は、緩やかながらも確実に下降し続けていることも印象的である。この結果として生じた近年の少子化傾向が、年金・医療分野などにおいてきわめて深刻な課題となっていることもこれから十分にうなづける。このことは、人口学関連の書物はもちろんのこと、新聞や雑誌でもしばしば言及されている通りである。

図12-1からわかるもう一つの明白な点は、近年の状況とは異なり、戦前の出生率には、地域間でかなりの違いが存在したということである。戦後の日本における出生率の急激な低下を驚異的と呼ぶなら、同時に、地域間の違いが急速に消失していく均質化の過程も驚異的と呼ばなければならない。少し具体的な数値を示すと、一九二〇年時点において、最大の出生率を示すのは青森県（四九パーミル）、最小は東京府（三〇パーミル）であり、両者間の差は一九パーミルである。[2] 一方、八〇年後の二〇〇〇年においては、最大の出生率を示す県は沖縄で、その値は一二・八パーミル、最小は秋田県の七・六パーミルであり、

両者の差はわずかに五パーミルにしかすぎない。このように、過去八〇年間の日本における出生率の変遷の歴史は、出生率低下の過程であると同時に、地域間の違いが消失していく均質化の過程であるといってよい。したがって、近年の出生率についてはさておき、戦前の出生率を語る際、「日本の出生率は……」などと、日本を一枚岩のように扱うことはそれ程簡単なことではない。

このような観察から生まれる次の質問は、当然、戦前における出生率の地域間の違いとは具体的にどのようなものであったのか、その違いは何に起因しているのか、そして普通出生率でみられた地域差は他の人口指標でもみることができるのかなどである。残念ながら、私たちはこれに対する明瞭な答えを持ち合わせていないのが現状である。(3) このようなことを念頭に置きつつ、本章は、日本が均質化する以前の日本国内における人口学的特徴の基本的な部分を、地域性という視点から明らかにしようとするものである。

二　平均世帯規模

ここでは、まず最初に、基本的な指標である平均世帯規模（一世帯あたりの平均人数）の地域性をみてみたい。一九二〇年における世帯規模の全国平均は、四・九五人とほぼ五人、標準偏差が〇・四二人、最大値が五・九四人（山形県）、そして最小値が四・四二人（山口県）であった。平均世帯規模というと、日本国内の地域性が比較的小さく、頑強性の強いものと想像しがちであるが、実際には、四七都道府県の標準偏差は〇・五人に近く、最大を示す山形県と最小を示す山口県の間では、一・五人以上の違いがあり、日本国内において、かなりの地域差が存在した。

図12‐2は、この地域性をわかりやすく表示するため、最大の平均世帯規模を示す山形県と最小の世帯規模を示す山口県の間を等分に五段階に分け、各都道府県の平均世帯規模を図示したものである。(4) この図では、色の濃い都

図12－2　都道府県別による平均世帯規模（1920）

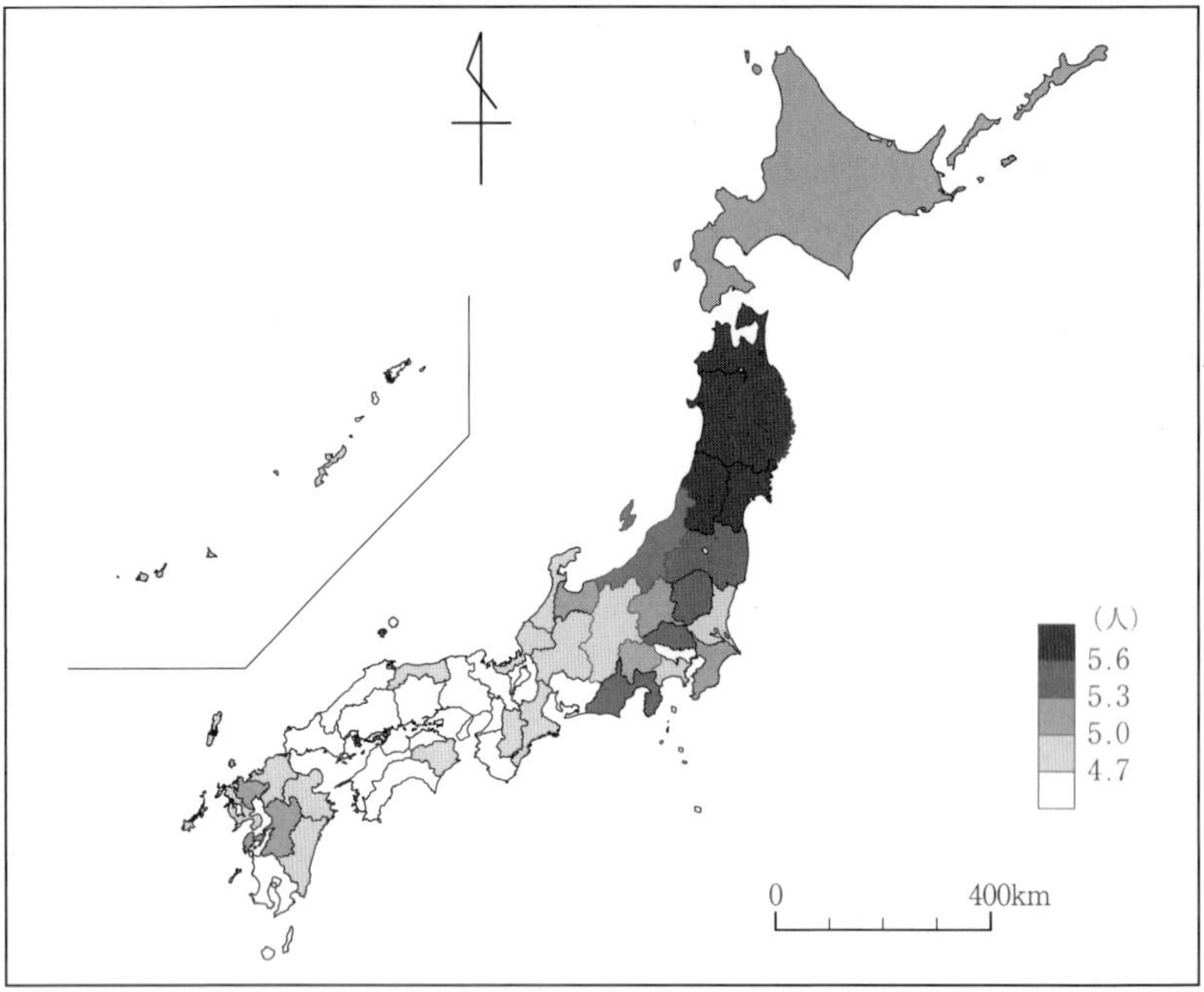

道府県の世帯規模は全体的に高く、逆に色の薄い都道府県の世帯規模は低いことを表している。ここからわかるように、一九二〇年における日本の世帯規模は、東日本で大きく、西日本で小さいという、比較的明瞭な地域性を持っている。特に、山形県以北の東北の五県（青森、秋田、岩手、山形、宮城）の世帯規模は、いずれも六人に近く、他地域とは一線を画している。これに次いで、大きい世帯規模を持つ県は、福島、栃木、新潟など、上の東北五県の南に隣接する地域の諸県である。

一方、平均世帯規模の小さい県は西日本に分布しているが、とくに、中国地方と四国地方に集中している。具体的には、中国地方では山口、岡山、広島、島根、四国地方では高知、愛媛などであり、これらの県の平均世帯規模はいずれも五人に達していない。また、これらと同じく小さい規模の世帯を持つのは、大阪、京都、東京など、都市化の進んだ地域であり、一世帯あたりの人数は五人よりかなり低いレベルにある。

三　乳児死亡率

ここでいう乳児とは、出生から満一歳の誕生日までの子ども、すなわち〇歳児をいう。乳児死亡率は、出生一〇〇〇に対する乳児死亡数の割合であるが、ここでは、ある年に生じた乳児死亡数を同年の出生総数で除し、一〇〇〇を乗じた数値を使っている。このように計算された一九二〇年の乳児死亡率の全国平均は一六三パーミル、標準偏差が二八パーミル、最大値が二二三パーミル（大阪府）、そして最小値が八九パーミル（沖縄県）となっている。(5)

図12‐3は、図12‐2の平均世帯規模と同じように、最小値と最大値の間を等分に五段階に分け、各都道府県の乳児死亡率を図示したものである。日本全体をみると、前述の平均世帯規模でみられたのと同様に、乳児死亡率においても、東日本と西日本の対立があり、東日本の乳児死亡率は高く、西日本の乳児死亡率は低いという傾向がある。当時の乳児死亡率としても高いレベルである一八〇パーミルを超える県は、青森などの東北地方から日本海側の北陸地方、および茨城、千葉、埼玉という北関東地方に分布している。一方、乳児死亡率の低い県をみると、沖縄、鹿児島、宮崎、そして山口、愛媛などがあげられ、九州、中国、四国地方という西日本に分布しているのがわかる。また、スポット的に、中部地方の長野、山梨、静岡という三県も一二〇～一五〇パーミルという比較的低い乳児死亡率を示している。

図12‐3からわかるもう一つのことは、都市化の進んだ地域は高い乳児死亡率を示すということである。このことは東京などより、大阪、京都、兵庫など近畿地方において、特に顕著にみられる。前述のように、大阪の乳児死亡率は全国一高く、また、京都の乳児死亡率も一九〇パーミルを超えている。これは、東日本において高い乳児死亡率を示す県（たとえば、山形県）のレベルに匹敵する高さである。東京の乳児死亡率は、全国平均をやや上回る一

図12－3　都道府県別による乳児死亡率（1920）

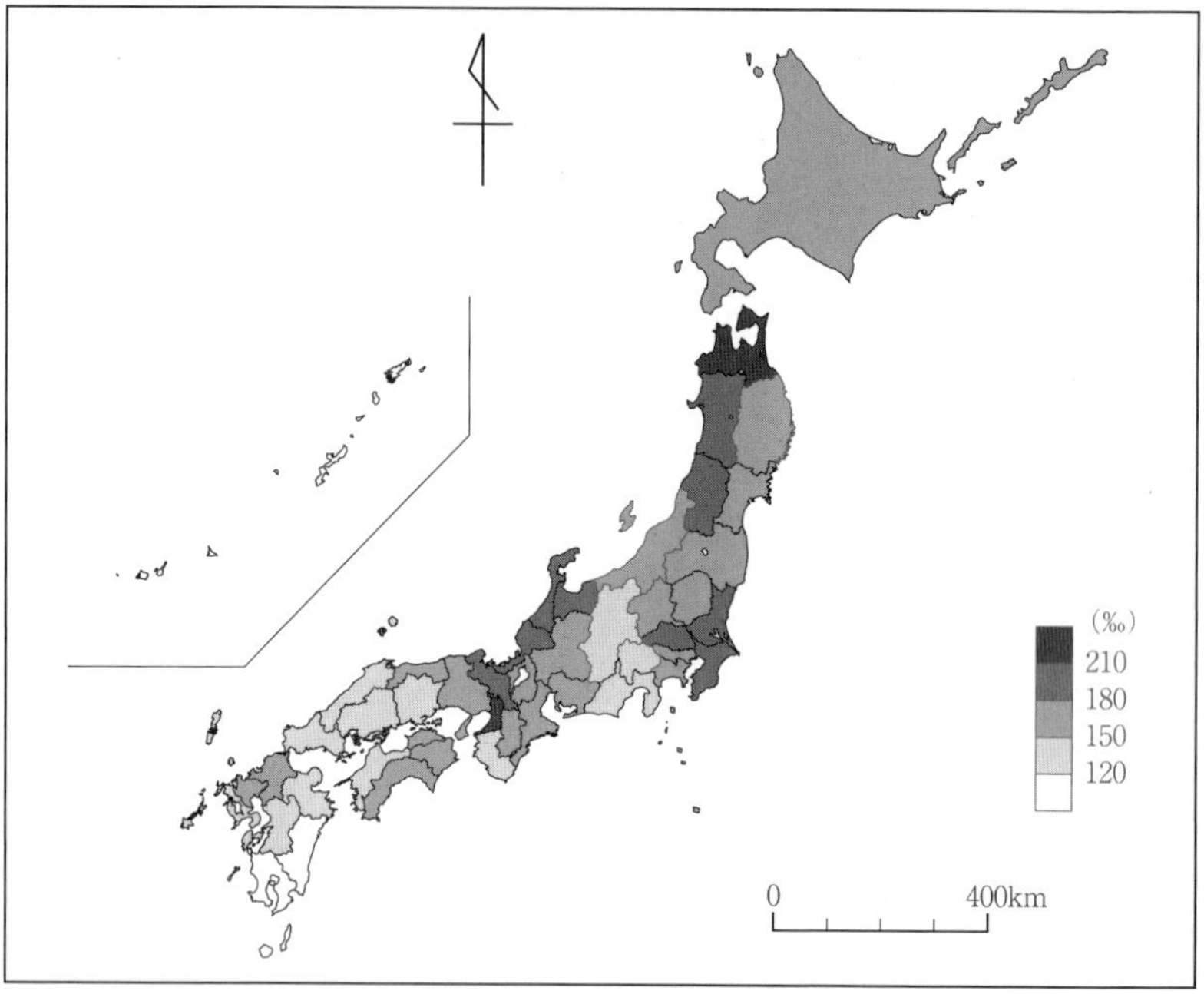

七〇パーミル前後のレベルで、大阪や京都ほど高くはない。このように、近代化の初期段階における日本の都市の乳児死亡率は、都市化の進んでいない地域の乳児死亡率より高く、そして、そのことは大阪、京都という近畿地方の都市にとくに顕著であったということができる。

四　結婚

ここでは、男子の結婚の地域性をみるために、人口学で「スマム（ＳＭＡＭ）」と呼ばれる指標をみてみたい。ＳＭＡＭはSingulate Mean Age at Marriage の略称で、国勢調査などの人口静態統計から得られる、結婚の早晩を判断する簡易指標の一つである。図12－4は、一九二五年の男子のＳＭＡＭをこれまで同様に五段階に分け図示したものである。一九二五年における日本男子のＳＭＡＭの全国平均は二四・七年とほぼ二五年、標準偏差が〇・九五年、最小値が二二・六

図12－4　都道府県別による男子の結婚年齢（1925）

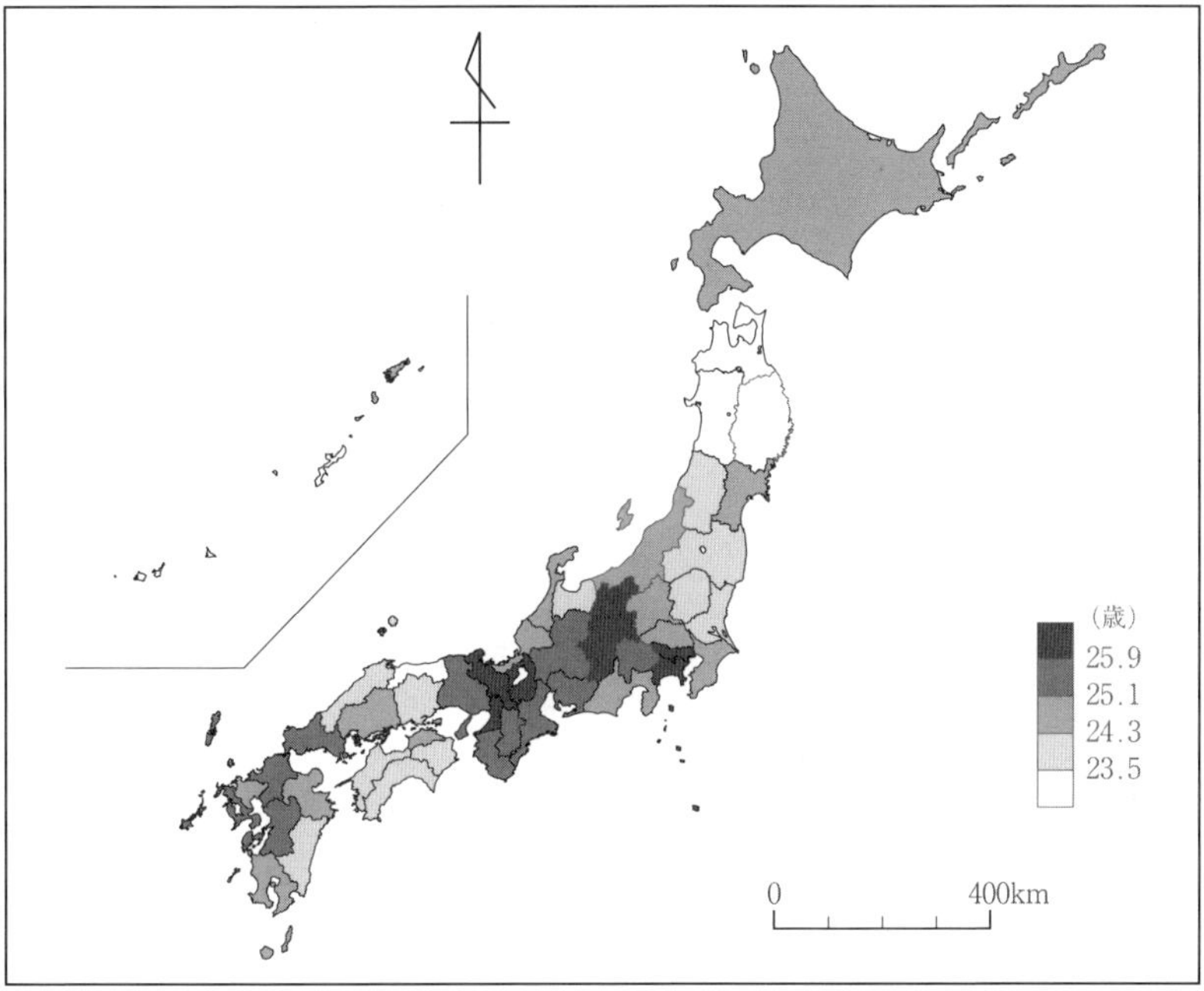

年（岩手）、そして最大値が二六・八年（東京）となっている。ＳＭＡＭの地域性については、確かに西日本に比べ、東日本、とくに東北地方の青森、岩手、秋田の数値は低いという傾向はみられるものの、前述の平均世帯規模や乳児死亡率に比べ、西日本と東日本の対立はそれ程明瞭ではない。図12－4をみる限り、東日本から西日本へ行くにしたがい、徐々に高くなっていくというよりは、むしろスポット的に、いくつかの地域のＳＭＡＭが高いのがわかる。まず目につくのが、都市化の進んだ関東地方の東京と神奈川、および近畿地方の大阪と京都である。また、都市化は進んではいないが、中部地方の長野と山梨、近畿地方の滋賀のＳＭＡＭも高い。

五　合計特殊出生率

合計特殊出生率は、前出の普通出生率と同様、出生率の一指標であり、ややラフではあるが、

図12－5　都道府県別による合計特殊出生率（1925）

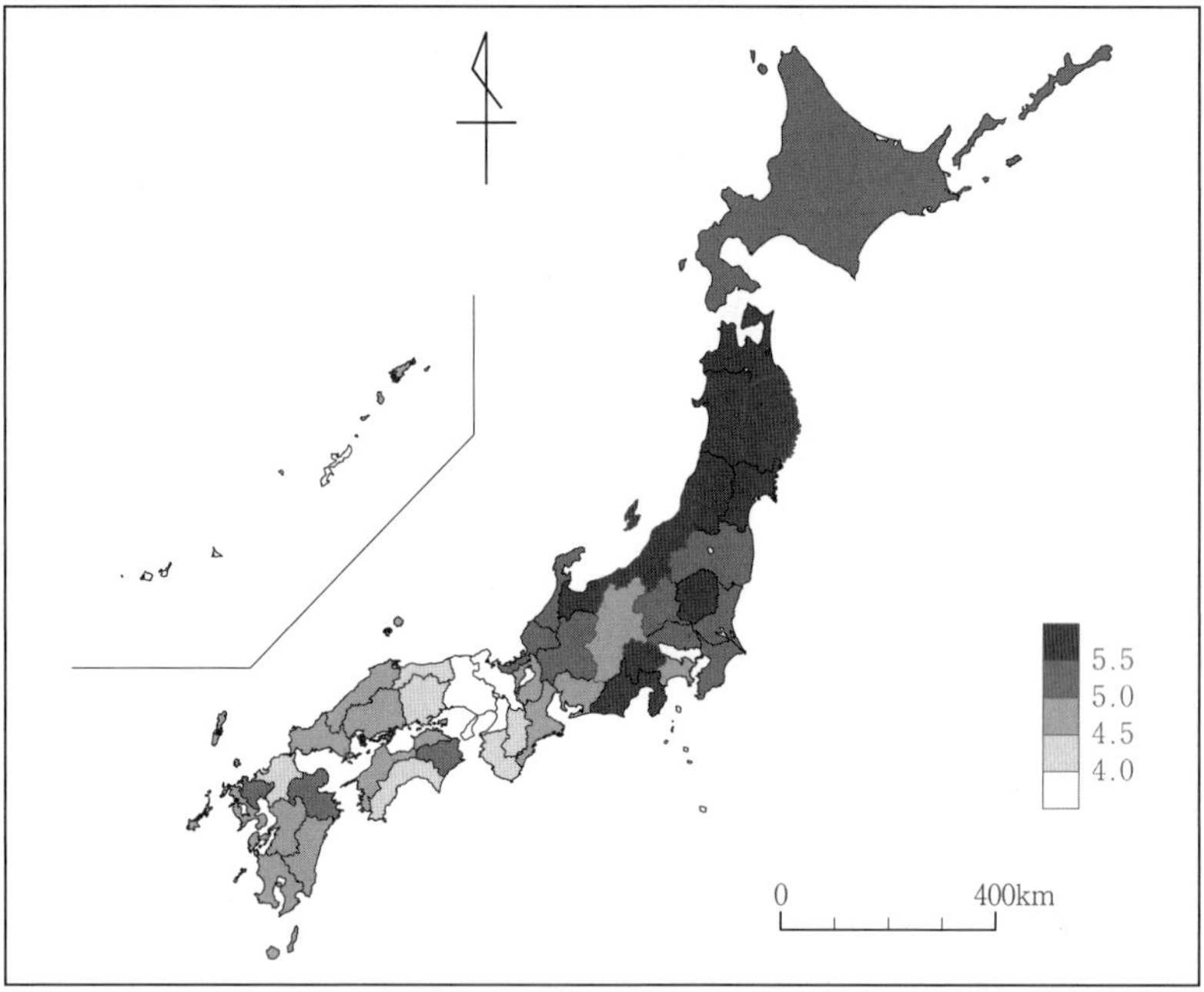

女性一人あたりの平均子ども数と解釈でき、一般的にわかりやすく、しばしば使われる指標である。日本の人口統計において、都道府県別に合計特殊出生率を計算できる最初の年は一九二五（大正一四）年であるが、この年の合計特殊出生率の全国平均は四・九二とほぼ五で、標準偏差が〇・六七、最大値が六・一〇（青森県）、そして最小値が三・〇九（大阪府）であった。図12－5は、これまでと同様に、合計特殊出生率の最大値と最小値の間を等分に五段階に分け図示したものである。全体的には、平均世帯規模、乳児死亡率と同様に、合計特殊出生率においても、東日本と西日本の対立がみられ、東日本で高く、西日本で低いという傾向がみられる。

少し詳しくみると、出生率の高い県は、青森、秋田、岩手などの東北地方から、新潟、富山などの北陸地方に伸びており、乳児死亡率の高い地域と類似している。これ以外で、高い出生率を示す県は栃木、山梨、静岡などである。これに対し、西日本では、低い出生率を示す県が多い。中国地方では鳥取、島根、四国地方では高知、九州では沖縄と福岡がとくに低い出生率を示している。これらの県以外で低い出生率を示す地域、しかも全国で最も低い出生率を示す地域は、都市化の進んだ大阪、東京、京都などであり、いずれの府県の合計特殊出生率も四・〇に達していない。都市化とそこに住む人々の出産行動との関係については、諸外国においてもしばしば観察されてきたが、日本においても、この関係は密接であり、都市化は出生率を押し下げる方向に働いたようである（後述）。

六　世帯規模と出生率の関係

これまで、平均世帯規模、乳児死亡率、ＳＭＡＭ、合計特殊出生率という四つの指標について、それぞれの地域性を個別にみてきた。以降では、これら四指標のうち、人口学的に興味深いと考えられる二つの指標の組み合わせを取り上げ、日本の地域性をもう少し詳しく吟味してみたい。図12－6は、縦軸に一九二五年の平均世帯規模、横軸に同じく一九二五年の合計特殊出生率をとり、四七都道府県をプロットした散布図である。当然、出生率の高い地域においては規模の大きい世帯が多く、逆に、出生率の低い地域では規模の小さい世帯が多いことが予想されるが、図12－6にみられるように、四七都道府県は左下から右上へと分布しており、この予想が正しいことを証明している。しかも、四七都道府県はかなりタイトに分布しており（ｒ＝〇・七八四）、一九〇〇年代前半の日本においては、世帯規模と出生率との間に、強い相関関係があったことがうかがえる。世帯規模を決定する要因はさまざまで、相続に関する慣行や家に対する意識などの文化的要因に加え、世帯形態（たとえば、直系家族や核家族）の分布、結婚率、出生率、死亡率、人口移動率などの人口学的要因も考えられる。しかし、図12－6に示された出生率と平均世帯規模の密接な関係をみると、一九二〇年代の世帯規模を決定する要因は、比較的単純なものであった可能性

図 12－6　都道府県別による合計特殊出生率と平均世帯規模の散布図（1925）

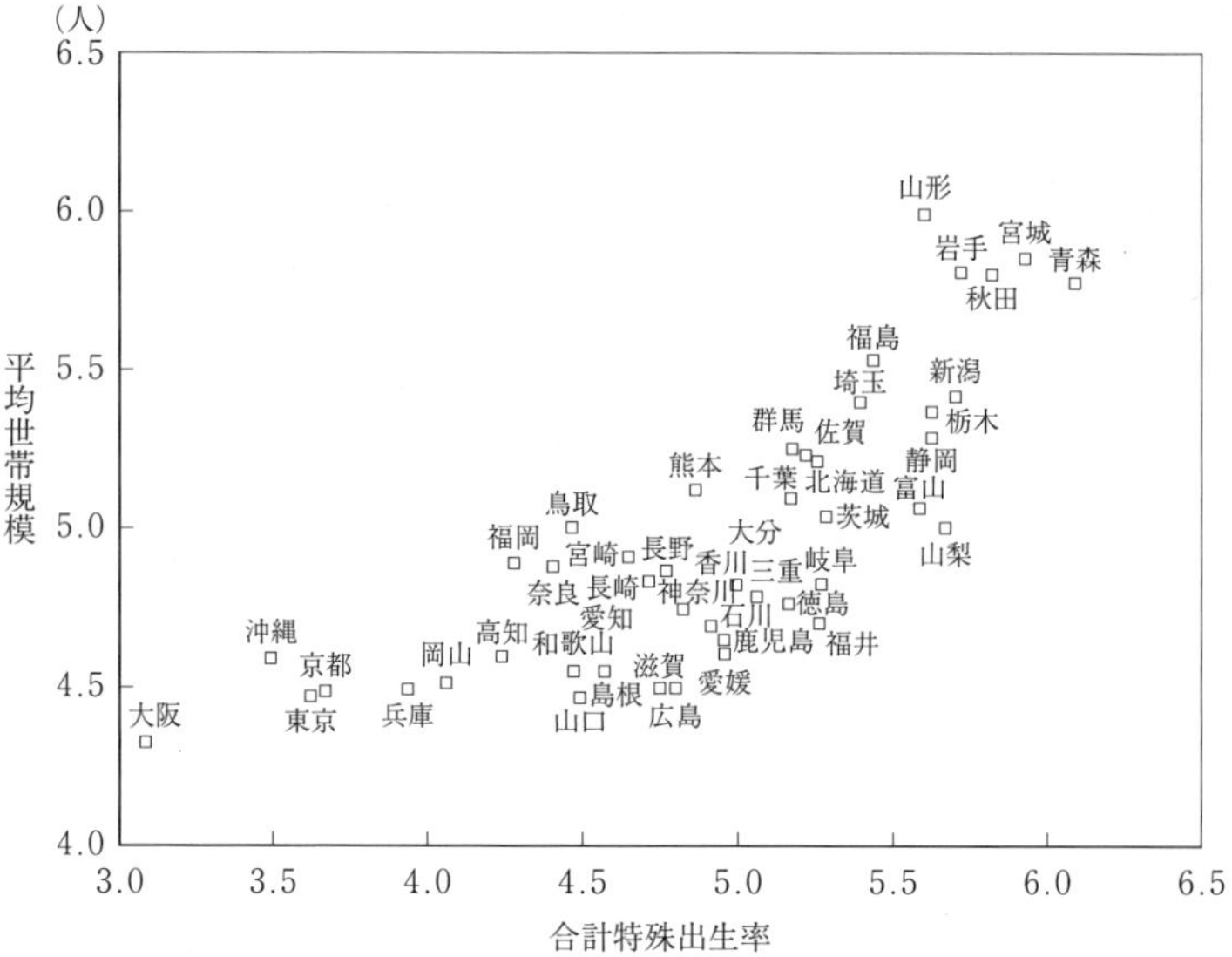

もある。

図12－6をもう少し詳しくみると、まず大阪、沖縄、東京、京都という、図の左下部分に位置するグループが目につく。沖縄を除けば、これらはいずれも都市化の進んだ地域であり、小さい世帯規模と低い出生率を特徴としている。具体的には、世帯規模は四人と五人の間、そして合計特殊出生率は三から三・五の範囲にある。

図12－6からわかるもう一つの点は、大阪などの図の左下に位置するグループを除けば、概して、図の右上部分から左下部分にかけて対角線上に、東日本に位置する県から西日本の県が並んでいるということである。右上に位置する県のなかでも、最も右上にあるのは青森、秋田、岩手などの東北の五県であり、大きい世帯規模と高い出生率が特徴である。その世帯規模は六人前後、出生率は六に近く、これを大阪などの都市化の進んだグループのものと比較すると、東北五県の世帯規模は一・五人ほど大きく、また出生率はほぼ二倍になっている。東北五県のすぐ左下に分布しているのは、その南に隣接する福島、新潟、栃木、埼玉などの南東北から北関東地方の

諸県、および北陸地方の諸県である。さらに、このグループの左下には多くの県が集中しやや識別しにくいが、最も左下には、兵庫、岡山、山口、高知、福岡など、西日本に位置する諸県が分布しているのがわかる。

七　乳児死亡率と出生率の関係

図12－7は、乳児死亡率と出生率の関係を観察するために、縦軸に一九二五年の合計特殊出生率、横軸に一九二五年の乳児死亡率をとり、四七都道府県をプロットした散布図である。前述の乳児死亡率と合計特殊出生率に関する個別の議論も参考にしつつ、図12－7をみると、特徴の異なる四つの地域を見出すことができる。すなわち、第一の地域は、図12－7の右上部分に位置するグループであり、青森、秋田、富山など東北地方から北陸地方の諸県がこれに含まれる。この地域は、高い出生率と高い乳児死亡率、いわば「多産多死」を特徴としている。第二の地域は、図の左下から左中央部分にかけて位置する鹿児島、熊本、山口、愛媛などのグループであり、九州、四国、中国地方の諸県が主である。この地域の特徴は、低いレベルから中レベルにある出生率と低い乳児死亡率、いわば「少産少死」である。第三の地域は、図の右下部分に点在するグループであり、大阪、京都、東京など、都市化の進んだ地域である。この地域は、低い出生率と高い乳児死亡率、いわば「少産多死」をその特徴とする。最後の第四の地域は、これら以外の県で、上の三つのグループに挟まれた部分に分布し、中程度の乳児死亡率と中程度の出生率を特徴としている。

この第三の地域の特徴は、都市化の過程とそこに住む人々の人口学的行動の関係について興味深い示唆を与えてくれる。すなわち、都市化の進んだ地域では、そうでない地域に比べ、医師や医療施設が多く、また公衆衛生設備なども整備されやすいため、そこでの死亡率は低いのではないかと、現在の私たちは想像しがちである。ところが、このような想像に反して、一九二〇年代、近代化初期段階の日本の都市における乳児死亡率は高かったのが現実である。これは、この時期の都市では、流入人口による人口の急増により、住民が集中して住み、居住環境が悪化するのに加え、人口の出入りの激しさのため、人々は種々の伝染病の蔓延に無防備だったことなどが考えられる。

このような状況は、日本の都市に限られたことではなく、一九世紀のロンドンもこのような状況にあり、イギリスの著名な歴史人口学者であるリグリィは、このように死亡率の高い都市を「都市という墓場（urban graveyard）」と呼んだ。(6) 同様な議論は、速水融によって、日本についてもなされており、彼は都市にみられる高い死亡率を「都市蟻地獄」と呼んでいる。(7) 近代化の初期段階における都市が「少産多死」と特徴づけられるのであれば、それが示唆するところは、都市は、その人口再生産能力（出生－死亡）が弱く、都市を都市たらしめるには、周辺地域からの人口流入が不可欠であったということである。時代は少し遡るが、Sasaki は、江戸時代の地方都市である飛騨高山の人口研究を行い、この地方都市自体の人口再生産能力は脆弱で、周辺地域からの人口流入がなければ、その人口を維持することが不可能であったことを見出している。(8) 図12－7に関するうえの議論は、江戸時代の高山においてみられた状況が大正期の大阪、京都、東京においても存在していたことをうかがわせるものである。

人口学では、人口転換理論という古典的な理論がある。(9) この理論は、社会の近代化が進行するに伴い、その社会の人口学的特徴が多産多死の状態から少産少死の状態へ移行するとし、その因果関係を説明しようとしたものである。この理論において、出生率が下がり始める原因の一つとして、乳幼児死亡率の低下があげられている。すなわち、人口転換以前の段階では、乳幼児死亡率が高く、成人に達することのできる子ども数が限られていた。ところが、近代化の進展とともに、乳幼児死亡率が低下し、子どもたちが成人に達する確率が高まったため、親たちは、従来のように、多くの子どもを必要としなくなり、これが出生率低下のための動機を与え、その結果、社会全体の出生率は下がり始めるという議論である。

図12-7　都道府県別による乳児死亡率と合計特殊出生率の散布図（1925）

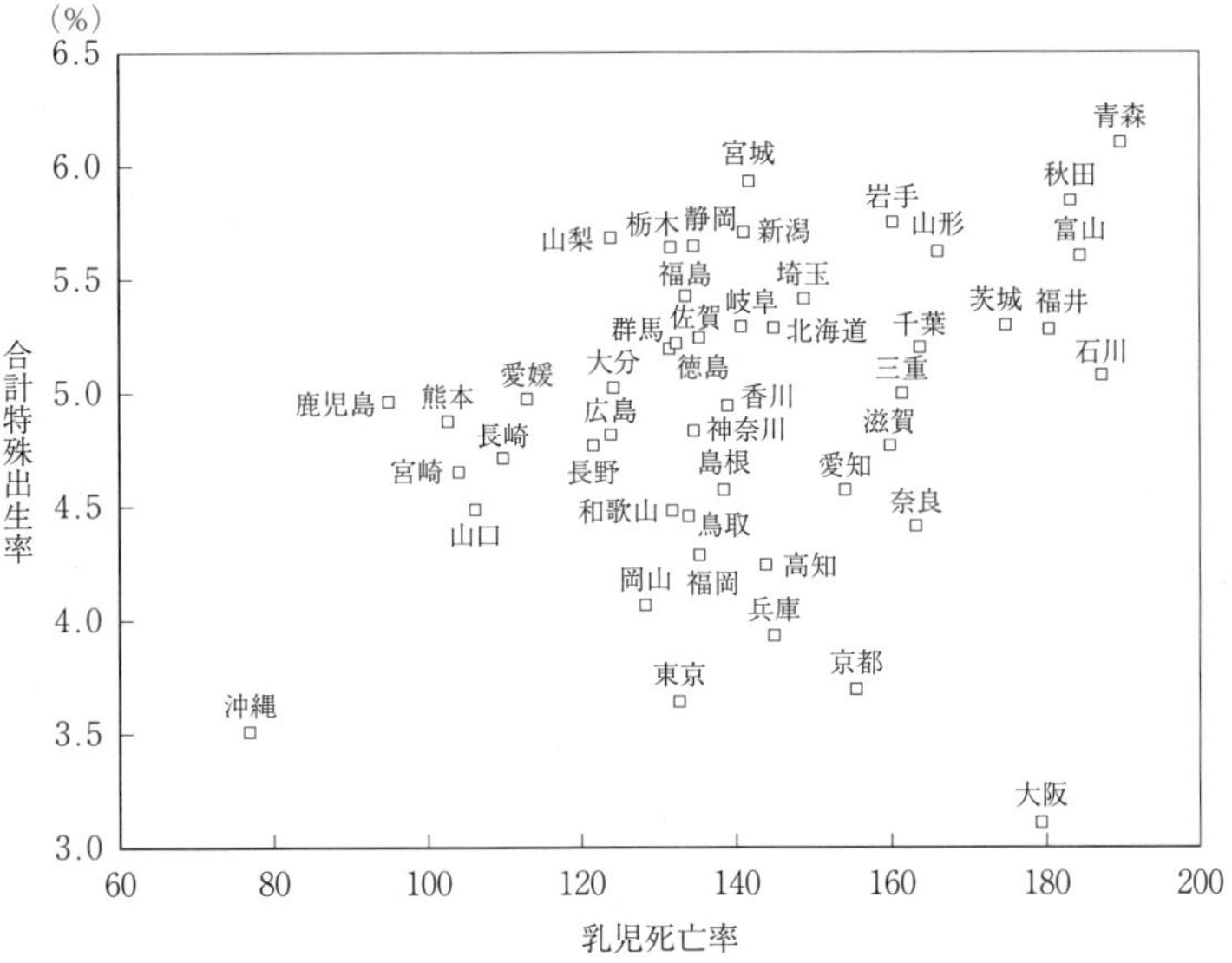

ところが、図12-7は、このような議論とは異なるプロセスを示唆しているようである。すなわち、一九二〇年代における東京、大阪、京都などの都市では、乳児死亡率が低下し始める、あるいは周辺地域より低いということはなかった。現実はこれとは逆で、日本の都市における乳児死亡率は、周辺地域よりも高かったのである。前述したように、これは、公衆衛生施策などが未発達な状況の下、多くの流入人口を抱えなければならなかったことや伝染病の流行に対し、この時期の都市が無防備であったことなどに原因があると考えられる。

「少産多死」という特徴を持つ都市の低い出生率については、二つの理由が考えられる。一つは、流入人口はその性格上、若い未婚者が多いため、これが都市全体の結婚率を下げ、同時に出生率も押し下げていたことが考えられる。前のSMAMのところですでに述べたように、関東地方の東京と神奈川、近畿地方の大阪と京都という、都市化の進んだ地域の結婚は遅かったのである。もう一つの理由は、結婚後の夫婦の出生率についても、都市では、他の地域より低かったと考えられる[10]。

いずれにしても、一九二〇年代の日本の都市をみる限り、いわゆる近代化によって、乳児死亡率が低下したということはできない。近代化が何らかの影響を乳児死亡率に及ぼしたのであるなら、少なくともその初期段階においては、近代化は乳児死亡率を押し上げたのであり、人口転換理論で主張されるように、近代化の進展に伴い、乳児死亡率がまず低下し、その結果、出生率も低下し始めるという過程は、日本の都市では起きなかったと考えたほうが妥当である。

八　近代化初期における二つの対立軸

近代化が社会にもたらすインパクトは多様であるが、その一つに、地域性が徐々に失われ、社会全体が均質化していくことがあげられる。このことに着目すれば、近代化の過程は均質化の過程であるともいえる。人口学的立場からみても、近代化以前あるいは近代化初期段階の日本国内には、かなりの地域差が存在した。ところが、近代化に伴う均質化によって、現在、日本の地域性は急速に失われつつある。このような状況を考えると、日本人の人口学的行動を理解するためには、地域性を理解しておくことはきわめて重要なことであるといえる。

本章は、このような観点に立ち、日本全体を一枚岩のように扱うのではなく、日本人の人口学的行動の地域性をよりよく理解するための観察をいくつか行なった。具体的には、かなりの地域性が存在した一九二〇年代の人口統計から基本的な人口指標を計算し、近代化初期段階の日本において、どのような地域性が存在したのか、またそれが示唆するところは何なのかということを検討した。本章で検討した指標は、平均世帯規模、乳児死亡率、SMAM（結婚の早晩を判断する簡易指標）、合計特殊出生率の四指標であったが、ここから得られた結論は、日本国内の地域性を語る際には、少なくとも、東日本と西日本という対立軸と都市化の進んだ地域と農村地域という対立軸の二

表12－1　日本における地域性に関する2つの対立軸（1920年代）

Ⅰ．東日本・西日本の対立軸	
東日本：	大きな世帯規模，高い出生率，高い乳児死亡率
西日本：	小さな世帯規模，低い出生率，低い乳児死亡率
Ⅱ．都市・農村地域の対立軸	
都市地域：	小さな世帯規模，低い出生率，高い乳児死亡率，高い結婚年齢
農村地域：	大きな世帯規模，高い出生率，低い乳児死亡率，低い結婚年齢

つを考えなければならないということである。東日本と西日本の対立軸については，平均世帯規模，合計特殊出生率，乳児死亡率において，きわめて明瞭に観察することができる。すなわち，表12－1に示したように，東日本は大きな世帯，高い出生率，そして高い乳児死亡率を特徴とするのに対し，西日本は小さな世帯，低い出生率，そして低い乳児死亡率を特徴とする。ここでみたもう一つの指標である結婚年齢については，東日本と西日本の対立がまったく存在しないというわけではないが，他の三指標に比べ明瞭ではない。むしろ，比較的早婚の地域と比較的晩婚の地域が日本国内に混在している状況であった。

都市化の進んだ地域と農村地域という対立軸については，一九二〇年代，都道府県レベルで都市的性格が明瞭にみられるのは東京，大阪，京都のみであり，日本全体としてみれば，「例外的」と形容できるほど限られた地域でしかない。裏を返せば，この時期のほとんどの地域は，明治時代からの農村的性格を維持していたのである。この時期の都市的特徴は，小さな世帯，低い出生率，高い乳児死亡率，高い結婚年齢であり，一方，農村的特徴は大きな世帯，高い出生率，低い乳児死亡率，低い結婚年齢であった。言い換えれば，当時の都市は「少産多死晩婚」であり，農村は「多産少死早婚」であった。このように，近代化初期段階の都市は，人口増加を抑制するような構造を持っており，一方，農村地帯は人口増加を助長するような構造を持っていた。また，このことは近代化の進行とともに，乳幼児死亡率がまず低下し，それが出生率低下の一因になるとする人口転換理論の主張と必ずしも一致せず，日本人の人口学的行動をよりよく理解するためには，今後，注意深く研究を進めていく必要があることを示唆している。

注

（1）沖縄県は、一九四五年から一九七二年まで米国の領土であったため、この期間の人口数、出生数、死亡数などの人口統計は日本政府が公表したものには掲載されておらず、そこから出生率や死亡率などを計算することができない。したがって、この期間の普通出生率は図12－1に示されていない。この問題は、本章で扱う他の人口指標についても同様である。また、図12－1については、四七都道府県すべての趨勢を示しているが、必要以上に煩雑になり、見にくくなることを避けるため凡例を付していない。この図の目的は、個々の都道府県の趨勢を追うことより、四七都道府県全体の趨勢を鳥瞰図的にみることである。

（2）一九二〇年の人口動態統計と国勢調査の数値をそのまま使い計算すると、普通出生率の最小値を示すのは沖縄県の二四・四パーミルである。しかし、この低いレベルの出生率は、出生の過少登録が原因であるという可能性も否定できないため、ここでの議論からは除外した。実際、人口統計から直接計算された沖縄県の普通出生率は、一九二〇年から一九四〇年にかけて上昇し、他の道府県の趨勢とは異なる。沖縄におけるこの期間の出生率の上昇は、出生登録の改善という可能性もある。

（3）日本国内の地域性に関しては、Tsubouchi（1970）、高橋（一九七二、一九九九、二〇〇二）、河邊（一九七九）、伊藤（一九八七）、河野（一九九二）、廣嶋・三田（一九九五）、などの研究はあるものの、その数は意外に少ない。

（4）本章にある人口地図の作成には、地図ソフト「マンダラ」を使用した。

（5）沖縄県の乳児死亡率は、この時期のものにしてはやや低すぎるようである。この原因として、これまでも指摘している通り、不完全な人口統計、とくに出生と乳児死亡の過少登録などの可能性が考えられる。

（6）いわゆる「urban graveyard」については、Wrigley（1967）、Davis（1967）、Sharlin（1978）、Kinoshita（1984）などを参照されたい。

（7）たとえば、速水（一九九七：八七～九三頁）を参照。

（8）Sasaki（1985）を参照。

（9）人口転換理論は、ほとんどの人口学関連入門書で扱われているが、理論の形成過程を知るためにはNortestein（1945）などが参考になる。

（10）木下（二〇〇二）を参照。

参考文献

Davis, Kingsley, "The Urbanization of the Human Population," *Cities*, New York: Alfred A. Knopf, Inc., 3-24, 1967.

速水融『歴史人口学の世界』岩波書店、一九九七年。

廣嶋清志・三田房美「近年における都道府県別出生率較差の分析」『人口問題研究』一九九五年、一～三〇頁。

伊藤繁「明治大正期府県別出生率の分析」『帯広畜産大学学術研究報告』第一五号、一九八七年、六三～七三頁。

河邉宏「出生力低下のパターンの地域差について」『人口問題研究』第一五〇号、一九七九年、一～一四頁。

Kinoshita, Futoshi, "Demography of Pre-industrial Japan-Comparative Study of Rural and Urban Population," Unpublished manuscript, University of California, Berkeley, 1984.

木下太志、文部科学省科学研究費補助金基盤研究（C）（2）研究成果報告書『日本における人口転換理論の実証的検証――人口構造と近代化の関係に関するヨーロッパと日本の比較』愛知江南短期大学、二〇〇二年。

河野稠果「わが国における出生力転換の要因に関する考察」『人口問題研究』第四八巻第一号、一九九二年、一～一五頁。

内閣統計局『国勢調査以後　日本人口統計集成1　大正九～一〇年』復刻版、東洋書林、一九九四年。

内閣統計局『国勢調査以後　日本人口統計集成3　大正一三～一四年』復刻版、東洋書林、一九九四年。

Nortestein, Frank W., "Population—The Long View," T. W. Schultz ed. *Food for the World*, University of Chicago Press, 36-57, 1945.

岡崎陽一「人口再生産構造の分析――その低下と地域差について」『人口問題研究』第一四六号、一九七八年、一～一七頁。

Sasaki, Yoichiro, "Urban Migration and Fertility in Tokugawa Japan: the City of Takayama, 1773-1871," S. B. Hanley and A. P. Wolf, eds. *Family and Population in East Asian History*, Stanford, CA: Stanford University Press, 133-153, 1985.

Sharlin, Allan, "Natural Decrease in Early Modern Cities: A Reconsideration," *Past and Present*, no. 79, 126-138, 1978.

Taeuber, Irene B., "Japan's Demographic Transition Re-examined", *Population Studies*, vol. 14, No. 1, 28-39, 1960.

高橋眞一「都道府県別標準化人口動態率――昭和四五年」『人口問題研究』第一二七号、一九七三年、五一～六一頁。

高橋眞一「戦間期日本の人口増加システムと地域出生力」『国民経済雑誌』一八〇巻第三号、一九九九年、一五〜二七頁。
高橋眞一「第二次大戦後の日本の人口転換をめぐる問題」『国民経済雑誌』第一八五巻第三号、二〇〇二年、二一〜三二頁。
Tsubouchi, Yoshihiro, "Changes in Fertility in Japan by Region : 1920-1965", *Demography*, vol. 7, No. 2, 121-135, 1970.
Wrigley, E. A., "A Simple Model of London's Importance in Changing English Society and Economy, 1650-1750", *Past and Present*, no. 37, 44-70, 1967.

第Ⅳ部　史料とデータベース

第13章　支配形態と宗門改帳記載

——越前国を中心として——

松浦　昭

一　宗門改制度

宗門改制度の起源についてははっきりしないが、幕府が一六六四（寛文四）年に諸藩に対し宗門改専管の機関を常置することを命じた後、各地で宗門改帳が作成されるようになった。幕府の基本政策であるキリスト教禁止を実現する手段として、宗門改帳作成は義務づけられた。[1] しかし、その書式は決して統一されたものではなかったことは、早くから指摘されているところである（速水 一九七九：五七頁）。しかも独自の方法で宗門改を実施した藩も多かった。和歌山藩では八歳になって初めて宗門改帳に登録した（関山 一九五八：五八頁）。初期には、寺請ではなく世俗請や神道請も行なわれていた。

このように宗門改帳の記載内容・方法等において多様性がみられるが、本章では支配形態と宗門改帳記載との関係を中心に考察する。その際次の三点についても、検討してみたい。その一つは、表題名は単なる飾りではなく、記載内容を表すものとなっているかどうか。二つ目は、宗門改帳から宗門人別帳に変化したといわれているが、果たしてどうか。そして最後に支配形態の相違によって、宗門改帳とくに表題名にどのような変化がみられたかを考察する。

今回使用する資料は、佐久高士編『越前国宗門人別御改帳　全六巻』（以下『資料』と記す）である。この『資料』は、表題名だけではなく記載内容まで知ることができる点で、本章の目的と合致している。これまでは宗門改帳を使った研究では村や藩レベルのものが多かったが、今回は範囲を国レベルまで拡げることができた。ここでの作業結果は、今後全国レベルで検討する際に重要な手がかりを与えてくれるはずである。(2) また各年次の支配関係を調べるために『日本地名大辞典　福井県』を利用した。支配が入り組んでいる場合等は支配を特定することが困難なことも多いが、今回は幸いすべての地域、年次について支配関係が判明した。

本論に入る前に、簡単に資料の加工方法について述べておこう。『資料』には六八種九七五冊の資料が収録されているが、明らかに人別帳や宗門改帳でないもの（五人組判形帳、氏子取調帳、牢人一件人足帳等）は除外した。また壬申戸籍につながるような戸籍資料も今回は対象外とした。ただし、越前国では一八五〇年頃より戸籍帳・戸籍御改帳が現れ始めるが、これは壬申戸籍とは性格を異にするので対象とした。その結果、最終的には六八一冊を対象とすることになった。六八一冊より表題名、町村名を摘記し、各人の名前、年齢、旦那寺名、持高について記載の有無を記録した。さらに備考欄を設け、主に階層名や分冊についての情報を記した。これをいわば原本として以下の分析を行なった。

二　表題名と記載内容

名称からの分類

『資料』には前述のようにさまざまな表題名がみられるが、名称から宗門改帳、人別帳、宗門人別帳、その他の四つに分類した。宗門改帳には、宗旨改帳、男女宗旨帳、宗門御改人高帳、切支丹宗門御改帳等が含まれる。同様に人別帳には、人家御改帳、高付人付人馬御改帳、男女人別御改帳等、宗門人別帳には、宗旨人別御改帳、切支丹宗門人別御改帳等が含まれる。その他は、大きく分けて複合型と戸籍帳が含まれる。複合型というのは、宗門五人組改帳、五人組人別帳といったもので、性格の異なる帳面が一冊になっているケースである。前半には複合型が多く、後半になると戸籍帳が増える。

四種類の帳面について、名称にしたがって項目ごとの記載の有無と時期別変化を示したものが表13－1である。○印は記載有りで、×印は記載無しを表している。人別帳に名前だけのものが一冊あるが、この表題名は『人別帳原本ハ写本（佐久）』となっており、世帯人数と世帯主と思われる名前のみが記されてある。また宗門人別帳にも年齢、持高記載のないものが一冊あるが、この表題名は『卯ノ宗門御改人別相改帳』（敦賀郡田尻村）となっている。本来宗門改帳に分類してもよいものかもしれない。期間はデータの残存具合を勘案して次のように定めた。

Ⅰ期（一六五九～一七五〇）、Ⅱ期（一七五一～一八〇〇）、Ⅲ期（一八〇一～一八二〇）、Ⅳ期（一八二一～一八三〇）、Ⅴ期（一八三一～一八四〇）、Ⅵ期（一八四一～一八五〇）、Ⅶ期（一八五一～一八六〇）、Ⅷ期（一八六一～一八六五）、Ⅸ期（一八六六～一八七一）。

この表から次の諸点を読みとることができる。

表13－1　名称からの分類

年代	名前	年齢	寺名	持高	Ⅰ期	Ⅱ期	Ⅲ期	Ⅳ期	Ⅴ期	Ⅵ期	Ⅶ期	Ⅷ期	Ⅸ期	合計
宗門改帳	○	○	○	×	16	22	32	26	35	40	48	64	65	348
	○	×	○	×	6	9	1	1		3	1	3	4	28
	○	○	○	○	3	5	2	5	6	3	5	3	7	39
	小計				25	36	35	32	41	46	54	70	76	415
人別帳	○	×	×	○	9	7								16
	○	○	×	×	1	4	1	8	1		2	3	5	25
	○	○	×	○	16	6	18	6	7	7	5	4	9	78
	○	×	×	×				1						1
	小計				26	17	19	15	8	7	7	7	14	120
宗門人別帳	○	○	○	○	3	19	8	11	14	12	19	13	7	106
	○	○	○	×	1	1		3			1			6
	○	×	○	×									1	1
	小計				4	20	8	13	14	12	20	13	8	113
その他	○	○	○	○	1	1		1		1	6	3	2	15
	○	○	×	○	1					2	10		2	15
	○	○	×	×							1	1	1	3
	小計				2	1		1		3	17	4	5	33

（一）宗門改帳、宗門人別帳で寺名記載のないものはない。逆に人別帳で寺名が記載されているものはない。

（二）各帳面とも主要な記載方法が存在する。すなわち、宗門改帳の多くでは名前、年齢、寺名は記載されているが、持高はほとんど記載されていない。人別帳では寺名の記載はないが、三項目記載が主流である。宗門人別帳では九〇パーセント以上で四項目すべてが記載されている。その他では二つに分かれているが、複合型はすべて記載、戸籍帳は寺名のみが記載されていないケースが多い。

（三）項目ごとの記載の全体に占める割合は宗門改帳が一番多くて六〇・九パーセント、次いで人別帳が一七・六パーセント、宗門人別帳が一六・六パーセント、その他が四・九パーセントとなっている。

寺名の記載有無で宗門改帳・宗門人別帳と人別帳との間に明確な区分があるのは当然として、宗門改帳と宗門人別帳との間に持高の記載有無によってこのように名称が使い分けられていたことは注目してよい。以上は表題名（名称）からの観察事実であるが、つぎに記載内容による分類から検討してみよう。

内容からの分類

各帳面の記載内容から判断して、少なくとも名前、寺名が記載されているものを宗門改帳、寺名の記載がないものを人別帳、四項目すべてが記載されているものを宗門人別帳とする。このように定義すると、表13－1から宗門改帳では四一五冊中三七六冊が名称と内容が一致しており、人別帳では一二〇冊すべてが一致していることがわかる。宗門人別帳でも一一三冊中一〇六冊が一致しており、各帳面とも九〇パーセント以上の高い水準で名称と内容が一致している。

これまで宗門改帳や宗門人別帳についてその内容が十分に吟味されずに、議論がなされてきた嫌いがある。(3)越前国については、名称と記載内容が高い水準で一致していたことが確認できたので、本章では各帳面を記載内容から前述のように定義してみた。表13－2は、この三分類にしたがって時期別変化を示したものである。宗門人別帳には「宗門改帳」から三九冊、「その他」から一五冊が新たに加わり、逆に七冊が「宗門改帳」へ転化したので四七冊増えて一六〇冊と大きく増加している。人別帳には「その他」から一八冊加わったのでこれも増加している。宗門改帳は三九冊減少したのに七冊しか増加しなかったので、三二冊減って三八三冊と大きく減少している。全体に占める割合も、宗門改帳五六・二パーセント、人別帳二〇・三パーセント、宗門人別帳二三・五パーセントと変化している。時期別変化ははっきりした傾向はみられないが、宗門改帳は後半に増加、人別帳は後半減少している。

一方、不一致は宗門改帳（名称）が宗門人別帳（内容）であるものが三九冊ある。支配形態ごとの内訳は、幕府三四冊、福井藩二冊、幕府・福井藩の相給二冊、美濃郡上藩一冊であり、幕府領が圧倒的に多い。逆に宗門人別帳

表13-2　内容からの分類

年代	名前	年齢	寺名	持高	Ⅰ期	Ⅱ期	Ⅲ期	Ⅳ期	Ⅴ期	Ⅵ期	Ⅶ期	Ⅷ期	Ⅸ期	合計
宗門改帳	○	○	○	×	17	23	32	29	35	40	49	64	65	354
	○	×	○	×	6	9	1	1		3	1	3	5	29
	小計				23	32	33	30	35	43	50	67	70	383
人別帳	○	×	×	○	9	7								16
	○	○	×	×	1	4	1	8	1		3	4	6	28
	○	○	×	○	17	6	18	6	7	9	15	4	11	93
	○	×	×	×				1						1
	小計				27	17	19	15	8	9	18	8	17	138
宗門人別帳	○	○	○	○	7	25	10	17	20	16	30	19	16	160

（名称）が宗門改帳（内容）であるものが七冊である。内訳は幕府三冊、福井藩二冊、鞠山藩一冊、旗本本多氏一冊である。その他（名称）の三三冊は定義からすべて不一致になる。複合型の内訳は、大野藩一三冊、幕府、福井藩各二冊の合計一七冊であり、戸籍型は福井藩一五冊、幕府一冊の合計一六冊である。ともに大野藩、福井藩といった突出した地域が存在している。不一致の合計は七九冊となる。宗門改帳、人別帳、宗門人別帳三帳面に限れば、その他の三三冊が除外されるので不一致の数は半減する。このように表題名は内容を十分に反映しており、表題名からその内容を類推することは可能である。

三　宗門人別帳化と分冊

宗門人別帳化

一般的に時代が下るにつれて宗門改帳と人別帳が統合して宗門人別帳が多くなるといわれているが、越前国ではこうした傾向は確認できるのであろうか。前記の表13-1、表13-2からも、Ⅰ期だけは人別帳がわずかに宗門改帳を上回っているが、その他の期間はすべて宗門改帳が一番多いことがわかる。宗門改帳は、全体でも名称分類では六割を、内容分類でも五割を大きく超えている。各帳面とも単純な増加、減少傾向を読みとることはできないが、強いていえば宗門改帳は増加、人別帳は減少、宗門人別帳は増減傾向がはっきりしない。こうした傾向を受けて、Ⅷ、Ⅸ期には宗門改帳の比率は却って高くなっている。このように越前国では、宗門改帳から宗門人別帳への明確な変化を名称、内容の両面から読みとることはできない。

しかし、全体でみれば宗門人別改帳化の動きはみられなかったが、幕府領に限ると必ずしもそうではない。幕府領の一四五冊についてその変化を示したものが表13－3である。幕府領では一七五〇～六〇年頃を境にして、宗門人別帳が増加し始める。表13－3によれば、一八世紀半ばを画期にして、宗門人別帳が大きく増加している様子をはっきりと読みとることができる。内容分類ではそのことが一層顕著である。後半では名称では宗門改帳でありながら内容では宗門人別帳であるものが多くあり、ほぼすべてが四項目記載になっている。越前国全体では宗門人別帳化の動きは明確ではなかったが、幕府領に限るとその傾向は歴然としている。ではなぜこのような相違が生じたのであろうか。幕府領で記載項目が統一されてくる背景の一つには、宗門人別改帳の雛形の存在があったと思われる。一例をあげれば、幕末期に大津代官から発せられた雛形が摂津国八部郡花熊村にある(4)。大津代官の支配地は河内、和泉、摂津、近江、大和、播磨にあり、その領域に限って配布されたのであろう。それゆえ、この様式が全国の幕府領全体を代表するものと即断してはならないが、幕府の意向を反映したものであったことは間違いない。この雛形の特徴は、その表題名『何宗　切支丹宗門御制禁寺請帳』に表れている。これはこの時期の表題名としては、全国的にみて特異な部類にはいる。前文に続き、各世帯の記載方法を以下のように記している。

表13－3　幕府領における宗門人別帳化

年代	分類	宗門改帳	人別帳	宗門人別帳	その他	合計
1690-1754	名称	19	9		2	30
	内容	15	10	5		30
1763-1869	名称	33	4	77	1	115
	内容	6	5	104		115

何国何郡何村何寺末寺　　　　　何国何郡何村

高何程　無高　　有無可認事

一　何宗何郡何村何寺旦那　印　　誰　印

年何才

・・・

雛形は、各世帯について名前、年齢、寺名、持高の四項目を記載するように指示する内容となっている。花熊村ではこの雛形通りの形式で表題名、前文から後書きまで忠実に宗門改帳を作成している。各地の代官から同趣旨の触が各地の幕府領に廻され、それを元に各村で宗門人別改帳が作成されたのであろう。このような雛形があれば、幕府領で統一的な記載内容になったとしても不思議ではない。実は宗門人別帳化に関する私領と幕府領との対応の違いは越前国に限ったことではなく、全国的にも同様の傾向が確認できる（松浦 二〇〇四）。

分冊

つぎに、分冊について検討してみよう。幕府は一七七六（安永五）年に翌年より一宗ごとに分冊して宗門改帳を提出するように命じた（高柳他編 一九七六：六八四頁）。この触以降各地で宗派ごとの宗門改帳が現れ始めるのは確かであるが、どの程度履行されていたかとなるとはっきりしない。この命令の効果のほどを測定することは、それほど簡単ではない。一村一宗であれば触の有無によって影響は受けないわけであり、変化をみるためには触以前の状況を知る必要がある。さらに分冊されていても、宗派ごとの帳面が残っていなければ確認できない場合もある。その場合でも、表題名に宗派名が記入されておれば、ある程度分冊していると類推できるが、確実なことはわからない。そこでとりあえず前者について作業を試みた。

まずこの触の影響を受けたと思われる最初の事例は、安永六年の今立郡清根村、同郡西青村新田の宗門人別帳である。表題名はともに『浄土真宗人別御改帳』であり、幕府領である。幕府領だけに早くも初年度に反応している。それ以前の宗門人別帳を調べてみると、両村とも浄土真宗徒だけであるが、そのときの表題名は単に『宗門人別御改帳』で浄土真宗という文言は付け加わっていない。分冊令前は越前国のすべての宗門改帳で宗派抜きの表題名である。しかし、これ以降すべての幕府領で表題名に宗派を加味するようになったわけではない。依然として宗門人別帳という表記が多くなされている。この二つの村では、一宗派であるにもかかわらず、先の法令を意識して浄土真宗という文言が書き加えられたのであろう。

それから一〇年後の一七八七（天明七）年には、一村で宗派ごとに分冊された宗門人別帳が現れている。南条郡国兼村（福井藩）では、天台律宗と法華宗の二冊の宗門改帳がある。翌年には今立郡東鯖江村（鯖江藩）で、天台律宗と禅宗の二冊の宗門改帳がある。その後各村で宗派ごとの宗門改帳が存在する。一村で一番冊数が多いのは南条郡鯖波村（福井藩）と丹生郡丹生郷村（鯖江藩）の四冊で、内訳は前者が浄土真宗、浄土宗、禅宗、法花宗、後者が浄土真宗、浄土宗、禅宗、天台律宗である。最後は明治三年今立郡有定村（鯖江藩）の浄土真宗と天台律宗の二冊の宗門改帳である。このように越前国では分冊記載が励行されていたことは明らかであるが、これだけではどの程度励行されていたかは判明しない。そこでつぎのような作業を行ない、その点を確認してみた。

一七七七年以前に宗門改帳、宗門人別帳（内容）は五二冊ある。そのうち二一冊は浄土真宗のみであり、三冊は複数宗派の門徒がいるが一冊の宗門改帳のなかに宗派ごとにまとまって記載されている。一冊は、一部分しか残存していないので判断ができない。残り二七冊は、各宗派が整然と分かれておらず、混ざり合って記載されている。半数以上の宗門改帳に、複数の宗派が混然と記載されていたことになる。一七七七年以降はどうであろうか。宗門改帳、宗門人別帳（内容）の総冊数は、四九二冊である。様相は大きく変わり、一宗だけが全体の六〇パーセントを占め、分冊や宗派・寺ごと記載を合わせると三七パーセントで、混合記載は三パーセントにしか過ぎない。一七七六年の触は、大きな効果を発揮したと認められる。しかし、わずかとはいえ混合記載が行なわれていたことにも注意しなければならない。一六冊の表題名を詳しくみてみよう。

「就切支丹御吟味ニ家内人々改帳」（敦賀郡敦賀中橋町、小浜藩）四冊

「宗門人別并五人組下帳」（丹生郡大樟浦、大野藩）五冊

「五人組人別御改帳」（丹生郡大樟浦、大野藩）一冊

「人別五人組御改帳」（丹生郡大樟浦、小樟浦、大野藩）五冊

「宗旨御改下帳」（足羽郡南居村、福井藩）一冊

はじめの四地域の一五冊は、記載内容としては宗門改帳、宗門人別帳であるが、表題名は複合型が多く、単純な名称とはなっていない。最後の一冊だけが宗門改帳でありながら、一向宗と法花宗が混ざり合って記載されている。しかし、これは下書きであり、正本では整理された形で記載されているかもしれない。正本あるいは宗門改帳という名称では、ほぼすべてで分冊令は守られていたと考えられる。(5) ただし、宗派や寺ごと記載の宗門改帳が八五冊もみられたことは、分冊令は意識されてはいたが厳格に遵守されていたとはいえない。そこには各藩、各村が実状に応じて柔軟に対応した様相を垣間見る思いがする。

四　支配形態と記載内容

支配形態による整理

『資料』に掲載されている多数の帳面をどのように整理すればよいかが、大きな問題であった。まず地域ごとに並べてみたが、はっきりとした傾向を読みとることはできなかった。つぎに支配形態（幕府領、私領、神社領、預地、相給地等）ごとにまとめてみると、ある程度整序されることがわかった。そこで四項目以外に新たに備考欄を設けて、『資料』に含まれる農民の区分に関する情報等を付け加え分析を試みた。その一部を抜粋したものが表13－4である。

全体は膨大な量になるのでここでは小藩を中心に抜き出しているが、それでも各藩のすべての事例を摘記しているわけではない。各項目を見比べてみると、藩ごとで記載内容にまとまりがあることがわかる。さまざまな表題名がみられるが、同一藩ではほぼ同じである。四項目記載の有無は完全に一致している。とくに備考欄の農民階層の表記方法に藩ごとの特徴がよく出ている。表題名や記載内容だけでなく、こうした面にも各藩の特徴を看取することができる。小浜藩は、階層記載がなく名前だけである。小浜藩、勝山藩、神社領預地、西尾藩は、ここに記載されている形式ですべて統一されている。郡上藩は最初の一つが異なっているが、ここには三冊しか記載していないがこれを含めて他の四一冊は、表題名を含めて完全に一致している。

全体的様相

表13－4からも各藩によって宗門改帳の記載内容、方法等に特徴があることがわかるが、福井藩や鯖江藩等が欠

表13－4　支配形態による整理

西暦	表題名	郡・村	支配	名前	年齢	寺名	持高	備考
1733	宗門人別五人組改下帳	丹生郡大樟浦	大野藩	○	○	○	○	高持，水飲
1857	人別五人組御改帳	大野郡右近次郎村	大野藩	○	○	○	○	高持，水役
1862	人別五人組御改帳	大野郡大宮村	大野藩	○	○	○	○	高持，水役
1753	宗門御改	今立郡小坂村	小浜藩	○	×	○	×	
1800	宗門御改帳	今立郡寺中村	小浜藩	○	×	○	×	
1858	宗門御改帳	敦賀郡疋田村	小浜藩	○	×	○	×	
1741	宗門御改帳	大野郡橋爪村	勝山藩	○	○	○	×	本百姓，水呑百姓，孀，混合記載
1822	宗門御改帳	大野郡竜谷村	勝山藩	○	○	○	×	本百姓，水呑百姓
1855	宗門御改帳	大野郡猪野毛屋村	勝山藩	○	○	○	×	本百姓，水呑百姓
1867	宗門御改帳	大野郡石徹白村	神社領郡上藩預地	○	○	○	×	頭社人，社人
1675	宗旨御改帳	大野郡横倉村	幕府領福井藩預地	○	○	○	×	高持，高不持
1775	宗旨人別御改帳	丹生郡田尻栃谷村	三河西尾藩	○	○	○	○	本百姓，水呑
1816	宗門人別御改帳	丹生郡勾当原村	三河西尾藩	○	○	○	○	百姓，水呑
1825	宗門人別下帳	南条郡下中津原村	三河西尾藩	○	○	○	○	本百姓，水，宗派ごと
1759	宗門御改帳	大野郡上野村	美濃郡上藩	○	○	○	○	村役高持，水飲高持，水飲
1805	切支丹宗門并家数人数御改帳	大野郡角野前板付村	美濃郡上藩	○	○	○	×	庄屋組頭，水呑
1806	切支丹宗門并家数人数御改帳	大野郡角野前板付村	美濃郡上藩	○	○	○	×	庄屋組頭，水呑
1807	切支丹宗門并家数人数御改帳	大野郡角野前板付村	美濃郡上藩	○	○	○	×	庄屋組頭，百姓，水呑

落しており、越前国全体の実態を知るためには十分でない。そこで記載内容を中心に全体集計したものが表13－5である。ここでは主として宗門改帳の分析を行なうので、人別帳一三八冊は除外し宗門改帳、宗門人別帳五四三冊を対象としている。支配形態ごとにその特徴を簡単にみてみよう。

(1) 福井藩（越前国）

福井を城地とする家門大藩で、坂井、足羽郡を中心に今立、丹生、吉田郡、南条郡の越前各地に多くの所領をもつ。ここに記載されている宗門改帳、宗門人別帳八五冊のほかに、家臣に給知されていることもあって高付家付人馬御改帳といった人別帳が一一一冊ある。宗門改帳はすべてが三項目記載で、宗門人別帳は四冊しかない。そのうち名称も宗門人別帳と思われるのは、元禄期の『人別宗旨御改帳』（南条郡東谷村）の一冊にすぎない。あとは『男女宗旨御改帳』『男女年御改五人組人別下帳』といった表題名である。福井藩では事実上宗門改帳に持高が記載されることはなかった。一八五〇年から戸籍帳が現れているが、寺名の記載はなく人別帳に近い。また表題名に『男女宗旨御改帳』や『男女人別御改帳』というように男女を冠したものが多いのも、一つの特徴である。一八一五年南条郡府中町で珍しく切支丹という文言のはいった『一向宗切支丹宗門御改帳』がある。村民を区分するのに初期には本百姓、水呑、高不持という用語が使われているが、その後は高持、雑家、乞食、嬬といった独特の呼び名が使われている。

（2）鯖江藩（越前国）

鯖江に陣屋をもつ譜代中藩で、今立、丹生、大野に領地を有している。今立、丹生郡を中心に一九三冊の帳面がある。そのうち五八冊が、宗派ごとに分冊されている。宗門改帳の二項目記載の四冊は、すべて一八七一年丹生郡四村のものである。四項目記載の一村は今立郡金屋村で、一人百姓の村である。ここでも福井藩同様宗門改帳に持高の記載を求めていない。人別帳は一冊のみである。表題名も宗門（宗旨）改帳がほとんどで、分冊の場合

表13－5　支配形態と記載内容

支配形態	名前	年齢	寺名	持高	合計
福井藩	○	○	○	×	81
	○	○	○	○	4
鯖江藩	○	○	○	×	188
	○	×	○	×	4
	○	○	○	○	1
幕府	○	×	○	×	6
	○	○	○	×	15
	○	○	○	○	109
大野藩	○	○	○	○	22
	○	×	○	×	3
丸岡藩	○	×	○	×	4
	○	○	○	×	9
勝山藩	○	○	○	×	9
鞠山藩	○	×	○	×	5
幕府領福井藩預地	○	○	○	×	2
	○	○	○	○	3
幕府・福井藩相給地	○	○	○	×	3
	○	○	○	○	13
福井・西尾藩相給地	○	○	○	×	1
神社領郡上藩預地	○	○	○	×	3
旗本金森氏	○	○	○	×	1
旗本本多氏	○	○	○	×	1
郡上藩	○	○	○	○	1
	○	○	○	×	41
小浜藩	○	×	○	×	7
西尾藩	○	○	○	○	7

はそれに宗派が書き加えられている。村民区分を示す百姓、水呑、水飲も共通して使われている。こうようにきわめて統一性が高いのは、初出が一七八八年であまり古いものが含まれていないことも一因であるかもしれない。

（3）　幕府

越前各地に所領を有している。そのうち今立、丹生、大野、吉田、坂井、南条各郡に一四五冊の帳面がある。人別帳関係は一五冊と少なく、他藩と比べて宗門人別帳の多さが目立つ。幕府領では先述のように一八世紀中頃以降宗門人別帳化が顕著であった。当然一つの村で宗門改帳から宗門人別帳へと名称を変更しているケースがある。たとえば、清根村では一七六四年には宗門改帳（名称）であるが、六七年には宗門人別帳（名称）となっている。宗門人別帳（名称）の初出は一七六四年西青村新田である。田島村、左右浦等遅くまで名称としては宗門改帳が残るが、その内容は四項目記載の宗門人別帳である。表題名に福井藩では珍しかった切支丹という文言が多くみられる。また幕府領では村民の区分についても特徴がみられる。本百姓、水呑百姓という用語や、百姓、高持、水呑（水飲）、雑家、無高などさまざまな用語が使われている。南条郡瀬戸村では、百姓、水呑、高倉、芋平といった珍しい呼称もみられる。幕府が何よりも重要視したのは宗門改帳の作成であり、こうした細かな点までは指示していなかったと考えられる。この点については、のちに触れてみたい。

（4）　大野藩（越前国）

大野を城地とする譜代中藩である。丹生、大野両郡に二七冊の帳面がある。そのうち人別帳は二冊である。三冊の宗門改帳は分冊形式で書かれており、年齢記載を欠いている。宗門人別帳は人別帳や五人組帳との複合型が多い。丹生郡では「水呑」もしくは「水飲」、大野郡では「水役」というように、ここでも郡により農民区分を示す語句に少し違いがみられる。

（5）　丸岡藩（越前国）

丸岡に藩庁を置く譜代中藩である。南条、坂井両郡に二二冊の宗門改帳、人別帳がある。そのうち人別帳は九冊である。村民は高持と無高に分類されているが、無高はごく普通の用語であるが、他藩ではあまりみかけない。記載内容が一見無秩序のようにみえるが、一八五一年以降はすべて三項目記載である。

（6）　勝山藩（越前国）

譜代の小藩である。すべて大野郡の帳面で、九冊の宗門改帳の記載内容は完全に一致している。村民を（本）百姓、水呑（百姓）と分類している点でも共通している。

（7）　鞠山藩（越前国）

一六八二（天和二）年に小浜藩から分知して成立した譜代小藩である。すべて敦賀郡の帳面で、五冊の記載内容は年齢と持高記載を欠いているがすべて同一である。村民に対してとくに分類をしていない。

以上が越前諸藩ならびに幕府の特徴である。つぎに預地・相給地についてみてみよう。

（8）　幕府領福井藩預地

一七世紀末の二冊は名称、内容ともに宗門改帳であるが、幕末の三冊は宗門人別帳であり、時期により二つにはっきりと分かれている。また名称も福井藩でみられた男女を冠した特別なものではない。これらの特徴は幕府領のそれと一致している。村民の分類にも、福井藩特有の雑家などは使われていない。一般に預地の管理はその預けた大名のしきたりで行なうのが原則といわれているが（国史大辞典編纂委員会 一九七九：預地）、宗門改帳の表題名や記載内容はそれとは異なっている。この他に二冊の人別帳がある。

（9）　相給地

ここで相給地というのは一つの村に複数の領主がいるという意味ではなく、相給地の可能性がある村という意味で独立の項目立てをしている。そうしたケースが、二村ある。一つは南条郡上平吹村で、もう一つは丹生郡片山村である。上平吹村は一六八六年以降幕府と福井藩の相給となるが、本村は幕府領で枝村の島村は福井藩領である。このように比較的明確に区分されており、提出先も陣屋のある本保役所となっているので上平吹村は幕府領と考えてよい。四項目記載の一三冊が、この村のものである。その表題名や記載内容は幕府領のものと一致している。

片山村は支配の交替が激しいが、一七六四年に福井藩と三河西尾藩との相給、さらに一八三一年からは福井藩と幕府の相給となっている。この村には一七七三年に『男女宗旨御改帳』（一冊）と、一八五七年に宗門御改帳（分冊形式で三冊）との四冊の帳面がある。前者は時期的には西尾藩の可能性があるが、表題名の特徴からして福井藩と判断できる。後者は幕府領の可能性もあるが、今度は村民区分に使われている高持、雑家といった言葉からこれも福井藩と考えられる。各藩の表題名や農民区分等についての予備知識があれば、限られた情報からも支配形態を特定することができる。この推定が正しければ、いわゆる相給地はなくなり幕府領が一三冊、福井藩領が四冊増えることになる。

（10）　神社領郡上藩預地

これは大野郡石徹白村で白山下ノ神社領である。『天保郷帳』では無高なので、高記載がないのは当然かもしれない。宗門改帳は同一形式で書かれており、村民は頭社人、社人、家来と分類されている。この場合は、記載形式は郡上藩のそれとよく似かよっている。

最後に、越前国以外の各藩の状況をみておこう。

（11）　郡上藩（美濃国）

八幡を藩庁とした譜代中藩である。宝暦以降美濃郡上、越前大野両郡で四万八〇〇〇石を領有している。この藩は表13－4のように特色ある表題名であるが、宗門改帳のほかにも死人弔帳等も作成している。村民の区分も時期的に早い最初だけは村役高持、水飲高持、水飲であるが、それ以降はすべて庄屋組頭、百姓、水呑となっている。

(12)　小浜藩（若狭国）

安房（勝山藩）、敦賀（鞠山藩）に支藩をもつ譜代中藩である。今立、敦賀両郡に七冊の宗門改帳があるが、村民の区分をしない点を含め細かなところまで鞠山藩と同一形式である。当然支藩である鞠山藩が、本藩小浜藩の流儀に倣ったのであろう。

(13)　西尾藩（三河藩）

三河国西尾に藩庁をおく、譜代中小藩である。丹生郡、南条両郡に七冊の宗門人別帳がある。農民の区分（本百姓、水呑）もほぼ同じで、同一形式で書かれている。しかし、丹生郡と南条郡とでは、その使用語句に少し相違がみられる。丹生郡では「水呑」、南条郡では単に「水」と記されている。

説明は割愛したが旗本二氏の分も含めて、表13－4、13－5より支配形態と宗門改帳の表題名、記載内容等との間に密接な関係があることが明らかになったと考える。

支配交替の影響

支配形態の変化が、表題名に影響をおよぼすのはこれだけではない。たとえば途中で支配が交替すれば、宗門改帳の記載内容等に変化が生じる場合がある。これを確認するためには支配の交替時期に『資料』が揃っていなければならず、事例はそれほど多くないが表13－6のようなケースがそれにあたる。村ごとに、その様子をみてみよう。

(1)　志比堺村

はじめ福井藩領で、その後一六二四年大野藩領、一六八二年幕府領、一七一九年福井藩領と支配の変遷がみられる。一六九〇年から一七二〇年まで一六冊の帳面がある。一七一九年に『享保四年亥年御代官所替我々御支配と被成候時之指上候帳面之留』という人別帳が作成され、各戸ごとに戸主名、持高、世帯人数、馬、家（大きさ）等が

表13-6　支配交替と表題名

西暦	表題名	村名	支配
1711	宗門御改帳	吉田郡志比堺村	幕府
1713	宗門御改帳	吉田郡志比堺村	幕府
1716	宗門御改帳	吉田郡志比堺村	幕府
1719	御代官所替我々御支配と被成候持之指上候帳面之留	吉田郡志比堺村	福井藩
1720	下領之内原目村覚兵衛組下志比堺村男女宗旨帳	吉田郡志比堺村	福井藩
1834	宗門御改帳	今立郡橋立村	鯖江藩
1861	宗旨御改帳浄法寺	今立郡橋立村	鯖江藩
1862	宗旨御改帳浄法寺	今立郡橋立村	幕府
1863	宗門御改帳	今立郡橋立村	幕府
1816	人別御改帳	坂井郡黒目村	幕府
1817	人別御改帳	坂井郡黒目村	幕府
1818	高家数男女人馬五年御免附御改帳	坂井郡黒目村	福井藩
1820	高家数男女人馬五年御免附御改帳	坂井郡黒目村	幕府
1821	人家御改帳	坂井郡黒目村	幕府
1823	人家増減御改帳	坂井郡黒目村	幕府
1858	宗門人別御改帳	南条郡瀬戸村	幕府
1865	宗門人別御改帳	南条郡瀬戸村	幕府
1866	宗門人別御改帳	南条郡瀬戸村	幕府
1868	宗門人別御改帳	南条郡瀬戸村	福井藩預地

書き上げられている。そして翌年になるとそれまでの『宗門御改帳』という表題名が『男女宗旨帳』という福井藩特有の名前に変化している。一七一九年の宗門改帳がないので名称の変更が、支配の交替と同時になされたかどうかはわからないが、まず支配の交替が表題名の変更をもたらしたと考えてよいだろう。

（2）　橋立村

はじめ福井藩領で、その後一六八六年幕府領、一七二〇年鯖江藩領、一八六二年幕府領と支配交替している。この村では支配交替の翌年に表題名が『宗旨御改帳』から『宗門御改帳』へと小さく変化している。たしかに見過ごしてしまうほどの細かな違いであるが、当時福井藩領では宗旨御改帳という名称がよく使用されており、一方幕府領では宗門人別帳あるいは宗門改帳が多く用いられていたことを考慮すれば、その背景に支配交替があったと考えられる。支配交替と表題名の変更の間に一年のズレが生じているが、こうしたことはほかでも見受けられる。支配交替が宗門改帳作成の後で起こった場合には起こりうることである。

（3）　黒目村

はじめ福井藩領で、その後一六八六年幕府領、一八一八年福井藩領、一八二〇年幕府領となっている。幕府領の時は『人別御改帳』や『人家増減御改帳』であったが、福井藩領になった一八一八年には『高家数男女人馬五年御免附御改帳』へと変化している。幕府領に戻った一八二〇年にも同様の記載であるが、前述のズレによるものであろう。

この表には載せていないが、折戸村も黒目村と同じ一八二〇年に福井藩領から幕府領になっている。この村には一八二〇年と三〇年しか帳面は残されていないが、二〇年は『高家数男女人馬五年御免附御改帳』で、三〇年は『切支丹宗門御改帳』となっている。二冊にしかすぎないが、それぞれ支配を反映した表題名になっている。

（4）　瀬戸村

この村は支配の交替にもかかわらず表題名に変化がみられない。支配は、一八一八年幕府領、一八六八年福井藩預地となっている。先に述べたように預地になっても幕府の記載形式が踏襲されることが多かったので、表題名には変化がない。

限られた事例ではあるが、支配の交替が起こるとそれに伴って表題名が変化することが看取できる。

近接要因

これまで宗門改帳の記載形式・内容に支配形態が大きな影響をおよぼしていることを検討してきた。たしかに支配形態は主要な要因であったが、それだけですべて説明できるわけではない。たとえば近接要因とも呼べるような

表13－7　近接要因（松成村）

西暦	表題名	郡・村	支配	名前	年齢	寺名	持高	備考
1847	宗門御改帳（禅宗）	南条郡鯖波村	福井藩	○	○	○	×	高持，雑家，分冊
1847	宗門御改帳（法花宗）	南条郡鯖波村	福井藩	○	○	○	×	高持，雑家，分冊
1849	浄土真宗御改下帳	今立郡松成村	福井藩	○	○	○	×	百姓，水呑
1849	下新庄村宗門下改帳	今立郡下新庄村	鯖江藩	○	○	○	×	各宗，百姓，水呑
1849	宗門御改帳	今立郡三ツ屋村	鯖江藩	○	○	○	×	各宗，百姓，水呑
1862	宗門御改帳	今立郡長土呂村	福井藩	○	○	○	×	高持，雑家，真宗のみ
1862	宗門御改帳	今立郡北小山村	福井藩	○	○	○	×	各宗，高持，雑家
1861	浄土真宗御改下帳	今立郡松成村	福井藩	○	○	○	×	百姓，水呑
1861	宗門御改帳	今立郡三ツ屋村	鯖江藩	○	○	○	×	各宗，百姓，水呑
1861	浄土真宗御改下帳	今立郡出口村	鯖江藩	○	○	○	×	百姓，水呑
1870	戸清喜家数男女数指上帳	吉田郡堂島村	福井藩	○	○	×	×	高持，雑家
1870	戸籍人員御改帳	坂井郡江上村	福井藩	○	○	×	×	高持，雑家
1870	浄土真宗御改下帳	今立郡松成村	福井藩	○	○	○	×	百姓，水呑
1871	宗門御改帳	丹生郡上糸生村	鯖江藩	○	×	○	×	各宗，百姓，水飲
1871	宗門御改帳	丹生郡上大虫村	鯖江藩	○	×	○	×	各宗，百姓，水呑

ものが影響していたようである。具体例をあげて検討してみよう。

表13－7は、松成村に注目して作成している。一八四九、六一、七〇年の同村の宗門改帳を挟むように上二行には同時期の福井藩、下二行には鯖江藩の宗門改帳を並べてある。松成村は本来福井藩なので各年の上二行と記載内容が似ていて当然であるが、表13－7ではそのようにはなっていない。とくに備考欄に注目してみると、松成村の農民区分としては「百姓、水呑」となっており、福井藩の「高持、雑家」とは異なっている。福井藩のすべての帳面を調べても、「百姓、水呑」となっているのはこの村だけである。一方下二行の鯖江藩では、農民区分として「百姓、水呑」という表記がなされている。この村は現在鯖江市に属している、鯖江藩近傍の村であった。松成村は福井藩領でありながら、近隣の鯖江藩の影響を受けてその表記法を用いたと考えられる。

先に幕府領ではさまざまな農民区分の用語が使われていると述べたが、ここにも近接要因が働いていたようである。たとえば、鯖江藩領が多い今立、丹生郡では鯖江藩の区分用語である百姓、水呑が用いられ、福井藩領の多い坂井郡では高持、雑家が使われている。大野藩特有の用語である水役も大野郡西大月村で使われている。しかもこの村の檀那寺を調べてみると、興味深い事実が浮かび上がってきた。檀那寺は法蓮寺、南専寺、勝授寺の三カ寺であるが、大野郡上野村（美濃郡上藩）の檀那寺にはこれらすべてが含まれている。南専寺は竜谷村（勝山藩）、法蓮寺は同郡大宮村（大野藩）等にもみかけられる。上野村は先に述べたように郡上藩で唯一記載方法が異なっていた村であるが、表13－4の備考欄をみれば大野藩の大樟浦とよく似ており、ここでも近接要因が作用していたと考えられる。しかし竜谷村は、同じ檀那寺でありながら勝山藩の様式であることが表13－4からわかる。大宮村は当然大野藩の区分を用いている。同一地域、同一檀那寺でありながら、近接要因が作用する場合と、支配形態が優先する場合の二種類あることになる。主として支配形態によって記載内容等の統一を維持しつつ、一方で近接要因を加味しながら宗門改帳は作成されていたのである。

五　観察事実

これまでの越前国の宗門改帳を用いた分析から以下のことが明らかになった。

一、題名と記載内容の間には密接な関連がみられた。

二、宗門改帳から宗門人別帳への動きは幕府領では認められるが、私領では確認できない。

三、一七七六年の分冊令は、支配形態にかかわらずよく守られていた。

四、支配形態ごとに、表題名、記載内容そして農民区分等に特徴がみられた。

五、本藩と支藩、預地等の宗門改帳の記載においても支配形態が影響している。

六、支配交替に伴って表題名も変化している。

七、近接要因も宗門改帳の記載内容等に影響をおよぼしている。

われわれは宗門改帳の記載内容、方法等が近接要因によって影響されることはあったが、これまでの分析からそれを規定した大きな要素は支配形態であったと考える。われわれは、こうした事実をもう少し大きな枠組みのなかで捉えてみたい。幕府の命令が私領ではどれほどの効力をもつのか、逆に私領、代官は幕府からどれほどの自由度を有しているのか、藩ごとの独自性はどういった側面に認められるのかといったような支配関係のあり方にも通ずる問題であると考える。宗門改帳の作成、記載内容等を分析するなかに、こうした問題に対する解答が潜んでいるように思われる。

＊　本章は、「支配形態と宗門改帳記載――越前国を中心として」『商大論集』第六〇巻第四号（二〇〇九年三月）、兵庫県立大学を再録したものである。

注

（1）作成目的については、これまでさまざまな見解が示されている。われわれは、その目的を宗教統制にあったと考える（松浦　二〇〇〇）。

（2）全国約一万五〇〇〇件の表題名の分析を行なっている（松浦　二〇〇四）。

（3）関山は、人別帳と宗門改帳の両者の性質を兼ねた帳簿を便宜上宗門人別帳と呼ぶとしている（関山　一九五八：二四頁）。

（4）神戸大学附属図書館所蔵「村上家文書」。

（5）先の花熊村の雛形では、宗旨が異なる場合の記載方法も次のように示し分冊を指示している。

是ハ　夫誰儀并外何人何宗ニテ別帳ニ差上申候

是ハ　女房并外何人何宗ニテ別帳ニ差上申候

参考文献

速水融「戸口」『日本古文書学講座　近世編Ⅱ』雄山閣、一九七九年。

角川日本地名大辞典編纂委員会編『日本地名大辞典　福井県』角川書店、一九八九年。

国史辞典編纂委員会『国史大辞典第一巻』吉川弘文館、一九七九年。

松浦昭「史料『宗門改帳』研究序説」『神戸商科大学創立七十周年記念論文集』（二〇〇〇年三月）、神戸商科大学学術研究会。

松浦昭「支配形態と宗門改帳表題名」『国民経済雑誌』第一八九巻第一号（二〇〇四年一月）、神戸大学経済経営学会。

佐久高士編『越前国宗門人別御改帳　全六巻』吉川弘文館、一九七七～一九八二年。

関山直太郎『近世日本の人口構造』吉川弘文館、一九五八年。

高柳眞三他編『御触書天明集成』岩波書店、一九七六年。

第14章　宗門人別改帳の記載形式
――記載された家族を読む――

平井　晶子

一　記載形式にみる家族観

近代の戸籍と近世の宗門人別改帳

近世の戸口資料である宗門人別改帳に家族はどのように記載されているのか、この点を明らかにするのが本章のねらいである。近代の戸籍は「家」制度を支える存在として研究者の注目を集め、法制史を中心に早くからその形式や手続きから家族規範を考察する研究が行なわれてきた（石井 一九八一、福島 一九六七）。しかし、同じような戸口資料でありながら近世の宗門人別改帳をもとに家族観や家族規範が議論されることはあまりなかった(1)。近代の戸籍は近代法にもとづくものでその枠組みが明確であり、規範を読み取ることが自然な方法と考えられたが、宗門人別改帳は記載形式が多様で、一定のルールが見出せないものと考えられたため、そこから家族規範を考えるという発想が弱かった。

たしかに宗門人別改帳の記載形式は、（藩や地域により共通点や類似点がみられる場合もあるが）一つの村でも作成年により違うことがあり、一見すると、家族規範を抽出するには不適切な資料と考えられる。しかし、記載形式が多様なことは家族観、とりわけ民衆の家族へのまなざしを考えるには有利な点ではないだろうか。記載形式が為政者の意図から離れて、個々の書き手である名主や庄屋の裁量にゆだねられていた可能性が高くなるからである（為政者の意図と実態との異同については第五節で検討する）。もし、書き手が「自由に」作成したとすれば、彼らの常識、彼らが思い描く家族のあるべき姿がそこに現れていると考えられるからである。容易には可視化されることのない民衆の家族観が宗門人別改帳の表現から読み取れる可能性が出てきたのである。

本章では、このような視点から宗門人別改帳を眺め、筆頭者との続柄や家成員の記載順など、一見無意味にみえる記録の形式から、人々が「あたりまえ」のものと考えていた家族のあり方を探ってみる。

従来の宗門人別改帳の利用法との違い

資料の形式に着目する従来の資料検討では、個別の資料の作成過程が吟味され、記録された内容が実態を反映しているのかどうかが問われた(2)。他方、家族や人口に注目する場合、〔本書の第Ⅰ部、第Ⅱ部、本書の姉妹篇『徳川日本のライフコース』（二〇〇六年）にもあるように〕記録された事実にもとづき世帯構成や相続、出生や結婚などの実態が分析された。これらいずれの研究でも、家族の捉えられ方が問われることはなかった。

また、従来の資料検討では、一ヶ村もしくは数か村の資料を用いるのが一般的であり、多くの資料をもとに量的分析を加えることは考えられなかった。しかし、宗門人別改帳には多様な形式があるので、本章では多くの資料を利用し定量的な分析を試みる。従来の研究が個別研究であり、本章が定量分析を行なうという方法論の違いは、両者の課題そのものが違うことにも起因するが、資料の発掘から整理まで膨大な時間を必要とすることなど物理的な要因も無関係ではない。本章では、この物理的制約を解消し、できるだけ多くの資料を用いて形式の比較を進めるため、すでに翻刻されたものを利用する（幸い、少なからぬ数の宗門人別改帳が、なんら省略されることなく、県史や市町村史に翻刻されている。本章ではそれらを利用させていただく。資料の一覧は章末の付録参照）。

宗門人別改帳をもとに家族を研究する場合、資料に記載された一つの単位（「一打ち」の単位）が何を意味するのかは常についてまわる問題である。一般には、世帯に類する社会的単位で個々人が書き上げらていると考えられるが、なかには「本籍地主義」（速水 一九九七：五六〜五九頁）で記録され、年季奉公に出ている成員が含まれてしまうケースや、子ども夫婦が分家し税負担も別になっているにもかかわらずそれらが反映さていないケースなど、厳密には世帯と呼ぶのにふさわしくないケースもみられる。しかし、ここでは、家族内の関係がどのように記録されているのか、その形式を検討することに主眼をおくため、あえて「一打ち」の記載単位は問題にせず、便宜上、資料に記されたひとまとまりの単位を家と称し、議論を進めることにする。

二　宗門人別改帳とは何か

「宗門改帳」と「人別改帳」

宗門人別改帳には、領民の把握を目的に一七世紀前半から作られるようになった「人別改帳」の系統と、[3] 一六一四（慶長一九）年のキリスト教禁止以降、キリシタンを取り締まるために作られた「宗門改帳」の系統、[4] 近世中期以降この二つが統合してできた「宗門人別改帳」がある（本章では、三つの資料を区別する場合、鍵括弧をつけて「人別改帳」「宗門改帳」「宗門人別改帳」と記すが、これらを総称する場合は宗門人別改帳と表記する）。

宗門人別改帳を用いた家族研究が活発になり始めた一九五〇年代、「宗門改帳」は宗旨を明らかにするために作成されるようになった帳面であり、そもそも領民の把握を目的とする「人別改帳」とは性格が違うと考えられていた。そして「戸籍史料としては本来は『人別帳』をあげるべきであって、普通漠然と考えられているごとく『宗門帳』をあげるべきではない」とみなされた（大石 一九五九＝一九七六：三八五〜三八六頁）。当時は、両方の資料が統合される以前、すなわち近世初頭に焦点があてられ、小農自立をめぐる議論が盛んに行なわれていた時期だけに、両者の違いが重要かつそれなりに意味のあるものだったといえよう。しかし、この大石愼三郎の見解は宗門人別改帳に関する一般論として理解され、その後の家族研究者の「宗門改帳」の利用が限定されることになった。一九七〇年代以降、家研究自体が衰退し、宗門人別改帳を資料とする研究が歴史人口学に偏ることになった背景にはこのことも関連していると思われる。

しかし、近年、資料の発掘が進むと同時に、新たな視点から宗門人別改帳が検討されるようになり状況が変わってきた。たとえば神谷智（一九九六）による研究では「宗門改帳の記述の正確さがさらに要求されるようになる一八世紀後期以降においてこそ、宗門改帳が戸籍原簿の役割をはたすようになった」（神谷 一九九六：一三八頁）との見解が示され、従来の見方が修正されている。また、家族史の立場からの資料検討も増え（東 一九九七、松浦 二〇〇〇、本書第13章、第16章、高木 二〇〇一、森本 二〇〇一、二〇〇二、二〇〇六）、記載内容や資料の作成過程の詳細が明らかにされてきた。たとえば森本一彦（二〇〇一、二〇〇二）の研究では同一の村でも年により表題が「人別改帳」になったり「宗門改帳」になったりするケースが紹介され、表題だけでは内容を確定できないことが示されている。

したがって、本章では、資料のタイプによる違いを確認しつつ、表題に依存することなく、さまざまなタイプの戸口資料を利用し、家族観にアプローチする。

表14－1　資料の属性[1]

地域	東北 23(16.7)	関東 20(14.5)	北陸 12(8.7)	中部 43(31.2)	近畿 33(23.8)	その他 7(5.1)	合計 138(100)
時代	1630年— 28(20.3)	1680年— 28(20.3)	1730年— 17(12.3)	1780年— 29(21.0)	1830年— 36(26.1)		合計 138(100)
種類	宗門改帳 70(50.8)	宗門人別改帳 24(17.4)	人別改帳 26(18.8)	その他* 18(13.0)			合計 138(100)

注：1)　表の数字は資料の冊数、括弧内は百分率（％）である。
　　2)　その他*の資料とは、主に五人組帳や分限帳である。内容が人別改帳や宗門人別改帳を含むため分析に加えた。

一三八冊の宗門人別改帳

以下の分析では「宗門改帳」「人別改帳」「宗門人別改帳」を含む一三八町村分の戸口資料（資料の一覧は章末の付録参照）を用いる。(5) このなかには、北は山形県から南は宮崎県まで、最初期の一六三五（寛永一二）年のものから江戸時代最後の一八六八（明治元）年のものまであり、時代の変化や地域的特性、資料の種類による違いを検討することができる（内訳は表14－1）。

地域別では、東北、関東、中部、近畿の資料がそれぞれ二〇ヶ村から四〇ヶ村分あるが、北陸や中国、四国、九州の資料は少なく、これらの地域については地域代表するものとは考えにくい。時期的には、概ね均等に分散しており（表14－1）、時代の変化が読みとれるものと期待できる。種類別では「宗門改帳」が全体の半数を占めているが、「宗門人別改帳」と「人別改帳」も二〇ヶ村分以上あり、資料別の比較も可能であろう。ただし、これらの資料は選択的に入手したのではなく、あくまで入手可能なものを集めたのであり、サンプリングのあり方としては質的にも量的にも十分とはいえない。しかし、従来の研究がせいぜい数ヶ村の資料を用いたものであったことを考えるなら、与えられた資料のなかで家族観や資料の特性を考察し、一定の仮説を立てることの意義は少なくないと思われる。

三　「記載された家族」を読む方法

ここでは、筆頭者との続柄や家成員の記載順、寺檀関係といった宗門人別改帳の記載形式から家族観にアプローチする具体的な方法を提示する。以下ではこの方法を「記載された家族」を読むと呼ぶことにする。

続柄

宗門人別改帳でよく目にする続柄は、「女房（妻）」「嫁」「娘（女子）」「母」「従姉妹」、「親（父）」「倅（男子）」「弟」「従兄弟」など比較的単純である（以下、資料に記載された用語には鍵括弧をつけ、分析的用語には何もつけない）。それでもだれを基準に続柄を書くのか、子どもをどう表現するのか、既婚女性に名前を書くのかなど、資料ごとのパターンがある。ここでは各資料の続柄のパターンを観察する。

まず、続柄の基準であるが、筆頭者を基準に筆頭者との直接的な関係で表現するものと、夫婦や親子といったより身近な二者間関係で表わすものがある。たとえば、嫁。嫁とは一般に筆頭者の男子の配偶者を指すが、それを「嫁」と書く資料と、（男子の）「女房」[6]と書く資料がある。筆頭者の母親を指す場合も同じで「母」と（父の）「女房」、孫を指す場合も「孫」と（子どもの）「娘」に分かれる。このように続柄のパターンは、筆頭者を基準にするか、親子・夫婦の二者間関係を重ねながら個人を位置づけるかに分かれる。この違いは実態を把握するという点からみれば取るに足りない問題に違いない。しかし、（これが為政者の定めたルールでないとすれば）些細なポイントゆえに書き手の家族観が表れる点であり、注目に値すると考えられる。

具体的な分析では、筆頭者の母親の続柄（以下、①母の続柄）、筆頭者の男子の配偶者の続柄（②嫁の続柄）、筆頭者の孫の続柄（③孫の続柄）を取り上げ、続柄の基準がだれに置かれているのかを観察する。ただし、いずれの場合も二つの選択肢が実際に存在している場合のみ（①母の続柄を検討する場合は、生前相続により資料に「父」という続柄が存在する必要がある、②嫁の続柄、③孫の続柄でも、嫁や孫という立場の人が存在する必要がある）分析可能なのであり、資料ごとに分析に適するかどうか確認しながら進める。

つぎは子どもの続柄である。これはもっともバリエーションが多い続柄であり、男女を問わず「子」と一括するもの、男女のみを区別し「娘」「倅」や「女子」「男子」と書くもの、現在のように男女別で出生順をつけ「長女、長男、二男、二女」とするもの、男女混合で出生順を付け「嫡女、二男、三男、四女」と記すものがある。情報量という点からみると、男女を分けなくても名前があれば性別は区別できるし、出生順を書かなくとも年齢があれば出生順はわかる。にもかかわらず性別や出生順を続柄で表現するのは、それが「常識」であり、そう書くべきだとの暗黙の了解があるからだろう。分析では、量的に扱いやすくする工夫として、出生順があるのか（④子どもの出生順）、男女別に分かれているのか（⑤子どもの性別）に区別して子どもの続柄を調べる。

三つ目は既婚女性に名前を書くかどうかである（⑥既婚女性の名前）。一般に未婚の間は女性にも名前が記されているが、結婚すると名前が書いてある場合とない場合に分かれる。女房の名前の有無にどのような意味があるのかは十分わかっていないが、これまで詳細な裏づけがないまま「女房には名前を書かない」と考えられていたので量的検討を加えてみる。また「人別改帳」には女房の名前があるが「宗門改帳」にはないとの見方もあり[7]、資料別の特性を知るうえでも検討の余地があるだろう。

これまで家の代表者らしき人（主にはじめに書かれている人）を筆頭者と呼んできた。というのは彼らについて書かれる用語が定まっていないからである。定まっていないどころか（「家主」や「家守」と書かれているケースはまれにはあるが）、大半のケースで続柄（呼称）がなにも書かれていないからである。この点を踏まえ本章では彼らを筆頭者と呼ぶこととする。

記載順

つぎに注目するのは記載順である。宗門人別改帳の記載形式から家族観にアプローチする研究は少ないが、歴史学者の大口勇次郎（一九九五：七一頁）は、「人別改帳」に書かれた記載順から家族倫理の変化を読み取っている。大口は、一六八四（貞享元）年から一八七〇（明治三）年まで断続的に存在する下丸子村の資料をもとに女性相続人の研究を進め、その副産物として一八六八（明治元）年と一八七〇（明治三）年とで家族員の記載順が「当主―父母―妻―兄弟姉妹」から「当主―父母―兄弟姉妹―妻」へと変化していることに注目し、明治に入り「妻」の位置がきょうだいより後ろとなったのは妻の弱い立場を示していると解釈した。

本章は一村を継続して観察するものではないが、さまざまな時代や地域の資料を比較し、大口と同様に、家成員の記載順から家族へのまなざしを読み取ってみたい。具体的には、家のなかで親が書かれる位置（⑦親の位置）と、夫婦と子どもからなる核家族単位が連続して記載されるかどうか（⑧核家族単位）に注目する。大口の研究では「妻」の位置がポイントになっていたが、今回の資料をみる限り親の位置がもっとも多様で、それに付随して他の人の順序がおのずと決まるという印象を受けた。親が筆頭者よりも先なのか、それとも筆頭者よりあとなのか、女房や子どもより先なのかを調べる（具体的には親の位置をポイントに換算して数値化する。詳細は表14－2の注5)参照）。また、夫婦とその未婚の子ども（核家族）がまとまって並んでいるかどうかも検討する（⑧核家族単位）。現在の私たちにとって自明の「基礎的単位」が基礎的単位として考えられていたのかどうか、もしくは大家族的な意識が強く、男女別や世代別の記載があるのかどうか、これらの点を検討したい。

寺檀関係

宗門人別改帳における寺檀関係の記載は、前述の続柄や記載順とはやや性格が異なる。後者が直接家族へのまなざしを示しているのに対し、寺檀関係は間接的なものだからである。しかし、大桑斉（一九七九）は檀家制と家との関連を検討し、宗門人別改帳が戸籍としての機能を担うようになると、家の内部で檀家がことなることは不都合となり、外からの圧力によって半檀家制（一つの家に複数の檀那寺がある）から檀家制へという変化が引き起こされ、家に対する意識までもが変化したこと、すなわち、檀家制という制度が確立したことにより「家」意識が強化されたとの仮説を示している。また、森本一彦（二〇〇六）は、半檀家から一家一寺へ統一されるプロセスをさらに詳細に観察し、この移行過程において「氏から家への転換を想起させる」家族史の大転換が農民の間で生じた点を明らかにした。半檀家の特徴は婚入時に生家の檀那寺を婚家に持ち込む「持ち込み半檀家」であるが、その「持ち込み半檀家」が一八世紀中葉に姿を消し、一家一寺へ統一され、双系的な祖先祭祀から単系的な祖先祭祀へ変化したからである。まさに「家」を特徴づける祖先観が檀家制の確立過程で形成されたことになる。このように寺檀関係は家の変容に深く関わっていることから、本章でも分析に加える。

具体的には、檀那寺を記載する際、家を単位に記載するのか（同じ檀那寺の家成員に対してまとめて一度だけ檀那寺を書くケース＝家単位）、個人を単位に記載するのか（一人ひとりに個別に檀那寺を書くケース＝個人単位）をみる（⑨家の単位）。家成員の檀那寺がすべて同じ場合でも、一括して記載しているものと、わざわざ一人ひとりに同じ檀那寺を記載している資料とがあり、前者は家という集団を意識しているが、後者は個人に焦点をあてていると考えられるからである。もう一つ、家の親族成員の檀那寺が同じかどうか（⑩檀那寺の異同）を分析する。これにより大桑や森本の指摘した変化が全国的に生じたのかどうかも検討できると考えられる。

四　「記載された家族」の分析

ここに示した二つの表（表14－2、表14－3）は、先に説明した①から⑩までの続柄や記載順、寺檀関係の各項目について、一三八冊の宗門人別改帳を分析した結果である。表14－2は時代別・地域別に示したものであり、表14－3は時代別・資料の種類別にまとめたものである。いずれも一冊の宗門人別改帳を一単位とし、それぞれの記載ルールを調べ、その結果を〈親の位置〉以外は）実数と百分率で示した。たとえば続柄の「母と記載」の合計欄・前半では、分析対象が二二ケースあり、七ケースが「母」、残りの一五ケースが「女房」であったことを指している。

時代の変化

表14－2で特筆すべきは、表の右端の合計欄に示した時代の変化である。表では、一七八〇（安永九）年を境に前半（一六三五～一七七九）と後半（一七八〇～一八六八）に分けたが、例外なくすべての項目において後半の方が大きな値を示している。しかも、ほとんどの項目（⑤子どもの性別、⑧核家族単位の連続性、⑩檀那寺の異同の三点を除く）で後半の値が二倍、もしくはそれ以上に増えており、前半から後半への変化が決して微細なものではないことがわかる〔分析の過程では全体を五つに区切り時代の変化を調べたが、徐々に変化したというよりも、一七八〇年頃を境に大きく転換している様子が確認できた（平井、一九九六）〕。

詳細にみてみよう。続柄の①母、②嫁、③孫では、それぞれ（父の）「女房」よりも「母」、（子どもの）「女房」よりも「嫁」、（子どもの）「子」よりも「孫」を選択するケースが後半（一七八〇年以降）に増えている。二者間関係の続柄から筆頭者中心の続柄へその基準が変化したことになる。また、子どもの続柄（④と⑤）では、前半（一七七九年以前）は男女別に「娘」「倅」、「女子」「男子」とするのが一般的であったが、後半（一七八〇年以降）は出生順を付けるものが増えている。一八世紀末以降、出生順がより重視される社会、もしくは出生順をより強く意識する社会が出現したのだろうか。

⑥既婚女性の名前は全項目のなかでもっとも変化が大きい。前半（一七七九年以前）は、六五ケースのうち、わずか二ケース（三パーセント）でしか名前がなかったが、[8]後半（一七八〇年以降）になると五〇ケースのうち三二ケース（六四パーセント）で名前を書くというルールが確立している。これまで「女性には名前が書かれない」といわれてきたのは、記載形式を扱う研究が一七世紀に偏っていたからかもしれない。では、一八世紀末以降、女性の地位が上昇して名前が書かれるようになったのか。おそらくそうではないだろう。これまでも指摘されているように（神谷 一九九六）、一八世紀中葉以降になると、人々の移動も含め実態を詳細に記録することが宗門人別改帳に求められるようになった。そのことが大きく影響していると考えられる。さらにいえば「だれだれ女房」と書くだけでは個人を十分把握したことにならないと当時の人々が考えた結果と読むこともできる。徳川期の結婚は短期間で解消（離別・死別）することが少なくない（黒須 二〇一二、平井 二〇〇六）。「だれだれ女房」ではなく、名前が必要とされた背景にはこの頻繁な結婚の解消が影響しているのかもしれない。

記載順も前半（一七七九年以前）と後半（一七八〇年以降）ではかなり違う。⑥親の位置は後半になると平均で約一ポイント上昇している（ポイントの計算法については表14-2の注5)を参照）。この変化を具体的に示すと、前半は「筆頭者―女房―子ども―親」と記載されるケースが多いが、後半になると「筆頭者―女房―親―（筆頭者の）子ども」が多いことになる。後半になると未婚の子どもよりも親を先に書くケースが大幅に増えている点は、⑧核家族という単位が連続しない割合が、後半に増えていることからも確認できる。全期間を通じて、世代別や男女別の記載は

表14－2　地域別・時代別にみた「記載された家族」(1)

		東北		関東		北陸		中部		近畿		西(2)		合計	
		前半	後半(3)	前半	後半	前半	後半	前半	後半	前半	後半	前半	後半	前半	後半
続柄(4)	①母と記載	2/6 (33)	6/11 (55)	1/6 (17)	1/1 (100)	0/1 (0)	—	2/6 (33)	6/7 (86)	1/2 (50)	5/5 (100)	1/1	2/3	7/22 (32)	20/27 (74)
	②嫁と記載	3/9 (33)	6/13 (46)	0/7 (0)	6/10 (60)	2/9 (22)	—	6/21 (29)	3/6 (50)	1/9 (11)	1/10 (10)	0/1	1/3	12/56 (21)	17/42 (40)
	③孫と記載	6/8 (75)	11/11 (100)	2/7 (29)	8/10 (80)	5/7 (71)	—	5/14 (36)	5/7 (71)	4/8 (50)	6/6 (100)	1/1	3/3	23/46 (50)	33/37 (89)
	④子どもの出生順あり	3/9 (33)	11/13 (85)	1/9 (11)	1/10 (10)	0/9 (0)	—	2/27 (7)	1/8 (13)	2/11 (18)	2/14 (14)	1/1	0/4	9/66 (14)	15/49 (31)
	⑤子どもの性別あり	9/9 (100)	13/13 (100)	8/9 (89)	10/10 (100)	8/9 (89)	—	24/27 (89)	8/8 (100)	11/11 (100)	13/14 (93)	1/1	4/4	61/66 (92)	48/49 (98)
	⑥既婚女性の名前あり	0/9 (0)	10/13 (77)	1/9 (11)	8/10 (80)	0/9 (0)	—	0/26 (0)	5/9 (56)	1/11 (9)	9/14 (64)	0/1	0/4	2/65 (3)	32/50 (64)
記載順	⑦親の位置（ポイント）(5)	2.3	2.3	2.6	3.5	1.9	—	2.4	3.0	1.6	2.8	2.0	2.3	2.1	2.8
	⑧核家族単位が連続しない	2/8 (25)	0/11 (0)	2/7 (29)	5/8 (63)	1/8 (13)	—	10/22 (45)	4/7 (57)	2/9 (22)	8/13 (62)	1/2	2/3	18/56 (32)	19/42 (45)
寺檀関係	⑨家単位	1/4 (25)	3/5 (60)	0/6 (0)	5/11 (45)	3/12 (25)	—	5/23 (22)	3/8 (38)	3/9 (33)	18/22 (82)	1/2	1/3	13/56 (23)	30/49 (61)
	⑩檀那寺が同じ(6)	3/4 (75)	5/5 (100)	4/6 (67)	9/11 (82)	9/9 (100)	—	16/22 (73)	8/8 (100)	7/8 (88)	21/21 (100)	1/2	2/2	40/51 (78)	45/47 (96)

注：(1)　表の数字は，（項目に該当する資料数）／（分析可能な総資料数）であり，括弧内は分析総数のうち，該当資料数の割合を百分率（％）で示したものである。
(2)　西とは四国・中国・九州地方の合計を指す。件数が少ないので百分率は示していない。
(3)　前後半の境は1780年で，前半は1635年から1779年まで，後半は1780年から1868年まででである。
(4)　一冊の宗門人別改帳のなかで両方の続柄が出てくる場合，そのルールが確立していないとみなし，分析の対象とはするが，「母」や「名前あり」には含めない。
(5)　親の位置はポイントに換算し，その平均値を示す。ポイントは，親が前に来るほど高く，戸主より先であれば「４」，戸主（または戸主夫婦）の次なら「３」，戸主夫婦と子どもの後なら「２」，家族成員の最後の場合は「１」とする。
(6)　下人の檀那寺が別であってもかまわない。村中が同じ檀那寺のケースは分析から除く。

ほとんどなく、また夫婦を離して書くこともなかったが、核家族をまとめるかどうかには差がみられた。家父長的な観点からいえば、子どもよりも親を先に書く「後半」の方がより自然な記載順と考えられるが、一八世紀中期まではそれが弱かった。これは親を先に書くべきとの意識、親に形式的な敬意を示さなければならないという意識が弱かったからではないか（ただし、大口の研究で示されていた「当主―親―きょうだい―妻」という記載順はあまりみられなかった）。

寺檀関係では、前半（一

表14－3　資料の種類別・時代別にみた「記載された家族」[1]

		宗門改帳		宗門人別改帳		人別改帳	
		前半	後半	前半	後半	前半	後半
続　柄	①母と記載	2/10 (20)	7/9 (78)	2/2 (100)	6/6 (100)	1/4 (25)	3/4 (75)
	②嫁と記載	4/29 (14)	2/14 (14)	4/7 (57)	9/14 (64)	1/11 (9)	2/6 (33)
	③孫と記載	11/23 (48)	11/11 (100)	2/4 (50)	12/14 (86)	2/9 (22)	4/6 (67)
	④子どもの出生順あり	3/35 (9)	3/21 (14)	2/9 (22)	4/14 (29)	3/13 (23)	2/6 (33)
	⑤子どもの性別あり	34/35 (97)	20/21 (95)	8/9 (89)	14/14 (100)	10/13 (77)	6/6 (100)
	⑥既婚女性の名前あり	1/35 (3)	9/21 (43)	0/9 (0)	10/13 (77)	1/12 (8)	7/8 (88)
記載順	⑦親の位置（ポイント制）	2.1	2.7	2.5	2.6	1.8	3.2
	⑧核家族単位が連続しない	9/32 (28)	9/18 (50)	4/8 (50)	6/12 (50)	2/9 (22)	3/6 (50)
寺檀関係	⑨家単位	8/40 (20)	22/30 (73)	3/9 (33)	6/15 (40)	1/4 (25)	2/4 (50)
	⑩檀那寺が同じ	24/35 (69)	28/28 (100)	9/9 (100)	13/15 (87)	4/4 (100)	4/4 (100)

注：(1)　表の詳細については表14－2の注を参照。

七七九年以前）は必ずしも家成員（親族成員のみ）の檀那寺が同じではないが、後半（一七八〇年以降）になるとほぼ同じになっている（⑩）。すなわち一八世紀中期に檀家制が成立したとの従来の見解が全国規模で確認できたことになる。また、檀那寺の記載単位（⑨）をみても、後半に家単位の記載が増えており、寺檀制の確立とともに「家の寺」との認識が広まったと考えられる。

つまり、全体をまとめると、一八世紀末を境として、二者間関係の集合体としての家族から筆頭者中心の家族へ（①、②、③、④、⑤、⑦、⑨、⑩）、単純な記載から精緻な記載へ（④、⑤、⑥）、「記載された家族」が大きく変化したことがみてとれる。一八世紀中葉までは筆頭者中心の「家」的な家族観は表れておらず、むしろ親子や夫婦というより身近な関係の集合体として家族が捉えられていたが、一八世紀末以降、いわゆる「家」的性格が記載に表れるようになった（「家」については第五節で再考）。では、なぜこのような変化が生じたのか。その理由を考える前に、地域別・資料別の特徴もみておこう。

地域の特性

近世は現在よりもはるかに地域の個性が強かった。そのような時代に宗門人別改帳の特徴は全国に共通するのか、一八世紀末を境とする変化は全国的にみられる変化なのか、あらためて地域別にみてみる（地域を六つに分け、かつ時代を前半と後半に分けると、それぞれの項目に該当する資料の数が二桁に達しないケースもあり、決して量的に十分だとはいえないが、実数にも注意しながらその特徴を考えてみたい）。

まずいえることは、前後半が比べられる四つの地域（東北、関東、中部、近畿）すべてで、前半（一七七九年以前）から後半（一七八〇年以降）への転換が確認できることである（東北以外の地域で④子どもの出生順ありの割合が変化していないこと、東北で⑧核家族単位の分解プロセスが進行していないこと、近畿の②嫁の続柄が筆頭者中心へと変化していないこと、この三点では変化がみられないが、残りの九割の項目で時代の変化が見て取れる）。変化の程度は違うが、逆方向の変化は一切なく、ほぼ一様に同じ方向に変化している。つまり、先に述べた一八世紀末を境とする変化が、単なる資料の偏りや数的限界による偶然なのではなく、一般的な変化である可能性がみえてきた。

地域差に注目すると、③孫の続柄と、④子どもの出生順という、ともに実際の未成年者に関わる部分で東北地方に独自の特徴がみられる。一八世紀後半から一九世紀前半にかけて、東北地方は冷害などの被害のため飢饉に悩まされることが多く、人口減少が深刻な問題になっていた（速水　一九九七：八一～八七頁）。このことが子どもという存在そのものの意味合いを大きくし、他地方よりも大きな関心が払われ詳細な記載につながったのかもしれない。

また、分析項目にはあげていないが、東北地方では子どもの続柄に性別不問の出生順（嫡女・二男・三女・四男）を付けるケースが多い。これは姉家督が存在する地域と概ね重なっている。本書の姉妹篇で姉家督について論じた山本準（二〇〇六）は、性差がないから姉家督が存在するのではなく、性差以上に出生順に重きが置かれている社会に姉家督が存在するとの解釈を示している。続柄に表れた子ども観からも出生順への強い思いを読みとることができ、山本説に強い説得性を感じる。

従来、相続や世帯構造などから東日本と西日本の違いが論じられてきたが、(9) 宗門人別改帳にあらわれた家族観をみる限り、地域差よりむしろ共通点が多いといえるだろう。

宗門改帳・人別改帳・宗門人別改帳の違い

従来の研究では、成立プロセスや機能が違うことから「宗門改帳」と「人別改帳」を共通の土俵で論じることの問題点が指摘されてきた。あらためて資料の種類による違いを検討してみる。

表14－3は、資料の表題をもとに「宗門改帳」「人別改帳」「宗門人別改帳」に分け、それぞれ前半（一七七九年以前）と後半（一七八〇年以後）の特徴を示している。一般には「宗門改帳」より「人別改帳」の方が情報量が多く、戸口資料としての信頼性が高いといわれているが、「記載された家族」をみる限り、両者に大きな違いはみられず、先に述べた時代による家族観の変化は資料の種類にも影響されていないことがわかる。

ただ、⑥既婚女性の名前が記載される割合が「人別改帳」で多いこと、⑨檀那寺の記載が「宗門改帳」では家単位が多く、「人別改帳」では個人単位が多い点に違いがある。やはり「人別改帳」の方が「情報をもれなく記載する」という資料作成上の性格がいくらか強く、多くの情報を記載せねばならないと考えられていたからであろう。また、このことからわかるように「人別改帳」であっても檀那寺が記載されているものもあり、かならずしも表題と内容が一致しているわけではない。一七世紀後半から「宗門改帳」と「人別改帳」が融合し「宗門人別改帳」が作成されるようになったといわれているが、たとえ表題として「宗門人別改帳」と一体化されていなくても、両方の内容を合わせもったものがあった。幕府が一七九六（寛政八）年に出した町触「人別書上改正申渡並書上書式」（石井　一九五九：三四五～三五三頁）の雛型でも、個々人の檀那寺を記載することが求められており、人別改と宗門改が内容的に統合されていることがうかがえる（この町触については次節で詳述）。

五　家の実態と家族観の変化

家族観の変化

「記載された家族」を分析した結果、一八世紀半ばまでの宗門人別改帳には筆頭者を中心とした「家」的家族観は組み込まれておらず、二者間関係の集合体として家族がイメージされていたが、その後は全国規模で変化が生じ、筆頭者を中心とする「家」的イメージが表面化したことが明らかになった。では、この「記載された家族」に表れたのは本当に民衆の家族観なのか。変化の背景を考える前に法令の雛型を確認し、「記載された家族」が、だれの家族像なのかを考えてみる。

為政者からみた庶民の家族像

資料14－1は、一七九六（寛政八）年の町触「人別書上改正申渡並書上書式」（石井良助編　一九五九『徳川禁令考』（前集第六）：三四五～三五三頁）の一部であり、いわゆる「人別改帳」の雛型である。これによると人別を書き上げる際に必要なのは、名前、年齢、続柄、出生地、檀那寺といった個人の情報であり、それを家単位に記すこと、これが基本的枠組みとなっている。これまでみてきた多くの宗門人別改帳が比較的類似の形式で書かれておりこれらの情報が含まれていたのは、ある意味行政文書として当然のことかもしれない（ただし、一八世紀という早い段階で「同じ」ような行政文書が全国規模で作成されていたという事実は驚くべきことであり、農村に至るまで官僚制的な機構が機能していたことは、近世日本の特徴として特筆すべき点であろう）。

しかし、例示されている雛型は、夫婦と子どもからなる単純な構成の家であり、「家守」と「妻」、「倅」しか登場せず、続柄や記載順を規定したとは到底考えられない。しかも、雛型では筆頭者を「家守」、筆頭者の配偶者を「妻」と記載しているが、実際の資料では筆頭者の続柄は書かれていないケースが圧倒的に多く、「妻」と「女房」はほぼ同じ頻度で登場する。この点をみただけでも雛型の続柄が個々の村での記載に影響をおよぼしたとは考えにくい。さらに、この法令が幕府のものであることから、記載形式を天領とそれ以外に分けて検討したが、有意な差は見出せなかった（平井 一九九六）。やはり法令の影響力は限定されたものといわざるをえない。

つまり、幕府は情報漏れをなくし個々人を正確に把握することに努めたが、続柄の詳細な呼称や家成員の記載順などは気にしていなかったと考えるのが妥当であろう。したがって、先に分析した結果のうち、一八世紀末以降

資料14－1　「人別書上改正申渡並書上書式」（1796年）

一　生国何国何郡何村　　家守　誰印
　　何宗何所何寺　歳
　　家守請人何町誰店誰
一　生国御当地　　妻　たれ
　　宗旨寺右同断　歳
一　生国何国何郡何村　　家守　誰印
　　何宗何所何寺　歳
一　生国御当地　　妻　たれ
　　宗旨寺右同断　歳
一　生国同断　　倅　誰印
　　何宗何所何寺　歳
一　生国何国何郡何村　　地借　誰印
　　何宗何所何寺　　何商買　歳
　　家守請人何町誰店誰
……（略）……

出所：石井良助編『徳川禁令考』（前集第六）345～353頁。

に記載内容がより精緻になった（分析の④、⑤、⑥の変化）点は、幕藩体制の整備および官僚制的機構の浸透などを含めた為政者の意図が影響していると考えられるが、二者間関係の集積から筆頭者中心の家族へ（分析の①、②、③、④、⑤、⑦、⑨、⑩の変化）家族観が変化したことに関しては為政者の影響はほとんどないといえるだろう。

「家」の確立と家族観の変化

では、「記載された家族」が民衆自身の家族観であるなら、なぜ一八世紀末に全国規模で変化が生じたのか。

家族観が変化した一八世紀という時代、庶民の家は実態レベルでも大きく変わった。いわゆる「家」[10]、すなわち系譜的な連続性を重視する家、家産を維持する家、単独で相続される家、実態として永続する家が広がった（平井二〇〇三、二〇〇八）。近畿地方など早い地域では一八世紀前半、東北地方など遅い地域でも一九世紀初頭には「家」が確立したと考えられている。時期的には少しズレがあるものの、同じような変化が全国的に起こったのである。また、一八世紀半ば以降というのは、森本（二〇〇六）が明らかにしたように、祖先祭祀が双系的なものから単系的なものへ変化し、宗教や観念のレベルでも「家」が立ち現れた時期である。

このように家の実態的、観念的レベルでの変化を考えると、本章で検討した「記載された家族」（家族観）の変化もそれらと軌を一にする大転換の一部であることが容易に理解できよう。すなわち、一七七九年以前（前半）にみられた親子や夫婦の集合体としての家族像は「家」らしい家が広がっていない時期の家族へのまなざしであり、逆に一七八〇年以降（後半）にみられた筆頭者を中心とする「家」的な家族像は「家」を生みだした人々の家族へのまなざしであると考えられる。

このように幾重にも変化が折り重なり「氏から家へ」といわれる変化が庶民レベルに浸透していったのだろう。その一端が人々の常識にとけ込み、宗門人別改帳上に「家」を再現させた、これが全国的に記載形式が変化した背景ではないだろうか。ただし、実態レベルでの家の変化が半世紀以上の時間をかけて全国へ展開したことを考えると、同じような時期に家族観が変化したのは少し不自然である。これは分析に用いた資料が一三八冊であったことからくる限界かもしれない。よって一七八〇年という本章で用いた境界線そのものにどの程度意味があるかは不明瞭といわざるをえない。それでも一八世紀末頃、家族へのまなざしが変わったこと、かなり広範囲において「家」的家族観が一般化したことは確認できたといえるのではないだろうか。

＊　本章は、「近世における家族観の一試論――『宗門人別改帳』の記載分析を通じて」『社会学雑誌』第一五号（神戸大学社会学研究会、一九九八年三月）をもとに、加筆、修正を加えたものである。

注

（1）　宗門人別改帳を用いた家族観の分析については本章第三節で紹介。
（2）　資料検討についての研究史は第二節および本書の第13章参照。
（3）　幕府領では一六四四年の法令で人別改が開始される。ただし、それ以前から戸口調査が開始されているところもあり、最古の資料は一六三四年の「平戸町横瀬浦町人数改之帳」とみられる（速水 二〇〇一：二〇〇頁）。
（4）　宗門改帳の作成は島原の乱以降本格化し、幕府領では一六四〇年、私領でも一六六四年に「宗門改役」が置かれ、町村単位での調査が本格化する。キリシタン禁制と宗門改帳については村井（一九八七）を参照。
（5）　分析の過程で約一八〇町村分の宗門人別改帳を手にした。しかし、結果的に本章での分析に使用したのは、個人の名前があり、世帯に類すると考えられる単位（個々人の記載でなんら集団的まとまりがないものを除いた）で記載されている一三八町村分とした。
　記載単位や名前の有無といった基本的な記載形式を分析する場合、これら残りの約四〇冊の宗門人別改帳も含めるべきであるが、ここでは続柄、記載順という個人と家族との関係に焦点をあてるため使用する資料を限定した。ただ、すべての宗門人別改帳に詳細な記載があるのではなく、入手した資料のおよそ二割（とくに初期の資料）は情報量の少ない資料であったことを付け加えておく。

（6）資料には「女房」と「妻」の二通りの記載があるが、ここでは「女房」と「妻」は区別せず「女房」に統一する。

（7）たとえば「宗門改帳では普通、女房・父・母・についでは実名は書かれないが、この人別改帳では実名が記されている」（神谷 一九九六：一三二頁）という指摘がある。

（8）部分的に既婚女性に名前が付けられている資料が一〇冊分あったが、必ず名前を書くというルールは確立していなかったため「名前あり」には含めていない。

（9）日本家族の地域類型については、本書第**9**章の落合論文を参照。

（10）ここでは「家」を永続性、単独相続、家産の維持、直系家族の形成の四点とする。この定義は従来の家研究の最大公約数を示していると考えられる。詳細は平井（二〇〇八）第一章参照。

参考文献

速水融『歴史人口学の世界』岩波書店、一九九七年。

速水融『歴史人口学で見た日本』文藝春秋、二〇〇一年。

東昇「宗門改帳の作成――岡山藩の宗門改帳の変遷」『岡山地方史研究』第八二号（一九九七年一月）、岡山地方史研究会。

平井晶子「家族観の社会史――宗門人別帳の分析を中心にして」修士論文（神戸大学大学院文学研究科）、一九九六年三月（EAPワーキングペーパーシリーズ1、一九九六年）。

平井晶子「近世東北農村における『家』の確立――歴史人口学的分析」『ソシオロジ』第四七巻第三号（二〇〇三年二月）、社会学研究会。

平井晶子「結婚の均質化と『家』の確立――東北農村の場合」落合恵美子編著『徳川日本のライフコース――歴史人口学と家族史との対話』ミネルヴァ書房、二〇〇六年。

平井晶子『日本の家族とライフコース』ミネルヴァ書房、二〇〇八年。

福島正夫『日本資本主義と「家」制度』東京大学出版会、一九六七年。

石井良助『家と戸籍の歴史』創文社、一九八一年。

石井良助編『徳川禁令考』前集第六、創文社、一九五九年。

神谷智「『人的移動』の把握と宗門改帳」比較家族史学会監修『戸籍と身分登録』早稲田大学出版部、一九九六年。

黒須里美「婿取り婚と嫁入り婚――東北農村における女子の結婚とライフコース」黒須里美編著『歴史人口学からみた結婚・離婚・再婚』麗澤大学出版会、二〇一二年。

松浦昭「史料『宗門改帳』研究序説」『神戸商科大学創立七十周年記念論文集』二〇〇〇年。

森本一彦「宗門人別帳の記載形式に関する一試論」『生活文化史』第三九号（二〇〇一年三月）、日本生活文化史学会。

森本一彦「近世初期における宗門人別改帳の記載様式――美濃国安八郡楡又村の事例」『日本研究』第二四集（二〇〇二年二月）、国際日本文化研究センター。

森本一彦『先祖祭祀と家の確立――「半檀家」から一家一寺へ』ミネルヴァ書房、二〇〇六年。

村井早苗『幕藩制成立とキリシタン禁制』文献出版、一九八七年。

落合恵美子「日本における直系家族システムの二つの型――世界的視野における「家」」（本書第9章）落合恵美子編『徳川日本の家族と地域性――歴史人口学との対話』ミネルヴァ書房、二〇一五年。

大石慎三郎「江戸時代の戸籍について」福島正夫編『戸籍制度と「家」制度』東京大学出版会、一九五九年（再録　大石慎三郎『近世村落の構造と家制度』御茶の水書房、一九七六年）。

大桑斉『寺檀の思想』教育社、一九七九年。

大口勇次郎『女性のいる近世』勁草書房、一九九五年。

大竹秀男『封建社会の農民家族（改訂版）』創文社、一九八二年。

高木正朗「仙台藩の人口調査――初期『人数改帳』考」『地域情報研究シリーズ』第三号（二〇〇一年三月）。

山本準「人口学的側面からみた姉家督――常陸国茨城郡有賀村を事例として」落合恵美子編『徳川日本のライフコース――歴史人口学との対話』ミネルヴァ書房、二〇〇六年。

〈付録〉　資料一覧表（地域別）

地域	都府県名	西暦	資料名	出所
東北	山形県	1754	「下長井郷添川村宗門御改帳」	山形県編『山形県史』近世史料1（山形県，1976年）
	福島県	1653	「川沼郡落合村改帳」	福島県編『福島県史』近世資料2-4（福島県，1968年）
		1661	「会津郡楢戸村家付分限帳」	
		1671	「内木幡村人数改帳」	
		1701	「耶麻郡極入村葉郷弥平四郎分限帳」	
		1753	「会津郡楢戸村宗旨改人別家別帳」	
		1754	「会津郡楢戸村家付分限帳」	
		1756	「八槻村近津大明神領人別御改帳」	
		1761	「田村郡守山領北小泉村宗旨人別改帳」	
		1772	「耶麻郡吉田村分限帳」	
		1786	「大沼郡喰丸村宗門人別家別改帳」	
		1791	「大町本屋借家別吟味書上帳」	
		1812	「会津郡黒谷組石伏村宗門改人別家別帳」	
		1816	「会津郡滝沢村分限帳」	
		1853	「高梨村宗門人別御改書上帳」	
		1855	「耶麻郡五目組上ノ村新村百姓高辻分限帳之写」	
		1858	「廻谷地村高辻分限改帳」	
		1860	「新屋敷新田村高分限改帳」	
		1862	「河沼郡牛沢組勝方村高分限改帳」	
		1866	「伊達郡北半田村上(下)組宗門人別持高御改書上帳」	
		1867	「耶麻郡深沢村分限帳」	
		1868	「磐前郡小谷作村社領禅宗曹洞派宗門改下帳」	
		1868	「安達郡田沢村人別改書上帳」	
関東	栃木県	1689	「都賀郡南小倉村宗旨帳」	栃木県史編さん委員会編『栃木県史』史料編近世1-6（栃木県，1975年）
		1689	「芳賀郡若旅村宗旨改五人組帳人別帳」	
		1692	「興野村五人組帳」	
		1710	「高松村耶蘇宗門御改帳」	
		1731	「下高根沢村五人組御改帳」	
	埼玉県	1840	「武州埼玉郡中妻村宗門人別御改書上帳」	本間清利監修『鷲宮町史』（鷲宮町，1980年）
		1768	「武州埼玉郡真福寺村宗門帳」	萩原龍夫監修『岩槻市史』（岩槻市，1982年）
		1798	「武州埼玉郡箕輪村宗門人別帳」	
		1853	「武州埼玉郡真福寺村宗門人別御改帳」	
		1857	「大戸村切死丹宗門御改帳」	
	千葉県	1784	「駒木新田宗門人別御改下書」	流山市立博物館編『流山市史』近世資料編Ⅰ（流山市，1987年）
		1792	「下総国葛飾郡中野久木村宗門人別御改帳」	

		1792	「下総国葛飾郡紫崎村人別宗門下書」	
		1816	「下総国葛飾郡平方原新田人別御改帳」	
		1843	「下総国葛飾郡上新宿村宗門人別帳」	
		1848	「下総国葛飾郡平方原新田宗門人別改帳」	
		1867	「下総国葛飾郡平方村宗門人別御改帳」	
	神奈川県	1647	「足柄上郡仏石原村人別帳」	神奈川県企画調査部県史編纂室編『神奈川県史』資料編4（神奈川県，1971年）
		1665	「足柄上郡千津島村吉利支丹改帳」	
		1680	「足柄上郡千津島村吉利支丹宗門改帳」	
北陸	新潟県	1640	「大濁村きりしたん宗門改帳」	新潟県編『新潟県史』資料編6・7（新潟県，1981年）
		1644~7	「大濁村宗門改帳」	
		1650	「魚沼郡四ツ子村吉利支丹帳帳」	
		1672	「下美守郷吉利支丹宗旨御改帳」	
		1683	「下美守郷梶村宗旨並人別屋別御改帳」	
		1695	「下美守郷下町村人別改帳」	
		1696	「魚沼郡小千谷組四ツ子村宗旨御改帳」	
		1696	「頚城郡上坂板郷大濁村宗門御改帳」	
		1727	「頚城郡梶村宗門御改帳」	
		1735	「魚沼郡小千谷組四ツ子村宗旨御改帳」	
	福井県	1635	「江良浦宗門人別書上」	福井県編『福井県史』史料編7・8（福井県，1989年）
		1644	「日向浦吉利支丹御改之帳」	
中部	山梨県	1666	「荒川村宗門改帳」	甲府市市史編さん委員会編『甲府市史』史料編5（甲府市，1989年）
	長野県	1649	「北殿村宗門改帳」	長野県編『長野県史』近世史料編（長野県，1978年）
		1654	「野沢之内原村人別帳」	
		1654	「八那池村松原村家別人別帳」	
		1671	「平原村五人組御改帳」	
		1671	「牧布施村きりしたん宗門改帳」	
		1686	「中坪村宗門改帳」	
		1688	「八幡町五人組並宗旨改帳」	
		1716	「伊那郡赤須村之内上赤須宗旨御改人別帳」	
		1745	「牧野康周家中宗門改帳」	
		1751	「南殿村宗門御改寺請判形帳」	
		1755	「信濃国伊那郡孤島村宗門人別御改帳」	
		1774	「佐久郡安原村人別改帳」	
		1792	「御門前上赤須人別帳」	
		1823	「伊那郡片桐村之内前沢宗門人別書上帳」	
		1843	「大草村宗門改帳」	
	岐阜県	1643	「多芸郡烏江村吉利支丹御改帳」	岐阜県編『岐阜県史』資料編4（岐阜県，1968年）
		1659	「厚見郡日置江村男女御改之帳」	

		1665	「多芸郡根古地新田吉利支丹宗門改帳」	
		1665	「方県郡東改田村吉利支丹宗門御改帳」	
		1686	「石津郡乙坂村人別改帳」	
		1696	「加茂郡越原村宗旨人数之帳」	
		1715	「岐阜魚屋町宗門改帳」	
		1726	「岩村御領上村宗旨御改下帳」	
		1780	「安八郡小泉村人別御改帳」	
		1830	「吉城郡高野村宗門人別改帳」	
		1843	「飛騨国大野郡高山壱之町村宗門人別御改帳」	
		1845	「恵那郡正家村人別御改帳」	
	岐阜県	1792	「各務郡鵜沼村内野新田百姓宗門御改帳」	各務原市教育委員会編『各務原市史』史料編近世1・2（各務原市，1984年）
		1844	「各務郡前野村人別御改帳」	
		1846	「各務郡野村人別御改帳」	
		1846	「各務郡鵜沼村内野新田人別御改帳」	
		1850	「各務郡前野村人別御改帳」	
	静岡県	1645	「伊浜村家別人馬改帳」	静岡県編『静岡県史』資料編10（静岡県，1993年）
		1671	「駿東郡御宿村宗門御改帳」	
		1677	「駿東郡本宿村宗門御改帳」	
		1680	「益頭郡坂本村寺請帳」	
		1680	「駿東郡駒門村宗門改帳」	
		1683	「駿東郡本宿村宗門御改帳」	
		1687	「志太郡尾川村吉利支丹宗門就御□□人別宗門改帳」	
		1698	「伊豆佐野村人別改帳」	
		1818	「城東郡西方村本家宗門改帳」	
		1859	「三島御神領社家並役人宗門人別改帳」	
近畿	滋賀県	1695	「長浜五二町人別帳」	中川泉三編『近江長浜町志』（長浜町，1988）
	京都府	1680	「乙訓郡友岡村家数人別改」	長岡京市史編さん委員会編『長岡京市史』資料編3（長岡京市役所，1993年）
		1680	「乙訓郡友岡村耶蘇宗門御制禁寺うけ帳」	
		1786	「相楽郡千童子村切死丹宗門御制禁寺請帳」	木津町史編さん委員会編『木津町史』史料編Ⅱ（木津町，1986年）
		1789	「相楽郡鹿背山村一条家領宗旨御改帳」	
		1865	「相楽郡千童子村中園様御家領宗門御改帳」	
		1768	「久世郡野村切支端宗門御改帳」	久御山町史編さん委員会編『久御山町史』史料編（久後山町，1992年）
		1659	「坂原村宗門御改下帳」	和知町誌編さん委員会編，『和知町誌』史料集3（和知町役場，1990年）
		1808	「大簾村宗門御改帳」	
		1826	「坂原村宗門御改下帳」	
		1860	「本庄村宗門御改下帳」	
	大阪府	1856	「南郡摩湯村宗門御改帳」	岸和田市史編さん委員会編『岸和田市史』7（岸和田市，1979年）

	兵庫県	1790	「三条村宗旨人家御改帳」	魚澄惣五郎編『芦屋市史』史料編２（芦屋市，1957年）
		1673~80	「潮江村宗門改面下書写」	渡辺久雄他編『尼崎市史』２・５（尼崎市，1974年）
		1698	「摂州川辺郡万多羅寺村宗門御改帳」	
		1658	「上瓦林村宗旨人別改帳」	武藤誠，有坂隆道編『西宮市史』４　資料編Ⅰ（西宮市，1962年）
		1731	「石在之浜宗門御改帳」	
		1769	「壱番（弐番）浜之町家持月次判形人別帳」	
		1853	「瓦林村宗門御改帳」	
		1747	「加西郡西横田村宗門御改帳」	兵庫県史編さん委員会編『兵庫県史』史料編近世２（兵庫県，1990年）
	和歌山県	1795	「関戸村切支丹宗門御改帳」	和歌山市史編纂委員会編『和歌山市史』６近世史料２（和歌山市，1975年）
		1795	「松島村切支丹宗門御改帳」	
		1825	「加納村切支丹御改帳」	
		1825	「八軒屋切利支丹宗門御改帳」	
		1825	「関戸村切支丹宗門御改帳」	
		1825	「布施屋村切支丹宗門御改帳」	
		1825	「栗楢村家内人数宗門御改帳」	
		1836	「加納村切支丹御改帳」	
		1836	「八軒屋切利支丹宗門御改帳」	
		1836	「関戸村切支丹宗門御改帳」	
		1836	「松島村切支丹宗門御改帳」	
		1847	「八軒屋切利支丹宗門御改帳」	
		1848	「布施屋村切支丹宗門御改帳」	
その他（西）	鳥取県	1818	「河村郡神倉村宗門御改帳」	鳥取県編『鳥取県史』近世資料８（鳥取県，1977年）
		1845	「高草郡倭文村宗門御改帳」	
	香川県	1644	「宇足郡坂本郷吉利支丹御改帳」	香川県編『香川県史』10（香川県，1987年）
	愛媛県	1849	「浮穴郡東方村北組宗門大改帳」	松山市史料集編集委員会編『松山市史』史料集７（松山市，1986年）
	宮崎県	1714	「高千穂小侍宗門御改帳」	宮崎県編『宮崎県史』史料編近世３（宮崎県，1994年）
		1780	「黒木村五人組改帳」	
		1786	「七折村一ノ水門五人組改帳」	

第15章　一八・一九世紀を対象とした人口・家族研究のための情報システム
——宗門改帳・過去帳・戸籍を入力史料として——

川口　洋

一　システム構築の目的

筆者は、人口現象を地域特性と位置づけ、日常生活を構成する多様な要素の関連のなかで解釈することにより、近代移行期の地域変化を捉える視座の構築を模索している。日本の総人口は一八世紀を通じて安定していたが、一九世紀中期からゆるやかに増加を始めた。ことに北関東・東北地方では、約一世紀におよんでいた人口減少が一八世紀末から一九世紀初頭を底として回復・増加に転じた。北関東・東北地方では、一九世紀初頭を境として人口抑制を容認する社会から人口増加を必要とする社会に構造的変化が生じたとみられる。持続的人口増加の開始は、伝統社会から近代社会への助走を端的に示す指標の一つと解釈されている。

現在のところ、持続的人口増加がどのような地域社会の状況下で始まり、明治時代以降に継続していくのかという課題については、試論の域を出ていない。他方、江戸時代における民衆生活は、家族形態や出産力といった側面で地域差に富んでいたことが改めて指摘された（速水 二〇〇一a、黒須 二〇一二）。近代移行期における民衆生活の理解を深めるには、個別集落で観察された人口現象を全国的展望のなかで位置づけ、地域差の生じた要因を検討して、地域変化の構造解明を目指す歴史地理学の研究方法が有効と思われる。このような研究課題に接近を図る第一段階として、地域社会が保存している古文書史料を組織的に収集、蓄積、分析する研究方法を開発することが求められる。

江戸時代を対象とした人口研究の基礎的史料として注目されてきたのは、「宗門改帳」と総称される史料であった。教区簿冊から人口分析を行なうためにフランスで考案された家族復元法が「宗門改帳」に適用された一九六〇年代末以来、同史料の分析方法に関する研究が本格化した（速水・安元 一九六八）。家族復元法は「宗門改帳」の記録内容を包括的に分析できるようになっただけでなく、教区簿冊から復元することが困難であった個人のライフパスを俎上に載せた点でも画期的な研究法であった。

筆者は、家族復元法を発展させ、古文書史料から多様な指標を求める研究過程を自動化する「しくみ」の構築を進めている。この「しくみ」を「江戸時代における人口分析システム DANJURO（Demographic ANalysis system in Japan Using the Relational database Of historical documents）」と名づけた。一九八〇年代末にリレーショナル・モデルにもとづくデータベース管理システム（DBMS）を用いて大型計算機上に構築された DANJURO ver. 1.0 は、「宗門改帳」の入力から指標算出までの研究過程を一元化した世界初の情報システムとなった（川口・中山 一九八九、川口 一九九〇）。本システムの開発目的は、つぎの四点に要約できる。

（1）　史料読解から指標算出に至る研究過程の短縮

DANJURO 開発の主目的は、古文書史料から多様な指標を正確、迅速に算出して、民衆生活の具体像を復元する研究を支援することにある。ver.1.0 は、手作業による家族復元法と比較すると、データベースに蓄積されたデータから人口学的指標を求め、グラフ表示する作業時間を格段に短縮した。しかし、最も作業時間を要する史料読解・入力は、依然、史料読解能力を持つ研究者の手作業で行なわれている。史料読解・入力に必要な作業時間をさらに短縮できれば、出力された指標について考察する研究時間を増やすことができる。

（2）　研究過程における再現性の保障

江戸時代の人口・家族を分析した従来の研究では、素材となる「宗門改帳」が大量であるため、史料読解から指標算出に至る研究過程の再現性が必ずしも保障されていなかった。しかし、研究者でも史料を誤読する可能性があり、年齢や筆頭者との続き柄などについて、史料に誤記がみられる事例も少なくない。江戸時代末における村の平均的な人口規模は約四〇〇人であるため、わずかな史料の誤読や誤記、あるいは指標算出プログラムの相違が人口学的指標の数値に大きな影響を与える。人口現象を正確に復元するには、古文書画像、史料を読解した文字データ、および指標算出プログラムを公開することにより、研究過程の再現性を保障するとともに、史料の解釈に関する利用者の意見をシステム改良にフィードバックすることが望まれる。

（3）　古文書史料の保存

「宗門改帳」のなかには、廃棄、売却、あるいは襖の下張りなどに流用されたり、「死失」や「…村へ縁付き」といった異動を記した付箋が剥脱してしまう場合もみられる。また、虫喰い穴があいたり、日にやけて変色したり、ネズミやネコの糞便で汚れていたり、ページが板状に張りついている史料も少なくない。このような散逸や劣化が進行する前に、貴重な古文書史料をデジタル画像として蓄積することにより、保存を図る必要がある。

（4）　研究者間における史料と分析方法の共有

古文書史料から復元することのできる一八・一九世紀の人口現象は、国際比較の対象となる。国外研究者が古文書史料をもとに大著を著わし、日本人研究者とともに国際会議で活躍する機会は急増している。しかし、内外の研究者にとって、全国に点在する古文書史料を調査することは容易ではない。古文書画像データベースと指標算出プログラムをインターネットから共同利用することにより、研究者間で史料と研究方法を共有することができれば、人口現象の国際比較を行なう研究環境の基盤を整備することができる。

（1）から（4）の実現に向けて、DANJURO ver.1.0をサーバ機に移行して、古文書画像と文字データを同一画面上で比較対照する機能などを加え、二〇〇〇年からインターネットを通じてver.2.0の試験運用を始めた（川口 二〇〇二、Kawaguchi 2002）。ver.3.0では「過去帳」を、ver.4.0では「戸籍」を入力史料とするシステムの構築を終え、二〇一五年度末の完成を目指して「種痘人取調書上帳」を入力史料とするver.5.0を開発中である（川口・上原・日置 二〇〇四、二〇〇六、二〇〇八、二〇〇九）。

本章では、「宗門改帳」、「過去帳」、「戸籍」、および「種痘人取調書上帳」と総称される古文書史料の記録内容を分析するために開発を進めている「江戸時代における人口分析システム（DANJURO ver.5.0）」の概要を紹介する。

二　システムの構成

「江戸時代における人口分析システム（DANJURO ver.5.0）」の開発・運用環境は、Fujitsu PRIMERGY TX200 S6をデータベース機とWebサーバ機、Microsoft Windows 2008 R2をOS、Oracle Database 11gをDBMS、Oracle WebLogic ServerをWeb Serverとしている。利用者側コンピュータには、Google ChromeなどのブラウザとMicrosoft Excel 2003または2007を準備する必要がある。

DANJUROのURLはhttp://kawaguchi.tezukayama-u.ac.jpである。入り口ページ、利用規程ページに続いて、図15－1のインデックス・ページが開く。本システムは、①「宗門改帳」分析システム、②「過去帳」分析システ

図15－1　江戸時代における人口分析システム（DANJURO）インデックス画面

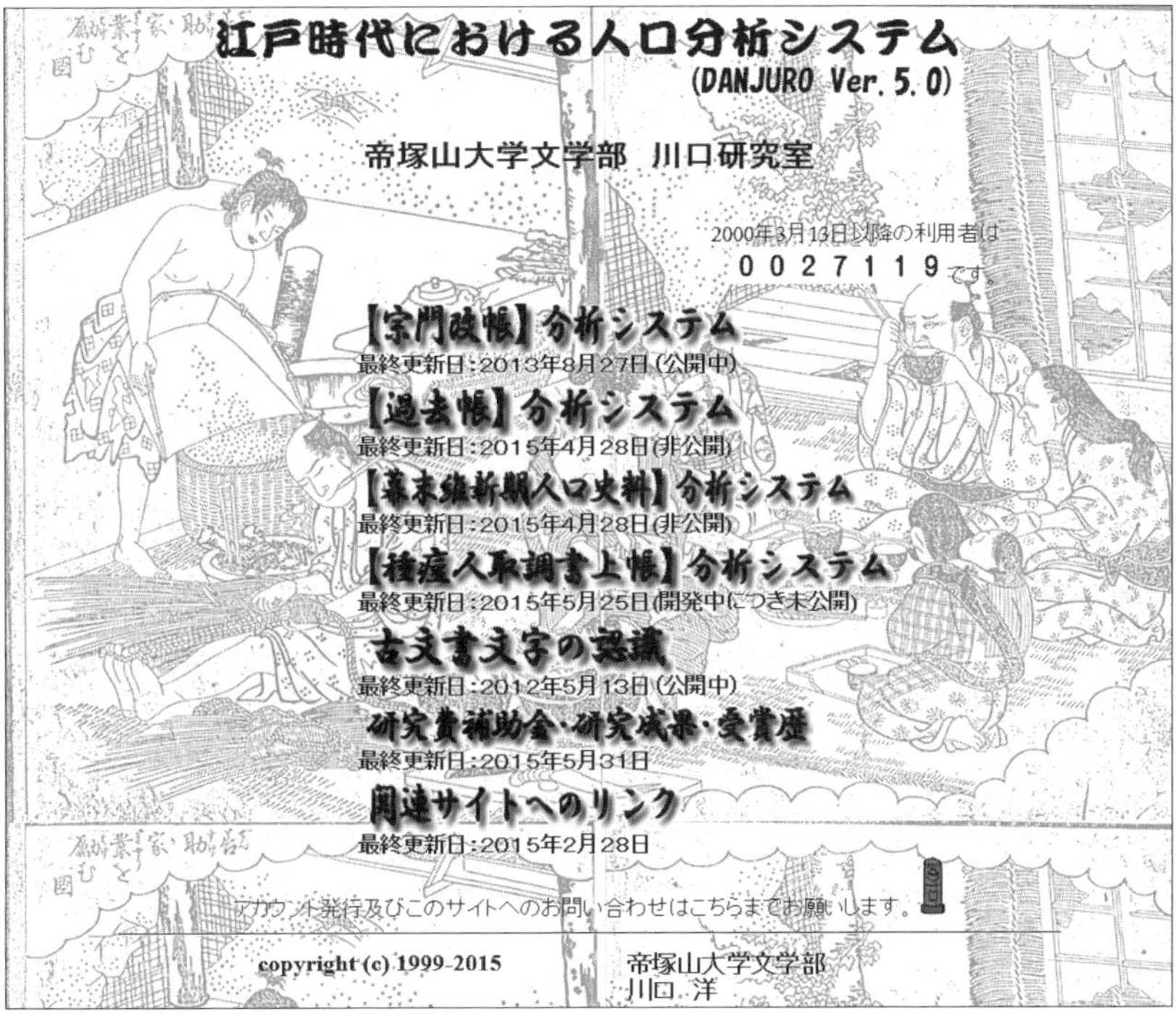

ム、③「幕末維新期人口史料」分析システム、④「種痘人取調書上帳」分析システム、⑤古文書文字の認識、⑥研究費補助金・研究成果・受賞歴、および、⑦関連サイトへのリンクから構成されている。①から④は、各々古文書史料データベース、古文書史料分析プログラム、および検索利用マニュアルから構成されている。データベースに登録されているデータの文字コードはすべてUTF-8である。

三　「宗門改帳」分析システムの概要

入力史料：宗門改帳

日本では、「宗門改帳」と総称される史料が一七世紀後期から一九世紀中期まで全国の村や町で作られていた。陸奥国会津郡、大沼郡、下野国塩谷郡の一部を含む南山御《みなみやまお》蔵入領《くらいりりょう》における「宗門改人別家別書上帳」は、一六九四（元禄七）年あるいは一六九五（元禄八）年から一八七〇（明治三）年まで毎年、村ごとに名主の手によって作成、保管されていた（藤田 一九八一）。同史料は、住居を共にする世帯を記載単位として、現住人口を記録したものであり、婚姻、養子縁組、奉公などの異動が発生してから原則として一年以内に登録されていたことが確認できる（川口 一九九〇、一九九二、一九九八）。

南山御蔵入領に所属する陸奥国会津郡小松川村には、散逸した九年分を除いて、一七九二（寛政四）年から一八六八（慶応四）年に至る七七年間の「宗門改人別家別書上帳」が保存されている。この史料には、記載単位ごとに、檀那寺、本末関係、檀那寺の所在地、宗派、持高、質地、鉄砲の有無、家屋規模、屋根の材料、構成員の名前、筆頭者との続柄、年齢、異動、牛馬数、世帯規模などが記録されている。

同史料が長期にわたって保存されている村では、史料的制約に十分留意すれば、人口変動のほかにも初婚年齢、死亡年齢、養子や婚姻による人口移動といった人口再生産構造に影響をもつ指標を求めることができる。さらに、家族形態、筆頭者の交代や改名に関する慣習など、民衆生活の具体像を示す貴重な情報を抽出することも可能である。

「宗門改帳」の史料的価値は、歴史人口学の分野で国際的に高く評価されているが、同史料の数量分析に慎重な姿勢を求める歴史家も少なくない（大石 一九七七：三〇九～四〇五頁）。「宗門人別帳はもともと人口を語るものではないのである」（田中 二〇〇二：一九二頁）という地方《じかた》史料に精通した歴史家の見解は、重く受けとめる必要がある。科学研究費補助金・創成的基礎研究の助成を受けた「ユーラシア社会の人口・家族構造比較史研究（略称：ＥＡＰプロジェクト、研究代表者：速水融、一九九五～九九年度）」においても、宗門改の実態解明や「宗門改帳」の史料吟味の重要性が再認識された（東 一九九七、平井 一九九八、松浦 二〇〇〇、森本 二〇〇一、高木 二〇〇一、二〇〇四）。

「宗門改帳」古文書画像データベース

本データベースには、七カ村、延べ一〇万一七九四人、延べ二万二七九五世帯の情報が登録されている（表15－1）。本データベースを構成する四テーブルのうち、傍線のデータ項目が画像データ、太字のデータ項目が数値データ、それ以外は文字データである。

①個人情報テーブル……集落名、**村の位置**（**北緯**）、**村の位置**（**東経**）、**西暦**、**世帯番号**、**個人番号**、名前（ローマ字）、名前（漢字）、性別、**年齢**、筆頭者との続き柄、配偶関係、宗教・宗派、檀那寺の所在地、檀那寺、異動事項、異動内容、村役人・百姓身分。

②世帯情報テーブル……集落名、**村の位置**（**北緯**）、**村の位置**（**東経**）、**西暦**、**世帯番号**、筆頭者名（ローマ字）、筆頭者名（漢字）、**家族人数**（**男性**）、**家族人数**（**女性**）、**譜代下男人数**、**譜代下女人数**、**質券下男人数**、**質券下女人数**、**同家人人数**（**男性**）、**同家人人数**（**女性**）、**世帯規模**、世帯構造、家族外同居者、**同居世代数**、**牛数**、**馬数**、持高（石）、家屋規模（縦＊横、間）、屋根材料。

③古文書画像情報テーブル……集落名（国郡村）、**西暦**、**世帯番号**、古文書画像。

④史料書誌情報テーブル……集落名（国郡村）、**西暦**、史料作成年月日（和暦）、史料名、史料作成者、史料所蔵者、史料保存機関、古文書史料表紙画像、古文書史料奥付画像。

図15－1のインデックス・ページにある「宗門改帳」分析システムを選択すると「宗門改帳」分析システム・ホームが開く。ここで「宗門改帳」古文書画像データベースをクリックすると「宗門改帳」古文書画像データベース・ホームが表示される。この画面から個人情報の検索、世帯情報の検索、古文書画像情報の検索、または史料書誌情報の検索を選ぶ。

個人情報の検索をクリックすると検索条件の入力画面が表示される（図15－2）。利用者は、最初に集落名をプル

表 15-1　「宗門改帳」古文書画像データベースに登録されている延べ人数と世帯数

集落名	史料の年代	延べ人数（人×年）	延べ世帯数（世帯×年）	古文書画像
陸奥国会津郡石伏村	1752-1812	11,593	2,321	無
陸奥国会津郡小松川村	1592-1868	7,338	1,771	有
陸奥国会津郡鴇巣村	1790-1859	18,155	4,349	無
陸奥国大沼郡桑原村	1750-1834, 1840-1858	11,486	2,518	無
武蔵国多摩郡中藤村	1843-1864	12,096	1,997	無
摂津国武庫郡上瓦林村	1750-1819	20,304	4,526	無
摂津国八部郡花熊村	1789-1869	20,822	5,313	無
合　計		101,794	22,795	

図 15-2　「宗門改帳」古文書画像データベース・個人情報の検索条件入力画面

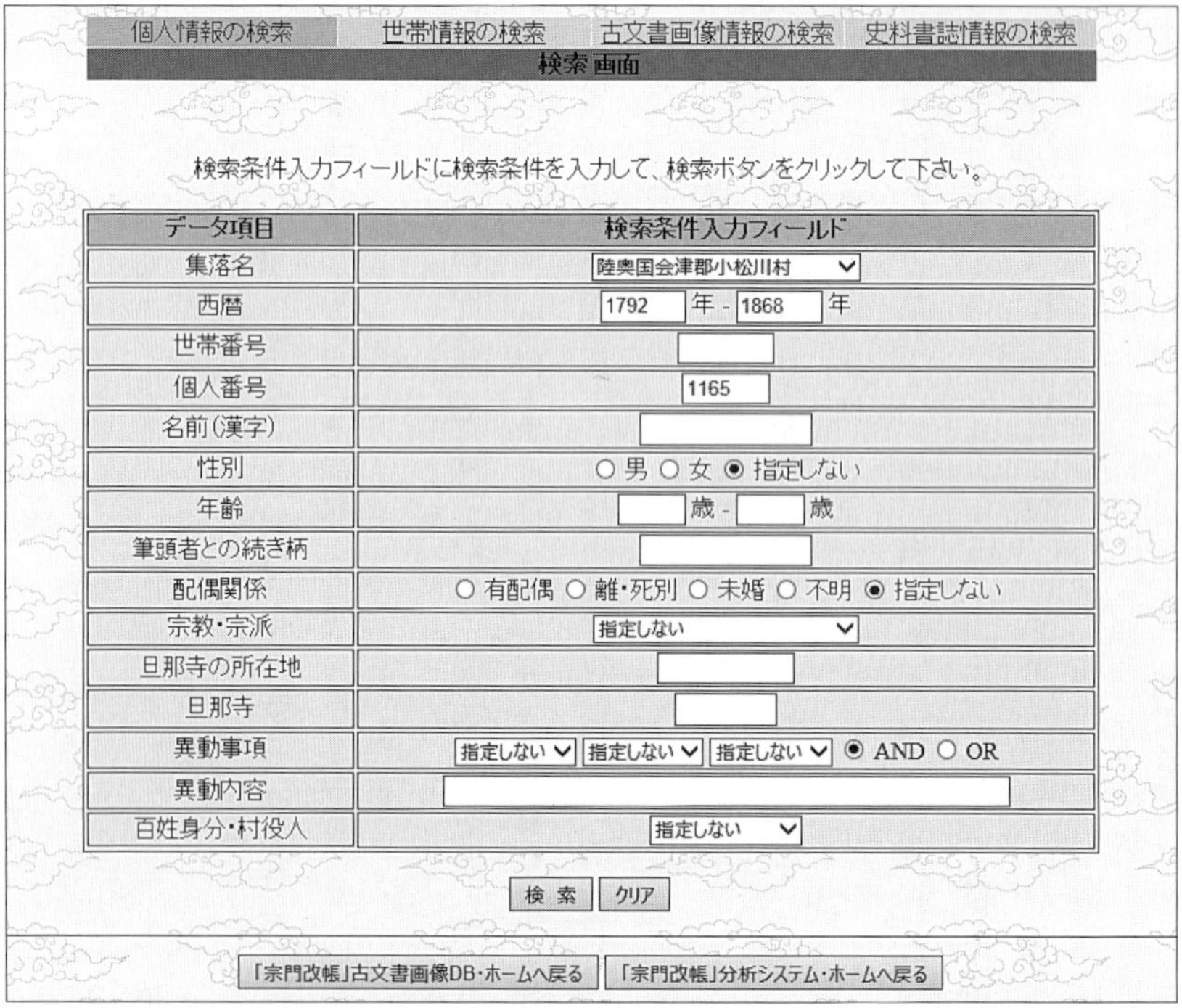

注：検索条件として，集落名に陸奥国会津郡小松川村，西暦に1792年-1868年，個人番号に 1165 を指定している。

図15－3　「宗門改帳」古文書画像データベース・検索結果のブラウジング画面

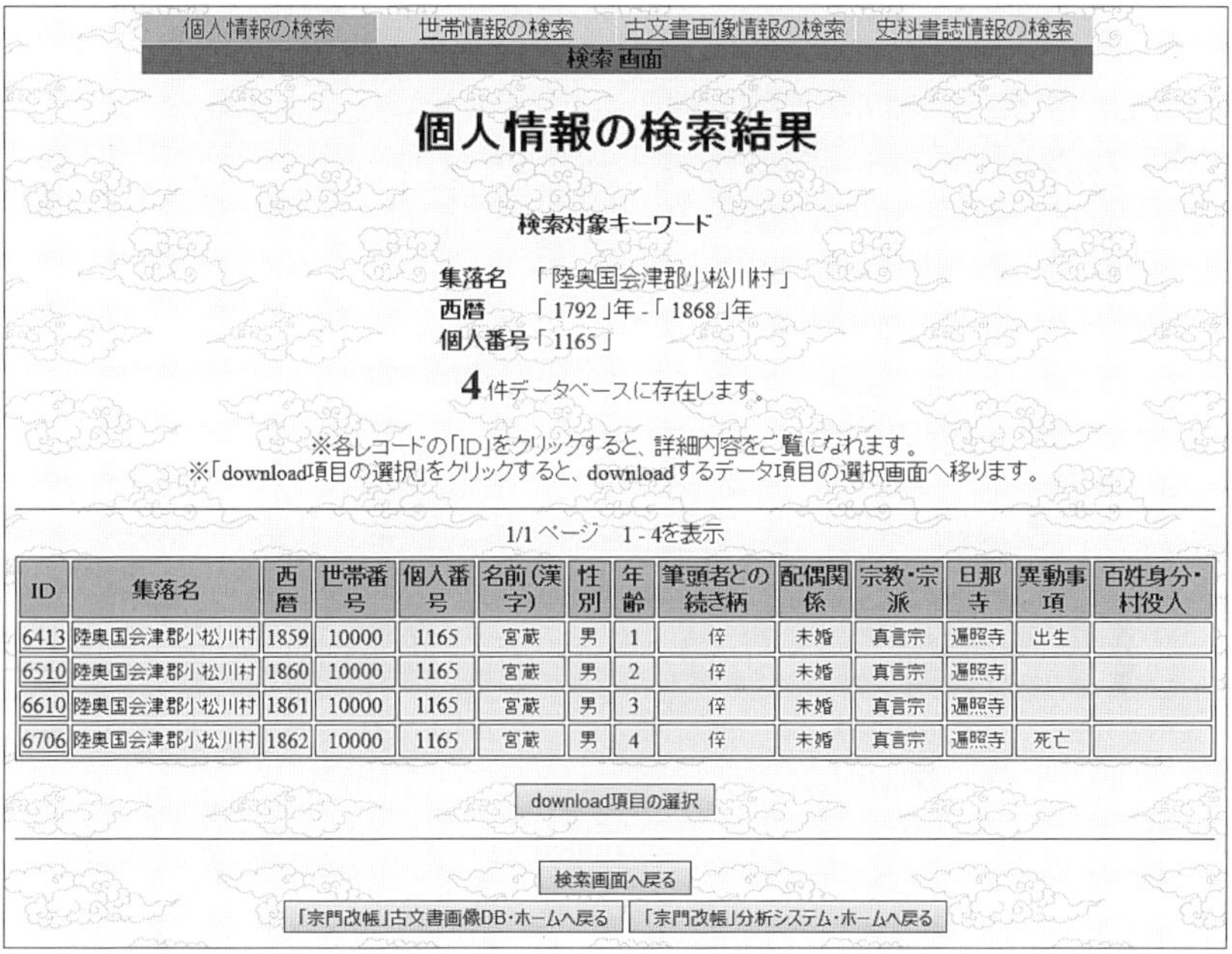

ID	集落名	西暦	世帯番号	個人番号	名前(漢字)	性別	年齢	筆頭者との続き柄	配偶関係	宗教・宗派	旦那寺	異動事項	百姓身分・村役人
6413	陸奥国会津郡小松川村	1859	10000	1165	宮蔵	男	1	倅	未婚	真言宗	遍照寺	出生	
6510	陸奥国会津郡小松川村	1860	10000	1165	宮蔵	男	2	倅	未婚	真言宗	遍照寺		
6610	陸奥国会津郡小松川村	1861	10000	1165	宮蔵	男	3	倅	未婚	真言宗	遍照寺		
6706	陸奥国会津郡小松川村	1862	10000	1165	宮蔵	男	4	倅	未婚	真言宗	遍照寺	死亡	

注：陸奥国会津郡小松川村・宮蔵（個人番号 1165）の生涯を検索した結果を示している。

ダウンから選択する。西暦は集落名を選択すると自動表示される。宗教・宗派[1]、異動事項[2]、および村役人・百姓身分[3]はプルダウンから、性別と配偶関係はラジオ・スイッチから選択する。世帯情報を検索する場合も、検索条件の入力画面で集落名をプルダウンから選択すると西暦は自動表示される。世帯構造[4]はプルダウンから、家族外同居者はラジオ・スイッチから検索条件を選択する。

検索条件の入力画面下部の検索ボタンをクリックすると検索が始まり、検索結果のブラウジング画面が表示される（図15－3）。この画面には、検索対象キーワード、ヒット件数、および検索結果の主要データ項目が一ページにつき二〇件表示される。ブラウジング画面左端にあるＩＤをクリックすると世帯情報の詳細表示画面が表示される。図15－4では個人情報の詳細表示画面下部のボタンをクリックして、個人の所属する世帯の世帯情報、古文書画像情報、お

図 15－4　「宗門改帳」古文書画像データベース・個人情報の詳細表示画面・世帯情報の詳細表示画面・古文書画像情報の詳細表示画面・史料書誌情報の詳細表示画面の比較

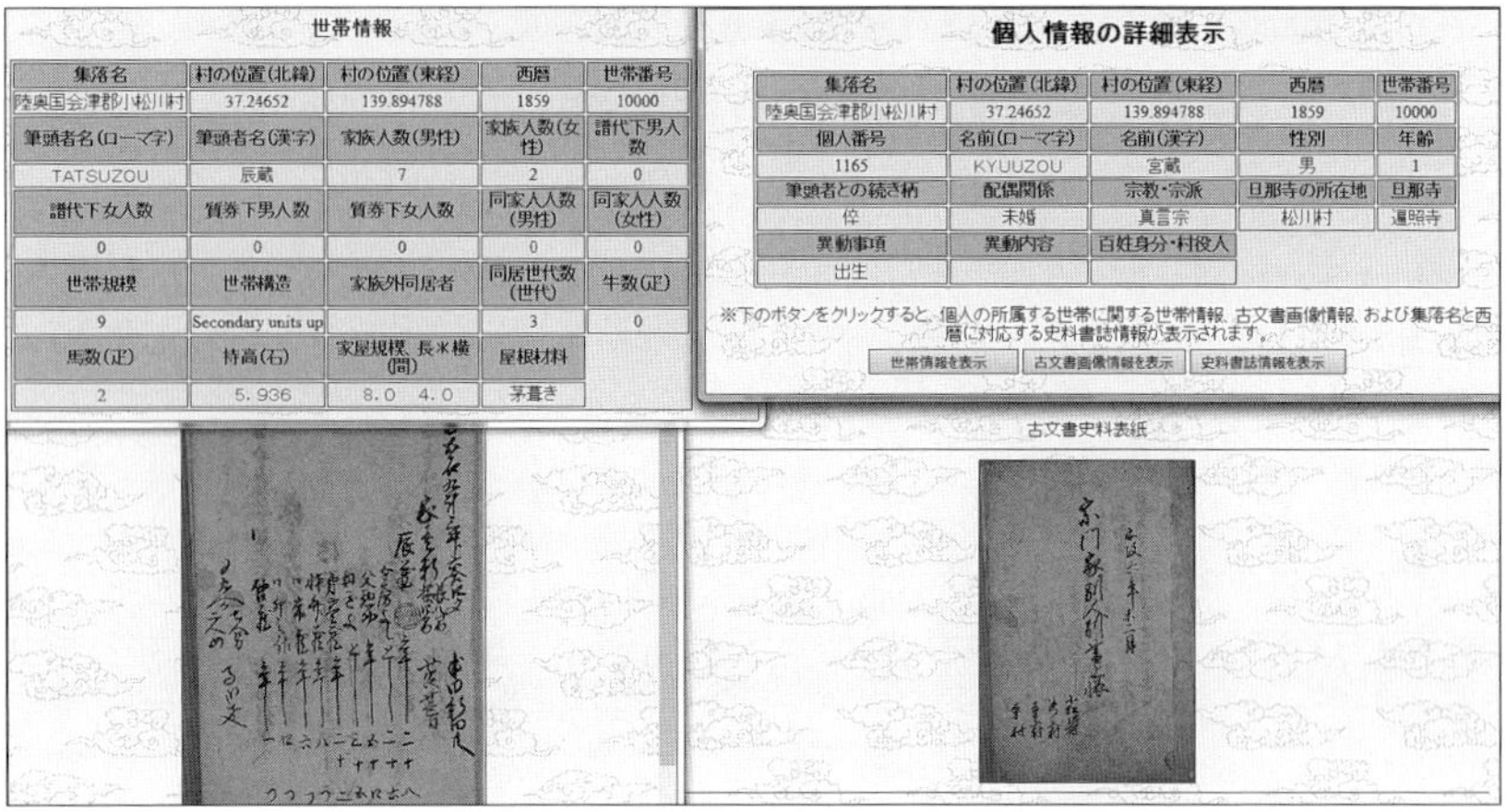

集落名	村の位置(北緯)	村の位置(東経)	西暦	世帯番号
陸奥国会津郡小松川村	37.24652	139.894788	1859	10000
筆頭者名(ローマ字)	筆頭者名(漢字)	家族人数(男性)	家族人数(女性)	譜代下男人数
TATSUZOU	辰蔵	7	2	0
譜代下女人数	質券下男人数	質券下女人数	同家人人数(男性)	同家人人数(女性)
0	0	0	0	0
世帯規模	世帯構造	家族外同居者	同居世代数(世代)	牛数(疋)
9	Secondary units up		3	0
馬数(疋)	持高(石)	家屋規模、長×横(間)	屋根材料	
2	5.936	8.0　4.0	茅葺き	

集落名	村の位置(北緯)	村の位置(東経)	西暦	世帯番号
陸奥国会津郡小松川村	37.24652	139.894788	1859	10000
個人番号	名前(ローマ字)	名前(漢字)	性別	年齢
1165	KYUUZOU	宮蔵	男	1
筆頭者との続き柄	配偶関係	宗教・宗派	旦那寺の所在地	旦那寺
倅	未婚	真言宗	松川村	遍照寺
異動事項	異動内容	百姓身分・村役人		
出生				

注：陸奥国会津郡小松川村・宮蔵（個人番号 1165）が生まれた1859（安政６）年のデータを表示している。

よび集落名と西暦に対応する史料書誌情報を表示している。

個人情報、世帯情報、古文書画像情報の各詳細表示画面には、対応する他のテーブルを検索・表示するためのボタンを付した。利用者が文字データに誤読の疑いを抱いた場合、あるいは古文書史料のレイアウト、文字の配列、筆跡、印形といった文字データとして登録することのできない画像情報を調べたい場合には、個人情報テーブルまたは世帯情報テーブルの文字データと古文書画像情報テーブルまたは史料書誌情報テーブルの画像データを同一画面上で比較対照することができる。

ブラウジング画面下部にある download 項目の選択ボタンをクリックすると、ダウンロード項目とソートキーを指定する画面が表示される。この画面下部にある downloadの実行画面へというボタンをクリックすると、download の実行画面が表示される。download の実行画面下部にある download をクリックすると、検索結果をCSVファイルとして利用者側のコンピュータにダウンロードすることができる。

「宗門改帳」分析プログラム

本プログラムを用いて、以下六二項目の指標を利用者側コンピュータに表示できる。

①人口増加に関する指標……人口、世帯数、人口増加率、牛馬数。

②出生・死亡に関する指標……出生数、普通出生率、出生性比、総出生率、子どもと女性の比率、出産年齢、出産回数、死亡数、普通死亡率、死亡性比、死亡年齢、自然増加率。

③婚姻・人口移動に関する指標……婚姻者数、結婚年齢、初婚年齢、結婚回数、流入数、流入率、流出数、流出率、純移動率。

④出生・死亡・婚姻・人口移動以外の異動に関する指標……奉公人となった人数、奉公人となった年齢、改名した人数、改名した年齢、改名した回数、養子となった人数、養子となった年齢、筆頭者となった人数、筆頭者となった年齢。

⑤人口構造に関する指標……平均年齢、五歳階級別人口、年齢階層別人口、五歳階級別年齢構造係数、年齢構造係数、年齢構造指数、性比、年齢階層別性比、配偶関係別人口、有配偶率・未婚率、宗教・宗派別人口、宗教・宗派別人口の構成比。

⑥世帯構造に関する指標……平均世帯規模、世帯規模別世帯数、世帯規模別世帯数の構成比、持高別世帯数、持高、持高別世帯数の構成比、世帯規模と持高との相関、家族形態別世帯数、家族形態別世帯数の構成比、同居世代別世帯数、同居世代別世帯数の構成比、下男・同家人同居世帯数、下男・同家人同居世帯の構成比、一世帯あたりの平均夫婦組数、牛馬所有世帯数、牛馬所有世帯の構成比。

「宗門改帳」分析プログラムを実行するには、Microsoft Excel のマクロファイルとデータファイルを利用者側コンピュータにダウンロードする必要がある。まず、「宗門改帳」分析システム・ホームから「宗門改帳」分析プログラムを選択すると図15-5の指標選択画面が表示される。各指標名の左にあるフロッピー・ディスクのロゴマー

図 15－5 「宗門改帳」分析プログラム・指標選択画面

クをクリックすると、マクロファイルが利用者の指定したドライブにダウンロードされる。

つぎに、指標選択画面の下線を引いた指標をクリックするとデータ検索画面が表示される。検索条件を指定して検索ボタンをクリックするとデータ検索画面下部に説明されている手順で処理が実行され、データの download 画面に移動する。たとえば、同居世代別世帯数の構成比の場合には、①「宗門改帳」古文書画像データベースの世帯情報テーブルから、利用者の選択した集落における西暦と同居世代数を検索する、②西暦ごとに同居世代数別に世帯数を数える、③総世帯数で②を除し一〇〇を乗じて、同居世代数別世帯数の構成

図15－6　同居世代別世帯数の構成比（陸奥国会津郡鴇巣村《とうのす》）

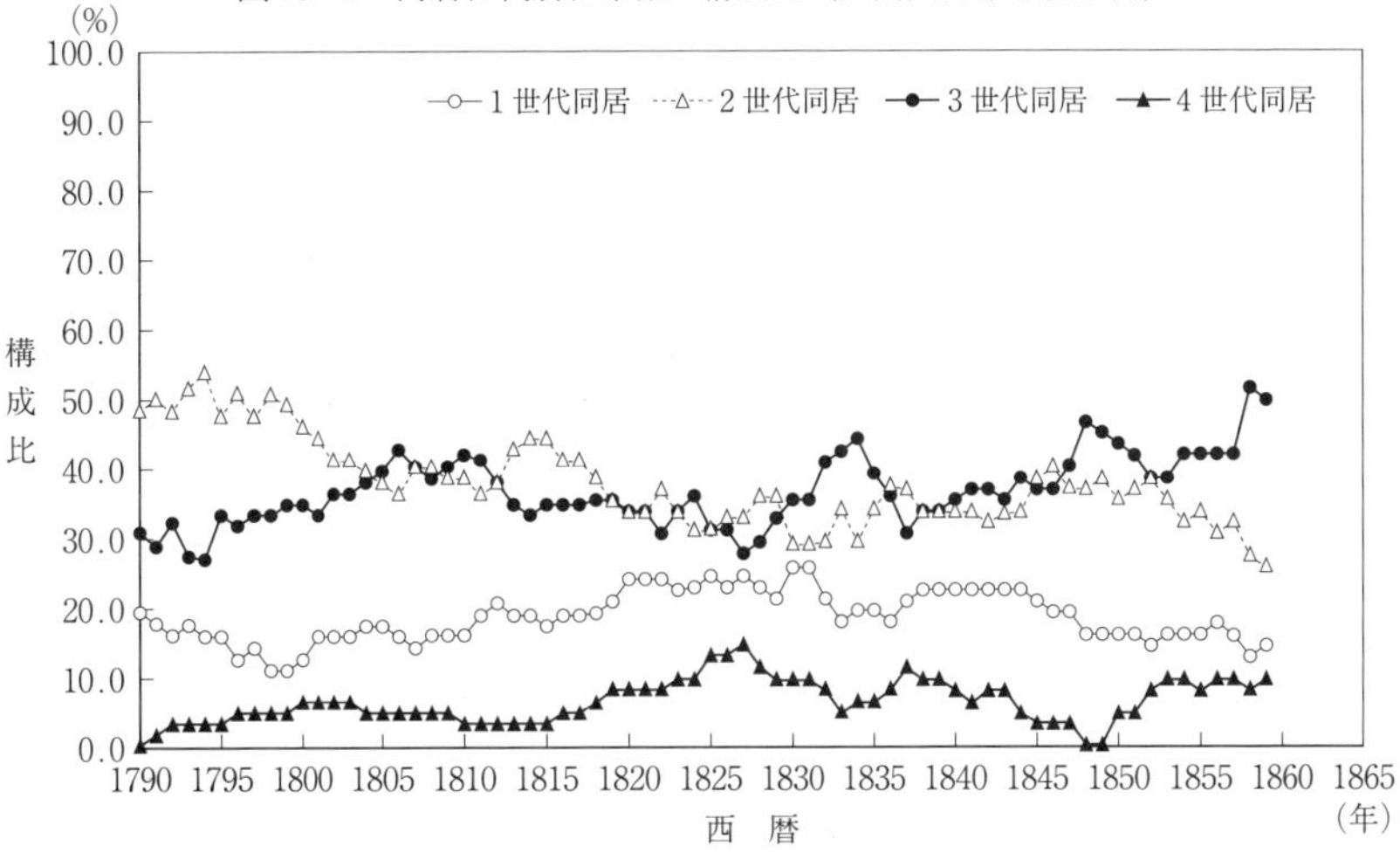

比を求めるという順序で処理が実行される。データの download 画面の download ボタンをクリックすると、CSV形式のデータファイルが利用者側コンピュータにダウンロードされる。

最後に、利用者側コンピュータにダウンロードされたマクロファイルを実行すると各指標がグラフ表示される。同居世代別世帯数の構成比の場合には図15－6が表示される。陸奥国会津郡鴇巣村《とうのす》では、一七九〇年には三割程度であった三世代同居世帯が、一八五〇年代後半には五割を超えた。逆に、一七九〇年には五割を占めた二世代同居世帯は、一八五〇年代後半になると三割を下回った。一八四〇年代から人口回復・増加が本格化する南山御蔵入領では、第4章で述べた領外からの女性入婚者の引き入れに加えて、家族形態の複雑化、世帯規模の拡大、乳幼児の性比の改善といった一連の変化が観察できる。南山御蔵入領の民衆は、一八四〇年代を境に人口抑制を容認する再生産構造に変革を加え、人口を回復・増加させる道程を自ら選択して構造的変化を遂げたと理解される。

四　「過去帳」分析システムの概要

入力史料：過去帳

寺院で供養されている「過去帳」は、被葬者を死亡日順に記録した「日繰り」、死亡年月日順に記録した「年繰り」、家ごとに整理した「家繰り」の三種類に大別できる。三種類の寺院「過去帳」には、被葬者の戒名、俗名（あるいは喪主との続柄）、および死亡年月日が記録されている。なかには、被葬者の死亡年齢、生年月日、居住地、死因、死亡地、出身地などが書かれている貴重な史料も確認できる。

寺院「過去帳」を整理すると、被葬者数、被葬者の性比、戒名の位号の構成比など多様な指標を求めることができる。そのため、自然災害や感染症による死亡クライシスの復元に利用されてきた（菊地　一九八〇）。寺院「過去帳」の史料的性格の検討が進み、その分析方法が確立されれば、死亡時期の季節性などの解明も期待されている（鬼頭　一九九八）。

近代移行期の人口現象を復元するうえで、寺院「過去帳」は「宗門改帳」や「戸籍」とならぶ基礎的史料である。明治初年に作成が途絶える「宗門改帳」に対して、寺院「過去帳」は幕末維新期を挟んで現在まで被葬者を記録し続けている点で貴重である。しかし、一九八〇年代以降、寺院「過去帳」を用いた研究は減少している。その要因として、①人権問題のために史料収集が困難になった、②史料的性格が未解明である、③史料整理に膨大な作業量が必要であるといった点が指摘できる。

本システムは、③について研究過程の短縮を企図している。②は寺院「過去帳」を分析するための重要課題と指摘されて久しいが、未だに着手された段階に留まっている（大柴　一九九九）。寺院「過去帳」から檀家の総人口や性別・年齢別人口といった risk population を求めることができないため、死亡指標の時系列変化を追跡するには、寺院「過去帳」に記録された被葬者について十分吟味する必要がある（丸山・松田 一九七六）。

寺院「過去帳」の史料的性格を理解するには、(ア)史料作成年代や作成者などを特定する書誌学的検討、(イ)戒名をつけて寺院「過去帳」に記録する葬送墓制を含む寺檀関係の解明、(ウ)「宗門改帳」や墓碑銘などの関連資料との比較が不可欠である。(イ)については、本システムを活用した流産・死産児に戒名をつけて寺院「過去帳」に供養するようになった時期の検討（川口 二〇〇九、川口・上原・日置 二〇一一）、(ウ)については、近世墓と寺院「過去帳」との比較（関根・渋谷 二〇〇七）などが注目される。

「過去帳」古文書画像データベース

二〇一五年二月末の時点で、本データベースには、二三カ寺の五万三八四〇人分の被葬者に関する情報が登録されている（表15－2）。寺院「過去帳」テーブルのデータ項目のうち、傍線の項目が画像データ、太字の項目が数値データ、それ以外は文字データである。

①寺院「過去帳」テーブル……寺院所在地、寺院名、**寺院の位置**（北緯）、**寺院の位置**（東経）、宗教・宗派、史料名、**死亡年**（西暦）、死亡年月日（和暦）、死亡年月日（新暦）、戒名、性別、居住地、俗名、**死亡年齢**、**出生年**（西暦）、出生年月日（和暦）、出生年月日（新暦）、死因、死亡地、出身地、古文書画像。

本データベースは、検索条件の入力画面、検索結果のブラウジング画面、検索結果の詳細表示画面、download 項目の選択画面、download の実行画面から構成されている。

表15－2　寺院「過去帳」古文書画像データベースに登録されている被葬者

寺院の所在地	寺院名	死　亡　年	被葬者数（人）	古文書画像
東京都羽村市	A寺	1736-1910	2,608	無
東京都調布市	B寺	1579-1910	1,631	無
東京都あきる野市	C寺	1278-1910	2,562	有
東京都青梅市	D寺	1786-1910	2,207	無
東京都八王子市	E寺	1494-1910	2,045	無
東京都羽村市	F寺	1646-1910	2,414	無
東京都日野市	G寺	730-1910	4,939	無
東京都羽村市	H寺	1683-1910	2,906	無
東京都昭島市	I寺	1364-1910	2,490	無
岡山県真庭郡新庄村	J寺	1653-1910	3,862	無
東京都あきる野市	K寺	1550-1804, 1889-1910	2,601	無
広島県因島市	L寺	1829-1863	708	有
東京都福生市	M寺	528-1910	2,902	有
神奈川県伊勢原市	N寺	1595-1870	871	有
神奈川県中郡二宮町	O寺	1628-1873, 1908	1,377	有
神奈川県中郡二宮町	P寺	1560-1912	3,779	有
神奈川県中郡二宮町	Q寺	1631-1885	2,170	有
神奈川県中郡二宮町	R寺	1292-2011	688	有
神奈川県中郡二宮町	S寺	1144-1912	2,851	有
神奈川県中郡二宮町	T寺	999-1912	666	有
神奈川県中郡二宮町	U寺	1635-1912	1,669	有
神奈川県中郡大磯町	V寺	528-1922	4,126	有
神奈川県中郡大磯町	W寺	1689-1898	1,768	有
合　　計			53,840	

「過去帳」分析プログラム

本プログラムによって，つぎの五一項目の指標を利用者側コンピュータに表示できる。

①被葬者数に関する指標……男女別被葬者数，男性被葬者数，女性被葬者数，被葬者の性比，日別男女別被葬者数，日別男女別死亡指数，日別被葬者の性比，死亡地が記録されている被葬者数，死亡地が記録されている被葬者の構成比，出身地が記録されている被葬者数，出身地が記録されている被葬者の構成比，居住地が記録されている被葬者数，居住地が記録されている被葬者の構成比。

②年齢別死亡構造に関する指標……戒名の位号の出現頻度，戒名の位号の構成比，死亡年齢と戒名の位

号（全体）、死亡年齢と戒名の位号（子ども）、死亡年齢と戒名の位号（成人）、死亡年齢と戒名の位号（出家など）、戒名の位号別被葬者数（子ども）、戒名の位号別被葬者数（成人）、戒名の位号別被葬者数（出家など）、年齢階層別被葬者数、子どもの被葬者数、成人の被葬者数、年齢階層別被葬者の性比。

③死亡の季節性に関する指標……月別男女別被葬者数、月別男女別死亡指数、月別被葬者の性比、月別年齢階層別被葬者数、月別年齢階層別死亡指数、月別年齢階層別被葬者の性比、季節別男女別被葬者数、季節別男女別死亡指数、季節別被葬者の性比、季節別年齢階層別被葬者数、季節別年齢階層別死亡指数、季節別年齢階層別被葬者の性比。

④死因などに関する指標……死因が記録されている被葬者数、死因が記録されている被葬者数の構成比、男女別流産・死産児数、戒名の位号別流産・死産児数、男女別天然痘死亡数、天然痘死亡者の死亡年齢、戒名の位号別天然痘死亡数、出生年が記録されている被葬者数、出生年が記録されている被葬者の構成比、死亡年月日が記録されている被葬者数、死亡年月日が記録されている被葬者の構成比、死亡年齢が記録されている被葬者数、死亡年齢が記録されている被葬者の構成比。

「過去帳」分析プログラムのユーザ・インターフェースは、指標選択画面、データ検索画面、およびデータのdownload画面から構成されている。利用者側コンピュータにダウンロードされたExcalのマクロファイルを実行すると死亡指標がグラフ表示される。

五　「幕末維新期人口史料」分析システムの概要

入力史料：戸籍

歴史人口学の事例研究は、主として人口規模が数百人の村単位に作成された長期間にわたる「宗門改帳」の分析にもとづいていたため、研究対象村落の人口学的特色がどの地域的範囲を代表する事例であるのか明確ではなかった。数十カ村にわたる単年度の「戸籍」の分析と組み合わせることにより、人口増加が本格化した幕末維新期における人口・家族構造の地域特性を抽出できる可能性がある。

一八六八（明治元）年一〇月に制定された京都府戸籍仕法書と戸籍雛形に倣い、岩代国会津郡、大沼郡、河沼郡、耶麻郡を含む若松縣は、一八七〇（明治三）年正月に京都府戸籍仕法書の写しと「戸籍」の書式を村々の肝煎に触達して戸籍編製に着手した。明治三年三月から六月に各村の肝煎が作成した「戸籍」には、世帯ごとに構成員の名前、年齢、筆頭者との続き柄、異動、檀那寺、檀那寺の所在地、宗教・宗派、田の面積、畠の面積、林の面積、牛馬数、農間余業などが記録されている。

一方、神奈川縣は明治三年一〇月に「戸籍編製規則併雛形」を村々の名主に布達して、戸籍編製に着手した。同年一二月に各村が作成した「戸籍」には、世帯ごとに構成員の姓名、年齢、筆頭者との続き柄、異動、田の面積と高、畑の面積と高、山林の面積と高、牛馬数、農間余業などが記録されている。平民族戸籍、社務戸籍、寺院戸籍、来住並奉公人仮戸籍などが合冊されている点も編製上の特色である（川口・上原・日置 二〇一〇）。

若松縣と神奈川縣の明治三年「戸籍」には、史料作成以前に他家に移動した者が、生家と移動先の家に二重登録されるという特色を持つ。そのため、明治三年「戸籍」は、幕末維新期における人口移動の地域的特色を復元するうえでも貴重である。他方、若松縣と神奈川縣の「戸籍」には、姓の有無、宗教・宗派や檀那寺に関する記録の有無、田畑や山林の高に関する記録の有無などの点で、記載内容に差異が認められる。一八七二（明治五）年以前に各府縣で試作された「戸籍」の特色については、未解明の点が少なくない。

「幕末維新期人口史料」データベース

二〇一五年二月末の時点で、「幕末維新期人口史料」データベースには、図15-7に示したのべ八六カ村の二万二二七七人分の個人情報、三四一一世帯分の世帯情報が登録されている。本データベースを構成するつぎの三テーブルのうち、太字のデータ項目が数値データ、それ以外は文字データである。

①個人情報テーブル……集落名（国郡村）、**集落の緯度**、**集落の経度**、**西暦**、世帯番号、個人番号、名前（ローマ字）、名前（漢字）、性別、**年齢**、生年月日（和暦）、生年月日（西暦）、筆頭者との続き柄、配偶関係、宗教・宗派、檀那寺、檀那寺の所在地、異動事項、異動の発生した年月日（和暦）、異動の発生した年月日（西暦）、異動内容。

②世帯情報テーブル……集落名（国郡村）、**集落の緯度**、**集落の経度**、**西暦**、世帯番号、筆頭者名（ローマ字）、筆頭者名（漢字）、**家族人数（男性）**、**家族人数（女性）**、**下男人数**、**下女人数**、**同家人人数（男性）**、**同家人人数（女性）**、**世帯規模**、世帯構造、家族外同居者、**同居世代数**、**牛数**、**馬数**、田の面積、田の石高、畑の面積、**畑の石高**、屋敷地の面積、**屋敷地の石高**、山林の面積、**山林の石高**、**持高**、農間余業、氏神。

③史料書誌情報テーブル……集落名（国郡村）、**西暦**、史料作成年月日（西暦）、史料作成年月日（和暦）、史料名、史料作成者、史料所有者。

本データベースは、検索条件の入力画面、検索結果のブラウジング画面、検索結果の詳細表示画面、download

図 15－7 「幕末維新期人口史料」データベースの登録史料

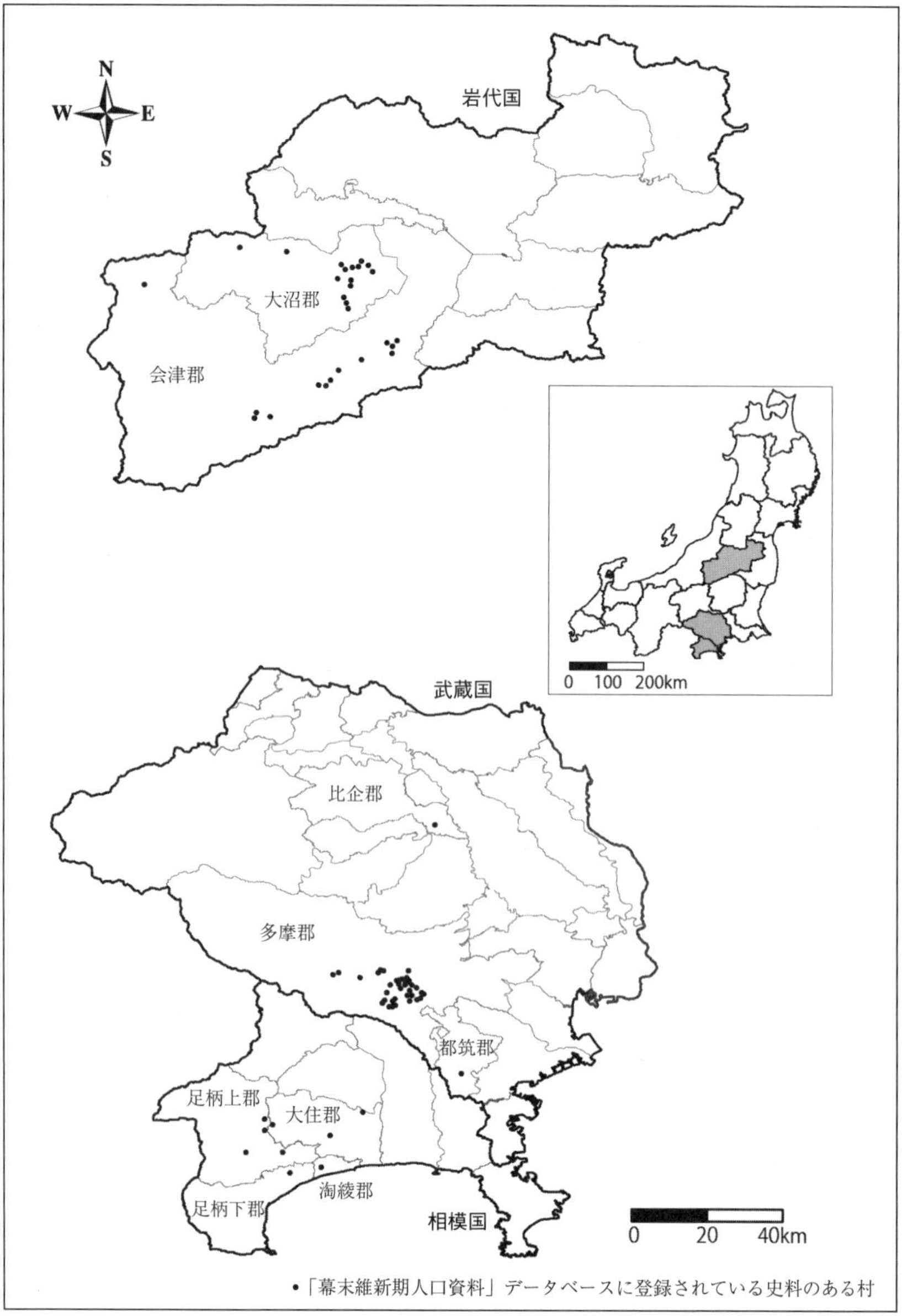

項目の選択画面、download の実行画面から構成されている。

「幕末維新期人口史料」分析プログラム

本プログラムを用いて、以下五二項目の指標を利用者側コンピュータに表示できる。

①村の人口構造に関する指標……総人口、性別人口と性比、牛馬数、五歳階級別人口、五歳階級別年齢構造係数、年齢階層別人口、年齢階層別・性別人口、年齢階層別性比、年齢構造係数、配偶関係別人口、配偶関係別人口の構成比、宗教・宗派別人口、宗教・宗派別人口の構成比。

②郡の人口構造に関する指標……総人口、性別人口と性比、牛馬数、五歳階級別人口、五歳階級別年齢構造係数、年齢階層別人口、年齢階層別・性別人口、年齢階層別性比、年齢構造係数、配偶関係別人口、配偶関係別人口の構成比、宗教・宗派別人口、宗教・宗派別人口の構成比。

③村の世帯構造に関する指標……世帯数と平均世帯規模、世帯規模別世帯数、世帯規模別世帯数の構成比、同居世代数別世帯数、同居世代別世帯数の構成比、世帯構造別世帯数、世帯構造別世帯数の構成比、牛馬所有世帯数、牛馬所有世帯数の構成比、下男下女のいる世帯数、下男下女のいる世帯数の構成比、同家人のいる世帯数、同家人のいる世帯数の構成比。

④郡の世帯構造に関する指標……世帯数と平均世帯規模、世帯規模別世帯数、世帯規模別世帯数の構成比、同居世代数別世帯数、同居世代別世帯数の構成比、世帯構造別世帯数、世帯構造別世帯数の構成比、牛馬所有世帯数、牛馬所有世帯数の構成比、下男下女のいる世帯数、下男下女のいる世帯数の構成比、同家人のいる世帯数、同家人のいる世帯数の構成比。

「幕末維新期人口史料」分析プログラムは、「宗門改帳」分析プログラムや「過去帳」分析プログラムと同じ構造を持ち、指標選択画面、データ検索画面、およびデータの download 画面から構成されている。利用者がコンピュータにダウンロードした Microsoft Excel のマクロファイルを実行すると指標がグラフ表示される。

六　システムの運用

システム管理者である帝塚山大学・江戸時代における人口分析システム構築委員会は、「宗門改帳」分析システムと「宗門改帳」から採字した古文書文字認識の実験用二値画像を限定公開している。すなわち、同委員会が DANJURO に登録されている「宗門改帳」の所有者と保存機関に利用申請書を送り、両者から利用承諾書を受け取った史料に限り、研究者間で共同利用している。

「宗門改帳」のなかには、貸借関係や身体的特徴などが記録されている史料もみられる。そのため、利用目的が特定できない一般利用者に公開することはできない。江戸時代における人口分析システム構築委員会は、利用規程を定め、規程の遵守を誓約した研究者に限って DANJURO の一部利用を認めている。ユーザ管理を行ない、ユーザ名とパスワードを認証画面に入力した者だけが本システムを利用できる。ユーザ名とパスワードは、利用希望者からシステム管理者に利用申請書が提出された場合、審査を経て交付される。

DANJURO の利用件数は、二〇〇〇年三月に試験運用を始めてから二〇一五年五月末までに二万七〇〇〇件を超え、国外研究者を含む三五名が利用登録を行なっている。本システムを活用して大著 "*MABIKI*" を著わした Yale 大学歴史学部 Assistant Professor の Fabian Drixler も、利用者の一人である（Drixler 2013）。

七　システム開発に関する共同研究

古文書文字の自動認識

データベース構築の際、最も長時間の作業を必要とする過程は、史料読解と文字データ入力である。古文書読解技能を持つ研究者の手で行われてきたこの研究過程の一部分でも自動化できれば、史料入力から指標算出に至る研究過程をさらに短縮することができる。

DANJUROの古文書文字認識の実験用二値画像ページから、「宗門改帳」古文書画像データベースに登録されている陸奥国会津郡小松川村の古文書画像から採字した七二字種、一万四一二四文字の二値画像を文字認識の実験対象データとして公開している。このうち年齢を表記した一六字種（年、ッ、一、二、三、四、五、六、七、八、九、十、壱、弐、拾、廿）、一二〇六六文字については、ニューラルネットを応用した個別文字認識の実験が進行している。一六字種各八〇字（廿については三三字）を教師データとして学習させて、残りの未学習データ各一一〇字（廿については三三字）の認識率を求める実験は、帝塚山大学グループが先鞭をつけた（日置・上原・川口 一九九八）。九二％から開始した認識率は、東北大学グループの九七％（和泉・加藤・根本・山田・柴山・川口 二〇〇〇）、大阪電気通信大学グループの九九％へと向上した（橋本・横田・梅田 二〇〇〇）。今後、実験対象文字の字種を増やすとともに、レイアウト分析から、行切り出し、文字切り出し、個別文字認識にいたる文字認識の全過程を組み込んだOCRの開発に向けての取り組みに期待したい（梅田・橋本 二〇〇四）。

図15－8　Alliance ver.3.3 による家系図描画画面
摂津国八部郡花熊村・弥右衛門家の家系図

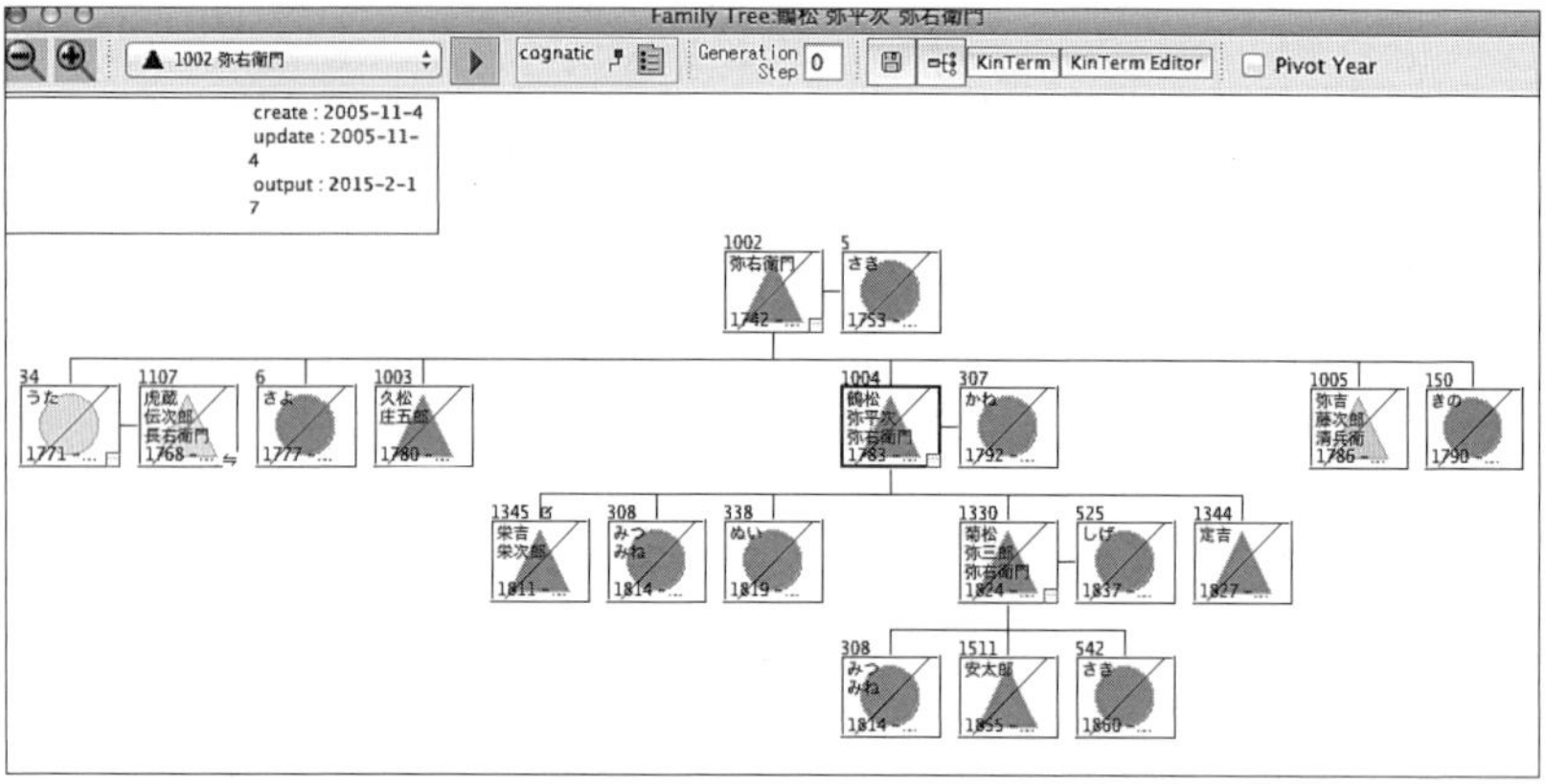

親族関係分析システム Alliance の構築

ＥＡＰプロジェクトでは、歴史人口学と家族史の連携が大目標の一つに掲げられていた（速水 二〇〇一ａ）。研究会では、「宗門改帳」の記載単位を住居と家計を共にする「世帯」と直結させる姿勢に、地方《じかた》史料と取り組んでいる研究者の批判が集中したが、議論の収束をみなかった。個人のライフ・イベントを分析する人口研究と親族組織を観察する家族研究をつなぐ視座を提案するには、「宗門改帳」の史料的性格を十分吟味するとともに、古文書史料の分析方法についても、両分野を架橋する透過的なシステムが必要となる。

椙山女学園大学の杉藤重信研究室との共同研究では、「宗門改帳」古文書画像データベースの登録データを親族関係分析システム Alliance の親族データベースに変換するプログラムが開発された（杉藤・川口 二〇〇五）。文化人類学の親族調査を支援するために構築された Alliance ver.3.3 は、Java で動作する HSQLDB を DBMS とするスタンドアローン版システムである（杉藤 二〇一二）。図15－8のように、父系または母系の家系図を表示するだけでなく、二者の血縁関係を追跡するトレースルート機能、一年ごとに世帯構成員の在、不在を示すピボット表示機能などの多様な親族分析機能を備えている。個人の親族関係やライフ・イベントを家系図に表わすこ

図15-9 「江戸時代における人口移動分析システム」による郡単位の移動件数表示画面

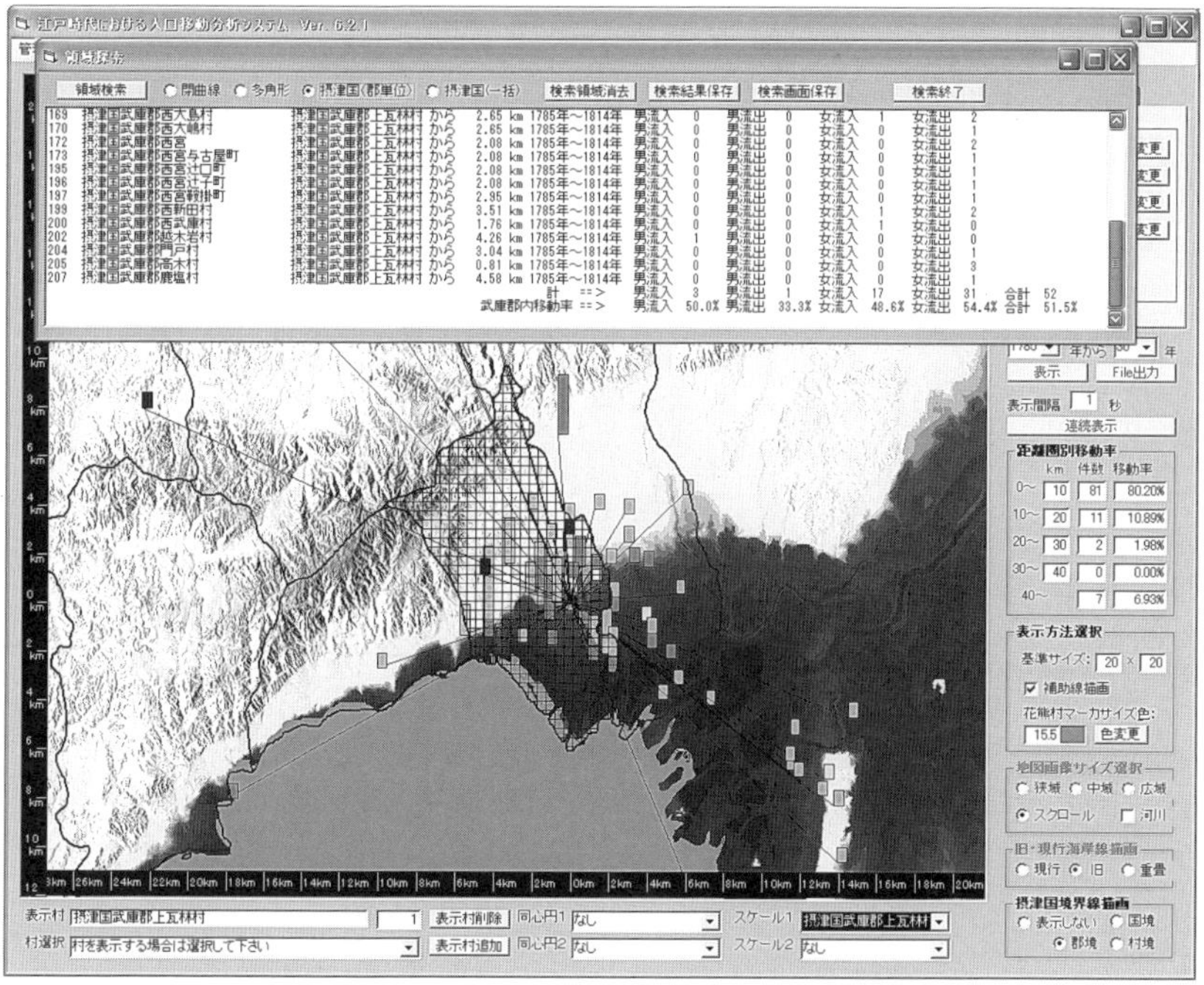

注：婚姻を契機として摂津国武庫郡上瓦林村に流入した人々の出身地と武庫郡の村々からの移動件数を集計したフォーム。

とにより、「宗門改帳」の記載単位をめぐる議論を乗り越え、家族形態や家族周期といった枠組みを取り払ったところにみえてくる親族関係と人口現象との関係解明に向けて、Allianceプロジェクトの展開に期待したい。

江戸時代における人口移動分析システムの構築

大阪電気通信大学の加藤常員研究室との共同研究では、人口移動を分析するスタンドアローン版システムが試作された（加藤・川口 二〇一二）。まず、「宗門改帳」古文書画像データベースから摂津国八部郡花熊村と摂津国武庫郡上瓦林村における人口移動に関する情報を抽出して、移動先・移動元の集落位置情報などを加え、「江戸時代における人口移動データベース」を作成した。このデータベースから移動理由などを検索条件として絞り込み検索を行い、任意の期間ごとに人口移動の時系列変化を標高彩色地図にアニメーション表示する「江戸時代における人口移動分析システム」を構築した。本システムは、研究対象村落との移動件数を郡単位に集計する機能、研究対象村落を中心に任意の半径の同心円を描き、各円環領域に含まれる集落との移動件数を集計する機能、マウス操作により画面上に任意の検索領域を設け、検索領域に含まれる集落と研究対象村落との移動件数を集計する機能などを有している。集計結果は、画面上のフォームに表示され、ＣＳＶファイルに出力することができる（図15－9）。

今後、出生から年季奉公、結婚、出産、死亡に至る個人の生涯経路（ライフパス）を時間軸と空間軸で構成される三次元座標に表示するシステムが開発できれば、人口移動と人口再生産行動を可視化して、両者の関係を解明する道を拓くことができる。また、「幕末維新期人口史料」データベースに登録されている史料から数十カ村の人口移動を可視化して、ＯＤ表に集約するシステムが開発できれば、村落間ネットワークを分析して、人口移動に影響を与えた空間組織を解明する道を拓くことができる。

八　技術的課題

江戸時代と現在との間に架橋して、民衆生活の人口学的側面における変貌過程を検討する場合、歴史地理学では人口再生産構造の時系列的変化と地域差の解明が当面の課題となる。具体的には、持続的人口増加の開始時期、人口再生産構造を規定する初婚年齢、出産力、結婚持続期間、平均余命などの地域差とその要因、婚姻や労働を契機とする人口移動、死亡構造の変容過程などの解明が求められる。統計資料が整備される以前については、各地に保存されている古文書史料を組織的に収集、蓄積、分析する必要がある。

「江戸時代における人口分析システム（DANJURO ver.5.0）」は、「宗門改帳」、寺院「過去帳」、明治初期に作成された「戸籍」、および「種痘人《しゅとうにん》取調《とりしらべ》書上《かきあげ》帳《ちょう》」の記録内容を分析する方法を研究者間で共有するためにインターネット上で運用されている情報システムである。試行錯誤が続いているため、残された課題も多い。

まず、一八四九（嘉永二）年から一八七五（明治八）年に至る期間の牛痘種痘法の普及過程や天然痘罹患状況を復元するため、「種痘人取調書上帳」分析システムの開発を急ぎたい（川口 二〇一四）。牛痘種痘法の原苗となった痘痂がオランダ領バタビアから長崎にもたらされた一八四九年は、持続的人口増加の開始期にあたる。一八四九年から衛生統計の整備が本格化する一八八〇年代に至る期間の牛痘種痘法の普及にともなう天然痘死亡率低下に関する研究の重要性は、従来から指摘されていた。しかし、史料的制約のため、幕末維新期の天然痘死亡率に関する研究は皆無であった。本システムを活用して、一九世紀前半に死因の一位を占めたとみられる天然痘が、減少していった過程について検討したい。

第二に、本システムから算出した指標をデジタル地図に表示して、空間分析を行う機能を備えた歴史ＧＩＳをインターネット上に構築したい。先に述べたように、人口再生産構造の地域差は、日本の伝統社会における基礎的特色とみられる。歴史ＧＩＳは人口移動だけではなく、人口再生産構造や家族構造の地域差を解明する有力な研究方法となる。

第三に、古文書史料を保管している研究者や機関が相互に活用できる自律分散型システムの構築が望まれる。古文書史料は散逸を避けるために現地保存が原則である。史料の保存状況が良好な集落は相当数にのぼるため、全国的な史料収集を一人の研究者が行うことは不可能である。研究者間で自律分散型システムを共有するには、メタデータの標準化、統合検索システムの開発などが必要である。

＊ DANJURO ver.5.0 構築には、二〇一三〜二〇一五年度・科学研究費補助金・基盤研究（B）（研究課題：近代移行期における死亡構造分析システムの構築、研究代表者：川口洋、課題番号：25280123）と二〇一四年度・帝塚山学園学術・教育研究助成基金（研究代表者：川口洋）の補助を受けた。本研究には帝塚山大学経営学部の上原邦彦教授と日置慎治教授、地域・研究アシスト事務所、株式会社スリートの御協力いただいた。現地調査にあたり、史料所蔵者をはじめ、多くの方々に御高配いただいた。改めて、深謝申し上げたい。本章は、Kawaguchi Hiroshi, "Data Analysis System for Population and Family Studies on Japan in the 17th–19th Centuries", *Japanese Journal of Human Geography* 61 (6), 2009 の内容に加筆修正を加え、全面改稿したものである。

注

（1）宗教・宗派のプルダウンには、真言宗、天台宗、浄土宗、真宗・浄土真宗、一向宗、高田宗、日蓮宗、法華宗、臨済宗、曹洞宗、時宗、唯一神道、本山派修験、当山派修験が登録されている。

（2）異動事項のプルダウンには、出生、改名、奉公、年季明け、身請、養子、養女、別家、移動、欠落、行方不明、帳外れ、結婚、筆頭者、名跡、離別、不縁、連れ子、出産、養父、養母、死亡、不明が登録されている。

（3）村役人・百姓身分のプルダウンには、大庄屋、庄屋、名主、肝煎、年寄、組頭、百姓代、本役人、半役人、柄在家、下男、下女、下人、医者（医師）、住職、宮守、歩行が登録されている。

（4）世帯構造のプルダウンには、ピーター・ラスレットの分類にもとづき、1. Solitaries、11. Widowed、12. Single or of unknown marital status、2. No family、21. Coresident siblings、22. Coresident relations of other kinds、23. Persons not evidently related、3. Simple family households、31. Married couples alone、32. Married couples with child (ren)、33. Widowers with child (ren)、34. Widows with child (ren)、4. Extended family households、41. Extended upwards、42. Extended downwards、43. Extended laterally、44. Combinations of 41-43、5. Multiple family households、51. Secondary units up、52. Secondary units down、53. Secondary units lateral、54. Frereches、55. Other multiple family households が登録されている（ラスレット 一九九二：四一〜五一頁）。

参考文献

Drixler Fabian, *Mabiki: Infanticide and Population Growth in Earstern Japan, 1660-1950*, University of California Press, 2013.

橋本智広・横田宏・梅田三千雄「自己想起型ニューラルネットワークによる古文書文字認識」『電気関係学会関西支部連合大会講演論文集』G13-14（二〇〇〇年）、電気関係学会関西支部連合。

速水融・安元稔「人口史研究における Family Reconstitution」『社会経済史学』第三四巻第二号（一九六八年五月）、社会経済史学会。

速水融「歴史人口学と家族史との交差」速水融・鬼頭宏・友部謙一編著『歴史人口学のフロンティア』東洋経済新報社、二〇〇一年a。

速水融『歴史人口学で見た日本』文春文庫、二〇〇一年b。

日置慎治・上原邦彦・川口洋「『宗門改帳』に記録された年齢表記の認識」『人文学と情報処理』第一八号（一九九八年一一月）、勉誠出版。

東昇「宗門改帳の作成――岡山藩の宗門改帳の変遷」『岡山地方史研究』第八二号（一九九七年一月）、岡山地方史研究会。

平井晶子「近世における家族観の一試論――『宗門人別帳』の記載分析を通じて」『社会学雑誌』第一五号（一九九八年三月）、神戸大学社会学研究会。

藤田定興「会津藩における仏教統制の確立」『福島県歴史資料館研究紀要』第三号（一九八一年三月）、福島県文化センター。

和泉勇治・加藤寧・根本義章・山田奨治・柴山守・川口洋「ニューラルネットワークを用いた古文書個別文字認識に関する一検討」『情報処理学会研究報告』第二〇〇〇巻第八号（二〇〇〇年一月）、情報処理学会。

加藤常員・川口洋「江戸時代における人口移動分析システムの試作」ＨＧＩＳ研究協議会編『歴史ＧＩＳの地平』勉誠出版、二〇一二年。

川口洋・中山和彦「『宗門改帳』データベース（DANJURO）の開発」『一九八九年度「情報学」シンポジウム講演論文集』日本学術会議（一九八九年一月）。

川口洋「江戸時代における人口分析の方法――奥会津地域における『宗門改人別家別帳』のデータベース化を事例として」

『歴史地理学』第一五一号（一九九〇年十二月）、歴史地理学会。

川口洋「南山御蔵入領における村落人口――明治四（一八七一）年」『東京家政学院短期大学紀要』第二集第一分冊（一九九二年三月）、東京家政学院短期大学。

川口洋「十七～十九世紀の会津・南山御蔵入領における人口変動と出生制限」『歴史地理学』第四〇巻第五号（一九九八年十二月）、歴史地理学会。

川口洋「江戸時代における人口分析システムの構築・運用・利用」『帝塚山大学学術論集』第九号（二〇〇二年十二月）、帝塚山大学経済・経営学会。

Kawaguchi Hiroshi, "Constructing a demographic database system for analyzing the Japanese religious investigation registers", *Proceeding of International Symposium on GeoInformatics for Spatial-Infrastructure Development in Earth and Allied Sciences 2002*, 2002.

川口洋・上原邦彦・日置慎治「寺院『過去帳』データベースの構築」『情報処理学会シンポジウムシリーズ』第二〇〇四巻第一七号（二〇〇四年一二月）、情報処理学会。

川口洋・上原邦彦・日置慎治「寺院『過去帳』分析システムを用いた史料吟味」『情報処理学会シンポジウムシリーズ』第二〇〇六巻第一七号（二〇〇六年一二月）、情報処理学会。

川口洋・上原邦彦・日置慎治「『幕末維新期人口史料』データベースの構築」『情報処理学会シンポジウムシリーズ』第二〇〇八巻第一五号（二〇〇八年一二月）、情報処理学会。

川口洋「武蔵国多摩郡の寺院『過去帳』に記録されている子供の戒名――『過去帳』分析システムを用いた史料検討」『統計』第六〇巻第六号（二〇〇九年六月）、日本統計協会。

川口洋・上原邦彦・日置慎治「『幕末維新期人口史料』分析プログラムの開発」『情報処理学会シンポジウムシリーズ』第二〇〇九巻第一六号（二〇〇九年一二月）、情報処理学会。

川口洋・上原邦彦・日置慎治「『幕末維新期人口史料』分析システムを用いた世帯構造の比較」『情報処理学会シンポジウムシリーズ』第二〇一〇巻第一五号（二〇一〇年一二月）、情報処理学会。

川口洋・上原邦彦・日置慎治「寺院『過去帳』に流産・死産児が記録され始めた時期と関連法規」『情報処理学会シンポジウ

ムシリーズ』第二〇一一巻第八号（二〇一一年一二月）、情報処理学会。

川口洋「『種痘人取調書上帳』分析プログラムの開発」『情報処理学会シンポジウムシリーズ』第二〇一四巻第三号（二〇一四年一二月）、情報処理学会。

菊地万雄『日本の歴史災害——江戸時代の飢饉』古今書院、一九八〇年。

鬼頭宏「もう一つの人口転換——死亡の季節性における近世的形態の出現と消滅」『上智経済論集』第四四巻第一号（一九九八年一二月）、上智大学経済学会。

黒須里美編著『歴史人口学からみた結婚・離婚・再婚』麗澤大学出版会、二〇一二年。

ラスレット・ピーター（酒田利夫・奥田伸子訳）『ヨーロッパの伝統的家族と世帯』リブロポート、一九九二年。

松浦昭「史料『宗門改帳』研究序説」『神戸商科大学創立七十周年記念論文集』神戸商科大学学術研究会（二〇〇〇年三月）。

丸山博・松田武「歴史人口研究におけるわれわれの課題——回顧と展望」『民族衛生』第四二巻第五号（一九七六年三月）、日本民族衛生学会。

森本一彦「宗門人別帳の記載様式に関する一試論」『生活文化史』第三九号（二〇〇一年三月）、日本生活文化史学会。

大石慎三郎『近世村落の構造と家制度（増補版）』御茶ノ水書房、一九七七年。

大柴弘子「過去帳死亡者の母集団人口と社会背景——十八世紀以降近江三上地域における社会調査から」『人口学研究』第二四号（一九九九年六月）、日本人口学会。

杉藤重信・川口洋「親族関係分析システム『アライアンス』による『宗門改帳』分析の試み」『情報処理学会シンポジウムシリーズ』第二〇〇五巻第二一号（二〇〇五年一二月）、情報処理学会。

杉藤重信『二〇一〇年～二〇一二年　科学研究費補助金　基盤B　研究成果報告書　家系図をキーインデックスとしたデータベースの手法の開発と検証』二〇一二年。

関根達人・渋谷悠子「津軽の近世墓標・過去帳にみる社会階層」長谷川成一監修『北方社会史の視座1』清文堂、二〇〇七年。

高木正朗「仙台藩の人口調査——初期『人数改帳』考」高木正朗編『空間と移動の歴史地理』（地域情報研究シリーズ三）立命館大学、二〇〇一年。

高木正朗『前近代の人口調査——仙台藩「人数改帳」の成立と展開』立命館大学人文科学研究所ＳＤＤＭＡ研究会、二〇〇四年。

田中圭一『村からみた日本史』ちくま新書、二〇〇二年。

梅田三千雄・橋本智広「背景領域の細線化に基づく古文書の文字切り出しと認識」『情報処理学会論文誌』第四五巻第四号（二〇〇四年四月）、情報処理学会。

第16章　歴史人口学の資料とデータベース

森本一彦・平井晶子・小野芳彦

一　大量データ利用の方法

日本の歴史人口学は、宗門人別改帳などの江戸時代の戸口資料を主な分析資料としてきた。一カ村単年度の利用は通常の歴史研究においても行なわれてきたが、歴史人口学の方法的な新しさは、一カ村について数十年間から一〇〇年以上、さらにそれを数カ村分まとめて利用する大量データの数量分析にある。そのため、大量データの情報をいかに整理して利用可能な形にするかという技術的・方法的な問題が、歴史人口学の実践では避けて通れない。最終章である本章では、日本の歴史人口学で用いられている資料の性格、資料収集と資料整理の方法、データベースの構築法と構造について解説する。各章の分析では、直接には触れられることのなかった研究の土台の部分、最終的な分析に着手するまでに歴史人口学者が送る日常生活が本章の主題であるともいえる(1)。

宗門人別改帳は、ヨーロッパの歴史人口学の資料である教区簿冊と比べて情報量が多く複雑なため（国勢調査から得られるような世帯と個人の静態情報と人口動態統計から得られるような結婚や移動など動態情報の両方を含む）、ヨーロッパで開発された方法では情報の整理もデータベース構築も行なえないという困難があった。日本の歴史人口学の発達は、データ利用の方法面での進歩と共にあったといっても過言ではない。

そうした角度からみると、日本の歴史人口学の生みの親である速水融によるベーシック・データ・シート（BDS）の考案（一九六九年）が第一の画期であった（BDSについては本章第四節で詳述）。教区簿冊の分析で用いられてきた家族復元フォーム（FRF）や個人行動調査票（ITS）とはまったく異なる形式のシートである。第二の画期は、大型計算機を利用したデータベースの構築であろう。速水を研究代表者とする近世人口プロジェクト（一九八六〜八九年）が手がけたものである。当時の計算機の技術的制約により数字しか入力できなかったため、多くの情報はコード化して入力された。第三の画期は、「ユーラシア人口・家族史プロジェクト」（以下、ユーラシアプロジェクト）による新たな方法でのデータベースの構築である。これは、①複雑なデータ構造に対応できるようリレーショナルデータベース（RDB）という構造をもつこと、②資料に書かれた表現をなるべく保存できる入力法を開発したことに特徴がある。また、前プロジェクトによって入力されたデータも、リレーショナルデータベースに変換され、あらたな技術革新のもとで大いに利用が促進された。宗門人別改帳のデータベースには、第15章で扱っている川口洋の方法など異なる方式もあるが、本章では、資料の収集・整理にはじまり、BDSの作成を経てデータベースが構築されるまでのユーラシアプロジェクトで実施してきた手順を概観する。(2)

二　歴史人口学の資料とその収集

宗門改帳と人別改帳

前述のように、日本の歴史人口学の主要な資料は宗門改帳や人別改帳である。宗門改帳や人別改帳は一般には戸籍や住民票と同じものと考えられているが、厳密にはそれぞれの目的をもって作成されたものである。[3]「改」の意味は調査であり、宗門改帳は宗教調査の帳簿であるのに対して、人別改帳は人員調査の帳簿である。人別改帳は平時の労働役や戦時の人員動員のための帳簿として作成された。その起源は古く遡るものであり、[4]戦国大名によっても作成された。このような人員調査の流れは、江戸時代に入っても続いた。たとえば、細川氏によって作成された人畜改帳《じんちくあらためちょう》（東京大学史料編纂所編 一九五五、一九五六～五八）は、江戸時代初期の人員調査である。

一方、宗門改帳はキリスト教取締りを目的として作成されたものである。江戸幕府のキリスト教取締りは絵踏に代表されるが、一般的には寺請制度によっていた。すべての日本人はいずれかの寺院の信徒にならねばならなかった。実際に、宗門改帳は村役人が作成し、檀那寺や家主がその内容を確認して印判を押したうえで、宗門役所に提出された。一六七一（寛文一一）年に、幕府は宗門改の際に人口の増減・性別・年齢などを人別改帳に記して保管するように代官に命じている。しかし、幕府への報告は、村・郡・国単位のキリスト教徒の集計だけであり（石井一九五九：二七九頁）、大名領において宗門改帳が毎年作成されないケースがあるのも、[5]幕府に対しての報告が簡略なものでよかったからとも考えられる。

宗門改帳や人別改帳は村役人によって作成され、公文書として支配者に提出された。支配者に提出される正本とともに、村には控えが保管された。村に保管された控えは問題がおこった時に公証能力を発揮するとともに、翌年の提出のために異動情報が書き加えられることもある。支配者に提出された正本は何年か経つと破棄されることになるが（速水 二〇〇一：七二～七三頁）、村の控えは長年保管されることが多く、歴史人口学で使用する資料も控えであることが一般的である。

その他の戸口資料

歴史人口学では宗門改帳や人別改帳を中心に分析を進めてきたが、それ以外の資料も活用して、宗門改帳や人別改帳の情報を補足してきた。五人組帳は支配者からの命令を伝えるために記されているが、それを受け取った村では「一戸前」の家主が連署している。人数増減帳・家数書上帳・馬数書上帳などは前年の人口・家数・馬数などの増減や総数が記されている。懐妊届・出生書上帳・病人帳・奉公人帳・捨子帳など特定の人々を調査するために作成された帳面が残っていることもある。

これらの資料には単年や複数年の情報が記されている。それに対して、村送り状・宗旨送り状・奉公証文・引導証文などは個人が移動したことを証明するために出された証明書である。個人の移動情報しかわからないが、複数の資料が残されていれば補足情報を提供することができる。

これらの戸口資料以外にも日記⑹や御用留などの資料も歴史人口学や家族史に関する情報を与えてくれる。

資料の所在調査

歴史人口学や家族史の研究は、資料収集からはじまる。前述のように宗門改帳や人別改帳などの戸口資料は原則として村役人が所蔵してきたので、個人所蔵文書や区有文書のなかに現存していることが多く、個人や自治会が所蔵しているのが普通である。しかし、現在では保管上の問題から歴史資料館・文書館・図書館・大学などの公的機関に寄贈・寄託されていることも多い。公的機関の場合、資料目録によって資料の現存状況を知ることができる。個人文書や区有文書の場合も、自治体史編纂事業や文化財調査によって資料目録が作成されていることもある。いずれにせよ、図書館において資料目録を検索し、調査する資料群を決定する。

速水が歴史人口学をはじめた一九六四年には歴史資料を所蔵する公的機関も少なく、公刊された資料目録も多くなかった。また、自治体史が編纂されても資料群を悉皆的に調査することは少なかった。そのようななかで、速水は全国規模の分析を行なうために、独自に「近世人口史料調査」を実施した。一九八六年七月に第一次調査が行なわれ、全国の教育委員会・公立図書館・文書館・歴史資料館・大学図書館に戸口資料の所在に関するアンケート用紙が郵送された。第一次調査で大量の戸口資料を有すると回答した機関に対して、同年一二月にさらに詳しい第二次調査が行なわれた（速水編 二〇〇〇：一九頁）。ユーラシアプロジェクトでもこの「近世人口史料調査」にもとづき、資料収集が行なわれた。

資料の閲覧・撮影

収集する資料が決まると、資料閲覧の許可を得るために所蔵者に連絡する。所蔵者から閲覧の許可が得られると、調査計画にもとづいて所蔵者を訪問し、はじめて資料をみることになる。そこで研究に使用できる資料と判断すると、写真撮影や筆写などによってその情報を持ち帰る。宗門改帳や人別改帳は一冊でも一〇〇ページを超すこともあり、数年の資料が残っている場合には、写真撮影が望ましい。ユーラシアプロジェクトでは当初より写真撮影によって資料収集を行なってきた。一九六四年から始まる初期の資料収集においては三六枚撮りのフィルムを使用したが、膨大なコマ数を消費することもあり、一九六六年からはマイクロフィルムを使用することになった。近年では資料撮影にデジタルカメラが使用されている。デジタル画像はパソコンで画像の閲覧が可能となり、現像する必要がなくなったことから、資料収集の費用を低く抑えることが可能となった。

ユーラシアプロジェクト終了後、速水は収集してきたマイクロフィルムをはじめとする一連の資料を麗澤大学に寄贈した。現在、「麗澤大学 人口・家族史研究プロジェクト」（代表：黒須里美）がそれらを整理・管理している。また、関西地区では「徳川日本家族人口データベース委員会」（事務局：京都大学文学研究科アジア親密圏／公共圏教育

表16－1　日文研所蔵宗門人別帳紙焼き一覧

国	村（年）
蝦夷	東蝦夷（1），北蝦夷（2）
陸奥	【安達】仁井田（146）【安積】郡山上町（135），郡山下町（66），日出山・笹原（129），下守屋（135），大槻（48）【田村】上行谷（19）【白川】愛宕町・大工町・新蔵町（1），中石井（6）【会津】金井沢（81），鴇巣（68）
出羽	【村山】山口（86），山家（115）
下野	【安蘇】赤坂（1）【寒川】寒川（2）【都賀】高橋（1），緑川（1）
上野	【群馬】下瀧（1）【吾妻】川戸（1）【邑楽】下小泉（1），四ツ谷（4）【緑野】山名・根小屋（1）
常陸	【茨城】有賀（85），川戸（14），中原（3），門毛（4）【信太】実穀（46）【筑波】上菅間（22）
下総	【印旛】布鎌新田上組南新田（1）【葛飾】古河江戸町（1），曽谷（1）【香取】小見川村仲町（1）【千葉】桑橋（6）
上総	【山辺】東中嶋（1）
武蔵	【多摩】戸倉新田（91），一ノ宮（1），越野（1），下田（1），下柚木（1），貝取（1），関戸（1），宮（1），栗須（1），乞田（1），高幡（1），三沢（1），寺方（1），松木・上田（1），上柚木（1），新井（1），石川（1），石田・石田新田（1），川辺堀之内（1），大沢（1），大塚（1），中野（1），程久保（1），百草（1），平（1），平山（1），別所（1），豊田（1），堀之内（1），万願寺（1），落合（1），落川（1），連光寺（1），和田（1）【入間】大久保（3）
相模	【愛甲】下古沢（1），半原村（1）【三浦】久里浜（1）【足柄上】久所（1），千津島（15）【津久井】上長竹（1），千木良（5）
越後	【魚沼】干溝（9），干溝新田（13）【頸城】鴨井（7），久々野（9），宮崎新田（9），窪（9），山部（9），上田村組（10），水科（9），水吉（7），大池新田（9），中（10），中野（14），中野宮（9），田（19），田島（9），田島（小）（9），浮島（9），福島（9），法華寺（9），北代（10）【蒲原】海老ケ瀬（73），海老ケ瀬新田（83）
信濃	【安曇】宇留賀村等数カ村（1），大町組来馬（1）【伊那】北福地（1）【筑摩】庄内組蟻ケ崎（1），埴原（1）
伊豆	【加茂】加納（1），縄地（3），浜（27），冷川（2）【君沢】戸田（1）
駿河	【益津】城腰（1）
	【益田】花池（1），久須母・大西・柳島・辻（1），黒石・川上（1），坂下・長瀬（1），上呂（1），森（1），数河（1），中呂（1），湯之嶋（1），日和田・小日和田（1）【吉城】

飛騨	下佐谷（1），新田（1），神坂・栃尾・今見・田頃家・柏当・蓼之俣・笹島・赤桶・福地・中尾（1），折敷地（1），鼠餅（1），莩生茂（1）【大野】塩屋（1），下岡本（1），下之切（1），下本（1），高山照蓮寺門前末寺寺内町（1），高山町方（1），三ツ谷（1），三日町（1），山田（1），山之口（1），新宮（1），町屋（1），藤瀬（1），白川郷森茂（1），福寄（1），野谷・保木俣・馬狩・大窪・大牧（1），有巣・二俣・中野（1）
美濃	【安八】笠木（52），小泉（94），楡俣（57），西条（94），浅草中（77），海松新田（28），中須（43），平（23）【多芸】根古地新田（58），有尾新田（83）【加茂】神土（46）【大野】北方（47）【池田】種本（47），上野（40）【不破】山中（124），徳光（92），赤坂（32）【方県】東改田（73），上城田寺（37），又丸（2）【本巣】神海（75），内野（72）
伊勢	【三重】辰巳新田（1）
近江	【蒲生】永繁（1）【栗太】具仙寺（1），穴（1）【滋賀】大津（1）
山城	【愛宕】実相院町（3）【宇治】池尾（1）【京都】筋違橋町（14），四条立売中之町（24），西石垣柏屋町（1）【相楽】岡崎（1）【綴喜】森町（1）
摂津	【西成】下新庄（1），木屋新田（1）【有馬】吉尾（1）
河内	【茨田】門真四番（15）
大和	【宇陀】松山上本町（3）
丹後	【竹野】谷内（1）
紀伊	【有田】井谷（1），遠井（1），下湯川（1），久野原（1），宮川（1），境川（1），寺原（1），小峠（1），沼谷（1），杉野原（1），西原（1），川合（1），大谷（1），中原（1），二川（1），二沢（1），板尾（1），北野川（1）
石見	【那賀】長安（1）
美作	【英田】井口（83），井口椿谷（3），奥（1），香合（24），上山（1），尾谷（14），福本（18）【勝南】羽仁（25），行延（38）【西北条】山北（3）
備前	【児島】藤戸（46）
豊後	【海部】丹生原（24）
肥前	【高来】愛津（1）【彼杵】野母（102）
肥後	【天草】高浜（76）
薩摩	【伊佐】山崎（15）

注：【郡名】村名（年数）

図 16－1　日文研所蔵宗門人別帳紙焼き（50年以上）

国	郡	村	年数
出羽	村山	山口	86
出羽	村山	山家	115
陸奥	安達	仁井田	146
陸奥	安積	郡山上町	135
陸奥	安積	郡山下町	66
陸奥	安積	日出山・笹原	129
陸奥	安積	下守屋	135
陸奥	会津	金井沢	81
陸奥	会津	鴇巣	68
常陸	茨城	有賀	85
武蔵	多摩	戸倉新田	91
越後	蒲原	海老ケ瀬	73
越後	蒲原	海老ケ瀬新田	83
美濃	安八	笠木	52
美濃	安八	小泉	94
美濃	安八	楡俣	57
美濃	安八	西条	94
美濃	安八	浅草中	77
美濃	多芸	根古地新田	58
美濃	多芸	有尾新田	83
美濃	不破	山中	124
美濃	不破	徳光	92
美濃	方県	東改田	73
美濃	本巣	神海	75
美濃	本巣	内野	72
美作	英田	井口	83
肥前	彼杵	野母	102
肥後	天草	高浜	76

研究センター、神戸大学人文学研究科社会学研究室[7]でも資料を管理している。また、収集資料の一部は日文研の図書館でその紙焼きを公開している。表16－1は日文研で公開している戸口資料一覧であり、図16－1はそのうち五〇年以上の資料が残っている二八カ村である（公開にあたっては所蔵者や保管者から許可を得た）。

三　宗門改帳の構造

宗門改帳や人別改帳は具体的にどのようなものかを、おもに美濃国方縣郡東改田村を例としながら紹介しよう。

残存状況

東改田村には、一六六一（寛文元）年から一八六九（明治二）年までの二一〇年間で七三年分の宗門人別改帳が現存している（図16－1）。

東改田村の資料の表題は、一七世紀には「吉利支丹御改帳」あるいは「吉利支丹宗門御改帳」であったが、一八世紀になると「宗門改帳」となり、さらに一七五六（宝暦六）年以降は「宗門人別御改帳」となる。一七七八（安永七）年以降は宗派別に帳面が作成されており、西本願寺宗・東本願寺宗・真言宗の三冊がある。[8]一八一九（文政二）年からは東本願寺宗の檀徒がいなくなったので、西本願寺宗と真言宗の二冊だけになっている。

宗門人別改帳は毎年一回決まった月に作成される。[9]宗門人別改帳の情報は作成された時点のものである。しかし、村に残された宗門人別改帳の控えには、変更があれば翌年のために追記（朱書きや貼り紙その他の方法による）が行なわれているものもある。

記載単位

宗門人別改帳には個人がある「まとまり」で記載されている。ただし、この記載単位が何であるかは問題である。記載単位に非同居者や奉公人などの非親族を含んでいるケースも一般的あり、その記載単位を一概に「家族」や「世帯」（同居と生活の単位）とみなすことはできない。速水は宗門人別改帳には二種類の作成原理があったとする。出稼ぎなどのため現在は不在の成員も他と区別せず記載する「本籍地主義」と、不在の者は記載場所を分けたり注記をつけたりしてそれとわかるように記載する「現住地主義」である（速水 一九九七：五六～五八頁）。「現住地主義」の場合は現住成員を「世帯」とみなして分析することも許されよう。

また、記載単位はしばしば「家一軒」とされ、筆頭者は「家主」と記載されているが、これを「家」と考えるのも早計である。それはあくまでも資料用語とみるべきであり、学術用語としての「家」といえるのかどうかは別に検討しなければならい。宗門人別改帳の記載方式は、徳川時代の資料一般に共通することではあるが、藩や村による独自性が大きい。宗門人別改帳の記載単位が何を意味しているかは、やはり資料ごとに検討されなければならない。しかし、いずれにせよ、支配者あるいは被支配者にとって意味のある単位であったと考えられよう。

東改田村の資料では、記載単位の〆人数までと、その後の「外」以下は、区別された内容が書かれている。前半部分には現住者が書かれ、後半部分には他出者が書かれている。前半を内書き、後半を外書きと呼ぶ。

世帯情報

資料16－1は一七五六（宝暦六）年の「濃州方縣郡東改田村宗門人別御改帳」のうち、「一」ではじまる記載単位を翻刻したものである。この記載単位に同居する成員と下人が記載されている。文末に「家数」と記していることから、東改田村では記載単位を「家」と称していたと考えられる。記載単位の後には「〆」として合計人数と男女

資料16-1　宝暦6年（1756）「濃州方縣郡東改田村宗門人別御改帳」（近藤家文書）

一西本願寺宗　美濃国方縣郡曽我屋村　超宗寺檀那　高四石七斗七升九合八夕　新開高弐斗五升弐合　源四郎　年四拾四歳
同　宗　美濃国本巣郡北方村　西順寺檀那　女房　年三拾歳
是ハ美濃国方縣郡東改田村新八娘拾三年已前子年縁付来リ申候
同　宗　美濃国方縣郡曽我屋村　超宗寺檀那　娘　ちよ　年拾壱歳
西本願寺宗　美濃国方縣郡曽我屋村　超宗寺檀那　娘　てふ　年九歳
同　宗　美濃国本巣郡北方村　西順寺檀那　娘　けふ　年三歳
同　宗　美濃国方縣郡木田村　願徳寺檀那　（下人か）悴　文次郎　年弐拾壱歳
是ハ美濃国方縣郡東改田村之者壱年季ニ召抱申候
〆六人内　男弐人　女四人　馬壱疋青毛
外
一壱人　姉　みつ　年四拾七歳
是ハ美濃国厚見郡中嶋村林蔵方江弐拾九年已前申年縁付遣ニ申候ニ付宗門之儀其所ニ而御改ニ付判形除候
一壱人　妹　しほ　年三拾三歳
是ハ美濃国方縣郡織田寺村清四郎方江拾六年已前酉年縁付遣ニ申候ニ付宗門之儀其所ニ而御改ニ付判形除候
一壱人　妹　りよ　年弐拾八歳
是ハ美濃国方縣郡西郷村儀兵衛方江拾年已前卯年縁付遣ニ申候ニ付宗門之儀其所ニ而御改ニ付判形除候
〆

の人数が記載されている。東改田村の資料は「現住地主義」で作成されているので、これらを「世帯情報」と呼んでおこう。

他の世帯情報としては、家主の源四郎の右横には「高」として持高が記されている。(10) さらに「新開高」と記されているが、これは開墾による新田であり、年貢の減免対象となり他の田畑とは区別されていた。また、家成員の〆人数の下に所有する馬が記載されている。馬の頭数だけではなく、毛並みについても記されている。

東改田村のように宗門人別改帳に経済的な情報が書かれることもあるが、書かれていないこともある。宗門人別改帳に経済的な情報が書かれていなくとも、検地帳や名寄帳《なよせちょう》などの他の資料によって補足できることもある。

以上のような経済情報からも、東改田村における記載単位は同居するとともに、生計をともにするものであることがわかり、「世帯」に近いものといってよいと考えられる（第五節で紹介する西条村についてもほぼ東改田村と同様であるので、以下では記載単位のことを「世帯」と表記することがある）。

個人情報

宗門人別改帳には個人が記載されており、(11) それぞれ続柄・名前・年齢が記されている。ただし、既婚女性の名前は書かれていない場合もある（本書第14章参照）。年齢は数え年で記されるので、満年齢より大きくなる。名前は改名によってしばしば変更されるので、異なる年の資料を照合するときには気をつけねばならない。

また、人別改帳にはないが、宗門改帳には檀那寺とその所在地・宗派が記されている。檀那寺は個人ごとに記される場合もあれば、記載単位でまとめて書かれる場合もある。今日の通念とは異なり、同じ記載単位に属する個人が異なる檀那寺をもつ事例も珍しくない。これを「半檀家」という（森本 二〇〇六）。役所に提出された正本には、檀那寺名の下には寺院の印判が押され、個人名の下には家主の印判が押される。しかし、村に残された控えには印判がないのが一般的である。

異動情報（イベント情報）

宗門人別帳には個人の静態情報の他に、個人の経験した異動（「人口学的イベント」とよばれるもの）、すなわち「出生」「死亡」「婚姻」「養子」「奉公」等々についての情報も記される。正規の記録としてばかりでなく、翌年の宗門人別改帳の作成のためのメモとして書かれた場合も多い。

資料16－1の内書きでは、他家から入家者の左横に特記事項が加えられている。女房は東改田村の新八方から一三年前の子年（＝一七四四年）に「縁付」いたことがわかる。この場合の「縁付」は婚入であるが、「縁付」は婚姻だけではなく、養子などを指すこともあり、そのケースごとに異なっている。

外書きに記されている二人は家主の姉と妹であるが、他家への「縁付」とされている。これ以外では養子や年季奉公のため、その家から離家した者が記されている。資料には近年の分だけではなく一〇年以上経ったものについても記されている。

他の村では、文末に前年からの異動情報をまとめて書いているものもある。

四　資料整理の方法

収集した資料をどう整理するのかは重要な問題である。近世資料は、草書体（くずし字）で書かれているので、現代文に翻刻するのが一般的である。しかし、宗門人別改帳は記載形式が一定なため、そのまま翻刻するよりも定型のシート〔家族復元フォーム（FRF）や個人行動調査票（ITS）、ベーシック・データ・シート（BDS）〕に整理し、効率的に研究を進めている（速水　一九八八：四〇～六六頁）。

家族復元フォーム（FRF）と個人行動調査票（ITS）[12]

歴史人口学では当初からいろいろなシートが作成された。家族復元フォーム（FRF）はフランスの歴史人口学において開発されたものである。[13] 出身地・結婚年・死亡年など夫婦の情報を中心に作成されるとともに、子どもに関する情報を記載することにより家族の分析が可能となる。家族復元フォームからは婚姻年齢・結婚継続期間・出生率などのデータを得ることができる。

個人行動調査票（ITS）は個人情報を記したものであり、すべての個人に対して作成される。人々がどのような一生を送ったのかというライフコースの分析の基礎になる。

ベーシック・データ・シート（BDS）[14]

今日の日本の歴史人口学において、基礎的な整理シートとして使用されているのは、速水が開発したベーシック・データ・シート（以下、BDS）である。東改田村の事例を用いてBDSに整理する作業ついて説明をしていく（図16－2）。

BDSは縦横のマス目で構成されている。縦軸には年代を、横軸には個人名を記載する。BDSは宗門人別改帳の記載単位（世帯）ごとに一枚ずつ作成するが、一枚につき二〇～二五年の情報が記載される。記載単位が二〇～二五年以上継続した場合には二枚目のシートを作成する。

以上のようにBDSは記載単位ごとに作成されるとともに、同じ記載単位でも複数のシートに記載されることになる。そこで記載単位を識別にするために、整理番号を付ける必要がある。記載単位の番号（家番号）は、もっとも古い宗門人別改帳の最初に登場する記載単位を家番号1とし、それ以降家番号2、3……と付けていく。一旦付けられた家番号は、その記載単位に固定したものであるから、絶家しても他の記載単位には使用しない。

分家した場合にも新しいシートが作成されるが、その時には本家との関係がわかるように本家の家番号に枝番号を付ける。つまり、家番号1からの分家は家番号1Aとし、その後の分家は家番号1B・1C……とする。家番号1Aからの分家は家番号1AA・1AB・1ACとなる。

個人も結婚や奉公などの理由で移動すると、他のシートに記載されることになる。そこで個人にも整理番号を付ける必要がある。記載単位内で個人に番号を付けることにし、先に記載された者から順番に001、002、003……とする。そのため「家番号-個人番号」によって、一つの村における個人識別を行なうことができる。つまり、個人が離家して他家に移動した場合、1-001と表記することによって、家番号1から来たことがわかる。逆に家番号が付いていない者については、その家に最初に記載されたということである。図16－2の文次郎（49-001）は家番号

図 16－2　美濃国方縣郡東改田村のBDS

美濃国　方縣郡　東改田村　　　　家番号　2

	1	2	3	4	5	6	7	8	9	10	11	12	計 男	計 女	計 計	持高 石 合	備考	願番
名前	源四郎	女房	ちよ	てふ	けふ	文次郎	喜松	きな	みつ	喜四郎	りき	しげ						
性別	男	女	女	女	女	男	男	女	女	男	女	女						
戸主との続柄	戸主	妻	女子	女子	女子	下人	下人	女子	女子	男子	女子	女子						
	001	002	003	004	005	49-001	34A-002	007	008	009	010	011						
宝暦6年(1756)	•44 A	30 B △	11 A	9 A	3 B	21 C							2	4	6	[illegible]	[illegible]	46
7 (1757)	•45 A	31 B	12 A	10 A	4 B		18 D						2	4	6	同上	[illegible]	46
8 (1758)																		
9 (1759)																		
10 (1760)	•48 A	34 B	15 A	13 A	7 B			4 B	1 B				1	6	7	[illegible]	[illegible]	47
11 (1761)	•49 A	35 B	16 A	14 A	8 B			5 B	2 B				1	6	7	同上	同上	47
12 (1762)	•50 A	36 B	17 A	15 A	9 B			6 B	3 B				1	6	7	同上	[illegible]	47
13 (1763)																		
14 (1764)	•52 A	38 B	19 A	17 A	11 B				5 B				1	5	6	[illegible]	[illegible]	48
明和2 (1765)																		
3 (1766)																		
4 (1767)																		
5 (1768)	•56 A	42 B	×		15 B				9 B	5 A	2 A		2	4	6	[illegible]	[illegible]	44
6 (1769)																		
7 (1770)	•58 A	44 B			17 B				11 B	7 A	4 A		2	4	6	[illegible]	[illegible]	45
8 (1771)																		
9 (1772)	•60 A	46 B			19 B				13 B	9 A	6 A	3 A	2	5	7	5 715	[illegible]	44
安永2 (1773)																		
3 (1774)	•62 A	48 B			21 B ×				15 B	11 A	8 A	5 A	2	5	7	5 715	[illegible]	46
4 (1775)																		
凡例 A～D＝個別等 ●＝戸主 △×＝特記事項		△ [illegible]	× [illegible]		× [illegible]	[illegible]	[illegible]											

49、岩松（34A−002）は家番号34Aで最初に記載されたことがわかる。

BDSの年代と個人名の交差するマス目には、その年の個人の年齢が記入される。毎年マス目に年齢が記載されることになり、年齢が増えることになる。しかし、宗門人別改帳がない年は、マス目は空白となる。宗門人別改帳があっても、婚出や奉公などの離家や死亡などでその記載単位からいなくなった場合にもマス目は空白となる。婚出や奉公などの離家で一旦空欄となっても、戻ってくると年齢が記載される。

年齢の横にはさまざまな記号が付されている。源四郎の左に記されている「・」は、記載単位の筆頭者を示しており、筆頭者が交代すると「・」が移動することになる。

年齢の右下には「△」や「×」などの記号が付されている。女房の一七五六（宝暦六）年のマス目には「△」が記載されており、下段には一七四四年に縁付いたことが記されている。これらの記号はマス目の年代に移動などの特記事項があったことを示しており、具体的な内容はシートの下段に記載される。シートの下段の欄をみると、その人物がどのようなライフイベントを経験したかを知ることができる(15)。

ＢＤＳの右の部分には、記載単位の情報が記載されている。「計」には男女別の人数と総人数が、「持高」には持高を記載する。「備考」にはそれ以外に重要な事項を記入する。東改田村の場合には馬の所有が書かれているので、ここに記入している。青毛・鹿毛・栗毛など馬の種類が記載されており、所有する馬が変わっていることがわかる。

宗門人別改帳はどの村でもどの年代でも同じ様式で書かれている訳ではないので、それぞれの宗門人別改帳の記載内容に応じて作成することによって効果的な分析が可能となる。

五　データベースの構築と利用(16)

一九八〇年代以降、宗門人別改帳のデータベース化が進められてきた。その成果のおもなものが表16－2と表16－3である。表16－2はＢＤＳをもとに作成する時系列タイプ（同一村で長期間存在する資料を利用）のデータであり、現在二三カ村のＢＤＳ情報がデータベース化されている。また、表16－3にまとめたように、単年度であるが数十カ村の資料を集約した地域横断タイプは五地域分がデータベース化されている。

時系列タイプのデータベース

表16－2の資料開始年と終了年からわかるように、時系列タイプのデータベースでは、一五〇年を越える期間、ほぼ継続的に残っている資料から作成されたきわめて良質のデータが含まれる。一五〇年は例外的としても時系列データは五〇年以上存続した資料を中心にデータベース化を進めており、いずれも長期変動を把握することができる。北は福島から南は熊本まで、すでに二三町村分が蓄積されている。ただし、村ごとに資料の特徴があるため、

表16－2　時系列データ一覧

国	郡	村	データタイプ	開始年	終了年	年数	史料所蔵者（2006年時点）
出羽	村山	山　口	SHUMON	1674	1872	134	明治大学刑事博物館
出羽	村山	山　家	SHUMON	1760	1871	103	国文学研究資料館史料館
陸奥	安積	郡山下町	SHUMON	1782	1870	65	郡山市歴史資料館
陸奥	安積	郡山上町	XAVIER	1729	1870	125	郡山市歴史資料館
陸奥	安積	下守屋	XAVIER	1716	1869	145	郡山市歴史資料館
陸奥	安積	笹　原	XAVIER	1708	1871	128	郡山市歴史資料館
陸奥	安積	日出山	XAVIER	1708	1871	128	郡山市歴史資料館（一部個人蔵）
陸奥	安達郡	仁井田	XAVIER	1720	1870	146	個人蔵
陸奥	田村	上行合	SHUMON	1758	1864	19	郡山市歴史資料館
陸奥	安積	駒　屋	SHUMON	1692	1855	44	郡山市歴史資料館
常陸	茨城	有　賀	SHUMON	1739	1868	57	茨城県立歴史館
美濃	安八	西　条	VBDS	1773	1872	98	立教大学
美濃	安八	小　泉	VBDS	1756	1842	87	個人蔵
美濃	安八	中　須	SHUMON	1789	1858	44	岐阜県歴史資料館
美濃	安八	楡　又	SHUMON	1796	1869	53	岐阜県歴史資料館
美濃	加茂	神　土	VBDS	1819	1869	47	個人蔵
美濃	多芸	有尾新田	VBDS	1742	1800	59	片野記念館
美濃	多芸	根古地新田	SHUMON	1802	1865	45	国文学研究資料館史料館
美濃	不破	山　中	SHUMON	1730	1865	115	個人蔵
美作	勝南	羽　仁	VBDS	1816	1867	52	個人蔵
美作	勝南	行　延	SHUMON	1786	1871	75	個人蔵
肥前	彼杵	野　母	VBDS	1766	1871	106	野母崎町役場
肥後	天草	高　浜	SHUMON	1770	1866	74	個人蔵

表16－3　地域横断データ一覧（RYOMA）

国	郡	村	開始年	終了年	年　数	資料所蔵者（2006年時点）
常陸	真　　壁	14カ村	1860	1869	1	真壁町史編纂委員会編，1990『真壁町史料　近世編Ⅲ　――人別改――』真壁町
武蔵	多　　摩	35カ村	1871	1871	1	国文学研究資料館史料館
飛驒	大野・益田・吉城	55カ村	1871	1871	1	岐阜県歴史資料館
越前	丹生・今立・坂井・吉田・大野・敦賀・南条	56カ村	1857	1871	2	佐久高士編，1967-1972『越前国宗門人別御改帳』第1巻―第6巻，吉川弘文館
備中	窪屋・都宇	23カ村	1870	1870	1	岡山大学付属図書館

同じような形式でデータベース化を進めても個別に勘案しなければならない特記事項が少なからず存在する。利用に際しては、もとの資料の特徴、それがどのような形でデータベースに反映されているかなどを十分理解し利用することが必要になる。

時系列データは、入力方法のちがいにより三つのタイプに分けられる。一九八〇年代後半、慶應義塾大学在職中に速水が率いたプロジェクトで作成されたＸＡＶＩＥＲ型（ユーラシアプロジェクトでリレーショナルデータベースに変換）、ユーラシアプロジェクトで作成されたＶＢＤＳ型とＳＨＵＭＯＮ型である。最終的には、いずれも複数のフラットファイルに情報が整理されており、リレーショナルデータベースの構造をもつ。

ＸＡＶＩＥＲは、パーソナル・コンピュータが普及する前に大型コンピュータを用いて作成された。数字しか入力できないという制約のなかで、個人のライフイベントや世帯の特徴をＢＤＳから取り出し、すべてコード化（数字化）するという大変な労力により誕生した。大型コンピュータに蓄積された膨大な数字の山は徳川時代の最初の家族・人口データベースであり、たいへん貴重なものであったが、その利用はけっして容易なものではなかった。その後、ユーラシアプロジェクトの発足にあたり、新たなＰＣ環境のもと、われわれが容易にアクセスできるものへと変換され、今日のデータベースに生まれ変わった(17)。

ＶＢＤＳは、ＢＤＳを入力し、データベース化するために小野芳彦により開発されたプログラムである（小野一九九三）。これはエクセルのマクロを利用したもので、入力画面はＢＤＳと酷似した形をしており、エクセルの一シートに一世帯の情報を再現した。さらに、村の全世帯のＢＤＳを一つのエクセルファイルに再現したことから、ＶＢＤＳ（Village BDS）と名づけられた。論理的に推定できる限りで入力を半自動化し、イベントの種類なども選択方式とし、入力の省力化を推し進めた。また論理的チェックを入力時に行なえる点も大きな特徴である。なかでも続柄の処理に工夫が凝らされ、個人の初出時の続柄からわかる親子関係、夫婦関係を入力し、そこから筆頭者への続柄を再構成し、筆頭者の交代に伴う続柄変更を自動的に計算できるようになっている。

ＳＨＵＭＯＮ（日文研入力プログラム）は、ＶＢＤＳの改良型として登場した入力プログラムで、ヴィジュアル・ベーシックを用いて作成された（森本 一九九九）。これは「ＢＤＳ画面」と単年一世帯に対応した「宗門帳画面」とを瞬時に切り替えられ、どちらの画面からでも入力・訂正が行なえる点に特徴がある。ＢＤＳから入力する場合やＢＤＳをもとに確認作業を行う場合は「ＢＤＳ画面」を、資料から直接入力する場合や資料と照合させる場合は「宗門帳画面」を利用するというように、用途に応じて使い分けが可能である。また、自動入力や選択方式などが採用されておらず、シンプルな構造となっているため、資料の個性に合わせて入力する語彙などを使い分けることができる。

入力と資料解釈とデータクリーニング

宗門人別改帳は内容が複雑で、しかも資料ごとのちがいが大きいため、入力作業は容易ではない。入力の手順それ自体はマニュアルに従って進めればよいが、資料の個性に合わせて、村ごとに入力ルールを定めていかなければならないからである。入力ミスを防ぎ効率を上げるためには自動化や選択方式の採用は有効であるが、そのためには入力時点でさまざまな「解釈」を行なわなければならない。

実作業から得た一般的経験は、入力者が判断しなければならないケースは極力なくすべきだということである（森本 一九九九）。判断のぶれの原因となるし、かえって効率も低下するからである。ＳＨＵＭＯＮはデータベースの構造を極力シンプルにし、資料の記載内容をそのまま入力できるように工夫されている。入力構造がシンプルな分、分析に必要な情報は、研究者自身が追加・編集することになる。

入力が終わると、入力内容を確認する。まずは単純な入力ミスを解消するため、ＢＤＳとつき合わせ、目視によるチェックを行なう。次に登録作業に付随し一貫性を確認する作業を行なう。もちろん、これらの作業を忠実に行なったとしても入力ミスを完全になくすことはできない。実際には研究者自身が分析しながら資料やＢＤＳと何度もつき合わせ、不自然なデータの確認などを行ないながらクリーニングを進めることになる。

入力作業は、たとえ精通したオペレーターが担当したとしても一日にＢＤＳ数枚が限度であり、人口一〇〇人前後の村を五〇年分入力しようとすれば、二人がかりで半年近くかかる。(18)

データベースの基本構造

時系列型データベースは、ＸＡＶＩＥＲ型、ＶＢＤＳ型、ＳＨＵＭＯＮ型のいずれであれ、いくつかの数字・文字情報ファイル（ＣＳＶファイル）として抽出される。ＣＳＶファイルは、そのまま統計プログラムを用いた分析に用いることもできるが、情報の種類により複数のテーブルに分かれているので、分析目的に合わせてデータを加工するには、リレーショナルデータベースの形にしておくのが便利である。

抽出される主なテーブル（以下、基礎テーブル）は、村情報（村名、資料残存年、お調べ月）、世帯情報（村役、持高、世帯員の数など）、個人情報（出生年、性別、続柄、名前、年齢、所属世帯番号、現住／不在の別、宗派や檀那寺など）、イベント情報（出生、死亡、嫁入、婿入、養子、奉公、出稼、引越などイベントの種類、発生年、移動元あるいは移動先、婚姻の場合は相手など）である。それぞれのテーブルは家番号や個人番号、年号などでリンクできるように設計されており、それにより分析に必要な情報が引き出せる（家番号や個人番号はＢＤＳにもとづいて付けられており、それらの詳細は前節参照）。

SHUMON型の基礎テーブル

すでに完成したデータベースでは、SHUMON型のデータが一番多い。そこでSHUMONプログラムを用いて入力した西条村を例に、四つの基本テーブルを紹介する。表16-4は、村情報、世帯情報、個人情報、イベント情報のそれぞれのテーブルのはじめの三行（簡略版）を例示したものである。

村情報のテーブルは「村名」に加えて「資料残存年」と「お調べ月」からなる。これにより資料の基本的な属性である、データの開始年、終了年、欠年などがわかる。

世帯情報のテーブルには「村名」「存在年」「世帯番号」「世帯員数」「村役」（名主や百姓代、五人組頭など）、「持高」「その他」（家畜の数と種類など）があり、世帯数の推移や持高の変動などを知ることができる。

個人情報のテーブルには「村名」「存在年」「世帯番号」「個人番号」「性別」「続柄」「名前」「年齢」などがある。ここでは一人一年に付き一行の情報が存在するため、二歳で登場した人が六五歳で病死するまで村内にとどまっていた場合（資料の欠年がなければ）、彼（彼の個人番号）は個人情報のテーブルに六四回登場（六四行存在）することになる。

このテーブルには、資料に登場するすべての人が網羅されるので、村の人口変動や年齢構成が容易に算出できる。また個人の所属する世帯が書かれているので、世帯構造も確認できる。この個人情報のテーブルと先の世帯情報のテーブルをリンクさせると、階層別の人口（階層を持高から判断）や階層別の世帯構成などを計算することもできる。

イベント情報のテーブルには「イベント」の他、「イベント年」「（イベントが発生した）世帯番号」「（イベントを経験した）個人番号」「場所」などが含まれる。SHUMONではイベントとして「縁付来」などと資料の内容をそのまま入力し、それが結婚か、養子縁組かなどは区別していない。実際に分析をする研究者が、どのようなイベントを「結婚」、あるいは「養子」とみなすのかを定義し、自らの定義に添った分析が可能になるよう、記載内容を

表16－4　SHUMON 型データベースの事例：西条村の基本テーブル

〈西条村：村情報〉

vil_name 村　名	year 資料残存年	Month お調べ月
西　条	1773	3
西　条	1774	3
西　条	1775	3

〈西条村：世帯情報〉

vil_name 村　名	year 存在年	hhid 世帯番号	total 世帯員数	murayaku 村　役	land 持　高	etc その他
西　条	1773	1	11	百 姓 代	48592合	馬１頭
西　条	1773	2	4		0 合	権兵衛家来
西　条	1773	3	2		0 合	5

〈西条村：個人情報〉

vil_name 村名	year 存在年	hhid 世帯番号	ego 個人番号	sex 性別	relation 続柄	name 名前	age 年齢
西　条	1773	1	1-001	男子		権兵衛	38
西　条	1773	1	1-002	女子	女房	女房	23
西　条	1773	1	1-003	男子	父	浄確	70

〈西条村：イベント情報〉

vil_name 村名	year 記載年	hhid 世帯番号	ego 個人番号	jyear イベント年	place 場所	event イベント
西　条	1773	1	1-002	1764	安八郡里村	縁付来
西　条	1773	1	1-006	1773		別家
西　条	1773	1	2-005	1773		一年季

そのまま入力したからである。分析の際には、他のイベントや前後の年の続柄などから複合的に判断し、個々のイベントを仕分ける作業が必要となる。イベントテーブルは、ライフイベント一つに付き一行存在するため、ライフイベントをたくさん経験した人は何度も登場するし、全く情報のない人は登場しない。

イベント情報には、個人の性別や年齢が含まれていないので、性や年齢、出生年などとの関連で分析する場合は、個人テーブルとリンクする必要がある。またイベント発生時の階層や世帯員数が必要な場合は、世帯情報のテーブルとリンクさせることになる。

リレーショナルデータベースの有効性

データベースソフト（たとえばマイクロソフト・アクセスなど）を利用すると、これらのテーブルをリンクさせることができる。これがリレーショナルデータベースの特徴である。前述の単純なリンク以外に、たとえば、結婚相手についての情報と死亡情報を組み合わせることにより寡婦（あるいは寡夫）になるという「疑似イベント」が作成できる。また結婚情報と双方の所属世帯の持高を組み合わせれば、結婚を通じての経済階層の移動を分析するための情報が整う。ただし、先のイベント情報でどのようなケースを「嫁入」や「出生」とみなすのかなど、歴史的資料特有の問題がある。たとえば、夫婦二人世帯に突然三歳の女子が登場し、なんら登場理由が書いていない場合、それを出生とみなすのか、否か。たとえば、母娘二人のところへ「養子に参る」と男子が移動してきた場合、養子縁組とみなすのか、養子縁組プラス婚姻とみなすのかなど、機械的にはイベントを解釈できないケースが出てくる。その場合、「何歳以下で登場した子どもは出生とみなす」など、村の事情を鑑みて対処することが重要になる。

地域横断タイプのデータベース

地域横断タイプのデータベースには、表16－3に示したRYOMA型と一七世紀の各地の戸口資料をデータ化した一七世紀データの二種類がある。

ＲＹＯＭＡ型データは、一八五〇（嘉永三）年から一八七一（明治四）年までの間で、一地域に集中的に宗門人別改帳があるものをデータベース化したものであり、現在、表16－3に示した五地域のデータベースが作成されている。いずれも十数カ村から数十カ村分を含むデータであり、一地域について数万人分の情報が得られる。しかも、いずれのデータベースも、村情報、世帯情報、個人情報、イベント情報のすべてが一つのファイルに入っており、比較的扱いやすい。そのまま表計算ソフトや統計ソフトへ移行し、利用することができる。このデータは静態統計に利用できると説明したが、情報が豊富で出生年や移動など過去の記録が含まれている場合は動態統計も可能となる。ＲＹＯＭＡのうち、真壁、多摩、越前、備中については、データの詳細が黒須・速水・岡田（二〇〇五）にまとめられている。

一七世紀データベースは比較的資料の少ない「一六〇〇年代の宗門人別改帳」（若干一七〇〇年代初頭を含む）をデータベース化したものである。ＲＹＯＭＡのように地域的なまとまりを形成するものではないが、資料が比較的少ない時代のものを九八カ村分集めた意義は小さくないと考えられる。こちらは村ごとに記載内容などが違うことを考慮し、村ごとにフラットファイルに入力してある。

家族史・人口史文献データベース

前述の戸口データベース以外に、ユーラシアプロジェクトでは家族史・人口史に関する文献データベースも作成した。これも現在、日文研で公開している（日文研データベースの「家族史・人口史」（http://db.nichibun.ac.jp/ja/category/family.html））。

六　歴史人口学の課題

これまでみてきたように、速水が歴史人口学を開始して以来、ユーラシアプロジェクトを経て現在に至るまで、歴史人口学のデータベース作成には多くの人手が必要であり、実際、たくさんの人の努力と協力を得てきた。収集・作成した資料とデータベースは現在、おもに「麗澤大学 人口・家族史研究プロジェクト」（代表：黒須里美）、関西地区の「徳川日本家族人口データベース委員会」（事務局：京都大学文学研究科アジア親密圏／公共圏教育研究センター、神戸大学人文学研究科社会学研究室）および国際日本文化研究センター図書館で管理している。

このようにたくさんの方々の情熱と労力で完成したのが本章で紹介したデータベースであり、これらの一部はさまざまに活用され、あらたな近世家族像の構築や近世人口パターンの実態解明に役立てられてきた。しかし、いまだ活用が待たれているデータベースもけっして少なくない。今後、広く利用され、日本の歴史人口学が新たな段階へと展開することを期待したい。そのためには、若手研究者やデータベース構築を支える人材の育成が急務である。その時、歴史人口学の資料とデータベースを媒介とした研究分野・所属・国境を越えた学際的交流が必要である。それも研究者だけではなく、データベース構築を支える多くの人材の結集が必要である。ユーラシアプロジェクトは、多くの歴史人口学の成果を生み出しただけではなく、共同研究のあり方を教えてくれたのである。

＊　本章の作成にあたり、「麗澤大学 人口・家族史研究プロジェクト」の黒須里美教授ならびに持田敏子氏にもご協力をいただいた。あらためて感謝する。なお、本章の資料部分を森本、データベース部分を平井、全体の監修を小野が担当したことを付記する。

注

（1）　本章はこれまでの歴史人口学の資料整理ならびにデータベース構築に関する情報を整理したものであるが、ほかに、黒須（二〇〇八）によっても、歴史人口学の世界的な動向をふまえた日本の歴史人口学の方法論的特徴ならびに課題（とくにＢＤＳからデータベースに入力する際の利点と問題点、資料の管理、個人情報の扱い方など）がまとめられている。あわせて参照いただければ歴史人口学の方法論的手順がより具体的に理解できると思われる。

(2)　近年ではBDS化を省略し、資料から直接コンピュータに入力する方法も用いられるようになったが、ユーラシアプロジェクトでは、原則的にはBDSを作成した。BDSは入力後のクリーニング作業でも有用であること(BDSが存在しないと誤入力や誤変換を発見し修正する術がない)、直接入力は(古文書の読解とコンピュータの使用という異なる分野の能力が必要となり)入力者が限られることから、BDSの作成を重視した。

(3)　宗門改帳の使用に対して慎重であるべきとする立場がある。たとえば田中圭一は、和歌山藩は八歳以上、尾張藩は五歳以上のみを宗門改帳に記録するなど、藩によって年齢が不統一であることから宗門改帳が人口を語るものでないとしている(田中 二〇〇二：一八九〜一九二頁)。しかし、これらの事例は歴史人口学でもよく知られており、人口資料としての歪みをふまえて、場合によっては技術的にあるいは人口学の知識を用いて補正を行なったうえで、分析が行なわれている。考えてみれば現在の戸籍や住民票でも、登録されている場所と実際の居住地が違うなど、厳密には家族や世帯の分析には適さない部分もあるが、それをふまえて利用されている。研究とは資料に書かれたことを伝言するのではなく、知りたいことがあるから資料を分析するのである。知りたいことを完全に記した資料はないのであり、その利用法は研究者次第といえる。

(4)　古代律令制においては、調・庸・雑徭や軍役などの徴収のために「計帳」が作成された。

(5)　和歌山藩では六年ごとに、岸和田藩では一二年ごとに宗門改が行なわれていた(速水 二〇〇一：五三頁、三浦 二〇〇四)。

(6)　日記を利用した研究としては、成松(二〇〇〇)や太田(二〇〇六)などがある。

(7)　現在の事務局担当教員はそれぞれ落合恵美子、平井晶子が務めている。

(8)　一七七六(安永五)年に幕府から宗派別に作成するよう命じられた。このために同じ家の成員でも宗派が異なる場合には、別々に記載された。

(9)　東改田村では一六六一(寛文元)年は八月、一六六五(寛文五)年は四月、一六八〇(延宝八)年は九月と一七世紀には作成月が一定していなかった。それが一七二一(享保六)年以降は三月に固定された。

(10)　持高は収穫できる米の量を示しているが、年貢徴収のための基準として査定されたものである。しかし、畑の収穫量や屋敷地も米によって表されており、田畑以外の収入は対象外であるので、持高が経済力を表しているとは言いがたい。しかし、持高に応じて労働などの役負担が課せられたり、村において一戸前として入会地の使用が認められる条件とされたりしている。村落内身分（大島 一九九三、薗部 二〇〇二）と呼ばれる独自の秩序を持っていた近世村落においては、持高が意味を持っていたと言える。

(11) 近世初期のものには家主だけが記載されて、合計人数と男女の内訳しか書かれていないものもある。

(12) 速水が作成した膨大な量の家族復元フォーム（FRF）、個人行動調査票（ITS）は、現在、おもに「麗澤大学 人口・家族史研究プロジェクト」で管理している。

(13) ヨーロッパの歴史人口学においては、キリスト教会に保管されていた教区簿冊に記された洗礼・結婚・埋葬の記録から、個人を追跡するとともに、家族復元を行なった。

(14) これまで作成したベーシック・データ・シート（BDS）は、現在「麗澤大学 人口・家族史研究プロジェクト」ならびに関西地区の「徳川日本家族人口データベース委員会」で管理している。

(15) BDSの年齢の横に付される記号や下段に記載されるイベントの情報などは資料に記載されている情報に依存する。そのため、村によって書かれている情報が異なる場合もあれば、用いられる記号が異なるケースもある。

(16) 本節で紹介するデータベースも、これまでの資料と同様、「麗澤大学 人口・家族史研究プロジェクト」および関西地区の「徳川日本家族人口データベース委員会」で管理している。

(17) もとのデータベースの構造ならびに変換方法などについては小野（一九九三）を参照。

(18) 「麗澤大学 人口・家族史研究プロジェクト」では、現在もSHUMONを用いたデータ入力が続けられており、データベースの拡充が図られている。

参考文献

網野善彦『古文書返却の旅』中公新書、一九九九年。

岐阜市立歴史博物館『岐阜市東改田　近藤家文書目録』岐阜市立歴史博物館、一九八七年。

速水融『江戸の農民生活史——宗門改帳にみる濃尾の一農村』NHKブックス、一九八八年。

速水融『歴史人口学の世界』岩波書店、一九九七年。

速水融『歴史人口学で見た日本』文藝春秋、二〇〇一年。

速水融編『文部省科学研究費創成的基礎研究「ユーラシア社会の人口・家族構造比較史研究」（平成七〜一一年度）最終実績報告書』（研究代表者：国際日本文化研究センター名誉教授　速水融）二〇〇〇年。（http://www2.ipcku.kansai-u.ac.jp/~hamano/eap/japanese/saishu.htm にて公開）

東昇「宗門改帳の作成――岡山藩の宗門改帳の変遷」『岡山地方史研究』第八二号、一九九七年。

石井良助編『徳川禁令考』Ⅲ、創文社、一九五九年。

川口洋「江戸時代における人口分析の方法――奥会津地域における『宗門改人別家別帳』のデータベース化を事例として」『歴史地理学』第一五一号、一九九〇年。

黒須里美「長期ミクロデータをめぐる動向――歴史人口学研究の舞台裏」『人口学研究』四三、二〇〇八年。

黒須里美・速水融・岡田あおい『近世移行期の家族と地域性――庶民のライフコースと社会的ネットワーク』平成一四〜一六年科学研究費補助金・基盤研究(C)研究成果報告書、二〇〇五年。

松浦昭「支配形態と宗門改帳記載――越前国を中心として」本書第12章。

三浦忍『近世都市近郊農村の研究――大阪地方の農村人口』ミネルヴァ書房、二〇〇四年。

森本一彦「近世初期における宗門改帳の記載様式――美濃国安八郡楡俣村の事例」『日本研究』二四集、二〇〇二年。

森本一彦『先祖祭祀と家の確立――「半檀家」から一家一寺へ』ミネルヴァ書房、二〇〇六年。

森本修馬「統計分析を目的とした近世史料のデータベース化――入力・データ利用インターフェイス」『日本研究』一九、一九九九年。

成松佐恵子『庄屋日記にみる江戸の世相と暮らし』ミネルヴァ書房、二〇〇〇年。

落合恵美子「家族史の方法としての歴史人口学」野々山久也・渡辺秀樹編著『家族社会学入門――家族研究の理論と技法』文化書房博文社、一九九九年。

小野芳彦「文化系の計算機利用Ⅱ――データ入力のユーザーインタフィース（歴史人口学の場合）」『日本研究』八、一九九三年。

大石慎三郎「江戸時代における戸籍について」大石慎三郎『近世村落構造と家制度』御茶の水書房、一九七六年。

大島真理夫『近世農民支配と家族・共同体』（増補版）御茶の水書房、一九九三年。

太田素子「播州農村の家族関係と子育て――家政日記と宗門人別改帳を手がかりとして」『徳川日本のライフコース――歴史人口学との対話』ミネルヴァ書房、二〇〇六年。

薗部寿樹『日本中世村落内身分の研究』校倉書房、二〇〇二年。

高木正朗「仙台藩の人口調査」高木正朗『地域情報研究シリーズ　三　空間と移動の歴史地理』立命館大学、二〇〇一年。

田中圭一『村からみた日本史』ちくま新書、二〇〇二年。

東京大学史料編纂所編『大日本近世史料　肥後藩人畜改帳』一～五、東京大学出版会、一九五五年。

東京大学史料編纂所編『大日本近世史料　小倉藩人畜改帳』一～五、東京大学出版会、一九五六～一九五八年。

あとがき

一九九五年、「ユーラシア人口・家族史プロジェクト」（The EurAsian Project on Population and Family History）と銘打った国際共同研究プロジェクトが、国際日本文化研究センター（日文研）に事務局をおいて始まった。当時、日文研在職中であった速水融教授が、スウェーデン、ベルギー、イタリア、アメリカ、中国などの研究者に呼びかけて組織した。文科系としては最大規模の文部省科学研究費創成的基礎研究（「ユーラシア社会の人口・家族構造比較史研究」一九九五～一九九九年度、研究代表者速水融）の助成を受け、日本、中国、スウェーデン、ベルギー、イタリアという五地域の研究チームを擁する、歴史人口学の一大プロジェクトであった。

本書の編者の落合は、プロジェクト開始に先立つ一九九四年、日文研助教授に着任した。前年のイギリスのケンブリッジグループでの在外研究から帰国してすぐの着任であった。当時の日文研には小野芳彦現北海道大学名誉教授、黒須里美現麗澤大学教授が在職しており、共にプロジェクト事務局に入って、ほとんど毎日一緒に働いた。

本書は、ユーラシアプロジェクト終了後、国際日本文化研究センターにて実施した共同研究（「徳川日本の家族と社会」二〇〇〇～二〇〇二年度、代表者落合恵美子）の参加者によるものである。本共同研究の目的は、ユーラシアプロジェクトで作成したデータベースを共同利用して、徳川日本社会と家族について、精度の高い実証分析を行なうことにあった。併せて歴史人口学をより広い視野に立った家族史および社会史研究のなかに位置づけ直し、対話を育て、乖離状況を打破することを目指した。とくに重点をおいたのは、（1）個人の行動レベルまでを分析対象にした、（2）地域的多様性の分析である。成果出版は、ライフコースを主題とした『徳川日本のライフコース――歴史人口学との対話』（二〇〇六年刊）と、地域性を主題とした本篇との二篇からなっている。二つの重点テーマのそれぞれが一冊となって結実したのである。

姉妹篇の『徳川日本のライフコース』は幸い好評を得て、大著であるにもかかわらず増刷していただくことができた。本格的な学術書ではあるが、徳川時代の人々の人生に寄り添うような読み方をして楽しんでいただけたのではないかと勝手に推測している。読者となってくださった方々に深く感謝申し上げる。

その後、本書の刊行まで想像もしなかった長い年月がかかってしまった。主要には編者の非力によるものであり、本書の刊行をお待ちくださっていた皆様、出版社、印刷所、そして著者の皆様に、深くお詫び申し上げる。歴史人口学はデータベース作成まではもちろんのこと、それを用いた分析、データベースや資料の維持管理にも厖大な時間がかかる。本書には長い時間をかけて営々と分析を続けてきた成果が含まれていることをご理解いただき、どうかご寛恕いただきたくお願い申し上げる。

ミネルヴァ書房、とりわけご担当の河野菜穂さんには、忍耐強くわたしたちをご支援くださったことに、心よりお礼を申し上げたい。また編集業務をお手伝いいただいた平井晶子神戸大学准教授、森本一彦高野山大学准教授にも感謝の気持ちをお伝えしたい。

最後になったが、わたしたちの変わらぬリーダーであり、今また諏訪の資料の再分析に取り組んでいらっしゃる速水融先生に、わたしたちにこのような貴重な研究に携わる機会を与えてくださったことへの御礼を申し上げ、ご健勝をお祈りしたい。

二〇一五年六月

落合恵美子

地名・藩名索引

あ 行

か 行

さ 行

た 行

な 行

は 行

ま 行

や 行

わ 行

ま　行

や　行

ら　行

た　行

な　行

は　行

事項・人名索引

あ　行

か　行

さ　行

高木　侃（たかぎ・ただし）第Ⅲ部第11章

1969年　中央大学大学院法学研究科修士課程修了。博士（法学）。
関東短期大学教授，専修大学法学部教授を経て，

現　在　専修大学史編集主幹および縁切寺満徳寺資料館名誉館長。

専門研究分野　日本法制史，家族史。

主要著書　『三くだり半——江戸の離婚と女性たち』（平凡社，1987年。増補版1999年），『縁切寺満徳寺の研究』（成文堂，1990年），『縁切寺東慶寺史料』（編著，平凡社，1997年），『徳川日本のライフコース——歴史人口学との対話』（共著，ミネルヴァ書房，2006年）。

松浦　昭（まつうら・あきら）第Ⅳ部第13章

1976年　神戸大学大学院経済学研究科博士課程単位取得済退学。
金城学院大学短期大学部専任講師，兵庫県立大学経済学部教授等を経て，

現　在　兵庫県立大学名誉教授。

専門研究分野　日本経済史，歴史人口学。

主要著書　『近代移行期における経済発展』（編著，同文舘，1987年），『成熟社会のライフサイクル』（編著，リベルタ出版，2001年）。

森本　一彦（もりもと・かずひこ）第Ⅳ部第16章

2003年　総合研究大学院大学文化科学研究科国際日本研究専攻博士課程修了。博士（学術）。

現　在　高野山大学文学部准教授。

専門研究分野　民俗学，歴史社会学。

主要著書　『徳川日本のライフコース——歴史人口学との対話』（共著，ミネルヴァ書房，2006年），『先祖祭祀と家の確立——「半檀家」から一家一寺へ』（ミネルヴァ書房，2006年），『禁裏領山国荘』（共著，高志書院，2009年），『中日家族研究』（共著，浙江大学出版，2013年）。

小野　芳彦（おの・よしひこ）第Ⅳ部第16章

1978年　東京大学大学院理学系研究科博士後期課程中退。理学博士（東京大学）。
東京大学理学部助手，国際日本文化研究センター助教授を経て，
2015年３月まで北海道大学大学院文学研究科教授。

現　在　北海道大学大学院文学研究科特任教授，北海道大学名誉教授。

専門研究分野　言語情報学，知能情報学。

主要論文　「文科系の計算機利用２　データ入力のユーザーインタフェース——歴史人口学の場合」『日本研究』(8)，165—182，1993年。

村山　聡（むらやま・さとし）**第Ⅱ部第７章**

1988年　ギーセン大学（Justus-Liebig-University Giessen, Germany）Dr.phil.（歴史学）
　慶應義塾大学助手，講師，香川大学助教授，国際日本文化研究センター客員助教授，ベルリン自由大学客員教授，レイチェルカーソンセンター研究員を経て，
現　在　香川大学教授。
専門研究分野　社会経済史，環境史。
主要著書　*Konfession und Gesellschaft in einem Gewerbezentrum des frühneuzeitlichen Deutschland : Das Wuppertal (Elberfeld-Barmen) von 1650 bis 1820* (Keio Tsushin 1990)；『近世ヨーロッパ地域史論――経済・社会・文化の史的分析』（法律文化社，1995年）；『近世村落社会の共同性を再考する』（共著，農山漁村文化協会，2009年）；*Local Realities and Environmental Changes in the History of East Asia*（共著，Rutledge，2015年近刊）.

東　昇（ひがし・のぼる）**第Ⅱ部第８章**

1998年　九州大学大学院比較社会文化研究科博士後期課程中退。博士（比較社会文化）。
　愛媛県歴史文化博物館学芸員，九州国立博物館研究員を経て，
現　在　京都府立大学文学部歴史学科准教授。
専門研究分野　日本近世史。
主要著書　『環境の日本史４　人々の営みと近世の自然』（共著，吉川弘文館，2013年），『アーカイブズの構造認識と編成記述』（共著，思文閣出版，2014年），『対馬・宗家と安徳天皇陵――「宗家文庫」の新資料』（交隣舎，2014年）。

廣嶋　清志（ひろしま・きよし）**第Ⅲ部第10章**

1973年　東京大学工学系大学院博士課程単位取得満期退学。（工学修士）。
　厚生省人口問題研究所部長，島根大学法文学部教授を経て，
現　在　島根大学法文学部山陰研究センター客員研究員，島根大学名誉教授。
専門研究分野　人口学，歴史人口学。
主要著書　『人口推計入門』（共著，古今書院，1990年），『生存と死亡の人口学』（共著，大明堂，1994年），『人口変動と家族』（共著，大明堂，1997年），『家族』（共著，講座社会学第２巻，東京大学出版会，1999年），『現代家族の構造と変容』（共著，東京大学出版会，2004年），『格差社会の統計分析』（共著，北海道大学出版会，2009年），『地域人口からみた日本の人口転換』（共著，古今書院，2010年），『人口減少時代の地域政策』（共編著，原書房，2011年），『高齢社会の労働市場分析』（共著，中央大学，2014年）。

川口　洋（かわぐち・ひろし）第Ⅰ部第4章，第Ⅳ部第15章

1986年　筑波大学大学院博士課程歴史人類学研究科中退。博士（文学）筑波大学。
筑波大学学術情報処理センター，東京家政学院筑波短期大学，帝塚山大学経済学部，同経営情報学部，同経営学部を経て，

現　在　帝塚山大学文学部日本文化学科教授。

専門研究分野　歴史地理学，人文社会情報学。

主要著書　『アジアの歴史地理　第1巻　領域と移動』（共著，朝倉書店，2008年），『歴史GIS の地平——景観・環境・地域構造の復原に向けて』（共編著，勉誠出版，2012年），『歴史人口学からみた結婚・離婚・再婚』（共著，麗澤大学出版会，2012年），*Environmental History in East Asia: Interdisciplinary Perspectives*（共著，Routledge，2014）など。

溝口　常俊（みぞぐち・つねとし）第Ⅱ部第5章

1979年　名古屋大学大学院文学研究科博士後期過程満期退学。博士（文学）京都大学。

現　在　名古屋大学名誉教授，名古屋大学重要文化財馬場家住宅研究センター客員教授。

専門研究分野　歴史地理学。

主要著書　『日本近世・近代の畑作地域史研究』（名古屋大学出版会，2002年），『J.R マクニール著　20世紀環境史』（共監訳，名古屋大学出版会，2011年），『歴史と環境』（共編著，花書院，2012年），『古地図で楽しむなごや今昔』（編著，風媒社，2014年）。

中島　満大（なかじま・みつひろ）第Ⅱ部第6章

2014年　京都大学大学院文学研究科行動文化学専攻社会学専修博士後期課程修了。博士（文学）。

現　在　日本学術振興会特別研究員（受入機関：神戸大学）・京都府立大学非常勤講師。

専門研究分野　歴史人口学，家族社会学，歴史社会学。

主要論文　「徳川社会における婚内子・婚外子のライフコース——肥前国野母村を事例として」（『ソシオロジ』2012年），「近世後期海村の結婚・離死別・再婚——肥前国野母村を事例として」（『比較家族史研究』2013年）。

執筆者紹介（執筆順，＊は編著者）

＊落合恵美子（おちあい・えみこ）**序章，第Ⅲ部第９章，あとがき**

奥付編著者紹介参照。

平井　晶子（ひらい・しょうこ）**第Ⅰ部第１章，第Ⅳ部第14章，第Ⅳ部第16章**

2002年　総合研究大学院大学文化科学研究科国際日本研究専攻博士課程修了（学術博士）。
日本学術振興会海外特別研究員（ケンブリッジ大学客員研究員）を経て，
現　在　神戸大学大学院人文学研究科准教授。
専門研究分野　家族社会学，歴史人口学。
主要著書　『徳川日本のライフコース――歴史人口学との対話』（共著，ミネルヴァ書房，2006年），『日本の家族とライフコース――「家」生成の歴史社会学』（ミネルヴァ書房，2008年），『歴史人口学と比較家族史』（共著，早稲田大学出版部，2009年），『一八世紀日本の文化状況と国際環境』（共著，思文閣出版，2011年）ほか。

木下　太志（きのした・ふとし）**第Ⅰ部第２章，第Ⅲ部第12章**

1989年　アリゾナ大学（University of Arizona）Ph.D.（人類学）
(財)日本システム開発研究所研究員，愛知江南短期大学助教授，教授を経て，
現　在　筑波大学大学院人文社会系教授。
専門研究分野　人類学，人口学。
主要著書　『近代化以前の日本の人口と家族――失われた世界からの手紙』（ミネルヴァ書房，2002年），『人類史のなかの人口と家族』（編著，晃洋書房，2003年）。

高木　正朗（たかぎ・まさお）**第Ⅰ部第３章**

1977年　慶應義塾大学大学院社会学研究科博士課程修了（社会学博士）。
現　在　立命館大学名誉教授。
専門研究分野　人口社会学，宗教社会学。
主要著書　『18・19世紀の人口変動と地域・村・家族』（編著，古今書院，2008年），『古代ギリシア人と死』（共訳書，晃洋書房，2008年），『古代ローマ人と死』（共訳書，晃洋書房，1996年）。

新屋　　均（しんや・ひとし）**第Ⅰ部第３章**

1971年　京都大学大学院理学研究科修士課程修了（理学博士）。
現　在　立命館大学名誉教授（2009年逝去）。
専門研究分野　関数解析学。
主要著書　'Spherical matrix functions and Banach representability for compactly generated locally compact motion groups' (*Journal of Mathematics of Kyoto University*, vol. 38, no. 1, 1998). 'Spherical matrix functions and Banach representability for locally compact motion groups' (*Japanese Journal of Mathematics*, vol. 28, no. 2, 2002).

《編著者紹介》

落合恵美子（おちあい・えみこ）

1987年　東京大学大学院社会学研究科博士課程単位取得退学。
同志社女子大学専任講師，国際日本文化研究センター助教授等を経て，
現　在　京都大学大学院文学研究科教授。
専門研究分野　社会学。
主要著書　*The Japanese Family System in Transition*, LCTB International Library Foundation, 1997.
『近代家族とフェミニズム』勁草書房，1989年。
『近代家族の曲がり角』角川書店，2000年。
『21世紀家族へ（第3版）』有斐閣，2004年。

徳川日本の家族と地域性
――歴史人口学との対話――

2015年7月20日　初版第1刷発行　〈検印省略〉

定価はカバーに
表示しています

編著者　落合恵美子
発行者　杉田啓三
印刷者　坂本喜杏

発行所　株式会社　ミネルヴァ書房
607-8494　京都市山科区日ノ岡堤谷町1
電話代表　(075)581-5191番
振替口座　01020-0-8076番

冨山房インターナショナル・新生製本

ISBN 978-4-623-04617-1
Printed in Japan